성경의 보혜사 성령론

성경의 보혜사 성령론

2012년 1월 18일 초판 1쇄 인쇄
2012년 1월 27일 초판 1쇄 발행

지은이 김재진
펴낸이 김영호
펴낸곳 도서출판 동연
등록   제1-1383호(1992. 6. 12)
주소   서울시 마포구 망원2동 472-11 2층
전화   (02)335-2630(관리부), (02)335-4110(편집부)
전송   (02)335-2640
이메일 ymedia@paran.com
누리집 www.y-media.co.kr

ISBN 978-89-6447-163-0 93230

성경의
보혜사
성령론

김재진 지음

동연

추천사

예수께서 제자들에게 다른 보혜사를 너희에게 주사 영원토록 너희와 함께 있게 하리니(요 14:16)라고 하셨다. 여기서 '다른 보혜사another coun-selor'는 누구인가? '다른 이'란 말은 처음 것과 다른 것을 말씀한다. 처음 보혜사가 성자 예수님이시라면, 다른 보혜사는 성령님이시다. 헬라어로 '다른 이'라는 말은 알로스(Ἄλλος)와 헤테로스(ἕτερος) 두 단어가 있고, '알로스'는 질적으로 같으나, 다른 종류를 말한다. 가령 서점에서 성경책을 샀는데, "책에 파손 된 부분이 있으니 다른 것으로 주십시오"라고 말할 때 알로스(다른)를 쓴다. '헤테로스'는 질이 전혀 다른 것을 말한다. "지금 구입한 책은 집에 있으니, 책이 아닌 다른 만년필을 주십시오"라고 할 때 사용한다. 예수께서 다른 보혜사를 보내 주시겠다고 한 것은 '알로스'였다. 예수님과 성령님은 위位가 같으신 하나님이시므로 알로스(다른) 보혜사라 말씀하신 것이다.

보혜사란 무엇인가? 헬라어로 '파라크레토스(παράκλητος)'이다. '파라(παρά)'는 곁에beside, with 또는 옆에along, by라는 말이고, '크레토스κλητος'는 부른다는 뜻이다. 내 옆에 오셔서 나를 부르시고 늘 나와 함께 하신다는 것이다. 고아와 같이 버리지 않으시고, 보호 유지해 주시며, 늘 함께 계셔서 위로해 주시고, 상담(문제를 해결)해 주시고 기도해 주시는 성령님이 보혜사이시다. 성령의 또 다른 별칭인 '진리의 영'(요 14:17, 15:26, 16:13)은 그리스도 안에 있는 진리에로 인도하시고 그리스도를 알게 하시며, 죄를 깨닫게 하시고, 그리스도께 헌신하게 하고, 그리스도를 영화롭게 하신다.

그리스도의 영이시며(롬 8:9) 동시에 하나님의 영(고전 3:16)이신 성령은 삼위일체의 한 위位가 되신다. 인격을 갖고 계신 그가 말씀하시고(행13:2), 성경을 기록케 하시고(딤전3:16), 그 뜻대로 긱양 은사를 주시며(고전 12:4-11), 성부의 뜻을 나타내며(고전2:10-12), 신자들을 가르치시고(13), 신자의 증거를 축복하신다.(살전1:5) 신자로 하여금 육체에 대하여 죽고(롬 8:13), 의義에 대하여 살게 하시며(롬6:1-14), 교회에 힘을 주신다. 성령의 임재로 그리스도께서는 교회에 내재하신다. 마지막 아담(그리스도 예수)은 '살려주는 영life-giving-spirit' 즉 성령이 되시어 우리 가운데 계신다.(고전 15:45) 많은 사람들이 보이지 않는 하나님을 설명한다고 하면서, 신비경神秘境에 빠져 신비주의자가 되기도 하고, 잘못된 자기 경험을 통해 성령의 말씀을 들었다고 한다.

이상 살펴본 바와 같이, 학문적으로 난해한 성령론을 강의한다는 것은 신학을 연구하는 사람이라도 쉽게 엄두를 내지 못하는 것도 현실이다. 서울교회 신앙강좌 반에서 신자들에게 평이平易하면서도 신학적 깊이를 갖고 강의한 김재진 박사의 명강의집이 책으로 출판되는 것을 진심으로 축하한다. 주일이 되면 많은 성도들이 주일학교 교실에 흩어져 각기 성경공부를 하고 있는 서울교회는 신앙강좌 반이라는 특별 신학강좌 반을 두 클래스 설정하고 신학 교수들로 하여금 성도들의 성경지식을 신학화하는 작업을 통해 수준 높은 성도를 배양하고 있다.

　김재진 박사의 성령론이 우리의 신앙과 생활의 길잡이가 될 뿐만 아니라, 하나님을 만나는 지름길을 보여주는 나침반이 되었으면 좋겠다. 여러분의 일독을 권하면서 많은 교회에서 장년부 성경교재로도, 신학생들의 참고서로도, 그리고 목회자에게도 큰 도움이 될 줄 믿는다.

Soli Deo Gloria!

서울교회 목사

이종윤(Ph.D., D.D., D.D.)

머리말

사회의 그늘진 곳에 가려진 자들에게
- 창조주, 성령이여 오시옵소서!(Veni Creator Spiritus!) -

성경을 읽다 보면, 누구든지 한번쯤 제기하는 질문이 있습니다. 그것은 '성부, 성자, 성령 삼위일체 하나님'에 관한 것입니다. 즉 '성부聖父 하나님, 성자聖子 하나님, 그리고 성령聖靈 하나님은 서로 어떠한 관계에 있는가?' 하는 질문입니다. 뿐만 아니라, 모든 기독교인들은 매 주일예배 때마다 사도신경의 제3조항인 '성령에 대한 고백', 곧 "나는 성령을 믿으며, 거룩한 공교회와 성도의 교제와 죄를 용서받는 것과 몸의 부활과 영생을 믿습니다"라고 고백하고 있습니다. 이때 떠오르는 질문은 '성부, 성자는 알겠는데, 성령은 어떠한 분인가?'라는 질문입니다. 그러나 이러한 질문과 상관없이, 현대 가톨릭 신부들의 강론에서는 물론이고, 심지어 개신교 목사들의 설교에서도, '성령' 하나님이 그 어떤 '신령한 능력', '마술적 힘', 혹은 내 마음에 내주內住해서 나를 통치하고 있는 동양적 '기氣' 또는 '에너지 Energy'와 같은 것으로 선포되고 있습니다. 그래서 대부분의 평신도들은 '성령' 하나님을 고작 '병을 치유하는 그 어떤 신령한 능력'으로밖에는 달리 이해하고 있지는 않습니다. 그리고 신비적인 그리스도인들은 '성령' 하나님을 단지 '방언을 하게 하시는 분'으로 이해하고 있습니다. 뿐만 아니라,

최근에는 '성령의 사역'을 사람들로 하여금 '적극적으로 사고思考하도록 하는 일종의 정신력精神力 혹은 낙심한 사람을 위로慰勞하는 '상담자相談者'로 이해하고 있는 목회자들이 많습니다. 그러나 이상 앞에서 언급한 성령에 대한 이해들은 —— 엄밀하게 말하면—— 성부, 성자, 성령 삼위일체 되시는 하나님에 대한 올바른 이해가 아닙니다. 왜냐하면 우선 창세기의 증언에 의하면, 하나님께서 천지를 창조하시기 전에 이미 '하나님의 영'이 수면에 운행하고 계셨으며(창 1:1b), '성자 하나님'도 '성령으로 잉태되셨고'(마 1:18,20), 그리고 부활한 성자, 예수 그리스도가 승천하신 후, 그의 약속대로 근동 각지에서 온 유대인들에게 '성령 하나님'이 오순절에 임하셨기(행 2:1-3) 때문입니다. 뿐만 아니라, 지금도 '성령 하나님'은 '교회 공동체의 머리 되신 성자 하나님'의 '거룩한 영靈'으로서 '은사를 받은 성도들'을 통하여 역사하고 계시기 때문입니다. 따라서 '성령 하나님'을 단지 '하나님의 능력'으로만 이해하는 것은, 성령을 삼위일체 하나님의 '한 인격person'으로 이해하는 것이 결코 아닙니다. 왜냐하면 성령을 단지 '하나님의 능력'으로만 이해하면, '성령의 인격성Persönlichkeit des Heiligen Geistes'이 상실되기 때문입니다.

그러므로 필자는 아래의 성령론을 성경이 증언하는 성령의 구원사역 혹은 보혜사적 사역을 근거로 철저히 삼위일체론적으로——더 자세히 말하면 '성령' 하나님을 '성부' 하나님과 '성자' 하나님과의 연관성 속에서—— 전개하고자 합니다. 왜냐하면 기독교가 고백하는 '삼위일체' 하나님의 '성령' 하나님은 철저히 인격적人格的인 하나님이시기 때문입니다. 뿐만 아니라 '성령' 하나님은 '성자', '성부' 하나님과 함께 인간을 죄악으로부터 구원하시는 살아 계신 인격적인 하나님 그 자신이기 때문입니다. 바꾸어 말하면, '성령' 하나님은 이 지상적 시·공간을 초월하여 영원히 우리와 함께 하시는 '임마누엘의 영'이시기 때문입니다. 즉 '성령' 하나님의 사역은 전적으로 삶의 역경 속에서 고난당하는 사람들을 도와주시는 '보혜사'의 사역이기 때문입니다.

필자는 성경의 증언과 한국교회의 목회 현장에서 제기되는 문제를 고려하여, 2007년부터 성경이 증언하는 '보혜사 성령론'을 집필하기 시작하였습니다. 그러나 무엇보다도 가장 큰 집필 동기는 서울교회(장로교 통합) 이종윤 위임목사님께서, 필자가 서울교회에서 맡고 있는 '신앙강좌 2부'에서 '성령론'을 강의할 것을 추천해 주셨기 때문입니다. 마침 필자는 독일에서 박사학위 논문을 쓰고 있는 동안 튀빙겐Tübingen과 뮌스터Münster 대학교에서 필자의 스승이신 마이클 웰커Michael Welker 교수님으로부터 'Gottes Geist: Theologie des Heiligen Geistes'이란 제목으로 '성령론'을 수강한 경험이 있었기에, 두려움 없이 부족하지만 웰커 교수님의 '성령론'의 신학적 출발점에 기초하여 '성경이 증언하는 보혜사 성령'에 관하여 제 나름대로 '성령론'을 정립해 보고 싶은 생각이 들었습니다. '성경의 보혜사 성령론'이 출판되어 나오기까지 원고의 한 글자 한 글자를 꼼꼼히 읽고 수정해 주신 서울교회 장호영 권사님과 신성균 집사님에게 지면을 통하여 진심으로 감사드립니다. 그리고 출판을 허락해 주신 도서출판 동연의 김영호 사장님 그리고 1차 편집을 맡아 주신 나명석 전도사님에게 진심으로 감사를 드립니다. 그리고 언제든지 겉으로 드러난 창조물 뒤에는 숨어서 말없이 수고한 손길이 있듯이, 집필 과정에서 항상 학생의 입장에서 신학적 대화에 성실히 임해 준 사랑하는 아내 김수경, 그리고 어려운 경제적 상황 속에서도 굳건히 자신의 앞길을 개척해 나가고 있는 아들, 성수, 영수에게, 그리고 90의 '수壽'를 넘기시면서까지 침상에 누워 아들을 위해 염려하고 계시는 노老부모님께 감사를 드립니다.

그리고 '대학의 강단에서 정의正義'를 외치다 아직도 '고난의 십자가'에서 벗어나지 못한 필자에게 그 동안 물심양면으로 도와주시고, 끊임없는 기도로 깊은 사랑을 베풀어 주신 '사랑의 천사들'(예수교회 교우들, 동료 교수들, 사랑하는 제자들, 그리고 많은 지인들)에게——본인들은 이미 자신들이 필자에게 베푼 사랑을 잊으셨겠지만——진심으로 감사를 드립니다. 이런 여러분들의 도움

으로 필자는——'아직도 사랑하는 임을 기다리듯'——학문적, 인격적 그리고 사회적 명예가 회복되기를 간절히 소망하면서, 부족한 책자를 오늘도 타인의 죄악으로 인하여 고난 속에서 허우적거리면서 구원받기를 간절히 소망하는 사람들에게, 특히 '사회의 악으로 말미암아 그늘진 곳에 가려진 자들'에게 헌정하고자 합니다.* 왜냐하면 그들은 오늘도 고난 속에서 '창조주 영이여 오시옵소서!(*Veni Creator Spiritus!*)라고 기도하고 있기 때문입니다. 그렇습니다. 보혜사 성령이 오시면, 그분은 분명히 "죄에 대하여, 의에 대하여, 심판에 대하여"(요 16:8) 명백히 설명해 주실 것입니다.

2011년 섣달에

북한산 바라보며

임으로부터 올 기쁜 소식을 기다리며

희석稀石 김재진 목사

---

* 필자의 기도에 대해 하나님께서 응답해 주셔서 2011년 11월 25일 모든 명예를 회복하게 되었다. 이를 통하여 정의와 공의의 하나님이심을 필자는 재인식하였다. 그동안 함께 기도해 주신 분들과 더불어 하나님께 영광을 돌린다.

목 차

제5부 성령과 인간

제6부 화해의 영인 성령

제7부 종말과 성령

제1부

서론:
삼위일체이신 성령 하나님

1
'성령' 하나님에 대한
곡해曲解

독일의 교리사教理史 교수인 제베르크R. Seeberg에 의하면, 기독교의 진리 기준criterion은 사도들이 전해 준 '부활전승'과 '성경'이 증언하고 있는 예수 그리스도의 구속의 내용이었습니다. 즉 기독교 진리 혹은 교리의 모든 문제는, 그것이 성경이 증언하고 있는 내용과 얼마나 일치하느냐, 아니면 그렇지 않느냐에 따라서 진위眞僞가 결정되었습니다. 바꾸어 말하면 모든 '신앙고백', 곧 '신조Credo'의 시금석은 성경이었습니다. 그러나 기독교 복음이 여러 지역에 선교되고, 각 지역에 기독교 공동체가 설립되면서부터, 기독교 진리는 피선교지 토착민의 사상체계를 기독교 진리 설명의 도구로 수용하게 되었습니다. 이것을 가리켜 소위 신학적으로 '복음의 토착화Inculturation of Gospel'라고 일컬었습니다. 예컨대 예수 그리스도의 구속사건을 비롯하여 기독교의 진리가——이레니우스, 오리겐, 카파도기아의 신학자들 그리고 시릴 등에 의해서——'헬라정신'의 사유체계로 새롭게 증언되기 시작하였습니다. 그리고 중세에 와서는 다시——터툴리안, 레오, 어거스틴, 암브로시우스, 힐라리, 그레고리 등에 의해서——기독교 복음이 로마의 법 정신에 의해서 새롭게 설명되었습니다. 그리고 그 후 종교개혁 시대에 와서 전통적인 기독교 진리는 독일의 마르틴 루터M. Luther에 의해서 '독일의 사상체계'로, 그리고 영국에서는 존 낙스John Knox에 의해서 '영국 유형Anglo-Saxon Type'으로 설명되고 증언되었습니다. 이렇게 기독교 진리를 설명하는 방법이 변화되는 것을 가리켜 혹자는 '복음의 토착화'라고 부르고, 가톨릭 신학자 한스 큉Hans Küng은 사유체계의 '모형변경Paradigmenwechsel'이라고 부릅니다.

기독교 교리사적으로 볼 때, '성령'에 대한 증언방식도 앞에서 언급한 '사유체계의 토착화' 과정에서 결코 제외되지 않았습니다. 기독교 교리를 설명하는 방법의 '토착화' 과정에서 가장 먼저 접하게 된 것은 바로 '신비주의'였습니다. 그런데 기독교 교리가 '신비주의'와 결합되는 데 매개체 역할을 한 '중간공리Mittelaxiom'가 바로 '성령'에 대한 이해였습니다. 예컨대 기독교 교리사에서 최초의 이단교리로 정죄된 '영지주의Gnosticism'는 그 어느 교리보다도 '영의 신성'을 강조하였기 때문입니다. 즉 '영靈'은 신성하고 선한 것이며, '육肉'은 악하고 죄악된 것이라고 생각하였습니다.[1] 특별히 '영지주의' 사상의 특성은 무엇보다도 종교, 철학, 문화의 혼합입니다. '계시'는 세상의 '지혜'로 이해되었고, '성령'은 이 세상 물질 및 인간에 내재해

---

1) '영지주의'에 대한 우리의 지식은 주로 이단 비판론자들에 의해서 전해졌다. 예컨대 저스틴, 이레니우스, 터툴리안, 히폴리투스Hippolitus, 에피파니우스Epipahanius 등 교부들의 보고에 의존하고 있습니다. 그러나 이들의 보고들 사이에도 서로 일치하지 않는 점이 많습니다. 그마나 가장 신뢰할 만한 자료는 W. Schultz, *Documents of Gnosticism*, 1910; Neander, *Genetisch Entwickung*, 1818; D. R. S. Meade, *Fragments of Faith Forgotten*, 1906; W. Bousset, *Die Hauptprobleme der Gnosis*, 1907에 실려 있습니다. 그리고 '영지주의의 사상'에 대하여는 C. Colpe, Art. 'I. Religionsgeschichte'; E. Haenchen, Art. 'II. Gnosis und NT'; G. Rosenkranz, Art. 'III. Christilicer Gnostizismus, dogmengeschichlich', RGG 3.Aufl, Band II, 1648-1662. 그리고 가장 최근의 종합적인 연구서는 Kurt Rudolph, *Die Gnosis. Wesen und Geschichte einer spätantiken Religion*, (Göttingen: Vandenhoeck & Ruprecht), 3. durchgesehene und ergänzte Aufl., 1990에 실려 있습니다.

있는 '에너지'로 이해되었습니다. 즉 종교적 '신화'와 이지적 '철학'이 논리적으로 결합되었습니다. 한마디로 말해서, 우주론적 신화, 희랍과 동양의 이교적 철학 사상, 그리고 기독교 진리가 바빌로니아, 시리아, 소아시아, 페르시아, 인도 등의 종교와 그리고 필로의 유대교, 예수에 대한 사도들의 가르침이 결합되어 '영지주의'라는 커다란 '종교적 도가니' 속으로 혼합되었습니다. 그래서 제베르크R.Seeberg는 이러한 기독교의 영지주의화를 가리켜 "기독교를 세상과 조화시켜 해석함으로써, 세상을 교회에 예속시키려고 한 최초의 시도"였다고 특징짓고 있습니다.[2]

특별히 '성령'과 관련해서 '영지주의'는 '성령'을 구원을 얻기 위한 신적 계시와 계몽에 의해서 주어진 '초자연적 지식'이라고 강조하였습니다. 바꾸어 말하면, 영지주의는 기독교의 '성령'을 구원에 이르는 영적 지식을 제공해 주는 '영적 실체'로 이해하였습니다. 그래서 그들은 하나님으로부터 받은 '신적 계시', '신비적 체험', '상징적 형식의 마법', '금욕주의적 실천' 등을 강조하였는데, 이 모든 것이 바로 '성령의 사역'이라고 가르쳤습니다. 왜냐하면 '영지주의'는 이 세상의 모든 사물은 '빛과 어두움', '정신과 물질'로 되어 있다는 철저한 '형이상학적 이원론'에서 출발하고 있기 때문입니다. 즉 "악의 원리에 의해서 지배되는 물질의 세계는 선하신 하나님에 의해서 지배되는 정신, 곧 '영(성령)'의 세계와 태초부터 날카롭게 대립되어 있다"고 생각하였기 때문입니다.[3]

그러므로 영지주의자들에게는 '인간이 어떻게 물질의 세계로부터 해방되어 빛의 세계에 참여하는 자가 될 수 있겠는가?'라는 것이 심각한 신학적 문제가 되었습니다. 그래서 '영지주의'는 인간의 구속의 근원을 영적 세계

---

2) J. L. Neve, *A History of Christian Thought*, 서남동 역, 『基督敎敎理史』(서울: 대한기독교서회, 1965), 98.
3) *Ibid.*, 99.

에서 구하였습니다. 즉 "창조신demiurge은 세계와 인간의 창조를 초래하였으며, 거기에 부수된 죄와 고통을 있게 만들었고, 그리하여 인간에게 있는 영적 원리가 구속을 필요로 하게 만들었다"[4]고 그들은 생각하였습니다. 그래서 초기 영지주의는 인간을 두 계급으로 나누었으나, 후기의 영지주의는 세 계급으로 분류하였습니다. 즉 후기 영지주의자들은 인간을 그 본성 가운데 있는 영적 원리의 정도에 따라서 '영적 계급', '물질적 계급', 그리고 '육욕적 계급'으로 분리하였습니다.[5]

이상 살펴본 바와 같이 초대 교회의 '성령과 그의 사역'에 대한 이해는 고대 '영지주의'로 사유체계가 변형되면서부터, '철학', '이교異教의 밀의종교', 그리고 '분화'와 혼합되었고, 그래서 결국 '성부', '성자', '성령' 삼위일체 하나님의 제3인격으로서의 '성령 이해'는 상실되었습니다. 그러나 우리가 결코 간과할 수 없는 것은, 하르낙이 평가하듯이, "영지주의자들은 실로 첫 세기의 신학자들이었으며, 또한 그들은 기독교와 희랍문화의 신속한 상호융합을 꾀하던 사이비 기독교도들"이었던 것만은 분명합니다.[6] 그런데 바로 이 점을 우리가 결코 간과할 수 없는 것입니다. 즉 기독교가 세계화되면서, 초대교회 내부에 '영지주의'와 같은 기독교 진리에 대한 혼합적 사상이 편만하였다는 것입니다. 그래서 '성령'에 대한 이해는 헬라문화와 철학을 통하여 전적으로 왜곡되기 시작하였던 것입니다.

예컨대 스토아 철학자들은 '존재'를 '살아 움직이는 힘(능력)'으로 생각하였습니다. 그리고 이 '살아 움직이는 힘(능력)'을 '생명'이라고 생각하였습니다. 히르쉬베르거J. Hirschberger에 의하면, 스토아Stoic 학파들은 "무기적無機的인 자연自然에는, 아직 '프노이마Pneuma(영)'만 그저 존재하고 있을 뿐임

---

4) *Ibid.*, 100.
5) 참조. *Ibid.*, 101.
6) A. Harnack, *Dogmengeschichte*, 4.Aufl., 251 (J. L. Neve, *Ibid.*, 103에서 재인용)

니다. 그러나 식물植物의 세계에 있어서는 이 프노이마(영)가 성장의 단계만 이르고, 동물動物의 세계에서는 영혼으로 나타나며, 인간人間에게 있어서는 이성理性으로 나타납니다. 그러나 근본적으로 보면, 이 프노이마는 아무데나(어디든지) 있으며, 물체적인 것의 다른 한 가지의 측면을 뜻할 뿐입니다. …… 모든 것이 다 물질이며, 소위 생명력이라는 것도 물질입니다" 라고 '영'을 규정하고 있습니다.[7] 이러한 스토익 학파들의 '영'에 대한 정의定義는 '영'을 인격적으로 이해하지 않고 있습니다.

그러므로 헬라 스토아 철학의 전승 속에서 기독교의 '성령 하나님'에 대한 이해는 인격성이 없는 단지 '하나님의 능력'으로 이해되었습니다. 즉 성령은 단지 삼위일체 하나님의 여러 가지 속성에 대한 종합적 '총괄개념 Inbegriff'으로 이해되었습니다. 왜냐하면 성령을 '하나님의 능력'으로 이해하는 사람들은 '성령'을 '생명(삶)의 힘', '구원사의 수행자', '새로운 창조를 일으키는 종말론적 능력', '하나님 백성의 삶의 힘'으로 이해할 뿐만 아니라, 한 걸음 더 나아가 '성령'을 '다가오는 하나님의 세계의 능력이요', '새로운 시대(에온Aeon)의 에너지'로 규정하였기 때문입니다.[8] 뿐만 아니라, 그들은 성령을 '믿음의 능력', '자유의 능력', '진리의 능력', '지혜의 능력', '사랑의 능력', '위로와 희망의 능력'으로 규정하고 있기 때문입니다. 그러나 성령을 이러한 개념으로 규정하는 것은, 예컨대 '자유', '진리', '지혜', '희망', '생명', '사랑'으로 성령을 규정하는 것은, 하나님의 여러 속성을 가리키

---

7) Johannes Hirschberger, *Geschichte der Philosophie*, 강성위 역, 『서양 철학사』 상권: 고대와 중세 (대구: 이문출판사 1996), 310.

8) 니이브에 의하면, 영지주의자 발렌티누스는 "천지개벽과 신들의 계보에 대하여 극히 환상적이고 사변적인 체계를 가지고 있었다. 즉 숨겨진 하나님으로부터 '아이온Aion'의 긴 계열이 유출되었는데, 그러한 '아이온'이 지닌 신적 능력은 원래의 신적 근원으로부터 멀어짐에 따라서 반대로 점점 감소되었다. 이러한 약화弱化의 과정은 영적 원리가 물질과 접촉하게 되고, 나아가서는 물질적 육체의 감옥 속에 갇히게 되는 데에 이르기까지 계속되었다. 그리하여 세계와 인간이 창조되었다"고 주장합니다.(J. L. Neve, *Ibid.*, 100)

는 형이상학적 개념일 뿐입니다. 물론 하나님의 인격적 성품을 표현할 때 도, '사랑', '희망', '지혜'라는 개념들을 사용하기는 하지만, 성령을 '～의 능력'이라고 규정하는 것은, 성령을 단지 인간 혹은 물체 안에 내재한 그 어떤 '힘의 근원'으로밖에는 달리 이해할 수 없는 여지를 남겨놓고 있습니다. 왜냐하면 이미 헬라주의 스토아학파의 자연학 철학자들도 유물론적 범신론을 주장해왔기 때문입니다. 따라서 '성령 하나님'을 단지 '～의 능력' 혹은 '～하게 하는 능력'으로 이해할 경우, 우리는 잘못하면 헬라주의 철학 자들의 유물론적 범신론에 빠질 우려가 있습니다. 왜냐하면 성령을 단지 '～의 능력'으로만 이해하면, '성령의 인격성Persönlichkeit des Heiligen Geistes' 이 상실되기 때문입니다. 반면에 기독교의 하나님은 단지 '영적 하나님'이 아니라, 성부와 성자와 성령의 살아 계신 인격적인 하나님이십니다.9)

이상으로 앞에서 '성령 이해'를 교회사적, 아주 간략히 살펴본 바와 같 이, 초대교회가 '영지주의' 문제로 혼란을 겪고 난 이후 교회의 성령에 대한 관심은——이단논쟁에 휘말릴 위험으로 인하여——최근까지 신학의 뒷 전으로 물러나게 되었습니다. 그래서 최근 딜쉬나이더O. A. Dilschneider는, "기독교 신학은 '급성 성령 망각증'에 시달리고 있다"고 말할 정도로 성령 론에 대한 집필이 공백기를 갖게 되었습니다.10) 그러나 1970년대부터

---

9) 참조. 金均鎭, 『基督敎組織神學』 III (서울: 연세대학교출판부, 1992), 13: "하나님의 能力으 로서의 성령". 여기서 김균진은 J. Moltmann의 *Trinität und Reich Gottes. Zur Gotteslehre* (金均 鎭 역: 『삼위일체와 하나님의 나라』, 1980, 198)를 수용하여 성령을 '하나님의 능력'으로 기술하고, 곧 이어서 "神的 人格으로서의 성령"(26이하)에 대하여 기술하고 있습니다. 그래 서 김균진은 "첫째, 성령은 하나님의 능력인 동시에, 둘째, 인격 안에 계시 하나님 자신이라 는 것입니다."(같은 책, 13)라고 확정하고 있습니다.

10) O. A. Dilschneider, *Der Geist führt in die Wahrheit,* Ev. Komm. 1973, H. 6, 333f.(Horst G. Pöhlmann, *Abriß der Dogmatik,* 이신건 역, 『교의학』, 서울: 한국신학연구소, 1990, 347 에서 재인용.) 여기서 딜쉬나이더는 '그리스도 중심'의 구속사건에 맞서서 성령의 구원사건 을 강조하는 '성령의 신학'을 강조하고 있습니다. 이 밖에 W. Kasper, *Der Geist Jesu Christi,* 2.Aufl., 1983, 246.

미국의 빌리 그레이엄을 비롯한 부흥설교자들과 '오순절 운동'의 영향을 받아 1980년대부터 '성령론'에 대한 책들이 속속 출판되기 시작하였습니다. 그 대표적인 것들이, 몰트만. Moltmann, 가톨릭 신학자 콩가르Ynes Congar, 그리고 벨커M. Welker에 의한 '성령론' 연구서입니다.11) 이들 학자들의 연구는 이전의 헬라적 혹은 신비주의적 성령 이해로부터 벗어나, 성경이 증언하는 성령을 새로운 전망 위에서 해석하였습니다.12)

---

11) J. Moltmann, *Trinität und Reich Gottes. Zur Gotteslehre*, (München: Chr. Kaiser Verlag), 1980; 그의, *Der Geist des Lebens. Eine ganzheitliche Pneumatologie*, (München: Chr. Kaiser Verlag), 1991; W. Pannenberg, *Glaube und Wirklichkeit - Kleine Beiträge zum christlichen Denken*, (München: Chr. Kaiser Verlag), 1975; M. Welker, *Gottes Geist. Theologie des Heiligen Geistes*, (Neukinchen-Vluyn: Neukirchener Verlag), 1992.

12) 이들의 '성령론'의 신학적 특성에 관하여: 김영한, '제11장 현대신학의 성령론 착상. - 판넨베르크, 몰트만, 틸리케', 그의, 『現代神學과 改革神學』(서울: 성광문화사, 1996), 312-319.

2

여러 성령론의 '공통분모'로서의
'구원과 보혜사적 사역'

몰트만은 자신의 성령론, 『생명의 영*Der Geist des Lebens*』에서 성령론이 등한 시되어 온 이유를 바르트의 '그리스도 중심의 신학' 때문이라고 해석하고 있습니다: "이러한 추세(성령론이 의붓자식으로 취급받는 추세)는 개신교의 '신정통주의', 칼 바르트와 고백교회의 바르멘 신학선언의 그리스도 중심주의에 대한 반응이었다고 말할 수 있다."[13] 이러한 몰트만의 바르트 비판에 의하면, 이전의 성령론은 "성령을 단지 '구원의 영'으로 파악하며, 그 장소는 교회이며, 이 성령은 인간에게 영혼의 영원한 축복을 확신시킨다고 생각하는 경향이 있다. 그래서(필자 첨부) 구원하는 영은 인간의 신체적인 삶은 물론 자연적 삶으로부터 분리된다."(22)는 것입니다. 그리고 몰트만은 이러한 해석학적 경향의 이유를 두 가지로 지적하고 있습니다. 첫째는 '기독교의 플라톤화'이고, 다른 하나는 '*a patre filioque*(아버지와 아들에게서도 또한)'

---

13) 참조. J. Moltmann, 김균진 역, 『생명의 영』, 13. 이하 본 단락의 페이지는 『생명의 영』의 페이지 숫자 임.

언자로 고백하고 있다. "그것(구원의 확실성—필자 주)은 약속된 은혜의 내적 증거요(벧후 1:4, 5, 10, 11; 요일 2:3; 3:14) 우리가 하나님의 자녀라고 우리의 영에게 증거 해 주는 양자養子의 영의 증거이다.(롬 8:15, 16) 이 영은 우리의 기업에 대한 증거이다. 그것으로써 우리는 구속의 날까지 인침을 받았다. (엡 1:13, 14; 4:30; 고후 1:12, 22)"(WC 18,2) 따라서 성령, 곧 그리스도의 영은 "인간의 의지를 억제하고 자유롭고, 기쁜 마음으로 그것(하나님의 율법—필자 주)을 행할 수 있게 해서 율법 안에서 계시된 하나님의 뜻이 이루어지기를 요구하신다(겔 36:27; 히 8:10; 렘 31:33)"(WC 19,7)고 WC는 고백하고 있다.

이상 살펴본 바와 같이, WC에 나타난 성령 하나님은 성부 하나님에 의해서 '택함 받은 자들만'을 '실제로 부르시고', '의롭게 하시고', '성화시키시고', 그들에게 '구원의 확신을 주시며', '선행하도록 인도하시어' '궁극적으로 구원에 이르게 하시는' 분이시다. 바꾸어 말하면, '택함 받은 자들만을 위한 예수 그리스도의 구속의 은혜'(WC 8,6)20)을 오직 '택함 받은 자들에게만 역사 속에서 실제로 실현시키는' 분이 바로 성령 하나님이시다. 이러한 의미에서 WC의 삼위일체 되시는 한 분 하나님은, 곧 성부 하나님, 성자 하나님 그리고 성령 하나님은 단지 '택함 받은 사람과 천사들만'의 하나님 이시고, 성령 하나님 역시 '택함 받은 사람과 천사들만'의 '구원자 하나님' 이시다.

---

20) WC 8,6 : "그리스도께서는 구속 사업을 성육하시기까지는 실지로 성취하시지 않았다 할지라도 구속의 힘과 효력과 덕분은 세상 처음부터 오늘까지 계속적으로 모든 택한 사람들에게 전달되었다."; WC 29,2 : "그리스도께서만이 모든 택함을 받은 사람의 죄를 위하여 드리신 화목 제물……."

4. 성부, 성자 하나님의 내적 교통의 영으로서의 성령 하나님

WC는 창세기 2장 7절, 전도서 12장 7절, 누가복음 23장 43절, 마태복음 10장 28절을 근거로 성부, 성자, 성령 삼위일체 되시는 하나님께서 우선 "사람에게 이성적이고 불멸의 영혼"(WC 4,2)을 주셨다고 증언한다. 그리고 WC는 제20장 "신자의 자유와 양심의 자유에 관하여"에서 성령을 '교통케 하는 영'으로 고백하고 있다. 왜냐하면 신약시대의 성도들은 "율법 아래서 믿던 이들보다(요 7:38, 39: 고후 3:13, 17, 18) 더 큰 담력을 가지고 은혜로우신 하나님에게 접근하여 하나님의 영과 더 충분한 교통을 가지는데 이(해방의—필자 주) 자유가 있다"(WC 20,1)고 믿기 때문이다. 이렇듯 '택함 받은 자들'만이 '성령의 능력'(WC 20,4) 안에서 죄의 지배로부터 해방된 구원의 자유를 마음껏 누리게 된다. '택함 받은 자들'을 성부 하나님과 교통케 하는 성령의 역할은 "예배와 안식일에 관하여"란 제21장에서도 역시 동일하게 고백되고 있다. 왜냐하면 "이(감사—필자 주) 기도는 하나님께 모든 사람들에게 요구하시는 것이다(시 65:2)"(WC 21,3)[21]라고 강조하고, 이 기도가 실제로 용납되려면, "성령의 도움을 얻어 성자의 이름으로 해야 한다(요 14:13, 14: 벧전 2:5)"(WC 21,3)고 강조하기 있기 때문이다.

이제 이러한 '교통과 사귐의 사역'을 성령 하나님은 보이지 않는 우주적 교회 안에서 실행하신다. 왜냐하면 WC는 우선 "보편적catholic이고 우주적universal인 교회는 불가견적不可見的이다. 이 교회는 과거나 현재나 미래에 있어서 머리 되시는 그리스도를 중심으로 모이는 택함을 받은 모든 사람들

---

21) "이(감사—필자 주) 기도는 하나님께서 모든 사람에게 요구하시는 것"(WC 21,3)이라면, 하나님은 택함 받지 못해서 구원받지 못한 사람에게도 감사의 기도를 요구하시는가 하는 질문이 제기될 수 있다. 따라서 아마도 "모든 사람" 앞에 '택함 받은'이란 수식어가 누락되었을 것이다. 그러므로 "모든 사람" 앞에 '택함 받은'이란 말이 첨부되어야 앞에서 고백한 내용과 일치한다.

그리고 성령을 통하여 이 세상 안으로 들어온다'는 것입니다. 따라서 '성령'은 '하나님', 그리고 '그리스도'의 신적 주체에 대한 술어라고 말합니다. 즉 아버지의 영은 활동하는 하나님을 가리키며, 아들의 영은 활동하는 그리스도를 가리킨다는 것입니다.19) 이렇게 성령을 규정함으로써 그는 결국 '하나님의 세 번째 존재'로서의 '성령'을 포기합니다. 그럼에도 불구하고 베르크홉 역시 '성령'의 주된 사역으로 계약사적 구원사역을 배제하지는 않습니다. 즉 성령의 강림 목적은 '인격적 구원persönliches Heil'에 있음을 강조합니다. 즉 성령을 통하여 우리는 그리스도와 함께 죽고, 함께 부활한다는 것입니다.20)

가톨릭 신학자 뮐렌은 '계약신학적 전망'에서 성령의 인격성, 바꾸어 말하면 '인격주의적 삼위일체론'을 새롭게 부각시켰습니다.21) 그는 '인격', '관계', '사귐'을 서로 보완적 개념으로 사용하고 있습니다. 그래서 그는 마르틴 부버의 '너와 나Ich und Du'의 구조를 본받아, 성부는 신적인 '나Ich'이고, 성자는 신적인 '너Du'이고, 성령은 양자의 사랑과 평화의 끈으로써 신적인 '우리Wir'라고 주장하였습니다. 그러나 뮐렌 역시 '삼위일체 하나님의 인격적 사귐' 속에서 인간의 구원이 이루어진다고 본 점에서는 여전히 성령의 주된 사역이 '구원', '보혜사적 사역', 혹은 '메시아적 사역'임을 간과하지는 않았습니다. 성령론을 어떠한 구조로 전개하든지 간에 중요한 것은 성령의 사역입니다. 이 점에 있어서 '헤드릭 베르코홉'나 '헤리버트 뮐렌'은 여전히 전통적인 해석에서 이탈하지 않고 있습니다.

---

19) Hendrikus Berkhof, *THE DOCTRINE OF THE HOLY SPIRIT*, tr. by Hans-Ulrich Kirchhoff, *Theologie des Heiligen Geistes. Mit einem Nachtrag zur neueren Diskussion von Uwe Gerber*, Neukirche-Vluyn: Neukirchen Verlag, 1988, 134.

20) *Ibid.*, 45, 85.

21) Herribert Mühlen, *Der Heilige Geist als Person. In der Trinität bei der Inkarnation und im Gnadenbund, Ich-Du-Wir*, Münster, 4.Aufl., 1963.

특히 미하엘 벨커M. Welker가 1992년 *Gottes Geist*란 책을 출판함으로써, 이제 '성령론'은 철저히 성경의 증언에 기초해야 함이 재천명되었습니다.[22] 그는 성령의 역사를 다원사회 속에서 분리의 갈등을 극복하는 '화해의 영'으로 특징지어 기술하고 있습니다. 특히 그의 '사사기'에 대한 연구는 성령의 역사를 정치적, 경제적 위기 상황 속에서 고난 받는 백성을 구원하는 '보혜사 사역'으로 새롭게 정립하고 있습니다. 그는 이전의 다른 신학자들과 달리 철저히 성경의 증언에 기초하여 성령의 사역을 모든 사회적, 경제적, 정치적 계층분열을 극복하는 '사귐이며, 하나되게 하는 화해'로 규정하고 있습니다. 한 마디로 말하면, 그의 성령론은 역사적 현실 속에서 경험될 수 있는 하나님으로서의 '보혜사 영'에 관한 것입니다. 그래서 그는 자신의 성령론을 다음과 같이 특징짓습니다: "성령의 신학은 하나님의 현실성이 여러 종류의, 서로 쉽지 않게 조화를 이루고 있는 삶의 영역의 긴장 넘치는 관계성 안에서 등장한다는 것을 보는 것에 새롭게 집중하도록 안내한다."[23] 이러한 점에서 벨커는 성령의 보혜사적 사역을 그 어느 신학자보다도 강조하고 있습니다.

최근 옵스트Gabriele Obst는 자신의 박사학위 논문인 「창조주 영이여 오시옵소서!*Veni Creator Spiritus!*」에서, 성경의 증언에 기초하여 기독교 교리를 전개한 바르트의 『교회 교의학 *Kirchliche Dogmatik*』에서 '성령론'을 분석하였습니다. 그에 의해서 바르트의 성령론 역시 성경의 증언에 기초한 것임이 다시 입증되었습니다.[24] 사실 바르트는 자신의 마지막 강의록인 『복음주의 신학입문』에서 성령을 하나님의 구원 역사를 주도권적으로 이끌어 가

---

22) 국내에서는 M. Welker, 신준호 역, 『하나님의 영』(서울: 대한기독교서회, 1995)으로 출판되었다.

23) *Ibid.*, 6.

24) Gabriele Obst, *Veni Creator Spiritus. Die Bitte um den Heiligen Geist als Einführung in die Theologie Karl Barth.* Gütersloh: Chr. Kaiser/Gütersloh Verlag, 1998.

는 힘으로 규정하고 있습니다. 바르트에 의하면, "성령은 창조주, 화해의 주, 계약의 주로서 행동하셨고, 바로 이러한 주님으로서 하나님의 행동(창조, 화해, 계약)을 조명하는 힘으로 인간 가운데뿐만 아니라, 인간 속에서 거하시고, 거하셨고, 거하실 것이다. 성령은 저 운동하는 공기요, 움직여진 대기"라고 하였습니다.[25]

이상 몰트만 이후 최근 독일어권에서 나온 성령론에 관한 저술들의 특징들을 개괄해 볼 때, 성령은 삼위일체 하나님의 모든 사역을 역사 속에서 '실제로 실현하는 하나님의 능력', 더 구체적으로 말하면 '상실되어 가는 생명력을 도와 다시 소생시키는 보혜사의 힘'으로 나타나고 있습니다. 따라서 필자는 성령의 이러한 특성들이 구체적으로 성경의 어느 곳에서 어떻게 증언되고 있는지를 재검토하고자 시도하였습니다. 그래서 필자는 성경이 증언하는 성령의 사역에 대한 성구들을 종합하여 성령론을 종합적으로 기술하고자 시도하였던 것입니다. 따라서 본 성령론은 첫째, 성경이 증언하는 성령의 사역을 분석하여 그 사역의 특성을 종합하는 성경적 성령론의 특성을 갖습니다. 둘째, 본 성령론은, 성령 하나님은 성부, 성자와 분리된 하나님이 아니라, 성부와 성자와 연관성 속에서, 역사 속에서 현실적으로 활동하고 계시는 하나님 자신이라는 삼위일체론적 특성을 갖습니다. 셋째, 본 성령론은 히브리적 인지구조認知構造에 상응하게 '역사 속에 살아 현존하시는 하나님'의 우주론적이면서 동시에 인격적인 사역에 대한 증언이라는 특성을 갖습니다.

---

25) K. Barth, *Einführung in die evangelische Theologie*, 이형기 역, 『복음주의 신학입문』(서울: 크리스챤다이제스트, 1992), 70.

3
구약에서의
보혜사적 성령 해석의 타당성

한스 발터 볼프Hans W. Wolff는「구약성서의 새로운 해석을 위함」[26]에서, 구약성서의 다양한 본문이 증거하는 본래의 메시지가 되살아나게 하는 연구방법이 필요하다고 역설하였습니다. 그는 구약 신학은 어떤 원칙에 의해서든지 성서의 본문 그 자체만을 위한 봉사는 결코 아니라고 말합니다. 그래서 그는 모든 자의字意적인 해석을 제거하는 해석방법을 추구해야 한다고까지 말합니다. 볼프 자신의 말을 빌리면, "모든 활용 가능한 수단을 동원하여 본문을 그 역사적 맥락에서 이해하고, 자의적인 해석을 배제하는 해석의 방법론을 추구해야 한다"라고 말합니다.[27] 다시 말해서 그는 모든 유용한 방법을 다 활용하여 성서의 본문을 그 역사적 상황 속에서 이해해야 한다고 주장합니다. 그래서 볼프는 구약 본문의 역사적 문맥

---

26) Hans W. Wolff, Zur Hermeneutik des AltenTestaments, *EvTh* XVI (1956), pp. 337-370.

27) Hans W. Wolff, Zur Hermeneutik des Alten Testaments, in: C. Westermann(Hg.), *Essays on Old Testament Hermneutics*, 박문재 역,『구약 해석학』(서울: 크리스챤 다이제스트, 1995), 168.

을 이해하고, 자의적 해석을 제거하기 위해서 '모형론적typologisch' 해석 방법론을 내놓았습니다. 그렇다면 볼프의 '모형론적' 해석 방법은 어떠한 것인가?

우선 볼프는 본문의 숨겨진 의미를 찾아내려고 하는 전례적herkömmlich 인 의미의 '모형론적' 해석을 거부합니다. 왜냐하면 그는 전례적인 모형론적 해석이 본문의 역사 의미를 간과하고 자의적 해석에 치우쳐 있다고 보기 때문입니다.28) 볼프의 '모형론적' 구약성서 해석방법은 한마디로 말하면 '케리그마적 모형론'이라고 특징지어 말할 수 있을 것입니다. 왜냐하면 그는 구약성서를 해석할 때 어떠한 다른 분야보다도 신약성서의 본문(더 자세히 말하면 신약성서의 케리그마Kerygma)에 의지해야 하고, 또한 신약성서는 구약성서와의 종말론적인 유비類比 속에서 본문을 해석해야 한다고 주장하기 때문입니다. 그에 의하면 구약은 "이상한 신神을 증언하고 있는 것이 아니라, 신약의 예수 그리스도의 아버지를 증언하는 책"입니다. 역으로 볼프는 "구약 성서의 증거 없이는 나사렛 예수가 누구였는지 요한복음(요 5:39) 마저도 알 수 없었을 것29)"이라고 말함으로써, 구약과 신약의 상호 교차적인 케리그마적 모형론적 해석 방법을 강조하였습니다. 그리고 그는 폰 라드G. von Rad를 빌어 구약성서를 정확히 이해하려면, "구약의 문헌들이 그 시대의 역사적 현실을 향하여 선포한 증언들Kerygma을 이해해야 한다"30)고 주장합니다. 그래서 볼프의 '케리그마적 모형론'은 신약의 증언에 비교하여 구약성서의 증언을 유비적analogisch 혹은 모형론적typologisch으

---

28) 볼프는 전례적인 모형론적 해석의 대표적인 것으로 J. Fichtner의 Exegese I, 2.Aufl. *EKL* I, p. 1224를 들고 있습니다.

29) Hans W. Wolff, Das Kerygma des Jahwisten, *EvTh* XXIV (1964), 문희석 편, 『舊約聖書 중심사상』(서울: 대한기독교출판사, 1977), 70.

30) 비교. G. v. Rad, Offene Fragen im Umkreis einer Theologie des Alten Testament, *TLZ* 88(1963), Sp. 444.

로 이해하는 해석방법을 취합니다.

이러한 맥락에서 그는 자신의 '케리그마적 모형론' 내지는 '케리그마적 구속사적' 방법이 신약신학으로 향하는 기본 방향을 세 가지로 요약하고 있습니다. 그것은 구약과 신약의 '역사적 유비geschichtliche Analogie'와 '종말론적 유비eschatologische Analogie' 및 '모형론적 연속성typologische Kontinuität'입니다. 구약과 신약의 이러한 세 가지 유비론적 전망 아래서 볼프는 자신의 "케리그마적 구약성서 해석 방법을 구약의 각 시대에 새롭게 선포된 세 가지 메시지31) 즉, ①J기자의 메시지 ② 오경에 나타난 E문서 단편들 ③ 신명기적 메시지에 적용합니다.32)

볼프에 의하면, "J 기자의 케리그마"33)(창 2:46-민 25:5)가 선포한 역사적 상황은 대체로 다윗-솔로몬 왕국 시대입니다.34) 볼프에 의하면 J 기자의 핵심 케리그마는 창세기 12:1-3에 있는 '축복'(ברכ)35)에 대한 선포입니다. 더 자세히 말하면 '아브라함 백성으로 말미암아 온 인류가 축복을 받으리라(창 12:2)'는 것입니다. 볼프는 이러한 축복 선언이 J문서의 독특한 특징이라고 주장합니다. 왜냐하면 J문서 속에는 무엇보다 '땅에 대한 약속

---

31) *Ibid.*, 69-121.

32) 이러한 볼프의 연구방향에 상응한 입장에서 브루지만은 제4의 메시지(P기자의 케류그마)를 제공합니다. 브루지만에 의하면, P문서 자료들은 대체로 제사의식 체제의 본격적인 질서에 관련된 율법과 규정들, 족보, 설화 요소들을 포함시킬 수 있는데, 이들의 주제는 '정복하라', '통치하라'는 용어를 채용한 것들로써, P기자의 일관된 관심은 이스라엘이 다시 토지를 새롭게 정복하고 그 땅에서 옛날 조상들이 누렸던 것처럼 축복과 평안의 삶을 바라보는 미래에 있었다. 그러므로 브루지만에 의하면 P기자의 메시지는 희망을 유력한 신학으로 이해하며 하나님의 질서를 회복하시고 축복하시는 행위가 아직도 온전하게 성취되어야 할 것을 가르치고 있다.(사 45:18-19) 이에 관하여: W. Brueggemann and Hans W. Wolff, *op. cit.*, 180-214.

33) Hans W. Wolff, Das Kerygma des Jahwisten, *EvTh* XXIV (1964), 73-97.

34) G. Hölscher는 "12지파가 연합되었다는 사상"을 "J 의 역사관을 형성시킨 주도적 사상"이라고 본다. 이에 관하여 G. Hölscher, *Geschichtsschreibung in Israel*, 1952.

35) 참고. *H. Junker*, Segen im Alten Testament, *ZAW* Beih, 70 (1941), 54ff.

Landverheißung', '후손에 대한 약속Nachkommenverheißung', 그리고 '대국에 대한 약속Großreich'이 내포되어 있기 때문이라고 말합니다. 볼프는 '축복'이란 단어는 J 기자가 즐겨 쓰는 단어였으며, '축복'에 대한 케리그마는 J문서의 독특성으로서 민수기 22장 6절b의 발람 설화에서 명백하게 나타난다고 주장합니다.[36]

그래서 볼프는 창세기 12장 3절을 원역사(창 1-11)의 결론이 아니라, 이스라엘의 구속사로 넘어가는 전환점이며, 동시에 온 인류를 위한 구원사의 시발점으로 해석합니다.[37] 그래서 그는 이스라엘의 족장사가 민족사로, 그리고 민족사가 인류의 구원사로 확장 전개되는 모든 과정의 시발점을 창세기 12장 3절에서 찾고 있습니다. 다시 말하면 '땅의 모든 족속들'(암몬, 모압, 블레셋, 아람 족속)이 이스라엘을 통하여 구원을 얻게 되는 사건이 족장 설화이후에 전개되고 있다는 것입니다. 볼프에 의하면 J 기자는 이스라엘의 구속사를 통해 '땅의 모든 족속들'이 이스라엘의 축복에 동참케 되는 것을 선포하고 있습니다. 즉 J문서의 메시지는 아브라함에 대한 하나님의 약속, 곧 축복이 족장의 역사, 이스라엘의 역사, 땅의 족속들의 역사, 그리고 끝내는 인류사를 통하여 전개되고 확장되는 구속사를 증언하고 있는 '케리그마編音'라고 특징짓고 있습니다.

구약성서, 특히 J 기자의 메시지가 가지고 있는 축복에 대한 케리그마적 특성을 볼프는 갈라디아서 3장 8-9절[38]에서 발견하고자 합니다. 그래서 그는 구약성서의 메시지를 신약성서의 케리그마와 모형론적 유비 속에서 해석해야 할 것을 주장합니다. 이 점을 볼프는 다음과 같이 반어적으로

---

36) Hans W. Wolff, *Das Kerygma des Jahwisten*, 문희석 편, 『舊約聖書中心思想』, 93.
37) *Ibid.*, 96.
38) 갈 3:8-9 : "하나님이 이방을 믿음으로 말미암아 의로 정하실 것을 성경이 미리 알고 먼저 아브라함에게 복음을 전하되 모든 이방이 너를 인하여 복을 받으리라 하였으니, 그러므로 믿음으로 말미암은 자는 믿음이 있는 아브라함과 함께 복을 받느니라."(갈 3:8-9)

확언합니다.

> 구약성서의 케리그마적인 원칙을 받아들일 때에 이것과 부합되는
> 내용이 왜 신약에서 말해서는 안 되는가? 실로 그(J 기자)가 창세기
> 12장 3절b에 나오는 약속의 말씀을 예수에게서 이해하고, 이 말씀을
> 근거로 예수를 증언할 때에 축복을 전달하는 방법과 그 효과가 완전
> 히 새롭게 이해되지 않겠는가.[39]

이러한 볼프 자신의 증언에서 이제 '케리그마적 모형론'에 근거한 구속
사적 성서 해석이 어떠한 것인지 분명히 드러납니다. 그의 방법은 한 마디
로 말해서 구약과 신약의 모형론적 유비 속에서 예수 그리스도 안에서 성
취된, 혹은 명백히 계시된 하나님의 '축복'(בְרָכָה)에 대한 케리그마를 고려
하여 해석하는 방법이라고 결론지어 말할 수 있을 것입니다. 이러한 볼프
의 해석학적 방법은 그의 E문서 메시지 해석에서도 동일하게 나타납니다.
볼프의 '케리그마적 모형론'에 근거한 구속사적 성서 해석은 「오경에 나타
나는 E문서 단편들의 주제론」[40]이란 자신의 논문에서도 분명히 드러납니
다. 그는 우선 "E문서 기자의 주제는 하나님 경외"[41]라고 확고히 하고,
E문서가 특별히 "죄罪"의 문제에 대하여 세심하게 다루고 있다고 강조합니
다.[42]

여기서 질문이 제기됩니다. 하나님 경외와 인간의 죄는 어떠한 상관관
계가 있는가? 이에 대하여 볼프는 '하나님의 경외'를 무시하는 것이 '죄'라

---

39) Hans W. Wolff, *Das Kerygma des Jahwisten*, 문희석 편, 『舊約聖書중심사상』, 119.
40) Hans W. Wolff, Zur Thematik der elohistischen Fragmente im Pentateuch, *EvTh*
     XXIX (1969), 59-72(문희석 편, 『舊約聖書中心思想』, 122-148).
41) *Ibid.*, 59.
42) Hans W. Wolff, 문희석 편, *Ibid.*, 129.

고 E문서는 증언하고 있다고 봅니다. E문서 기자가 '죄'의 문제에 대하여 관심을 가졌다는 것은, 바꾸어 말하면 '죄로부터의 구원'에 관하여 관심을 가졌다는 것으로 해석할 수 있습니다. 그리고 그 죄는 곧 하나님을 경외하지 않았다는 것으로 해석될 수 있습니다. 그래서 E문서에는 이삭의 희생설화와 같은 '희생제의' 문제가 전면에 나오고 있습니다. 그리고 특히 이삭의 희생설화에서 아브라함과 이삭의 '순종'을 하나님에 대한 경외로 기술하고 있는 점은, 신약성서의 전형적인 케리그마적 증언에 상응한다고 해석합니다. 그래서 볼프에 의하면 E문서 기자는 하나님 경외를 "순종"으로 정의합니다. 볼프는 이러한 해석의 전거가 창세기 22장 12절 하: "네가 네 독자라도 내게 아끼지 아니하였으니 내가 이제야 네가 하나님을 경외하는 줄 아노라"에 있다 주장합니다. 특히 그는 아브라함의 "אֱלֹהִים יִרְאֶה־לּוֹ הַשֶּׂה לְעֹלָה (번제할 어린양은 하나님이 자기를 위해서 친히 준비하시리라)"(창 22:8)를 아브라함의 하나님에 대한 '경외'로 해석함으로써 하나님에 대한 믿음과 경외를 동일한 차원에 놓고 있습니다. 즉 볼프는 "하나님을 두려워하는 자"(창 42:18)를 "하나님을 경외하는 자"로 해석하고 있습니다.

볼프는, E문서가 하나님 경외 사상을 기초로 하여 아브라함을 하나님의 약속을 받은 자(창 15), 대도자代禱者와 예언자(창 20:7)로 서술하고, 요셉을 해몽가로서 하나님의 뜻을 전하는 자로(창 40:8 이하; 41:16), 모세를 하나님의 뜻을 중재하는 자로(출 20:19), 그리고 발람을 하나님 말씀의 심부름꾼으로 기술하고 있는 것은 이스라엘을 구원하시는 여호와 하나님에 대한 케리그마 이외에 다른 것이 아니라고 특징짓습니다. 이러한 점은 E문서가 이스라엘을 한편으로는 "홀로 사는 백성, 만민 중에 들지 않는 백성"(민 23:9)으로 규정하고 있으면서, 다른 한편으로는 이스라엘 역사를 하나님 경외를 탐색하는 탐색대의 역사로 이해하고 있는 점에서 분명히 드러난다고 합니다.

볼프의 '케리그마적 모형론'에 근거한 구속사적 성서 해석은 그의 논문 "신명기적 역사서의 케류그마"[43]에서 의심할 여지없이 명백해 집니다. 그에 의하면, 신명기 역사서는 포로기간 중에 있는 이스라엘 백성들에게 구속의 하나님에게로 "돌아오라"(שוב)는 간절한 초청으로 이루어졌습니다. 주전 6세기 중엽 이스라엘의 남은 자들은 왕도 없이, 자기의 독립된 나라도 없이, 심지어는 규정된 예배도 없이 철저히 재난 속에서 살았다는 것입니다. 볼프에 의하면 이스라엘 백성들은 자기들의 이러한 고난의 원인이 하나님께 대한 불순종의 대가라고 자각하였다는 것입니다. 따라서 신명기적 역사 신학자들은 하나님의 구속사의 모습을 강력하고 매우 끈기 있게 제시함으로써, 이스라엘이 하나님이 기대하시는 바와 같이 세계의 만백성 중에서 철저히 하나님의 소유가 될 것을 촉구하였다는 것입니다. 이러한 촉구를 통해 신명기 기자는, 여호와 하나님이 아직도 잊지 않은 조상들과의 계약으로 되돌아가 자비로운 하나님의 구원을 기대하는데 그 목적이 있었다고 해석합니다. 그러나 여기서 질문이 생깁니다. 어떠한 의미에서 신명기 혹은 신명기적 역사서들의 메시지가 하나님의 구원을 선포하는 케리그마적 메시지인가? 이러한 질문에 대하여 볼프는 주로 사사기와 신명기적 전승에 속하는 예레미야 선지자의 예언을 중심으로 답변합니다.

볼프는 신명기적 역사서deuteronomistisches Geschichteswerk(DtrG)[44]는

---

43) Hans W. Wolff, Das Kerygma des Deutoronomistischen Geschichtswerks, *ZAW* LXXIII (1961), 171-186.
44) 신명기적 역사서는 신명기, 여호수아, 사사기, 사무엘서, 열왕기이다. 이 역사서는 모세 시대로부터 바벨론 포로 기간에 이르기까지 약 700년 동안의 이스라엘 역사를 추적하며 문학적인 전승들과 직접 체험한 사실들을 아주 성실하게 이해하여 기록하였다. 이 점에 대하여: Martin Noth, *Überlieferungs- geschichtliche Studien I, Die sammelnden und bearbeitenden Geschichtswerken in Alten Testament*, Schriften der Königsberger Gelehten Gesellschaft 18/2 1943, 2.Aufl., 1957.

모세가 한 말씀의 성취에서 비롯되었다고 합니다. 다시 말하면 신명기적 역사서의 케리그마는 하나님의 예언의 말씀에서 나왔다는 것입니다. 특별히 하나님의 말씀은 이스라엘 민족이 역사적으로 암울한 시기에 처해 있을 때에 주어졌다는 것입니다. 그러나 신명기적 역사서들의 예언은 역사적 위기에 있는 이스라엘 백성들에게 하나님의 영원한 언약의 말씀을 회상시킴으로써 미래에 대한 희망을 갖게 하셨다는 것입니다. 볼프에 의하면 신명기적 역사서들은 하나님의 영원한 약속을 회상시킴으로써 한편으로는 이스라엘의 계약 파괴, 더 자세히 말하면 우상숭배의 죄를 고발하고, 다른 한편으로는 이스라엘 역사의 암울한 미래에 구원의 희망을 제시하였다는 것입니다. 그래서 그는 사사기 2장 11절 이하와 사무엘상 12장을 근거로 하나님의 계속적인 구원을 위하여 이스라엘이 여호와 하나님에게로 돌아갈 것을 촉구하고 있음을 강조합니다.[45] 이러한 메시지를 볼프는 아래의 사무엘상 12장 20, 22절로 특징짓습니다: 사무엘이 백성에게 이르되 두려워 말라 너희가 과연 이 모든 악을 행하였으나 여호와를 좇는 데서 돌이키지 말고 오직 너희 마음을 다하여 여호와를 섬기라……. 여호와께서는 너희로 자기 백성 삼으신 것을 기뻐하신 고로 그 크신 이름을 인하여 자기 백성을 버리지 아니하실 것이라.(삼상 12:20-22)[46] 그래서 볼프는 신명기적 역사서 메시지의 핵심은, 이스라엘 백성에게 "여호와 하나님에게로 돌아오라"는 것이었다고 봅니다. 그러나 이러한 촉구는 회개의 촉구 차원을 넘어서서 하나님의 구원의 메시지를 선포하는 "케리그마"라고 볼프는 해석합니다. 역으로 말하면 여호와 하나님과 조상들이 맺은 계약으로 귀환하는 것은 이스라엘 사람들이 구원받을 수 있는 유일한 가능성이었습니다.

---

45) Hans W. Wolff, *op. cit.*, 161.
46) *Op. cit.*, 159.

그래서 볼프는 신명기 29장 28절을 신명기적 역사서 속에 숨어 있는 구원의 메시지로 봅니다. 한마디로 말해서 신명기적 역사서는, 볼프에 의하면, 이스라엘 백성이 온전한 마음으로 하나님의 음성(케리그마)을 들으면, 이스라엘은 세계 만민 중에서 유일하게 하나님의 소유가 되어 모든 어려움에서 구원을 얻을 것이라는 메시지를 그 핵심으로 가지고 있습니다. 이와 같이 볼프의 신명기적 역사서에 대한 해석이 지닌 특성은 구속사의 모형을 역사의 모든 현실 속에서 현재화된 것으로 이해하여, 구약성서의 모든 본문을 통해 '선포의 의지'[47]를 찾아내고 있습니다. 그래서 볼프는 신명기적 예언서들의 '선포의 의지'를 오늘 우리의 상황에서 하나님의 구원을 선포하는 '하나님의 선교Missio Dei'와 케리그마의 모습으로 연결시키고자 합니다.

이상 앞에서 살펴본 바와 같이 구약을 해석함에 있어서 신약의 케리그마적 요소를 배제할 수 없다면, 인간의 구원자이신 성령 하나님에 대한 해석은 필연적으로 신약의 케리그마적 입각점에서 해석되어야 할 것입니다. 왜냐하면 성령은 하나님의 아들의 화해 사역을 단지 대리적으로 완성시키는 자가 아니라, 창조 때부터 성부 하나님과 함께 계신 영靈 하나님이시기 때문입니다: "하나님의 신은 수면에 운행하시니라."(창 1:2)

---

47) *Ibid.*, 15.

4

인간학적 영성인가,
아니면 하나님의 생명력인가?

　　"영성靈性, Spiritualität"이란 프랑스어 "Spiritualite"를 번역한 것입니다.48) 이 말은 독일어의 "종교성Religiosität"이라는 말보다 더 큰 의미를 가지고 있습니다. 왜냐하면 "종교성"이란 '보다 더 높은 것'에 대한 인간의 신앙적 욕구나 감정을 뜻하기 때문입니다. 그래서 "영성"이란 독일 전통에서 말하는 "경건Frömmigkeit"이란 의미도 가지고 있습니다. 그러나 이러한 의미는 종교적 주관주의 혹은 인간의 내면성을 포괄하고 있습니다. 더 자세히 말하면 '경건'이란 하나님과의 개별적이고 주관적인 영적 교제를 의미합니다. 그러나 이러한 의미는 사도 바울이 말하는 '성령 안에(ἐν πνεύματι)' 있는 새로운 삶을 뜻하지 않습니다. 왜냐하면 사도 바울이 말하는 '성령 안에서'란 하나님과의 대등한 관계 속에서 일어나는 주관적 영적.교제를 의미하지 않기 때문입니다. 우리가 "하나님의 영"에 대하여 이야기 할 때,

---

48) 참고. Chr. Schütz, Art. Spiritualität, *Praktisches Lexikon der Spiritualität*, Freiburg 1988, 1170-1180; G. Gutierrez, *Aus der eigenen Auelle Trinken, Spiritualität der Befreiung*, Mainz 1986; J. Sobrino, *Geist, der befreit. Lateinamerikanische Spiritualität*, Freiburg, 1989.

우리는 언제든지 하나님의 주체성 내지는 절대성을 항상 염두에 두어야 합니다. 다시 말해서 성경이 증언하는 하나님의 영은 언제든지 일상적 삶 속에서 경험되는 생명력 내지는 생동력Vitalität을 의미하는 것이지, 하나님의 영 안에서 이루어진 영화 내지는 '신들림vergeistigten'을 의미하지 않기 때문입니다. 따라서 "영적"이란 형용사를 사용할 때에도 이 세상의 세속적 삶을 등지고, 심산유곡深山幽谷에서 홀로 하나님과 교제를 나누는 일체의 모든 행동 혹은 심적 상태를 의미하지 않습니다. 다시 말하면 수도사의 삶이나, 신접한 사람들의 모습을 '영적'이란 말로 형용하지 않는다는 것입니다. 이렇게 생각하는 사람들은 금욕적인 생활이나, 명상, 금식, 혹은 관상기노를 통하여 내석으로 하나님과 특별한 교제를 가질 수 있다고 생각합니다. 그래서 그릇된 '영성'을 주장하는 사람들은 탈세속적인 것들이나, 비인간적인 것들을 보다 '영적'이라고 생각합니다. 이러한 의미의 "영성"은 성령의 주체적이고 구원하시는 능력이 배제되고, 인간의 죄된 성품이 세상과 차별된 신적 영성으로 고양되기 때문입니다. 그러나 성경이 증언하는 바의 '영성'이란 이러한 것이 아닙니다. 그렇다면 성경이 증언하는 바의 성령의 역사 혹은 성령은 어떠한 것인가?

성경이 증언하는 하나님의 영은 피조물의 삶 속에서 활동하시는 하나님 자신입니다. 하나님의 영은 피조물에게 생명을 주시고 보존하고 지켜 가는 힘으로서의 영입니다. 하나님의 영은 부활로 인하여 "모든 육체에 부어지는", 그래서 피조물에게 새 생명을 주는 삶의 생동력이자, 억압과 착취 가운데서도 살고자 하는 용기를 주는 힘입니다. 병들고 사멸될 몸을 새롭게 소생시키는 하나님의 생명력이 곧 하나님의 영입니다. 이러한 의미에서 성령은 살게 하는 영, 곧 "생명의 영Der Geist des Lebens"[49]입니다. 이러

---

49) 이러한 의미에서 몰트만(J. Moltmann)은 자신의 성령에 관한 책을 Der Geist des Lebens

한 영은 바로 창조의 영입니다. 창세기 2장 7절: "여호와 하나님께서 흙으로 사람을 지으시고, 생기生氣를 불어 넣으시니 사람이 생령生靈이 된지라"를 "창조의 영" 혹은 "생명의 영" 이외에 다른 무엇으로 해석할 수 없습니다. 왜냐하면 וַיִּפַּח는 "바람을 불어넣는 행위"를 뜻하고, נְשָׁמַת는 바람을 통하여 주어진 "생명의 영"을 뜻하고, לְנֶפֶשׁ הָיָה는 '생명의 영'과 물질이 결합되어 살아 있는 존재가 된 것을 뜻하기 때문입니다. 이러한 의미에서 성령은 칼뱅J. Calvin이 이야기 하듯이 '삶의 원천fons vitae'입니다. 그래서 이와 상응하게 욥기는 "하나님의 신(영)이 나를 지으셨고, 전능자의 기운이 나를 살리시느니라"(욥 33:4)고 고백하고 있습니다.

그러므로 성경이 증언하는 하나님의 영이 '생명의 영', 혹은 '살리는 영'이라는 것은 아리스토텔레스나 헤겔G.W.F. Hegel의 형이상학적 영靈 개념을 거부합니다. 왜냐하면 아리스토텔레스나 헤겔이 생각하는 영은 세상 밖에 있으면서 그럼에도 불구하고 세상과 관계를 맺고 있으며, 그래서 모든 것을 포괄하고, 모든 것을 통제하면서 동시에 자기 자신과 하나로 만드는 존재이기 때문입니다. 다시 말해서 아리스토텔레스에 의하면 하나님의 영은 사유 주체가 사유된 것에 참여하고, 또 참여되는 한에서 자기 자신을 사유하는 능력입니다. 한마디로 말해서 아리스토텔레스나 헤겔이 말하는 영 내지 정신은 사유하는 활동성energeia입니다. 그래서 아리스토텔레스는 '하나님은 영이시다'라는 의미를 다음과 같이 설명하고 있습니다.[50]

그러므로 우리는, 하나님은 살아 있는 실체이며 영원하고 완전하다

라고 붙였다. J. Moltmann, *Der Geist des Lebens - Eine ganzheitliche Pneumatologie*, München 1991, 김균진 역, 『생명의 영』(서울: 대한기독교서회, 1992).

50) 이에 관하여: Aristoteles, *Metaphysik XII* (Klostermann Texte: Philosophie, hrsg. H. -G. Gadamer, Klostermann: Frankfurt/M 41984).

고 주장합니다. 그래서 생명과 지속적이며 영원한 현존이 하나님께 귀속된다. 왜냐하면 이것이 신성의 본질이기 때문입니다.

하나님의 영에 대한 이러한 정의는 하나님의 영을 인격으로 보기보다는, '무자아성無自我性' 내지 '무인격성無人格性'으로 파악하고 있는 것입니다. 그러나 하나님의 영은 파악될 수 없는 '무규정성' 내지 '무자아성'으로 파악되는 것과는 전적으로 다릅니다. 성경이 증언하는 하나님의 영이 임한 사람은 직접적이든 간접적이든, 혹은 의식적이든 무의식적이든 다른 사람을 어려운 상황에서 구원하고 그에게 생명을 제공해 줍니다. 성령이 임한 사람은 다른 사람들을 위기상황 속에서 구원하고, 그들을 억압과 착취 그리고 고통에서 해방시킵니다. 따라서 성경이 증언하는 성령은 무자아성이 아니라 철저히 인격적 만남, 사귐 그리고 주체와 객체의 구도 속에 있습니다. 이러한 의미에서 성경이 증언하는 하나님의 영은 인간의 공동체 안에서 그리고 개별적인 한 개인에게 메시아적 사역을 감당하는 영적 주체라고 볼 수 있습니다. 왜냐하면 하나님의 영은 헤겔이나 아리스토텔레스의 영靈 개념처럼 이 세상 정신으로 소외되거나, 소멸되지 않기 때문입니다. 오히려 성경이 증언하는 하나님의 영은 인간을 하나님께서 인도하는 방향으로 이끌어갈 뿐만 아니라, 언제든지 이 세상 정신이나 한 개인으로부터 단절될 수 있기 때문입니다. 한 마디로 말해서 성경이 증언하는 하나님의 영은 피조물을 구원하시는 '보혜사 영'입니다.

5
성령의
보혜사적 사역

클라우스 베스터만C. Westermann이 강조한 바와 같이, 구약성경이 증언하는 '성령ruah'은 "무엇보다도 사사시대에 은사 받은 정치적 지도자들과 연관해서"[51] 언급되고 있습니다. 우리는 이 사실을 우선 두 개의 성구에서 발견할 수 있습니다. 이 성구들은 '성령의 보혜사적 사역'을 이해하는데 아주 좋은 성구들입니다. 사사기 3장 7절하반절에 의하면, 이스라엘이 여호와 하나님으로부터 떨어져 나간 후, 이방의 지배하에 들어간 것을 알 수 있습니다. 그래서 사사기 3장 9절 하반절은 이르기를, "이스라엘 자손이 주께 울부짖으니, 주께서 그들을 구하여 주시려고 구원자를 세우셨는데, 그가 곧 갈렙의 아우 그나스의 아들인 옷니엘에게…… 주의 영靈이 그에게 내리니, 옷니엘은 이스라엘의 사사가 되어 전쟁터에 싸우러 나갔다"[52]고 증언하고 있습니다. 여호와 하나님은 이방나라의 왕을 옷니엘의

---

51) C. Westermann, Geist im Alten Testament, *EvTh* 41, 1981, 225.
52) 이것은 ATD와 NTD의 번역이 사용되었다. 이 점을 저자는 강조합니다.

손에 붙이시고, 기록된 바와 같이, 이스라엘은 40년간 '평온한 날'을 가집
니다.

사무엘상 11장도 역시 이스라엘 백성들이 외부의 침입으로 집단적인
무능력에 빠진 것을 보고하고 있습니다. 그 당시 암몬 사람들이 동 요르단
도시 야베스 지역을 점령하였습니다. 야베스 지역 거주민들은 암몬 사람
들에게 항복하고자 하였다: "우리가 조약을 맺읍시다. 우리가 당신을 섬기
겠습니다." 이에 대하여 암몬 왕은 자기의 결정을 제시합니다: "내가 너희
의 오른쪽 눈을 모조리 빼겠다. 이스라엘을 이같이 모욕하는 조건에서만
너희와 조약을 맺겠다."

무서워 놀란 야베스 시민은 구원자를 구하러 사신使臣을 이스라엘 족속
들에게 보냅니다. 그들은 사울에게 가서 자신들의 어려운 형편과 절박하
고 위급한 상태를 그에게 보고합니다. 이 점을 사무엘상 11장 6절 하반절
에서 다음과 같이 보고합니다.

> "이 말을 듣고 있을 때, 사울에게 하나님의 신이 세차게 내리니, 그가
> 무섭게 분노를 터뜨렸다. 사울은 겨릿소 두 마리를 잡아서 여러 토막
> 으로 자른 다음에, 그것을 전령들에게 나누어 주고, 이스라엘 모든
> 지역으로 말을 전하라고 보냈다. '누구든지 사울을…… 따라나서지
> 않으면, 그 집의 소들도 이런 꼴을 당할 것입니다.' 주께서 온 백성을
> 두려움에 사로잡히게 하시니, 모두가 하나같이 그를 따라 나섰다."
>
> (삼상 11:11)

그 후 사울이 암몬 사람들을 쳐부쳤습니다. 아주 비슷한 이 두 이야기(삿
6:34; 삿 11:29)는 하나님 영의 강림에 관하여 보고하고 있습니다. 하나님
영의 강림은 이스라엘 백성으로 하여금 그들의 어려운 상황 속에 자신들의

활동력을 다시금 새롭게 되찾도록 해줍니다. 피할 수 없는 공동체의 어려운 위기 속에서 구체적인 한 사람에게 연대감Solidarität, 충성Loyalität, 그리고 공동의 활동력을 백성들 가운데서 일으키는 일을 성령 받은 자가 주관한 것입니다. 성경은 분명 이 사람들에 대하여 '하나님의 영이 그 위에 임하였다', '하나님의 영이 그의 위에 내리셨다', '하나님의 영이 그를 감쌌다' 등으로 표현하고 있습니다. 하나님의 '영 담지자Geistträger'는, 즉 성령을 받은 자는 이스라엘을 두려움과 고통의 상황으로부터, 정치적으로 마비되어진 상태로부터, 그리고 누가 우리를 구원할까 하는 탄식할 수밖에 없는 상황으로부터 구출해 내었습니다. 그래서 그들은 '마치 개인個人처럼' 구원되었습니다.

이렇듯 성령에 의해서 사로잡힌 사람(사사)들은 긴박한 역사적 위협이 있을 때 백성들을 공적으로 단결하여 집단행동을 하도록 인도하였습니다. 그 대표적인 이야기가 바로 삼손 이야기입니다.(참조. 삿 13-16) 삼손 이야기는, 그 자체가 하나의 "개별적 상황을 형성하고 있는 것으로써",53) 이해하기 어려운 점을 제시하고 있습니다. 그것은, 삼손 이야기에서는 "하나님의 영이 삼손에게 임하였다"는 이야기가 계속해서 강조되고 있음에도 불구하고, 왜 '그에게 성령이 임하였는지'에 대하여 자세한 설명이 없는 점입니다. 어떻게 하나님의 영이——전설적인 이야기의 반열에 있는—— 삼손이라는 용사에게 임할 수 있었을까? 즉 어떻게 하나님의 영이 한때는 강하고 교활하게 족속을 구원하고, 사자를 제압하는 자였다가, 곧바로 이어서 매정한 장부이며, 소요를 일으키는 '삼손'에게 '하나님의 성령'이 임할 수 있었는가? 그럼에도 불구하고 사사기 기자는 여러 번 반복해서 하나님의 영에 의하여 사로잡힌 삼손을 인정 많은 호걸로 기술하는 데 결코 인색하지

---

53) 참조. R. Smend, *Die Entstehung des Alten Testaments* 2.Aufl., Stuttgart 1981, 127.

않다는 것입니다. 그러면서도 삼손은 여전히 허풍 많은 선동가Provokateuer 로 묘사되고 있다는 것입니다. 그는 자기의 부모를 거역하고 블레셋 여인 과 결혼합니다. 그러나 그 여인은 삼손보다는 그녀의 동족 블레셋에 속해 있는 여자였습니다. 그래서 사사기 14장 4절 이하에 의하면, 삼손은 겉으 로 보기에는 납득할 수 없을 정도로 각종 싸움 이야기, 경쟁 이야기 그리고 남을 속이는 이야기 속에서, 그 당시 이스라엘을 지배하고 있었던 블레셋 사람들과 지속적인 관계를 맺고 있습니다. 이러한 삼손에 대하여 성경은 '그는 여호와 하나님의 영에 의하여 여기저기 두루 인도되었고, 그에게는 하나님의 영이 임하였다'고 증언하고 있습니다.

그러므로 우리가 여기서 분명히 인식해야 할 것은, 삼손 이야기는 기상 천외하게 과장된 것이 아니라는 사실입니다. 우리는 성령에 의해서 사로 잡힌 사람의 복잡한 이중인격성Doppelidentität을 인식해야 한다는 것입니다. 즉 우리는 성령 사역의 한 유형을 삼손의 이야기에서 발견해야 합니다. 그것은 성령이 임한 자도 자기의 정체성을 그대로 가지고 있다는 것입니다. 즉 성령이 임하였다고 해서 인간의 자기 인격성이 상실되지 않는다는 것입니다. 이러한 점에서 성령이 임한 것과 종교적, 몰아적 황홀경은 서로 다른 것입니다. 바로 이러한 성령 담지자의 특성이 메시아적 혹은 보혜사 적 성령론의 전거를 가지고 있다는 것입니다. 이 점을 우리는 이사야 11장 에서도 발견할 수 있습니다. 이사야 11장 1절 이하: "이새의 줄기에서 한 싹이 나며, 그 뿌리에서 한 가지가 자라서 열매를 맺는다.(2) 주의 영이 그에게 내려오신다……(3b) 그는 눈에 보이는 대로만 재판하지 않으며, 귀에 들리는 대로만 판결하지 않는다.(4) 가난한 사람들을 공의로 재판하 고, 세상에서 억눌린 사람들을 바르게 심판합니다……."

땅에서 가난한 자와 비천한 자를 위한 신원Parteinahme은 이미 율법의

한 요소로써, 우리들을 사로잡을 수 있는 이스라엘 율법전서Gesetzskorpora 의 가장 초창기의 것들을 감지하고 있었습니다. 법률 싸움을 위하여 사용되는 규례Regelungen 외에 그리고 제의Kult에 관한 설명 이외에 우리는 율법에서, 포기, 심지어는 가난한 사람과 약한 사람을 위한 권리의 포기를 그 내용을 담고 있는 규정들을 발견합니다. 즉 여기서는 자비를 가리키는 법의 규정을 뜻합니다. 정의와 제의 그리고 보호에 관한 규정들은 하나님 율법의 기능적 연관성Funktionszusammenhang을 형성합니다.54) 이런 점에서 자비慈悲는, 율법의 한 요소로서, 단지 개인적이고 우연한 확실성에서 분리되어야 하고, 따라서 율법적 규례를 통하여 정의와 더불어 선포되고, 성례전과 같은 제의로 수행되어야 하는 것입니다.

이상 앞에서 살펴본 바와 같이 일찍이 '성령에 의해 사로잡힌 자', 곧 '영 담지자'들은, 이스라엘 족속이 외부로부터 생명의 위협을 당할 때, 이스라엘 사람들을 모았고, 그들의 지도자가 되어 외부의 침략으로부터 동족의 생명을 보호하고 구원하였습니다. '영 담지자'들은, 여호와 하나님의 영이 임한 자들로서, 첫째는 이스라엘의 위기를 내부로부터 극복하였습니다. 그 위기는 다름 아닌 공식적으로 혹은 암암리에 잠식한 '규율의 사라짐 Erosion', 곧 '하나님 말씀의 폐기'였습니다. 그래서 '영 담지자'들은, 약자와 소외된 자를 고려하여, 부단히 스스로 갱신되지 않고 있는 이스라엘 백성들을 책망하고, 여호와 하나님에 대한 새로운 충성과 지속적인 경외를 재촉구 하였습니다. 바꾸어 말하면, '하나님의 율법'을 다시 세우는 일이었습니다. 그래서 성경은 '영 담지자', 즉 그 위에 여호와 하나님의 영이 임한 자를 '비천한 자와 가난한 자를 위하여 정의와 의를 집행하는 자'로 기술하

---

54) 여기에 덧붙여 M. Welker, Security of Expectations. Reformulating the Theology of Law and Gospel, *Journal of Religion 66* (1986), 237ff.

고 있습니다. 바로 이렇게 '하나님의 율법'을 다시 세우는 '정의와 공의의 실행자'와 '영 담지자'를 하나로 결합되어 '메시아의 상'으로 기술하고 있는 것이 바로 제2, 제3 이사야에서 증언되고 있는 '하나님의 종', 혹은 '고난의 종' '메시아의 상'입니다. 즉 여호와 하나님의 영이 머물러 있는 자는, 곧 성령 받은 자는, 가난한 자와 약한 자를 위하여 이 세상에 정의와 공의를 바로 세우고, 실현하는 자로 증언되고 있습니다. 이사야 42장, 특히 소위 첫 번째 하나님 종의 노래 속에서, 제1절과 3절은 다음과 같이 기술되어 있습니다.

> "나의 종을 보아라. 그는 내가 붙늘어 주는 사람입니다. 내가 택한 사람, 내가 마음에 기뻐하는 사람입니다. 내가 그에게 나의 영을 주었으니, 그가 뭇 민족에게 공의를 베풀 것입니다……(1) 그는 상한 갈대를 꺾지 않으며, 꺼져가는 등불을 끄지 않으며 진리로 공의를 베풀 것입니다.(3)"

이 본문에 의하면 '영 담지자'는 정치적 권력을 형성하기 위하여 그리고 충성을 위해서 지나친 계략을 선택하지 않습니다. 이사야 42장 2절: "그는 소리치거나 목소리를 높이지 않으며, 거리에서는 그 소리가 들리지 않게 하실 것입니다." 즉 '하나님의 종'은 위기에 직면한 사람과 심령이 상한 자를 보살핍니다. 그리고 동시에 그는 '하나님의 정의와 공의의 법'을 선포합니다. '하나님의 종'은 백성들에게 세밀한 관심을 기울입니다. 그리고 그는 정의로운 세계를 선포하고, 그 공의로운 나라로 이 세상을 이끌고 나갑니다. 즉 '여호와 하나님의 영이 임한 종'은 뭇 민족에게 공의를 베풀 것입니다. 그리고 그는 상한 갈대와 같은 백성들을 진멸하지 않으시고, 꺼져가는 등불과 같은 소망 없는 백성들을 심판하지 않으실 것이며, 오히려 이 세상에 진리로 하나님의 공의를 베풀 것입니다.

이사야 61장 1절 하반에서 우리는, 가난한 자에게 기쁜 소식을 전하기 위하여, 그리고 갇힌 자에게 해방의 해를 선포하기 위하여[55] 보냄을 받은 주님(예수 그리스도)에게, 여호와 하나님의 영이 임할 것에 관한 언급을 접하게 됩니다. 다른 본문에서보다도 더 명백하게 이 본문은 빛을 비추는 커다란 힘과 당신의 백성들을 이끄는 힘이 기술되어 있습니다. 백성들 가운데 있는 '영 담지자'의 자비와 은총에 의해서 역동적으로 공의Gerechtigekeit가 세워질 것이라는 예언입니다. 그래서 영 담지자의 인도를 받는 백성을 "의의 나무", "여호와의 영광을 나타낼 바, 그의 심으신 바라"고 이사야는 언급하고 있습니다.(사 61:3) 뿐만 아니라, 이방 족속들도 '영 담지자'가 세운 공의와 정의에 의해서 인도되어질 것입니다. 그러나 하나님이 백성들은 '영 담지자'의 인도함을 받아——그 어떠한 강요에 의해서가 아니라—— 자유스럽게 이스라엘의 하나님에게로 향하게 될 것입니다.[56] 이렇게 '성령 받은 자'는 백성이 자비를 갖고 타인과 친분 관계를 맺도록 인도하게 됩니다. '영 담지자'는 은총으로 그리고 역동적으로 의義의 질서를 제시하고, 생동적이고 백성들의 힘을 합병하여 굳건한 나라를 건설하고 백성을 다스릴 것입니다. 그래서 그 백성들은 밖으로는 하나님의 영광을 드러내고, 자신을 위하여 그리고 자기 하나님을 위하여 이방인을 받아들일 것입니다. 그리고 그때에 '성령 담지자'에 의해서 인도를 받는 백성은 모든 면에서 경악을 금치 못할 정도로 실질적인 대우를 받을 것입니다.

---

55) 여기서 성령에 관한 '해방신학적' 언급의 일차적인 성서적 근거가 인식되어 질 수 있을 것이다. 참조. J. Conblin, *Der Heilige Geist*, Düsseldorf 1988, 74ff, 123f, 159ff. 그러나 또한 출 23:10ff; 레 25:25ff; 신 15:2ff.

56) 참조. 사 61:6: "오직 너희는 여호와의 제사장이라 일컬음을 받을 것이라 사람들이 너희를 우리 하나님의 봉사자라 할 것이며 너희가 이방 나라들의 재물을 먹으며 그들의 영광을 얻어 자랑할 것이니라."

이상 살펴본 이사야 61장의 내용을 예수는——누가복음 4장 16절 이하에 의하면——자기 자신과 관련시키고 있습니다. 그리고 마태복음 12장 18절 이하는 이사야 42장과 예수 및 그의 사역을 결합하여 기술하고 있습니다. 이러한 의미에서 예수는 '성령 담지자'입니다. 비록 예수가 이사야 전승에 있는 메시야에 대한 본문들 속에서는 아직 계보적으로는 잘 알려지지 않은 채로 머물러 있지만, 그분은 '여호와 하나님의 영이 임하여 머물러 있는' 바로 그러한 분이십니다. 그렇다면 이것이 무엇을 의미하고 있는 것입니까? 그것은 성령을 받은 자, 곧 성령이 임한 자는 백성들을 구원하는 구원사역을 담당하는 자라는 것을 뜻하는 것입니다. 그리고 이러한 의미에서 예수는 타락한 인간을 구원하기 위해서 '성령을 받은 자'라는 뜻입니다. 그리고 예수의 사역은 곧 보혜사 성령의 사역으로 계승되고 있다는 것입니다. 역으로 말하면 성령의 사역은 바로 인간을 구원하는 메시아적 내지 보혜사적 사역이라는 것입니다. 성령이 임한 자, 그러한 자는 사적 혹은 개인적 종교적 황홀 속에 갇혀 있는 자가 결코 아닙니다. 성령님은 인간을 고통과 환난과 위기 속에서 구원하시며, 고난 받는 자들에게 희망과 생명을 주시는 메시아적 사역을 감당하는 하나님 자신입니다.

6
창조의 성령
— 거듭남과 부활의 영

    썩어 흙이 되어 버린 죽은 자의 부활에 대한 구약 성서적 전거는 에스겔 37장 1-14절에서 발견됩니다.[57] 이 구절은 부활이 어떻게 일어났는지, 부활의 창조적 과정을 제시해 줍니다. 우선 만물이 하나님의 말씀으로 창조되었듯이,[58] 죽은 자의 부활도 하나님의 말씀에 의해서 일어납니다: "이에 내가 명을 좇아 대언代言하니, 대언할 때에 소리가 나고 움직이더니 이 뼈 저 뼈가 들어맞아서 뼈들이 서로 연락하더라."(겔 37:7) 그 다음 하나님의 말씀에 의해서 마른 뼈에 생기生氣가 들어가는 구체적인 부활체 형성 과정이 이루어집니다: "인자야 너는 생기生氣를 향하여 대언하라. 생기에

---

57) 주석서: E. Haag, Ez 37 und der Glaube an die Auferstehung der Toten, *ThZ* 82 (1973), 78-92 - C. Barth, *Ezechiel* 37 als *Einheit*, hg. v. H. Donner/R. Hanhart/R. Smend, *Beiträge zur alttestamentlichen Theologie* (FS W. Zimmerli), Göttingen 1977, 39-52. - Dura-Europos 는 후에 이 본문은 미래에 있을 한 개인의 부활에 대한 하나님의 약속으로 해석되었다 특히 W. Zimmerli, *Ezechiel* (BKAT XIII, 2), Neukirchen ²1979, 898-900.

58) 창 1:3: "하나님이 가라사대, 빛이 있으라 하시매 빛이 있었고." 참고 요 1:1: "태초에 말씀이 계시니라. 이 말씀이 하나님과 함께 계셨으니, 이 말씀은 곧 하나님이시니라."

게 대언하여 이르기를 주 여호와께서 이같이 말씀하시기를 생기야 사방에서부터 와서 이 죽음을 당한 자에게 불어서 살아나게 하라 하셨다 하라. 이에 내가 그 명령대로 대언하였더니 생기가 그들에게 들어가매 곧 살아나서 일어나 서는데……"(겔 37:9-10)

이와 같이 물질Material에——더 자세히 말하면 마른 뼈에 혹은 "사망을 당한 자"에—— 생기를 불어넣어 생명체를 만드는 부활의 과정은 최초 인간 창조의 과정에 상응합니다: "여호와 하나님이 흙으로 사람을 지으시고 생기를 그 코에 불어 넣으시니 사람이 생령生靈이 된지라."(창 2:7) 이처럼 최초 인간 창조나 죽은 자의 부활은 물질에——더 자세히 말하면 흙(אדמה)에——하나님의 생기가 들어감으로써 살아 있는 생명체가 됩니다. 이러한 증언은 육肉과 혼魂, 혹은 영靈이 인간의 존재론적 요소라는 것을 암시해 준다. 동시에 이러한 증언은, 부활이 새 창조의 의미를 가지고 있다는 것을 입증해 주고 있습니다.

이제 우리는 이와 비슷한 사실을 신약성서에서도 발견할 수 있습니다. 예수 그리스도는 어느 날 유대인의 관원官員 니고데모가 찾아왔을 때 다음과 같이 말씀하십니다: "사람이 거듭나지 아니하면 하나님의 나라를 볼 수 없느니라. …… 사람이 물과 성령으로 나지 아니하면 하나님 나라에 들어갈 수 없느니라."(요 3:3-6)[59] 이 말씀 가운데 성령을 예수는 '바람τὸ

---

59) 이 말씀 중 '하나님의 나라'는 '영생' 혹은 '생명'을 의미합니다. 이에 관하여: R. Bultmann, *Das Evangelium des Johannes*, 10. Auflage Göttingen 1968, 허혁 역, 『요한 福音書 研究』(서울: 성광문화사 1979), 139, 각주 24: "'신의 나라'는 공관복음서에서 주도적인 종말론적인 구원의 표지인데, 요한에게서는 단지 3:3, 5에만 나온다(18:36은 다르다). '보다ἰδεῖν'는 구원에 참여한다는 것을 표현하기 위해서 흔하게 사용되는 용어(요 3:36; 눅 2:26; 행 2:27; 벧전 3:10)로서 ראה '경험하다', '체험하다'의 용어와 그 뜻이 일치합니다. 그래서 이 단어는 그리스 화법에도 낯설지 않다. … 5절에서 이를 대신하는 단어로 '들어가다(εἰσελθεῖν)'(막 9:47; 10:15 등)도 같은 것입니다.

πνεῦμα'60)으로 표현하고 있습니다. 동시에 이 '바람'은 에스겔 37장 9절에서는 '생기生氣'로 표현되어 있습니다. 왜냐하면 에스겔 37장 9절에 의하면 생기가 '사방으로부터 불어왔다'고 표현하고 있기 때문입니다. 예수 그리스도가 "성령으로 거듭남(ἄνωθεν)"(요 3:3, 7)[61] 혹은 '다시 태어남'을 니고데모에게 이야기하고 있는 것과 같이, 에스겔 선지자도 생기로 인하여 '다시 살아남', 곧 '부활'을 이야기하고 있다: "그들이 곧 살아나서 서는데 ……."(겔 37:10)

이러한 유비적analogisch 비교는──그 타당성의 진위는 차치하고라도──부활의 가능성이 신·구약성서에 이미 예증적으로 제시되고 있다는 사실을 제시하는데 충분합니다.[62] 그리고 이러한 본문들은, 부활이 어떻게 가능할 수 있겠느냐는 물음에 대하여 역사적 현실성을 제시해 주는 본문들입니다. 이렇듯 예수 부활의 역사적 현실성이 예수 부활 이전에, 즉 구약과 예수 자신의 증언 중에 이미 언급되고 있다면, 예수의 부활은 결코 초대 기독교 공동체의 산물이 아님이 현실적으로 명백합니다.[63] 왜냐하

---

60) 개역성경에는 '바람'으로 번역하였으나, 헬라어 성서 Nestle-Aland 26판에 의하면 예수님은 πνεῦμα(영, 혹은 성령)으로 말씀하고 계시다. 그리고 루터는 히브리어나 헬라어에서는 '성령' 혹은 '영'을 '바람', '숨'으로 비유하여 표현하였다고 주석하고 있습니다. 이에 관하여: Lutherbibel erklärt Joh 3:1-21에 대한 관주 참조.

61) 'ἄνωθεν'은 '위로부터', 혹은 '새로이' 혹은 '앞으로부터' 혹은 '처음부터'라는 뜻도 가지고 있습니다. 이에 관하여: O. Cullmann, Art. 'ἄνωθεν', ThZ 4 (1948), 360-372.

62) 많은 학자들은 죽은 자들의 부활신앙 사이에 어떤 관련성을 부인합니다. 이 점에 대하여: G. A. Cooke(ICC), H. G. May(IB) and A. Noordtzij(KV). (J. A. Schep, *The Nature of the Resurrection Body*, 김중태 역, 죽은 자의 부활, 기독교문서선교회, 1991, 86에서 재인용). 그러나 다른 학자들은 만약 죽은 자들의 몸의 미래 부활을 믿는 신앙이 일반화되어 있지 않았다면 이스라엘에게 있어서 그 환상은 완전히 이해할 수 없는 사건이라고 합니다. G. Ch Aalders, *Het Herstel van Israel volgens het Oude Testament*, 149(J. A. Schep, *The Nature of the Resurrection Body*, 86에서 재인용).

63) 요한복음에 있어서 부활은 더 이상 최후심판의 날에 있을 것이 아닙니다. 부활은 이미 지금 예수의 말씀을 믿음으로써 받아드림으로써 일어나는 것입니다: "나는 부활이요, 생명

면 몇몇 현대 신학자들은 예수 그리스도의 부활을 온전히 초대 기독교 공동체의 창작의 산물로 간주하기 때문입니다.

이제 예수의 부활이 '환생環生'이 아니라는 것을 니고데모의 오해가 역설적으로 반증해 줍니다. 니고데모는 '거듭남'(요 3:3)을 "두 번째 모태에 들어갔다가 (다시) 나는 것"(요 3:4)으로 해석하였다. 이 말은 니고데모가 '거듭남'을 다시 이 시·공간 안으로 태어나는 것으로 이해하고 있었다는 것입니다. 다시 말해서 니고데모는 '거듭남'을 환생의 차원에서 생각하였다. 그래서 그는 어머니 뱃속으로 들어갔다가 육체로 다시 태어날 수 있겠느냐고 반문합니다. 이때에 예수는 '거듭남'을 성령에 의해서 태어나는 것으로 설명하고 있습니다.(요 3:5-6) 그리고 이어서 그 '거듭남'은 인간 스스로의 힘에 의해서 할 수 있는 것이 아니라, '성령으로', 곧 '위로부터' 가능한 것이라고 설명하신다. 여기서 예수는 '육'이라는 차안此岸적인 것과 '영'이라는 피안彼岸적인 것의 만남을 강조하고 있습니다. 즉 예수는 인간의 지상적 존재 양식인 '육'과 신적 존재 양식인 '영'의 결합을 이야기하고 있습니다. 왜냐하면 불트만R. Bultmann에 의하면 "'육'은 차안적이며, 인간적인 존재 양식을, '영'은 피안적이며, 신적인 존재 양식"[64]을 뜻하기 때문입니다. 다시 말해서 성령으로 거듭난 사람은 두 영역에 동시에 존재한다는 것을 뜻합니다.[65] 이런 점에서 세례 받을 때, 하나님의 영이 임한 예수 그리스도는 이 두 영역에 살고 계셨다고 볼 수 있습니다. 결과적으로 예수 부활체의 존재는 영과 육이 결합된 존재 양식을 가지고 있었습니다. 그리고 예수가

이니, 나를 믿는 사람은 죽더라도 살겠고, 또 살아서 믿는 사람은 영원히 죽지 않을 것이다."(요 11:25-26)

64) R. Bultmann, 같은 책, 145.

65) 참조. R. Bultmann, 같은 책, 146: "'육'과 '영'에 관한……담론들에는, 인간이 본래 피안적인 존재에 속해 있으나, 역시 실제적으로는 차안적인 존재에 속해 있다는 것을 뜻하며, ……또 이른바 존재의 이 두 가능성 사이에 처해 있다는 것을 뜻합니다."

부활하여 존재한 영역은 차안과 피안이 만난 영역입니다. 결론적으로 말하면 성령으로 거듭난 사람이나 죽은 자 가운데서 부활한 자는 존재론적으로는 '영'과 '육'의 결합체로 존재하고, 그가 존재하는 영역은 '차안'과 '피안'의 만남 속에 있습니다.

7

분리를 극복하는
화해의 영

요엘 선지자의 종말론적 예언은 다음과 같은 말로 시작합니다.

"그 후에 내가 내 영을 만민에게 부어 주리니, 너희 자녀들이 장래
일을 말할 것이며, 너희 늙은이들은 꿈을 꾸며, 너희 젊은이들은 이상
을 볼 것이며, 그 때에 내가 또 내 영으로 남종과 여종에게 부어 줄
것이며, 내가 이적을 하늘과 땅에 베풀리니 곧 피와 불과 연기 기둥이
라. …… 해가 어두워지고, 달이 핏빛같이 변하려니와 누구든지 여호
와의 이름을 부르는 자는 구원을 얻으리니 이는 나 여호와의 말대로
시온산과 예루살렘에서 피할 자가 있을 것임이요, 남은 자 중에 나
여호와의 부름을 받을 자가 있을 것임이니라."(요엘 2:28-32)

이러한 증언에 의하면 하나님의 영은 모든 육체에 부어집니다. 즉 남자
와 여자, 노인과 젊은이, 남종과 여종이 영의 부어주심을 받습니다. 이러한
증언은 다른 모든 가부장적 성경전승과 다르게 반복적으로 남자와 여자의

평등을 강조하고 있는 것입니다.[66] 한스 볼프Hans W. Wolff는, 하나님의 영이 모든 육체 위에 부어진 것에 대한 요엘의 서술은 일반적으로 약자들, 힘과 희망이 없는 자들과 하나님께서 함께하심으로 그들에게 새로운 생명 내지 삶을 부여하는 것으로 해석합니다. 즉 더 이상 아무런 희망이 없는 자(늙은이)들이 삶에 대한 새로운 미래를 갖게 된 것으로 이해합니다. 이렇게 힘없고 희망 없는 삶에 생명력을 주는 '메시아적 영'에 대한 약속은 가난한 자와 억압받는 자들을 위한 긍휼의 율법Erbarmensgesetz에 기초한 것이라도 봅니다.(참고. 출 20:10; 신 5:14f.; 12:12, 18; 16:11, 14) 즉 하나님의 영은 모든 사람들을 평등하게 대하고, 약자들을 향한 법과 긍휼의 영, 곧 정의의 영으로 활동하십니다.[67] 성령은 남자와 여자의 통일을 주장한 것이 아니라, 그 당시 팽배해 있던 분리를 극복한 것입니다. 즉 사람들 간의 구별, 불의로써 세워진 인간과 인간과의 차별을 극복한 것입니다. 하나님 영의 부어주심으로 인하여 아들과 딸, 노인과 젊은이, 남종과 여종, 이 모두가 한 분 하나님의 영을 통하여 함께 서로를 위하여 하나님의 의도하신 바의 방향으로 인도되는 것입니다. 그래서 이제 하나님의 영 안에서는 더 이상 분리와 차별이 있을 수 없습니다.

남자와 여자, 남종과 여종, 늙은이와 젊은이의 사회적 법적 분리가 극복되는 것은 성령 받은 자들 사이에 일어난 방언을 통한 의사소통을 통하여 현실화됩니다. 그러나 여기서 주목해야 할 것은 방언은 단지 성령의 은사이지 성령 사역의 궁극적인 목표는 아니라는 것입니다. 왜냐하면 성령의 부어주심은 무자아적, 혹은 몰아沒我적 경지가 아니기 때문입니다. 하나님

---

66) 이러한 증언은 신약성서의 성령론적 진술을 각인하고 있다. 갈 3:28을 보라. 고전 12:13에 대하여는 Schüssler Fiorenza, *Zu ihrem Gedächtnis*, 84, 236ff. 이러한 관계성 안에서 눅 2:25ff., 36ff가 또한 언급될 수 있을 것입니다.

67) Hans W. Wolff, *Dodekapropheten 2. Jeol und Amos* (BKAT XIV/2), Neukirchen-Vluyn ²1975, 80.

영의 부어주심을 몰아지경으로 이해하면 헤겔이나 아리스토텔레스가 이해한 영의 활동성과 다를 바가 없으며, 성령의 역사를 신비적으로 만드는 것이나 다름없습니다. 왜냐하면 구약성서의 증언에 의하면 하나님의 영은 철저히 객체와 주체라는 관계성 속에서 인격적으로 이루어지고 있기 때문입니다. 여기서 우리는 왜 그렇게도 사도 바울이 방언에 대하여 부정적 내지는 소극적으로 기술하고 있는지 주목해야 합니다.(고전 14:19) 따라서 사도 바울은, 고린도 교회 교우들이 하나님의 영의 부어주심을 방언에만 집착하여, 아무런 뜻도 없고, 의미도 없는 지껄임Glossolalie을 야기한 것을 질타하고 있습니다. 이것은 구약 성경적 전승을 전혀 무시한 해석입니다. 방언을 말함으로써 마치 자신이 나른 사람들과 구별된 존재라고 생각하거나, 자신이 특별히 하나님을 체험했다고 생각한다면, 그것이야말로 남종과 여종의 분리와 차별을 극복하는 성령의 사역을 철저히 곡해하는 것이 됩니다. 하나님 영의 부어주심은 사적私的 신비가 아닙니다. 하나님 영의 부어주심은 철저히 메시아적 혹은 보혜사적 사역의 의미를 담지하고 있는 것입니다. 하나님 영의 부어주심은 억압받는 백성이나, 가난한자, 미래에 대한 희망이 없는 자에게 생명을 주는 객관적이고, 공적이며 메시아적 의미가 담겨져 있는 것입니다. 하나님 영의 부어주심은 세상 도피적이거나, 차안의 세계로의 고양이 아니라, 오히려 이 세속적 삶 속에 주어지는 하나님의 생명력입니다. 하나님의 아들이 이 세상으로 화육되었듯이, 하나님께서 이 세속의 사회 속 깊숙이 관여해 들어오시는 것이 바로 하나님 영의 부어주심입니다. 이러한 의미에서 하나님 영의 부어주심에는 화해사역을 동반하게 되는 것입니다.

8

하나님의 영과
역사 속에 있는 영의 쉐히나Schechina

구약성경은 '여호와의 루하'에 대하여 아주 다양하게 말하고 있습니다. 오늘날 우리가 이해하고 있는 성령의 개념은 상당히 후기 문헌에 나타나지만(시 51:13: 사 63:10 이하), 초기 랍비 문서에 의하면 '하나님의 신(영)'은 '성전Tempel의 영'이라는 의미를 가지고 있습니다.[68] 이것은 성령이 단지 하나님에 대한 다른 명칭 내지 다른 속성이 아니라, 하나님 자신을 계시하는 계시의 중재자라는 것을 의미합니다.[69] 따라서 하나님의 영은 하나님의 은사만을 뜻하는 것이 아니라, 하나님 자신을 뜻하게 된다. 다시 말해서 하나님 영의 부어주심은 하나님이 공간과 시간 속으로, 지상에 있는 피조물들과 그들의 역사의 특수한 자리와 시간으로 내려와서 인간과 함께 거하시는 것, 곧 "하나님의 쉐히나(거처)"를 표상합니다.(빌 2:5ff. 비교) 다시 말해서 하나님은 그의 백성 안에 계시며, 하나님의 영은 유리하는 그의 백성들

---

68) P. Schäfer, *Die Vorstellung vom Heiligen Geist in der rabbinischen Literratur*, München, 1972.
69) 참고. B. Janowski, "Ich will in Eurer Mitte wohnen", Struktur und Genese der exilischen Schechina - Theologie, in: *JBTh* 2, Neukirchen-Vluyn, 1987, 165-193.

과 "쉐히나"를 통하여 동행하십니다. 그래서 "쉐히나"는 기도자들의 공동체에 현존하고, 고난당하는 자들과 병든 자들 가운데 현존합니다. 하나님은 이스라엘 백성들이 유배당하고 광야에 유리할 때, 당신의 영으로 그들과 함께하시고, 그들 가운데 거하셨습니다. 이것이 바로 하나님의 "쉐히나"입니다.[70] 그리고 심지어는 두 세 사람이 모여서 토라를 읽을 때에도 "쉐히나"가 그들 가운데 있었습니다.[71]

하나님의 "쉐히나"는 이스라엘 하나님께서 단지 이스라엘의 '주님'이 아니라, '이스라엘을 돌보시며 섬기시는 자'라는 사상을 낳게 합니다.[72] 그래서 여호와 하나님은 광야에서 이스라엘 앞에서 구름기둥과 불기둥(횃불)으로 앞서가시고, 세속해시 이스라엘 백성들을 돌보십니다. 여기서 우리는 신약에서 증언하는 보혜사Parakretos 성령의 역할을 엿보게 됩니다. 여호와 하나님 하나님은 이스라엘의 죄를 감당하시고, 그들을 위해서 자기 자신을 내어주십니다. 이 점을 이사야는 "그(여호와 하나님)는 기나긴 세월 하루같이 그들(이스라엘)을 쳐들어 안아 주셨다"(사 63:9)고 고백합니다. 이렇듯 자기 백성을 섬기기 위한 하나님 "쉐히나"는, 하나님께서 자신을 이스라엘 백성과 동일화하는 데서 더욱 분명히 드러납니다. 여호와 하나님은 이스라엘을 공격하는 자를, 자기의 영광에 대하여 대항하는 자로 간주합니다. "그들(이스라엘)의 모든 고난 속에서 그(여호와 하나님)가 고난당하였다."(사 63:8 이하) "나는 환난 중에 그와 함께 있다."(시 91:15) 그렇습니다. 하나님께서 함께 고난당하신다는 것은,[73] 구원의 탈출구가 없는 이스라

---

70) P. Kuhn, *Gottes Selbsterniedrigung in der Theologie der Rabbinen*, München, 1968, 89.

71) G. Scholem, *Von der mystischen Gestalt der Gottheit*, Frankfurt, 1973, 135ff.

72) P. Kuhn, *ibid.*, 23ff.

73) 미드라슈는 하나님의 함께 고난당하심Mitleiden을 다음과 같이 기술하고 있다: "너희들이 나의 고향을 떠난 것을 내가 보았을 때, 너희들과 함께 고향으로 돌아오기 위해서 나도 고향을 떠났다."(E. Wiessel, Der Mitleidene, in: R. Walter(Hg.), *Die hundert Namen*

엘 사람들에게는 더 없이 큰 희망이며 구원입니다.

시편 23편 4절 이하는 "어두운 골짜기, 곧 죽음의 골짜기"를 가는 자와 동행하시는 하나님의 "쉐히나"에 대하여 언급하고 있습니다. 이와 같이 쉐히나는 성령의 인격성을 명백히 나타내면서 동시에 성령의 사역이 메시아적 혹은 보혜사적 사역임을 천명해 주고 있습니다. 이러한 점에서 하나님의 영은 하나님 자신이 역사 속에서 활동하시는 '현존실체'입니다. 하나님의 영의 임재로서의 "쉐히나"는 고난당하는 피조물들 가운데 임재 하셔서, 그들 가운데 거하시고, 그들에게 생명력을 불어 넣어주시고, 그들을 구원해 내는 구원자 하나님 자신입니다. 따라서 "쉐히나"는 "성령의 케노시스"(낮아지심)74) 그 자체입니다. 그리고 구약성경에 나타난 '하나님의 계시양식의 변형'에 의하면 스스로 존재하는 하나님(출 3:14)은 곧 성령 담지자, 하나님께서 파송한 자들과 동행하시는 하나님이십니다.75)

이상 앞에서 살펴본 바와 같이 하나님의 영은 구체적인 장소, 구체적인 시간에 당신이 원하시는 곳에, 특히 고난 받는 자들 가운데, 함께 하시는 하나님 자신입니다. 이러한 하나님의 자기현현을 가리켜 하나님의 "쉐히나"라고 구약성경 전승은 증언하고 있는 것입니다. 따라서 하나님의 구원은 영원하신 하나님이 자신의 "쉐히나"와 하나가 되는 사건을 의미합니다. 그래서 하나님의 영이 임한 자, 혹은 하나님의 영에 의해서 사로잡힌 자는 공동체를 고난 속에서 구원하는 자의 역할을 감당한 것입니다.

Gottes, Freiburg, 1985, 70ff.)

74) D. Lyle Dobney, *Die Kenosis des Geistes: Kontinuität zwischen Schöpfung und Erlösung im Werk des Heiligen Geistes*, Neukirchen-Vluyn: Neukirchen Verlag, 1997.

75) 김재진,『칼 바르트 신학해부』(서울: 도서출판 한들, 1998), 특히 115: "한분 하나님의 자기 계시 속에 있는 구약과 신약의 연속성".

9
성령론과
다른 교의학적 주제와의 연관성

'성령'은 기독교의 형성의 역사적 과정에 가장 최우선으로, 그리고 가장 실질적으로 역사하였습니다. 왜냐하면 인류를 위한 예수 그리스도의 구속 사건에 대한 참된 인식이 성령에 의해서 가능해졌기 때문입니다. 즉 예수의 제자들은 성령을 받고서야 비로소 예수 그리스도의 십자가의 죽음과 부활의 의미를 깊이 깨닫게 되었습니다. 예컨대 예수의 제자들 중에는 부활하신 예수님을 만났음에도 불구하고, 예수의 부활을 의심하는 자들이 많았습니다.(참조. 눅 24:36-43. 병행, 마 28:16-20; 막 16:14-18; 요 20:19-23) 그리고 예수의 십자가의 죽음과 부활이 무엇을 의미하는 지도 정확히 이해하지 못하였습니다. 그래서 부활하신 예수님께서 "그들(제자들)을 향하사 숨을 내쉬며 이르시되 성령을 받으라!"(요 20:22)고 말씀하셨을 뿐만 아니라, 승천하시면서도 "오직 성령이 너희에게 임하시면 너희가 권능을 받고 예루살렘과 온 유대와 사마리아와 땅 끝까지 이르러 내 증인이 되리라."(행 1:8)고 약속하셨던 것입니다. 이러한 사건들은 예수님께서 제자들에게 부탁하신 큰 명령Great Commission, 곧 "너희는 가서 모든 민족을 제자로 삼아 아버지와 아들과 성령의 이름으로 세례를 베풀고 내가 너희에게 분부한 모든 것을 가르쳐 지키게 하라. 볼지어다. 내가 세상 끝날까지 너희와 항상 함께 있으리라"(마 28:19-20)는 말씀을 실현하시기 위한 것이라고 볼 수 있습니다. 이러한 점에서 '성령론'은 무엇보다도, '기독교 복음 전파', 곧 '선교학'과 밀접한 관계가 있습니다. 왜냐하면 예수님은 공생애 기간 중 제자들을 파송하실 때도, "너희를 넘겨 줄 때에 어떻게 또는 무엇을 말할까 염려하지 말라 그 때에 너희에게 할 말을 주시리니, 말하는 이는 너희가 아니라 너희 속에서 말씀하시는 이 곧 너희 아버지의 성령이시니라"(마 10:19-20)고 말씀하셨기 때문입니다. 이러한 점에서 '성령론'은 폭넓게는 '말씀론', 특히 '설교학'과 연관성을 가지고 있습니다.

그리고 무엇보다도 '성령론'은 성부, 성자, 성령 삼위일체 하나님을 믿고 고백하는 기독교의 하나님, 곧 '신론'과 연관되어 있습니다. 따라서 자연히 '성령론'은 '기독론'과 연관성을 갖게 됩니다. 왜냐하면 예수의 탄생이 성령으로 잉태되었기 때문입니다: "예수 그리스도의 나심은 이러하니라. 그의 어머니 마리아가 요셉과 약혼하고 동거하기 전에 성령으로 잉태된 것이 나타났더니"(마 1:18); "주의 사자가 현몽하여 이르되 다윗의 자손 요셉아 네 아내 마리아 데려오기를 무서워하지 말라 그에게 잉태된 자는 성령으로 된 것이라."(마 1:20)

따라서 우리는 성령 하나님에 관한 교리인 '성령론Pneumatologie'을 성부, 성자, 성령 삼위일체 하나님의 호칭 순서에 따라서, 창조주 하나님에 관한 '신론', 그리고 화해자 예수 그리스도에 관한 '기독론' 그리고 그 다음 구원자 되시는 성령에 관한 '성령론'의 순서로 기술할 것이 아니라, 오히려 역으로 '성령론', '기독론', 그리고 그 다음 '신론'의 순서를 따르는 것이 하나님에 대한 경험과 인식의 순서를 따르는 것이라고 할 수 있습니다.

뿐만 아니라, 성령 하나님은 오늘날 교회 공동체 안에서 여러 가지 성례전을 통해서 역사하고 계실 뿐만 아니라, 각 개인을 실질적인 고통에서 구원해 주시고 돕고 있는 '보혜사'라는 점에서 '교회론'과 밀접하게 관계되어 있습니다. 한마디로 말해서, 만일 어떤 그리스도인이 기도 중 '하나님 아버지'라고 기도의 대상을 부를 때, 어느 설교자가 '하나님은 살아 계십니다'라고 선포할 때, 기도하는 사람이나 말씀을 선포하는 설교자나 그 설교 말씀을 듣고 있는 회중 누구를 막론하고, '성령 하나님'을 전제하지 않으면, 설교의 내용은 물론이고 기도가 하나님에게 상달될 것이라고 기대할 수 없다는 것입니다. 이러한 점에서 '성령론'은 지금도 살아 계셔서 예수 그리스도의 십자가와 부활이 주는 은혜를 각 사람에게 나누어 주고 계시는 '하나님'에 대한 교리라고 할 수 있습니다.

제2부

창조주 하나님의 영

1
창조주 하나님의
영

요 4:24_ "하나님은 영이시니, 예배하는 자가 영과 진리로 예배할지니라. God is Spirit, and his worshipers must worship in spirit and in truth."

고후 3:17_ "주는 영이시니, 주의 영이 계신 곳에는 자유가 있느니라. Now the Lord is the Spirit, and where the Spirit of the Lord is, there is freedom."

1) 보이지 않는 영적 실체로서의 성령

선지자 이사야는 "구원자 이스라엘의 하나님이여, 진실로 주는 숨어 계신 하나님이시니다"(사 45:15)라고 고백합니다. 그런데 요한복음은 "하나님은 영靈이시니, 예배하는 자가 영과 진리로 예배할지니라"(요 4:24)고 권면하고 있습니다. 이상의 두 말씀을 종합하면, 이스라엘의 성령 하나님은 보이지 않는 영적 실체實體이십니다. 즉 우리 인간의 눈에는 보이지 않고 감지感知할 수도 없지만, 분명히 살아 계신 분이십니다. 더 자세히 말하면, 예수님께서 니고데모에게 '성령으로 난 사람'은 "바람이 임으로 불매, 네가 그 소리는 들어도 어디서 와서 어디로 가는지 알지 못(한다)"(요 3:8)고 설명해 주신 것처럼, 성령 하나님은 바람의 실체와 같은 분이십니다. 즉 인간이 바람을 눈으로 보거나 감각으로 느낄 수는 없지만, 나뭇잎이 흔들리는 것으로 보이지 않는 바람의 실체를 인식하고 감지할 수 있듯이, 성령의 능력과 열매로 그 실체를 인식할 수 있는 분이 바로 성령 하나님이십니다. 그러므로 '하나님이 영'이시라는 것은, 성령의 창조 능력과 그 일하시는 표적으로 그의 존재를 인식할 수 있는 살아 계신 분이 바로 성령님이라는 것입니다.

그러나 성령이 형체形體 없는, 보이지 않는 '영적 실체'라고 해서, '인격체'가 아닌 단지 중성적인 물리적 '힘'으로 작용하고 있는 '에너지energy'와 같은 것은 결코 아닙니다.[1] 성령은 오히려 철저히 인격적人格的으로 활동하고 계시는 분입니다. 그러기에 그분에게 '영과 진리로 예배'하는 것이 가능한 것입니다. '성령님이 인격적 주체'라는 것에 관하여 성경은 여러 곳에서 증언하고 있습니다. 성령님이 '인격적 주체'라는 것은 첫째, 그분이 '말씀하시는 분', 더 자세히 말하면 '예수를 증언하시는 분'이라는 것입니다. 그래서 요한복음 15장 26절은 "내가 아버지께로부터 너희에게 보낼 보혜사 곧 아버지께로부터 나오시는 진리의 성령이 오실 때에 그가 나를 증언하실 것이요"라고 증언하고 있습니다.(행 1:8, 비교)[2] 둘째, 성령님이

---

1) 성령의 인격성과 그의 '신적-의지적 인격존재'에 관하여: Otto Henning Nebe, *Deus Spiritus Sanctus. Untersuchungen zur Lehre vom Heiligen Geist*, Gütersloh, 1939, 39ff.
2) 성령님이 예수 그리스도를 증언하는 것에 상응하게 성령 받은 자도 예수님을 증언하는 자가

'인격적 주체'라는 것은 성령이 우리들의 '교사, 곧 가르치는 역할'을 한다는 점에서 명백히 드러납니다. 그래서 요한복음 14장 26절은 "보혜사 곧 아버지께서 내 이름으로 보내실 성령 그가 너희에게 모든 것을 가르치고 내가 너희에게 말한 모든 것을 생각나게 하리라"고 증언하고 있습니다. 셋째, 성령님이 '인격적 주체'라는 것은, 그가 우리를 위하여 '기도하시는 분'이라는 것입니다. 그래서 로마서 8장 26절은 "성령도 우리의 연약함을 도우시나니 우리는 마땅히 기도할 바를 알지 못하나 오직 성령이 말할 수 없는 탄식으로 우리를 위하여 친히 간구하시느니라"고 증언하고 있습니다. 성령님이 우리를 위하여 대신 기도하신다는 것은 그분이 인격적 주체라는 것이 명백합니다. 넷째, 성령님이 '인격적 주체'라는 것은, 성령님이 '지정의知情意'를 가진 분이라는 것입니다. 즉 성령님도 우리처럼 '지정의'를 가지고 계시다는 것입니다.[3] (비교. 갈 5:22-23) 그래서 사도행전 5장 3-4절은 "베드로가 이르되, 아나니아야 어찌하여 사탄이 네 마음에 가득하여 네가 성령을 속이고 땅 값 얼마를 감추었느냐 땅이 그대로 있을 때에는 네 땅이 아니며 판 후에도 네 마음대로 할 수가 없더냐 어찌하여 이 일을 네 마음에 두었느냐 사람에게 거짓말한 것이 아니요 하나님께로다"라고 보고하고 있습니다. 이렇게 성령님은 '우리의 마음속에 품은 생각을 감찰하고 계시는 분'이십니다.[4] 그뿐만 아니라, 다섯째, 성령님이 '인격적 주체'라는 것은 성령님도——'성부', '성자'처럼——'성령'이라는 '고유한 호칭'

된다(행 1:8 : "오직 성령이 너희에게 임하시면 너희가 권능을 받고 예루살렘과 온 유대와 사마리아와 땅끝까지 이르러 내 증인이 되리라 하시니라").

3) 갈 5:22-23 "오직 성령의 열매는 사랑과 희락과 화평과 오래 참음과 자비와 양선과 충성과 온유와 절제니 이 같은 것을 금지할 법이 없느니라". 이렇게 성령의 열매를 인간의 지정의로 표현하고 있다는 것은, 성령님도 하나의 인격체로서 '지정의'를 가지고 있다는 것을 뜻한다.

4) 이 보고에 의하면 성령님을 속이는 것은 곧 하나님을 속이는 것으로서 성령은 곧 하나님이심을 증언하고 있다.

을 가지신 분이라는 것입니다. 그래서 마태복음 28장 19절에서 예수님은 "너희는 가서 모든 민족을 제자로 삼아 아버지와 아들과 성령의 이름으로 세례를 베풀고"고 명령하고 계십니다. 이러한 증언은 성부 하나님과 성자 하나님과 더불어 성령님도 '성령 하나님'으로 불릴 수 있다는 것을 암시해 주고 있으며, 성부 하나님과 성자 하나님이 하나의 인격체이듯이 성령 하나님도 성부, 성자 하나님과 동일한 인격적 존재라는 것을 증언하고 있는 것입니다.

그러므로 사도 바울이 고린도후서 3장 17절에서 "주는 영이시니the Lord is the Spirit, 주의 영이 계신 곳에는 자유가 있느니라"고 증언한 것을 요한복음은 "하나님은 영이시니God is Spirit"(요 4:24)라고 바꾸어 쓰고 있는 것입니다.5) 따라서 이 두 문장을 종합하면, 성령은 '창조주 하나님의 영'이며 동시에 하나님과 인간의 화해자 '예수 그리스도의 영'이라는 것입니다.6) 그래서 성령은 우리에게 창조주 하나님과 예수 그리스도를 증언하고, 예수님에게 우리를 인도해 주시고, 그분이 하신 말씀의 뜻을 깨닫게 하시는 '계몽啓蒙의 영'입니다. 왜냐하면 예수님은 "진리의 성령이 오시면 그가 너희를 모든 진리 가운데로 인도하시리니 그가 스스로 말하지 않고 오직 들은 것을 말하며 장래 일을 너희에게 알리시리라 그가 내 영광을 나타내리니 내 것을 가지고 너희에게 알리시겠음이라 무릇 아버지께 있는 것은 다 내 것이라 그러므로 내가 말하기를 그가 내 것을 가지고 너희에게

---

5) 어거스틴은 성령이 창조주 하나님의 영이며, 동시에 화해자 예수 그리스도, 곧 성자 하나님의 영임을 다음과 같이 증언하고 있다: "*Ille Spiritus Sanctus, qui non Trinitas, sed in Trinitate intelligitur, in eo quod proprie dicitur Spiritus Sanctus, relative dicitur, cum et ad Patrem et ad Filium refertur, quia Spiritus Sanctus et Patris et Filii Spiritus es. Sed ipsa relatio non apparet in hoc nomine*"(*De Trin.* 5, 11,12: *PL* 42, 919)[Heribert Mühlen, *Der Heilige Geist als Person. In der Trinität bei der Inkarnation und im Gnadenbund*, Münster, 1963, 4에서 재인용].

6) 서방교회는 성령은 성부 하나님과 성자 하나님에게서 동시에 출원한다는 'filioque(아들에 게서도 또한)'이라는 용어를 사용하였다.

알리시리라 하였노라"(요한복음 16: 13-15)고 증언하고 있기 때문입니다.

2) 창조(기적) 능력으로서의 성령

성경은 그 첫마디를 "태초에 하나님이 천지를 창조하시니라"(창 1:1)로 시작하고 있습니다. 곧이어 "그 땅이 혼돈하고, 공허하며, 흑암이 깊은 위에 있고, 하나님의 영靈은 수면에 운행하시니라"(창 1:2)고 증언하고 있습니다. 여기서 우리는 태초에 계신 분이 누구인지 분명히 알 수 있습니다. 태초에 계신 분은 바로 '하나님의 영', 곧 '성령님'이십니다. 그 하나님은 바로 창조주이십니다. 그래서 성령은 곧 '창조주 하나님의 영'이십니다. 왜냐하면 "태초에 하나님이 천지를 창조하시니라"(창 1:1)는 말씀은 '창세기', 즉 이 세상이 하나님의 영에 의해서 창조되었다는 책의 주제, 곧 책명에 상당하기 때문입니다.7) 따라서 "그 땅이 혼돈하고, 공허하며, 흑암이 깊음 위에 있고, 하나님의 영은 수면에 운행하시니라"(창 1:2)는 말씀에서 하나님은 '영', 곧 '거룩한 영'으로 표현되고 있습니다. 왜냐하면 "그 땅이 혼돈하고, 공허하며, 흑암이 깊음 위에 있고"(창 1:2)는 창조 이전의 상태를 묘사하고 있기 때문입니다. 더 자세히 말해서 하나님의 창조 사역을 구체적으로 기술하고 있는 것은 3-4절, 곧 "하나님이 이르시되 빛이 있으라 하시니 빛이 있었고, 그 빛이 하나님이 보시기에 좋았더라 하나님이 빛과 어둠을 나누사"이기 때문입니다. 그러면 여기서 질문이 제기될 수 있습니다. 왜 '하나님의 영'이라고 표현하고 있습니까?

'하나님의 영'이란 표현은 하나님이 따로 계시고, '그의 영'이 따로 있다

---

7) 히브리 성경은 책의 첫머리를 그 책의 명칭으로 삼았다.

는 뜻이 아닙니다. 예컨대 '삼위일체론'에서 우리가 아버지 하나님, 아들 하나님, 성령 하나님이라고 표현할 때, '성부 하나님', '성자 하나님' 그리고 '성령 하나님'이 따로따로 존재하는 삼신三神을 의미하지 않듯이, '하나님 의 영'이란 하나님이 '성령'이시고, '성령'이 곧 '하나님'이라는 뜻입니다. 그래서 '하나님은 영이시다'(요 4:24)라고 증언하고 있는 것입니다. 그래서 이스라엘 사람들은 '하나님'(יהוה 야웨)을 '주主, adonai'로 바꾸어 부르기도 하였습니다. 다시 말해서 하나님이 따로 있고, 그의 영이 따로 있고, 하나 님과 그의 아들이 따로 있다는 의미가 아닙니다.(참고 요 10:30)[8] 따라서 '하나님의 영'(창 1:2)이란, 곧 '성령이신 하나님'의 '소유격의 주격 용법 Genetive Subjektive'에 불과한 것입니다. 즉 '소유격의 주격 용법'이란 언어 표현에 있어서 주격을 2격으로 축약해서 하나의 '구句'로 표현하는 용법입 니다. 그래서 '소유격의 주격 용법'은 'A B'의 의미를 가지고 있습니다.[9] 따라서 '하나님의 영'이란 표현은, '성령은 곧 하나님이시다' 혹은 '하나님 은 곧 성령이시다'라는 뜻입니다. 그러므로 앞에서 언급한 "하나님의 영은 수면에 운행하시니라"(창 1:2b)는 말씀은, '영靈이신 하나님이 수면에 운행 하시니라'로 이해할 수 있습니다. 한 걸음 더 나아가 "태초에 하나님이 천지 를 창조하시니라"(창 1:1)는 말은 '태초에 성령이 천지를 창조하시니라'로 바꾸어 이해해도 결코 틀린 것은 아닙니다. 그러면 '성령이 창조의 영'이라 는 성경적 전거典據는 어디에 있습니까?

---

8) 요 10:30: "나와 아버지는 하나이니라."
9) 반면에 '2격의 목적격 용법Genetive Objektive'은 목적격을 소유격, 곧 2격으로 표현하는 용법 이다. 이 용법에서는 2격을 목적격으로 해석해야 한다.

3) 성령은 '창조의 영'이다

우선 "태초에 하나님이 천지를 창조하시니라"(창 1:1)에서 '창조하시다'
라는 히브리어 동사 '바라bara'는, 제사문헌(P전승문헌)에서는 오직 신적인
창조 행위에 대하여만 사용되고 있습니다. 즉 하나님의 창조 행위를 표현
할 때만 '바라bara'라는 동사를 사용하고 있다는 것입니다. 그런데 '바라'란
지금까지 존재하지 않았던 것을 새롭게 존재하게 하는 창조 사역과 자연의
영역에서 무엇이 새롭게 생성生成되는 것을 의미합니다. 한마디로 말해서
'바라bara'는 '비로소 처음으로 만들었다', '생겨나다'라는 뜻입니다. 그래서
"태초에 하나님이 천지를 창조하시니라"(창 1:1)에서 '태초'라는 말을 창세
기는 덧붙인 것입니다. 따라서 출애굽기 34장 10절에서도 "여호와께서
이르시되 보라 내가 언약을 세우나니 곧 내가 아직 온 땅 아무 국민에게도
행하지 아니한 이적을 너희 전체 백성 앞에 행할 것이라. 네가 머무는 나라
백성이 다 여호와의 행하심을 보리니 내가 너를 위하여 행할 일이 두려운
것임이니라"로 표현하고 있는 것입니다.(이 밖에 민 16:30; 시 51:12)[10] 그러므
로 '바라bara'는 그 무엇인가를 만들 수 있는 재료나 물질과 결합하여 '~로
부터 만들었다'는 목적격을 단 한 번도 동반하지 않습니다. 이것은 하나님
의 창조가 오로지 '하나님 자신에 의한 것'이며 오직 하나님 자신에 의해서
'처음으로 독자적으로 이루어진 창조'라는 것이고, 바로 그렇기 때문에 '전
적으로 새로운 것'이라는 뜻입니다.[11] 그러므로 하나님의 창조를 '무로부

---

10) 민 16:30: "만일 여호와께서 새 일을 행하사 땅이 입을 열어 이 사람들과 그들의 모든 소유물
을 삼켜 산 채로 스올에 빠지게 하시면 이 사람들이 과연 여호와를 멸시한 것인 줄을 너희가
알리라."; 시 51:12 : "주의 구원의 즐거움을 내게 회복시켜 주시고 자원하는 심령을 주사
나를 붙드소서."
11) 이 점에 관하여 우선: C. Westermann, *Genesis*, Neukirchen, 1974; 그리고 고전적으로
정평 있는 것으로는: Fr. Delitzsch, *Commentar über die Genesis*, Leipzig 3. Aufl., 1860;

터의 창조creatio ex nihilo'란 표현은——물론 신학적 표현이긴 하지만——성경이 증언하는 하나님의 창조 사역을 가장 잘 표현해 준 말이라고 할 수 있습니다.[12]

그러므로 우리는 '창조하다'는 동사와 '만들다'라는 동사를 구분해서 이해해야 할 것입니다. 창세기 1장 1절 '창조하다'는 말은 하나님의 창조 사역 전체를 의미하는 것인 반면에, "땅이 혼돈하고 공허하며 흑암이 깊음 위에 있고"의 증언에서부터 여섯째 날까지의 하늘과 땅, 그리고 그 안에 있는 모든 것을 만드시고, 일곱째 날에 안식하신 날(창 2:2)까지의 사역은 '만들다make'는 말로 이해할 수 있습니다.[13] 따라서 출애굽기 20장 10-11절에서 "일곱째 날은 네 하나님 여호와의 안식일인즉 너나 네 아들이나 네 딸이나 네 남종이나 네 여종이나 네 가축이나 네 문안에 머무는 객이라도 아무 일도 하지 말라. 이는 엿새 동안 나 여호와가 하늘과 땅과 바다와 그 가운데 모든 것을 만들고 일곱째 날에 쉬었음이라. 그러므로 나 여호와가 안식일

B. Jacob, *Das erste Buch der Thora Geneis*, Berlin, 1934이 있다.

12) 무無에도 두 가지가 있다. 하나는 '상대적 무無, μὴ ὄν'와 '절대적 무無, οὐκ ὄν'가 있다. '라틴어로 *nihil privati vum* 틀에 잡히지 않은 세계의 재료'와 '*nihil negativum* 절대적 무'로 구분하는 것은 플라톤의 철학에서부터 유래한 것이다. 이 점에 관하여: Plato, *Timaios*, 28a. 더 자세히 말하면 '상대적 무'란, '있음'의 상대적 의미의 '없음'이고, '절대적 무'란 '무이고, 유이고 존재 자체가 있기 전'에 '아직은 없음Nicht-Nicht-Sein'의 의미로서의 '무'를 의미한다. 즉 '언젠가는 있을 무'를 의미한다고 하겠다.

13) 성경에서 '만들다' 혹은 '형성하다'는 의미를 가진 단어는 아주 많이 나타난다. 예컨대 '아사 asa'는 '만들다' 혹은 '하다'(사 41:20; 43:7; 45:7, 12, 18; 암 4:13)는 의미로, '야차르'는 '형성하다'(사 43:1, 7; 45:7, 18; 암 4:13)는 뜻으로, '쿤'은 '설립하다'(사 45:18)는 의미로, '핫다쉬'는 '새롭게 하다'는 의미로 각각 쓰이고 있다. 그런데 이러한 단어들은 공통적으로 재료와 물질을 가지고 그 어떤 물건을 만드는 뜻으로 사용되고 있다. 이 점에 관하여: Karl-Heinz Bernhardt, "ברא", in: *Theological Dictionary of the Old Testament*, ed. G Johannes Botterweck and Helmer Ringgren, 4. vols. (Grand Rapids: Eerdmanns, 1975), vol. 2., 246. 따라서 B. Jacob은 사도신경을 영어로 "Maker of heaven and earth '로 번역하는 것은 잘못된 것이라고 지적하고 있다. 이 점에 관하여: B. Jacob, *ibid.*, 20.

을 복되게 하여 그날을 거룩하게 하였느니라"는 말씀은 하나님께서 창조 사역을 쉬셨다는 뜻이 아니라, 재료나 물질을 가지고 그 무엇인가를 만드는 '노동', 곧 '일'을 쉬셨다는 것으로 이해해야 합니다. 바로 이러한 의미에서 예수님께서 안식일에 병자를 고치신 것을 보고서, 유대인들이 안식일에 "이러한 일(병 고치는 일)을 행한다 하여"(요 5:15) 예수님을 비난하였을 때, "예수께서 그들에게 이르시되 내 아버지께서 이제까지 일하시니 나도 일한다"(요 5:17)고 답변하셨던 것입니다.

그런데 "내 아버지께서 이제까지 일하시니 나도 일한다"(요 5:17)는 예수님 말씀은 성령의 창조 사역 이외에 다른 것을 의미하지 않습니다. 왜냐하면 이 말씀, 곧 "아버지여 창세전에 내가 아버지와 함께 가졌던 영화로써 지금도 아버지와 함께 나를 영화롭게 하옵소서"(요 17:5)라는 예수님의 기도는 하나되게 하시는 성령의 능력 안에서만 가능하기 때문입니다. 이러한 점에서 성령님이 창조 사역을 한순간이라도 중단하면, 인간을 비롯하여 모든 생명체에서 호흡이 떠나 생명을 잃게 됩니다. 따라서 하나님의 창조 사역을 'ברא(바라)'는 말로 표현한 것은, 하나님의 창조 사역의 '영원성'을 의미하는 것이라고 볼 수 있으며, 이 사역은 바로 성령에 의해서 지속되고 있음을 알 수 있습니다. 즉 창조의 영이신 성령님은 항상 쉬지 않고 일하고 계신다는 뜻입니다. 이러한 점에서 '창조를 보존하고 유지하는 사역'은 '생명의 영靈'인, 성령의 사역 이외에 다른 것이 아님이 명백해집니다.

이상 살펴본 바와 같이, '하나님의 창조'가 재료를 이용한 '제조' 혹은 '만드는 것'과 확연하게 구분된다는 면에서, '창조'는 생명과 관계되는 영원한 신적神的 사역입니다. 비록 성경이 '창조'에 대하여 자세히 기술하고 있지 않다 하더라도, 예수님께서 "내 아버지께서 이제까지 일하시니 나도 일한다"(요 5:17)는 말씀에서 읽어 낼 수 있는 것은, 창조주 하나님이 행하신 생명 창조의 사역을 예수님도 역시 계속해서 행하셨으며, 성부, 성자 하나님의 생명 창조 사역은 '창조의 영'이신 성령 하나님에 의해서 연계되고, 지금도 '창조의 영'에 의해서 지속되고 있다는 계발적인 결론입니다. 왜냐 하면 만일 성령께서 한순간 생명 창조의 사역을 멈추어 우리들에게 '호흡', 곧 '영'을 불어 넣어 주시지 않으면, 우리는 곧바로 생명을 잃어버리게 되기 때문입니다.

이상 앞에서 살펴본 **ברא**(바라)'라는 단어의 의미와 성부, 성자, 성령 삼 위일체 되시는 하나님의 생명 창조 사역의 연관성을 고려해 볼 때, '태초'란 말은 단지 시간의 앞, 혹은 역사 이전이라는 것을 의미하는 것이 아니라, 오히려 창조의 '영원성', 곧 '태초로 지금까지 영원부터 영원까지 항상: *erat in principio et est nunc et erit semper et in saecula saeculorum*'이라는 의미로 이해 해야 할 것입니다. 즉 시간과 공간을 초월하는 하나님만의 절대적 영역에 서 일어난 '창조'의 행위, 바꾸어 말하면 '모든 만드는 일'에 전적으로 앞서 일어난 근원적이고 영원한 '창조'를 의미하는 것이라고 해석해야 할 것입 니다. 즉 창조로 말미암아 비로소 낮과 밤의 주기가 시작되는 시간이 시작 되고, 물질과 재료를 가지고 목적하는 바의 물건을 만들어 공간에 채우는 일이 시작되기 이전의 '맨 처음', '가장 먼저', '근원적' 의미를 가진 '태초'라 는 뜻입니다. 즉 하나님께서 '창조'하시기 전에는 아무것도 없었다는 의미 의 '태초'라는 뜻입니다.

따라서 창세기에서 "그 땅이 혼돈하고 공허하며 흑암이 깊음 위에 있고 하나님의 영은 수면 위에 운행하시니라. 하나님이 이르시되, 빛이 있으라 하시니 빛이 있었고"(창 1:2-3)라는 표현은 '하나님의 영'이 모든 만물이 '만 들어지기 이전'에 시·공간을 초월하여 영원히 있었다는 것을 표현해 주는 것입니다.[14] 그래서 성경은 이 '하나님의 영'을 곧바로 '하나님이 이르시

---

14) 칼 바르트는 성령은 곧 창조의 영임을 확고히 하고 있다. 이 점에 관하여: K. Barth, Der

되'로 바꾸어 쓰고 있는 것입니다. 그리고 이 '하나님의 영'을 요한복음은 "태초에 말씀이 계시니라. 이 말씀이 하나님과 함께 계셨으니, 이 말씀은 곧 하나님이시니라"(요 1:1)고 바꾸어 쓰고 있는 것입니다. 이러한 점에서 태초에 '빛이 있으라'고 말씀하신 분은 '수면 위에 운행하신 하나님의 영', 곧 '성령 하나님' 이외에 다른 분이 아니십니다. 그래서 시편 104편 30절에서는 "주의 영을 보내어 그들을 창조하사 지면을 새롭게 하시나이다"라고 고백하고 있습니다. 그리고 이사야서 40편 12-13절에서는 "누가 손바닥으로 바닷물을 헤아렸으며 뼘으로 하늘을 쟀으며 땅의 티끌을 되에 담아 보았으며 접시저울로 산들을, 막대 저울로 작은 언덕들을 달아 보았으랴. 누가 여호와의 영을 지도하였으며 그의 모사가 되어 그를 가르쳤으랴"라고 증언함으로써, 성령 하나님의 창조 사역을 명백히 증언하고 있습니다. 그래서 욥도 "하나님의 영이 나를 지으셨고 전능자의 기운(영)이 나를 살리시느니라"(욥 33:4)고 고백하고 있습니다.

이제 결론적으로 성령 하나님은 '숨어 계신 하나님'(사 45:15)께서 '보이지 않는 영'으로 현존하는 창조적 '실체'이시고, 천지를 창조하신 창조주의 영이십니다. 그래서 성령은 곧 창조주 하나님의 영이십니다. 바꾸어 말하면, 창조력을 가지고 있지만, 보이지 않는 '영적 실체', 곧 '성령'으로 존재하시는 분이 바로 창조주 하나님이십니다. 왜냐하면 '성령 하나님'은 생명력을 가지고 있어, 인간을 비롯하여 모든 물질을 생성 변화 발전시킬 수 있기 때문입니다. 그래서 성령은 한순간 주어지고 마는 것이 아니라, 계속해서 생명력을 만물에 불어넣어 주시는 주체인 것입니다. 즉 인간은 성령의 생명력에 의해서 유지되고 있는 것이라고 볼 수 있습니다. 그러므로 사도

---

heilige Geist und das christliche Leben, in: Ders. und H. Barth, *Zur Lehre von heiligen Geist*, München, 1930, 39-105.

바울은 로마서 1장 4절에서 그리스도의 부활도 성령의 창조능력에 의해서 일어난 것으로 보고하고 있습니다: "성결의 영으로는 죽은 자들 가운데서 부활하사 능력으로 하나님의 아들로 선포되셨으니 곧 우리 주 예수 그리스도시니라."

한 걸음 더 나아가 사도 바울은, "예수를 죽은 자 가운데서 살리신 이의 영이 너희 안에 거하시면, 그리스도 예수를 죽은 자 가운데서 살리신 이가 너희 안에 거하시는 그의 영으로 말미암아 너희 죽을 몸도 살리시리라"(롬 8:11)고 증언하고 있는 것입니다. 이러한 점에서 '창조주 하나님의 영'은 곧 '생명의 영'이며 동시에 '부활의 영'입니다. 그리고 이 '생명의 영'이며 '부활의 영'은 곧 '예수 그리스도의 영'인 깃입니다.[15]

---

15) 그러나 여기서 죽은 자의 부활이 그 어떤 재료를 통하여 만들어지는 것을 의미하는 게 아니라, 전적으로 새로운 것으로 창조되는 '새 창조'를 의미한다. 이 점에 관하여는 이후에 '부활의 영'과 '새 창조의 영'에서 더 자세히 논하고자 한다.

2
창조의 말씀인
그리스도의 영

눅 1:35_ "천사가 대답하여 이르되 성령이 네(마리아)게 임하시고 지극히 높으신 이의 능력이 너를 덮으시리니, 이러므로 나실 바 거룩한 이는 하나님의 아들이라 일컬어지리라. The angel answered, 'The Holy Spirit will come upon you, and the power of the Most High will overshadow you. So the holy one to be born will be called the Son of God.'"

요 1:14_ "말씀이 육신이 되어 우리 가운데 거하시매 우리가 그의 영광을 보니 아버지의 독생자의 영광이요 은혜와 진리가 충만하더라. The Word became flesh and made his dwelling among us. We have seen his glory, the glory of the One and Only, who came from the Father, full of grace and truth."

1) 말씀의 영으로서의 창조의 영

앞 절에서 우리는 성령은 다름 아닌 '창조의 영'이라는 것을 알았습니다.
그런데 그 '창조의 영'이신 성령은, 곧 '창조의 말씀이신 그리스도의 영'입
니다. 왜냐하면 창세기 1장 2절에 의하면, "그 땅이 혼돈하고 공허하며
흑암이 깊음 위에 있고 하나님의 영은 수면 위에 운행하시니라"로 되어
있습니다. 그리고 곧바로 창세기는, "하나님이 이르시되, 빛이 있으라 하
시니 빛이 있었고, 그 빛이 하나님이 보시기에 좋았더라. 하나님이 빛과
어둠을 나누사, 하나님이 빛을 낮이라 부르시고, 어둠을 밤이라 부르시니
라. 저녁이 되고 아침이 되니 이는 첫째 날이니라"(창 1:2-5)고 기록하고
있습니다. 여기서 우리는 다음과 같은 사실을 알 수 있습니다. 우선 앞
절에서도 언급하였듯이, '하나님의 영'은 모든 만물이 '만들어지기 전'에
수면 위에 운행하시고 계셨습니다. 그리고 곧바로 창세기는, '하나님이 이
르시되', 즉 하나님이 말씀하시는 분으로 나타납니다. 즉 하나님의 말씀이
이 세상 만물을 창조하신 것으로 보고하고 있습니다. 그래서 요한복음은
창조의 말씀을 다음과 같이 증언합니다: "태초에 말씀이 계시니라. 이 말씀
이 하나님과 함께 계셨으니 이 말씀은 곧 하나님이시니라. 그가 태초에
하나님과 함께 계셨고, 만물이 그(말씀이신 하나님)로 말미암아 지은 바 되었
으니 지은 것이 하나도 그가 없이는 된 것이 없느니라."(요 1:1-3) 한 걸음
더 나아가 베드로후서는 마지막 때의 심판도 하나님의 말씀으로 이루어짐
을 증언하고 있습니다: "이제 하늘과 땅은 그 동일한 말씀으로 불사르기
위하여 보호하신 바 되어 경건하지 아니한 사람들의 심판과 멸망의 날까지
보존하여 두신 것이니라."(벧후 3:7, 비교 벧후 3:5)[16]

---

16) 벧후 3:5 : "이는 하늘이 옛적부터 있는 것과 땅이 물에서 나와 물로 성립된 것도 하나님의

그런데 마지막 날 심판 주로 임하실 분이 인자人子, 곧 예수 그리스도시라면, '창조의 말씀' 역시 '성령의 말씀'이외에 다른 것이 아닙니다. 왜냐하면 요한 계시록에 의하면, 인자이신 예수 그리스도는 처음과 나중이시기 때문입니다.(참조. 계 1:8, 17bf.)[17]

그러므로 구약성경의 증언에서, '하나님의 영'이 여호와 하나님의 '음성' 혹은 '숨', '호흡'으로 파악되기 때문에 '영靈'이 하나님과 결합되고, 하나님이 '영'과 결합될 때, '영'과 여호와의 말씀dabar Jahwe이 항상 매우 가까이 나타나는 것입니다. 그래서 이와 상응하게 예언자 전승에서도 예언자들이 초기에는 '하나님의 영'으로 부르심을 받은 것으로 표현되었다가, 후기에는 '하나님의 말씀'으로 부르심을 받은 것으로 표현되고 있는 것입니다.(참고. 삼상 19:23; 대상 17:3)[18]

이상 살펴본 바에 따르면 이제 다음과 같은 결론이 나옵니다. '하나님의 영'이 창조 이전에 수면에 운행하고 계셨습니다. 그래서 '하나님의 영'은 '창조의 영'이십니다. 그 '창조의 영'은 '말씀의 영'으로서, 하나님이 말씀을 하시니 천지가 '창조의 영'에 의해서 창조된 것입니다. 그래서 몰트만J. Moltmann은 "하나님의 말씀이 있는 곳에는 하나님의 영靈도 있다"[19]고 말합니다. 즉 하나님 이 말씀하시매, 만물이 '창조의 영'에 의해서 창조된 것입니다. 따라서 '하나님 영의 창조 능력'은 곧 '말씀의 창조 능력'이외에

말씀으로 된 것을 그들이 일부러 잊으려 함이로다."

17) 계 1:8 : "주 하나님이 이르시되, 나는 알파와 오메가라 이제도 있고 전에도 있었고, 장차 올 자요 전능한 자라."; 계 1:17bf. : "나는 처음이요, 마지막이니, 곧 살아 있는 자라 내가 전에 죽었노라."

18) 삼상 19:23 : "사울이 라마 나욧으로 가니라 하나님의 영이 그에게도 임하시니 그가 라마 나욧에 이르기까지 걸어가며 예언을 하였으며"; 대상 17:3 : "그 밤에 하나님의 말씀이 나단에게 임하여 이르시되."

19) J. Moltmann, *In der Geschichte des dreieinigen Gottes*, 이신건 역, 『삼위일체와 하나님의 역사』(대한기독교서회, 1998), 157.

다른 것이 아닙니다. 이러한 점에서 창조주 하나님은 '창조의 영'이시자, 곧 '창조의 말씀'이십니다. 바꾸어 말하면 하나님은 항상 '창조의 영'입니다. 이런 점에서 말씀과 성령은 서로 불가분리不可分離한 관계 속에 있습니다. 비유로 덧붙여 말씀드리면, 인간이 말을 할 때, 그 말은 소리, 곧 바람(성령)이 구강을 통과함으로써 언어가 형성되는 것처럼, 하나님의 호흡, 곧 성령이 기표, 곧 언어의 틀을 빌어서 전달되기 때문에, 하나님의 말씀은 성령의 창조능력을 힘입어 만물을 창조하게 되는 것입니다.[20]

그런데 이렇게 하나님의 말씀으로 만물이 창조된 것은, 마치 언중유골言中有骨이라는 말이 있는 것처럼, 하나님의 '말씀'에 하나님의 영, '성령'이 '내주immanent'해 있기 때문입니다. 즉 하나님의 영, 곧 성령의 창조능력이 말씀으로 선포되기 때문에, 바로 그 말씀으로 만물이 창조되는 것입니다. 왜냐하면 하나님의 영, 곧 성령은 만물을 창조할 수 있는 생명력을 가지고 있기 때문입니다. 구약성경의 증언에 따라 더 자세히 말씀드리면, 인간뿐만 아니라 다른 모든 생명체의 '생동력Vitalität'은 호흡(영)에 있다고 보았기 때문입니다. 따라서 구약성경에서 '영ruah'은 인간과 동물 속에 있는 '생명의 숨'과 '생명의 힘'을 뜻합니다. 그래서 전도서는 "흙은 여전히 땅으로 돌아가고, 영은 그것을 주신 하나님께로 돌아가기 전에 기억하라"(전 12:7); "인생들의 혼은 위로 올라가고, 짐승의 혼은 아래 곧 땅으로 내려가는 줄을 누가 알랴"(전 3:21)라고 탄식하고 있습니다.[21] 한 걸음 더 나아가 구약성

---

20) 솔로몬의 지혜서 12:1에서는 창조주 하나님은 말씀과 영을 통하여 자기 자신을 당신의 피조물에게 알리시고, 그 안으로 들어간다고 증언하고 있습니다: "주님, 당신은 생명을 사랑하시는 분이시며, 주님의 불멸의 영은 만물 안에 있나이다."(J. Moltmann, 이신건 역, 같은 책, 1998, 158에서 재인용).

21) 그러나 전도서가 이 구절을 통하여 '영혼불멸설'을 주장하려고 한 것이 아니라, 단지 인간의 영은 하나님으로부터 비롯된 것임을, 즉 창조주 하나님에게 인간의 생명이 달렸다는 것을 증언하기 위한 것이다. 왜냐하면 누가복음에 의하면, "예수께서 큰 소리로 불러 이르시되 아버지 내 영혼을 아버지 손에 부탁하나이다 하고 이 말씀을 하신 후 숨지시니라"(눅

경은 '피' 속에도 '생명력', 곧 '영'이 있다고 보았기 때문에 '피의 혼'과 '인격의 혼'을 구분하였습니다.[22](참고. 레 17:11-12,14)

그러므로 구약성경의 증언에서는, '숨', 곧 '호흡'과 음성, 그리고 '영'과 '언어'가 결합됨으로써 말씀이 창조의 능력을 가지고 있는 것으로, 혹은 성령이 생명을 주는 창조의 능력을 가진 것으로 나타납니다. 그래서 시편 33편 6절은 '하나님의 영'과 '말씀'이 결합되어 창조 능력을 행함을 다음과 같이 증언하고 있습니다: "여호와의 말씀으로 하늘이 지음을 되었으며, 그 만상을 그의 입 기운(영ruah)으로 이루었도다."

그러나 말씀에 말하는 사람의 '영'이 주입되지 않으면, 그 말은 창조의 능력을 갖지 못합니다. 그러한 말은 창조 능력이 없는 '빈 말', 곧 '공허한 말'입니다. 반면에 말하는 자의 영이 담긴 말은 상대방을 움직이는 능력이 있습니다. 즉 영이 담긴 말은 회중을 변화시킬 수 있습니다. 그러므로 사도 바울은 통역이 필요한 알아듣지 못하는 방언方言은 아무런 유익이 없음을 강력히 주장하면서, "내가 영으로 기도하고, 또 마음으로 기도하며, 내가 영으로 찬송하고, 또 마음으로 찬송하리라"(고전 14:15)고 다짐하고 있습니다.

23:46)고 증언하고 있기 때문이다. 이 점에 관하여: H.-J. Kraus, *Systematische Theologie im Kontext biblischer Geschichte und Eschatologie*, Neukirchen-Vluyn, 1983, 449.

22) 레 17:11-13, 14 : "육체의 생명은 피에 있음이라 내가 이 피를 너희에게 주어 제단에 뿌려 너희의 생명을 위하여 속죄하게 하였나니 생명이 피에 있으므로 피가 죄를 속하느니라. 그러므로 내가 이스라엘 자손에게 말하기를 너희 중에 아무도 피를 먹지 말며 너희 중에 거류하는 거류민이라도 피를 먹지 말라 하였나니…… 모든 생물은 그 피가 생명과 일체라 그러므로 내가 이스라엘 자손에게 이르기를 너희는 어떤 육체의 피든지 먹지 말라 하였나니 모든 육체의 생명은 그것의 피인즉 그 피를 먹는 모든 자는 끊어지리라."

2) 하나님의 말씀과 성령이 결합된 생명력

'창조의 영'이 곧 '말씀의 영'이라는 것은 구약성경 에스겔의 묵시에서도 아주 명백히 드러나고 있습니다. 여기서도 하나님의 말씀과 영이 결합되면 생명이 창조됩니다. 이를 우리는 다음과 같은 증언에서 알 수 있습니다.

> "이에 내가 명령을 따라 대언하니 대언할 때에 소리가 나고 움직이며 이 뼈, 저 뼈가 들어맞아 뼈들이 서로 연결되더라. 내가 또 보니 그 뼈에 힘줄이 생기고 살이 오르며 그 위에 가죽이 덮이나 그 속에 생기는 없더라. 또 내게 이르시되 인자야 너는 생기를 향하여 대언하라 생기에게 대언하여 이르기를 주 여호와께서 이같이 말씀하시기를 생기야 사방에서부터 와서 이 죽음을 당한 자에게 불어서 살아나게 하라 하셨다 하라 이에 내가 그 명령대로 대언하였더니 생기가 그들에게 들어가매 그들이 곧 살아나서 일어나 서는데 극히 큰 군대더라."(겔 37:7-10)

이 증언에 의하면, 우선 말씀 그 자체로서는 생명이 주어지지 않습니다. 말씀으로는 단지 만물이 만들어질 뿐입니다. 더 자세히 말하면, 에스겔은 주 여호와 하나님의 명령을 따라, "너희 뼈들아 여호와의 말씀을 들을지어다"(겔 37:4)라고 대언代言하니, 그가 "대언할 때에 소리가 나고 움직이며 이 뼈, 저 뼈가 들어맞아 뼈들이 서로 연결됩니다."(겔 37:5) 그리고는 "그 뼈에 힘줄이 생기고 살이 오르며 그 위에 가죽이 덮힙니다."(겔 27:8) 그러나 "그 속에 생기는 없었습니다."(겔 37:8b) 그래서 다시 주 여호와 하나님께서 에스겔에게 다시 이르시되, "인자야 너는 생기를 향하여 대언하라"고 명령하십니다. 그러자 인자人子, 곧 에스겔이 생기에게 "주 여호와께서 이같이 말씀하시기를 생기야 사방에서부터 와서 이 죽음을 당한 자에게 불어서 살아나게 하라"(겔 37:9)고 대언하니, "생기가 그들(뼈들)에게 들어가 그들이 곧 살아나서 일어납니다."(겔 37:10) 이렇게 말씀에 '하나님의 영', 곧 '생기ruah'가 결합됨으로써 생명이 창조됩니다. 더 정확히 말하면, 죽어서 마른 뼈가 다시 살아납니다.[23]

그런데 성령, 곧 '하나님의 영'과 '말씀'이 결합되는 것은, 마른 뼈들을 통해서만 일어나는 것이 아니라, 우리의 육체(마음) 안에서도 일어납니다. 그래서 에스겔은 성령이 우리 안에 거屬하시는 것을 말씀이 우리 안에 거하시는 것으로 바꾸어 증언하고 있습니다.

> "새 영을 너희 속에 두고 새 마음을 너희에게 주되 너희 육신에서 굳은 마음을 제거하고 부드러운 마음을 줄 것이며, 또 내 신을 너희 속에 두어 너희로 내 율례를 행하게 하리니 너희가 내 규례를 지켜 행할지라. 내가 너희 조상들에게 준 땅에서 너희가 거주하면서 내 백성이 되고 나는 너희 하나님이 되리라."(겔 36:26-28)

결국 이러한 증언에 의하면, 성령이 임한 사람은 하나님의 율례, 곧 말씀을 준수하게 된다는 것입니다. 즉 성령은 사람의 마음 안에서 하나님의 율법을 지킬 수 있는 능력을 생성시켜 줍니다. 그래서 성령을 받으면, 이스라엘 백성은 하나님의 계약을 성실히 지키는 '하나님의 백성'으로 살게 된다는 것입니다. 그런데 이스라엘 백성이 '여호와 하나님의 백성'이 된다는

---

23) 이와 상응하게 사도 바울도 그리스도의 부활이 '성령'에 의해서 이루어졌음을 증언하고 있으며(롬 1:4), 한 걸음 더 나아가 "예수를 죽은 자 가운데서 살리신 이의 영이 너희(우리) 안에 거하시면, 그리스도 예수를 죽은 자 가운데서 살리신 이가 너희(우리) 안에 거하시는 그의 영으로 말미암아 너희(우리) 죽을 몸도 살리시리라"(롬 8:11)고 증언하고 있다.

것은, 성령에 의해서 이스라엘 백성이 '하나님의 백성'으로 거듭난다는 것 이외에 다른 뜻이 아닙니다. 왜냐하면 사람이 거듭나는 것은 '성령으로' 혹은 '위로부터' 되는 것임을 예수님이 증언하셨기 때문입니다.(요 3:3, 참조)

그러므로 예수님께서 마귀에게 시험을 받으실 때, 구약성경 신명기 8장 3절을 인용하여, "사람이 떡으로만 살 것이 아니요, 하나님의 입으로부터 나오는 모든 말씀으로 살 것이라"(마 4:4)고 답변하신 것은, 말씀을 통하여 성령께서 우리에게 생명력을 부어주시기 때문입니다. 즉 하나님의 말씀은 '성령', 곧 생명력을 가지고 있기 때문에 인간이 하나님의 말씀을 들을 때에, 그 말씀 속에 담긴 성령의 생명력을 함께 받는 것입니다. 이러한 점에서 '말씀'이 없는 성령은 잘못하면 단지 '에너지' 혹은 '기운' 혹은 '운동력'에 불과하지만, '하나님의 영'이 말씀과 결합되면 생명을 창조하든지 아니면 사람을 '거듭나게' 하는 것입니다. 그래서 사도 베드로는 예수께 "주여 영생의 말씀이 주께 있사오니 우리가 누구에게로 가오리이까?"(요 6:68)라고 반문하였던 것입니다. 왜냐하면 예수님은 성령으로 잉태되어 말씀이 육신이 되어 태어나신 분이시기 때문입니다. 그런데 여기서 질문이 제기됩니다. 말씀의 화육과 성령의 임재는 어떠한 관계가 있는가?

3) 그리스도의 영으로서의 창조 말씀의 영

"태초에 말씀이 계시니라. 이 말씀이 하나님과 함께 계셨으니 이 말씀은 곧 하나님이시니라. 그가 태초에 하나님과 함께 계셨고, 만물이 그로 말미암아 지은 바 되었으니 지은 것이 하나도 그가 없이는 된 것이 없느니라"(요 1:1-3)는 요한복음의 말씀은, 태초에 계신 말씀을 하나님으로 증언하고 있으며, 그 하나님은 곧 '창조의 말씀' 이외에 다른 분이 아님을 명백히 증언하고 있습니다. 그리고 곧이어 "그(말씀) 안에 생명이 있었으니, 이 생명은 사람들의 빛이라"(요 1:4)고 덧붙입니다. 이러한 증언을 종합하면, 태초부터 계신 하나님은 '창조의 말씀'이며 '생명의 말씀'이었습니다. 그런데 요한복음은 한 걸음 더 나아가 이 말씀이 육신이 되었다고 증언하고 있습니다: "말씀이 육신이 되어 우리 가운데 거하시매, 우리가 그의 영광을 보니 아버지의 독생자의 영광이요 은혜와 진리가 충만하더라."(요 1:14)

이러한 요한복음의 증언에 의하면, '태초에 있었던 창조의 말씀'이 육신이 되신 분이 바로 나사렛 예수 그리스도라는 것입니다. 그래서 요한일서는 이를 종합하여 "태초부터 있는 생명의 말씀에 관하여는 우리가 들은 바요 눈으로 본 바요 자세히 보고 우리의 손으로 만진 바라. 이 생명이 나타내신바 된지라 이 영원한 생명을 우리가 보았고 증언하여 너희에게 전하노니 이는 아버지와 함께 계시다가 우리에게 나타내신바 된 이시니라"(요일 1:1-2)고 증언하고 있습니다.

그런데 마태복음은 '말씀이 육신이 되신', 이 나사렛 예수가 바로 마리아의 몸에서 성령으로 잉태되었음을 증언하고 있습니다: "예수 그리스도의 나심은 이러하니라. 그의 어머니 마리아가 요셉과 약혼하고 동거하기 전에 성령으로 잉태된 것이 나타났더니."(마 1:18) 그런데 누가복음은 예수 그리스도의 성령잉태를 다음과 같이 보다 더 구체적으로 표현합니다: "천사가 대답하여 이르되 성령이 네(마리아)게 임하시고 지극히 높으신 이의 능력이 너를 덮으시리니, 이러므로 나실 바 거룩한 이는 하나님의 아들이라 일컬어지리라."(눅 1:35)[24]

---

24) 여기서 누가복음은 '성령'을 '지극히 높으신 이의 능력'으로 바꾸어 쓰고 있다. 따라서 '너를 덮으시리니'라는 헬라어 'ἐπισκιάσει'란 말은 'ἐπισκιάζω'의 미래형으로써 마치 광야시대에 성막을 하나님의 현존을 상징하는 구름이 덮었듯이 그에게 하나님의 능력이 충만하게 감싸는 것을 의미한다. 이 점에 관하여: Walter Bauer, *WZNT*, 6. völlig neu arbeitete Aufl. Berlin New York, 1988, 605.

여기서 누가복음은 마리아의 성령잉태를, 마치 광야에서 구름이 성막을 덮었던 것처럼, '하나님의 영이 마리아를 덮은 것으로' 표현하고 있습니다. 이렇게 성령으로 잉태되어 태어난 예수 그리스도는 세례 요한에게 요단강에서 세례를 받으실 때, 성령의 능력이 그에게 직접 임합니다: "예수께서 세례를 받으시고 물에서 올라오실 새 하늘이 열리고 성령이 비둘기같이 내려 자기 위에 임하심을 보시더니, 하늘로부터 소리가 있어 말씀하시되 이는 내 사랑하는 아들이요 내 기뻐하는 자라 하시니라."(마 3:16-17)

이상 살펴본 바에 의하면, 태초에 계신 '창조의 말씀'과 '창조의 성령'이 예수 그리스도의 육신(肉身) 안에서 하나로 결합됨을 알 수 있습니다. 왜냐하면 예수 그리스도는 대초에 계신 '창조의 말씀'이 육신이 되신 분이시고, 동시에 '하나님의 성령'으로 잉태되어 마리아의 몸에서 태어나신 분으로서, 세례 받으실 때 그에게 '하나님의 성령'이 임하셨기 때문입니다. 이러한 점에서 예수 그리스도는, 창조의 말씀이 육신이 되신(육체 속에 창조의 영, 곧 하나님의 말씀이 거주居住해 계시는) 분이십니다. 즉 예수 그리스도 자신은 살아 계신 말씀으로서, 그 안에 하나님의 창조의 영이 거주해 계신 분이십니다. 그래서 예수님은 "내가 아버지 안에 거하고, 아버지는 내 안에 계신 것을 네가 믿지 아니하느냐. 내가 너희에게 이르는 말은 스스로 하는 것이 아니라 아버지께서 내 안에 계셔서 그의 일을 하시는 것이라"(요 14:10)고 증언하고 계신 것입니다. 왜냐하면 마리아를 잉태케 한 성령은 태초에 수면 위에 운행하시던 창조주 '하나님의 영'이시고, 예수님께서 세례 받으실 때 그에게 임한 성령도 역시 '창조의 영'이시기 때문입니다. 그래서 예수님은 "내가 아버지 안에 거하고, 아버지는 내 안에 계신 것을 네가 믿지 아니하느냐"고 반문하셨던 것입니다. 그리고 태초에 계신 말씀이 육신이 되신 분(요 1:14)이 바로 예수 그리스도이기 때문입니다.

따라서 예수님의 말씀은 '창조주 하나님의 말씀'이며 '창조하시는 영의 말씀'입니다. 왜냐하면 예수님은 '창조의 영'이 육신을 입으신 분이시고, 동시에 '창조의 말씀'이 육신을 입으신 분이시기 때문입니다. 그래서 예수님은 "나를 사랑하지 아니하는 자는 내 말을 지키지 아니하나니 너희가 듣는 말은 내 말이 아니요 나를 보내신 아버지의 말씀이니라"(요 14:24)고 말씀하셨던 것입니다. 그리고 예수님은, "내가 혼자 있는 것이 아니라 아버지께서 나와 함께 계시느니라"(요 16:32b)고 말씀하시면서, 아주 단호하게 "나와 아버지는 하나이다"(요 10:30)라고 선포하셨던 것입니다. 바로 이러한 이유로 예수님은 "내가 그들(내 음성[말씀]을 듣는 양떼)에게 영생을 주노니, 영원히 멸망하지 아니할 것이요"(요 10:28)라고 선포하신 것입니다.

따라서 결과적으로 태초에 계시던 창조 말씀의 영은 곧 예수 그리스도의 영이며, 그 영은 예수 그리스도의 말씀에 창조의 능력을 부여하기 때문에 예수 그리스도의 말씀에는 창조의 능력이 있는 것입니다. 그래서 태초에 말씀으로 만물이 창조되듯이, "예수께서 깨어 바람을 꾸짖으시며 바다더러 이르시되 '잠잠하라! 고요하라!' 하시니 바람이 그치고 아주 잔잔하여(졌던 것입니다.)"(막 4:39) 그리고 그의 말씀에는 '창조주 하나님의 영'이 내주해 있어서 그가 죽은 나사로에게 "큰 소리로 나사로야 나오라 부르시니"(요 11:43) 죽은 나사로가 다시 살아나 수족을 베로 동인 채로 무덤에서 나올 수 있었던 것입니다.(요 11:44) 그래서 히브리서는 "이(하나님의 아들)는 하나님의 영광의 광채시요 그 본체의 형상이시라. 그의 능력의 말씀으로 만물을 붙드시며 죄를 정결하게 하는 일을 하시고, 높은 곳에 계신 지극히 크신 이의 우편에 앉으셨느니라"(히 1:3)고 증언하고 있는 것입니다.

그렇습니다. 태초에 수면을 운행하시던 하나님의 영은 '말씀의 영'으로서 만물을 창조하신 창조주 '하나님의 영'이셨습니다. 그런데 그 태초의 말씀이 육신이 되신 분이 바로 우리 주 예수 그리스도이시고, 그 예수 그리스도를 마리아에게 잉태하게 하고, 그에게 임하신 분이 바로 수면을 운행하시던 '창조의 영'이신 성령님입니다. 그래서 예수 그리스도의 말씀은 창조의 능력과 생명력을 가진 '영생의 말씀'인 것입니다.[25](참고. 요 3:34)

그런데 이러한 '창조의 영'이 우리에게 임하시면, 우리도 하나님의 말씀을 전할 때 창조의 능력이 일어날 것입니다. 이것이 바로 설교말씀입니다.[26](참고. 마 10:20)

---

25) 요 3:34 : "하나님이 보내신 이는 하나님의 말씀을 하나니 이는 하나님이 성령을 한량없이 주심이니라."

26) 마 10:20 : "말하는 이는 너희가 아니라 너희 속에서 말씀하시는 이 곧 너희 아버지의 성령이시니라." 칼뱅은 설교자의 설교는 곧 하나님의 말씀이라고 주장하고 있다. 칼뱅은 그리스도께서는 "그들(설교자)의 입이 자기의 입으로 간주되고, 그들의 입술이 자기의 입술로 간주되기를 원한다"(J. Calvin, *Comm. Acts*, 8:31)고 말한다.

3
인간 창조의 영
— 하나님의 형상, 인간 안에 거주, 지배하시는 영

창 2:7_ "여호와 하나님이 땅의 흙으로 사람을 지으시고 생기를 그
코에 불어넣으시니 사람이 생령이 되니라. The Lord God formed
the man from the dust of the ground and breathed into his
nostrils the breath of life, and the man became a living being."

롬 8:11_ "예수를 죽은 자 가운데서 살리신 이의 영이 너희 안에 거居
하시면 그리스도 예수를 죽은 자 가운데서 살리신 이가 너희 안에
거하시는 그의 영으로 말미암아 너희 죽을 몸도 살리시리라. And
if the Spirit of him who raised Jesus form the dead is living
in you, he who raised Christ from the dead will also give life
to your mortal bodies through his Spirit who lives in you."

1) '하나님의 형상'에 따라 인간을 창조하시는 영

제1장에서 우리는 하나님은 '창조의 영'이라는 것을 알았습니다. 그런데 '말씀'으로 이 세상을 창조하신 하나님은 '당신의 영'으로 인간도 창조하십니다. 이를 우리는 인간 창조의 기사를 통하여 알 수 있습니다. 우선 창세기는 인간 창조를 다음과 같이 묘사하고 있습니다: "여호와 하나님이 땅의 흙(אדמה 아담하)으로 사람을 지으시고, '생기生氣'(נפש 네페쉬)를 그 코에 불어넣으시니, 사람이 '생령生靈'이 되니라."(창 2:7)[27]

이러한 창조 기사에 의하면, 인간의 질료質料는 '흙'입니다. '흙'은 살아 있는 존재가 아닙니다. '흙'은 단지 '질료'에 불과합니다. 그러나 '영'(רוח 루하)이신 하나님(창 1:2; 요 4:24)께서 '흙'으로 '사람'이라는 '형型, εἰκών 에이콘'을 만들고, 그 코에 하나님의 '영', 곧 '생기'를 불어넣으심으로써, 그 '흙'은 비로소 '생령, 곧 살아 있는 존재'(נפש היה 네페쉬 하야)가 됩니다. 이것이 바로 '인간'(אדם 아담)입니다. 이러한 의미에서 하나님의 '생기', 곧 '하나님의 영'은 '인간의 생명'이며, 반면에 '흙'은 생명을 담고 있는 그릇, 곧 육체肉體, 즉 고깃덩어리에 불과합니다. 그러므로 '생령'이란, '생명'(חיים 하윰)이 있는 개체적 존재, 곧 사람을 가리킵니다.[28] 다시 말하면, 하나님의 '영'을 담지擔持하고 있는 개별적 생명체, 곧 '생령'이 인간입니다. 그러므로 하나

---

27) 우선 하나님 '형상形象'(צלם 첼렘) 개념은 구약성서 신학자들 사이에도 아직 통일되어 있지 않다. 칼뱅은 '형상'과 '닮음'을 구별하지 않는다.(J. Calvin, Inist., 1권 XV,2) 그러나 '형상'과 '닮음'은 결코 같은 뜻이 아니라, 왜냐하면 '닮음'은 원형과 모형을 전제하기 때문이다. 이 점에 관하여: 김재진, "'함께(עם) 있음(삶)'으로서의 하나님 형상(Imago dei)", 『神學論 增』제31집 (2003.5), 73-97.

28) H. W. Wolff, Anthropologie des Alten Testaments, München, 1973, 文喜錫 역, 『舊約聖書의 人間學』(왜관: 분도출판사 1976), 48. G. Gerlmann은 '생명'은 보다 한층 더 높은 객관화가 내포되어 있는 반면에, '네페쉬'는 선천적이고, 육체에 결부된 생명의 원천으로 볼 수 있다고 구별하여 말한다.(G. Gerlmann, Art. 'hjh' ThHAT I, 555f)

님의 영이 없는 존재는 '참 인간vere homo'이 아닙니다.

최초 인간 '아담Adam'이 '하나님의 영'에 의해서 창조되었다는 것은 '참 인간' 예수 그리스도의 탄생 기사와 비교하면 더욱 분명해 집니다. 왜냐하면 사도 바울은 최초 인간 '아담'을 "오실 자(예수 그리스도)의 표상(모형)이라"(롬 5:14)고 증언하고 있기 때문입니다. 따라서 최초 인간 '아담'의 창조와 '예수'의 탄생을 비교해 보면, 인간 창조가 어떻게 이루어졌는지 더욱 명백히 드러납니다. 왜냐하면 창세기 2장 7절의 인간 창조 기사에 상응하게 예수 그리스도께서도 '성령', 곧 '하나님의 영'"으로 잉태되어(마 1:20) 육신을 입고 이 세상에 태어났다고 증언하고 있기 때문입니다.(빌 2:6f)29) 따라서 최초 인간 아담의 창조와 아기 예수의 탄생을 비교해 보면 다음과 같습니다.30)

아담	하나님의 생기[נשמה]를 불어넣음	→	흙[אדמה](형)	⇒	아담 (생물체[נפש היה])
예수	하나님의 영[רוח]으로 잉태	→	여자[בשר](형) (흙으로 된 인간)	⇒	예수 (성령이 함께 하신자, 임마누엘[עמנואל])

이러한 대조를 통하여 우리는 놀라운 사실을 발견하게 됩니다. 최초 인간 아담은 '생기生氣'로 살아 있는 '생령生靈', 곧 '생명체生命體'가 된 반면

---

29) 빌 2:6f : "그(예수 그리스도)는 근본 하나님의 본체이시나, 하나님과 동등 됨을 취할 것으로 여기지 아니하시고, 오히려 자기를 비워 종의 형체를 가지사 사람들과 같이 되셨고, 사람의 모양으로 나타나사……."

30) 마태복음은 나사렛 예수가 마리아의 몸에서 성령으로 잉태되었음을 증언하고 있다: "예수 그리스도의 나심은 이러하니라 그의 어머니 마리아가 요셉과 약혼하고 동거하기 전에 성령으로 잉태된 것이 나타났더니……."(마 1:18) 누가복음은 예수 그리스도의 성령 잉태를 보다 구체적으로 표현하고 있다: "천사가 대답하여 이르되 성령이 네(마리아)게 임하시고 지극히 높으신 이의 능력이 너를 덮으시리니, 이러므로 나실 바 거룩한 이는 하나님의 아들이라 일컬어지리라."(눅 1:35)

에, 예수는 하나님의 성령으로 잉태되어 '하나님의 영'을 담지하고 있으면서 그 '창조의 영'에 의해서 지배를 받고 있는 '영적 생명체, 곧 영성체靈性體'가 된 것입니다. 이러한 의미에서 아기 예수의 탄생은 새로운 인간, 곧 '참 인간vere homo'의 탄생입니다.

인간이 '하나님의 영'에 의해서 창조되었기 때문에 죽은 자의 부활 또한 하나님의 영, 곧 성령에 의해서 부활하는 것입니다. 이 점을 앞에서 인용한 에스겔 선지자의 묵시에 명백히 드러나고 있습니다.

> "또 내게 이르시되 인자야 너는 생기를 향하여 대언하라 생기에게
> 대언하여 이르기를 주 여호와께서 이같이 말씀하시기를 생기야 사방
> 에서부터 와서 이 죽음을 당한 자에게 불어서 살아나게 하라 하셨다
> 하라 이에 내가 그 명령대로 대언하였더니 생기가 그들에게 들어가
> 매 그들이 곧 살아나서 일어나 서는데 극히 큰 군대더라."(겔 37:7-10)

이러한 증언에 의하면, 주 여호와 하나님께서 에스겔에게 '인자人子야 너는 생기를 향하여 대언하라'고 명령하십니다. 그러자 '인자'가 "주 여호와께서 이같이 말씀하시기를, 생기야! 사방에서부터 와서 이 죽음을 당한 자에게 불어서 살아나게 하라"(겔 37:9)고 대언합니다. 그러자 "생기가 그들(뼈들)에게 들어가 그들이 곧 살아나서 일어납니다."(겔 37:10) 이와 상응하게 바울도 예수 그리스도의 부활이 '성령'에 의해서 이루어졌음을 증언하고 있습니다: "성결의 영으로는 죽은 자들 가운데서 부활하사 능력으로 하나님의 아들로 선포되셨으니 곧 우리 주 예수 그리스도시니라."(롬 1:4)[31]

---

31) 겔 37:1-14의 마른 뼈들이 살아나는 기사에서, 하나님은 당신의 영(רוח 루하)을 뼈들에 불어 넣어 주심으로써 마른 뼈들이 살아나게 한다. 그리고 예수는 유대인 관원 니고데모에게 너희가 물과 성령πνεύματος으로 거듭나지 않으면 결코 하나님의 나라에 들어갈 수 없다

그뿐만 아니라 사도 바울은 우리의 몸도 '하나님의 영'께서 다시 살리실 것이라고 증언하고 있습니다. "예수를 죽은 자 가운데서 살리신 이의 영(하나님의 영)이 너희(우리) 안에 거하시면, 그리스도 예수를 죽은 자 가운데서 살리신 이가 너희(우리) 안에 거하시는 그의 영으로 말미암아 너희(우리) 죽을 몸도 살리시리라"(롬 8:11)고 증언하고 있습니다.

이상 살펴본 바와 같이 성령님은——곧 '창조주 하나님의 영'이 '흙'에 생기를 불어 넣어 최초 인간을 창조하셨듯이——'마리아의 몸'에 들어가 예수 그리스도를 태어나게 하셨으며, 죽은 자에게 생기를 불어넣어 '마른 뼈'를 다시 살아나게 하셨습니다. 따라서 성도들도 앞으로 예수를 죽은 자 가운데서 다시 살리신 '부활의 영'으로 다시 살아날 것을 믿는 것입니다. 그러므로 예수님께서도 인간이 '태어나는 것' 혹은 '거듭나는 것', 즉 '위로부터' 나는 것은 '몸', 곧 '물질'로 말미암은 것이 아니라, 곧 '하나님의 영'으로 말미암은 것임을 유대인의 관원 '니고데모'에게 가르쳐 주신 것입니다. (참고 요 3:4-5) 이러한 점에서 '성령'은 인간을 창조하고, 거듭나게 하고, 죽은 자 가운데서 다시 살리시는 '창조의 영'이며, 동시에 '부활의 영'이고, '새 창조의 영'인 것입니다.

2) 인간 안에 거주, 지배하는 영

인간을 창조하신 '하나님의 영'은 단지 인간을 창조하실 뿐만 아니라, 인간 안에 거주하십니다. 즉 '하나님의 영'은 인간의 몸을 당신이 '거(居)할 처소'로 삼으십니다. 즉 인간이 '하나님의 영'으로 창조되었기 때문에, 에스

고 말씀하신다.(요 3:5)

겔 선지자는 우리의 몸을 '하나님이 거주하실 처소'로 증언하고 있습니다: "새 영을 너희 속에 두고…… 또 내 신(영)을 너희 속에 두어 너희로 내 율례를 행하게 하리니……."(겔 36:26-27) 이와 상응하게 사도 바울도 우리의 몸은 우리 자신의 것이 아니라, 하나님께로부터 받은 "성령의 전"(고전 6:19)이라고 증언하고 있습니다.32) 그래서 에베소서는 "그(예수 그리스도)의 안에서 건물마다 서로 연결하여 주 안에서 성전이 되어 가고, 너희(에베소 교우들)도 성령 안에서 하나님이 거하실 처소가 되기 위하여 예수 안에서 함께 지어져 가느니라"(엡 2:21-22)고 증언하고 있는 것입니다.

그러나 사람에게서 '하나님의 영'이 떠나면, 사람은 다시 '흙'으로 된 '형태', 곧 '육신'만 남고, 그 '육신'도 오래되면 사라지게 됩니다. 이 점을 시편 기자는 다음과 같이 증언하고 있습니다: "주께서 낯을 숨기신 즉 그들이 떨고, 주(하나님)께서 그들의 호흡(영)을 거두신 즉 그들은 죽어 먼지로 돌아가나이다."(시 104:29); "그(인간)의 호흡이 끊어지면 흙으로 돌아가서, 그날에 그의 생각이 소멸하리로다."(시 146:4) 이렇게 인간의 '생명'은 '하나님의 영'에 의해서 유지되고 있습니다. 왜냐하면 인간은 바로 '하나님의 영'에 의해서 창조되었기 때문입니다. 그래서 인간의 육체적 생명도 '하나님의 영'에 달려 있는 것입니다.(참고. 왕상 17:17, 22)33)

그런데 인간의 육체적 및 영적 생명이 '하나님의 영'에 의해서 창조되고 유지된다는 것은 바꾸어 말하면, 인간은 '하나님의 영'에 의해서 지배를 받는다는 뜻입니다. 인간이 '하나님의 영'에 지배를 받는다는 것은——동

---

32) 고전 6:19-20 : "너희 몸은 너희가 하나님께로부터 받은바 너희 가운데 계신 성령의 전인 줄을 알지 못하느냐 너희는 너희 자신의 것이 아니라, 값으로 산 것이 되었으니 그런즉 너희 몸으로 하나님께 영광을 돌리라."

33) 왕상 17:17 : "이 일 후에 그 집 주인 되는 여자의 아들이 병들어 증세가 심히 위중하다가 숨이 끊어진지라."; 왕상 17:22 : "여호와께서 엘리야의 소리를 들으시므로, 그 아이의 혼이 몸으로 돌아오고, 살아난지라."

시에 부정적인 면에서 보면——인간은 '악한 영'에 의해서도 지배를 받을 수 있다는 것을 뜻합니다.[34] 즉 인간은 처음부터 '하나님의 영'에 의해서 창조된 '영적 존재'이기 때문에 '하나님의 영'이든 아니면 '악한 영'이든, '영'의 지배를 받는다는 것입니다. 그러나 최초 인간 '아담'의 범죄로 말미암아 인간은 '악한 영'에 의해서 지배를 받고 있음을 사도 바울의 다음과 같은 고백에서 알 수 있습니다.

> "내 속 곧 내 육신에 선한 것이 거하지 아니하는 줄을 아노니 원함은 내게 있으나 선을 행하는 것은 없노라. 내가 원하는 바 선은 행하지 아니하고 도리어 원하지 아니하는 바 악을 행하는도다. 만일 내가 원하지 아니하는 그것을 하면 이를 행하는 자는 내가 아니요 내 속에 거하는 죄니라."(롬 7:18-20)

이렇게 인간이 '악한 영', 곧 '죄'의 지배를 받게 된 것은 최초 인간 아담의 타락으로 말미암아 '하나님의 영'이 떠났기 때문입니다.(참고. 창 6:3)[35]

그러나 '참 인간vere homo'이신 예수님에게는 '선한 영', 곧 '하나님의 영'이 내주內住하고 계시며, 예수님도 성령에 의해서 지배를 받고 있음을 스스로 다음과 같이 증언하고 있습니다: "나(예수님)는 아버지 안에 거하고, 아버지는 내 안에 계신 것을 네가 믿지 아니하느냐. 내가 너희에게 이르는 말은 스스로 하는 것이 아니라 아버지께서 내 안에 계셔서 그의 일을 하시는

---

34) 인간의 몸에서 '영혼의 우위'에 대하여: K. Barth, *Kirchliche Dogmatik* III/2, §46: "Der Mensch als Seele und Leib". 그리고 바르트의 신학적 인간학에 대하여: K. Stock, *Anthropologie der Verheißung. Karl Barths Lehre vom Menschen als dogmatisches Problem*, München, 1980.

35) 창 6:3 : "여호와께서 이르시되, 나의 영靈이 사람과 함께하지 아니하리니, 이는 그들이 육신(בשׂר, Fleisch 고깃덩어리) 됨이라."

것이라."(요 14:10) 그래서 예수님은, "내가 혼자 있는 것이 아니라 아버지께서 나와 함께 계시느니라"(요 16:32b)고 선포하시면서, 아주 단호하게 "나와 아버지는 하나이니라"(요 10:30)고 선포하셨던 것입니다. 이처럼 예수님은 '하나님의 영'으로 잉태되어 마리아의 몸에서 태어나셨으며, 세례 받으실 때 그에게 하나님의 성령이 임하셨기 때문에, 그분에게는 '하나님의 영'이 내주하고 계십니다. 그래서 예수님은 성령에 의해서 지배를 받고 계십니다. 이와 상응하게 우리도 '그리스도의 영'이 우리 안에 거주하고, 그의 지배를 받고 있을 때만이 참 그리스도인이라고 사도 바울은 증언하고 있습니다: "만일 너희 속에 하나님의 영이 거하시면 너희가 육신에 있지 아니하고 영에 있나니 누구든지 그리스도의 영이 없으면 그리스도의 사람이 아니라. 또 그리스도께서 너희 안에 계시면 몸은 죄로 말미암아 죽은 것이나, 영은 의로 말미암아 살아 있는 것이니라."(롬 8:9-10) 이렇게 우리도 '그리스도의 영'의 지배를 받게 되면, 사도 바울이 증언하고 있듯이, "새로운 피조물"(고후 5:17)이 되는 것입니다.36)

3) 죽은 인간을 다시 살리는 새 창조의 영

'창조의 영'은 단지 인간을 창조할 뿐만 아니라, 인간 안에 거주하시면서 인간의 생명을 유지 보존하고 계십니다. 뿐만 아니라, 창조의 영은 죽은 인간도 다시 살리시는 '부활의 영'이기도 합니다. '창조의 영'이 '부활의 영'이라는 것을 우리는 이미 예수 부활기사와 에스겔의 묵시를 통하여 이미

---

36) 박준서 교수도 구약성경이 증언하는 인간의 '하나님의 형상'을 피조물에 대한 인간의 '지배권' 혹은 '통치권'으로 이해하고 있다. 이 점에 관하여: 박준서, "하나님의 형상(Imago Dei)에 관한 성서적 이해". 『구약세계의 이해』(한들출판사, 2001), 13-37.

살펴보았습니다. 그리고 또한 예수님이 죽은 '나사로'를 실제로 살리시는 기사를 요한복음의 증언을 통하여 명백히 인식하였습니다.(요 11:43-44) 이렇듯 '창조의 영'이신 하나님은 예수 그리스도를 죽은 자들 가운데서 다시 살리셨고(롬 1:4), 우리를 '거듭나게 하시고'(요 3:3-4), 마른 뼈들에게 생명을 주시듯이, 장차 죽을 우리의 몸도 다시 살리실 것입니다. 그래서 우리는 사도 신경에서 "몸의 부활과 영생을 믿습니다"라고 고백하고 있는 것입니다. 이러한 의미에서 에베소서는 성령에 의해서 선택하심을 받고 부르심을 받은 에베소의 그리스도인들을 가리켜 "허물로 죽은 우리를 그리스도와 함께 살리셨고 (너희는 은혜로 구원을 받은 것이라)"(엡 2:5)고 증언하고 있는 것입니다. 한 걸음 더 나아가 사도 바울은 "아담 안에서 모든 사람이 죽은 것 같이 그리스도 안에서 모든 사람이 삶을 얻으리라. 그러나 각각 자기 차례대로 되니니 먼저는 첫 열매인 그리스도요 다음에는 그가 강림하실 때에 그리스도에게 속한 자"(고전 15:22-23)라고 증언하고 있습니다.

이제 결론적으로 말해서 만물이 '하나님의 말씀'으로 창조되었기 때문에, 이 세상 만물은 '말씀'이——희랍 철학적 용어로 말하면 만물의 운행 원리Principle가——사라지면 만물의 종말이 옵니다. 이와 같이 '하나님의 영'으로 창조된 '인간'은 '하나님의 영'인 성령이 인간에게서 떠나면, 잠시 육체적인 생명은 유지할지 모르지만, 궁극적으로는 영원히 죽는 것입니다. 그런데 '창조의 말씀'과 '창조의 영'은 상호 내재되어 있기 때문에, 더 자세히 말하면 말씀 속에 생명력, 곧 영이 내재되어 있기 때문에, 인간이 이 세상에서 살아가는 데는 단순히 육체의 양식뿐만 아니라, 영적 생명력이 담긴 '하나님의 말씀'도 필요한 것입니다. 그래서 예수님께서 사탄의 시험을 받으셨을 때에, "사람이 떡으로만 살 것이 아니요, 하나님의 입으로부터 나오는 모든 말씀으로 살 것이니라"(마 4:4, 인용 신 8:3)고 말씀하셨던 것입니다.

4

생명의 영
― 살리는 영*spiritus vivificans*

요 3:8_ "바람이 임의로 불매 네가 그 소리는 들어도 어디서 와서 어디로 가는지 알지 못하나니 성령으로 난 사람도 다 그러하니라. The wind blows wherever it pleases. You hear its sound, but you cannot tell where it comes from or where it is going. So it is with everyone born of the Spirit."

왕하 4:34_ "아이 위에 올라 엎드려 자기 입을 그의 입에, 자기 눈을 그의 눈에, 자기 손을 그의 손에 대고 그의 몸에 엎드리니 아이의 살이 차차 따뜻하더라. Then he got on the bed and lay upon the boy, mouth to mouth, eyes to eyes, hands to hands. As he stretched himself out upon him, the boy's body grew warm."

1) 우주 만물의 근원 아르케와 '영혼의 윤회' 사상

그리스 철학의 발생지는 소아시아 연안에 위치한 '이오니아'입니다. 더 자세히 말하면, '이오니아' 반도에 속한 '밀레토스miletos'와 사도 바울이 살고 있었던 '에베소' 그리고 '클라조메나이'와 '사모스'입니다. 소크라테스 이전의 철학자들은 대부분 이곳에서 살았습니다. 그래서 이들의 철학적 특성을 가리켜 '이오니아 철학', 다른 말로 말하면 자연을 관찰하여 '자연' 의 원리를 찾고자 하였던 '자연철학'입니다.37) '이오니아' 철학의 대표적인 세 사람은 탈레스Thales(BC 624경-546), 아낙시만드로스Anaximandros(BC 610-54), 그리고 아낙시메네스Anaximenes(BC 585경-52)입니다.

아리스토텔레스에 의하면, 이들 자연철학자들은 이 세상Kosmos, 곧 자연의 근원(아르케Arché, principia)이 무엇인지를 찾으려고 노력하였습니다. 즉 이 세상이 어떻게 생겨났으며, 어떻게 성립되었는가를 신화mythos가 아닌 말Logos로써 명쾌하게 설명해 보고자 하였습니다. 그런데 아르케 Arché란 근원 혹은 '시초'라는 뜻도 있지만, 시초에 있는 것은 그 다음에 있는 것의 원인이기 때문에 '원리principia'라는 뜻도 있습니다.38) 그런데 앞에서 언급한 대표적인 철학자들은 이 세상 만물의 근원을 자연, 곧 물질의 실체(ουσία 우시아)라고 보고, 이 실체는 곧 원소(στοιχεία 스토이케이아)라고 보았습니다. 따라서 그들에 의하면, 이 세상에 있는 모든 개별적인 사물들은 참 실체의 개개의 사건 혹은 상태(πάθος 파토스)에 불과하다고 생각하였

---

37) 그리스와 동양(오리엔트)을 연결하는 소-아시아 지역을 그 당시 '이오니아' 지방이라고 불렸으며, '밀레토스'는 이 지방의 중심지였다.

38) 자연physis이 만물을 구성하고 있는 물질로서 생성되는 것, 생동하는 것이라면, 근원은 시작이자 마침이요, 아무것도 아니라고 생각할 수 없는 것, 생성되는 것이 아니라, 변화시키는 것으로서, 생성변화의 밑받침이 되며, 다수多數의 근원이 되는 스스로 존재하는 것을 의미한다.

습니다. 그러나 그 실체, 곧 원소가 무엇이냐에 대하여는 철학자마다 각기 다르게 생각하였습니다.

탈레스는 실체, 곧 만물의 근원이 '물水'이라고 보았고, 아낙시만드로스는 '아페이론Apeiron'이라고 보았고, 아낙시메네스는 '공기空氣'라고 보았습니다. 그러나 이들 세 철학자들은 만물의 근원, 곧 시초가 '영혼' 혹은 '신神'이라는 것에 대하여는 사실상 서로 동의합니다. 왜냐하면 탈레스가 생각한 만물의 근원이 '물'이라는 명제를 그는 "만물이 신神으로 가득 차 있다"고 바꾸어 말하고 있기 때문입니다. 그래서 히르쉬베르거Johannes Hirschberger는 "들어서라! 여기에도 신들은 있다"고 외친 헤라클레이토스의 말은 탈레스의 이념을 그대로 수용한 것이라고 봅니다.[39]

그뿐만 아니라, '아낙시만드로스'도 만물의 근원을 '아페이론Apeiron'이라고 보았지만, '아페이론'이란, '무엇이라고 규정할 수 없는 것indefinitum', 동시에 '시·공간적으로 끝이 없는 것'으로서 어디에나 항상 있는 '영원한 것infinitum'을 뜻한다고 말합니다. 따라서 그에게 있어서도 만물의 '근원'은 '신'이외에 다른 존재가 아닙니다.[40] 다시 말해서 그는, '신적인 것은 죽지 않는 것이고, 변화하지 않는 것'이라고 보고, 이것이 만물의 '근원Arche'이라고 보았습니다. '아낙시만드로스'의 '아페이론'을 아리스토텔레스는 다음과 같이 설명하고 있습니다.

아페이론Apeiron 이외에 정신이니, 사랑이니 하는 따위의 일체의 다른
원인을 인정하지 않는 사람들이 말하고 있는 바와 같이, 아페이론은

---

39) 헤라클레이토스, 단편 A, 9(J. Hirschberger, *Geschichte der Philosophie* I, 강성위 역, 『서양철학사』하권, 대구: 이문출판사 1996, 56에서 재인용). 이하의 내용은 본 책을 참고한 것임.
40) *Ibid.*, 57. 성경에서도 '하나님'을 언제 어디서나 항상 계시는 무소부재하신 영원한 존재로 증언하고 있다.

모든 것을 포함하며, 모든 것을 조종한다. 그리고 이런 말을 하는 사람들은, 이것을 신적인 것이라고 한다. 왜냐하면 아낙시만드로스와 대부분의 자연철학자들이 가르치는 바에 의하면, 이 아페이론은 죽지 않는 것이요, 썩지 않는 불구의 것이기 때문이다.41)

이렇듯 '아낙시만드로스'도 일찍이 무한한 모든 세계 및 생물은 '제 일자第一者, Das Erste'인 '신神', 즉 '정령精靈'으로 생성되었으며, 만물에는 이 '신, 즉 정령이 깃들여 있다'는 '범신론汎神論'을 주장하였습니다. 한 걸음 더 나아가 '아낙시메네스'는 '공기'를 만물의 '근원Arché'으로 보고, 이 '공기'가 동시에 모든 생물의 '신적인 것'이 되기도 한다고 주장한 것은, 앞에서 살펴본 두 철학자가 만물의 '기원'을 '신'으로 본 것과 결코 다르지 않습니다. 오히려 '아낙시메네스'는 만물의 근원을 '바람' 혹은 '공기'로 봄으로써 성경의 '성령' 개념에 더 가까이 접근했다고 볼 수도 있습니다.

그 후 '사모스' 섬에서 태어나서 40세쯤 되어 남부 이탈리아의 '크로오톤'으로 이주하여 살았던 '피타고라스Pythagoras(BC 570-496)'는 '수數(πέρας)'가 '만물의 근원'이라고 가르쳤습니다. 이렇게 피타고라스 이후부터는 '만물의 근원'을 질료에서 찾지 않고, '형상形相'에서 찾고자 하였습니다. '피타고라스'로 말미암아, '우주의 근원'은 '규정을 내리는 자', 곧 '수(πέρας)'와 '규정되지 않은 자(ἄπειρον)' 두 개가 있게 되었습니다. 피타고라스 이후 BC 4세기경 '타렌트'를 중심으로 새롭게 형성된 소위 '피타고라스' 학파라고 부르는 '신-피타고라스' 학파는 철학과 학문(자연과학), 특히 음악, 수학, 기하학, 천문학 및 의학을 존중하였습니다.42) 이들 '신-피타고라스' 학파

---

41) Aristoteles, 『자연학』 3권 4장 203, b, 6(ibid., 58에서 재인용).

42) 그러나 피타고라스 학파에 속하는 사람들 중, '청종자Akusmatiker' 혹은 '피타고리스타이πῖθ αγορισται'파 사람들은 고기, 생선, 술 및 콩을 먹지 않고, 목욕을 하지 않고, 문화와 학문을

는 최초로 지구의 자전과 공전을 발견한 사람들입니다.

그래서 이때에 이미 '에크판토스', '헤라클레이데스', '폰티쿠스'는 '지구가 자체의 축軸을 중심으로 해서 자전을 하고 있을 뿐만 아니라, 지구가 궤도에 따라 운행하고 있다'는 것을 가르쳤습니다. 그들에 의하면, 세계(우주)의 진행 과정은 직선적인 것이 아니라, 커다란 원圓처럼 '순환'합니다. 즉 아주 작은 사물에서부터 별(星)들과 세계의 체계에 이르기까지 모든 것은 항상 거듭해서 다시 같은 장소로 되돌아옵니다. 이처럼 만물은 영원히 순환하며 처음 자리로 되돌아온다고 '신-피타고라스' 학파는 가르쳤습니다.

'신-피타고리스' 학파의 '만물순환론'에서 한 발자국 더 발전하여, 헤라클레이토스BC 544경-484는 "만물은 흐른다(πάνταρει 판타레이). 아무것도 한결같은 존재로 머물러 있지 않는다"라고 가르쳤습니다. 그래서 그는 저 유명한 명제, 곧 "우리는 동일한 강에 두 번 들어갈 수는 없다"[43]고 말하였습니다. 그리고 계속해서 헤라클레이토스는 말하기를, "'영원히 흐르고 있다'고 하는 것이 세계의 참된 본질이다. 원리(근원)란, 물도 아니고, 공기도 아니고, '아페이론'도 아니라, 생성生成이다"라고 주장하였습니다. 모든 것이 생성되고 흘러가는 것 속에서 질서와 조화, 그리고 의미의 통일이 있다고 그는 보았습니다. 그러면서도 그는 여전히 '모든 사물이 영원히 회귀回歸한다'고 생각하였습니다.

그러나 '헤라클레이토스'의 사상 가운데 가장 중요한 것은 바로 '로고스 logos' 사상입니다.[44] 그에 따르면, '로고스'란, 모든 것을 다스리며, 인간

돌보지 않고 유랑생활을 하며 거지와 같은 삶을 사는 사람들도 있었다.

43) 단편 91(J. Hirschberger, 강성위, *ibid*., 64에서 재인용).

44) '로고스logos'에 대한 최초의 철학적 개념은 '신화'에 대립되는 개념으로서 '자체적인 것'을 의미했다. 그런데 헤라클레이토스Herakleitos에 의해서, '로고스'는 '만물을 지배하는 법칙'으로, 소크라테스Sokrates, 플라톤Platon 그리고 아리스토텔레스Aristoteles에 의해서는 '사

의 모든 법률의 근원이 되는 '신神의 법칙'이라고 가르쳤습니다.(단편 2.30, 114) 따라서 헤라클레이토스에 있어서, '로고스'는 '신 그 자체' 이외에 다른 것이 아닙니다. '에베소'의 철학자 헤라클레이토스의 이러한 '로고스' 개념은 수백 년 뒤 역시 '에베소'의 신학자요 요한복음을 기록한 요한이 "하나님은 말씀이시다(καὶ θεὸς ἦν ὁ λόγος)"(요 1:1)라고 선언한 것과 같습니다.45) 그래서 헤라클레이토스에게 있어서 '로고스'는 세상 만물의 생성을 조종하는 세계의 법칙이며, 동시에 '신 그 자체'입니다. 따라서 그에게 있어서 '세계 이성' 혹은 '세계정신'은, 곧 '로고스'입니다. 그러나 헤라클레이토스에게 있어서 '세계 이성'으로서의 '로고스'는 초월적이고 인격적인 성령 하나님이 아니라, 아직은 세계 내적인 생성의 법칙입니다. 그럼에도 그는 이 '유일한 현자'로서의 '로고스'를 가리켜 '제우스', 곧 '신神'이라 부르기도 하였습니다.

이상 그리스 헬라 철학자들의 사상을 간략히 요약하면 다음과 같습니다.

1. 우주 만물의 근원이 무엇인가?

학파/인물	대표적인 인물	만물의 근원Arché
이오니아 학파 (만물, 자연의 근원이 무엇인가?)	탈레스	물
	아낙시만드로스	아페이론(시공초월): 영원불변한 신이 만물에 있다(범신론)

물의 근거'로 '이성', '인간정신', '정의' 등의 뜻으로 사용되었으며, 스토아Stoa 철학에서는 '세계를 합목적적으로 지배하는 법칙'으로 이해되었다.

45) 요한복음의 저자 요한이 체류하던 곳이 바로 '에베소'라는 점을 고려해 볼 때, 요한은 '전통적으로 내려오던' 그리스-헬라의 '로고스' 개념으로 창조주 하나님과 예수 그리스도를 증언했을 가능성이 있다. 이 점에 관하여: Karl Hrmann Schelkle, *Das Neue Testament. Seine literarische und theologische Geschichte*, 김영선 외 5인 역, 『新約聖書入門』(분도출판사, 2000), 104.

	아낙시메네스	공기(성령론에 접근)
피타고라스 학파	피타고라스	수(number): 질료가 아닌 형상
신-피타고라스 학파	에크판토스, 헤라클레이토스, 폰티쿠스	철학, 자연과학 존중, 지동설, 만물순환론
	헤라클레이토스	로고스(제우스): 유일한 현자로서의 로고스
스토아 철학	크세노파네스(유일신 사상), 파르메니데스, 제논	신적 로고스 (하나님 개념정립)

2. 철학자들이 생각한 육체와 영혼

학파/ 인물	핵심 사상	영혼과 육체의 관계
오르페우스 교도	영혼 정신. 영혼은 다른 세계에서 생겨남. 죄로 인하여 이 세상으로 쫓겨 남.	영혼이 육체에 매여 있음. 영혼과 육체(저 세상과 이 세 상) 이원론
피타고라스 학파	영혼의 끝없는 윤회. 다른 세계에서 이 세상으로 옴. 죄로 인하여 육체에 사로잡힘. 순수한 정신이 될 때까지 속죄 와 편력의 삶을 영위.	육체는 영혼의 무덤이다.
플라톤	영혼 + 육체 (참 인간, 그의 그림자). 모든 영혼은 자신의 별이 있음. 영혼불멸.	육체는 영혼의 감옥 영혼과 육체가 완전히 분리 영혼의 윤회

2) 철학자들이 생각한 육체와 영혼Seele

유명한 '호메로스'와 '헤시오도스'의 신화는 '신들의 유래와 세계의 발생에 관한 학설'입니다. 이 신화들에 의하면, 모든 '만물의 생성' 원인은 '바다의 신神인 오케아노스와 테티스 및 물에서 찾지 않으면 안 된다'고 말합니다.(비교. 창 1:2)[46] 왜냐하면 헤시오도스에게 있어서 '카오스(혼돈)'와 '에테르Äther = 영기靈氣'와 '에로스Eros'가 모든 것의 근원적인 시작으로 나타나기 때문입니다.

그런데 BC 6세기에는 보다 조직적이고 새로운 신화가 그리스에 탄생합니다.[47] 이 신화의 핵심은, '디오니소스' 신神이고, 그 사제는 '트라키아'의 가수歌手이고, 기적을 행하는 사람은 '오르페우스'입니다. 오르페우스교도들은 '영혼Seele'을 '정신'으로 생각하였습니다.[48] 그런데 이 '정신', 곧 '영혼'은 하나의 다른 세계에서 생겨나서, 지난날의 죄로 인하여 이 세상으로 쫓겨나, 육체에 얽매여 있으며, 감각에서 풀려날 때까지 육체와 더불어 떠돌아다니지 않으면 안 된다는 것입니다.[49] 그래서 오르페우스교는 '육체'와 '영혼', '이 세상과 저 세상'의 '이원론'을 주장하였으며, 이 세상을 도피하기 위한 생활양식으로서 고기와 콩과 같은 몇 가지 음식을 먹지 않는 철저한 금욕생활을 하였습니다.

---

46) 창 1:2 : "그 땅이 혼돈하고 공허하며 흑암이 깊음 위에 있고 하나님의 영은 수면 위에 운행하시니라."
47) 그런데 이상하게도 기원전 6세기는 세계 각지에서 오늘날까지 계속되고 있는 사상의 양식이 탄생되었습니다. 중국에서는 유교의 창시자 공자, 인도에서는 고타마-붓다가 불교를 창시하였으며, 같은 무렵 지중해 연안의 작은 반도 그리스와 그 식민지 트르고 해안 소-아시아와 이탈리아 반도 남부에서는 보통 '철학'이라고 부르는 그리스 사상이 태동되었다
48) 오르페우스교의 사상이 어디서 유래하였는지는 아직 명확하지는 않다. 그러나 아마도 '인도'일 것이라는 주장이 지배적이다. 기원전 800년 이후 '우파니사트', 즉 '베다veda'에 대한 신학적인 해설서에 이러한 사상이 나타나 있다. 이러한 생각은 이란고원의 '조로아스터교'에서도 볼 수 있는데, 그 근원은 젠다베스트의 가장 오래된 '가타스Gathas'에서 있다. 이러한 점을 고려해 볼 때, 이런 사상은 여전히 '아리안 민족'으 정신적 유산이라고 할 수 있다.
49) 사람이 죽은 뒤의 영혼의 운명에 관한 오르페우스교도들의 견해는 플라톤의 대화편 "고르기아스", "파이돈" 및 "폴리테이아"와 같은 위대한 종말론적인 신화 속에 잘 반영되어 있다.

이러한 동방의 '오르페우스교'의 '이원론'과 '영혼의 윤회설'을 받아들인 소위 '피타고라스Pythagoras(BC 570-496)' 학파들에 의하면, '영혼은 하나의 다른 세계에서 온 것이며, 죄를 짓게 되어, 지금은 육체에 사로 잡혀 있는데, 마침내 육체와 이 육체의 감각에서 풀려나 다시 순수한 정신이 될 수 있을 때까지는, 속죄贖罪와 편력遍歷의 생활을 하지 않으면 안 된다'고 주장하였습니다. 즉 '육체는 영혼의 무덤(σῶμα-σῆμα)'이라는 것입니다.[50]

오르페우스교는 잘 짜여진 신학뿐만 아니라, 우주 생성론도 가지고 있습니다. 이들에 의하면, '태초에 혼돈Chaos과 밤이 있었다'고 말합니다. 이때 '카오스'란, 글자 그대로 입을 딱 벌리고 있는 '공허空虛'나 '심연深淵'을 뜻합니다. 그러나 이 우주의 시원始源은 황소와 사자의 두 개의 머리를 가진 용龍이라고 가르쳤습니다. 그러나 이 용의 한복판 얼굴은 신의 얼굴을 하고 있으며, 양쪽 어깨에는 날개가 달려 있다고 합니다. 이 용은 축축한 '영기靈氣', 무한하게 입을 벌리고 있는 '심연' 및 '안개'가 자욱한 '어둠'이라는 세 개의 알을 낳고, 거기에 더하여 새로이 세계의 알을 하나 더 낳았다고 합니다.

그러나 플라톤Platon(BC 427-347)에 와서 '영혼'과 '육체'는 완전히 분리됩니다. 그에 의하면, '영혼과 육체는 완전히 서로 다른 별개의 것'입니다. 그는 "죽은 뒤에 죽은 사람의 신체가 부질없는 것이라고 불리는 것이 옳은 것처럼, 신체는 우리들 한 사람 한 사람에게 그림자처럼 붙어 다니는 것이며, 이와는 반대로 영혼이라고 불리는, 죽지 않는 존재로서의 인간은 신들에게로 가서 거기에서 자기의 올바름을 주장"(법률, 959)하게 된다고 말하였습니다. 이와 같이 그에게 있어서, 인간은 바로 '영혼'과 '육체'로 결합되어

---

50) 특히 피타고라스의 제자, '크로톤'의 의사 '알크마이온'은 이미 이때에 '인간의 뇌腦가 심리 작용의 중추기관'이라는 것을 주장하기도 하였습니다.

있는 존재입니다. 그러나 '영혼'이 참된 인간이고, 육체는 그의 그림자에 불과합니다. 따라서 이 둘이 결합되어 있는 것이 자체가 불행한 일이라는 것입니다. 왜냐하면 '영혼은 감옥에 갇혀 있는 것처럼, 육체 안에 감금되어 있고, 또 육체는 영혼에 대하여 무거운 짐이 되기 때문이라고' 합니다. 그래서 플라톤은 '피타고라스' 학파의 영향을 받아 '육체는 영혼의 감옥'이라고까지 말합니다. 따라서 "신이 우리를 완전히 육체에서 풀어 줄 때가지" 우리의 영혼을 결코 자유롭지 못하다고, 그는 말합니다.51)

그런데 특이한 것은, 플라톤은 '영혼의 기원'을 '데미우르고스'로 본다. 즉 '세계영혼'이 데미우르고스에 의해서 생겨난 것처럼 인간의 영혼도 데미우르고스 자신에 의해서 만들어졌다고 말합니다.(티마이오스. 41ff) 그리고 하나, 하나의 영혼은 개체적인 것이며, 각기 자신의 별을 가지고 있으며, 이 별에 영혼의 고향이 있다고 보았습니다.(비교 마 2:1-2:9) 즉 그는, 하늘의 별의 수(數)만큼 영혼이 있다고 생각하였습니다. 그런데 인간 영혼의 생성은 신(하나님)의 손에 달려 있다고 생각하였습니다. 따라서 '인간 영혼'의 본질은 '보이지 않고', '비물질적인 것'이며, '신적인 것'이고, 이 세상을 넘어선 '실체'라고, 그는 말합니다. 따라서 본래 인간의 '영혼'은 '불멸의 존재'인데, 단지 '시간이라는 도구'에 옮겨 심겨짐으로써, 비로소 육체와 결합하게 되는데, 이때부터 영혼의 감각적인 지각이 생겼다고 합니다.

그러나 플라톤에게 있어서 '영혼'은 '정신적인 실체'라는 뜻 이외에도 '운동의 원리' 및 '생명'이라는 뜻도 있습니다. 일반적으로 운동은 두 가지

---

51) 앞 절에서 언급한 '성령의 내주' 혹은 '성령의 거처'로서의 육신을 참조하라. "새 영을 너희 속에 두고 …… 또 내 신(= 영)을 너희 속에 두어 너희로 내 율례를 행하게 하리니, 너희가 …… 내 백성이 되고 나는 너희 하나님이 되리라."(겔 36:26-28); 바울은 우리의 몸을 하나님께로부터 받은 "성령의 전"(고전 6:19)이라고 증언하고 있다. 에베소서도, "너희(= 에베소서 교우들)도 성령 안에서 하나님이 거하실 처소가 되기 위하여 예수 안에서 함께 지어져 가느니라"(엡 2:21-22)고 증언하고 있다.

가 있는데, 한 가지는 외부의 힘이 가해짐으로써 일어나는 기계적인 운동이고, 다른 하나는 자발적으로 생기는 운동, 즉 자기운동입니다. 따라서 그에게서 '자기운동'은 곧 '영혼'이고, '영혼'은 곧 '생명'으로 바꾸어 쓸 수 있습니다. 그래서 플라톤은 "스스로 움직이는 것은, …… 영혼이라고 부르는 것과 동일한 것을 지칭한다"고 말하였습니다. 그래서 그는, "우리들이 영혼의 활동을 지각할 때에, 거기에는 생명이 있다고 인정해야 하지 않겠는가?"(법률, 895f.; 파이드로스, 245)라고 반문합니다.52) 이러한 점에서, 플라톤에게 있어서 '영혼'은 '정신'과 '의식'뿐만 아니라, '생명의 원리'입니다. 따라서 그에게 있어서 존재자가 '운동'이요 '생명'인 한에서, 이 존재자는 곧 '영혼' 이외에 다른 것이 아니라고 히르쉬베르거는 말합니다.53) 즉 플라톤은 '정신'과 '운동'을 '영혼' 안에서 일치시키고 있습니다.

'영혼'이 '자기운동'을 한다는 점에서, 플라톤에게 있어서 자연히 영혼윤회설이 생깁니다. 즉 '영혼'은 데미우르고스에 의해서 만들어진 이후 '시간의 도구'에 심겨집니다. 이때 영혼은 이 지상에서 첫 번째 '화육Inkarnation', 곧 '인간이 되는 것'입니다. 이 첫 번째 탄생은 모든 영혼에게 동일합니다. 이 첫 번째 생명이 이 세상을 다 살고 마지막에 이르면, 죽어 버릴 육체와 더불어 심판을 받게 됩니다. 즉 이 지상에서의 삶에 대한 결산을 받게 된다는 것입니다. 이 심판에 따라서 어떤 영혼은 복된 자의 처소로 들어가고, 어떤 영혼은 땅 밑에 있는 벌 받는 곳으로 떨어지게 된다는 것입니다. 이러한 영혼의 방랑이 천년이나 계속되다가, 두 번째로 다시 태어난다는 것입니다. 이제 다시 태어난 영혼들은 앞으로 살아갈 길을 스스로 선택해야 합니다. 이때에 한 전령이 들판에 나타나서 다음과 같이 외친다는 것입

---

52) J. Hirschberger, 강성위 역, ibid., 168에서 재인용
53) Ibid. 168.

니다.

> "하루살이 영혼들이여! 너희 죽어야 할 자들을 위한 죽음에 이르는
> 또 하나의 새로운 방랑이 이제 시작된다. 너희들의 제비를 마귀가
> 뽑는 것이 아니라, 너희 자신들이 뽑는 것이다. 마귀를 뽑는 것은 오
> 히려 너희 자신들이다. …… 그러나 뽑은 길은 절대로 바꿀 수 없다.
> 덕에는 주인이 없다. 너희들이 덕을 존중하느냐 경멸하느냐에 따라
> 많이 받을 수도 있고, 적게 받을 수도 있다. 책임은 선택하는 자에게
> 있고, 신에게는 없느니라."(국가, 617d)

그러나 플라톤에 의하면, 때론 어떤 영혼은 자기 욕심에 따라서, 예컨대
'참 주제' 같은 것을 제비 뽑고 나서, 뒤에 그것이 자기 자손들을 잡아먹을
운명과 얽혀 있다는 것을 깨닫고는 신에게 불평을 늘어놓으며, 신에게 책
임을 돌린다는 것입니다. 그러나 신은 아무런 책임도 없으며, 마귀를 선택
한 것은 그 영혼 자신이라는 것입니다. 오히려 '덕'에는 주인이 없기 때문
에, 아무라도 '덕'을 얻을 수 있다는 것입니다. 그러나 인간은 '덕'보다는
오히려 '마귀'를 선택한다는 것입니다. 그리고 이러한 방식으로 아홉 번
삶의 제비를 뽑은 후, 즉 일만 년 후에는 영혼은 그들의 고향인 별(星)로
다시 돌아간다고, 플라톤은 '영혼의 윤회'를 설명합니다. 그런데 여기서
분명한 것은, 플라톤에게 있어서 영혼의 윤회는 결코 결정론적 운명론이
아닙니다. 한 마디로 말해서 "너희 운명과 성격을 형성하는 것은 대장장이
인 너 자신이다"라고 말하고 있는 것으로 보아, "운명이 우리를 선택한 것
이 아니라, 우리가 운명을 선택한 것"이라고 할 수 있습니다. 그렇다면 이
제 여기서 질문이 제기됩니다: 철학자들이 생각한 만물의 근원으로서의
'영혼'과 '성령 하나님'과의 차이점이 무엇인가?

3) 생명을 살리는 영靈(spritus vivificans)

앞에서 살펴본 바와 같이, 플라톤에게 있어서 '영혼'이 '자기 자신을 움직이는 자'이며 동시에 다른 자에게 '생명'을 주는 자인 것처럼, '성령 하나님'도 자기 스스로 움직이면서 동시에 다른 사람의 '생명을 살리는 영'입니다. 이러한 점에서 '성령'은 곧 '생명의 영'이라고 특징지어 말할 수 있습니다. 즉 '성령 하나님'은 '스스로 움직이는 자'이며 동시에 '처음으로 움직이는 자'입니다. 이러한 성령의 특성을 우리는 예수님께서 니고데모에게 설명해 주시는 다음과 같은 말씀에서 읽어 낼 수 있습니다: "바람이 임의로 불매 네가 그 소리는 들어도 어디서 와서 어디로 가는지 알지 못하나니 성령으로 난 사람도 다 그러하니라."(요 3:8) 이 말씀에서 '바람이 임으로 분다'는 것은 바람으로 상징된 성령이 스스로 움직인다는 것으로 해석할 수 있습니다.

'임의로 부는 바람', 곧 '성령'이 사람을 거듭나게 하는 것처럼, 우리 주 예수 그리스도의 '능력'으로 표징된 '성령'은 죽어 가는 생명을 살립니다. 이 점을 우리는 혈루증 걸린 여인이 병 낫는 기사에서 발견할 수 있습니다. 열두 해를 혈루증으로 앓고 있던 여인이 아무에게도 고침을 받지 못하였다는 것은, 그녀에게 남은 것은 죽음밖에 없다는 것입니다. 왜냐하면 마가복음에 의하면, "많은 의사에게 많은 괴로움을 받았고, 가진 것도 다 허비하였으되, 아무 효험이 없고 도리어 더 중하였(졌다)"(막 5:25)고 증언하고 있기 때문입니다. 그러나 그녀가 예수의 뒤로 와서 그 옷 가에 손을 대니 혈루증이 즉시 그쳤습니다. 이 때 예수님께서 '자신의 능력이 나간 줄' 스스로 인식하게 됩니다. 그래서 예수님은 "내게 손을 댄 자가 누구냐?"(눅 8:45)고 물으십니다. 그러나 제자 베드로가 이르되, "주여 무리가 밀려들어 미나이다"라고 대답합니다. 그러자 "예수께서 이르시되 내게 손을 댄 자가 있도다. 이는 내게서 능력이 나간 줄 앎이로다"(눅 8:46)라고 말씀하십니다. 여기서 예수님의 '능력'은 성령 이외에 다른 것이 아닙니다. 왜냐하면 '성령'은 신약성경 안에서 '능력'으로 자주 바꾸어 쓰이기 때문입니다.

그러나 '성령'은 그리스 헬레니즘 철학자들이 이해한 것처럼 '육체에 갇혀 있는 영혼'과는 전혀 다릅니다. '성령'은 자유의 영이기 때문에 육체에 내재할 수는 있으나, 육체에 매어 있지는 않습니다. 즉 성령은 우리 가운데 내재하였다가도, 언제든지 자유롭게 떠나실 수도 있습니다. 그 전형적인 예가 바로 이스라엘의 초대 왕, '사울'의 경우입니다. 이 점이 성령과 철학자들이 이해한 '영혼'과의 결정적인 차이입니다. 그래서 이미 다니엘을 바벨론의 왕, '느부갓네살'에게 "육체와 함께 살지 아니하는 신"(단 2:11)이라고 칭하였던 것입니다. 한 걸음 더 나아가 성령이 그리스 헬라 철학자들의 생각한 '영혼'고 다른 것은, 기독교에서 말하는 '성령'은 단순히 '생명력'인 것뿐만 아니라, 철저히 '말씀의 영'(딤후 3:16)이라는 것입니다. 즉 성령은 말씀으로 역사하시는 분이라는 것입니다. 더 자세히 말하면, '창조 말씀의 영'이요, '화육된 말씀의 영'(요 1:14)이요, 오순절에 임하시여 각 나라의 말로 듣고, 말씀하게 하신 '방언의 영'이시며, '예언과 증언의 영'(행 1:8)이며, '교사의 영'(요 14:24-26)이시라는 것입니다.

이상에서 살펴본 바와 같이 '성령'은 육체에 매이지 않는 '자유로운 영'으로서 사람의 '생명을 살리는 영'입니다. 그래서 성령이 충만한 엘리사가 죽은 "아이 위에 올라 엎드려 자기 입을 그의 입에, 자기 눈을 그의 눈에, 자기 손을 그의 손에 대고 그의 몸에 엎드리니 아이의 살이 차차 따뜻하(게 되어)"(왕하 4:34) 다시 살아났던 것입니다. 죽어 가는 자를 다시 살리는 생명력으로서의 '성령'은 두려움과 낙심과 좌절 속에서 삶의 가능성을 찾지 못하고 있던 제자들에게 예수님께서 부활하여 나타나셔서, "그들을 향하여 숨을 내쉬며 이르시되, 성령을 받으라"(요 20:22)고 성령을 부어 주십니다. 이후로 제자들은 용기를 얻어 죽음을 무릅쓰고 '예수의 부활'을 증언합니다. 바로 이러한 맥락에서 예수님은 "성령이 너희에게 임하시면 너희가 권능을 받고 예루살렘과 온 유대와 사마리아와 땅 끝까지 이르러 내 증인이 되리라"(행 1:8)고 말씀하셨던 것입니다. 그렇습니다. 이렇듯 "예수를 죽은 자 가운데서 살리신 이의 영이 너희(혹은 우리—필자 첨부) 안에 거하시면 그리스도 예수를 죽은 자 가운데서 살리신 이가, 너희(혹은 우리—필자 첨부) 안에 거하시는 그의 영으로 말미암아 너희(혹은 우리—필자 첨부) 죽을 몸도 살리(실)"(롬 8:11) 것입니다. 이 점이 바로 철학자들이 생각한 '영혼'의 개념과 '성령 하나님'이 다른 것입니다. 성령 하나님은 단순히 다른 존재의 '운동의 원인'을 제공하거나, 단지 '스스로 움직이는 힘' 혹은 '생명 그 자체'가 아니라, 오히려 스스로 움직이면서 다른 죽어 가는 영혼을 살리는 영이십니다. 그러므로 성령은 창조의 영이지, 플라톤에게서처럼 데미우르고스에 의해서 피조 된 '영혼'이나 단지 만물을 움직이는 '운동력'이 아닙니다. 이러한 점에서 '성령'이 없으면, 살아 있는 자 같으나 사실은 죽은 자와 마찬가지입니다.(마 8:22)

5

새 창조의 영
― 거듭나게 하는 영

겔 36:26-27_ 또 새 영을 너희 속에 두고 새 마음을 너희에게 주되 너희 육신에서 굳은 마음을 제거하고 부드러운 마음을 줄 것이며, 또 내 신을 너희 속에 두어 너희로 내 율례를 행하게 하리니 너희가 내 규례를 지켜 행할지라. I will give you a new heart and put a new spirit in you; I will remove from you your heart of stone and give you a heart of flesh. And I will put my Spirit in you and move you to follow my decrees and be careful to keep my laws.

요 3:3, 5_ 예수께서 대답하여 이르시되 진실로, 진실로 네게 이르노니 사람이 거듭나지 아니하면 하나님의 나라를 볼 수 없느니라…… 예수께서 대답하시되 진실로, 진실로 네게 이르노니 사람이 물과 성령으로 나지 아니하면 하나님의 나라에 들어갈 수 없느니라. In re-ply Jesus declared, "I tell you the truth, no one can see the kingdom of God unless he is born again." ······ Jesus answered, "I tell you the truth, no one can enter the kingdom of God unless he is born of water and the Spirit."

1) 인간의 마음을 새롭게 하시는 영

구약의 예언자 이사야는 이스라엘 백성을 가리켜 "패역한 백성이요 거짓말하는 자식들이요 여호와의 법을 듣기 싫어하는 자식들"(사 30:9, 비교. 사 65:2)이라고 책망하고 있습니다.[54] 그래서 여호와 하나님은 이스라엘 백성에게 선지자 에스겔을 보내시면서 다음과 같이 말씀하십니다: "인자人子야 내가 너를 이스라엘 자손 곧 패역한 백성, 나를 배반하는 자에게 보내노라 그들과 그 조상들이 내게 범죄하여 오늘까지 이르렀나니······." (겔 2:3) 이렇듯 이스라엘 백성은 모세를 통하여 하나님과 계약을 맺은 여호와 하나님의 백성임에도 그들의 마음이 심히 부패하여 패역한 백성으로 전락하였습니다. 그래서 예레미야 선지자는 "만물보다 거짓되고 심히 부패한 것은 마음이라 누가 능히 이를 알리요"(렘 17:9)라고 한탄하고 있습니다. 이처럼 여호와 하나님은 인간의 마음이 부패한 것을 감찰하고 계십니다. 여호와 하나님은 부패한 인간의 마음을 보고만 계시는 것이 아니라, 언젠가는 심판을 하십니다. 그래서 여호와 하나님은 선지자 예레미야를 통하여 다음과 같이 선포하십니다: "나 여호와는 심장을 살피며 폐부를 시험하고 각각 그의 행위와 그의 행실대로 보응하나니, 불의로 치부하는

---

54) 사 65:2 : "내가 종일 손을 펴서 자기 생각을 따라 옳지 않은 길을 걸어가는 패역한 백성들을 불렀나니."

자는 자고새가 낳지 아니한 알을 품음 같아서 그의 중년에 그것이 떠나겠고 마침내 어리석은 자가 되리라."(렘 17:10-11)

인간의 마음이 심히 부패하였다는 것은, 인간들의 행동을 통하여 명백히 드러납니다. 그래서 인간의 부패한 마음에서 표출되는 인간의 행동을 사도 바울은 시편과 이사야 선지자의 글을 인용하여 다음과 같이 기술하고 있습니다. 첫째로, 인간의 부패한 마음은 스스로 죄인임을 깨닫지도 못할 뿐만 아니라, 하나님을 찾지도 않고, 선을 행하지 않습니다.(시 14:1. 참고) 둘째로, 부패한 인간의 마음에서 나오는 언어는 마치 무덤에서 악취가 나는 것과 같이, 모두 더럽고 추잡하며 썩은 냄새가 나는 소리입니다.(시 5:9. 참고) 그래서 부패한 사람의 마음에서 나오는 말들은 '거짓말하는 영'인 '사탄'의 소리처럼 모두 거짓말뿐입니다.(시 140:3. 참고) 그러한 사람의 말은 다른 사람들을 죽이는 독사의 독과 같습니다. 따라서 그러한 사람들의 말은 오로지 저주와 악독으로 가득 차 있을 뿐입니다.(시 10:7. 참고) 셋째로, 패역한 사람들은 말과 행동으로 다른 사람을 죽이는 데 빠릅니다. 다른 사람을 위로하거나 도움을 주어 이웃들과 평강을 도모하는 것이 아니라, 오히려 다른 사람들을 함정에 빠뜨려 파멸시킵니다.(사 59:7하. 참고) 한마디로 말해서 마음이 패역한 사람들의 안중眼中에는 창조주 하나님도 없습니다. 그래서 그들은 하나님도 두려워하지 않습니다.(시 36:1. 참고) 결론적으로 말해서, 마음이 부패한 사람들에게는 하나님도 없고, 형제자매도 없고, 남편, 아내도 없고, 부모자식도 없고, 이웃도 없고, 윗사람도 아랫사람도 없는 유아독존적唯我獨尊的 무법천지無法天地의 독불장군獨不將軍과 같은 사람입니다. 그러므로 칼뱅J. Calvin주의의 5대 강령뿐만 아니라, 개혁전통의 신학은 인간의 전적 부패를 가르치고 있습니다.[55]

---

55) 칼뱅주의의 5대 강령은 인간의 '전적부패Total Depravity', '무조건적 선택Unconditional

이상 살펴본 바와 같이, 최초 인간 아담Adam의 범죄로 말미암아 모든 인간은 완전히 부패하였기 때문에, 인간은 그 누구도 스스로 그 어떠한 선행이나 노력을 통하여도 결코 선善해질 수 없습니다. 그래서 사도 바울은 인간의 '실존적인 모습'을 가리켜 '사망의 몸'이라고 증언하고 있는 것입니다: "오호라 나는 곤고한 사람이로다. 이 사망의 몸에서 누가 나를 건져내랴."(롬 7:24) 그러나 곧이어 사도 바울은 "예수를 죽은 자 가운데서 살리신 이의 영이 너희 안에 거하시면 그리스도 예수를 죽은 자 가운데서 살리신 이가 너희 안에 거하시는 그의 영으로 말미암아 너희 죽을 몸도 살리시리라"(롬 8:11)고 성령에 의한 '새로 남', 혹은 '거듭 남', 바꾸어 말해 '새 창조'를 증언하고 있습니다.

그런데 이렇게 '하나님의 영'으로 '다시 태어남', 혹은 '새로 남'은 이미 선지자 에스겔을 통하여 여호와 하나님께서 약속해 주셨습니다.56) "또 새 영을 너희 속에 두고 새 마음을 너희에게 주되 너희 육신에서 굳은 마음을 제거하고 부드러운 마음을 줄 것이며, 또 내 신을 너희 속에 두어 너희로 내 율례를 행하게 하리니 너희가 내 규례를 지켜 행할지라."(겔 36:26-27) 이러한 에스겔 선지자의 예언대로 성령의 인도함을 받는 사람들은 앞에서 언급한 부패한 마음을 가진 사람들과는 달리 성령의 열매, 곧 "사랑과 희락과 화평과 오래 참음과 자비와 양선과 충성과 온유와 절제"(갈 5:22-23)의

Election', '제한적 속죄Limited Atonement', '불가항력적 은총Irresistible Grace', '성도의 견인 Perseverance of the Saints'을 주장한다.

56) 종교개혁의 신학적 중심개념은 '오직 믿음으로 의롭게 된다'는 죄인에 대한 '칭의 Rechtfertigung'였다. 그러나 근대 경건주의와 부흥운동의 중심개념은 바로 '거듭 남' 혹은 '다시 태어남Wiedergeburt'이었다. 즉 본래 종교개혁 신학은 '칭의론'과 관련해서만 '다시 태어남regeneratio'과 '갱신renovatio'에 대하여 언급하였던 반면에, '칭의론'에 덧붙여 윤리적 전망에서 '믿음의 삶으로 다시 태어남'을 주장하기 시작한 사람들은 19세기의 경험신학자 혹은 조정신학자로 불리워진 '엘랑엔 학파' 프랑크 호프만F. Hoffmann이다. 이 점에 관하여: E. Cremer, *Rechtfertigung und Wiedergeburt*, Gütersloh, 1907, 14.

삶을 살아가게 되는 것입니다. 그래서 사도 바울은 "만일 우리가 성령으로 살면 또한 성령으로 행할지니"(갈 5:25)라고 부언하고 있는 것입니다. 이처럼 성령 하나님은 인간의 부패한 마음을 새롭게 하는 영靈입니다. 바로 이러한 점에서 또한 성령은 인간, 곧 '사망의 몸'을 새롭게 하시는 '새 창조의 영'입니다.

2) 사람을 거듭나게 하는 성령

부패한 인간의 마음이 새롭게 변한다는 것은 사람이 '거듭 남', 곧 '다시 태어나는 것'을 의미합니다.[57] '다시 태어남'에 대한 사상은 유대교 묵시문학을 통하여 새롭게 정립되었습니다. 유대교 묵시문학에서 이야기하는 '다시 태어남'은 허무하고 사멸하게 될 이 세상으로 다시 태어나는 '환생還生'의 의미가 아니라, "영원한 나라로 단 한 번 그리고 궁극적으로 '다시 태어남'을 뜻합니다."[58] 따라서 여기서 '다시'라는 말은, 옛 것의 회복이 아니라, '전적으로 새롭게' 혹은 완전히 '새로움'을 의미합니다. 이러한 의미를 우리는 예수님께서 유대인의 관원 니고데모에게서 '거듭 남'에 대하여 설명해 주시는 말씀에서 발견할 수 있습니다.

예수님께서 말씀하신 '거듭 남'을 생물학적 환생의 의미를 가진 '다시

---

57) '다시 태어나다(παλιγγενεσία)'라는 말은 본래 현재의 '시·공간'으로 '다시 태어나는' 동양의 우주론적 '윤회Reinkarnation'를 의미하는 것이었다. 왜냐하면 페르시아에서는 시간은 주기적으로 반복해서 회귀한다고 생각하였기 때문이다. 이 사상이 '피타고라스' 학파를 통하여 서양에 소개 수용되었다. 따라서 동양적 사고에서의 '다시 태어남'은 우리가 살고 있는 이 '시·공간'으로의 '환생'을 의미한다.

58) J. Moltmann, *Der Geist des Lebens. Eine ganzheitliche Pneumatologie*, 김균진 역, 『생명의 영』(서울: 대한기독교서회, 1992), 198.

태어남'으로 이해한 것은 '니고데모'였습니다. 그래서 예수님께서 "진실로 진실로 네게 이르노니 사람이 거듭나지 아니하면 하나님의 나라를 볼 수 없느니라"(요 3:3)고 말씀하셨을 때, 니고데모는 "사람이 늙으면 어떻게 날 수 있사옵나이까 두 번째 모태에 들어갔다가 날 수 있사옵나이까"(요 3:4)라고 반문하였던 것입니다. 그러자 예수님께서 "대답하시되 진실로, 진실로 네게 이르노니 사람이 물과 성령으로 나지 아니하면 하나님의 나라에 들어갈 수 없느니라"(요 3:5)고 말씀하심으로써, '거듭 남', 혹은 '다시 태어남'이 성령에 의하여 '완전히 새로운 존재'로 변화하여 '새로운 삶을 살아가는 것'임을 명백히 가르쳐 주셨습니다.

이렇게 부패한 마음을 가진 인간들이 성령에 의해서 완전히 새롭게 되는 것을 디도서는 다음과 같이 기술하고 있습니다.

> "우리도 전에는 어리석은 자요 순종하지 아니한 자요 속은 자요 여러 가지 정욕과 행락에 종노릇 한 자요 악독과 투기를 일삼은 자요 가증스러운 자요 피차 미워한 자였으나, 우리 구주 하나님의 자비와 사람 사랑하심이 나타날 때에 우리를 구원하시되 우리의 행한 바 의로운 행위로 말미암지 아니하고 오직 그의 긍휼하심을 따라 중생Wieder-geburt의 씻음과 성령의 새롭게 하심Erneuerung으로 하셨나니……."
> (딛 3:3-5)[59]

이렇듯 인간이 '새롭게 되는 것', 즉 '새 사람이 되는 것'은 인간의 의로운 행위로 되는 것이 아니라, 전적으로 성령의 새롭게 하시는 은총으로 되는

---

59) 개역개정판에는 '중생重生'으로 번역되어 있으나, 루터 번역은 '거듭남Wiedergeburt'으로 번역되어 있다.

것입니다.

그런데 성령의 '거듭나게 하심', 곧 '새롭게 하심'은 앞에서도 언급하였던 것처럼 이미 에스겔 선지자를 통하여 약속되었고, 예수 그리스도의 부활을 통하여 예증적으로exemplarisch 선취antizipatorisch되었기 때문에(롬 8:11), 우리 각 사람들에게도 '거듭 남'이 동일하게 재현되는 것입니다. 이러한 근거에서 성령이 그리스도를 통하여 아버지의 자비하심으로 말미암아 각 사람에게 부어지는 것입니다.[60](참고. 요 4:14) 따라서 우리는 다시 한 번 더 여기서 사도 바울의 다음 말씀을 회상하게 됩니다: "예수를 죽은 자 가운데서 살리신 이의 영이 너희 안에 거居하시면, 그리스도 예수를 죽은 자 가운데서 살리신 이가 너희 안에 거하시는 그의 영으로 말미암아 너희 죽을 몸도 살리시리라."[61](롬 8:11) 그러므로 이제 성령으로 '거듭난 사람', 혹은 '새롭게 된 사람'들은 그들 안에 사탄의 영, 곧 '거짓 영'이 아니라, '그리스도의 영'이 거하기 때문에 '새로운 피조물'이 되는 것입니다: "그런즉 누구든지 그리스도 안에 있으면 새로운 피조물이라 이전 것은 지나갔으니 보라 새 것이 되었도다."(고후 5:17)

이렇게 '그리스도의 영', 곧 '성령'안에서 '새로운 피조물'이 된 사람들은 '하나님의 자녀'(롬 8:9, 14, 16)로서 죽을 자들이 아니라,[62] 영원히 '살아 있

---

60) 요 4:14 : "내가 주는 물을 마시는 자는 영원히 목마르지 아니하리니 내가 주는 물은 그 속에서 영생하도록 솟아나는 샘물이 되리라."

61) 그래서 칼 바르트K. Barth는 예수 그리스도의 십자가와 죽음을 통하여 인간이 새롭게 태어남을 다음과 같이 설명하고 있다: "그의 죽으심 속에서 인간의 다시 태어남과 회심이 일어났다: 십자가에 달린 예수 그리스도 안에서, 왜냐하면 그는 그의 십자가에서 궁극적으로 모든 인간의 주와 왕으로서 행동하였고, 자기의 주권을 유지하고 증명하였으며, 세계 속에서 좀처럼 볼 수 없지만, 세계에 대하여 너무도 혁명적인 하나님 자신과 자기의 유사성을 증명하였으며, 그의 나라를 역사적 현실로 앞당겨 왔기 때문이다."(K. Barth, KD IV/2, 323)

62) 롬 8:9 : "만일 너희 속에 하나님의 영이 거하시면 너희가 육신에 있지 아니하고 영에 있나니 누구든지 그리스도의 영이 없으면 그리스도의 사람이 아니라."; 롬 8:14 : "무릇 하나님의 영으로 인도함을 받는 사람은 곧 하나님의 아들이라."; 롬 8:16 : "성령이 친히 우리의 영과

는 자'(롬 8:11), 곧 '생명을 가진 자'입니다. 그리고 이렇게 '하나님의 자녀'가 된 사람들은 '하나님의 나라'를 상속으로 받게 됩니다.(63)(롬 8:17) 그래서 성령은 단지 인간만 '거듭나게 하는 것', 곧 '새롭게 하는 것'이 아니라, 다른 모든 피조물도 새롭게 하십니다. 왜냐하면 최초 인간 아담Adam으로 말미암아 다른 피조물도 함께 저주를 받은 것처럼(창 3:17), 인간의 '거듭 남', 곧 '새롭게 됨'으로 인하여 다른 피조물도 함께 새롭게 되기 때문입니다.(64)(롬 8:19-22)

3) 만물을 새롭게 하시는 영 — 새 하늘과 새 땅

성령의 '새롭게 하는 사역'은 단지 인간에 대한 사역으로 제한되지 않습니다. 성령은 인간뿐만 아니라 다른 피조물, 곧 '만물을 새롭게' 하십니다. 이 점을 우리는 예수 그리스도의 증언에서 직접 들을 수 있습니다: "예수께서 이르시되 내가 진실로 너희에게 이르노니 세상이 새롭게 되어 인자가 자기 영광의 보좌에 앉을 때에 나를 따르는 너희도 열두 보좌에 앉아 이스라엘 열두 지파를 심판하리라."(마 19:28) 그런데 여기서 말하는 '세상'이란

더불어 우리가 하나님의 자녀인 것을 증언하시나니."

63) 롬 8:17 : "자녀이면 또한 상속자 곧 하나님의 상속자요 그리스도와 함께 한 상속자니 우리가 그와 함께 영광을 받기 위하여 고난도 함께 받아야 할 것이니라."

64) 창 3:17 : "아담에게 이르시되 네가 네 아내의 말을 듣고 내가 네게 먹지 말라한 나무의 열매를 먹었은즉 땅은 너로 말미암아 저주를 받고 너는 네 평생에 수고하여야 그 소산을 먹으리라."; 롬 8:19-22 : "피조물이 고대하는 바는 하나님의 아들들이 나타나는 것이니, 피조물이 허무한 데 굴복하는 것은 자기 뜻이 아니요 오직 굴복하게 하시는 이로 말미암음이라. 그 바라는 것은 피조물도 썩어짐의 종노릇 한 데서 해방되어 하나님의 자녀들의 영광의 자유에 이르는 것이라. 피조물이 다 이제까지 함께 탄식하며 함께 고통을 겪고 있는 것을 우리가 아느니라."

단지 보이는 이 세상만을 의미하지 않습니다. 여기서 '세상이 새롭게 되어'는 본래 헬라어, 'παλιγγενεσία', 곧 '다시 태어나다'를 번역한 것입니다. 그래서 New International Version에서는 "at the renewal of all things"로, 즉 '모든 것이 새롭게 될 때' 혹은 '새롭게 되면'으로 번역하고 있습니다. 이것은 새롭게 되는 것이 단지 인간만이 아니라, 모든 만물이라는 '우주론적 의미'를 가지고 있음을 암시합니다. 다시 말씀드려서, 우주 '만물이 새롭게 되는 때'는 인자가 자기 영광의 보좌에 앉을 때라는 것입니다. 바꾸어 말하면, '인자가 자기 영광의 보좌에 앉게 될 때', '만물이 새롭게 될 것이라'는 뜻입니다. 이와 상응하게 사도행전도 "그러므로 너희가 회개하고 돌이켜 너희 죄 없이 함을 받으라. 이같이 하면 새롭게 되는 날이 주 앞으로부터 이를 것이요"(행 3:19)라고 증언하고 있습니다. 따라서 이와 상응하게 요한계시록도 "보좌에 앉으신 이가 이르시되 보라 내가 만물을 새롭게 하노라 하시고 또 이르시되 이 말은 신실하고 참되니 기록하라"(계 21:5)고 선포하고 있는 것입니다. 그렇다면 '만물을 새롭게 한다'는 것이 무엇을 의미합니까?

'만물을 새롭게 한다'는 것은 '새 하늘과 새 땅'이 도래한다는 것입니다. 그러면 '새 하늘과 새 땅'은 어떠한 곳입니까? 그곳은 예수님께서 "모든 눈물을 그 눈에서 닦아 주시니 다시는 사망이 없고 애통하는 것이나 곡하는 것이나 아픈 것이 다시 있지 아니하리니 처음 것들이 다 지나(간)"(계 21:4) 바로 그 세상을 의미합니다. 그래서 요한계시록은 곧 이어서 "보좌에 앉으신 이가 이르시되, 보라 내가 만물을 새롭게 하노라"(계 21:5)고 선포하신 것을 덧붙이고 있습니다.

그런데 '만물이 새롭게 된' 세상에서는 처음 창조에 의한 광명체도 그 빛을 잃어버리고 맙니다. 그래서 요한계시록은 "그 성은 해나 달의 비침이 쓸 데 없으니 이는 하나님의 영광이 비치고 어린 양이 그 등불이 되심이라"(계 21:23)고 증언하고 있습니다. 이와 상응하게 요한계시록은 계속해서 '새 하늘과 새 땅'을 다음과 같이 묘사하고 있습니다. "다시 밤이 없겠고 등불과 햇빛이 쓸 데 없으니, 이는 주 하나님이 그들에게 비치심이라 그들이 세세토록 왕 노릇 하리로다."(계 22:5) 그래서 여호와 하나님은 이미 이사야 선지자를 통하여 친히 '새 하늘과 새 땅'을 창조하실 것을 예언하셨습니다: "보라 내가 새 하늘과 새 땅을 창조하나니 이전 것은 기억되거나 마음에 생각나지 아니할 것이라."(사 65:17) 그리고 이어서 요한계시록은 '새 하늘과 새 땅'에서는 "너희는 내가 창조하는 것으로 말미암아 영원히 기뻐하며 즐거워할지니라. 보라 내가 예루살렘을 즐거운 성으로 창조하며, 그 백성을 기쁨으로 삼고, 내가 예루살렘을 즐거워하며 나의 백성을 기뻐하리니 우는 소리와 부르짖는 소리가 그의 가운데서 다시는 들리지 아니할 것"(사 65:18-19)이라고 선언하고 있습니다.

이상 살펴본 바와 같이, 예수님이 "새 포도주를 낡은 가죽 부대에 넣는 자가 없나니 만일 그렇게 하면 새 포도주가 부대를 터뜨려 포도주와 부대를 버리게 되리라 오직 새 포도주는 새 부대에 넣느니라"(막 2:22, 병행. 마 9:17; 눅 5:38)고 말씀하신 것처럼, '새 하늘과 새 땅'인 '하나님의 나라'에서는 새롭게 '거듭난 사람'만이 살게 되어 있습니다. 그래서 예수님은 "진실로 진실로 네게 이르노니 사람이 거듭나지 아니하면 하나님의 나라를 볼 수 없느니라"(요 3:3)고 니고데모에게 말씀하셨던 것입니다. 그리고 사도 바울도 "너희는 이 세대를 본받지 말고 오직 마음을 새롭게 함으로 변화를 받아 하나님의 선하시고 기뻐하시고 온전하신 뜻이 무엇인지 분별하도록 하라"(롬 12:2)고 로마 교회 공동체에 권면하고 있는 것입니다. 이와 상응하게 에베소서도 "오직 너희의 심령이 새롭게 되어 하나님을 따라 의와 진리의 거룩함으로 지으심을 받은 새 사람을 입으라"(엡 4:23-24, 비교. 골 3:10)고

명하고 있습니다.[65)]

　이제 결론적으로 말해서 성령으로 말미암아 우리의 '마음이 새롭게 되면', '사람이 거듭나게 되고', 성령으로 '거듭난 사람'은 '새 하늘과 새 땅'에 살게 되는 것, 이것이 바로 예수 그리스도께서 십자가와 죽음과 부활을 통하여 이루어 놓은 새 생명을 우리 각자에게 선물로 주시는 성령의 은총입니다. 그러므로 성령의 값없이 주시는 은총 없이는 아무도 스스로 새롭게 되어 하나님의 나라에 들어갈 수 없는 것입니다. 그러므로 우리는 이러한 성령의 은총을 선물로 받도록 베드로 사도가 선포한 것처럼, "회개하고 각각 예수 그리스도의 이름으로 세례를 받고 죄 사함을 받아(야)"(행 2:38) 할 것입니다. 그리하면 '성령을 선물로 받을 것입니다.' 창조주 영이여 오시옵소서! *Veni Creator Spiritus!*

---

65) 골 3:10 : "새 사람을 입었으니 이는 자기를 창조하신 이의 형상을 따라 지식에까지 새롭게 하심을 입은 자니라."

6

질의
응답

질문 1. 칼뱅에게 있어서 성령에 의한 '성도의 견인' 사상과 인간의 '자유의지'는 어떤 관계가 있습니까?

답변 = 예, 맞습니다! 칼뱅뿐만 아니라, 칼뱅주의 5대 강령에도 성령에 의한 '성도의 견인' 사상이 있습니다. 우선 최초 인간 아담의 타락으로 말미암아 모든 인간은 적어도 구원救援과 영적靈的인 문제에 있어서는 결코 자유로운 존재가 아닙니다. 바꾸어 말하면, 인간은 자기가 원하는 것을 자기의 능력으로 이룰 수 없습니다. 즉 인간의 '의지하는 혹은 바라는 것'과 그 '의지의 실현(천)'이 항상 일치하는 것은 아닙니다. 이러한 인간의지의 실현 불능不能을 사도 바울은 다음과 같이 고백하고 있습니다.

> "15 내가 행하는 것을 내가 알지 못하노니 곧 내가 원하는 것은 행하지 아니하고 도리어 미워하는 것을 행함이라 16 만일 내가 원하지 아니하는 그것을 행하면 내가 이로써 율법이 선한 것을 시인하노니 17

이제는 그것을 행하는 자가 내가 아니요 내 속에 거하는 죄니라 18
내 속 곧 내 육신에 선한 것이 거하지 아니하는 줄을 아노니 원함은
내게 있으나 선을 행하는 것은 없노라 19 내가 원하는 바 선은 행하지
아니하고 도리어 원하지 아니하는 바 악을 행하는도다 20 만일 내가
원하지 아니하는 그것을 하면 이를 행하는 자는 내가 아니요 내 속에
거하는 죄니라 21 그러므로 내가 한 법을 깨달았노니 곧 선을 행하기
원하는 나에게 악이 함께 있는 것이로다 22 내 속사람으로는 하나님
의 법을 즐거워하되 23 내 지체 속에서 한 다른 법이 내 마음의 법과
싸워 내 지체 속에 있는 죄의 법으로 나를 사로잡는 것을 보는도다."

(롬 7:15-23)

이러한 사도 바울의 고백에 의하면, 우선 인간 안에는 '선한 것'이 없고,
오히려 '죄', '악'이 있습니다. 이것은 인간이 전적으로 타락한 존재라는 것
을 증언해 주는 것입니다. 그래서 사도 바울은 자신을 가리켜 '사망의 몸'(롬
7:24)이라고 고백하고 있습니다. 그래서 인간은 누구를 막론하고 "원하는
바 선은 행하지 아니하고 도리어 원하지 아니하는 바, 악惡을 행하(며)"(롬
7:19), "내가 원하지 아니하는 그것을 하면, 이를 행하는 자는 내가 아니요
내 속에 거하는 죄罪"(롬 7:20)라고 증언하고 있습니다. 그래서 인간은 '죄의
법'에 사로잡혀 있다고 증언합니다.

그러므로 칼뱅은 『기독교 강요』에서 어거스틴과 루터의 '노예(속박)된
의지De Servo Arbitrio'를 수용하여 인간의 의지를 '말馬'에 비유하여 설명하고
있습니다.

만일 하나님이 타면 지식이 있고 기술이 풍부한 기사騎士와 같이 말을
은혜롭게 조종합니다. 그러나 만일 악마가 타면, 그는 어리석고 난폭

한 기사와 같이 길 없는 곳으로 강제로 몰고 개천으로 달리게 하며 단애斷崖를 넘으며, 완고하고 잔인해지도록 자극합니다.[66]

그래서 루터는 인간이 "타락 이후에는 자유의지가 단순히 이름뿐으로 내용이 없는 사물이 되었다. 자유의지가 자기에게 있는 무엇을 행하고자 하면, 죽을 수밖에 없는 죄를 지을 뿐이다"라고 말합니다.[67] 한 걸음 더 나아가, 칼뱅은 성령의 업적에서 "그(하나님)의 권능의 성령이 우리에게 신적 생명을 넣어 주므로, 지금부터 우리는 우리 자신의 힘으로 움직이는 것이 아니라 그의 힘과 영향력에 지배되며, 우리 안에 무슨 선한 것이 있다면, 그것은 그의 은총의 열매에 지나지 않는다. 우리는 그(성령)가 없이는 마음의 암흑과 완고한 심령상태에 빠질 수밖에 없다"고 말합니다.[68] 심지어 칼뱅은, 성령은 선택받은 자들에 대하여는 어떠한 환난과 역경을 통하여 훈련시켜서라도 하나님의 구원에 이르도록 인도하신다고 말합니다.[69]

이상 진술한 바에 의하면, 인간에게는 '선악을 식별하고 선택할 자유의지'란 없습니다.[70] 그렇다면 인간에게는 '자유의지'란 전혀 없는 것인가?

---

66) M. Luther, *WA*, XVIII, 635f.; J. Calvin, *Institutes*, II,4,1.

67) *WA*, I, 359(H. Ott, 김광식 역, 위의 책, 158에서 재인용I). 반면에 로마 가톨릭 교회의 '트리엔트Trientinum 종교회의'에서는 "누구든지 하나님으로 말미암아 감동되고 일깨워질 때에, 자신을 일깨우시는 하나님께 동의하면서, 칭의의 은혜를 받아들일 준비와 각오를 할 뿐 인간의 자유의지로는 아무것도 행하지 못한다고 주장하는 사람은…… 그러한 사람은 출교를 해야 한다. 누구든지 아담의 죄 이후로 인간의 자유의지가 상실되고 소멸되었다고 주장하거나 오직 말씀만을 주장하고 게다가 아무 내용이 없는 예수 이름 하나만을 주장해서 결국 사탄을 교회 안으로 이끌어 들이는 날조품만을 위주로 하자는 주장을 하는 사람은 출교되어야 한다"고 주장한다.(*DENZ*, 1554, 1555)(H. Ott, 김광식 역, 위의 책, 158에서 재인용).

68) J. Calvin, *Inistitutes*, III,1,3(J. Calvin, *A Compend of the Institutes of the Christian Religion*, 이종성 역, 『基督敎綱要選』, 서울: 대한기독교서회, 2002, 112에서 재인용)(이하의 Institutes의 번역은, 이종성, 『基督敎綱要選』의 번역을 그대로 수용함).

69) *Inistitutes*, III, 8,1.

그렇습니다. 인간에게는 성령께서 '하나님의 말씀'으로 우리를 인도하심에 대하여 '순종하고 불순종할 자유만' 있을 뿐입니다. 더 자세히 말하면, 성령님이 우리를 인도하면, 우리는 하나님의 말씀을 순종하고, 사탄 마귀가 우리를 인도하면 우리는 불순종하게 됩니다. 그런데 성령이 우리를 인도함에도 성령을 '거부하고 불순종하면' 우리에게는 결코 구원이 없습니다. 그래서 예수님도 "사람에 대한 모든 죄와 모독은 사하심을 얻되 성령을 모독하는 것은 사하심을 얻지 못하겠고, 또 누구든지 말로 인자를 거역하면 사하심을 얻되 누구든지 말로 성령을 거역하면 이 세상과 오는 세상에서도 사하심을 얻지 못하리라"(마 12:31-32, 병행. 막 3:29; 눅 12:10)고 말씀하셨던 것입니다.

그러므로 예수님은 최초 인간 아담과는 달리 사탄 마귀에게 시험을 당하셨을 때, 철저히 하나님의 말씀에 순종하셨습니다. 예수님의 시험 기사에 의하면, 예수님은 '하나님의 말씀'에 철저히 순종하심으로 사탄 마귀의 시험을 이기셨습니다. 그러자 사탄 마귀가 이번에는 '하나님 말씀' 그 자체로 예수님을 시험합니다. 그러자 예수님은 역시 "하나님의 말씀', 곧 '주 너의 하나님을 시험하지 말라"(신 6:16)는 말씀으로 시험을 이기십니다. 이렇게 예수님은 '하나님 말씀'에 온전히 순종하심으로써, 최초 인간 아담과는 달리 '순종의 의義'를 이루셨습니다.

그런데 예수님의 시험 기사의 도입 부분에 의하면, 이 시험은 성령의 허락 아래 이루어진 것입니다. 왜냐하면 마태복음은 "그때에 예수께서 성령에게 이끌리어 마귀에게 시험을 받으러 광야로 가사……"(마 4:1)라고 기록되어 있으며, 예수님에 대한 시험이 끝난 후에는 "이에 마귀가 예수를

---

70) 칼뱅은 오리겐과 어거스틴의 '의지' 개념을 수용하여 "'의지arbitrium, will 혹은 choice'란, 선악을 식별하는 직책을 가진 이성의 능력에 속한다"라고 정의하고 있다.(*Inistitutes*, II, 2,4)

떠나고 천사들이 나아와 수종드니라"(마 4:11)고 기록하고 있기 때문입니다. 따라서 예수님께서 마귀의 시험을 극복한 것은 성령의 도움이라고 해석할 수도 있습니다. 즉 성령으로 예수님은 '하나님의 말씀'에 철저히 순종할 수 있었습니다.

그런데 예수님의 마지막 시험은 성령의 도움 없이 홀로 '하나님 말씀'에 대한 순종 여부를 시험받는 것이었습니다. 그것이 바로 십자가의 죽음입니다. 그래서 예수님은 잡히시던 날 밤 심한 고뇌 속에 겟세마네 동산으로 기도하러 올라가십니다. 예수님은 기도를 통하여 먼저 "내 아버지여 만일 할 만하시거든 이 잔을 내게서 지나가게 하옵소서! 그러나 나의 원대로 마시옵고 아버지의 원대로 하옵소서!"(마 26:39)라고 기도를 올립니다. 그러나 끝내는 "이 잔이 내게서 지나갈 수 없거든, 아버지의 원대로 되기를 원하나이다"(마 26:42)라고 하나님의 뜻에 순종할 것을 다짐합니다. 그래서 칼뱅은 "주님이 십자가를 지신 이유는 성부에 대한 복종을 입증하고 증명하기 위한 것이었다"[71]고 해석합니다. 이러한 점에서 참 성령의 인도함을 받는 성도들은 '하나님의 말씀'에 철저히 순종하는 자라고 할 수 있습니다. 따라서 성령은 '순종의 영'이고, 사탄 마귀는 "불순종의 아들들 가운데 역사하는 영"(엡 2:2)이라고 할 수 있습니다. 그래서 사도 바울은 "너희 자신을 종으로 내주어 누구에게 순종하든지 그 순종함을 받는 자의 종이 되는 줄을 너희가 알지 못하느냐, 혹은 죄의 종으로 사망에 이르고 혹은 순종의 종으로 의에 이르느니라"(롬 6:16)고 증언하고 있으며, 또한 역설적으로 "하나님이 모든 사람을 순종하지 아니하는 가운데 가두어 두심은 모든 사람에게 긍휼을 베풀려 하심이로다"(롬 11:32)라고 증언하고 있습니다.

---

71) *Institutes*, III, 8,2.

질문 2. 성령의 인도함을 받는 자와 받지 못한 자의 구별은 어떻게 할 수 있습니까?

답변 = 성령의 인도함을 받는 사람들은 첫째로, 앞에서도 이미 언급한 것처럼 '하나님의 말씀'을 믿고 '철저히 순종'합니다. 즉 '하나님의 말씀'에 대한 '순종 행위'로 성령의 인도함을 받는 자와 사탄의 인도함을 받는 자들이 구별됩니다. 왜냐하면 사탄은 처음부터 '불순종하는 영'이었기 때문입니다. 둘째로 성령의 인도함을 받는 자는 요한일서 4장 2-3절의 말씀처럼, "예수 그리스도께서 육체로 오신 것을 시인하는 영마다 하나님께 속한 것이요, 예수를 시인하지 아니하는 영마다 하나님께 속한 것이 아니니 이것이 곧 적그리스도의 영이니라"고 단언할 수 있습니다. 그리고 셋째로 성령으로 인도함을 받는 사람은, 갈라디아서가 증언하는 '성령의 열매'를 맺는 삶을 살아가는 사람입니다. "오직 성령의 열매는 사랑과 희락과 화평과 오래 참음과 자비와 양선과 충성과 온유와 절제니 이 같은 것을 금지할 법이 없느니라"(갈 5:22-23)는 말씀과 "만일 우리가 성령으로 살면 또한 성령으로 행할지니(라)"(갈 5:25)는 말씀이 증언하듯이, 선한 마음에서 우러나오는 선한 행위를 행하는 사람입니다.

그러나 '성령의 은사'를 받은 것 같으나, 사실은 사탄의 인도함을 받고 있는 사람도 있습니다. 왜냐하면 예컨대 바알의 술사術士처럼 악한 사탄 마귀의 인도함을 받는 거짓 사도들도 때론 기적과 이적異蹟을 행하기 때문입니다.(출 7:11-12) 그러므로 겉으로 나타나는 행위만으로는 그 사람이 참으로 성령의 인도함을 받았는지, 그렇지 않은지 분별할 수 없습니다. 왜냐하면 사도 바울의 말씀처럼, "사탄의 일꾼들도 자기를 의의 일꾼으로 가장하(기)"(고후 11:15a) 때문입니다. 따라서 사람의 행위가 성령의 인도함에 의한 것인지는 마지막에 드러나게 됩니다. 왜냐하면 "그들의 마지막은 그 행위대로 (될 것이기)"(고후 11:15b) 때문입니다.

제3부

말씀의 영

1

육체가 된
말씀의 영이신 성령

출 3:4-5_ "여호와께서 그가 보려고 돌이켜 오는 것을 보신지라 하나님이 떨기나무 가운데서 그를 불러 이르시되 모세야 모세야 하시매 그가 이르되 내가 여기 있나이다. 하나님이 이르시되 이리로 가까이 오지 말라 네가 선 곳은 거룩한 땅이니 네 발에서 신을 벗으라. When the Lord saw that he had gone over to look, God called to him from within the bush, 'Moses! Moses!' And Moses said, 'Here I am?' 'Do not come any closer', God said, 'Take off your sandals, for the place where you are standing is holy ground.'"

요 1:14_ "말씀이 육신이 되어 우리 가운데 거하시매 우리가 그의 영광을 보니 아버지의 독생자의 영광이요 은혜와 진리가 충만하더라. The Word became flesh and made his dwelling among us. We have seen his glory, the glory of the One and Only, who came from the Father, full of grace and truth."

1) 말씀하시는 하나님

구약의 하나님은 처음부터 역사 속에 사는 인간에게 '말씀하시는 분'으로 나타납니다. 우선 가장 쉽게 알 수 있는 것은, 하란 땅에 살고 있던 이스라엘 백성의 조상 '아브람'에게 "여호와께서…… 이르시되, 너는 너의 고향과 친척과 아버지의 집을 떠나 내가 네게 보여 줄 땅으로 가라"(창 12:1)고 말씀하십니다. 계속해서 하나님은 "내가 너로 큰 민족을 이루고, 네게 복을 주어 네 이름을 창대하게 하리니, 너는 복이 될지라"(창 12:2)고 축복해 주십니다. 이렇게 사람들에게 말씀하시는 여호와 하나님은 그 후 '아브람'뿐만 아니라, 그의 후손, '이삭', '야곱'을 비롯하여 많은 사람에게 나타나시어 '말씀하십니다.'

여호와 하나님은 아브람에게 나타나셔서 말씀하셨던 것처럼, '이삭'에게도 나타나셔서 말씀하십니다.

> 여호와께서 이삭에게 나타나 이르시되 애굽으로 내려가지 말고 내가
> 네게 지시하는 땅에 거주하라. 이 땅에 거류하면 내가 너와 함께 있어
> 네게 복을 주고 내가 이 모든 땅을 너와 네 자손에게 주리라. 내가
> 네 아버지 아브라함에게 맹세한 것을 이루어 네 자손을 하늘의 별과
> 같이 번성하게 하며 이 모든 땅을 네 자손에게 주리니 네 자손으로
> 말미암아 천하 만민이 복을 받으리라.(창 26:2-4)

그런데 여호와 하나님은 현실 세계에서뿐만 아니라, '환상 혹은 꿈 중'에서도 인간에게 말씀하십니다. "여호와의 말씀이 환상 중에 아브람에게 임하여 이르시되, 아브람아 두려워하지 말라. 나는 네 방패요, 너의 지극히 큰 상급이니라"(창 15:1)고 축복하십니다. 그리고 여호와 하나님은 '야곱'의

꿈에 나타나셔서, 역시 야곱을 축복하십니다. "꿈에 본즉…… 여호와께서 그 위에 서서 이르시되……."(창 28:12-15)

그런데 여호와 하나님은 인간에게 일방적으로 '말씀하시지만 않으시고', 구체적으로 인간과 '대화'도 나누십니다. 여호와 하나님은 이스라엘 조상 '아브람'과 아브람의 자손 문제로 대화를 나누십니다.

> "아브람이 이르되, '주 여호와여 무엇을 내게 주시려 하나이까. 나는 자식이 없사오니 나의 상속자는 이 다메섹 사람 엘리에셀이니이다.' 아브람이 또 이르되, '주께서 내게 씨를 주지 아니하셨으니 내 집에서 길린 자가 내 상속자가 될 것이니이다.' 여호와의 말씀이 그에게 임하여 이르시되, '그 사람이 네 상속자가 아니라, 네 몸에서 날 자가 네 상속자가 되리라' 하시고, 그를 이끌고 밖으로 나가 이르시되, '하늘을 우러러 뭇별을 셀 수 있나 보라 또 그에게 이르시되 네 자손이 이와 같으리라.'"(창 15:2-5)

여호와 하나님은 '아브람'뿐만 아니라, '모세'와도 '대화'를 나누십니다. 어느 날 모세가 양 떼를 치다가, 그 떼를 광야 서쪽으로 인도하여 하나님의 산 '호렙'에 이르렀습니다. 그때 여호와의 사자가 떨기나무 가운데로부터 나오는 불꽃 안에서 그에게 나타나셨습니다. 모세가 떨기나무에 불이 붙었으나 그 떨기나무가 사라지지 아니하는 것을 보고, '어찌하여 떨기나무가 타지 않는가' 보려고 떨기나무에 가까이 이르렀을 때에, 하나님이 떨기나무 가운데서 그를 불러 이르시되 "모세야! 모세야!" 하시매, 모세가 이르되 "내가 여기 있나이다"라고 답변합니다. 그러자 하나님이 이르시되 "이리로 가까이 오지 말라 네가 선 곳은 거룩한 땅이니 네 발에서 신을 벗으라"(출 3:4-5)고 말씀하십니다.[1]

여호와 하나님과 아브람의 대화는 '대화'의 차원에서 '소돔'과 '고모라'의 심판에 관한 '토론'의 차원까지 승화합니다. '사람의 형상'으로 나타난 여호와 하나님이 아브라함으로부터 마므레 상수리나무 아래서 대접을 받고 소돔을 향하여 떠나려 할 때, 하나님은 아브라함에게 소돔으로 가시는 목적을 말씀해 주십니다: "여호와께서 또 이르시되, 소돔과 고모라에 대한 부르짖음이 크고 그 죄악이 심히 무거우니, 내가 이제 내려가서 그 모든 행한 것이 과연 내게 들린 부르짖음과 같은지 그렇지 않은지 내가 보고 알려 하노라."(창 18:20-21) 이때 아브라함이 여호와 하나님께 이의異意를 제시합니다: "아브라함이 가까이 나아가 이르되, 주께서 의인을 악인과 함께 멸하려 하시나이까, 그 성 중에 의인 오십 명이 있을지라도 주께서 그곳을 멸하시고 그 오십 의인을 위하여 용서하지 아니 하시리이까? 주께서 이같이 하사 의인을 악인과 함께 죽이심은 부당하오며, 의인과 악인을 같이 하심도 부당하니이다. 세상을 심판하시는 이가 정의를 행하실 것이 아니니이까?"(창 18:23-25)

이와 같은 방식으로 아브라함이 '소돔'을 멸하시려는 하나님께 대하여 '하나님의 의義'를 문제 삼아 하나님과 토론을 합니다. '토론'을 통하여 아브라함은 어떻게 해서든지 '소돔의 멸망'을 막아 보려고 노력합니다. 그 결과 아브라함은 '하나님의 의'를 토론의 쟁점으로 삼아 하나님으로부터 '소돔'을 멸망시키지 않는 최소 조건으로 '의인 십 명'을 이끌어 냅니다: "아브라함이 또 이르되 주는 노하지 마옵소서 내가 이번만 더 아뢰리이다 거기서 십 명을 찾으시면 어찌하려 하시나이까 이르시되 내가 십 명으로 말미암아 멸하지 아니하리라."(창 18:32) 이처럼 인간과 '대화'하실 뿐 아니라, 인간과

---

1) 떨기나무 불꽃 가운데서 들려 온 소리를 스데반은 "주(하나님)의 소리Lord's voice"(행 7:32)로 증언하고 있다.

'토론'하시는 하나님의 모습을 우리는 '모세'의 기사에서도 발견할 수 있습니다.

이스라엘 백성들은 애굽을 탈출한 후 시내 산기슭에 이르게 되었습니다. 그리고 이스라엘의 지도자 모세는 여호와 하나님의 말씀의 판을 받으러 산으로 올라갔습니다. 그러자 이스라엘 백성들은 모세가 산에서 내려옴이 더딤을 보고, '아론'에게 이르러, '금송아지'를 만듭니다. 이 사건으로 말미암아 여호와 하나님이 심히 노하시어, "모세에게 이르시되 내가 이 백성을 보니 목이 뻣뻣한 백성이로다. 그런즉 내가 하는 대로 두라 내가 그들에게 진노하여 그들을 진멸하고 너를 큰 나라가 되게 하리라"(출 32:9-10)고 말씀하십니다. 그러자 모세가 여호와 하나님께 구합니다.

> "여호와여 어찌하여 그 큰 권능과 강한 손으로 애굽 땅에서 인도하여
> 내신 주의 백성에게 진노하시나이까? 어찌하여 애굽 사람들이 이르
> 기를 여호와가 자기의 백성을 산에서 죽이고 지면에서 진멸하려는
> 악한 의도로 인도해 내었다고 말하게 하시려 하나이까? 주의 맹렬한
> 노를 그치시고 뜻을 돌이키사 주의 백성에게 이 화를 내리지 마옵소
> 서 주의 종 아브라함과 이삭과 이스라엘을 기억하소서 주께서 그들
> 을 위하여 주를 가리켜 맹세하여 이르시기를 내가 너희의 자손을 하
> 늘의 별처럼 많게 하고 내가 허락한 이 온 땅을 너희의 자손에게 주어
> 영원한 기업이 되게 하리라 하셨나이다."(출 32:11-13)

이스라엘 백성의 '죄 용서를 위한 모세의 간구'를 들으시고 "여호와께서 뜻을 돌이키사 말씀하신 화를 그 백성에게 내리지 아니하시니라"(출 32:14)고 출애굽기는 증언하고 있습니다.

한 걸음 더 나아가, 여호와 하나님은 당신의 말씀을 백성에게 전하도록

'예언자'들에게 위탁하시는 때도 있습니다. 하나님은 모세에게 당신의 말씀을 위탁하십니다: "이제 가라, 내가 네 입과 함께 있어서 할 말을 가르치리라."(출 4:12) 그뿐만 아니라, 예언자 발람에게도 당신의 말씀을 위탁하십니다: "내가 네게 이르는 말만 말할지니라."(민 22:35); "여호와께서 발람의 입에 말씀을 주시며, 이르시되, 발락에게 돌아가서 이렇게 말할지니라." (민 23:5) 그 후 발람은 여호와 하나님이 주신 말씀을 발락과 모압의 모든 고관들 앞에서 전합니다.(민 23:7-10) 또한 여호와의 말씀이 예언자들에게 임합니다.

> "여호와께서 내게 이르시되…… '내가 너를 누구에게 보내든지 너는 가며, 내가 네게 무엇을 명령하든지 너는 말할지니라…… 내가 내 말을 네 입에 두었노라."(렘 1:7-8)

이상 살펴본 바와 같이 여호와 하나님은 친히 말씀하시는 분이시며, 인간과 '대화'를 나누시는 분이시고, 때론 인간들과 '토론'도 하시는 분입니다. 그뿐만 아니라 당신의 말씀을 '예언자'들을 통하여 대언하도록 하는 분이기도 합니다. 이러한 사실을 종합해 볼 때, 기독교의 하나님은 인간에게 '말씀하시는 분'이시며, '대화하시는 분', 때로는 '변론'도 하시는 분입니다.[2](사 1:18-20) 그리고 자기의 말씀을 대신 선포하도록 '위탁'도 하는 분입니다. 반면에 이방의 우상들은 '말 못하는 신'입니다: 우상은 은, 금이요 사람의 손으로 만든 것이라. 입이 있어도 말하지 못하며 눈이 있어도 보지

---

[2] 사 1:18-20 : "여호와께서 말씀하시되 오라 우리가 서로 변론하자 너희의 죄가 주홍 같을지라도 눈과 같이 희어질 것이요 진홍같이 붉을지라도 양털같이 희게 되리라. 너희가 즐겨 순종하면 땅의 아름다운 소산을 먹을 것이요, 너희가 거절하여 배반하면 칼에 삼켜지리라 여호와의 입의 말씀이니라."

못하며, 귀가 있어도 듣지 못하며 그들의 입에는 아무 호흡도 없나니……. (시 135:15-17; 렘 10:5; 합 2:18)[3]

2) '발설된 말' 뒤에 숨어 있는 실체로서의 성령

히브리인들은 '입'을 '말의 기관'이라고 생각하였습니다. 히브리인들은 '이야기하다', '말하다', '부르다', '명령하다', '가르치다' 등 '언어와 관련된' 수많은 동사를 모두 '입의 활동'으로 표현하였습니다. 그리고 이러한 표현들은 다른 피조물에 대하여는 사용하지 않고 있습니다. 이러한 점에서 히브리인들은 다른 피조물과 다른 인간의 특징을 '언어'로 보았습니다.

그런데 '말씀', 곧 '언어'는 '소리'와 다릅니다. '소리'는 물질적 운동으로 말미암아 생기지만, 말씀은 인간의 '구강'을 '바람'이 통과함으로써 생기는 것입니다. "내 입에서 나가는 말"(사 55:11). 그래서 '말씀'은 단순히 '자연의 소리'와 다르게 '목소리'로 표현하고 있습니다.

> "여호와께서 이르시되 너는 나가서 여호와 앞에서 산에 서라 하시더
> 니 여호와께서 지나가시는데 여호와 앞에 크고 강한 바람이 산을 가
> 르고 바위를 부수나 바람 가운데에 여호와께서 계시지 아니하며 바
> 람 후에 지진이 있으나 지진 가운데에도 여호와께서 계시지 아니하

---

3) 렘 10:5 : "그것(우상)이 둥근 기둥 같아서 말도 못하며 걸어 다니지도 못하므로 사람이 메어야 하느니라 그것이 그들에게 화를 주거나 복을 주지 못하나니 너희는 두려워하지 말라."; 합 2:18-19 : "부어 만든 우상은 거짓 스승이라 만든 자가 이 말하지 못하는 우상을 의지하니 무엇이 유익하겠느냐 나무에게 깨라 하며 말하지 못하는 돌에게 일어나라 하는 자에게 화 있을진저 그것이 교훈을 베풀겠느냐 보라 이는 금과 은으로 입힌 것인즉 그 속에는 생기가 도무지 없느니라."

며 또 지진 후에 불이 있으나 불 가운데에도 여호와께서 계시지 아니
하더니 불 후에 세미한 소리가 있는지라 엘리야가 듣고 겉옷으로 얼
굴을 가리고 나가 굴 어귀에 서매 소리가 그에게 임하여 이르시되
엘리야야 네가 어찌하여 여기 있느냐?"(왕상 19:11-13)

이와 유사하게 '세미한 소리'를 욥기에서는 "그 영이 서 있는데, 나는
그 형상을 알아보지는 못하여도 오직 한 형상이 내 눈 앞에 있었느니라.
그때에 내가 조용한 중에 한 목소리를 들으니"(욥 4:16)로 바꾸어 쓰고 있습
니다. 그런데 여기서 '세미한' 혹은 '조용한'으로 번역한 히브리어 '데마마
하demamah'는 '담마damma', 곧 '부르짖다'라는 의미가 있는 동사에서 유래
한 것으로서, '속삭임', '귓속말'이라는 의미가 있습니다. 그러므로 열왕기
상 19장 13절의 '세미한 소리'나 욥기 4장 16절의 '조용한 중'이란 말은
'아주 작은 소리로' 혹은 '속삭이는 말'로 바꾸어 쓸 수 있습니다.4)

그래서 욥기 4장 16절은 '소리qol'를 '한 목소리'로 번역하는 것입니다.
이러한 점에서 토를라이프 보만은 "야훼의 입에서 나오는 말은 어떤 유동
적인 혹은 에테르적인 실체가 아니라, 실제로 발설된 말"이라고 특징짓고
있습니다.5) 따라서 '여호와의 말씀'은 단순히 '기호'나 '소리'가 아니라, '말

4) 반면에 고대 근동 이방신들의 말은 '조용하지 않고, 세미하지도 않고' 오히려 '광풍'과 같이
'활동적이고, 유동적이고 혹은 에테르적인 소리'로 표현되고 있다. 이 점에 관하여: Thorleif
Boman, *Das hebräische Denken im Vergleich mit dem griechischen*, fünfte neubearbeitete und
erweiterte Aufl. 허혁 역, 『히브리적 思惟와 그리스적 思惟의 比較』(분도출판사, 1975),
71. 이러한 점에서 열왕기 기자가 "여호와께서 지나가시는데 여호와 앞에 크고 강한 바람이
산을 가르고 바위를 부수나 바람 가운데에 여호와께서 계시지 아니하며 바람 후에 지진이
있으나 지진 가운데에도 여호와께서 계시지 아니하며 또 지진 후에 불이 있으나 불 가운데
도 여호와께서 계시지 아니하더니"라고 증언한 것은 여호와 하나님의 말씀을 이방 신들의
말과 대조하려는 것이라고 볼 수도 있다. 그뿐만 아니라, 이사야 선지자도 하나님의 종으로
올 메시아에 대하여 "그(주의 종)는 외치지 아니하며 목소리를 높이지 아니하며 그 소리를
거리에 들리게 하지 아니하며"(사 42:2)라고 적고 있다.

을 '발설하는' '인격적인 실체'를 그 뒤에 가지고 있습니다. 바로 이러한 의미에서 구약의 여호와 하나님은 말씀으로 우리에게 다가오셔서 우리를 구원하는 분이지만, 마치 '떨기나무' 속에 계시듯이 여전히 '숨어 계신 하나님'이라고 이사야 선지자는 증언하고 있습니다: "구원자 이스라엘의 하나님이여 진실로 주는 스스로 숨어 계시는 하나님이시니이다."(사 45:15) 따라서 히브리인들은 '말'을 들을 때, 단지 '울림'이나 '입김' 혹은 '소리'로 듣지 않고, 보이지는 않지만 '말씀하시는 분의 실재'를 의식하였습니다.

그런데 '욥기'는 자기 앞에 서 계신 분을 '한 형상'을 가진 '영', 곧 '성령'이라고 고백하고 있습니다: "어떤 말씀이 내게 가만히 이르고 그 가느다란 소리가 내 귀에 들렸었나니······."(욥 4:12); 그때에 영이 내 앞으로 지나매 내 몸에 털이 주뼛 하였느니라."(욥 4:15); "그 영이 서 있는데, 나는 그 형상을 알아보지는 못하여도, 오직 한 형상이 내 눈앞에 있었느니라. 그때에 내가 조용한 중에 한 목소리를 들으니······."(욥 4:16)

이러한 욥의 보고에 의하면, '하나님의 말씀' 뒤에는 '하나님의 영', 곧 '성령'이 숨어 계심을 알 수 있습니다. 바로 이러한 이유에서 '주의 영이 임하는 것'은 곧 '주의 말씀이 임하는 것'이라고 볼 수 있습니다: "주의 영이 내게 임하사 나를 일으켜 내 발로 세우시고 내게 말씀하여 이르시되 너는 가서 네 집에 들어가 문을 닫으라."(겔 3:24, 비교. 사 61:1-2)

3) 말씀이 '육신'이 되심

하나님께서 처음부터 '말씀하시는 분'이시며, '말씀'의 배면에는 '말'을

---

5) Th. Boman, *ibid.,* 74.

'발설하는' 숨어 있는 '인격적인 실체'가 있다면, 우리는 그것을 '영적 실체'라고 이해할 수 있습니다. 이 영적 실체가 구체적으로 한 '육신'을 입는 것을 가리켜 '화육Inkarnation'이라고 합니다. 이렇듯 보이지 않는 '영적 실체'가 보이는 구체적인 '형상'이 되는 것을 가리켜 '위격hypostatis'이라고도 합니다. 이러한 현상을 우리는 이미 인간 창조의 과정에서 발견할 수 있습니다. "여호와 하나님이 땅의 흙으로 사람을 지으시고 생기를 그 코에 불어 넣으시니 사람이 생령이 되니라."(창 2:7)

그런데 이러한 인간 창조를 다른 말로 표현하고 있기도 합니다. "하나님이 이르시되 우리의 형상을 따라 우리의 모양대로 우리가 사람을 만들고……."(창 1:26a) 결국 흙 속으로 보이지 않는 영적 실체인 '하나님의 생기', 곧 '성령'이 들어감으로써, '하나님의 형상'과 모양이 같은 '사람'이 된 것입니다.

이러한 '화육'의 현상을 우리는 마므레 상수리나무 아래서 아브라함이 만난 '세 사람'의 형상에서 발견할 수 있습니다.

> "여호와께서 마므레의 상수리나무들이 있는 곳에서 아브라함에게 나타나시니라…… 눈을 들어본즉 사람 셋이 맞은편에 서 있는지라 그가 그들을 보자…… 영접하여 몸을 땅에 굽혀 이르되, 내 주여…… 종을 떠나 지나가지 마시옵고…… 그들이 이르되, 네 말대로 그리하라."(창 18:1-5)

그런데 이렇게 아브라함에게 '세 사람'의 형상을 입고 여호와께서 나타나심은 다음과 같은 욥의 보고에 상응합니다. "그 때에 영이 내 앞으로 지나매 내 몸에 털이 주뻣하였느니라."(욥 4:15); "그 영이 서 있는데, 나는 그 형상을 알아보지는 못하여도, 오직 한 형상이 내 눈앞에 있었느니라.

그 때에 내가 조용한 중에 한 목소리를 들으니……."(욥 4:16)

이상 인간 창조의 과정 혹은 '화육'의 현상과 욥의 보고에 공통점으로 나타나는 것이 있습니다. 그것은 앞에서 이미 분석하였던 것처럼, 보이지 않는 '영적 실체'와 그 실체가 발설하는 '말씀'입니다. 그래서 창세기 1장 2-3절은, "하나님의 영은 수면 위에 운행하시니라. 하나님이 이르시되 빛이 있으라 하시니 빛이 있었고"라고 증언하는 것입니다. 즉 '하나님의 영'이 태초에 수면 위에 계셨고, 그 '하나님의 영'이 '이르시되, 빛이 있으라'고 발설하시니, '빛이 있게 되었다'는 것입니다. 그런데 바로 이 현상, 곧 '발설된 말'의 뒷면에는 '말을 발설하는 영적 실체'가 있다는 것을 모세는 이미 '호렙산'에서 경험하였고(출 3:2, 4), 예언자 '사무엘'(삼상 3:10)도 경험하였습니다. 그뿐만 아니라 사도 바울도 다메섹으로 가는 도상에서 같은 경험을 합니다: "사울이 길을 가다가 다메섹에 가까이 이르더니 홀연히 하늘로부터 빛이 그를 둘러 비추는지라. 땅에 엎드러져 들으매 소리가 있어 이르시되 사울아 사울아 네가 어찌하여 나를 박해하느냐 하시거늘……."(행 9:3-4)

그런데 사울의 사건에서 보이지 않는 '영적 실체'로서 '사울아 사울아' 하고 부르시고 말씀하시는 분은 분명히 부활하신 '예수 그리스도'이십니다. 이를 역으로 이해하면, 예수님은 보이지 않는 '영적 실체'로서 '말씀하시던 분'이 '화육', 곧 '인간의 형상'을 입으시고 나타나신 분이라는 것입니다. 바로 이러한 근거에서 요한복음은 창세기 1장 2-3절을 근거로 "태초에 말씀이 계시니라 이 말씀이 하나님과 함께 계셨으니 이 말씀은 곧 하나님이시니라"(요 1:1)고 증언한 다음 그 "말씀이 육신이 되어 우리 가운데 거하시매 우리가 그의 영광을 보니 아버지의 독생자의 영광이요 은혜와 진리가 충만하더라"(요 1:14)고 증언하는 것입니다. 이를 더 자세히 증언하면, '태초에 말씀하시는 분'의 '영적 실체'가 있었는데, 그 영적 실체가 인간의 '형상'을 입고 육신이 되었다고 이해할 수 있습니다. 바로 이러한 이유 때문에 예수님은 자주 다음과 같이 말씀하셨던 것입니다. "너희가 듣는 말은 내 말이 아니요, 나를 보내신 아버지의 말씀이니라"(요 14:24). 혹은 "내가 너희에게 이르는 말은 스스로 하는 것이 아니라 아버지께서 내 안에 계셔서 그의 일을 하시는 것이라"(요 14:10), "내 교훈은 내 것이 아니요 나를 보내신 이의 것이니라"(요 7:16), "내가 스스로 아무것도 하지 아니하고 오직 아버지께서 가르치신 대로 이런 것을 말하는 줄도 알리라"(요 8:28), "내가 내 자의로 말한 것이 아니요 나를 보내신 아버지께서 내가 말할 것과 이를 것을 친히 명령하여 주셨으니"(요 12:49). 그래서 예수님은 빌립에게 "빌립아 내가 이렇게 오래 너희와 함께 있으되 네가 나를 알지 못하느냐 나를 본 자는 아버지를 보았거늘 어찌하여 아버지를 보이라 하느냐"(요 14:9)고 반문하셨던 것입니다.

이러한 증언에 의하면, 결국 예수님의 말씀은 곧 구약에 아브라함, 모세, 예언자들에게 나타나셔서 말씀하셨던 그 '말씀하시는 하나님'의 말씀이며, 그 말씀의 뒷면에는 언제든지 '말'을 발설하시는 '영적 실체'가 계셨음을 알 수 있습니다. 그래서 예수님은 친히 "하나님이 보내신 이는 하나님의 말씀을 하나니 이는 하나님이 성령을 한량없이 주심이니라"(요 3:34)고 말씀하셨고, 바로 그러한 이유로 아주 분명하게 "나와 아버지는 하나이다"(요 10:30)라고 선언하셨던 것입니다. 왜냐하면 예수님은 바로 성령으로 잉태되었기 때문입니다: "주의 사자가 현몽하여 이르되 다윗의 자손 요셉아 네 아내 마리아 데려오기를 무서워하지 말라 그에게 잉태된 자는 성령으로 된 것이라."(마 1:20)

이러한 의미에서 성령은 곧 '화육된 말씀의 영'입니다.6)

---

6) 휘프너는 이러한 점에서 "예수 그리스도의 실존은──누가 복음의 증언에 의하면──영

적 실존"이라고 특징짓는다.(Hans Hübner, *Der Heilige Geist in der Heiligen Schrift*, Kerygma und Dogma 36[1990/3], 184.) 이와 상응하게 칼 바르트K. Barth는, '화육된 말씀', '예수 그리스도'와 이 '화육된 말씀을 증언하는 기록된 말씀', 곧 '성경'과 이 '기록된 말씀'을 성령 안에서 '선포하는 말씀', 곧 '설교'를 하나님 말씀의 세 가지 양태라고 말한다.

2

성경의 실질적인 집필자
성령

출 34:27_ "여호와께서 모세에게 이르시되 너는 이 말들을 기록하라 내가 이 말들의 뜻대로 너와 이스라엘과 언약을 세웠음이니라 하시니라. Then the Lord said to Moses, 'Write down these words, for in accordance with these words I have made a covenant with you and with Israel.'"

딤후 3:16_ "모든 성경은 하나님의 감동으로 된 것으로 교훈과 책망과 바르게 함과 의로 교육하기에 유익하니 All Scripture is God-breathed and is useful for teaching, rebuking, correcting and training in righteousness."

사 61:1a_ "주 여호와의 영이 내게 내리셨으니, 이는 여호와께서 내게 기름을 부으사 가난한 자에게 아름다운 소식을 전하게 하려 하심이라. The Spirit of the Sovereign Lord is on me, because the

Lord has anointed me to preach good news to the poor."

'하나님의 말씀'인 성경과 성령과의 관계를 이야기할 때, 가장 먼저 머리에 떠오른 것은 디모데후서 3장 16절의 "모든 성경은 하나님의 감동으로 된 것으로 교훈과 책망과 바르게 함과 의로 교육하기에 유익하니……"라는 말씀입니다.[7] 이 성구에 근거해서 교회는 전통적으로 '성경'을 '하나님의 영', 곧 성령에 의해서 영감된 책이라고 증언해 왔습니다. 그래서 독일 튀빙엔 대학교 신약신학자 케제만E. Käsemann은 "성령은…… 성경 속에서 자신을 실질적으로 증언한다. 그러나 만약 성경이 성령의 권위를 부여받지 않고 있는 그대로 권위를 행사하고 성령을 대치하려고 한다면, 성경은 문자 이외 아무것도 아니다. …… 이것이 의미하는 바는, 경전은 단순히 복음과 동일한 것이 아니며, 경전이 복음인 한에서만 하나님의 말씀이라는 뜻이다"[8], 따라서 "성경의 권위는 복음으로부터 유출된 권위이다"라고 말하였다.[9]

그런데 이상의 '성경 영감설'의 출발점은 사실 기록된 성경말씀이 하나님의 말씀이 아니라, 인간에 의해서 기록되었다고 주장하는 것에 대한 반론에서 출발한 것입니다. 따라서 성경이 하나님의 말씀이라는 것을 논증하기 위해서는 필연적으로 '성경의 영감설'을 주장할 수밖에 없고, '성경 영감설'을 주장하려면, '성경과 성령'의 관계에 대하여 언급하지 않을 수 없습니다. 그러나 최근까지 '성경 영감설'도 서로 다른 아주 세미한 문제로

---

7) 고대 교회에서의 '문자'와 '영'에 관하여: Helmut Koesier, Writings and the Spirit: Authority and Politics in Ancient Christianity, *Harvard Theological Review* 84 (1991/4), 353-372.

8) E. Käsemann, Begründet der neutest Kanon die Einheit der Kirche? Exeget. Vers. u. B. I, 1960, 223.

9) E. Käsemann, Zum Thema der Nichtobjektivierbarkeit, a. a. O., 232.

인하여, 통일된 이론이 없습니다. 그러나 성경 영감을 단순히 '기록자', '기록자의 신앙적 혹은 정신적 정황'에만 집중해서 해석하면, 끊임없는 논쟁에서 벗어나지 못합니다.

그래서 이번 장에서는 '성령'과 '말씀', 더 자세히 말하면 '기록된 하나님의 말씀'인 '성경'과 그 성경의 해석자인 성령이 어떠한 관계를 가지고 있는지에 대하여 알아보고, 그 다음 그 말씀과 말씀을 증언하는 사도들의 관계를 알아보고자 합니다. 그런 다음에 우리가 하나님께 '기도를 드릴 때', 우리의 기도를 대신하여 기도해 주시는 성령의 '중보기도'와 '하나님의 말씀'과 그 말씀이 화육된 예수 그리스도와의 관계에 대하여도 알아보고자 합니다. 이러한 연구를 통하여 우리와 '성령님'과의 '교통communication'은 어떠한 신비적인 종교체험이나 감정의 격동激動을 통해서가 아니라, 오직 '하나님의 말씀'을 통하여 이루어지는 것을 인식하게 될 것입니다. 왜냐하면 성령은 하나님의 말씀 없이 자의적으로 역사하지 않으시기 때문입니다. 즉 "진리의 성령이 오시면 그가 너희를 모든 진리 가운데로 인도하시리니 그가 스스로 말하지 않고 오직 들은 것을 말(씀하실 것)"(요 16:13)이기 때문입니다.

1) דבר(다바르): 언설言舌 혹은 사실로서의 말씀

'말씀', 곧 '하나님의 말씀', 때로는 '성경'으로 번역된 히브리어 '다바르 dabar'(דבר)는 본래 '뒤에 있다', 혹은 '등' 또는 '등을 돌리다'에서 유래된 것입니다. 그럼에도 불구하고 이 단어의 근본적인 의미는 여전히 '말씀', 혹은 '사실'이라는 뜻입니다.[10] 그래서 동사의 의미로 사용될 때는, '말하다', '언설하다', 더 자세히 말하면, '정의로운 사실을 이야기하다'라는 의미

를 가지고 있습니다.[11]

　그런데 '다바르'(רבד)라는 말의 동사 '딥베르dibbaer'는 구약성경 안에서 아주 포괄적인 의미로 '언설하다'라는 말로 쓰이지만, 다른 단어들과 결합되면, 아주 구체적이고 함축적이고 의미심장한 의미로 사용됩니다. 예컨대 출애굽기 12장 31절 이하에서는 이 동사가 '요구하다'라는 의미로, 창세기 12장 4절, 출애굽기 1장 17절; 23장 22절에서는 '촉구하다, 명령하다'라는 의미로, 출애굽기 32장 14절, 예레미야 18장 8절에서는 '위협하다'는 의미로, 창세기 18장 19절; 21장 1절 이하, 신명기 1장 14절; 6장 3절에서는 '약속하다'라는 의미로, 그리고 사사기 5장 12절, 시편 18장 1절에서는 '발표하다'는 의미로, 열왕기상 5장 12절에서는 '시작하다'는 의미로 사용되고 있습니다. 그래서 우리말 성경에서도 이 동사를 순수하게 '말한다'는 의미로 아주 다양하게 번역하였습니다.

　예컨대 "그들(사람 셋: 천사)이 이르되 네 말대로 그리하라"(창 18:5), "아브라함이 이르되 내 주여 노하지 마시옵고 말씀하게 하옵소서 거기서 삼십 명을 찾으시면 어찌 하려 하시나이까 이르시되 내가 거기서 삼십 명을 찾으면 그리하지 아니하리라"(창 18:30), "여호와께서 모세를 향하여 노하여 이르시되 레위 사람 네 형 아론이 있지 아니하냐 그가 말 잘 하는 것을 내가 아노라 그가 너를 만나러 나오나니 그가 너를 볼 때에 그의 마음에 기쁨이 있을 것이라"(출 4:14), "하늘이여 들으라 땅이여 귀를 기울이라 여호와께서 말씀하시기를 내가 자식을 양육하였거늘 그들이 나를 거역하였도다"(사 1:2). 이렇듯 '말씀'이라는 의미를 가진 '다바르'라는 히브리어는 하나님과 인간 그리고 인간과 인간 사이에 일어나는 모든 의사소통 행위를 표

---

10) 이 점에 관하여: W. H. Schmidt, 'רבד', *ThWAT* II, Stuttgart, Berlin u.a. Sp.101.

11) C. A. Keller, 'Wort', *BHHW* III, 1966, 2182-2184; K. Koch, Wort und Einheit des Schöpfergottes in Memphis und Jerusalem, *ZThK* 62, 1955, 251-293.

현하는 단어입니다.

그뿐만 아니라 '다바르dabar'(דבר)의 동사적 유사어로는 '아마르amar' (אמר), 곧 '말하다'가 있습니다. 그런데 이 '아마르'라는 단어는 '다바르'라는 일반적인 의사소통의 결과 혹은 행위의 대상과 그 내용을 전제합니다. 즉 말하는 자의 '행위', '생각의 표현' 혹은 '내용', '상황설명'을 동반합니다. 예컨대 "말을 마치기도 전에……"(창 24:15), "그 앞에 음식을 베푸니 그 사람이 이르되 내가 내 일을 진술하기 전에는 먹지 아니하겠나이다. 라반이 이르되 말하소서"(창 24:33), "내가 오늘 우물에 이르러 말하기를 내 주인 아브라함의 하나님 여호와여 만일 내가 행하는 길에 형통함을 주실진대, 내가 이 우물 곁에 서 있다가 젊은 여자가 물을 길으러 오거든 내가 그에게 청하기를 너는 물동이의 물을 내게 조금 마시게 하라 하여 그의 대답이 당신은 마시라 내가 또 당신의 낙타를 위하여도 길으리라 하면 그 여자는 여호와께서 내 주인의 아들을 위하여 정하여 주신 자가 되리이다."(창 24:42-44) 이와 같이 '아마르'는 인간의 생각이나, 직접적인 '말의 내용' 등을 동반함으로써 보다 포괄적으로 사용되고 있는 것입니다.

그러므로 우리가 '성경'을 하나님의 말씀이라고 규정할 때, 우리는 단지 '하나님께서 하신 말씀들'만을 의미하는 것이 아니라, 예컨대 "하나님이 또 모세에게 이르시되, 너는 이스라엘 자손에게 이같이 이르기를 '너희 조상의 하나님 여호와 곧 아브라함의 하나님, 이삭의 하나님, 야곱의 하나님께서 나를 너희에게 보내셨다' 하라 이는 나의 영원한 이름이요 대대로 기억할 나의 칭호니라"(출 3:15)에서 '너희 조상의 하나님 여호와 곧 아브라함의 하나님, 이삭의 하나님, 야곱의 하나님께서 나를 너희에게 보내셨다'는 '말씀의 내용'만 하나님의 말씀이 아니라, '너는 이스라엘 자손에게 이같이 이르라'고 '하나님의 명령'도 하나님의 말씀이고, '하나님이 또 모세에게 이르시되'라는 '말씀하시는 행위' 그리고 '이는 나의 영원한 이름이요 대대로 기억할 나의 칭호니라'는 '하나님의 설명'도 모두 포괄적으로 동일한 하나님의 말씀이라는 것입니다. 다시 말해서, 성경이 '하나님의 말씀'이라는 것은, 포괄적인 의미로 하나님과 인간의 의사소통 그 자체뿐만 아니라, 의사소통과정에서 일어나는 일체의 모든 것을 포함하는 것입니다.[12]

2) 하나님과 인간의 의사소통 과정 일체를 증언하는 성경

앞에서 우리는 '말씀'이라는 히브리어 '다바르'가 하나님과 인간 사이에 일어나는 모든 '의사소통'의 '내용', '행위', '사건', '설명', 심지어 표현되지 않는 '생각'까지를 모두 포함하는 포괄적인 의미를 가지고 있음을 알았습니다. 이러한 의미에서 성경을 읽으면, 성경은 창세기 1장 2절부터 하나님의 '말씀하시는 행위', 곧 '창조의 말씀'을 증언하고 있습니다. "땅이 혼돈하고 공허하며 흑암이 깊음 위에 있고 하나님의 영은 수면 위에 운행하시니라. 하나님이 이르시되 빛이 있으라, 하시니……."(창 1:2-3) 그 다음 창세기는, 하나님께서 창조하신 인간과 대화를 나누시는 '하나님과 인간의 의사소통'을 증언하고 있습니다.

> "여호와 하나님이 아담을 부르시며 그에게 이르시되 네가 어디 있느냐? 이르되 내(아담)가 동산에서 하나님의 소리를 듣고 내가 벗었으므로 두려워하여 숨었나이다. 이르시되 누가 너의 벗었음을 네게 알렸느냐 내가 네게 먹지 말라 명한 그 나무 열매를 네가 먹었느냐? 아담이 이르되 하나님이 주셔서 나와 함께 있게 하신 여자 그가 그

---

12) 이 점에 관하여: J. Lindblom, Die Vorstellung vorm Sprechen Jahwes, *ZAW* 75 (1963), 263-288.

나무 열매를 내게 주므로 내가 먹었나이다."(창 3:9-12)

이 밖에 창세기의 증언에 의하면, 여호와 하나님은 이스라엘 조상, 아브라함, 이삭, 야곱과 직접 대화를 나누십니다. 뿐만 아니라, 하나님은 호렙산에 강림하셔서 떨기나무 가운데서 모세와도 직접 대화를 나누십니다. "여호와께서 그가 보려고 돌이켜 오는 것을 보신지라 하나님이 떨기나무 가운데서 그를 불러 이르시되 모세야 모세야 하시매 그가 이르되 내가 여기 있나이다."(출 3:4) 그리고 때론 하나님은 이스라엘 족장과 예언자들의 입술에 그들이 전할 말씀을 주십니다.

"이 후에 여호와의 말씀이 환상 중에 아브람에게 임하여 이르시되 아브람아 두려워하지 말라 나는 네 방패요 너의 지극히 큰 상급이니라."(창 15:1); "여호와의 말씀이 사무엘에게 임하니라 이르시되⋯⋯."(삼상 15:10)13)

그런데 히브리어의 말씀(דבר)이란, 단순히 입으로 토설된 것만을 의미하지 않고, 그 말씀의 '결과', 즉 '실현과정의 사건 일체'를 의미하는 포괄적인 의미라는 것을 고려해 볼 때, 성경이 증언하는 모든 사건은 '하나님의 말씀 사건' 이외에 다른 것이 아닙니다. 예컨대 창세기 12장 1-2절에서 "여호와께서 아브람에게 이르시되 너는 너의 고향과 친척과 아버지의 집을 떠나 내가 네게 보여 줄 땅으로 가라. 내가 너로 큰 민족을 이루고 네게 복을 주어 네 이름을 창대하게 하리니 너는 복이 될지라"고 말씀하셨다면,

---

13) 이 밖에 삼하 7:4 : "그 밤에 여호와의 말씀이 나단에게 임하여 이르시되⋯⋯."; 삼하 24:11 : "다윗이 아침에 일어날 때에 여호와의 말씀이 다윗의 선견자 된 선지자 갓에게 임하여 이르시되⋯⋯."; 왕상 6:11 : "여호와의 말씀이 솔로몬에게 임하여 이르시되⋯⋯."

이 말씀이 실현되어지는 과정, 곧 '가나안 땅' 정복과 큰 왕국을 이루는 일체의 모든 역사를 '하나님의 말씀'이라고 이해해야 한다는 것입니다. 더 자세히 말하면, 여호와 하나님께서 아브라함에게 "내가 내 언약을 나와 너 및 네 대대 후손 사이에 세워서 영원한 언약을 삼고 너와 네 후손의 하나님이 되리라. 내가 너와 네 후손에게 네가 거류하는 이 땅 곧 가나안 온 땅을 주어 영원한 기업이 되게 하고 나는 그들의 하나님이 되리라"(창 17:7-8)는 언약이 하나님의 말씀이듯이, 이 언약이 실현 성취되는 일체의 모든 역사적 사건들은 '하나님 말씀의 사건'이라는 것입니다.

바로 이러한 점에서 예수님께서도 "진실로 너희에게 이르노니, 천지가 없어지기 전에는 율법의 일점일획도 결코 없어지지 아니하고 다 이루리라"(마 5:18)고 말씀하셨던 것입니다. 그래서 '하나님 말씀'에 대한 명칭이 성경에서는 '말씀'(눅 11:28; 빌 2:16; 골 3:16; 딤후 2:15; 약 1:21), '등불과 빛'(시 119:105), '사르는 불'(렘 5:14), '성경'(롬 1:2; 요 5:39), '성령의 검'(엡 6:17; 히 4:12), '율법 책'(신 31:26), '책'(시 40:7), '하나님의 말씀'(히 6:5) 등으로 다양하게 불리고 있습니다.

그러므로 사도 바울이 "모든 성경은 하나님의 감동으로 된 것"(딤후 3:16)이라고 한 말의 의미는, 성경이 기록되는 과정이 어떻게 되었느냐는 것에 대한 증언이 아니라, 오히려 일차적으로 '성경은 하나님과 인간의 의사소통의 일체의 진행 성취과정에 대한 증언'이라는 의미로 해석해야 할 것입니다. 더 자세히 말하면, 하나님께서 직접 인간에게 말씀을 걸어오시고, 그 말씀을 스스로 성취하고 실현해가는 일체의 역사적 사건에 대한 증언이라는 것입니다. 그러므로 성경의 내용은 결코 '인간의 생각', '이념' 혹은 단지 '역사적 사건에 대한 보도'가 아니라, 오직 '하나님 자신의 생각', '계획' 그리고 '하나님께서 역사 속에서 행하신 일들에 대한 증언'일 수밖에 없습니다. 즉 하나님께서 인간에게 주신 언약의 성취과정에 대한 증언이 바로 성경이라는 것입니다. 왜냐하면 여호와 하나님께서 먼저 인간에게 말씀을 걸어오시고, 그 말씀을 주관적으로 실현시키신 분은 인간이 아니라, 바로 하나님 자신이었기 때문입니다.

그렇다면 여기서 아래와 같은 질문이 제기됩니다. 지금까지 전통적으로 '모든 성경은 하나님의 감동으로 된 것'이라는 말씀에 근거하여 '성경영감'을 이야기하였는데, 성경의 기록과정 혹은 하나님의 언약의 성취과정의 증언에서 '하나님의 영'은 구체적으로 무슨 일을 하셨는가?

3) 하나님과 인간의 '의사소통'을 중재하는 성령

예수님은 어느 날 유대인의 회당에 들어가셔서 선지자, 이사야의 다음과 같은 글을 들고 읽으셨습니다: "주의 성령이 내게 임하셨으니, 이는 가난한 자에게 복음을 전하게 하시려고 내게 기름을 부으시고 나를 보내사 포로된 자에게 자유를, 눈먼 자에게 다시 보게 함을 전파하며 눌린 자를 자유롭게 하고, 주의 은혜의 해를 전파하게 하려 하심이라 하였더라."(눅 4:18-19. 인용. 사 61:1 이하) 이 말씀에서 알 수 있는 것은 '주의 성령', 곧 '하나님의 영'이 임한 자만이 복음을 전파할 수 있다는 것입니다. 그래서 예수님이 부활하신 다음에도 제자들에게 나타나셔서, "이르시되 너희에게 평강이 있을지어다 아버지께서 나를 보내신 것 같이 나도 너희를 보내노라. 이 말씀을 하시고 그들을 향하사 숨을 내쉬며 이르시되 성령을 받으라"(요 20:21-22)고 하시며 앞으로 복음을 전파할 제자들에게 '성령'을 불어 넣으십니다. 그래서 우리가 잘 알고 있는 바와 같이, 예수님은 "오직 성령이 너희에게 임하시면, 너희가 권능을 받고 예루살렘과 온 유대와 사마리아와 땅 끝까지 이르러 내 증인이 되리라"(행 1:8)고 말씀하셨던 것입니다.

이상의 말씀들을 종합해 보면, '성령' 곧 '하나님의 영'이 임하지 않은 사람들은 하나님의 사건에 대한 증언을 할 수 없습니다. 다시 말하면, 하나님의 말씀을 바로 전하고 그 말씀사건을 바로 증언하려면, 하나님의 영을 받아야 한다는 것입니다. 왜냐하면 사도 바울이 증언하고 있는 바와 같이, '오직 은밀한 가운데 있는 하나님의 지혜'는 '오직 하나님의 성령으로 우리에게 보이셨기 때문에, 누구든지 성령의 도움 없이는 하나님의 은밀한 가운데 있는 하나님의 지혜'를 바로 증언할 수 없습니다. 왜냐하면 "성령은 모든 것, 곧 하나님의 깊은 것까지도 통달"(고전 2:10)하시기 때문입니다. 이는 마치 "사람의 일을 사람의 속에 있는 영외에"(고전 2:11) 아무도 알지 못하는 것과 같습니다. 그러므로 '오직 하나님으로부터 오는 영을 받은 사람들'만이 하나님의 은밀한 것을 가장 잘 증언할 수 있다는 결론이 나옵니다. 이러한 점에서 은밀하신 '하나님 말씀'과 그 말씀의 성취과정에 대한 증언인 성경은 오직 '하나님의 영'에 감동된 사람만이 기록할 수 있는 것입니다. 그래서 '성경'에 대한 정통주의의 기본명제는, '성경은 하나님의 말씀 Scriptura sacra est verbum Dei'에 굳게 서 있는 것'입니다.14)

그러나 '성경의 영감'에 대한 문제는 이러한 '말씀의 본질', 곧 '성경은 하나님의 말씀'이라는 명제에 대한 문제보다는, '성령'과 성경을 기록한 사람과의 관계에 대하여만 관심을 가져 왔습니다. 그래서 예컨대 게하르트J. Gerhard는 "하나님과 인간은 성경이 이루어질 때, '작용인causa efficiens'으로서 역할을 했는데, 하나님은 '주요인causa principalis'이고, 성경을 기록한 사람은 단지 '도구인causa instrumentales'으로 기능을 수행하였다"고 설명하였습니다.15) 즉 하나님은 성경의 주된 저자이고, 인간은 오로지 하나

---

14) Hutter, *Compendium* I, 1; J. Gerhard, *Loci* I, 539.
15) J. Gerhard, *Loci* I, 12, 18.

님의 손 안에 있는 도구에 불과하였다고 이해하였습니다. 이러한 홀라츠나 크벤쉬테드의 해석을 가리켜 소위 성령이 불러준 것을 '그대로 받아썼다'고 주장하는 '축자영감론'이라고 부릅니다. 이러한 '축자영감론'에 의하면, 성경을 기록한 사람은 '성령의 손manus', 혹은 '필기도구calami'에 불과하고, 성경은 '필기노트tabellinos'에 불과합니다. 이러한 '축자영감론'에 의하면, 사람은 하나님의 '대화상대자', 혹은 '계약 파트너'가 될 수 없습니다. 앞에서도 이미 언급하였듯이, '말씀'이란 단지 '하나님께서 불러주신 말씀'만이 아닙니다. 히브리어의 '다바르'라는 말이 포괄적인 의미를 가지고 있듯이, '하나님의 말씀'은 하나님과 인간과의 의사소통 과정 속에서 일어나는 일체의 모든 역사적 사건을 포괄합니다. 그러므로 '성경의 영감'에서 성경을 기록한 사람은 결코 도구가 아닙니다. 즉 '성경을 기록한 사람'도 자기의 생각을 하나님께 아뢰고, 그에 대하여 하나님께서 응답하시는 '의사소통' 속에서 하나님의 말씀을 기록했다는 것입니다. 예컨대 앞에서 인용한 바와 같이, "아브라함이 이르되 내 주여 노하지 마시옵고 말씀하게 하옵소서 거기서 삼십 명을 찾으시면 어찌 하려 하시나이까 이르시되 내가 거기서 삼십 명을 찾으면 그리하지 아니하리라"(창 18:30)는 '대화'를 기록했다는 것입니다. 여기서 아브라함은 자기 생각이 있었고, 하나님은 당신의 의지와 뜻을 아브라함에게 알려 주셨습니다.

　문제는 아브라함이 '하나님의 성령'에 의해서 감동되지 않았다면, 그는 '보이지 않는 하나님'과 대화할 수 없었을 뿐만 아니라, 하나님의 말씀도 들을 수 가 없었다는 것입니다. 예컨대 오순절 날 "홀연히 하늘로부터 급하고 강한 바람 같은 소리가 있어 그들이 앉은 온 집에 가득하며 마치 불의 혀처럼 갈라지는 것들이 그들에게 보여 각 사람 위에 하나씩 임하여 있(지)"(행 2:2-3) 않았다면, "그들이 다 성령의 충만함을 받고 성령이 말하게 하심을 따라 다른 언어들로 말하기를 시작하(지)"(행 2:4) 못하였을 것이고 또한 '우리가 우리 각 사람이 난 곳 방언으로'(행 2:8) 갈릴리 사람인 베드로의 설교를 들을 수 없었을 것입니다. 왜냐하면 그 당시 갈릴리 사람들은 '아람어'를 쓰고 있었고, 각 지방에서 온 사람들은 '헬라어'를 쓰고 있었기 때문입니다. 그럼에도 불구하고 그들이 자기 방언으로 갈릴리 사람들의 말을 들을 수 있었던 것은 그들에게 '성령'이 임하였기 때문입니다. 이와 마찬 가지로 구약의 예언자들도 여호와 하나님과 '의사소통'을 할 수 있었던 것은 오직 보이지 않는 성령이 하나님과 인간 사이에 중재자적 역할을 하였기 때문이라고 이해할 수 있습니다. 이 점을 우리는 사울이 예언을 하는 사건에서 읽을 수 있습니다.

사무엘은 어느 날 사울에게, "네게는 여호와의 영이 크게 임하리니 너도 그들과 함께 예언을 하고 변하여 새 사람이 되리라"(삼상 10:6)고 말해 줍니다. 그 후 "그(사울)가 사무엘에게서 떠나려고 몸을 돌이킬 때에, 하나님이 새 마음을 주셨고 그 날 그 징조도 다 응하니라. 그들이 산에 이를 때에 선지자의 무리가 그를 영접하고 하나님의 영이 사울에게 크게 임하므로 그가 그들 중에서 예언을 하니"(삼상 10:9-10)라고 증언하고 있습니다. 여기서 우리는 사울이 하나님의 말씀을 대언하는 '예언'을 하게 된 것은 그에게 임한 '성령' 때문임을 알 수 있습니다. 이와 같이 성령은 하나님의 말씀을 들을 수 있도록 도와주고, 또한 그 말씀을 할 수 있도록 도와주십니다. 이러한 점에서 '성경의 영감'은 하나님의 영에 감동된 사람들의 증언이 명백합니다. 즉 '문자'에 하나님의 영이 들어갔다는 '축자적 영감'이 아니라, 증언자의 인격적 영감을 의미하는 것이라고 볼 수 있습니다. 이러한 점에서 성령은 '하나님의 말씀'인 '성경'의 실질적이 저자라고 할 수 있습니다. 이렇듯 성령에 의한 말씀의 영감이 있기 때문에 예수님께서 하신 말씀, 곧 "너희가 내 안에 거하고, 내 말이 너희 안에 거하면 무엇이든지 원하는 대로 구하라 그리하면 이루리라"(요 15:7)는 말씀이 성립될 수 있는 것입니다.

그러므로 하나님 말씀에 대한 기록 명령은 기록된 말씀의 주체가 '하나님 이외에 다른 분이 아니라는 것'을 증언해 줍니다: "요단을 건넌 후에 이 율법의 모든 말씀을 그 위에 기록하라 그리하면 네 하나님 여호와께서 네게 주시는 땅 곧 젖과 꿀이 흐르는 땅에 네가 들어가기를 네 조상들의 하나님 여호와께서 네게 말씀하신 대로 하리라."(신 27:3) 그래서 하나님의 말씀을 기록한 사람들은 자신이 기록한 말씀이 자신의 말이 아니라, 하나님의 말씀임을 고백합니다. "이스라엘의 하나님 여호와께서 이와 같이 말씀하여 이르시기를 내가 네게 일러 준 모든 말을 책에 기록하라."(렘 30:2); "너는 두루마리 책을 가져다가 내가 네게 말하던 날 곧 요시야의 날부터 오늘까지 이스라엘과 유다와 모든 나라에 대하여 내가 네게 일러 준 모든 말을 거기에 기록하라."(렘 36:2)

3
성경의 해석자요
내적 증언자인 성령

단 5:14_ "내가 네게 대하여 들은즉 네 안에는 신들의 영이 있으므로 네가 명철과 총명과 비상한 지혜가 있다 하도다. I have heard that the spirit of the gods is in you and that you have insight, intelligence and outstanding wisdom."

행 2:15-16_ "때가 제 삼 시니 너희 생각과 같이 이 사람들이 취한 것이 아니라, 이는 곧 선지자 요엘을 통하여 말씀하신 것이니 일렀으되 These men are not drunk, as you suppose. It's only nine in the morning! No, this is what was spoken by the prophet Joel."

1) 알 수 없는 글자를 해석한 다니엘

바벨론의 벨사살 왕이 그의 귀족 천 명을 위하여 큰 잔치를 베풀고 그 천 명 앞에서 술을 마실 때, 그의 부친 느부갓네살이 예루살렘 성전에서 탈취하여 온 금, 은그릇을 가져오라고 명하였습니다. 이에 유다의 예루살렘 하나님의 성전에서 탈취하여 온 금그릇을 가져오매 왕이 그 귀족들과 황후들과 후궁들과 더불어 그것으로 마셨습니다. 그들이 술을 마시고는 금, 은, 구리, 쇠, 나무, 돌로 만든 신들을 찬양하였습니다.(단 5:1-4) "그 때에 사람의 손가락들이 나타나서 왕궁 촛대 맞은편 석회 벽에 글자를 쓰는데 왕이 그 글자 쓰는 손가락을 본지라, 이에 왕의 즐기던 얼굴빛이 변하고 그 생각이 번민하여 넙적다리 마디가 녹는 듯하고 그의 무릎이 서로 부딪친지라. 왕이 크게 소리 질러 술객과 갈대아 술사와 점쟁이를 불러오게"(단 5:5-6) 하였습니다. 그리고 벨사살 왕은 "누구를 막론하고 이 글자를 읽고 그 해석을 내게 보이면 자주색 옷을 입히고 금사슬을 그의 목에 걸어 주리니 그를 나라의 셋째 통치자로 삼으리라"(단 5:7)고 약속합니다.

그러나 다니엘서에 의하면, "그 때에 왕의 지혜자가 다 들어 왔으나, 능히 그 글자를 읽지 못하며 그 해석을 왕께 알려 주지 못하(였습니다)"(단 5:8). 그러자 벨사살 왕의 왕비가 왕에게 와서, '벨드사살'이라 불리는 '다니엘'을 천거하면서 그를 "거룩한 신들의 영이 있는 사람"(단 5:11a 비교. 단 2:11), "명철과 총명과 지혜가 신들의 지혜와 같은 자"(단 5:11b)라고 소개합니다.[16] 이를 다른 말로 표현하면, '하나님의 영이 충만한 자'입니다. '다니

---

[16] 단 5:13-14 : "다니엘이 부름을 받아 왕의 앞에 나오매 왕이 다니엘에게 말하되 네가 나의 부왕이 유다에서 사로잡아 온 유다 자손 중의 그 다니엘이냐? 내가 네게 대하여 들은즉 네 안에는 신들의 영이 있으므로 네가 명철과 총명과 비상한 지혜가 있다 하도다." 단 2:11, 비교 : "왕께서 물으신 것은 어려운 일이라 육체와 함께 살지 아니하는 신들 외에는 왕 앞에 그것을 보일 자가 없나이다."

엘'이 '벨사살' 왕에게 와서, 그 글의 의미를 다음과 같이 해석해 줍니다: "기록된 글자는 이것이니 곧 메네 메네 데겔 우바르신이라. 그 글을 해석하건대, 메네는 하나님이 이미 왕의 나라의 시대를 세어서 그것을 끝나게 하셨다 함이요, 데겔은 왕을 저울에 달아보니 부족함이 보였다 함이요, 베레스는 왕의 나라가 나뉘어서 메대와 바사 사람에게 준 바 되었다 함이니이다."(단 5:25-28)

이상의 기사에서 우리는 다음과 같은 사실을 알 수 있습니다. '여호와 하나님께서 쓰신 글'은 '하나님의 거룩한 영이 있는 사람'이 아니면 그 의미를 정확히 이해할 수 없다는 것입니다. 더 자세히 말하면, 성령이 충만했던 '다니엘'이 아니면 '벨사살' 왕의 잔치에 사람의 손과 같은 것이 나타나서 쓴 글을 정확히 해석할 수 없었다는 것입니다. 이러한 점에서 '하나님의 말씀'인 성경을 바로 이해할 수 있는 것은 인간의 이성이 아니라, 성경의 실질적인 집필자이신 성령 그 자신입니다.17) 그래서 이와 상응하게 사도 바울도 이사야 64장 4절; 65장 17절을 인용하여 "하나님이 자기를 사랑하는 자들을 위하여 예비하신 모든 것은 눈으로 보지 못하고 귀로 듣지 못하고 사람의 마음으로 생각하지도 못하였다"(고전 2:9)고 증언하면서, "오직 하나님이 성령으로 이것을 우리에게 보이셨으니, 성령은 모든 것 곧 하나님의 깊은 것까지도 통달하시느니라"(고전 2:10)고 선언하고 있습니다. 바꾸어 말해서, "육에 속한 사람(자연인)은 하나님의 성령의 일들을 받지 아니하나니, 이는 그것들이 그에게는 어리석게 보임이요, 또 그는 그것들을 알 수도 없나니 그러한 일은 영적으로 분별되기 때문이라"(고전 2:14)고 바울은 증언하고 있습니다.18)

---

17) 참고. III-1 성경의 실질적인 집필자인 성령. 그리고 하나님의 말씀의 바른 이해에 관하여: Oswald Bayer, 'Vom Wunderwerk, Gottes Wort recht zu verstehen', *Kerygma und Dogma* 37 (1991), Göttingen, 258-279.

그러므로 성경이 영감에 의해서 기록된 것에 상응하게, 성경의 참된 해석자는 인간의 이성이 아니라, '하나님의 영', 곧 '성령'임을 알 수 있습니다. 따라서 성령의 인도함 혹은 성령 충만한 사람이 아니면, 성경을 바로 이해할 수 없습니다. 성경이 인간 지식의 산물이 아니라, 하나님의 의지와 뜻과 사역을 계시하고 증언하는 것이라면, 당연히 그 성경의 해석은 '하나님의 영' 그 자신일 수밖에 없습니다. 그러므로 예수님께서 말씀하신 것처럼 성령의 도움이 없다면, 우리는 하나님의 말씀을 들어도 깨닫지 못하고, 보아도 알지 못합니다: "너희가 눈이 있어도 보지 못하며, 귀가 있어도 듣지 못하느냐 또 기억하지 못하느냐."(막 8:18)

그 이유는 첫째, "백성들의 마음이 완악하여져서 그 귀는 듣기에 둔하고, 눈은 감았으니 이는 눈으로 보고 귀로 듣고 마음으로 깨달아 돌이켜 내게 고침을 받을까 두려워"(마 13:15, 비교. 단 12:10b)하기 때문입니다. 둘째, "하나님의 일은 하나님의 영 외에는 아무도 알지 못(하기)"(참고. 고전 2:11b) 때문입니다.19) 하나님의 말씀의 해석자로서의 성령의 역사는 오순절 사건에서 더욱 명백히 드러납니다. 왜냐하면 예수님은 제자들에게 임할 '보혜사' 성령의 사역 가운데 하나를 예수 그리스도의 말씀을 깨닫게 해주는 것으로 증언하고 계시기 때문입니다.

---

18) 여기서 '받다' 혹은 '받아들인다'라는 말로 번역된 '데쏘마이(δέχομαι)'의 본래 뜻은 '들어가게 하다'는 뜻이다. 이것을 언어적 차원으로 바꾸어 말하면, '이해하도록 하다'는 의미이다. 이 점에 관하여: Walter Bauer, *Wörterbuch zum Neuen Testament*, 6 völlig neu bearbeitete Aufl. Berlin-New York, 354f.

19) 단 12:10b : "악한 사람은 악을 행하리니 악한 자는 아무것도 깨닫지 못하되 오직 지혜 있는 자는 깨달으리라."

2) 성령 충만함으로써 설교 말씀을 깨닫게 된 이방인들

사도행전은 오순절 성령강림의 사건을 아래와 같이 기술하고 있습니다.

> 1 오순절 날이 이미 이르매 그들이 다같이 한 곳에 모였더니 2 홀연히 하늘로부터 급하고 강한 바람 같은 소리가 있어 그들이 앉은 온 집에 가득하며 3 마치 불의 혀처럼 갈라지는 것들이 그들에게 보여 각 사람 위에 하나씩 임하여 있더니 4 그들이 다 성령의 충만함을 받고 성령이 말하게 하심을 따라 다른 언어들로 말하기를 시작하니라 5 그 때에 경건한 유대인들이 천하 각국으로부터 와서 예루살렘에 머물러 있더니 6 이 소리가 나매 큰 무리가 모여 각각 자기의 방언으로 제자들이 말하는 것을 듣고 소동하여 7 다 놀라 신기하게 여겨 이르되 보라 이 말하는 사람들이 다 갈릴리 사람이 아니냐 8 우리가 우리 각 사람이 난 곳 방언으로 듣게 되는 것이 어찌 됨이냐(행 2:1-8)

이 증언에 의하면, 먼저 갑자기 하늘로부터 급하고 강한 바람 같은 소리가 마치 불의 혀처럼 갈라지면서 각 사람 위에 하나씩 임하였습니다. 그러자 그곳에 있던 모든 사람들이 성령의 충만함을 받고 성령이 말하게 하심을 따라 다른 언어들로 말하기 시작하였습니다. 이 점을 흔히 많은 사람들이 '방언' 사건으로 이해하고 있으나 사실은 그렇지 않습니다. 왜냐하면 이미 오순절 날 모여 있던 사람들은 각 지방에서 온 사람들이기 때문에 서로 다른 언어로 말하는 것은 당연합니다.[20] (행 2:9-11a) 이 사건에서 더

---

20) 행 2:9-11a : "우리는 바대인과 매대인과 엘람인과 또 메소보다미아, 유대와 갑바도기아, 본도와 아시아 브루기아와 밤빌리아, 애굽과 및 구레네에 가까운 리비야 여러 지방에 사는 사람들과 로마로부터 온 나그네 곧 유대인과 유대교에 들어온 사람들과 그레데인과 아라비

욱 중요한 것은 바로 "소리가 나매 큰 무리가 모여 각각 자기의 방언으로 제자들이 말하는 것을 듣고 소동하여, 다 놀라 신기하게 여겨 이르되 보라 이 말하는 사람들이 다 갈릴리 사람이 아니냐, 우리가 우리 각 사람이 난 곳 방언으로 듣게 되는 것이 어찌 됨이냐"(행 2:6-8)는 참석자들의 고백적인 증언입니다. 이러한 고백에 의하면, 성령이 각 사람들에게 임함으로, 언어가 다른 이방지에서 온 사람들이 갈릴리 사람들(곧 제자들)의 말, 더 자세히 말하면 '아람어'를 자기 지방의 방언으로 알아들을 수 있게 된 것입니다. "우리의 각 언어로 하나님의 큰 일을 말함을 듣는도다."(행 2:11)

이러한 증언에 의하면, '하나님의 영', 곧 '성령'은 오순절 사건에서 '통역자' 역할, 더 자세히 말하면, '말씀을 깨닫게 해 주는 일'을 행하고 계십니다. 그래서 각 지방에서 온 사람들이 '아람어'로 하나님의 큰일을 선포하는 것을 자기 지방의 말로 듣고 깨닫게 된 것입니다. 단지 말을 듣고 이해하는 것뿐만 아니라, 그 선포의 말씀을 마음 깊이 깨달아서 자신들의 신앙적 결단을 사도 베드로에게 자문하기도 합니다: "그들이 이 말을 듣고 마음에 찔려 베드로와 다른 사도들에게 물어 이르되, 형제들아 우리가 어찌할꼬 하거늘……."(행 2:37)

이와 같이 제자들이 '아람어'로 하나님의 큰일을 선포하는 것을 각 이방지에서 온 사람들이 각기 지방의 말로 그 설교를 듣고 깨달으며 구원을 얻는 방법을 물을 수 있었던 것(행 2:37)은 그들에게 먼저 성령이 하늘로부터 홀연히 임하였기 때문입니다. 이렇게 '하나님의 영'은 하나님의 구원사역에 대한 증언을 듣고 깨닫게 해 주시는 일을 하시기에, 예수님도 자신이 보내실 '보혜사'의 할 일도 역시 말씀을 깨닫게 해주실 것이라고 증언하고 있습니다: "보혜사(성령) 곧 아버지께서 내 이름으로 보내실 성령 그가 너희

아인들이라."

에게 모든 것을 가르치고 내가 너희에게 말한 모든 것을 생각나게 하리라."(요 14:26)

이러한 점에서 볼 때, 성령은 예수님의 말씀이 기록된 성경 말씀의 참된 해석자 이외에 다른 분이 아니십니다. 즉 성령은 기록된 말씀인 성경 말씀의 의미를 우리들이 잘 듣고 이해할 수 있도록 가르쳐주는 말씀의 해석자입니다. 그러므로 기록된 말씀, 곧 성경 말씀 없는 성령의 사역을 생각할 수 없으며, 그리고 성령의 도움 없는 '기록된 말씀'에 대한 해석 또한 생각할 수 없는 것입니다.[21]

3) 성령의 검으로서의 말씀

하나님 말씀의 사건을 증언하고 있는 성경이 성령의 사역의 도구라는 것은 종교개혁자 마르틴 루터M. Luther 때부터 종교개혁 신앙의 가장 핵심적인 가르침으로 굳어져 왔습니다.[22] 왜냐하면 사람들에게 읽히지 않고, 설교되지 않는 단지 기록된 말씀 그 자체로서의 성경은 우리에게 아무 은총도 전해 주지 못하기 때문입니다. 다시 말씀드려서 기록된 성경 말씀은 그 말씀이 성도들에게 읽히고, 설교를 통해 선포되고, 성령의 도움으로 성도들에게 깨닫게 될 때, 살아 계신 하나님의 말씀으로서의 권위를 갖는 것입니다. 그런데 이렇게 기록된 하나님의 말씀과 그 사건을 성도에게 깨닫게 해 주시는 분이 바로 성령이십니다. 그래서 마르틴 루터는 "주께서

---

21) Paul Althaus, *Die Theologie Martin Luthers*, 구영철 역,『마르틴 루터의 신학』(성광문화사, 1994), 66: "영은 말씀 없이는 말하지 아니한다: 영은 말씀을 통하여, 말씀 안에서 말한다."
22) 성령과 하나님의 말씀이신 '성경'을 분리할 때, 성령체험이나 충만은 때론 종교적 신비주의로 흐르게 된다.

나의 마음을 그의 영원한 말씀과 영으로 채우신다"고 고백하였습니다.[23] 그렇다면 '기록된 하나님의 말씀'인 성경을 통하여 성령은 어떻게 일하십니까?

마르틴 루터에 의하면, 하나님은 '당신의 영'을 외적인 말씀 곧 성경의 말씀을 도구로 삼아 역사합니다. 즉 성령은 말씀 없이 그 어떤 신비적인 체험이나 환상을 통해 독자적으로 역사하지 않습니다. 성령이 역사할 때는 항상 말씀이 동반된다는 것입니다. 이 점을 루터는 '신비주의적 열광주의'에 대항하여 항상 강조하였습니다.[24] 그래서 루터는 아주 단호하게 다음과 같이 말합니다.

> "신앙은 성령을 통하지 않고는 일어날 수 없는데, 외적인 말씀이 없이도 매 한가지다. 그러므로 사람들은 사전에 그 외적인 말씀을 들어야 하며, 몇몇 사람들이 생각하듯이, 그것을 경시하여서는 안 된다. 왜냐하면 하나님은 너의 골방으로 와서 너와 함께 말하지 않을 것이기 때문이다. 즉 그것은 결의된 것이며, 외적인 말씀은 설교되고 또 선행해야 한다. 그 다음에 사람들이 이 말씀을 귀와 마음에 담았다면, 그리고 참된 스승인 성령이 와서 말씀이 옷 입도록(불어넣도록) 그 말씀에 힘을 준다."[25]

이렇게 성령은 외적인 말씀인 성경 말씀이 마음에서 인간과 만나게 하

---

23) *WA* 31 I, 99, 31f-32, 343, 36: 말씀이 마음속을 비추는 곳에서.(Paul Althaus, 구영철 역, *op. cit.*, 66에서 재인용.)

24) *WA*, 50, 245, 1 : "하나님이 선행하는 외적인 말씀을 통하지 않고는 혹은 외적인 말씀 없이는 어느 누구에게도 그의 영이나 은총을 선사하지 않는다."(Paul Althaus, 구영철 역, *op. cit.*, 67의 각주 6에서 재인용.)

25) *WA*, 17 II, 459, 36.(Paul Althaus, 구영철 역, *op. cit.*, 67에서 재인용.)

며 그 외적 말씀이 뿌리내리도록 힘을 불어 줍니다. 그래서 루터는 기록된 말씀 없이 일어나는 '성령의 말씀'은 많은 내용을 지닐 수 있으나, 그것은 엄밀한 의미에서 하나님의 말씀이 아닐 수도 있다고 합니다.

그러므로 루터는 기록된 말씀은 단지 그 자체로 머무는 것이 아니라, 성령에 의해서 사람들 안으로 받아들여지게 된다고 합니다.[26] 즉 '하나님의 영'은 홀로 역사하지 아니하고, 즉 '기록된 말씀인 성경' 없이는 역사하지 아니하고, 말씀을 통하여, 말씀 안에서 역사합니다.[27] 이러한 점에서 "성경 말씀의 특성은 하나님의 영으로 우리를 그의 진리로부터, 그것이 하나님의 말씀이라는 사실로부터 우리를 납득시키려는 하나님의 능력"이라고 알트하우스는 해석합니다.[28] 이처럼 성경과 성령은 서로 분리될 수 없는 일체입니다. 예컨대 겉으로 나는 '소리'가 말이라면, 그 소리를 내는 '숨' 혹은 '바람'은 성령이라고 할 수도 있습니다.

그래서 '말씀'과 '성령'의 연관성 혹은 통일성을 에베소서는 아예 '말씀'을 '성령의 검'으로 묘사하고 있습니다: "평안의 복음이 준비한 것으로 신을 신고, 모든 것 위에 믿음의 방패를 가지고 이로써 능히 악한 자의 모든 불화살을 소멸하고, 구원의 투구와 성령의 검 곧 하나님의 말씀을 가지라."(엡 6:15-17)

그런데 이 '성령의 검'이 말씀이라는 것은 요한계시록에서는 인자人子, 곧 예수 그리스도의 말씀임을 증언하고 있습니다: "그(인자—필자 주)의 오른손에 일곱 별이 있고 그의 입에서 좌우에 날 선 검이 나오고 그 얼굴은 해가 힘 있게 비치는 것 같더라."(계 1:16, 이 밖에 계 2:16; 19:15, 1)[29]

---

26) 각주 9번 참고.

27) *WA* 9, 632, 25: 633,2.(Paul Althaus, 구영철 역, *op. cit.*, 68에서 재인용)

28) Paul Althaus, 구영철 역, *op. cit.*, 68.

29) 계 2:16 : "그러므로 회개하라 그리하지 아니하면 내가 네게 속히 가서 내 입의 검으로 그들과 싸우리라."; 계 19:15 : "그의 입에서 예리한 검이 나오니 그것으로 만국을 치겠고

따라서 에릭슨Millard J. Erickson은 성령과 말씀의 연관성을 다음과 같이 요약하고 있습니다.

1. 성령은 신자들에게 모든 일을 가르치시며, 그들에게 예수께서 가르치신 모든 것을 기억나게 하실 것이다.(요 14:26)
2. 성령은 예수를 증거할 것이다. 제자들도 처음부터 예수와 함께 있었기 때문에 예수를 증거할 것이다.(요 15:26-27)
3. 성령은 죄와 의와 심판에 대하여 세상을 책망하실(ἐλεγχω 에레고 쏘) 것이다.(요 16:8) 이 특이한 단어는 회개를 불러일으키는 방식으로 책망하는 것을 의미한다. 이것은 단순히 무가치하거나(마 16:22) 쓸데없는(눅 23:40) 것을 암시하는 에피티마오(ἐπιτιμάω)와는 대조된다.[30]

이와 상응하게 칼 헨리도 "복음주의 정통주의는 기록된 말씀의 최초의 전달과 현재 수용하게끔 하는 일이 있어서 성령의 역할을 인정하였습니다. 다시 말하여, 복음적인 정통주의는 성도의 삶과 순종하는 신앙의 공동체 안에서 계속적으로 진리의 성령이 활동하심을 적지 않게 강조하였다"고 주장합니다.[31]

친히 그들을 철장으로 다스리며 또 친히 하나님 곧 전능하신 이의 맹렬한 진노의 포도주 틀을 밟겠고……"; 계 19:21 : "그 나머지는 말 탄 자의 입으로부터 나오는 검에 죽으매 모든 새가 그들의 살로 배불리더라."

[30] Millard J. Erickson, *Christian Theology*, 신경수 역,『복음주의 조직신학』상 (크리스챤다이제스트, 1995), 284.

[31] Carl F. H. Henry, *God, Revelation & Authority*, Vol. IV. God Who Speaks and Shows: Part Three. 이상훈 역,『신 · 계시 · 권위』(새생명말씀사, 1986), 332.

4

예언과 복음 선포자이신
성령

사 61:1a_ "주 여호와의 영이 내게 내리셨으니 이는 여호와께서 내게 기름을 부으사 가난한 자에게 아름다운 소식을 전하게 하려 하심이라. The Spirit of the Sovereign Lord is on me, because the Lord has anointed me to preach good news to the poor."

행 1:8_ "오직 성령이 너희에게 임하시면 너희가 권능을 받고 예루살렘과 온 유대와 사마리아와 땅끝까지 이르러 내 증인이 되리라 하시니라. But you will receive power when the Holy Spirit comes on you; and you will be my witnesses in Jerusalem, and all Judea and Samaria, and to the ends of the earth."

1) 예언자에게 임한 성령

구약 성경에서 '예언자'란 말은 어떤 것을 시간상으로 '미리 말하는 사람'이 아닙니다. '미리' 혹은 '앞'이란 전치사는 시간상의 의미보다는, 공간적인 의미로 '위'에 있는 것, 곧 '하나님의 뜻' 혹은 '계획'을 대언한다는 의미가 더 강합니다. 이러한 의미를 우리는 이스라엘의 최초 '예언자'라고 할 수 있는 '발람'에게서 찾아볼 수 있습니다.(민 22:1-14)

이스라엘 자손이 모압 평지에 진을 치고, 요단 건너편 곧 여리고 맞은편에 있을 때 십볼의 아들 '발락'이 이스라엘이 아모리 사람들에게 행한 모든 일을 보았습니다. 그때 이스라엘 백성이 심히 많으므로 '모압' 백성들은 이스라엘 자손 때문에 두려워하고 번민합니다.(민 22:1-3) 그러자 '모압' 왕, 십볼의 아들 '발락'은, 이스라엘 민족을 저주하게 하려고 브올의 아들 '발람'에게 사신을 보내어 예언자 '발람'을 데려오도록 명합니다. 왜냐하면 모압 왕, '발락'은 예언자 '발람'의 예언대로 모든 일이 이루어질 줄을 믿었기 때문입니다: "그대가 복을 비는 자는 복을 받고, 저주하는 자는 저주를 받을 줄을 내가 앎이니라."(민 22:6)

그 후 모압 장로들과 미디안 장로들이 손에 복채를 가득히 가지고 떠나, 발람에게 이르러 발락의 말을 그에게 전합니다. 그러자 발람이 그들에게 이르되, "여호와께서 내게 이르시는 대로 너희에게 대답하리라"(민 22:7-8)고 답변합니다. 그때에 "하나님이 발람에게 이르시되, 너는 그들과 함께 가지도 말고 그 백성을 저주하지도 말라. 그들은 복을 받은 자들이니라. 발람이 아침에 일어나서 발락의 귀족들에게 이르되, 너희는 너희의 땅으로 돌아가라 여호와께서 내가 너희와 함께 가기를 허락하지 아니하시느니라"(민 22:12-13)고 발락이 보낸 장로들에게 전합니다. 이처럼 '예언자'는 자신의 이야기를 전하는 것이 아니라, 오로지 '하나님께서 자신에게 일러 주는 말씀'을 전하는 자들입니다.

그러나 '발람'은 여호와 하나님이 이르는 말만 준행하라는 조건에서 하나님의 허락을 받고(민 22:20) '발락'에게로 갑니다. 그런데 '발람'이 이스라엘 백성을 저주하러 가던 중 발람의 나귀가 길에서 돌이켜 앞으로 나아가려고 하지 않았습니다. 그 후 여호와께서 발람의 눈을 밝히시매, 여호와의 사자가 손에 칼을 빼들고 길에 선 것을 보고 머리를 숙이고 그 앞에 엎드려 "당신이 이를 기뻐하지 아니하시면, 나는 돌아가겠나이다"(민 22:34b)라고 말합니다. 이에 "여호와의 사자가 발람에게 이르되, 그 사람들과 함께 가라 내가 네게 이르는 말만 말할지니라"(민 22:35)고 당부합니다. 그 후 발람은 발락에게 가서 말하기를, "여호와께서 혹시 오셔서 나를 만나시리니, 그가 내게 지시하시는 것은 다 당신에게 알리리이다"(민 23:3)고 약속합니다.

그 후 "하나님이 발람에게 임하시는지라 발람이 아뢰되…… 여호와께서 발람의 입에 말씀을 주시며, 이르시되 '발락에게 돌아가서 이렇게 말할지니라'……"(민 23:4-5)고 명합니다. 여기서 '하나님이 발람에게 임하셨다'는 것은 '하나님의 영이 발람에게 임하였다'는 것으로 이해할 수 있습니다. 왜냐하면 민수기 24장 2절에 의하면, 발람이 "눈을 들어 이스라엘이 그 지파대로 천막 친 것을 보는데, 그때에 '하나님의 영'이 그 위에 임하(셨기)" 때문입니다.

여기서 우리는 '예언'과 관련하여 더 말할 나위 없이 명백한 사실을 알 수 있습니다. 그것은 첫째, '예언자'는 '하나님이 전하라고 하는 말'만 선포해야 한다는 것입니다.[32] 둘째, "여호와께서 발람에게 임하사 그의 입에 말씀을 주시며 이르시되, 발락에게로 돌아가서 이렇게 말할지니라"(민

---

32) 반면에 "주 여호와의 말씀에 본 것이 없이 자기 심령을 따라 예언하는 어리석은 선지자에게 화가 있을진저"(겔 13:3)라고 에스겔 선지자는 증언하고 있다.

23:16)고 보고하고 있는 것으로 보아, 참된 예언자는 그에게 하나님이 임하시어, 그의 입에 전할 말을 주신다는 것입니다.[33] 그리고 셋째, 참된 예언자는 '하나님의 영'을 받은 자라는 것입니다. 반면에 '거짓 예언자'는 '거짓 말하는 영', 곧 '사탄'이 임한 자입니다.(왕상 22:23)[34]

'하나님의 말씀'을 대언하는 예언자들에게 '하나님의 영'이 임한다는 것, 바꾸어 말하면, '하나님의 영'이 임한 자라야 하나님 말씀의 참된 대언자代言者, 곧 '예언자'가 된다는 것은, '사울'의 기사에서도 발견할 수 있습니다. 사울은 이스라엘의 '베냐민' 지파 가운데 한 사람이었습니다. 그는 부친이 잃어버린 암나귀를 찾으러 나갔다가, 선견자 사무엘을 만납니다.[35] 그때에 선견자 '사무엘'은 사울에게 "네게는 여호와의 영이 크게 임하리니, 너도 그들과 함께 예언을 하고 변하여 새 사람이 되리라. 이 징조가 네게 임하거든 너는 기회를 따라 행하라 하나님이 너와 함께 하시느니라"(삼상 10:6-7)고 말합니다. 그 후 "그들(사울의 무리)이 산에 이를 때에 선지자의 무리가

---

33) 이런 점에서 '여호와께서 이렇게 말씀하셨느니라', 혹은 '여호와의 말씀이 내게 임하셨으니', 혹은 '여호와께서 내게 이르시되', 혹은 '여호와께서 이르시되'라는 예언자들의 '상투어'는 자신의 말이 '여호와께서 자신의 입에 주신 말씀'임을 증언하는 전형적인 예언의 어투이다: "여호와의 말씀이 예레미야에게 임하였고"(렘 1:2); "여호와의 말씀이 내게 임하니라 이르시되"(렘 1:4); "여호와께서 그의 손을 내밀어 내 입에 대시며 여호와께서 내게 이르시되 보라 내가 내 말을 네 입에 두었노라."(렘 1:9); "여호와께로부터 예레미야에게 말씀이 임하니라 이르시되⋯⋯"(렘 7:1)

34) 왕상 22:22-23 : "여호와께서 그에게 이르시되 어떻게 하겠느냐 이르되 내가 나가서 거짓 말하는 영이 되어 그의 모든 선지자들의 입에 있겠나이다. 여호와께서 이르시되 너(사탄)는 꾀겠고 또 이루리라 나가서 그리하라 하셨은즉 이제 여호와께서 거짓말하는 영을 왕의 이 모든 선지자의 입에 넣으셨고 또 여호와께서 왕에 대하여 화를 말씀하셨나이다." '거짓 예언자'와 '참된 예언자'의 분별에 관하여: M. Welker, *Gottes Geistes: Theologie des Heiligen Geistes*, 신준호 역, 『하나님의 영』(대한기독교서회, 1995), 124ff.

35) 삼상 9:9에 의하면, "옛적 이스라엘에 사람이 하나님께 가서 물으려 하면 말하기를 선견자에게로 가자 하였으니 지금 선지자라 하는 자를 옛적에는 선견자라 일컬었더라." 이 말은 '선견자'는 그에게 하나님이 영이 임한 자라는 것을 암시해 준다. 왜냐하면 하나님의 영이 임한 자라야, 하나님의 뜻과 계획을 잘 알기 때문이다.

그를 영접하고 하나님의 영이 사울에게 크게 임하므로 그가 그들 중에서 예언을 하(게 됩니다)"(삼상 10:10). 그 후 "사울이 예언하기를 마치고 산당으로 가니라"(삼상 10:13)고 사무엘서는 적고 있습니다. 그뿐만 아니라 다윗에게 보낸 사울 왕의 전령들도 하나님의 영이 임하니 예언을 하게 됩니다: "사울이 다윗을 잡으러 전령들을 보냈더니 그들이 선지자 무리가 예언하는 것과 사무엘이 그들의 수령으로 선 것을 볼 때에 하나님의 영이 사울의 전령들에게 임하매 그들도 예언을 한지라."(삼상 19:20, 이 밖에 삼상 19:21, 23)[36] 비록 여기서 '사울'과 그의 '전령'이 어떠한 예언을 하였는지는 자세히 보고하고 있지 않으나, 예언자가 되려면, 어쨌든 '하나님의 영'이 임하여야 한다는 것을 암시해 줍니다.

그래서 이사야 선지자는 이새의 줄기 가운데서 태어날 메시아적 '예언자'에게 임할 성령강림을 다음과 같이 증언합니다: "그(이새의 줄기에서 난 한 싹 메시아—필자 주)의 위에 여호와의 영 곧 지혜와 총명의 영이요 모략과 재능의 영이요 지식과 여호와를 경외하는 영이 강림하시리니……."(사 11:2) 그뿐만 아니라 이사야 선지자는 여호와 하나님의 대 예언자이신 '메시아'가 앞으로 행할 일을 다음과 같이 증언하고 있습니다.

> "1 주 여호와의 영이 내게 내리셨으니 이는 여호와께서 내게 기름을 부으사 가난한 자에게 아름다운 소식을 전하게 하려 하심이라 나를 보내사 마음이 상한 자를 고치며 포로된 자에게 자유를, 갇힌 자에게 놓임을 선포하며 2 여호와의 은혜의 해와 우리 하나님의 보복의 날을

---

36) 삼상 19:21 : "어떤 사람이 그것을 사울에게 알리매 사울이 다른 전령들을 보냈더니 그들도 예언을 했으므로 사울이 세 번째 다시 전령들을 보냈더니 그들도 예언을 한지라."; 삼상 19:23 : "사울이 라마 나욧으로 가니라 하나님의 영이 그에게도 임하시니 그가 라마 나욧에 이르기까지 걸어가며 예언을 하였으며……."

선포하여 모든 슬픈 자를 위로하되 3 무릇 시온에서 슬퍼하는 자에게
화관을 주어 그 재를 대신하며 기쁨의 기름으로 그 슬픔을 대신하며
찬송의 옷으로 그 근심을 대신하시고 그들이 의의 나무 곧 여호와께
서 심으신 그 영광을 나타낼 자라 일컬음을 받게 하려 하심이라."(사
61:1-3)

이상 살펴본 바와 같이, 예언자들에게 여호와 하나님께서 '말씀을 입에
두셨다'는 것은, 그에게 하나님의 영이 임하셨다는 것 이외에 다른 뜻이
아니라 할 수 있습니다. 따라서 예컨대 "여호와께서 그의 손을 내밀어 내(예
레미야) 입에 대시며, 여호와께서 내게 이르시되, '내(여호와)가 내 말을 네
입에 두었노라'"(렘 1:9)고 고백하는 것은, '여호와의 영이 내게 임하여 말하
게 하였노라'고 이해해도 됩니다. 왜냐하면 '하나님의 영', 곧 '성령'은 곧
'말씀의 영'이시기 때문입니다. 이러한 점에서 성령은 하나님의 계획과 뜻
을 계시하는 '예언의 영' 이외에 다른 것이 아닙니다.

2) 복음 선포자에게 임한 성령

구약시대에 여호와 하나님이 '예언자'들의 입에 하나님께서 친히 전할
말씀을 두셨던 것처럼, 신약시대에도 예수님은 복음을 선포할 제자 및 사
도들에게도 그들의 입에 전할 복음을 주십니다. 예수님은 열두 제자를 파
송하시면서, "가면서 전파하여 말하되 천국이 가까이 왔다 하고, 병든 자를
고치며 죽은 자를 살리며 나병환자를 깨끗하게 하며 귀신을 쫓아내되 너희
가 거저 받았으니 거저 주어라"(마 10:7-8)고 명령하십니다. 그리고 이에
예수님은 제자들을 염려하여, "보라 내가 너희를 보냄이 양을 이리 가운데

로 보냄과 같도다"(마 10:16)고 덧붙여 말씀하시면서, 그러나 만일 이 세상 임금들이 "너희를 넘겨 줄 때에 어떻게 또는 무엇을 말할까 염려하지 말라 그때에 너희에게 할 말을 주시리니, 말하는 이는 너희가 아니라 너희 속에서 말씀하시는 이 곧 너희 아버지의 성령이시니라"(마 10:19-20)고 확언하십니다. 그 후 제자들은 세상에 나아가 '하나님의 나라'를 전파하고, 성령의 능력으로 '병자를 고치고', '귀신'을 쫓아냅니다.

그뿐만 아니라 예수님은 당신의 이름으로 보낼 성령의 사역을 다음과 같이 증언하십니다: "보혜사 곧 아버지께서 내 이름으로 보내실 성령 그가 너희에게 모든 것을 가르치고 내가 너희에게 말한 모든 것을 생각나게 하리라."(요 14:26)

이러한 예언의 말씀에 상응하게 예수님은 승천하시면서, "오직 성령이 너희에게 임하시면 너희가 권능을 받고 예루살렘과 온 유대와 사마리아와 땅끝까지 이르러 내 증인이 되리라"(행 1:8, 비교 요 3:34)고 확언하십니다.37) 이렇게 예수님의 제자들에게 성령이 임하여 하나님의 말씀을 전하게 된 현상은, 예수님이 "나는 아버지 안에 거하고 아버지는 내 안에 계신 것을 네가 믿지 아니하느냐 내가 너희에게 이르는 말은 스스로 하는 것이 아니라 아버지께서 내 안에 계셔서 그의 일을 하시는 것이라"(요 14:10)는 말씀에 상응합니다. 더 자세히 말하면, 예수 그리스도 안에서 하나님 아버지가 말씀하시는 것처럼, 제자들의 입을 통하여 성령 하나님이 친히 말씀하시는 것입니다.

그래서 베드로는 오순절 날에 성령이 충만하여, '성령강림 사건'을 요엘 선지자가 예언한 것의 성취로 이해할 수 있었을 뿐만 아니라(행 2:15-21),

---

37) 요 3:34 : "하나님이 보내신 이는 하나님의 말씀을 하나니 이는 하나님이 성령을 한량없이 주심이니라."

담대히 예수의 부활을 증언합니다. 그리고 한 걸음 더 나아가 오순절 성령 강림 사건을 예수 그리스도께서 약속하신 것의 성취로 증언합니다: "하나님이 오른 손으로 예수를 높이시매, 그가 약속하신 성령을 아버지께 받아서 너희가 보고 듣는 이것을 부어 주셨느니라."(행 2:33)

그리고 베드로는 대제사장 안나스와 가야바와 요한과 알렉산더와 및 제사장의 문중들 앞에서도 "성령이 충만하여"(행 4:8) 예수의 죽음과 부활을 증언합니다. 그뿐만 아니라 사도들도 "주여 이제도 그들의 위협함을 굽어보시옵고 또 종들로 하여금 담대히 하나님의 말씀을 전하게 하여 주시오며, 손을 내밀어 병을 낫게 하시옵고, 표적과 기사가 거룩한 종 예수의 이름으로 이루어지게 하옵소서!"(행 4:29-30)라고 기도하니, "모인 곳이 진동하더니 무리가 다 성령이 충만하여 담대히 하나님의 말씀을 전하니라"(행 4:31)고 사도행전은 증언하고 있습니다.

특히 스데반은 성령 충만함을 입어 예수 그리스도의 죽음과 부활의 복음을 담대히 전하다가 순교합니다. 사도행전은 "스데반이 은혜와 권능이 충만하여 큰 기사와 표적을 민간에 행하니, 이른바 자유민들 즉 구레네인, 알렉산드리아인, 길리기아와 아시아에서 온 사람들의 회당에서 어떤 자들이 일어나 스데반과 더불어 논쟁할새, 스데반이 지혜와 성령으로 말함을 그들이 능히 당하지 못하여"(행 6:8-10) 스데반을 음모하여 죽였다고 증언하고 있습니다. 그리고 사도행전은 이어서 스데반이 순교하는 모습을 다음과 같이 증언하고 있습니다.

"스데반이 성령 충만하여 하늘을 우러러 주목하여 하나님의 영광과 및 예수께서 하나님 우편에 서신 것을 보고 말하되 보라 하늘이 열리고 인자가 하나님 우편에 서신 것을 보노라 한 대…… 그들이 돌로 스데반을 치니 스데반이 부르짖어 이르되 주 예수여 내 영혼을 받으

시옵소서 하고, 무릎을 꿇고 크게 불러 이르되 주여 이 죄를 그들에게
돌리지 마옵소서 이 말을 하고 자니라."(행 7:55-60)

이렇게 성령이 충만하여 죽어 가는 스데반의 얼굴을 많은 사람이 보았
을 때, "그의 얼굴이 천사의 얼굴과 같더라"(행 6:15)고 사도행전은 증언하
고 있습니다.

이상 살펴본 바와 같이, 오순절 성령강림 사건 이후 제자들과 스데반은
성령이 충만하여 예수 그리스도의 죽음과 부활의 복음을 이스라엘의 여러
장로와 대제사장들과 서기관들 앞에서 담대히 전하였다고 사도행전은 증
언하고 있습니다. 예수님이 부활하여 자신들에게 직접 나타나셨을 때만
해도, 예수의 부활을 믿지 않고 두려움에 떨고 있던 제자들이, 어떻게 이렇
게 예수님의 죽음과 부활을 이스라엘 여러 장로와 대제사장, 서기관 그리
고 이방에서 온 많은 군중 앞에서 담대하게 전할 수 있었을까? 그것은 바로
예수님이 승천하시면서 하신 약속, 곧 "오직 성령이 너희에게 임하시면
너희가 권능을 받고 예루살렘과 온 유대와 사마리아와 땅끝까지 이르러
내 증인이 되리라"(행 1:8)는 말씀의 성취라고밖에는 달리 해석할 수 없습니
다.38) 이렇게 하나님의 성령이 임하면, 복음을 전하지 않고는 견딜 수 없
는 '복음에 대한 열정'이 생기는 것입니다. 그래서 사도 바울은 "내가 복음
을 전할지라도 자랑할 것이 없음은 내가 부득불 할 일이라 만일 복음을
전하지 아니하면 내게 화가 있을 것"(고전 9:16)이라고까지 고백하는 것입
니다.

---

38) 이 점에 관하여: Oepke Noordmans, *Das Evangelium des Geistes*. Mit einer Einführung
von K. H. Miskotte, Zürich: EvZ-Verlag, 1960, 33-35.

3) 하나님 말씀의 삼위일체론적 세 가지 양태

앞 절에서 살펴보았던 것처럼 구약성경의 증언에 의하면, 성부 하나님은 이스라엘 조상, 곧 아브라함, 이삭 그리고 야곱에게 혹은 모세에게 그리고 혹은 예언자들에게 직접 혹은 사자들을 통하여 말씀하셨습니다. 이것은 성부 하나님의 말씀입니다. 이에 상응하게 육신을 입고 오신 예수 그리스도, 바꾸어 말하면 성부 하나님의 말씀이 육신이 되신 예수 그리스도는 직접 제자들에게 그리고 이스라엘 백성에게 말씀하셨습니다. 그리고 성부 하나님께서 예수 그리스도의 이름으로 보내신 성령 하나님은 제자들과 사도들 그리고 스데반과 같은 복음 전도자들의 입을 통하여 오늘도 말씀하고 계십니다. 이러한 점에서 '성부 하나님'의 말씀은 곧 '성자 예수 그리스도의 말씀'이고, 성자 예수 그리스도의 말씀은 곧 성령 하나님의 말씀입니다. 이 점을 예수님은 아주 간략하게 요약하여 다음과 같이 가르쳐 주셨습니다: "너희가 듣는 말은 내 말이 아니요 나를 보내신 아버지의 말씀이니라. 내가 아직 너희와 함께 있어서 이 말을 너희에게 하였거니와 보혜사 곧 아버지께서 내 이름으로 보내실 성령 그가 너희에게 모든 것을 가르치고 내가 너희에게 말한 모든 것을 생각나게 하리라."(요 14:24-26) 따라서 성부, 성자, 성령 삼위 되시는 하나님이 한 분 하나님이라는 것은 '하나의 말씀'이라는 것으로도 증명됩니다.[39]

이러한 점에서 삼위일체 되시는 하나님이 항상 '말씀'의 주체이고, 그 말씀을 증언하고 선포하는 자들은 단지 '하나님 말씀'의 도구일 뿐입니다. 따라서 말씀을 전하는 자는 먼저 '하나님의 말씀'을 들어야 합니다. 그리고

---

[39] 이 점에 관하여: 김재진, 『기독교란 이런 거야』(도서출판 황금부엉이, 2004), 149, "하나님 말씀의 삼위일체론적 통일성" 참조.

그들은 바를 더하거나 빼지 말고——참된 예언자들처럼——그대로 전해야 합니다. 그래서 하나님의 말씀을 가감加減하거나 거짓으로 전하는 자들은 '거짓 예언자'이며 '마귀의 자녀'입니다. 그래서 요한계시록도 "만일 누구든지 이 두루마리의 예언의 말씀에서 제하여 버리면 하나님이 이 두루마리에 기록된 생명나무와 및 거룩한 성에 참여함을 제하여 버리시리라"(계 22:19)고 경고하고 있습니다. 이러한 점에서 예언자나 복음전도자가 된다는 것은 성령의 도움 없이, 인간의 지혜와 의지로 되는 것이 결코 아닙니다. 그래서 참된 교회는 먼저 하나님의 말씀을 '듣는 교회eccelesia audiens'가 되어야 하는 것 같이, 참된 교인도 먼저 하나님의 말씀을 듣는 사람이 되어야 합니다. 왜냐하면 "믿음은 들음"(롬 10:17)에서 오기 때문입니다.

5
말씀으로 경험되는
성령

겔 2:2_ "그(여호와 하나님)가 내게 말씀하실 때에 그 영이 내게 임하사 나를 일으켜 내 발로 세우시기로 내가 그 말씀하시는 자의 소리를 들으니. As he spoke, the Spirit came into me and raised me to my feet, and I heard him speaking to me."

마 10:19-20_ "너희(예수의 제자들)를 넘겨줄 때에 어떻게 또는 무엇을 말할까 염려하지 말라. 그 때에 너희에게 할 말을 주시리니 말하는 이는 너희가 아니라, 너희 속에서 말씀하시는 이, 곧 너희 아버지 성령이시니라. But when they arrest you, do not worry about what to say or how to say it. At that time you will be given what to say."

1) 신(영)적 소리로서의 하나님의 말씀

구약성경의 창세기에 따르면 이스라엘의 역사는 아브라함에 대한 하나님의 일방적인 독백적獨白的 약속으로 시작됩니다: "여호와께서 아브람에게 이르시되 너는 너의 고향과 친척과 아버지의 집을 떠나 내가 네게 보여줄 땅으로 가라."(창 12:1)

그러나 우리는 여호와 하나님의 말씀이 아브라함에게 어떻게 주어졌는지 정확하게 알 수 없습니다. 예컨대 여호와 하나님께서 아브람에게 '아람어', 곧 아브람이 그 당시에 사용하던 언어로 말씀하셨는지, 아니면 아브람이 어떠한 소리를 들었는데, 그 소리를 "너는 너의 고향과 친척과 아버지의 집을 떠나 내가 네게 보여줄 땅으로 가라"(창 12:1)로 어떻게 이해했는지 정확히 알 수 없습니다. 그러나 분명한 것은 아브라함에게 하나님의 약속은 문자로 전해진 것이 아니라, 분명히 소리로(더 자세히 말하면 음성으로) 전달되었을 것이 분명합니다.[40] 그러나 그 소리가 성령에 의해서 인격적 구강口腔의 틀을 입을 때, 그 소리는 인간이 알아들을 수 있는 언어, 곧 말씀이 되는 것입니다. 왜냐하면 하나님을 만난 사람들은 그들이 여호와 하나님으로부터 들은 소리를 정확히 문자文字로 표현하고 있기 때문입니다. 이러한 사실을 우리는 부활하신 예수 그리스도와 사도 바울과의 만남에 대한 기술 속에서도 명백히 발견할 수 있습니다.

개종改宗 전 사울은 다메섹 여러 회당에 가져갈 공문을 청하여 '만일 예수 그리스도의 가르침을 전하는 사람들을 만나면, 남녀를 막론하고 결박하여 예루살렘으로 잡아오려고' 다메섹으로 가고 있었습니다. 그런데 사

---

40) 이 점에 관하여: Gerhard Kaise, Begegnung zwischen Gott und Mensch, *ZThK* 91 (1994), 97-114.

울이 길을 가다가 다메섹에 가까이 이르렀을 때에, "홀연히 하늘로부터 빛이 그를 둘러 비추는지라 땅에 엎드러져 들으매, 소리가 있어 이르시되, 사울아, 사울아 네가 어찌하여 나를 박해하느냐"(행 9:3-4) 하는 말씀을 듣습니다. 그때에 사울은 "주여 누구이시니까?"라고 묻습니다. 그러자 "나는 네가 박해하는 예수"(행 9:5)라고 답변의 말씀이 주어집니다. 그런데 사도행전은 그 다음에 곧이어 "같이 가던 사람들은 소리만 듣고 아무도 보지 못하여 말을 못하고 서 있더라"(행 9:7)고 보고하고 있습니다.

이러한 보고들에 의하면, 아브람이나 사울이 들은 것은 분명 신적 곧 영적 소리였습니다.[41] 신적 혹은 영적 소리란, 일반 자연의 소리와는 달리 그 소리에 성령이 담지된 것을 의미합니다. 그래서 그 영적 소리는 사람이 들을 때, '말씀'으로 변화됩니다. 한 마디로 말해서, '영적 소리'란, 성령이 자연의 소리를 통하여 '말씀'하시는 것을 의미합니다. 이러한 실례를 우리는 사울의 경험에서 발견할 수 있습니다. 왜냐하면 다메섹 도상에서 사울과 함께 "같이 가던 사람들은 소리만 듣고 아무도 보지 못하여 말을 못하고 서 있(었기)"(행 9:7) 때문입니다. 즉 다른 사람들은 사울과 부활하신 예수님의 대화가 단지 하나의 소리로밖에는 들려오지 않았습니다. 그러나 사울에게는 분명한 언어의 한 문장으로, 곧 "사울아, 사울아 네가 어찌하여 나를 박해하느냐"라는 언어적 표현으로 들려왔습니다. 이렇게 똑 같은 소리가 들려 왔는데, '사울과 같이 가던 사람들에게는 단지 소리로' 들려왔고, 사울에게는 아주 구체적인 '말씀'으로 들려왔던 것은, 사울에게는 성령이 임하였기 때문입니다. 바꾸어 말하면, 성령이 임하면 자연의 소리를 통하여 들려오는 영적 소리, 곧 '성령 하나님의 말씀'을 들을 수 있습니다.[42]

---

41) 참조. 3-1 "육체가 된 말씀의 영이신 성령"의 제2절 "'발설된 말' 뒤에 숨어 있는 실체로서의 성령".
42) 게르하르트 에벨링Gerhard Ebeling은 '해석학'과 '하나님의 말씀'의 차이를 다음과 같이 구별

자연의 소리와 영적 소리, 곧 '성령 하나님의 말씀'의 차이를 우리는 엘리야의 경험 속에서도 발견할 수 있습니다. 엘리야가 호렙 산에 이르러 거기서 머물러 있을 때에, 어느 날 여호와의 말씀이 그에게 임하여 이르시되, 엘리야에게 나아와 여호와 앞, 산에 서 있으라고 합니다. 그때에 여호와께서 지나가시는데, '여호와 앞에 크고 강한 바람이 산을 가르고 바위를 부수나 바람 가운데에 여호와께서 계시지 아니하였습니다. 바람 후에 지진이 있으나, 지진 가운데에도 여호와께서 계시지 아니하셨습니다. 또 지진 후에 불이 있으나, 불 가운데에도 여호와께서 계시지 아니하셨습니다. 그런데 불후에 세미한 소리가 들려왔습니다. 그래서 엘리야가 듣고 겉옷으로 얼굴을 가리고 나가 굴 어귀에 섰습니다. 그때에 소리가 그에게 임하여 이르시되 엘리야야 네가 어찌하여 여기 있느냐?'는 말씀이 들려왔습니다.(참조. 왕상 19:11-13) 여기서 우리는 '강한 바람', '지진'과 같은 자연 현상과 '세미한 소리'를 구분해야 합니다. 자연의 현상으로 인한 소리에서는 하나님의 말씀은 없습니다. '하나님의 말씀'은 엘리야에게 '세미한 소리'로 들려왔습니다. 왜냐하면 소리가 엘리야에게 임하면서, '엘리야야 네가 어찌하여 여기 있느냐?'는 세미한 음성이 들려왔기 때문입니다. 뿐만 아니라, 여기서 '세미한'이란 히브리어 דממה דקה(데마마 다크)'는 '아주 곱고·조용하게 속삭이듯'이란 뜻이고, '소리'란 히브리어 קול(콜)'은 '소리, 목소리, 음성 sound, voice, noise'를 의미합니다.[43] 그런데 '가는, 여윈, 낮은, 고운, 미세

한다: "언어로 표현되어진 것을 아주 폭 넓은 의미에서 이해하는 것에 대한 성찰로서의 '해석학'과 인간적인 언설로서 고양되고 있는 인간적 언어의 총체가 아닌 '하나님의 말씀'은 이러한 언어들의 아주 근원적인 표징에 의해서——그러나 그 자체는 아닌——질문이 제기된다."(G. Bebeling, Hermeneutik zwischen der Macht des Gotteswortes und seiner Entmachtung in dem Moderne, ZThK 91, 1994, 80.)

43) 'קול(콜)'은 주로 성대聲帶에서 말하는 소리를 의미한다(실제적으로나 비유적으로). 시적인 구절들(대부분)에서 그 의미는 다양한 여러 소리까지 포용한다. 빈도가 높지는 않지만 콜이 육성이나(창 3:17) 기록에 의해(왕하 10:6) 발성된 것을 뜻할 경우도 있다.

한'이란 의미를 가진 'חד(다크)'란 형용사는 오순절 '성령강림'에 대한 묘사와 유사합니다. 왜냐하면 오순절 성령강림을 사도행전은 성령이 "마치 불의 혀처럼 갈라지는 것들"이라고 증언하고 있기 때문입니다. 그리고 '갈라지다'라는 헬라어 διαμερίζω(디아메리조) 역시 '나누다, 분배하다'에서 유래한 말로서, '조각으로 나누다'라는 의미를 가지고 있기 때문입니다.[44] 이러한 점에서 '성령'은 자연의 소리 혹은 바람의 현상으로 임하지만, 그 속에 인격적인 것이 담지되어 있기 때문에 '하나님의 말씀'은 '세미한 음성'으로 들려오는 것입니다.

그러므로 이상 앞에서 살펴본 바에 근거해 볼 때, 보이지 않는 하나님과 사람들과의 대화는 '영적 소리'를 통하여 이루어지는 것입니다. 이와 같이 '신적 소리', 곧 '성령 하나님의 말씀'으로 대화가 이루어진 예를 우리는 선지자 에스겔에게서도 발견할 수 있습니다. 선지자 에스겔은 다음과 같이 고백합니다.

> "여호와의 영광의 형상의 모양이라. 내가 보고 엎드려 말씀하시는 이의 음성을 들으니라…… 그가 내게 말씀하실 때에 그 영이 내게 임하사 나를 일으켜 내 발로 세우시기로 내가 그 말씀하시는 자의 소리를 들으니……."(겔 1:28b; 2:2)

이 점을 에스겔서는 다음과 같이 바꾸어 쓰고 있습니다: "주의 영이 내게 임하사 나를 일으켜 내 발로 세우시고 내게 말씀하여 이르시되 너는 가서 네 집에 들어가 문을 닫으라."(겔 3:24)

---

44) 예레미아스J. Jeremias는 아주 오래 전부터 히브리어에 담겨져 있었던 '언어적 리듬'을 발견하였다. 이 점에 관하여: J. Jeremias, Neutestamentliche Theologie, *Die Verkundigung Jesu*, Gütersloh, 1971.

이제 결론적으로 말해서, '신적 혹은 영적 소리'를 통하여 '하나님의 말씀'을 우리는 들을 수 있게 된다는 것입니다.

2) 신적 소리(영적 말씀) 사건으로서의 오순절 사건

신약성경에서 '신적 소리, 곧 영적 말씀'은 하나님과 인간의 대화 혹은 하나님의 계시에서 수용되고 새롭게 활용되었습니다. 왜냐하면 예수님께서 세례 받으실 때에도 '신적 소리', 곧 '영적 말씀'이 하늘로부터 들려왔기 때문입니다. "그(예수 그리스도)가 물에서 올라오자, 그는 하늘이 열리는 것과 성령이 비둘기 같이 그 위에 내려오는 것을 보았다. 그리고 하늘로부터 소리가 나기를: '너는 나의 사랑하는 아들이라 내가 너를 기뻐하노라'."(막 1:10-11) 이러한 진술에 따르면, 하나님의 말씀은 하늘로부터 내려온 자연적이고 영적인 소리를 통해서 예수 그리스도에게 주어졌습니다.[45] 왜냐하면 복음서는 '성령의 강림'과 '하늘로부터의 소리'를 병행하여 기술하고 있기 때문입니다. 즉 하늘로부터 성령이 예수님에게 임하는 것은, 하늘로부터 예수님에게 소리가 들려오는 것으로 바꾸어 쓰고 있기 때문입니다.

그런데 하늘로부터 들려오는 신적 소리, 곧 '영적 말씀'의 현상을 우리는 오순절 사건 속에서 발견할 수 있습니다. 오순절 사건에 대한 기술에 의하면, 우선 먼저 "홀연히 하늘로부터 급하고 강한 바람 같은 소리가 있어 그들이 앉은 온 집에 가득하며, 마치 불의 혀처럼 갈라지는 것들이 그들에게 보여 각 사람 위에 하나씩 임하여 있(게 됩니다)."(행 2:2-3) 그런 다음

---

45) M. Welker, Wort und Geist, in: *Jesus Christus als die Mitte der Schrift. Studien zur Hermeneutik des Evangeliums*, Hg. von Christof Landmesser, Hans-Joachim Eckstein und Hermann Lichtenberger, Berlin/New York, 1997, 163.

"그들(그곳에 모여 있던 사람들)이 다 성령의 충만함을 받고 성령이 말하게 하심을 따라 다른 언어들로 말하기를 시작(합니다)."(행 2:4) 이러한 증언에 의하면, 성령강림과 '다른 언어로 말하는 것'과는 불가불리의 관계에 있습니다. 여기서 사도 베드로의 중재를 통하여 하나님과 인간들과의 대화가 이루어졌습니다. 이 점을 사도행전은 다음과 같이 증언하고 있습니다.

> "소리가 나매 큰 무리가 모여 각각 자기의 방언으로 제자들이 말하는
> 것을 듣고 소동하여, 다 놀라 신기하게 여겨 이르되 보라 이 말하는
> 사람들이 다 갈릴리 사람이 아니냐? 우리가 우리 각 사람이 난 곳
> 방언으로 듣게 되는 것이 어찌 됨이냐."(행 2:6-8)

이러한 증언에 의하면, 신적 소리가 성령의 능력 가운데서 상이하고 다양한, 그러나 일정한 각 나라말로 혹은 방언으로 주어졌던 것입니다.

이상 살펴본 바와 같이, 오순절 '성령강림 사건'에서 '하나님의 영', 곧 '성령'은 말씀하는 자, 혹은 '영감을 주는 자Inspirator'로 활동하셨습니다. 그런데 성령의 이러한 영향력은 한편으로는 요엘의 예언(욜 2:28-32)에 근거해 있고, 다른 한편으로는 예수님의 '다른 보혜사', 곧 '성령의 강림 Geistausgieung'에 대한 약속의 결과입니다. 그리고 가장 가깝게는 부활하신 예수님의 '성령 부어주심', 곧 "이 말씀을 마치신 후에, 예수는 그들을 향하여 숨을 내쉬며 말씀하셨다, 성령을 받아라!"(요 20:22)의 성취입니다. 그래서 로마서에서 성령은 스스로 우리 '옆에서 말씀하시는 자Beiredender'로 혹은 '우리를 위하여 말씀하시는 자Frsprecher'로서 "말할 수 없는 탄식"(롬 8:26)으로 중보기도를 올려주시는 분으로 증언되고 있는 것입니다. 따라서 이러한 성경의 증언을 고려해 볼 때, 성령은 '말씀하시는 자' 이외에 결코 다른 분이 아닙니다.

이상의 이유로 인하여 오순절 날 여러 지방에서 온 사람들은 한 '성령' 안에서 하나님의 말씀을 제자 베드로의 설교를 통하여 직접 듣고 말할 수 있게 되었던 것입니다. 그런데 이러한 현상은 '하나님의 영'에 사로잡힌 구약성서의 예언자들이 '야훼가 말씀하셨다' 혹은 '야훼가 그들에게 말씀하시기를' 이라는 요구의 형식으로 선포되었던 것과 동일한 것입니다.[46] 따라서 예언자들의 진술방식은 형식적으로 그리고 내용적으로 예수님의 선포에 대한 관점에서 보면, 사도들의 선포와 일치하고 있습니다. 그리고 한 걸음 더 나아가, 성경을 기록한 자들의 영감과도 유사한 것입니다. 왜냐하면 오순절 날 다른 언어로 사도 베드로의 설교를 들은 사람들이 서로 다른 언어로 말하기를 시작하였다는 것은, 한편으로는 '하나님과 사람'들과의 대화가 소통되었다는 것이요, 다른 한편으로는 '신적 소리' 안에서 인간과 인간사이의 대화가 소통되었다는 것을 의미하기 때문입니다. 왜냐하면 그들이 스스로 "우리가 우리 각 사람이 난 곳 방언으로 듣게 되는 것이 어찜이요."(행 2:8)라고 고백하였다는 것은, 비록 그들이 각기 서로 다른 언어를 사용하지만, '신적 소리', 곧 '성령의 말씀' 안에서 동일한 내용을 베드로 사도로부터 들었기 때문입니다. 따라서 우리는 성경의 기술 역시 '성령 충만함' 속에서 베드로의 설교를 듣듯이, '신적 소리의 구술Verbalisierung'이 기록자의 '방언Golossolalie'으로 철자화, 혹은 문자화되었다는 유형론적 전거를 발견할 수 있다고 봅니다. 그리고 '구술'과 '방언' 사이에는 여호와 하나님의 말씀과 예언자들의 증언의 일치처럼, 서로의 일치가 있었다고 이해할 수도 있습니다. 왜냐하면 '제자들의 증언' 역시 '성령의 말씀' 아래서 이루어지고 있었기 때문입니다.

---

46) A.H.J. Gunneweg, Vom Verstehen des Alten Testaments. Eine Hermeneutik, ATD zweite, durchgesehene und ergänzte Auflage, Göttingen, 1988, 188 그리고 187ff.: "Schrift, Sprache, Monotheismus".

"너희(예수의 제자들)를 넘겨줄 때에 어떻게 또는 무엇을 말할까 염려하지 말라. 그 때에 너희에게 할 말을 주시리니 말하는 이는 너희가 아니라 너희 속에서 말씀하시는 이, 곧 너희 아버지의 성령이시니라."(마 10:19-20)[47]

이제 요약하면, '신적 소리', 곧 '영적 소리'는 예컨대 불꽃, 지진, 불, 폭풍우, 바람 등과 같은 아주 다양한 자연적인 현상과 구별되면서, 그러나 동시에 자연 현상을 동반하면서 인격적 세미한 음성, 곧 구강을 통하여 울려나오는 '구술'로서 주어졌다는 것입니다. 그런데 이러한 '신적 소리', 곧 '성령의 말씀'은 구체적인 한 인격체를 통하여 주어졌기 때문에 '문자화' 되고, '철자화'될 수 있었던 것입니다. 그래서 성경은 성령 하나님을 말씀하시는 하나님으로, 다시 말하면, 인간과 함께 대화하시는 하나님으로 증언하고 있는 것입니다. 바로 이러한 근거에서 성경은 영감 받은 자들('신적 소리'를 들은 자들)에 의해서 기록된 '하나님의 말씀'으로 고백되어지고 있는 것입니다. 그러나 이것은 받아쓰기라는 의미가 결코 아니라, 성령에 의한 '신적 소리' 혹은 '영적 소리'로 구술된 것을 문자화 하였다는 의미입니다. (참조. 요 14:26) 따라서 이와 상응하게 성경에 대한 해석 역시 '영적 소리'로 들려오는 '하나님의 말씀'에 새롭게 주의를 기울여만 하는 것입니다. 왜냐하면 하나님의 말씀은 처음부터 자연적인 현상 속에서 '신적이고 영적인 소리'로 그리고 동시에 부드러운 세미한 음성으로 인간의 마음에 주어지기 때문입니다.[48]

---

47) Petr Pokorný, Jesus als Gleichnis Gottes. Möglichkeiten und Grenzen einer These, *EvTh* 57 (1997), 401-409, 특히 409.

48) 예컨대 Ulrich H. J. Körtner는 가톨릭 신학자 중에서 Hans Urs von Balthasar, Romano Gaurdinis 그리고 Hugo Rahner를 독일어권 신학자들 중에서 영적 주석의 전통 속에 있는 학자들로 본다.(이 점에 관하여: Ulrich H. J. Körtner, Schrift und Geist, *ZSThRPh* 36,

3) 구체적으로 언어言語가 된 신적 소리(영적 말씀)

창조사die Schpfungsgeschichte에 있어서 창조자 하나님은 말씀하시는 분으로 나타납니다: "하나님이 이르시되 빛이 있으라 하시니 빛이 있었고……."(창 1:3) 성경은 '하나님이 빛을 창조하셨다'라고 기술하지 않고, '하나님이 이르시되, 빛이 있으라! 하시니, 빛이 있었다'고 창조를 말씀사건으로 기술하고 있습니다. 이를 보다 더 자세히 분석하면 다음과 같습니다.

말씀 행위	말씀 내용	말씀의 사건
하나님이 이르시되	'빛이 있으라'	빛이 있으니

이렇듯 창조를 '말씀 사건'으로 기술하고 있는 것은, 창조는 말씀을 떠나서는, 더 자세히 말하면 '말씀하시는 분'을 떠나서는, 이해될 수 없다는 것을 암시하고 있는 것입니다. 동시에 '하나님의 말씀'은 창조의 능력을 가지고 있다는 것을 증언하고 있는 것입니다. 이러한 근거에서 하나님은 창조적인 말씀의 인격적인 주체이며, 이 말씀 가운데서 하나님께서는 '말씀하는 자der Aussprecher'로 행동하신다는 것을 알 수 있습니다.49)

그래서 요한복음은 아예 창조주 하나님을 '창조말씀'으로 표현하고 있습니다: "태초에 말씀이 계시니라 이 말씀이 하나님과 함께 계셨으니 이 말씀은 곧 하나님이시니라. 그가 태초에 하나님과 함께 계셨고, 만물이 그로 말미암아 지은 바 되었으니 지은 것이 하나도 그가 없이는 된 것이

1996, 10.)

49) 이와 상응하게 군네벡Gunneweg은 "야훼께서 말씀하셨다" 혹은 "야훼께서 말씀 하시기를"이라는 예언자의 선포양식Verkndigungsformel을 "하나의 세계와 현존재의 해석Daseinsaus-legung으로" 특징화시켰다.

없느니라."(요 1:1-3) 이러한 증언을 창세기 1장 2-3절과 결합하면 다음과 같은 도식이 나옵니다. 태초에 하나님이 계셨다. 그가 말씀하시니, 만물이 그가 말씀하신 대로 그대로 창조되었다. 따라서 천지 만물은 그 말씀에 의해서 창조되었다.

그런데 창세기는 '태초에 계신 하나님'을 '수면위에 운행하시는 하나님의 영'(창 1:1)으로 바꾸어 썼고, 요한복음은 태초에 계신 말씀을 '하나님'으로 바꾸어 썼습니다.(요 1:1) 두 증언을 종합하면, 태초에 계신 말씀은 곧 '하나님의 영'이 됩니다. 그런데 '태초에 계신 말씀'이 육신이 되신 분이 바로 나사렛 예수 그리스도입니다. "말씀이 육신이 되어 우리 가운데 거하시매 우리가 그의 영광을 보니, 아버지의 독생자의 영광"(요 1:14)입니다. 그리고 말씀이 육신이 되신 예수 그리스도는 아주 자주 자신의 말과 태초에 계신 창조주 하나님의 말을 동일시同一視합니다.50): "너희가 듣는 말은 내 말이 아니요 나를 보내신 아버지의 말씀이니라."(요 14:24b)

뿐만 아니라, 예수님은 "내가 아버지 안에 거하고 아버지는 내 안에 계신 것을 네가 믿지 아니하느냐 내가 너희에게 이르는 말은 스스로 하는 것이 아니라 아버지께서 내 안에 계셔서 그의 일을 하시는 것이라"(요 14:10)고 말씀하십니다. 여기서 '아버지께서 내 안에 계셔서'라는 말은 다름 아닌 '성령의 내주'를 의미하는 것입니다. 왜냐하면 예수님은 "내가 아버지 안에 거하고 아버지께서 내 안에 계심을 믿으라. 그렇지 못하겠거든 행하는 그 일로 말미암아 나를 믿으라"(요 14:11)고 말씀하셨기 때문입니다. 즉 '행하는 그 일로 말미암아'란 성령의 사역을 보고서 나를 믿으라는 말씀입니다. 왜냐하면 예수님의 사역은 다름 아닌——예수님께서 "내가 하나님의 성령

---

50) 쾨르트너Körtner는 하나님 말씀론을 토대로 하나님의 존재를 '행위존재'로 특징짓고 있다. (참조: Ulrich H. J. Körtner, Der handelnde Gott. Zur Verständnis der absoluten Metapher vom Handeln Gottes, *ZSThRPh* 31 (1989), 18-40, 특히 21ff.)

을 힘입어 귀신을 쫓아내는 것이면 하나님의 나라가 이미 너희에게 임하였느니라"(마 12:28, 병행 눅 11:20)고 말씀하신 것을 고려해 볼 때——바로 '성령의 능력' 이외에 다른 것이 아니었기 때문입니다.[51] 결과적으로 예수님이 전하신 하나님의 말씀과 예수님 자신의 말씀은 '영적 소리'인 '성령의 말씀'과 동일한 말씀입니다.[52]

이제 우리는 아무런 어려움 없이 다음과 같이 결론지을 수 있을 것입니다. 삼위일체의 하나님은 세 가지 '계시방식Offenbarungsweisen' 혹은 '존재방식' 안에서 스스로 말씀하시는 분이십니다. 다시 말하면, 창조주 하나님은 자신의 존재 방식으로서 말씀을 갖고 계신(참조. 요 1:1) 스스로 말씀하시는 분이십니다. 그래서 창조주 하나님으로부터 모든 다른 언어가 유래될 수 있습니다. 그런데 영원한 말씀이 성육신이 되신 분이 바로 예수 그리스도이신 살아 있는 말씀입니다. 그래서 예수님은 "너희가 듣(고 있)는 이 말은 내 말이 아니요, 나를 보내신 아버지의 말씀"(요 14:24b)이라고 선포하셨던 것입니다. 그리고 이 육신이 된 말씀에 관한 사도의 선포는 바로 성령 아버지의 말씀입니다. 그래서 예수님은 제자들에게 "말하는 이는 너희가 아니라, 너희 속에서 말씀하시는 이, 곧 너희 아버지의 성령이시니라."(마 10:20)고 확언하셨던 것입니다. 이러한 말씀의 인격적 삼위일체적 통일성

---

51) 휘부너H. Hübner는 예수 그리스도를 눅 1:35: 3:33: 4:16ff를 근거로 영적으로 실존하는 존재로 표징한다. 더 자세히 말하면, "Jesu Existenz ist also nach diesen Lk-Stellen pneumatische Existenz"(H. Hübner, *Biblische Theologie als Hermeneutik*, Göttingen, 1995, 205).

52) 전치사 ἐν은 '~안에, ~에, 위에, ~와 함께'로 번역될 수 있다. 더 자세히 말하면, (a) 공간적 의미로는, '~안에', ① ~에, ~위에, ~곁에, ② '~에 관해서, ~가운데, ~중에, ~의 면전에', ③ '~와 함께, ~을 가지고', ④ '~으로, ~의 힘으로, ~에 의하여', ⑤ '~을 인하여, ~때문에' (b) 시간적 의미로는 '~에, 동안, ~때에' 등. 참조. Walter Bauer, *WzNT*, 6., völlig neu bearbeitete Auflage von Kurt und Barbara Aland, Berlin/New York, 1988, 521-527.

을 예수님 자신이 아주 명백한 음성으로 다음과 같이 밝히 설명해 주셨습니다.

> "너희가 듣는 말씀은 내 말이 아니요, 나를 보내신 아버지의 말씀이니라. 내가 아직 너희와 함께 있어서, 이 말을 너희에게 하였거니와, 보혜사, 곧 아버지께서 내 이름으로 보내실 성령, 그가 너희에게 모든 것을 가르치고, 내가 너희에게 말한 모든 것을 생각나게 하리라."(요 14:24b-26)

그러므로 이제 이러한 증언을 토대로 계발적인 결론이 나옵니다. 즉 삼위일체 하나님의 말씀이 삼위일체론적 인격적 통일성 혹은 내면적 관계를 가지고 있다는 점에서, 삼위일체 하나님은 태초에 창조의 말씀으로서, 예수 그리스도 안에서 살아 있는 말씀으로서, 그리고 예수 그리스도에 대한 제자들의 증언 속에서는 성령 하나님의 말씀으로 우리 인간에게는 언제든지(그러나 아무나 들을 수 없는) '신적 소리, 혹은 영적 소리'로 경험된다는 것입니다.53) 그래서 요한 계시록은 항상 "귀 있는 자는 성령이 교회들에게 하시는 말씀을 들을지어다"(계 2:11)라고 선포하고 있는 것입니다. 다시 말해서 오늘날 우리는 '신적 소리 혹은 영적 소리'를 통하여 하나님의 말씀을 삼위일체론적 방식으로 듣는 것입니다. 그래서 사도행전은 "베드로가 이 말을 할 때에 성령이 말씀 듣는 모든 사람에게 내려오시니"(행 10:44)라고 증언하고 있으며, 또한 사도 베드로 자신도 "내가 말을 시작할 때에 성령이

---

53) 칼 바르트Karl Barth는 '말씀의 삼위일체론적 형태die drinitarische Gestalt des Wort'가 아니라, 단지 '말씀의 세 가지 형태drei Gestalt des Wortes' 즉 "선포된 말씀das verkündigte Wort", "기록된 말씀das geschriebene Wort" 그리고 "화육된 말씀das Fleischgewordene Wort"를 이야기한다.(참조. K. Barth, *Die Kirchlich Dogmatik*, I,2, 124f.)

그들에게 임하시기를 처음 우리에게 하신 것과 같이 하는지라"(행 11:15)고 증언하고 있는 것입니다. 그러므로 우리는 '다원화 사회' 속에서도 하나님의 말씀은 '신적 소리, 곧 영적 소리'를 통하여 얼마든지 민족과 민족 그리고 하나님과 인간과의 대화가 이루어짐을 인식하게 되는 것입니다.54)

---

54) '다양성Vielfältigkeit'으로서의 '다원주의Pluralismus'에 대한 자세한 정의에 관하여: M. Welker, Kirche im Pluralismus, Gütersloh 1995, bes. 13. - 동일저자, Kirche zwischen pluralistischer Kultur und Pluralismus des Geistes, in: *Pluralismus und Identität*, hrsg. von Joachim Mehlhausen, Gütersloh, 1995, 468-485 특히 468ff.

6

질의
응답

질문. 기도하는 중 별안간 '하나님의 말씀'이 생각나는데 이것을 성령의 말씀이라고 이해해도 되는지요?

답변 = 네, 그럴 수도 있습니다. 그러나 명확히 분별해야 합니다. 왜냐하면 간혹 어떤 사람들은 자기의 생각을 하나님의 계시말씀으로 착각하는 경우도 있기 때문입니다. 예컨대 퀘이커파 교도들도 성경의 말씀 없이 묵상 중 하나님의 계시, 곧 말씀을 직접 듣는다고 주장하고 있기 때문입니다.55) 그들의 관심은 꿈과 신비적 경험에 의한 특별한 계시였습니다.56)

---

55) 영국에서 퀘이커파가 생성되게 된 종교적 분위기는 기성교회의 존재 가치를 의문시하고 단순히 진리 탐구자Seekers'임을 자처하고 모인 신앙인들의 구룹이다. '퀘이크quake'란 단어는 '온몸이 떨리다', '경련을 일으키다'는 의태어에서 유래한 것으로서, 구퀘이커파의 창시자는 조오지 폭스George Fox이다. 그들은 자신들을 '빛의 자녀들', '진리의 형제들', '형제단'이라고 불렀다. 퀘이커 교도의 한 종파로서 화란의 재세례파의 일종인 '가족주의자들Familists' 혹은 '사랑의 가족Family of Love'이라는 종파가 있다. 이 점에 관하여: P. Held, Quäker, RGG. 3.Aufl., 728-733; PRE. XVIII, 126f 에 실린 Kattenbusch의 논문, "NSH on 'Quakers'"와 PRE V. 750ff에 실린 Loofs의 논문 참조하라.

그들은 마음속에 있는 '사랑의 영'이 진정한 '내적 의inner righteousness'를 만들어 준다고 생각하였습니다. 그래서 그들은 '의식 및 예전'뿐만 아니라, 말씀 봉독과 설교로 이루어지는 예배까지도 거부하였습니다. 그들의 관심은 오로지 '영'에 의한 세례와 성령을 통한 성도간의 친교를 강조하였습니다. 그들에게 있어서 '성경의 문자'는 '영'에 비하여 무가치한 것이었습니다. 그래서 그들은 신약성경에 있는 문자적 진술을 모두 영적으로 해석해야 한다고 주장하였습니다. 예컨대 그리스도의 십자가의 수난은 자연적 인간이 십자가에 달리는 것을 의미하며, 부활은 우리의 생명이 새로워지는 것을 의미하고, 심판을 위한 그리스도의 재림은 자연적 인간이 의義로 다스려져야 된다는 것을 의미한다고 주장하였습니다.

이렇듯 퀘이커 교도들은 교회의 모든 형식을 거부합니다. 그들은 로마 가톨릭의 '*ex opere operato*: 실행되어진 예전 그 자체만으로도' 구원을 얻을 수 있다는 것에 반대하여, 교회 중재 없이 '구원은 직접 하나님께로부터 오는 것'이라고 주장하였습니다. 그래서 그들은 또한 '성경의 우상화'도 거부합니다. 즉 그들은 성경을 '기록하게 하신 성령' 대신에 기록된 문자인 '성경'을 우상화하는 것을 거부합니다. 독일의 경건주의자 존 헌트John Hunt 는 자기 교회에서 일어났던 한 사건의 일화一話를 소개하고 있습니다. 어느 날 한 목사가 "우리는 믿을만한 예언의 '말씀'을 가지고 있습니다. 그것은 바로 성경이며, 모든 교리와 종교 그리고 이견異見은 이 성경의 표준에 의하며 판단되어야 합니다"라고 설교하였다고 한다. 그때에 이 집회에 참석하였던 조오지 폭스는 그 자리에서 일어나 "그것은 성경이 아니라, 하나님이 거룩한 사람들로 하여금 성경을 만들게 한 성령입니다. 따라서 모든 의견

---

56) 이하에 퀘이커 교도들에 대한 설명은 O. W. Heick / J. L. Neve, A History of Christian Thought, Vol. II, 서남동 역, 『基督敎神學史』(서울: 대한기독교서회, 1967), 79 이하를 참고한 것임.

과 종교적 판단은 그 성령에 의해서 판단되어야 한다"고 외쳤다고 한다.57) 이러한 조오지 폭스의 외침을 헌트는 "프로테스탄트주의자들이 성경에 돌리고자 했던 것을 단지 '영'에 돌린 것에 불과하다"고 평가한다.58) 그리고 니이브는 "퀘이커파는 영감靈感을 성경이 기록된 시대에만 국한시키지 않았으며, 그 시대 이후의 사람들의 영은 영감을 받을 수 없다는 것을 인정하지 않았다"고 평한다.59)

그렇지만 '기록된 하나님의 말씀'인 '성경'과 '성령의 말씀'은 결코 분리될 수 없습니다.60) 왜냐하면 우선 성경이 영감에 의해서 기록되었기 때문입니다: "성경은 능히 너로 하여금 그리스도 예수 안에 있는 믿음으로 말미암아 구원에 이르는 지혜가 있게 하느니라. 모든 성경은 하나님의 감동으로 된 것으로 교훈과 책망과 바르게 함과 의로 교육하기에 유익하니……." (딤후 3:15-16)

그래서 버클레이Barclay는 퀘이커 교도들에 관한 그의 저작에서 칼뱅의 말을 인용하여 "성령이 믿게 만든 그 사람만이 참된 확신을 가지고 성경을 신뢰할 수 있다"고 말하였습니다. 그리고 이러한 해석은 프랑스, 화란, 웨스트민스터 신앙고백에 그대로 반영되었습니다. 따라서 우리는 '기록된 하나님의 말씀'인 '성경'을 떠난 '성령의 말씀'을 인정할 수 없으며, 또한 '성령의 계몽이 없는' 자의적인 성경해석 또한 인정할 수 없습니다.61) 왜냐하면 성경은 성령의 영감에 의해서 기록되었고, 성령은 예수 그리스도께

---

57) J. Hunt, *Religious Thought in England* II, 1871, 298(O. W. Heick / J. L. Neve, 서남동 역, 『基督敎神學史』, 81에서 재인용.)

58) O. W. Heick / J. L. Neve, 서남동 역, 『基督敎神學史』, 81.

59) *Ibid.*

60) J. Hunt에 의하면, 초기 퀘이커 교도들은 성경의 말씀을 존중하였다고 한다.(O. W. Heick / J. L. Neve, 서남동 역, 『基督敎神學史』, 82.)

61) 성령과 기록된 말씀과의 관계에 대하여 잘 설명된 논문: Hans Hübner, Der Heilige Geist in der Heiligen Schrift, *Kerygma und Dogma* 36(1990/3), 181-208.

서 하신 말씀을 기억나고 생각나게 하고, 그 의미를 가르쳐 주시는 분이시기 때문입니다.(참조. 요 16:13-14) 뿐만 아니라, 구약성경 역시 예수 그리스도에 관한 증언이기 때문입니다.(참조. 요 5:39; 눅 24:44)[62]

그러므로 기도하는 중 별안간 생각난 '말씀'이 성경에 기록되어 있는 말씀이거나, 성경말씀에 상응하는 말씀이라면, '성령의 말씀'으로 이해해도 될 것입니다. 그러나 그 말씀이 기록된 성경 말씀에 없는 말씀이거나, 예수 그리스도와 아무런 상관이 없는 말씀이라면, 오히려 사탄 마귀의 말로 이해해야 할 것입니다. 왜냐하면 사탄은 간혹 하나님의 말씀을 바꾸어 우리를 유혹하기 때문입니다. 사탄은 이브를 하나님의 말씀을 왜곡하여 유혹하였고(창 3:3-4), 예수님도 하나님의 말씀으로 시험하기 때문입니다. (시 91:11, 12, 참조. 마 4:1-10)[63] 그러므로 사도 바울은 "기록된 말씀 밖으로 넘어가지 말라"(고전 4:6)고 경고하고 있는 것입니다. 아주 명백하게 알아들을 수 있는 말씀으로 기록된 성경을 떠나서 신비한 체험을 강조하는 것은, 실상은 내심 '자신의 영적 체험'을 자랑하려는 것일 수도 있습니다.

---

62) 요 5:39 : "너희가 성경에서 영생을 얻는 줄 생각하고 성경을 연구하거니와 이 성경이 곧 내(예수 그리스도)게 대하여 증언하는 것이니라."; 눅 24:44 : "또 이르시되 내(예수 그리스도)가 너희와 함께 있을 때에 너희에게 말한 바, 곧 모세의 율법과 선지자의 글과 시편에 나를 가리켜 기록된 모든 것이 이루어져야 하리라 한 말이 이것이라."

63) 뱀은 "하나님의 말씀에 너희는 먹지도 말고 만지지도 말라. 너희가 죽을까 하노라"(창 3:3) 하시니 말씀을 바꾸어 "여자에게 이르되, 너희가 결코 죽지 아니하리라"(창 3:4)고 거짓말로 유혹하였다. 그리고 예수님께 대하여는 시편 91:11, 12 말씀으로 시험하였다.

제4부

교회 공동체의 영이신 성령

1

교회 공동체의
설립자이신 성령

민 11:16-17_ "여호와께서 모세에게 이르시되 이스라엘 노인 중에 네가 알기로 백성의 장로와 지도자가 될 만한 자 칠십 명을 모아 내게 데리고 와 성막에 이르러 거기서 너와 함께 서게 하라. 내가 강림하여 거기서 너와 말하고 네게 임한 영을 그들에게도 임하게 하리니 그들이 너와 함께 백성의 짐을 담당하고 너 혼자 담당하지 아니하리라. The Lord said to Moses: 'Bring me seventy of Israel's elders who are known to you as leaders and officials among the people. Have them come to the Tent of Meeting, that they may stand there with you. I will come down and speak with you there, and I will take of the Spirit that is on you and put the Spirit on them. They will help you carry the burden of the people so that you will not have to carry it alone.'"

행 2:1-2_ "오순절 날이 이미 이르매 그들이 다 같이 한 곳에 모였더니, 홀연히 하늘로부터 급하고 강한 바람 같은 소리가 있어 그들이 앉은 온 집에 가득하며. When the day of Pentecost came, they were all together in one place. Suddenly a sound like the blowing of a violent wind came from heaven and filled the whole house where they were sitting."

1) 교회 공동체의 모형으로서의 '이스라엘 성막 공동체'

초대 '교회 공동체'[1] 교우들은 자신들을 '에클레시아(ἐκκλησία, 밖으로 불러냄을 받은 자들)'로 표현하였습니다. '에클레시아'란 단어는 "에크(ἐκ; 밖으로)"와 "크레토스(κλητος; 부르다)"의 합성어로서 어느 사람을 무리 중에서, 혹은 집 밖으로 불러내는 것을 뜻합니다. 그런데 '에클레시아'란 말의 헬라적 의미는 투표권을 가진 시민이 국가적으로 중요한 일을 논의하거나, 중대한 사안事案을 결정하고자 할 때에 '아고라agora'에 모이는 자유 시민들의 '회중' 혹은 '집회'를 가리키는 말입니다.[2] 그러나 이러한 '에클레시아'란

---

[1] 참조. 김재진, 『기독교란 이런 거야』(서울: 황금부엉이, 2004), "교회란 무엇인가?", 160ff. '교회'란 단어는 오랜 역사를 통하여 민족과 언어에 따라 여러 의미를 가지게 되었는데, '교회敎會'라는 우리말은 기독교 종교를 가진 사람들의 모임 또는 회중을 뜻한다. 게르만어 계열에 속하는 영어의 'church', 독일어의 'Kirche', 스웨덴어의 'kyrka'는 비잔틴의 민속언어 'kyriakê'에서 유래하며 '주님께 속한'이란 의미를 지닌다. 그러나 라틴어 계열에 속한 단어들, 곧 라틴어 'ecclesia', 스페인어 'iglesia', 불어 'église', 이태리어 'chiesa'는 신약성서의 희랍어 '에클레시아(ἐκκλησία)'에서 유래한다.

[2] '에클레시아'란 단어가 신약성서 안에서 헬라적으로 사용되고 있는 곳은 사도행전 19장 32절, 39절 이하이다: "극장 안에서는, 더러는 이렇게 외치고, 더러는 저렇게 외치는 바람에, 모임(ἐκκλησία)은 혼란에 빠지고, 무엇 때문에 자기들이 모였는지 조차 알지 못하는 사람이 많았다"(행 19:32); "여러분이 이 이상으로 해결하고자 하는 어떤 문제가 있으면, 그것은 정식 집회(καὶ ταῦτα εἰπὼν ἀπέλυσεν τὴν ἐκκλησίαν)에서 처리되어야 할 것입니다……

단어의 헬라적 의미가 초대 '교회 공동체'의 성격을 곡해曲解할 여지가 있었으므로, 초대 교회공동체는 자신들 모임의 성격을 구약성경적 언어의 의미에 따라서 규정하였습니다. 그래서 그들은 자신들의 모임을, 비록 헬라어 '에클레시아'(קהל)[3]라는 단어로 표현하였지만, 실제로는 '하나님의 백성'인 이스라엘로 이해하고 있었습니다.[4]

원시 기독교 공동체가 자신들을 여호와 '하나님의 백성' 이스라엘로 생각하였다는 것은, 그들이 '종말의 시대를 사는 거룩한 하나님의 백성'이라는 것을 의미하는 것입니다. 즉 그들은 자신들의 조상과 동행하셨던 여호와 하나님이 지금도 성령으로 자신들과 함께 계시다고 생각하였습니다. 더 자세히 말하면, 불기둥과 구름 기둥으로 자신들의 조상과 동행했던 여호와 하나님이 오순절 날 그들이 모여 있을 때 그들 가운데 강림하셔서, 지금 자신들과 함께 계시다고 생각하였습니다. 그들은 하나님이 자신들을 하나님에 대한 예배와 공동체적인 삶을 위하여 선택하시고, 자신들에게 성령을 부어 주셨다고 확신하였습니다. 따라서 그들은 자신들을 단지 하나의 '민족 공동체'나 '사귐 공동체'로 이해하지 않고, 마지막 시대에 성령에 의해서 부름 받은 '하나님의 거룩한 백성'이라고 이해하였습니다.[5]

___

이렇게 말하고서, 그는 모임을 해산시켰다."(행 19:40 이하)

3) 구약성서의 희랍어 번역인 70인(Lxx)역에서 '에클레시아'는 히브리어 קהלkahal을 번역한 것인데, 카할(קהל)은 종교적 의미가 있지 않았고 세속적 의미의 '모임', '모인 사람들의 무리'를 뜻했으나, 구약성서에는 하나님이 선택하여 그들과 계약을 맺은 '하나님의 백성'을 '카할 야웨kahal Jahwe'이라 부름으로써 'קהל'은 하나님의 공동체를 뜻하게 되었다.

4) 비록 '에클레시아'의 능동형인 '수나고게(συναγωγή)'도 있었지만, 초대 교회 공동체는 자신들을 '수나고게'로 표현하지 않고, '에클레시아(ἐκκλησία)'로 표현하였다. 원시 기독교 공동체에 관하여: W. G. Kümmel, *Kirchenbegriff und Geschichtsbewußtsein in der Urgemeinde und bei Jesus,* 1943, 2. Aufl. 1968 - K. Stendahl, 'Kirche im Urchristentum', *RGG* 3. Aufl. III, 1297-1304 - E. Schweizer, *Gemeinde und Gemeindeordnung im NT,* 1959, 2. Aufl. 1962 - W. Schrage, 'Ekklesia und Synagoge. Zum Ursprung des urchristlichen Kirchenbegriffs', *ZThK* 60(1963), 178-202.

그런데 이렇게 초대 교회 교우들이 자신들을 이해하게 된 전거典據는, 이스라엘 백성이 출애굽 한 이후 광야를 통과하는 도중 세운 '성막聖幕'에 여호와 하나님의 영광(영)이 강림하셨던 사건에 있습니다. 우선 이스라엘 백성이 애굽을 탈출하여 광야를 통과하는 동안 여호와 하나님은 '구름 기둥과 불기둥'으로 이스라엘 백성과 항상 동행하셨습니다.(출 13:21-22) 그후 모세가 여호와 하나님의 지시대로 '성막'을 지은 이후부터는, 하나님이 구름으로 '성막'에 강림하십니다: "구름이 회막에 덮이고 여호와의 영광이 성막에 충만하매 모세가 회막에 들어갈 수 없었으니, 이는 구름이 회막 위에 덮이고 여호와의 영광이 성막에 충만함이었으며……."(출 40:34-35)[6]

그 후 이스라엘 백성이 바란 광야에 이르렀을 때 다시 "여호와께서 모세에게 이르시되, 이스라엘 노인 중에 네가 알기로 백성의 장로와 지도자가 될 만 한 자 칠십 명을 모아 내게 데리고 와 성막에 이르러 거기서 너와 함께 서게 하라. 내가 강림하여 거기서 너와 말하고 네게 임한 영을 그들에게도 임하게 하리니 그들이 너와 함께 백성의 짐을 담당하고 너 혼자 담당하지 아니하리라"(민 11:16-17)고 약속해 주십니다. 이러한 여호와 하나님의 약속에 의해 그 후, "여호와께서 구름 가운데 강림하사 모세에게 말씀하시고, 그에게 임한 영을 칠십 장로에게도 임하게 하시니, 영이 임하신 때에

---

5) 초대 교회 교우들은 자신들을, '부름 받은 자(κλητοί 크레토이)'(롬 1:6; 고전 1:24, 그 밖의 다른 곳) 혹은 '거룩한 자(ἅγιοι 하기오이)'(고전 6:2; 16:1 그 밖의 다른 곳) 혹은 '성도 가운데 가난한 자(πτωχούς τών ἁγίων프토투스 톤 하기온)'(롬 15:26)라고 불렀다.

6) 클라인에 의하면, 하나님의 영광은 하나님의 인격적인 임재와 하나님의 주권을 행사하기 위한 하나님의 능력, 곧 성령의 능력과 동일시되었다. 이 점에 관하여: M. G. Kleine, *Image of the Spirit*, Grand Rapids: Baker, 1980, 18-19. 그리고 히브리어 מכסה miks'h(미크세, 명남) 뚜껑, 덮개는 כסה kasah(카사: 덮다, 가리다)에서 유래한 것이다. 구약성경에서 이 단어는 16회 나오며, 노아 방주의 '뚜껑'(창 8:13), 성막의 가죽 '덮개'(출 26:14; 출 35:11; 출 36:19; 출 39:34; 출 40:19; 민 3:25; 민 4:8; 민 4:10; 민 4:11; 민 4:12; 민 4:25)을 의미한다.(참조: BDB)

그들이 예언을 하다가 다시는 하지 아니하였더라"(민 11:25)고 증언하고 있습니다.

'성막' 가운데 있던 70인 장로들에게 임하신 여호와 하나님은 예루살렘에 성전이 건축 된 이후는 '예루살렘 성전'에도 임재하십니다: "제사장이 성소에서 나올 때에 구름이 여호와의 성전에 가득하매, 제사장이 그 구름으로 말미암아 능히 서서 섬기지 못하였으니, 이는 여호와의 영광이 여호와의 성전에 가득함이었더라."(왕상 8:10-11)

또한 선지자 에스겔도 예루살렘 성전에서 하나님의 임재를 봅니다: "여호와의 영광이 동문을 통하여 성전으로 들어가고, 영이 나를 들어 데리고 안뜰에 들어가시기로 내가 보니 여호와의 영광이 성전에 가득하더라."(겔 43:4-5)

이상 살펴본 바와 같이, '성막' 그리고 이 '성막'에 따라서 건축 된 예루살렘 '성전'은 하나님의 영광이——때로는 구름의 형상으로——거룩하는 곳입니다. 그러나 더 자세히 말하면, '성막'이나, '성전' 건축물 안에 거하시는 것이 아니라, '성막'이나 '성전' 안에 있었던 장로들이나 백성들에게 성령이 임하신 것입니다. 왜냐하면 "여호와께서 모세에게…… 이스라엘 노인 중에 네가 알기로 백성의 장로와 지도자가 될 만한 자 칠십 명을 모아 내게 데리고 와 성막에 이르러 거기서 너와 함께 서게 하라. 내가 강림하여 거기서 너와 말하고 네게 임한 영을 그들에게도 임하게 하리니……"(민 11:16-17)라고 말씀하셨기 때문입니다. 이와 상응하게 요엘 선지자도 "그후에 내가 내 영을 만민에게 부어 주리니, 너희 자녀들이 장래 일을 말할 것이며 너희 늙은이는 꿈을 꾸며 너희 젊은이는 이상을 볼 것이며, 그때에 내가 또 내 영을 남종과 여종에게 부어 줄 것이며……"(욜 2:28-29)라고 예언하였던 것입니다. 그뿐만 아니라 선지자 에스겔도 "또 새 영을 너희 속에 두고 새 마음을 너희에게 주되 너희 육신에서 굳은 마음을 제거하고 부드러운 마음을 줄 것이며, 또 내 신을 너희 속에 두어 너희로 내 율례를 행하게 하리니 너희가 내 규례를 지켜 행할지라. 내가 너희 조상들에게 준 땅에서 너희가 거주하면서 내 백성이 되고 나는 너희 하나님이 되리라"(겔 36:26-28)고 예언하고 있습니다.

결론적으로 말해서, 구약성경의 전승에 의하면, 여호와 하나님은 이미 출애굽 이래로 '구름'의 형상으로 이스라엘 12지파 가운데 있는 '성막'에 강림하여 그들 가운데 거㵐하셨을 뿐만 아니라, 이스라엘 장로들에게 '하나님의 영'을 부어 주셨습니다.(참고. 학 2:5)[7] 그리고 이스라엘 역사 후대에 와서는 선지자 에스겔을 통하여 하나님이 각 개인에게 '당신의 영'을 부어 주시기로 약속하였습니다. 따라서 이러한 사실들을 고려해 볼 때, 이스라엘 백성을 '하나님의 백성'으로 만든 실질적 주체는 바로 '하나님의 영', 곧 '성령'입니다. 성경의 증언대로 말하면, "내 신(영)을 너희 속에 두어 너희로 내 율례를 행하게 하리니 너희가 내 규례를 지켜 행할지라…… 내 백성이 되고 나는 너희 하나님이 되리라"(겔 36:26-28)는 말씀이 성취된 것입니다. 이러한 점에서 '성령님'은 '여호와 신앙 공동체'의 실질적인 설립자이십니다.

2) '오순절 공동체'를 설립한 성령

광야 시대에 '성막'에 있던 이스라엘의 장로들에게 '하나님의 신(영)'이 강림하였던 것처럼, 오순절에 지중해 연안 각 지방으로부터 예루살렘에

---

7) 학 2:5 : "너희가 애굽에서 나올 때에 내가 너희와 언약한 말과 나의 영이 계속하여 너희 가운데에 머물러 있나니 너희는 두려워하지 말지어다."

순례하러 온 유대인들에게 성령이 임하였습니다.

> "오순절 날이 이미 이르매 그들이 다 같이 한 곳에 모였더니, 홀연히
> 하늘로부터 급하고 강한 바람 같은 소리가 있어 그들이 앉은 온 집에
> 가득하며, 마치 불의 혀처럼 갈라지는 것들이 그들에게 보여 각 사람
> 위에 하나씩 임하여 있더니, 그들이 다 성령의 충만함을 받고 성령이
> 말하게 하심을 따라 다른 언어들로 말하기를 시작하니라."(행 2:1-4)

이러한 성령강림의 사건에서 학자들은 대부분 '초대교회 공동체'의 기
원을 찾고 있습니다. 그렇다면 두말할 것도 없이, 성령님은 '초대교회 공동
체'의 실질적인 설립자가 분명합니다. 왜냐하면 사도 베드로는 오순절 성
령강림의 사건을 선지자 요엘이 선포한 예언(욜 2:28 이하)의 성취로 해석하
고 있기 때문입니다: 이는 곧 선지자 요엘을 통하여 말씀하신 것이니 일렀
으되, "하나님이 말씀하시기를 말세에 내가 내 영을 모든 육체에 부어 주리
니 너희의 자녀들은 예언할 것이요 너희의 젊은이들은 환상을 보고 너희의
늙은이들은 꿈을 꾸리라. 그 때에 내가 내 영을 내 남종과 여종들에게 부어
주리니 그들이 예언할 것이요."(행 2:16-18: 인용, 욜 2:28이하)

그러나 이러한 오순절 '성령강림'의 사건은 단순히 선지자 요엘의 예언
이 성취된 것뿐만 아니라, 앞에서 살펴본 바와 같이, 광야의 '성막' 전승,
호렙 산에서 모세에게 나타나신 여호와 하나님의 강림사건(출 19:16-19),
신명기 전승에 나타난 '하나님의 큰일 선포사건'(신 10:12-11:7), '바벨탑 강
림사건'(창 11:1-9) 등 구약성경적 전거를 총체적으로 가지고 있는 사건입
니다.8)

---

8) 이 점에 관하여: D. Lyle Dabney, Die Kenosis des Geistes, Kontinuität zwischen

그러므로 오순절에 성령을 받은 그들은 비록 서로 다른 지방에서 왔지만 '모두' 한 분 여호와 하나님의 영을 받음으로 말미암아 '마지막 시대에 하나님으로부터 불러냄을 받은 자', 곧 '하나님의 백성'이라는 '의식'을 가지게 되었습니다. 따라서 이러한 '자의식'을 가지고 있던 원시 기독교 공동체 교우들이었기에 그들은 자신들을 이스라엘 백성과 결코 분리시키지 않았습니다. 그래서 그들은 자기 자신들을 '부름 받은 공동체'로서 자신들 가운데 하나님께서 직접 거주居住하시는 '하나님의 성전'이라고 생각하였습니다.9) (고전 3:16-17) 이러한 이유로 '교회 공동체' 혹은 '교회'로 번역되고 있는 그리스어 '에클레시아(ἐκκλησία)'의 개념이 신약성경에서는 "하나님의 (τού θεού)"라는 소유격과 자주 결합되어 나타나는 것입니다.(행 20:28; 고전 1:2; 10:32; 11:22; 살전 2:14) 이러한 사실은 교회 공동체가 단지 헬라인과 이방인의 '모임' 혹은 '회중'(행 19:32; 39-40)이라는 표현과 분명히 구분되었다는 것과 교회 공동체의 구성원들은 성령에 의해서 인도함을 받는다는 것을 표징해 주는 것입니다.

이상 살펴본 바에 의하여 명백히 드러난 것과 같이, 원시 '교회 공동체' 또한 역시 성령 하나님에 의해서 설립되었습니다. 바로 그렇기 때문에 하나님은 '교회(혹은 성전) 안에서', 더 자세히 말하면 '성령 받은 공동체' 안에서 활동하시는 것입니다.10) 다시 말하면, '교회 공동체'는, 비록 인간들의

Schöpfung und Erlösung im Werk des Heiligen Geistes, Neukiren: Neukirchen Verlag, 1997, 74: "Die Methapher der Kenosis des Geistes".

9) 고전 3:16 -17 : "너희는 너희가 하나님의 성전인 것과 하나님의 성령이 너희 안에 계시는 것을 알지 못하느냐, 누구든지 하나님의 성전을 더럽히면 하나님이 그 사람을 멸하시리라 하나님의 성전은 거룩하니 너희도 그러하니라."

10) 콘첼만도 성령은 우선적으로 개인에게 주어진 것이 아니라, 교회 공동체에 주어진 것이라고 해석한다. 그래서 그는 '주님이 교회에 임재하신다'는 것은 어떤 신비적인 개별적 결합을 의미하는 것이 아니라, 교회 구성원에게 임한다는 것을 의미한다고 한다. 그래서 콘첼만은 "하나님이 참으로 너희 가운데 계신다"(고전 14:25)는 말씀은 "두세 사람이 내 이름으로

공동체이지만, 결코 단순히 인간들의 사적 혹은 종교적 '모임'이 아니라, 성령 하나님이 교회공동체 구성원을 불러 모으시고, 그 구성원 가운데 역사하시는 곳을 가리킵니다.[11] 그래서 고대 교회의 '사도신경'에서는 교회를 '하나님의 백성'이라는 의미에서 '성도들의 교제*Sanctorum communio*'로 표징하였으며, '니케아 신경'에서는 교회를 "하나의 거룩하고 보편적인 사도들의 교회*uma sancta catolica et apostolica ecclecia*"라고 고백하고 있는 것입니다.[12]

3) '성령세례'로 확산되는 '교회 공동체'

예수님이 부활하시고 나서 승천하시며 하신 말씀("오직 성령이 너희에게 임하시면 너희가 권능을 받고 예루살렘과 온 유대와 사마리아와 땅끝까지 이르러 내 증인이 되리라 하시니라." 행 1:8)에 따라서 제자들과 오순절에 예루살렘을 방문한 많은 이방지에서 온 유대인들은 성령강림을 경험합니다. 그 후 성령강림을 경험한 사람들은 자기 지방으로 돌아가 '그리스도의 십자가와 부활'을 증언하게 됩니다.[13] 그리고 사도들이 예수 그리스도의 죽음과 부활을 증언할 때, 그들 자신들에게 임하였던 '성령'이 사마리아 사람들에게도 임하였다고 보고합니다.

모인 곳에는 나도 그들 중에 있느니라"(마 18:20)는 말씀으로 해석해야 한다고 말한다. 이에 관하여: Hans Conzelmann, *Grundriß der Theologie des neuen Testaments*, München, 1968, 김철손, 박창환, 안병무 공역, 『新約聖書神學』(서울: 한국신학연구소, 1982, 314.)

11) 이 점에 관하여: *Theol. Wörterbuch NT* III, 1938, 507.

12) 본회퍼는 교회를 "성도의 교제*Sanctorum communio*"로 규정하고 있다. 이 점에 관하여: D. Bonhoeffer, *Sanctorum Communio. Eine dogmatische Untersuchung zur Soziologie der Kirche*, hrsg. v. Joachim von Soosten, München, 1986.

13) 오순절에 참여한 민족들에 관한 연구는: 김희성, '민족목록(행 2:9-11)의 출처와 의미', 『신학과 선교』 19 (서울신학대학교, 1993), 289-313.

"그 흩어진 사람들이 두루 다니며 복음의 말씀을 전할새, 빌립이 사마리아 성에 내려가 그리스도를 백성에게 전파하니, 무리가 빌립의 말도 듣고 행하는 표적도 보고 한마음으로 그가 하는 말을 따르더라. 많은 사람에게 붙었던 더러운 귀신들이 크게 소리를 지르며 나가고 또 많은 중풍병자와 못 걷는 사람이 나으니, 그 성에 큰 기쁨이 있더라."(행 8:4-8)

"빌립이 하나님 나라와 및 예수 그리스도의 이름에 관하여 전도함을 그들이 믿고 남녀가 다 세례를 받으니, 시몬도 믿고 세례를 받은 후에 전심으로 빌립을 따라다니며 그 나타나는 표적과 큰 능력을 보고 놀라니라. 예루살렘에 있는 사도들이 사마리아도 하나님의 말씀을 받았다 함을 듣고 베드로와 요한을 보내매, 그들이 내려가서 그들을 위하여 성령 받기를 기도하니, 이는 아직 한 사람에게도 성령 내리신 일이 없고 오직 주 예수의 이름으로 세례만 받을 뿐이더라. 이에 두 사도가 그들에게 안수하매 성령을 받는지라."(행 8:12-17)

그뿐만 아니라 환상을 보고 고넬료의 초청을 받아간(행 10:1-11) 베드로가 고넬료의 집에서 설교할 때(행 10:24-43), 성령이 이방 사람들에게도 임합니다.

"베드로가 이 말을 할 때에 성령이 말씀 듣는 모든 사람에게 내려오시니, 베드로와 함께 온 할례 받은 신자들이 이방인들에게도 성령 부어 주심으로 말미암아 놀라니, 이는 방언을 말하며 하나님 높임을 들음이러라. 이에 베드로가 이르되 이 사람들이 우리와 같이 성령을 받았으니 누가 능히 물로 세례 베풂을 금하리요 하고, 명하여 예수 그리스

도의 이름으로 세례를 베풀라 하니라."(행 10:44-48)[14]

또한 사도 바울이 설교할 때도 성령이 그의 복음을 듣는 자들에게 임합니다.

"아볼로가 고린도에 있을 때에 바울이 윗 지방으로 다녀 에베소에 와서 어떤 제자들을 만나 이르되, 너희가 믿을 때에 성령을 받았느냐, 이르되 아니라, 우리는 성령이 계심도 듣지 못하였노라. 바울이 이르되, 그러면 너희가 무슨 세례를 받았느냐 대답하되 요한의 세례니라. 바울이 이르되 요한이 회개의 세례를 베풀며 백성에게 말하되 내 뒤에 오시는 이를 믿으라 하였으니 이는 곧 예수라 하거늘, 그들이 듣고 주 예수의 이름으로 세례를 받으니, 바울이 그들에게 안수하매 성령이 그들에게 임하시므로 방언도 하고 예언도 하니, 모두 열두 사람쯤되니라."(행 19:1-7)[15]

---

14) 앞장 제3장 "말씀의 영이신 성령"에서도 이미 언급한 바와 같이, 이 본문에서도 명백히 드러나는 바에 의하면, 성령과 말씀은 불가분리하게 서로 결합되어 있다. 만일 말씀이 배제된 성령의 사역은 신비주의적 열광주의에 빠질 염려가 있다.

15) 사도행전에 의하면, 예수 그리스도의 부활에 대한 증언은 오순절 성령강림과 더불어 시작하여, 예루살렘과 사마리아, 그리고 안디옥을 중심으로 로마에까지 전파된다. 그리고 사도 바울을 그 당시 땅 끝이라고 생각하였던 서바나(스페인)까지 복음을 전도하기 원한다. 그래서 로마 교회공동체에 도움을 청하였다.(참조. 롬 15:24) 이와 상응하게 혹자는 사도 행전을 선교 지역에 따라서 3부분으로 나누기도 한다: 첫 번째 지역은 예루살렘에서도 전도, 둘째는 사마리아에서의 전도, 그리고 셋째는 바울의 전도여행, 곧 안디옥에서 출발하여 소아시아를 걸쳐 로마까지의 지역으로 구분한다. 첫 단계, 예루살렘에서의 복음전도(행 1:1-8:3); 둘째 단계, 사마리아에서의 복음전도(행 8:4-11:18); 셋째 단계, 안디옥에서 출발하여 로마에까지 이르는 복음전도(행 11:19-28:31). 이 점에 관하여: Karl Hermann Schekle, *Das Neue Testament. Seine literarische und theologische Geschichte*, 정양모 외 5인 역, 『新約神學入門』(왜관: 분도출판사, 2000), 124-125. 이 밖에 또한 Ivo Storniolo, *Como ler os Atos dos Apóstolos*, 김수복 역, 『사도행전 일기 - 복음이 나아가는 길』(서울: 성바오로출

이상 살펴본 대로, 예수님이 부활 승천하시면서 하신 말씀, 곧 "오직 성령이 너희에게 임하시면 너희가 권능을 받고 예루살렘과 온 유대와 사마리아와 땅끝까지 이르러 내 증인이 되리라"(행 1:8) 하신 말씀대로 먼저는 제자들이 '성령'을 받아 유대와 사마리아 그리고 이방인들에게 가서 예수의 부활에 대한 복음을 전하였고, 그 복음을 들은 사람들도 '성령'을 받아 사도들과 함께 '교회 공동체'에 속하게 됩니다. 이러한 원시 교회 공동체의 성장과정에서 사도 베드로와 요한, 집사 스데반과 빌립, 그리고 사도 바울과 바나바가 결정적인 역할을 하였는데, 이들은 모두 성령의 충만함을 받아 순교를 두려워하지 않고, 예수 그리스도의 부활을 증언하였습니다.[16] 이렇게 사도들과 집사들이 성령이 충만하여 복음을 전파하게 됨에 따라서 원시 기독교 공동체는 어려운 박해 속에서도 성장하게 됩니다. 이러한 점에서 '성령'은 '원시 교회 공동체'의 설립자입니다. 즉 성령이 임한 자들의 모임이 바로 '교회 공동체'인 것입니다. 그래서 사도 바울은 "하나님의 영으로 인도함을 받는 사람은 곧 하나님의 아들이라. 너희는…… 양자의 영을 받았으므로 우리가 아빠 아버지라고 부르짖느니라. 성령이 친히 우리의 영과 더불어 우리가 하나님의 자녀인 것을 증언하시(니라)"(롬 8:14-16)고 선포하고 있는 것입니다.

판사, 1993).

16) 이 점에 관하여: U. Wilckens, Die Missionssreden der Apostelgeschichte, 3.Aufl., 1974, 32ff, 56ff.; E. Dinkler, Philippus und der *ANH ΠΑΙ ΘΙΟΨ*(Apg 8:26-40), Jesus und Paulus(FS W. G. Kümmel), 1975, 85ff.

2

교회 공동체를 섬기는 성령
— 성령의 은사

창 41:38_ "바로가 그의 신하들에게 이르되 이와 같이 하나님의 영에 감동된 사람을 우리가 어찌 찾을 수 있으리요. So Pharaoh asked them, 'Can we find anyone like this man, one in whom is the spirit of God.'"

고전 12:4-6_ "은사는 여러 가지나 성령은 같고, 직임은 여러 가지나 주는 같으며, 또 사역은 여러 가지나 모든 것을 모든 사람 가운데서 이루시는 하나님은 같으니. There are different kinds of gifts, but the same Spirit. There are different kinds of service, but the same Lord. There are different kinds of working, but the same God works all of them in all man."

1) 성령에 의해서 주어진 구약의 각종 은사

이스라엘 조상 아브람으로부터 출애굽을 인도한 모세, 사사들, 이스라엘 왕 다윗, 제사장, 선지자들은 모두 성령의 은사를 받아 각자 자신에게 주어진 일을 수행한 하나님의 종들입니다. 여호와 하나님은 당신의 계획에 따라서 이스라엘 백성을 구원하기 위하여 개인들을 선택하여 각종 은사를 주어 그 일을 감당하도록 하셨습니다.17) 다시 말하면 성령의 각종 은사를 받은 사람들은 구약에서는 하나님의 백성인 이스라엘을 섬기는 자들이 되었으며, 신약에서는 그리스도의 몸 되신 교회를 섬기는 사람들이 되었습니다. 예컨대 요셉, 브살렐, 오홀리압, 모세, 여호수아, 칠십 장로, 사사들, 왕들, 선지자들, 제사장들이 성령의 은사를 받아 자신의 직무를 수행한 사람들입니다.

성령의 은사를 받아서 하나님의 구원역사의 도구가 된 전형적인 예가 바로 요셉입니다. 왜냐하면 요셉이 애굽의 총리대신이 될 수 있었던 것은 하나님의 영이 함께하시어 앞으로 애굽에서 일어날 사건을 미리 예견할 수 있었기 때문입니다. 이 점을 우리는 창세기 39장 2-3절에서 읽어낼 수 있습니다. 창세기는 처음에 요셉이 보디발 장군의 집사로 일할 때의 정황을 이렇게 적고 있습니다: "여호와께서 요셉과 함께 하시므로 그가 형통한 자가 되어 그의 주인 애굽 사람의 집에 있으니, 그의 주인이 여호와께서 그와 함께 하심을 보며 또 여호와께서 그의 범사에 형통하게 하심을 보았더라."(창 39:2-3)

그래서 요셉이 애굽 왕 바로의 꿈을 해석하였을 때, 바로는 "그의 신하

---

17) 구약의 성령 은사에 관하여: W. J. Dumbrell, 'Spirit and Kingdom of God in the Old Testament', *RefThR* 33(1974), 1-11.

들에게 이르되 이와 같이 하나님의 영(성령)에 감동된 사람을 우리가 어찌 찾을 수 있으리요"(창 41:38)라고 말합니다. 그 후 바로는 요셉을 애굽 전국을 다스리는 총리로 임명합니다.(창 41:43) 요셉이 애굽의 총리대신이 됨으로 말미암아 요셉은 이스라엘, 곧 야곱 자손을 구원하고자 하는 '하나님의 섭리providentia deo'의 도구가 됩니다. 이를 요셉은 다음과 같이 고백합니다: "당신들이 나를 이곳에 팔았다고 해서 근심하지 마소서, 한탄하지 마소서, 하나님이 생명을 구원하시려고 나를 당신들보다 먼저 보내셨나이다."(창 45:5)

이스라엘 백성을 애굽의 종살이로부터 해방한 모세도 성령에 감동되어 해방의 지도자뿐만 아니라, 하나님과 인간 사이에서 계약의 중재자Mittler가 됩니다. 이 점을 우리는 모세의 파송기사에서 발견할 수 있습니다. 여호와 하나님은 당신의 종 모세를 혼자 보내지 않으시고, 친히 그와 동행하실 것을 약속해 주십니다: "하나님이 이르시되 내가 반드시 너와 함께 있으리라."(출 3:12a)

그리고 계속해서 하나님은 "이제 가라 내가 네 입과 함께 있어서 할 말을 가르치리라"(출 4:12)고 약속하십니다.18) 그 후 하나님은 애굽에서 모세와 항상 동행하실 뿐만 아니라, 그때그때 모세가 행할 것을 친히 가르쳐 주셨습니다.(출 7-12:36) 그뿐만 아니라 출애굽 한 이후에는 모세가 인도하는

---

18) 여호와 하나님의 이러난 '동행약속'은 예수님께서 제자들에게 주신 '동행약속'과 '양식Art'면에서 일치한다. 왜냐하면 예수님도 제자들에게 "볼지어다 내가 세상 끝날까지 너희와 항상 함께 있으리라"(마 28:20b)고 약속해 주셨기 때문이다. 그런데 '함께 있는 약식'은 '성령'을 통한 '동행'이외에 다른 방법이 없다. 왜냐하면 예수님께서 보혜사 성령에 대한 약속에서 "내가 아버지께 구하겠으니, 그가 또 다른 보혜사를 너희에게 주사 영원토록 너희와 함께 있게 하리니"(요 14:16)라고 약속해 주셨기 때문이다. 이 점에 관하여: D. Vetter, Jahwes Mit-Sein. Ein Ausdruck des Segens, Stuttgart: Calwer, 1971; O. Betz, Der Paraklet, 1963; U. Wilkens, Der Paraklet und die Kirche, Kirche (FS G. Bornkamm), 1980, 185ff.

이스라엘 백성과, 낮에는 구름 기둥으로 밤에는 불기둥의 형상으로, 항상 동행해 주십니다.(출 13:21-22)[19] 그 후 이스라엘 백성의 출애굽과 광야 생활의 긴 여정旅程 속에서 우리는 모세를 통한 성령의 보혜사 역할을 발견할 수 있습니다. 즉 '하나님의 영'은 항상 모세가 어려울 때마다 도와주시는 '보혜사' 역할을 하심으로써 모세로 하여금 이스라엘 백성을 잘 인도하는 지도자의 사역을 잘 감당하게 합니다.

그뿐만 아니라 모세가 이스라엘 백성을 다스리는 과정에서 기력氣力을 소진하였을 때, 모세는 하나님께 "책임이 심히 중하여 나 혼자는 이 모든 백성을 감당할 수 없나이다"(민 11:14)라고 도움을 호소합니다. 그러자 하나님은 "내가 강림하여 거기서 너와 말하고 네게 임한 영을 그들에게도 임하게 하리니 그들이 너와 함께 백성의 짐을 담당하고 너 혼자 담당하지 아니하리라"(민 11:17)고 약속해 주십니다. 그 후 "여호와께서 구름 가운데 강림하사 모세에게 말씀하시고 그에게 임한 영을 칠십 장로에게도 임하게 하시니, 영이 임하신 때에 그들이 예언하다가 다시는 하지 아니하였더라"(민 11:25)고 민수기는 적고 있습니다.[20] 이렇듯 모세는 성령의 도움으로 자신에게 주어진 선지자의 임무(신 18:15-18)와 중재자의 임무, 그리고 민족의 지도자로서의 임무를 잘 감당합니다. 그래서 이사야서는 모세가 하나님께서 맡겨 주신 직무를 잘 감당할 수 있었던 원인을 다음과 같이 적고 있습니다.

---

19) 출 13:21-22 : "여호와께서 그들 앞에서 가시며 낮에는 구름 기둥으로 그들의 길을 인도하시고 밤에는 불기둥을 그들에게 비추사 낮이나 밤이나 진행하게 하시니, 낮에는 구름 기둥, 밤에는 불기둥이 백성 앞에서 떠나지 아니하니라." 이와 상응하게 요한복음도——특히 요 14:18-26——예수님이 성령 안에서 현존하심을 증언하고 있다. 이 점에 관하여: Helmut Merkel, *Bebelkunde des Neuen Testaments*, 박창건 역, 『신약성서연구입문』(한국신학연구소, 1993, 4쇄), 97.

20) 이와 관련하여: "IV-1. 교회 공동체의 설립자이신 성령"을 참조.

"백성이 옛적 모세의 때를 기억하여 이르되, 백성과 양떼의 목자를 바다에서 올라오게 하신 이가 어디 계시냐, 그들 가운데에 성령을 두신 이가 이제 어디 계시냐, 그의 영광의 팔이 모세의 오른손을 이끄시며 그의 이름을 영원하게 하려 하사 그들 앞에서 물을 갈라지게 하시고……."(사 63:11-12)

이러한 점에서 힐데브란트는 "모세가 하나님의 백성이 광야를 지나가도록 인도하고, 임무를 수행할 수 있게 한 것은 바로 루하(하나님의 영)였다"고 주장합니다.21) 한마디로 말해서, 모세가 이스라엘 백성의 인도자, 재판관, 율법수여자, 계약의 중재자, 선지자로서 많은 기적을 성공적으로 행할 수 있었던 것은, 하나님이 그와 함께 계시면서 그를 도와주셨기 때문입니다. 즉 하나님께서 당신의 영으로 그를 돕는 '보혜사' 역할을 하셨기 때문입니다. 바꾸어 말하면, 하나님의 구원 의지를 실현하는 '하나님의 영', 곧 '성령'이 모세에게 임하였기 때문입니다.22)

모세의 뒤를 이은 여호수아 역시 성령 충만함으로 이스라엘 백성의 지도자 역할을 잘 감당합니다. 다시 말하면, 여호수아가 자신의 직무를 잘 감당할 수 있었던 것은 모세에게서 인간적으로 모세의 통치력, 재판능력, 중재의 기술을 배운 것이 아니라, 성령이 그와 함께 하였기 때문입니다. 이를 여호와 하나님이 직접 증언하십니다.

"여호와께서 모세에게 이르시되 눈의 아들 여호수아는 그 안에 영이

---

21) Wilf Hildebrandt, *Old Testament Theology of the Spirit of God*, 김진섭 옮김, 『구약의 성령신학 입문』(이레서원, 1995), 151.

22) 이 점에 관하여: J. K. Hoffmeier, *Moses*, ISBE 3, 423-24.(Wilf Hildebrandt, 김진섭 옮김, *op. cit.*, 152에서 재인용).

머무는 자니 너는 데려다가 그에게 안수하고 그를 제사장 엘르아살과 온 회중 앞에 세우고 그들의 목전에서 그에게 위탁하여 네 존귀를 그에게 돌려 이스라엘 자손의 온 회중을 그에게 복종하게 하라."(민 27:18-20)

그 후 하나님의 명령에 따라서 "모세가 눈의 아들 여호수아에게 안수하였으므로 그에게 지혜의 영이 충만하니 이스라엘 자손이 여호와께서 모세에게 명령하신 대로 여호수아의 말을 순종하였더라"(신 34:9)고 신명기는 적고 있습니다. 이처럼 여호수아도 하나님의 성령이 그와 함께 하심으로 말미암아 정복 시대의 지도자요 행정가의 직무를 잘 수행하여 하나님의 뜻을 이루는 성령의 도구가 됩니다.

이스라엘 백성이 가나안 땅을 정복한 이후, 사사들의 활동 역시 성령의 인도함이었다는 것을 우리는 이미 앞 장에서 확인하였습니다.(삿 3:7-11 [옷니엘]; 6:1-8:35[기드온]; 10:6-18[입다]; 13-16[삼손]) 분명한 것은 이들 사사가 보여준 초자연적 능력은 하나님의 성령이 임하였기 때문이지, 개인적인 훈련이나 타고날 때부터 가진 초능력의 힘, 혹은 백성에게 인정받은 탁월한 지도력 때문이 아니었습니다. 다시 말해서 사사들은 비범한 자질이나, 자신을 신봉하는 사람들의 판단 덕분에 자기 백성을 국가적 위기에서 건져내는 구원자 사사, 곧 신적 중재자가 된 것이 아니라, 오직 '하나님의 영', 곧 성령이 그들에게 능동적으로 임하였기 때문입니다.[23]

사사에게 임하여 하나님의 백성을 위기에서 구출한 '하나님의 영', 곧 성령은 이제 이스라엘을 하나의 통일왕국으로 만드는 사울과 다윗 왕에게

---

23) 참고. A. Malamat, "Charismatic Leadership in the Book of Judges," in *Magnalia Dei. The Mighty Acts of God: Essays on the Bible and Archaeology in Memory of G. Ernest Wright* (eds. F.M. Cross et al.; Garden City, NY: Doubleday, 1976), 152-68. 특히 159.

도 임합니다.(참조. 삼상 10:1ff.; 16:1ff.) 우선 사울이 이스라엘의 왕이 될 수 있었던 결정적인 원인은 그에게 '기름 부음'이라는 외적이고 형식적 행위뿐만 아니라, 실질적으로는 성령이 그에게 임하였기 때문입니다. 왜냐하면 사울은 이스라엘 백성이 위기에 처해 있었을 때, 이미 사무엘이 기름을 부어 그에게 성령이 강하게 임하여 '사사'가 되어 이스라엘을 구원하였고, 나중에 이스라엘 백성이 그를 백성의 지도자로 삼았기 때문입니다.[24](삼상 10:1, 6, 10; 11:6; 18:10; 16:13) 중요한 것은 사울에게 성령이 임함으로 말미암아 그가 '예언'을 하고 변하여 '새 사람'이 되었으며 하나님이 '함께 하시므로' 그가 이스라엘을 구원하는 '구원자'요 '지도자'가 되어 이스라엘을 암몬의 위협에서 구원하였다는 것입니다: "네게는 여호와의 영이 크게 임하리니, 너도 그들과 함께 예언을 하고 변하여 새 사람이 되리라. 이 징조가 네게 임하거든, 너는 기회를 따라 행하라 하나님이 너와 함께 하시느니라."(삼상 10:6-7) 그 후 사울에게 하나님의 영이 크게 임함으로 암몬 족속을 물리치고, 이스라엘의 평화를 회복합니다.(삼상 11:6-11)

이스라엘의 왕 다윗에게도 유사한 유형이 나타납니다. 즉 사울이 왕이 되는 4단계가 다윗에게도 동일하게 나타납니다. 우선 다윗이 여호와 하나님께 선택을 받고(삼상 16:1이하) 사무엘로부터 기름 부음을 받은 후, 하나님의 영이 그에게 임하고, 그 뒤에 이어지는 전투에서 승리하게 됩니다. 여기서 중요한 것은, 다윗이 기름 부음을 받은 이후에 '하나님의 영', 곧 성령이 그에게 임하였다는 것입니다: "사무엘이 기름 뿔병을 가져다가 그의 형제 중에서 그에게 부었더니 이 날 이후로 다윗이 여호와의 영에게 크게 감동

---

24) 하젤은 사울은 사무엘로부터 비공개적으로 기름 부음을 받고 성령이 사울에게 임하였다고 본다.(삼상 9장) 이 점에 관하여: G. F. Hasel, "nāgîd", *TWAT* (1975), Vol. 4, 204ff. 휘푸너Hans Hübner도 사울과 다윗의 도유식에서 '기름부음'과 '성령강림'은 아주 밀접하게 연관되어 있다고 해석한다.(Hans Hübner, Der Heilige Geist in der Heiligen Schrift, *KuD* 36 (1990), 185.)

되니라."(삼상 16:13)

　　그런데 다윗에게 임한 '하나님의 영', 곧 성령은──사사시대의 사사들, 특히 사울과는 다르게──다윗이 범죄 할 때까지 그와 지속적으로 '함께 계십니다.'[25] 다윗이 밧세바로 인하여 그의 남편 '우리아'를 간접 살인한 이후(삼하 11: 1-27), 그는 여호와 하나님께 자신의 영을 새롭게 하시며, 자기에게서 '하나님의 영', 곧 성령을 거두지 말아 주실 것을 간곡히 기도드립니다: "하나님이여 내 속에 정한 마음을 창조하시고 내 안에 정직한 영을 새롭게 하소서 나를 주 앞에서 쫓아내지 마시며 주의 성령을 내게서 거두지 마소서."(시 51:10-11)

　　사울과 다윗에게 임하여 이스라엘 백성을 구원한 '하나님의 영', 곧 성령은(이미 제III부 "말씀의 영이신 성령"에서 언급하였던 것처럼) 이후 이스라엘의 역사 속에서 활동했던 선지자 및 예언자들에게도 임합니다. 성령을 받은 예언자들은 이스라엘 백성에게 하나님의 '심판과 구원'의 소식을 전함으로써 하나님의 종, 곧 성령의 도구로서 이스라엘을 섬깁니다: "오직 나는 여호와의 영으로 말미암아 능력과 정의와 용기로 충만해져서 야곱의 허물과 이스라엘의 죄를 그들에게 보이리라."(미 3:8)

　　이상 앞에서 살펴본 바와 같이, 이스라엘의 역사를 통하여 볼 때, 하나님은 이스라엘의 족장들의 역사로부터 예언자들의 역사에 이르기까지 특정

---

25) 이러한 단계는 '하나님의 종', 곧 '메시아에 대한 예언'에서 정형화된다: "여호와의 영이 내게 내리셨으니 이는 여호와께서 내게 기름을 부으사 가난한 자에게 아름다운 소식을 전하게 하려 하심이라 나를 보내사 마음이 상한 자를 고치며 포로된 자에게 자유를, 갇힌 자에게 놓임을 선포하며, 여호와의 은혜의 해와 우리 하나님의 보복의 날을 선포하여 모든 슬픈 자를 위로하되, 무릇 시온에서 슬퍼하는 자에게 화관을 주어 그 재를 대신하며 희락의 기름으로 그 슬픔을 대신하며 찬송의 옷으로 그 근심을 대신하고 그들이 의의 나무 곧 여호와께서 심으신 그 영광을 나타낼 자라 일컬음을 받게 하려 하심이라. 그들은 오래 황폐하였던 곳을 다시 쌓을 것이며 예부터 무너진 곳을 다시 일으킬 것이며 황폐한 성읍 곧 대대로 무너져 있던 것들을 중수할 것이며……."(사 61:1-4)

한 사람들을 선택하고 그들에게 '하나님의 영', 곧 성령을 주시어, 그들의
마음을 새롭게 만드시고, 그들을 통하여 하나님의 말씀과 뜻을 전하게 하
시고, 그리고 그의 백성 이스라엘을 구원하고 섬기는 은사를 주셨습니다.
한마디로 말해서 '하나님의 영', 곧 성령은 사사나 예언자에게 임하시어
'이스라엘', 곧 '여호와 신앙 공동체'를 어려운 위기에서 구원하고, 그들을
섬기도록 '은사'를 주시는 분입니다. 이러한 사실을 우리는 신약, 특히 교회
를 섬기는 성령의 은사에 관한 말씀에서도 찾아볼 수 있습니다.

2) '그리스도 몸'인 교회 공동체의 각 지체로서의 성도

우선 바이스만에 의하면, "'카리스마charisma'라는 말은 '하나님의 사신
使臣 역할을 감당하며, 지상에서 하나님의 사명을 수행하도록 백성 가운데
부여된 하나님의 영적인 선물'이라는 의미를 가진 신학적인 개념"입니
다.26) 따라서 '은사恩賜'로 번역된 '카리스마'란 교회론적으로 말하면, 주님
의 몸 되신 교회 공동체, '예수님을 믿는 사람들의 공동체'를 유지하기 위하
여 '하나님의 영', 곧 성령이 성도 각자에게 주신 특별한 영적 능력이나
재능을 의미합니다.27) 그러므로 사도 바울은 이러한 영적 은사 및 재능을
비유적으로 설명하고 있습니다. 그는 우선 모든 은사는 '교회 공동체'를

---

26) Z. Weisman, "Charismatic Leaders in the Era of the Judge," *ZAW* 89 (1977), 400(Wilf
    Hildebrandt, 김진섭 옮김, *op. cit.*, 156에서 재인용).
27) 헬라어로 '은혜'는 '카리스Charis'로, '은사'는 '카리스마Charisma'로 표현하고 있다. 그러나
    두 용어는 문맥에 따라서는 거의 동의어로 사용되는 곳도 있다.(참고. 롬 5:15ff; 6:23)
    그러나 '은사들Charismata'는 하나님과 그리스도의 몸 되신 교회 공동체, 더 자세히 말하면
    '각 성도의 모임'을 서로 섬기도록 하나님의 '은혜'로 주어지는 각양 선물을 의미한다. 참고.
    김희성, 『부활신앙으로 본 신약의 성령론』(대한기독교서회, 2001), 159f.

섬기게 하려고 '하나님의 영', 곧 성령에 의해서 주어진 것임을 강조합니다.

> "은사는 여러 가지나 성령은 같고, 직임은 여러 가지나 주는 같으며,
> 또 사역은 여러 가지나 모든 것을 모든 사람 가운데서 이루시는 하나
> 님은 같으니, 각 사람에게 성령을 나타내심은 유익하게 하려 하심이
> 라. 어떤 사람에게는 성령으로 말미암아 지혜의 말씀을, 어떤 사람에
> 게는 같은 성령을 따라 지식의 말씀을, 다른 사람에게는 같은 성령으
> 로 믿음을, 어떤 사람에게는 한 성령으로 병 고치는 은사를, 어떤 사
> 람에게는 능력 행함을, 어떤 사람에게는 예언함을, 어떤 사람에게는
> 영들 분별함을, 다른 사람에게는 각종 방언 말함을, 어떤 사람에게는
> 방언들 통역함을 주시나니, 이 모든 일은 같은 한 성령이 행하사 그의
> 뜻대로 각 사람에게 나누어 주시는 것이니라."(고전 12:4-11)[28]

사도 바울은 한 '하나님의 영', 곧 성령에 의해서 주어진 각종 은사의
'필연적 상호종속'뿐만 아니라 한 걸음 더 나아가 각종 은사의 '동일가치'를
우리 '몸'에 비유하여 다음과 같이 자세히 설명하고 있습니다.

> "몸은 하나인데 많은 지체가 있고 몸의 지체가 많으나 한 몸임과 같이
> 그리스도도 그러하니라. 우리가 유대인이나 헬라인이나 종이나 자
> 유자나 다 한 성령으로 세례를 받아 한 몸이 되었고 또 다 한 성령을
> 마시게 하셨느니라. 몸은 한 지체뿐만 아니요 여럿이니 만일 발이

---

28) 고전 12:8-10에서는 각종 은사로서, '지혜의 말씀', '지식의 말씀', '믿음', '병 고치는 은사',;
'기적의 은사', '예언', '영 분별', '방언', '방언통역'을 제시하고 있지만, 고전 12:28-30에서는
'사도들', '예언자들', '교사들', '능력을 행하는 일', '병 고치는 은사', '남을 도와주는 은사',
'다스리는 은사', '방언', '방언통역'으로 소개하고 있다. 그러나 이러한 은사 종류에 하나님
의 은사가 제한된다는 뜻은 아니다.

이르되 나는 손이 아니니 몸에 붙지 아니하였다 할지라도 이로써 몸에 붙지 아니한 것이 아니요, 또 귀가 이르되 나는 눈이 아니니 몸에 붙지 아니하였다 할지라도 이로써 몸에 붙지 아니한 것이 아니니, 만일 온몸이 눈이면 듣는 곳은 어디며 온몸이 듣는 곳이면 냄새 맡는 곳은 어디냐. 그러나 이제 하나님이 그 원하시는 대로 지체를 각각 몸에 두셨으니, 만일 단 한 지체뿐이면 몸은 어디냐, 이제 지체는 많으나 몸은 하나라."(고전 12:12-20).

이상의 증언에서 명백히 알 수 있는 바와 같이, '하나님의 영', 곧 성령은 각 성도에게 아무 조건 없이 '은혜', 곧 '은사'를 나누어 주어, 하나님 아버지를 예배하게 하고, 동시에 그리스도의 몸 되신 교회 공동체, 곧 '성도의 공동체'를 섬기도록 인도합니다. 그러므로 성령의 각종 은사는 '하나의 그리스도의 몸 공동체'의 각 지체에 상응하는 것이고, 각 성도는 성령에 의해서 각자에게 주어진 은사를 통하여 서로 섬김으로써 '교회 공동체'를 하나 되게 하는 것입니다. 그러므로 사도 바울은 "은사는 여러 가지나 성령은 같고, 직임은 여러 가지나 주는 같으며, 또 사역은 여러 가지나 모든 것을 모든 사람 가운데서 이루시는 하나님은 같으니"(고전 12:4-6)라고 증언하고 있습니다.[29]

한 걸음 더 나아가, 사도 바울을 각종 은사 받은 사람들이 어떠한 자세로 그 은사를 활용하여야 하는지를 구체적으로 다음과 같이 설명하고 있습니다: "우리에게 주신 은혜대로 받은 은사가 각각 다르니, 혹 예언이면 믿음의 분수대로, 혹 섬기는 일이면 섬기는 일로, 혹 가르치는 자면 가르치는

---

29) 이것을 이한수는 은사의 삼위일체적 근거로 제시하고 있다. 이한수, 『신약은 성령을 어떻게 말하는가』(서울: 이레서원, 2001), 183.

일로, 혹 위로하는 자면 위로하는 일로, 구제하는 자는 성실함으로, 다스리는 자는 부지런함으로, 긍휼을 베푸는 자는 즐거움으로 할 것이니라."(롬 12:6-8) 왜냐하면 하나님께서 "각 사람에게 성령을 나타내심은 유익하게 하려 하심"(고전 12:7)이기 때문입니다.30)

이러한 점에서 '교회 공동체' 안에서 각종 은사의 섬김이 없다면, 그것은 진정한 '그리스도 몸의 공동체'라고 할 수 없습니다. 즉 교회 공동체는 케제만E. Käsemann이 이야기하는 것처럼 '하나님의 영', 곧 성령에 의해서 성도에게 각종 은사가 실행practice 되는 장소입니다.31) 성도들이 서로를 위하여 기도하고, 병고로 말미암아 고통당할 때 직접 찾아가서 함께 기도해 주고, 어려운 일을 당한 사람이 있으면 찾아가 도와주고, 가난한 사람들이 있으면 서로 구제하는 것, 바로 이러한 일을 실행하게 하기 위해서 '하나님의 영', 곧 성령께서 각 성도에게 각종 은사를 주신 것입니다.(참조. 고전 12:7)32) 이러한 점에서 사도 바울은 자신만을 위한, 혹은 자랑하기 위한, '방언'을 별로 환영하지 않았던 것입니다.(참조. 고전 14:4, 9)33) 왜냐하면 방언은 성도를 섬기는 역할을 하지 못하고, 오히려 스스로 교만해지거나, 자칫 잘못하면 다른 성도들에 대한 영적 우월감을 갖도록 하기 때문입니다. 그래서 사도 바울은 "교회에서 네가 남을 가르치기 위하여 깨달은 마음으로 다섯

---

30) 이한수는 고전 12:25을 근거로 '유익하게 하려 하심이라'는 말을 내용적으로 이해하면, '공동체의 유익을 위해서'라고 번역해도 무방하다고 한다.(이한수, 같은 책, 189)

31) 이 점에 관하여: E. Käsemann, "Worship and Everyday Life: a note on Romans 12," in: *New Testament Questions for Today* (Fortress: 1969), 188-195 특히 195; 같은 저자, "Ministry and Community in the New Testament," in: *Essays on New Testament Themes* (Philadelphia: Fortress Press, 1982), 63-94 특히 69ff.(이한수, 같은 책, 190쪽 각주 110에서 재인용.)

32) 고전 12:7 : "각 사람에게 성령을 나타내심은 유익하게 하려 하심이라."

33) 고전 14:4 "방언을 말하는 자는 자기의 덕을 세우고⋯⋯."; 고전 14:9 : "이와 같이 너희도 혀로써 알아듣기 쉬운 말을 하지 아니하면 그 말하는 것을 어찌 알리요 이는 허공에다 말하는 것이라."

마디 말을 하는 것이 일만 마디 방언으로 말하는 것보다 나으니라"(고전 14:19)고 강조하고 또 강조합니다.

3) 난외 연구 ― 성령의 계시로 건축된 이스라엘 성막

하늘과 땅의 대우주가 하나님에 의해서 창조된 것처럼, 하나님의 성막 건축 또한 하나님에 의해서 건축됩니다. 그런데 여호와 하나님은 성막을 성령으로 계시를 받은 특정한 사람을 통하여 건축합니다.(출 25-31) 즉 하나님이 '브살렐'을 선택하여 성막 건축을 감독하게 하심을 모세는 다음과 같이 증언하고 있습니다: "하나님의 영을 그(브살렐)에게 충만하게 하여 지혜와 총명과 지식으로 여러 가지 일을 하게 하시되……."(출 35:31) 그래서 모세는 "브살렐과 오홀리압과 및 마음이 지혜로운 사람 곧 여호와께서 지혜와 총명을 부으사 성소에 쓸 모든 일을 할 줄 알게 하신 자들은 모두 여호와께서 명령하신 대로 할 것이니라"(출 36:1)고 명령하고 있습니다.[34] 이처럼 하나님의 영이 임한 사람은 예술적인 은사를 받아 하나님의 성막을 건축하고 정교한 장식품을 제작하는 일을 할 수 있었습니다.(출 35:32-35) 이렇듯 '하나님의 영', 곧 성령은 하나님께서 계획하신 중요한 일을 실현하기 위하여 특정한 사람에게 뛰어난 장인의 은사를 주어 하나님 혹은 몸 되신 교회 공동체를 섬기게 하십니다.

---

34) 여호와의 지혜와 총명은 '여호와의 지혜와 총명의 신, 곧 성령'으로 이해할 수 있다. 왜냐하면 성령은 지혜와 총명의 신이기 때문이다: "그의 위에 여호와의 영 곧 지혜와 총명의 영이요 모략과 재능의 영이요 지식과 여호와를 경외하는 영이 강림하시리니……."(사 11:2)

3

교회 공동체를 하나되게 하는 언약의 영
— 한 분 예수 그리스도의 몸에 참여함으로써의 성만찬

창 15:17-18_ "해가 져서 어두울 때에 연기 나는 화로가 보이며 타는 횃불이 쪼갠 고기 사이로 지나더라. 그날에 여호와께서 아브람과 더불어 언약을 세워 이르시되 내가 이 땅을 애굽 강에서부터 그 큰 강 유브라데까지 네 자손에게 주노니. When the sun had set and darkness had fallen, a smoking firepot with a blazing torch appeared and passed between the pieces. On that day the Lord made a covenant with Abram and said, To your descendants I give this land, from the river of Egypt to the great river Euphrates."

고전 10:16-17_ "우리가 축복하는바 축복의 잔은 그리스도의 피에 참여함이 아니며 우리가 떼는 떡은 그리스도의 몸에 참여함이 아니냐, 떡이 하나요 많은 우리가 한 몸이니 이는 우리가 다 한 떡에 참여함이라. Is not the cup of thanksgiving for which we give tanks

a participation in the blood of Christ? And is not the bread
that we break a participation in the body of Christ? Because
there is one loaf, we, who are many, are one body, for we
all partake of the one loaf."

1) 언약(계약) 체결의 중재자로서 성령

하란에 살던 아브람을 불러서 "너는 너의 고향과 친척과 아버지의 집을
떠나 내가 네게 보여 줄 땅으로 가라"(창 12:1b)고 명령하신 여호와 하나님
은, 그 후 환상 중에 아브람에게 나타나셔서, "그를 이끌고 밖으로 나가
이르시되, 하늘을 우러러 뭇별을 셀 수 있나 보라…… 네 자손이 이와 같으
리라"(창 15:5)고 약속해 주십니다. 그리고 나서 "해질 때에 아브람에게 깊
은 잠이 임하고"(창 15:12), "해가 져서 어두울 때에 연기 나는 화로가 보이며
타는 횃불이 쪼갠 고기 사이로 지나더라. 그날에 여호와께서 아브람과 더
불어 언약을 세워 이르시되 내가 이 땅을 애굽 강에서부터 그 큰 강 유브라
데까지 네 자손에게 주(겠다)"(창 15:17-18)고 약속해 주십니다. 이러한 기
술은 여호와 하나님과 아브람이 계약을 맺는 장면을 기술하는 것입니다.
여기서 '연기 나는 화로가 보이며 타는 횃불이 쪼갠 고기 사이로 지나더라'
는 것을 많은 구약 학자들은——'여호와 하나님'이 '쪼갠 고기 사이를 지나
갔다'는 점에서——아브람의 계약에서는 '여호와 하나님이 계약 수행의
의무를 지셨다'고 해석하고 있습니다.35) 이러한 해석은 '타는 횃불'을 '여

---

35) 쿠츠는 창 15:17을 렘 34:17과의 유사성을 근거로 아브람 계약은 여호와 하나님의 '일방적
의무지심Selbstverpflichtung'으로 해석한다. 이 점에 관하여: Ernst Kutsch, *Eine
Fehlübersetzung wird korrigiert*, Neukirchen-Vluyn, 1978, 22ff.

호와 하나님'으로 해석하기 때문입니다.

그러나 한 걸음 더 나아가, 우리는 '연기 나는 화로가 보이며 타는 횃불이 쪼갠 고기 사이로 지나더라'는 말씀에서, '타는 횃불'은 다름 아닌 '하나님의 영', 곧 성령이라는 것을 읽어 낼 수도 있습니다. 왜냐하면 '하나님의 영', 곧 성령은 간혹 '물' 혹은 '불'로 표징 되고 있기 때문입니다.[36] 우선 예컨대 오순절에 모여 있던 사람들에게 임한 성령을 사도행전은 "마치 불의 혀처럼 갈라지는 것들"(행 2:3)이라고 표징하고 있기 때문입니다. 그뿐만 아니라, 구약성경은 여호와 하나님의 임재를 '불꽃'으로 표징하고 있습니다: "여호와의 사자가 떨기나무 가운데로부터 나오는 불꽃 안에서 그에게 나타나시니라 그가 보니 떨기나무에 불이 붙었으나 그 떨기나무가 사라지지 아니하는지라."(출 3:2, 비교 3:4)[37] 그래서 출애굽기는 여호와 하나님께서 히브리 백성과 동행하시는 것을 '불기둥'과 '구름 기둥'으로 묘사하고 있습니다: "여호와께서 그들 앞에서 가시며 낮에는 구름 기둥으로 그들의 길을 인도하시고 밤에는 불기둥을 그들에게 비추사 낮이나 밤이나 진행하게 하시니, 낮에는 구름 기둥, 밤에는 불기둥이 백성 앞에서 떠나지 아니하니라."(출 13:21-22)

이상 간략히 살펴본 바와 같이, 구약에서 '횃불', '불꽃' 혹은 '불기둥'은 여호와 '하나님의 영'을 은유적metaphorisch으로 표현하는 단어들입니다. 그리고 이와 상응하게 신약성경에서도 '하나님의 영'을 '불의 혀'(행 2:3)로 표징하고 있습니다. 그렇다면 여호와 하나님이 아브람과 계약을 맺으실 때, '쪼갠 고기 사이로 지나간 타는 횃불'(창 15:17)은 '하나님의 영'을 은유적

---

36) 윌프 힐데브란트는, 구약에서 '물'이 생명을 주고, 보전하는 '성령'의 은유적 표현으로 사용되었음을 강조한다. 이 점에 관하여: Wilf Hildebrandt, *An Old Testament Theology of the Spirit of God*, 김진섭 역, 『구약의 성령 신학 입문』(이레서원, 2005), 97ff.

37) 출 3:4 : "여호와께서 그가 보려고 돌이켜 오는 것을 보신지라 하나님이 떨기나무 가운데서 그를 불러 이르시되 모세야, 모세야 하시매 그가 이르되 내가 여기 있나이다."

으로 표현한 것이라 해석할 수 있습니다. 왜냐하면 계약체결의 전승에 의하면, 계약 당사자들 사이에서 구체적으로 계약체결을 중재하는 자는 '계약의 중개자'이기 때문입니다. 즉 여호와 하나님과 아브람은 '계약 당사자들'이고, '타는 횃불', 곧 '하나님의 영'은 '계약 중개자'라고 할 수 있습니다. 이 점을 우리는 모세가 시내산 계약체결 당시 중재자 역할을 하는 데서 발견할 수 있습니다.

> "모세가 피를 가지고 반은 여러 양푼에 담고 반은 제단에 뿌리고, 언약서를 가져다가 백성에게 낭독하여 듣게 하니, 그들이 이르되 여호와의 모든 말씀을 우리가 준행하리이다. 모세가 그 피를 가지고 백성에게 뿌리며 이르되 이는 여호와께서 이 모든 말씀에 대하여 너희와 세우신 언약의 피니라."(출 24:6-8)

이러한 점에서 '하나님의 영', 곧 성령은 계약을 통하여 여호와 하나님과 아브람, 혹은 여호와 하나님과 이스라엘 백성을 하나로 결합시키는 '계약(언약)의 영'이라고 할 수 있습니다. 즉 성령은 계약으로 계약 당사자를——여호와 하나님과 아브람을——'하나' 되도록 결합하는 '영'이라고 할 수 있습니다.[38]

예컨대 남男-여女가 하나가 되는 것이 '결혼 계약의 영', 곧 '사랑의 영'으로 이루어지고, 부부 사이에 '사랑의 영'이 없어지면 서로 헤어져 이혼하듯이, '계약의 영'이신 '성령'에 의해서 하나님과 아브람, 혹은 이스라엘 백성

---

38) 김균진, 『基督敎組織神學』(연세대학교 출판부, 1992), 17: "후기 유대교시대에 이르면서 성령은 단지 하나님에게 예속된 하나의 힘 내지 능력에 불과한 것이 아니라, 하나님의 신적 본질을 가진 인격적 주체로 이해된다. 그는 하나님과 인간의 중재자의 위치를 가진 신적인 존재이다."

이 하나가 되었고, '계약의 영'이 없어지면, 여호와 하나님과 이스라엘의
관계가 끊어졌던 것과 같습니다. 그래서 호세아서는 여호와 하나님과 이
스라엘 백성과의 관계를 남-여 관계로 비유적으로 설명하고, 우상숭배로
말미암아 분리된 여호와 하나님과 이스라엘의 관계를 '사랑'이 끊어진 것
으로 묘사하고 있습니다.

> "너희 어머니(이스라엘 백성)와 논쟁하고 논쟁하라. 그는 내(여호와 하
> 나님) 아내가 아니요, 나는 그의 남편이 아니라. 그가 그의 얼굴에서
> 음란을 제하게 하고, 그 유방 사이에서 음행을 제하게 하라. 그렇지
> 아니하면 내가 그를 벌거벗겨서, 그 나던 날과 같게 할 것이요, 그로
> 광야같이 되게 하며 마른 땅같이 되게 하여 목말라 죽게 할 것이며,
> 내가 그의 자녀를 긍휼히 여기지 아니하리니 이는 그들이 음란한 자
> 식들임이니라."(호 2:2-4, 비교. 5:7)[39]

2) 새 언약(계약)의 영으로서의 '성령'

성령이 '계약 중재자' 혹은 '계약체결의 영'이라는 것은 '새 언약'에 대한
예언에서 더욱 분명히 드러납니다. 예레미야 선지자는 여호와 하나님과
이스라엘 백성 사이에 새롭게 맺어질 언약을 다음과 같이 예언하고 있습
니다.

---

39) 여기서 '너희 어머니'는 '이스라엘 백성'을 의미하고, "그들이 여호와께 정조를 지키지 아니
하고 사생아를 낳았으니 그러므로 새 달이 그들과 그 기업을 함께 삼키리로다"(호 5:7)에서
'새 달'이라는 것은 바알 종교의 매월 초하루에 드리는 우상숭배의 날을 의미한다.

"여호와의 말씀이니라 보라 날이 이르리니, 내가 이스라엘 집과 유다 집에 새 언약을 맺으리라 이 언약은 내가 그들의 조상들의 손을 잡고 애굽 땅에서 인도하여 내던 날에 맺은 것과 같지 아니할 것은, 내가 그들의 남편이 되었어도 그들이 내 언약을 깨뜨렸음이라 여호와의 말씀이니라. 그러나 그날 후에 내가 이스라엘 집과 맺을 언약은 이러하니, 곧 내가 나의 법을 그들의 속에 두며 그들의 마음에 기록하여 나는 그들의 하나님이 되고 그들은 내 백성이 될 것이라 여호와의 말씀이니라. 그들이 다시는 각기 이웃과 형제를 가리켜 이르기를 너는 여호와를 알라 하지 아니하리니 이는 작은 자로부터 큰 자까지 다 나를 알기 때문이라 내가 그들의 악행을 사하고 다시는 그 죄를 기억하지 아니하리라 여호와의 말씀이니라."(렘 31:31-34)

이 예언에서 새 언약의 내용만 간단히 요약하면, "내가 나의 법을 그들의 속에 두며, 그들의 마음에 기록하여 나는 그들의 하나님이 되고 그들은 내 백성이 될 것이라"(렘 31:33)입니다. 여기서 질문에 제기됩니다. 어떻게 하나님의 율법을 '그들 속에 두며, 그들의 마음에 기록'한다는 것인가? 그리고 어떻게 작은 자로부터 큰 자까지 여호와 하나님을 알게 되는가?

이상의 질문에 대한 답변은 새 언약 체결에 대한 에스겔 선지자의 예언에서 알 수 있습니다. 왜냐하면 에스겔 선지자는 새 언약체결에 대하여 다음과 같이 예언하고 있기 때문입니다: "새 영을 너희 속에 두고 새 마음을 너희에게 주되 너희 육신에서 굳은 마음을 제거하고 부드러운 마음을 줄 것이며, 또 내 신을 너희 속에 두어 너희로 내 율례를 행하게 하리니 너희가 내 규례를 지켜 행할지라. 내가 너희 조상들에게 준 땅에서 너희가 거주하면서 내 백성이 되고 나는 너희 하나님이 되리라."(겔 36:26-28)[40] 이처럼 옛 언약이 돌비——돌판에 새겨진 십계명——에 기록되었기 때문에, 계약 당사자인 이스라엘 백성이 때론 '율법을 잊어버리고' 혹은 '율법을 모른다'고 핑계할 수 있었습니다. 그러나 이제 '새 언약'은 그 율법을 '마음에 기록'하여 이스라엘 백성뿐만 아니라, '작은 자로부터 큰 자까지' 율법을 '모른다'고 핑계하지 못하게 할 뿐만 아니라, 그 율법을 성실히 지키도록 '하나님의 영', 곧 '성령'을 주어 율법을 지키게 하겠다는 것입니다.[41] 이처럼 새 언약에 의하면, '성령'은 단순히 '언약'을 체결하는 '언약체결의 중재자'뿐만 아니라, 언약을 실질적으로 실현하게 하는 '언약의 실행자 혹은 완성자' 역할을 행하게 된다는 것입니다.

이상 예레미야와 에스겔 선지자의 '새 언약'에 대한 예언에 따라서 무교절 첫날, 즉 잡히시던 날 밤(참고. 고전 11:23), 예수님은 제자들과 함께 새 언약을 맺습니다.

> "그들이 먹을 때에 예수께서 떡을 가지사 축복하시고 떼어 제자들에게 주시며 이르시되 받아서 먹으라 이것은 내 몸이니라 하시고, 또 잔을 가지사 감사 기도하시고 그들에게 주시며 이르시되 너희가 다 이것을 마시라. 이것은 죄 사함을 얻게 하려고 많은 사람을 위하여 흘리는바 나의 피 곧 언약의 피니라."(마 26:26-28, 병행. 막 14:22-24; 눅 22:19-20; 고전 11:23-26)

이러한 언약 체결에 대한 기술에 의하면, 우선 새 언약도 옛 언약——특히 모세를 통하여 맺은 시내산 언약과 같이——'피로 맺어진 언약'입니다.

---

40) 겔 11:19-20 : "내가 그들에게 한 마음을 주고 그 속에 새 영을 주며 그 몸에서 돌 같은 마음을 제거하고 살처럼 부드러운 마음을 주어 내 율례를 따르며 내 규례를 지켜 행하게 하리니 그들은 내 백성이 되고 나는 그들의 하나님이 되리라."

41) '큰 자로부터 작은 자'라는 말은 요엘 선지자의 예언 속에 나오는 '너희 젊은이, 늙은이, 남종과 여종'에 상응한다.(욜 2:28 이하)

(참고. 출 24:8) '피의 언약'이란, 다른 말로 말하면, '생명의 언약'이라는 뜻입니다. 왜냐하면 제사전승에 의하면, '피'는 곧 '생명'을 의미하기 때문입니다: "육체의 생명은 피에 있음이라 내가 이 피를 너희에게 주어 제단에 뿌려 너희의 생명을 위하여 속죄하게 하였나니 생명이 피에 있으므로 피가 죄를 속하느니라."(레 17:11, 14)[42] 따라서 더 자세히 말하면, 새 언약은 '예수님의 몸과 피, 곧 생명'으로 맺어진 '생명의 언약'이라고 할 수 있습니다.

그런데 한 걸음 더 나아가, '생명'은 곧 '성령'을 의미합니다. 즉 성령은 곧 '생명의 영'이라는 것입니다. 왜냐하면 예수님은 "살리는 것은 영이니 육은 무익하니라 내가 너희에게 이른 말은 영이요 생명이라"(요 6:63)고 말씀하셨고, 사도 바울도 "예수를 죽은 자 가운데서 살리신 이의 영이 너희 안에 거하시면 그리스도 예수를 죽은 자 가운데서 살리신 이가 너희 안에 거하시는 그의 영으로 말미암아 너희 죽을 몸도 살리시리라"(롬 8:11)고 증언하고 있기 때문입니다. 이렇게 성령이 '생명의 영'인 것은 인간이 처음부터 '하나님의 영'으로 창조되었기 때문입니다.[43]: "여호와 하나님이 땅의 흙으로 사람을 지으시고 생기를 그 코에 불어넣으시니 사람이 생령이 되니라."(창 2:7) 이러한 점에서 '성령'은 '언약(계약)의 영', 더 자세히 말하면 언약의 체결을 중재하는 영이며, 동시에 언약을 실질적으로 실현하게 하는 영입니다. 그렇다면 '새 언약'이 어떻게 각 사람에게 실현되는가?

---

42) 레 17:14 : "모든 생물은 그 피가 생명과 일체라 그러므로 내가 이스라엘 자손에게 이르기를 너희는 어떤 육체의 피든지 먹지 말라 하였나니 모든 육체의 생명은 그것의 피인 즉 그 피를 먹는 모든 자는 끊어지리라."

43) 참고. J. Moltmann, *Der Geist des Lebens. Eine ganzheitliche Pneumatologie*, 김균진 역, 『생명의 영』(대한기독교서회, 1992).

3) 성만찬을 통하여 성도를 하나되게 하는 성령

사도 바울은 성만찬에 참여하는 의미에 대하여 다음과 같이 증언하고 있습니다: "우리가 축복하는바 축복의 잔은 그리스도의 피에 참여함이 아니며, 우리가 떼는 떡은 그리스도의 몸에 참여함이 아니냐, 떡이 하나요 많은 우리가 한몸이니 이는 우리가 다 한 떡에 참여함이라."(고전 10:16-17) 이어서 사도 바울은 우상의 제물을 먹는 것은 우상과 교제하는 것이요, 주님의 식탁, 곧 '성만찬'에 참여하는 것은 주님과 교제하는 것이라고 설명하고 있습니다.(참고. 고전 10:19-21) 한마디로 말해서 성도가 '주님의 식탁'에 참여하는 것은 주님과 교제하는 것이요, 한 분 '그리스도의 몸에 참여하는 것'이라고 이해할 수 있습니다. 그렇다면 질문에 제기됩니다. 어떻게 '성만찬'에 참여하는 것이 그리스도의 몸과 피에 참여하는 것이 되는가?

단순히 '성만찬의 떡과 포도주'를 먹고 마신다고 해서 성도가 직접 그리스도의 몸과 피에 참여하는 것은 아닙니다. 그리스도의 몸과 피에 참여하도록 하는 것은 '하나님의 영', 곧 '성령'입니다. 왜냐하면 '그리스도의 몸과 피에 참여하는' 것은, 단순히 주님의 몸과 피를 먹고 마신다는 것이 아니라, 그리스도의 죽음과 부활에 참여한다는 것을 의미하기 때문입니다. 왜냐하면 사도 바울은 "너희가 이 떡을 먹으며 이 잔을 마실 때마다 주의 죽으심을 그가 오실 때까지 전하는 것"(고전 11:26)이라고 증언하고 있기 때문입니다.[44] 그런데 '주의 죽으심을 그가 오실 때까지 전하는 것'은 '성령의 사역'입니다.(참조. 마 10:19-20)[45] 왜냐하면 예수님은 "오직 성령이 너희에게 임

---

[44] 성찬에 참여함으로써 성도들은 부활 승천하신 예수님과의 상호종속을 교회 공동체 안에서 성령을 통하여 경험하는 것이다.(참조. 살전 1:5f; 고전 2:4f.) 이 점에 관하여: Gunda Schnerder-Flume, *Grundkurs Dogamtik*, Göttingen: Vandenhoeck & Rupurecht, 344.

[45] 여기서 우리는 예수님께서 제자들을 파송하시면서 하신 말씀, 곧 "너희(제자들)를 넘겨 줄 때에 어떻게 또는 무엇을 말할까 염려하지 말라 그 때에 너희에게 할 말을 주시리니,

하시면 너희가 권능을 받고 예루살렘과 온 유대와 사마리아와 땅 끝까지 이르러 내 증인이 되리라"(행 1:8)고 말씀하셨기 때문입니다. 즉 '주님의 몸과 피에 참여한다는 것'은 성령의 인도함을 받아 '그리스도의 죽음과 부활을 죽기까지 전하는 것'을 의미합니다. 그러므로 '주님의 몸과 피에 참여하는 일'을 만홀히 여기고, "주의 떡이나 잔을 합당하지 않게 먹고 마시는 자는 주의 몸과 피에 대하여 죄를 짓는 것"(고전 11:27)입니다.46)

'주님의 몸과 피에 참여하는 것'이 결코 신비적 종교적 행위가 아니라면, '주님의 몸에 참여함'이란 예수 그리스도의 죽음과 부활을 땅 끝까지 전하는 일에 참여하겠다는 의미를 가집니다. 왜냐하면 이제 '새 언약'에 참여한 자들에게는, 새 언약의 예언에 따라서 그들의 마음 판에 하나님의 율법이 새겨져 있으며, 동시에 그들에게 성령이 주어짐으로써(참고. 겔 36:26), '그리스도의 죽음을 모른다'고 핑계하지 못할 것이기 때문입니다. 바로 이러한 '성만찬', 즉 '새 언약의 식사'의 선교적 맥락에서, 오순절에 성령이 예루살렘을 순례하러 와서 모여 있던 성도들에게 임하고, 그들이 예루살렘과 유다와 사마리아와 땅 끝까지 그리스도의 죽음을 전하게 되었던 것입니다. 그러나 고린도 교회는 주님의 "떡(살)을 먹으며 이 잔(피)을 마실 때마다 주의 죽으심을 그가 오실 때까지 전하는 것"(고전 11:26)보다는, 단순히 식사를 함께 나누는 것에 관심이 있었고, 한 걸음 더 나아가 식사로 말미암아 교회 안에 불미스러운 일이 생겼기 때문에, 사도 바울은 "누구든지 주의 떡이나 잔을 합당하지 않게 먹고 마시는 자는 주의 몸과 피에 대하여 죄를 짓는 것이니라"(고전 11:27)고 증언하였던 것입니다.

---

[20] 말하는 이는 너희가 아니라 너희 속에서 말씀하시는 이 곧 너희 아버지의 성령이시니라"(마 10:19-20)를 상기할 수 있다.

46) 성례전의 중요성에 관하여: Gustaf Aulén, *The Faith of the Christian Church*, 김관석 역, 『조직신학개론』(대한기독교서회, 1965), 318, 각주 1.: *Non defectus sed contemtus sacramenti damnat*(성례전의 부재보다는 이를 소홀히 여기는 것이 저주를 받는다.)

이렇게 주님의 몸과 피에 참여하는 자들, 곧 성령의 인도함을 받아 예수 그리스도의 죽으심을 그가 오실 때까지 전하는 자들은 그리스도의 한 몸과 피에 참여하는 것입니다. 그래서 사도 바울은 "우리가 축복하는 바 축복의 잔은 그리스도의 피에 참여함이 아니며, 우리가 떼는 떡은 그리스도의 몸에 참여함이 아니냐, 떡이 하나요, 많은 우리가 한 몸이니 이는 우리가 다 한 떡에 참여함이라"(고전 10:16-17)고 증언하고 있는 것입니다. 이런 식으로 성령은 주님의 성찬에 참여하는 자들을 '그리스도의 죽음을 전하는 일'에 참여하게 함으로써 교회 공동체를 하나되게 하는 분입니다. 그래서 아울렌Aulén도 "성례전적 행위는 개인의 견해와 회중의 견해를 하나로 융합시킨다는 점을 지적해야 한다"고 강조합니다.47) 이러한 이유로 원시 기독교 공동체는 "날마다 마음을 같이하여 성전에 모이기를 힘쓰고 집에서 떡을 떼며 기쁨과 순전한 마음으로 음식을 먹고, 하나님을 찬미"(행 2:46-47a)하였고, '하나님의 영', 곧 성령은 "구원받는 사람을 날마다 더하게"(행 2:47b) 하셨습니다. 그리고 '믿는 사람들은 다 함께 있어 모든 물건을 서로 통용하고 또 재산과 소유를 팔아 각 사람의 필요를 따라 나눠'(행 2:44-45) 주며 공동체가 하나되는 삶을 살았습니다.

　　이상 살펴본 바와 같이, 성령은 한 분 주님의 몸과 피에 참여하는 '성만찬 공동체'를 주님의 죽음을 그가 오실 때까지 전하는 '선교 공동체'로 변화시켜줍니다. 다시 말해서 주님의 몸과 피에 참여하는 '새 언약의 공동체'인 각 성도에게 성령이 임하면, 그들은 성령의 도움으로 마음에 새겨진 하나님의 말씀을 깨달아, 예수 그리스도의 죽음을 그가 오실 때까지 전하는 '그리스도의 증인'이 됩니다. 이런 점에서 성령은 주님의 만찬에 참여하는 사람들로 하여금 ──바꾸어 말하면 교회 공동체로 하여금── 그리스도

---

47) G. Aulén, 김관석 역, *Ibid.*, 320

의 죽음을 그가 오실 때까지 전하는 '그리스도의 증인 공동체'로 변화시켜 주시는 '새 언약의 영'입니다.

4

교우들을
거룩하게 하시는 성령

렘 4:14_ "예루살렘아 네 마음의 악을 씻어 버리라 그리하면 구원을 얻으리라. 네 악한 생각이 네 속에 얼마나 오래 머물겠느냐. O Jerusalem, wash the evil from your heart and be saved. How long will you harbor wicked thoughts?"

시 24:4_ "곧 손이 깨끗하며 마음이 청결하며 뜻을 허탄한 데에 두지 아니하며 거짓 맹세하지 아니하는 자로다. He who has clean hands and a pure heart, who does not lift up his soul to an idol or swear by what is false."

고후 7:1_ "그런즉 사랑하는 자들아 이 약속을 가진 우리는 하나님을 두려워하는 가운데서 거룩함을 온전히 이루어 육과 영의 온갖 더러운 것에서 자신을 깨끗하게 하자. Since we have these promises, dear friends, let us purify ourselves from everything that contaminates body and spirit, perfecting holiness out of reverence for God."

1) 성령이 임한 자가 거룩한 자다

성경이 증언하는 '거룩holiness' 혹은 '성결聖潔'이란, 존재론적인 의미가 아닙니다. 더 자세히 말하면, 이 세상의 어느 누구는 태어날 때부터 깨끗하고, 어느 누구는 태어날 때부터 더러운 것이 아니라는 것입니다. 또한 '거룩' 혹은 '성결'의 개념이——고대 교회사가 형성될 당시 기독교 신앙을 위협하였던 '영지주의자Gnostic'들의 주장처럼——'육체'는 '악'하고 '영'은 '선'한 것이라는 주장과 관계되는 것도 아닙니다. 성경이 증언하는 '거룩한 것' 혹은 '성결한 것'은 기능적 혹은 도구적 의미입니다.[48] '거룩'의 도구적 의미란, 하나님이 일하기 위하여 도구로 삼은 것이 '거룩하고 성결한 것'이라는 뜻입니다. 바꾸어 말하면, '하나님의 영'인 성령이 '함께'하시는 '사람', 혹은 성령이 거居하는 '장소'가 '거룩하다'는 뜻입니다. 왜냐하면 '거룩'이란 히브리어 'קָדְשׁ(카도쉬)'는 '잘라 내다' 또는 '분리하다'라는 동사의 명사형이기 때문입니다.[49] 종교적 용법으로는 하나님을 섬기고 예배하기 위해서 혹은 하나님이 도구로 삼으시기 위하여 세속적인 것으로부터 구별한다는 뜻입니다.[50]

---

48) '거룩'의 의미에 대하여: 김재진, 『웨스트민스터 소요리문답 해설』(대한기독교서회, 2004), 203 이하: "제19과 거룩하게 하심"을 참조.

49) '거룩'이란 의미를 가진 유대-기독교 전통에서 사용된 단어들은 히브리어 재귀동사로는 니크다쉬niqdaš, reveal oneself as holy, 그리스어로는 하기아조(ἁγιάζω sanctification, make holy), 아그니조(ἁγνίζω, to purify), 라틴어로는 *sanctificare*, 독일어로는 heiligen, 영어로는 sanctify, hallow 등이 있다.

이러한 '거룩'의 의미를 우리는 구약성경의 증언에서 찾을 수 있습니다. 구약의 증언에 의하면, 사람들에게 하나님께서 직접 나타나신 곳이라든지, 하나님께 제사 드리기 위해서 특별히 구별해 낸 물건, 제물 등을 '거룩한 것'이라고 생각하였습니다. 그 예를 우리는 호렙산에 나타나신 여호와하나님의 '현현 기사'에서 발견할 수 있습니다: "하나님이 이르시되, 이리로 가까이 오지 말라. 네가 선 곳은 거룩한 땅이니, 네 발에서 신을 벗으라."(출 3:5, 비교. 수 5:15)[51] 이렇듯 '거룩'이란 하나님이 임재하시는 곳을 가리켰습니다. 예컨대 구약성경에서 '예루살렘 성전'을 거룩한 곳이라고 부르는 이유는 '성전'에 하나님의 영이 임재하셨기 때문입니다. "제사장이 그 구름으로 말미암아 능히 서서 섬기지 못하였으니, 이는 여호와의 영광이 여호와의 성전에 가득함이었더라."(왕상 8:11)

이처럼 '거룩'의 참 의미는 지역적, 물질적, 시간적, 존재적 의미가 아니라, 하나님의 성령이 '함께' 계시어 하나님의 역사役事가 일어나는 것, 혹은 장소가 '거룩'한 것입니다. 즉 하나님이 성령으로 그와 '함께' 계시는 사람이 '성도聖徒'이고, 성령이 '함께 거居하시는 곳'이 '성전聖殿'입니다. 한마디로 말해서 사물이든 사람이든, 하나님이 '임재'하셔서 일하시는 곳(장소), 사람, 물건은 모두 '거룩'한 것입니다. 따라서 교회공동체의 '교우'들을 '성도', 곧 '거룩한 무리'라고 부르는 것은, 예수 그리스도의 복음을 증언하게 하려고 하나님이 특별히 불러내어 성령으로 '함께' 하시는 사람들을 뜻합니다. 예컨대 예수님이 '사람 낚는 어부'(마 4:19, 병행 막 1:17)[52]로 만들려고 제자들을 여러 사람 가운데서 구별하여 불러내었듯이, 예수 그리스도의

---

50) Kornfeld, "קדש", ThWAT, Bd. Ⅵ., Sp.1179-1188.

51) 수 5:15 : "여호와의 군대 대장이 여호수아에게 이르되, 네 발에서 신을 벗으라. 네가 선 곳은 거룩하니라 하니, 여호수아 그대로 행하니라."

52) 마 4:19 : "말씀하시되 나를 따라오라 내가 너희를 사람을 낚는 어부가 되게 하리라."(병행 막 1:17)

복음의 증언자로 만들고자 성령이 특별히 구별하여 불러서 세운 자들을 '성도'라고 할 수 있습니다.53) 그러므로 예수님이 승천하시면서 하신 말씀, 곧 "오직 성령이 너희에게 임하시면 너희가 권능을 받고 예루살렘과 온 유대와 사마리아와 땅 끝까지 이르러 내 증인이 되리라"(행 1:8)는 말씀에 따라 오순절에 예루살렘 순례를 위해 사방에서 모여든 사람들에게 성령이 임함으로써, 그들이 예수 그리스도의 증인이 되었던 것과 같습니다. 그래서 이렇게 예수·그리스도의 증인이 된 사람들이 '안디옥'에서 처음으로 '그리스도인'(행 11:26), 곧 '성도'라 불리었습니다. 이러한 의미에서 교회 공동체의 일원으로서의 '교인教人'과 '성도聖徒'는 커다란 '차이'가 있는 것입니다. 그렇다면 성도들은 구체적으로 무슨 일을 합니까?

2) 성령이 충만한 사람들에 의한 교회 공동체 건립

자연 상태의 인간은 결코 거룩하지도 정결하지도 않습니다. 자연 상태의 인간은 거룩하기는커녕 마음에 계획하는 바가 어릴 때부터 모두 악할 뿐입니다.(창 8:21) 그리고 자연 상태의 인간은 하나님을 찾지도 않고, 하나님 말씀에 순종도 하지 않고, 입에는 저주와 악독이 가득 차있으며, 시기와 질투가 가득차서 서로 파당을 만들고, 서로 분열합니다.(참고. 롬 3:10-18) 그러므로 자연 상태의 인간은 그 어떠한 노력을 해도——소위 도道를 닦고, 오랜 기간 수양修養을 한다고 해도——결코 '거룩한 자'가 될 수 없습니

---

53) 원시 기독교 공동체 교우들은 자신들을 "부름 받은 자(κλητοί)"(롬 1:6; 고전 1:24, 그 밖의 다른 곳) 혹은 "거룩한 자(ἅγιοι)"(고전 6:2; 16:1 그 밖의 다른 곳) 혹은 "성도 가운데 가난한 자(πτωχοὶ τῶν ἁγίων)"(롬 15:26)라고 불렀다. 이 점에 관하여: Eduard Lohse, *Grundriss der neu testamentlichen Theologie*, 3. Aufl, W. Kohlhammer: Stuttgart, Belin, 62.

다. 사도 바울의 증언대로 이 세상에는 "의인은 없나니 하나도 없습니다."(롬 3:10) 그러므로 자연 상태의 인간은 이 세상 누구도 결코 스스로 '거룩한 자'가 될 수 없습니다.[54]

이러한 근거에서 인간이 '거룩해지는 것'은 온전히 성령이 함께 하심으로 말미암아 주어진 하나님의 은총입니다. 왜냐하면 이스라엘 백성이 '거룩한 백성'으로 칭함을 받은 것도 하나님이 친히 그들과 함께 하셨기 때문입니다: "너희가 내게 대하여 제사장 나라가 되며, 거룩한 백성이 되리라."(출 19:5a) 이스라엘 백성이 다른 민족과 달리 본질상 거룩해서가 아닙니다. 오히려 이스라엘 사람들은 목이 곧은 교만하고 악한 사람들입니다.(출 32:22: 33:3)[55] 우리 그리스도인들도 마찬가지입니다.(고전 1:26) 우리도 그리스도를 알기 전에는 본질상 진노의 자녀였습니다. "전에는 우리도 다 그 가운데서 우리 육체의 욕심을 따라 지내며 육체와 마음이 원하는 것을 하여 다른 이들과 같이 본질상 진노의 자녀이었더니……."(엡 2:3)

따라서 우리가 스스로 성결하고 '거룩'해서 '성도'가 된 것이 아닙니다. '하나님의 영', 곧 성령이 우리와 함께 계셔서, 우리를 선한 길로 인도하시기 때문에, 즉 그리스도의 '영靈'이 우리 안에 있을 때, 우리가 '성도'요 참 '그리스도인'이 되는 것입니다: "만일 너희 속에 하나님의 영이 거하시면, 너희가 육신에 있지 아니하고, 영에 있나니, 누구든지 그리스도의 영이 없으면, 그리스도의 사람이 아니라."(롬 8:9) 이처럼 우리가 참된 성도가

---

54) '스스로 거룩함을 나타내다'라는 뜻의 히브리말 '니크다쉬niqdaš'는 오직 하나님에게만 사용하고 있다.(렘 10:3; 민 20:13; 사 5:16; 겔 20:41) 이러한 의미에서 하나님의 성령에 의해서 잉태되고, 성령으로 세례를 받으시고, 그의 생애 동안 항상 성령이 '함께'한 '임마누엘'이신 예수님만이 오로지 참으로 거룩하신 분이다. 그래서 요한계시록은 다음과 같이 증언하고 있다: "거룩하다. 거룩하다. 거룩하다. 주 하나님, 곧 전능하신 이여, 전에도 계시고, 이제도 계시고, 장차 오실이시라."(계 4:8, 비교. 사 6:3)

55) 출 33:3 : "나는 너희와 함께 올라가지 아니하리니, 너희는 목이 곧은 백성인즉, 내가 길에서 너희를 진멸할까 염려함이니라."

되는 것은 오직 '하나님의 영', 곧 성령이 우리 안에 있을 때입니다. 즉 성령의 인도하심에 따라서 살아갈 때, 진정 성도가 되는 것입니다. 이렇듯 '교인'과 '성도'를 구별하는 기준은 그들에게 성령이 임하였느냐, 그렇지 않으냐에 있습니다.

그런데 성령이 '충만'하면, 누구든지 예수 그리스도를 '주님'으로 고백하게 됩니다. 그 실례를 우선 우리는 세례 요한에게서 찾을 수 있습니다. "모태로부터 성령의 충만함을 받아 이스라엘 자손을 주±, 곧 그들의 하나님께로 많이 돌아오게 하겠음이라"(눅 1:15-16)는 예언대로 요한은 예수님의 길을 예비하였습니다. 엘리사벳은 '성령의 충만함을 받아 마리아의 태중에 있는 아기 예수를 알아보고 마리아를 축복합니다.'(눅 1:41-43) 예수님을 세 번씩 부인한 베드로는 성령이 충만하여 백성의 관리들과 장로들 앞에서 담대하게 "너희가 십자가에 못 박고 하나님이 죽은 자 가운데서 살리신 나사렛 예수 그리스도의 이름으로 이 사람이 건강하게 되어 너희 앞에 섰느니라"(행 4:8-10)고 예수 그리스도의 죽음과 부활을 증언합니다. 그리고 '성령과 믿음이 충만한 사람' 바나바도 '안디옥'에서 사도 바울과 더불어 "교회에 일 년간 모여 있어 큰 무리를 가르쳤고 제자들이 안디옥에서 비로소 그리스도인이라 일컬음을 받게"(행 11:26) 되는 역할을 합니다. 이렇듯 '성령이 충만'한 사람들은 하나같이 예수 그리스도를 증언하여 '그리스도의 몸'인 '교회 공동체'를 건설하였습니다.

구약성경의 증언에서도 우리는 '성령' 충만한 사람들에 의해서 이스라엘이 '하나님의 백성'으로 건설되어가는 과정을 발견할 수 있습니다. 성령 충만한 요셉에 의해서 야곱의 12아들은 식량 부족으로 사멸할 위기에서 구원을 받습니다.

"바로가 그의 신하들에게 이르되 이와 같이 하나님의 영에 감동된 사람을 우리가 어찌 찾을 수 있으리요 하고 요셉에게 이르되 하나님이 이 모든 것을 네게 보이셨으니 너와 같이 명철하고 지혜 있는 자가 없도다."(창 41:38-39)

그리고 모세와 이스라엘의 장로들에게 성령이 임하여 이스라엘 백성을 치리하게 하십니다: "내(여호와 하나님)가 강림하여 거기서 너와 말하고 네게 임한 영을 그들에게도 임하게 하리니 그들이 너와 함께 백성의 짐을 담당하고 너 혼자 담당하지 아니하리라."(민 11:17); "여호와께서 구름 가운데 강림하사 모세에게 말씀하시고 그에게 임한 영을 칠십 장로에게도 임하게 하시니 영이 임하신 때에 그들이 예언을 하다가 다시는 하지 아니하였더라."(민 11:25. 비교. 사 63:10, 11)[56]

그리고 사사 '옷니엘'에게 성령이 임하여 이스라엘 백성을 메소보다미아 왕 구산 리사다임의 침략으로부터 구원합니다: "이스라엘 자손이 여호와께 부르짖으매 여호와께서 이스라엘 자손을 위하여 한 구원자를 세워 그들을 구원하게 하시니 그는 곧 갈렙의 아우 그나스의 아들 옷니엘이라."(삿 3:9); "여호와의 영이 그에게 임하셨으므로 그가 이스라엘의 사사가 되어 나가서 싸울 때에 여호와께서 메소보다미아 왕 구산 리사다임을 그의 손에 넘겨 주시매 옷니엘의 손이 구산 리사다임을 이기니라."(삿 3:10)

그리고 하나님의 영은 사사 삼손에게도 임하여 이스라엘 백성을 구원합니다: "여호와의 영이 삼손에게 갑자기 임하시매 삼손이 아스글론에 내려가서 그곳 사람 삼십 명을 쳐 죽이고 노략하여 수수께끼 푼 자들에게 옷을

---

56) 사 63:10, 11 : "그들이 반역하여 주의 성령을 근심하게 하였으므로 그가 돌이켜 그들의 대적이 되사 친히 그들을 치셨더니"; "백성이 옛적 모세의 때를 기억하여 이르되 백성과 양떼의 목자를 바다에서 올라오게 하신 이가 어디 계시냐 그들 가운데에 성령을 두신 이가 이제 어디 계시냐."

주고 심히 노하여 그의 아버지의 집으로 올라갔고……."(삿 14:19)

이상 살펴본 바와 같이 구약에서 성령의 충만함을 입은 사람들이 '이스라엘 백성'을 어려운 상황에서 구원하여 '하나님의 백성 공동체'를 구원, 유지, 발전시켜 간 것처럼, 신약에서는 성령의 충만함을 입은 사람들은 예수 그리스도의 복음을 세상에 전함으로써 '교회 공동체'를 건설하고, 이를 통하여 많은 백성을 구원하는 역할을 합니다. 이러한 방식으로 하나님은 성령을 각 사람에게 부어주심으로 그들을 성령 '충만하게' 하고, 그들로 하여금 '하나님의 백성' 혹은 '그리스도의 공동체'를 설립, 건설, 발전시켜 갑니다. 그래서 사도들은 교우들에게 "오직 성령으로 충만함을 받으라"(엡 5:18b)고 명령하고 있는 것입니다. 그렇다면 성령 충만함을 받으면 어떠한 사람이 됩니까?

3) '성령 충만한 자들의 공동체'로서의 교회

예수님은 "나는 의인을 부르러 온 것이 아니요 죄인을 부르러 왔노라"(마 9:13)고 말씀하셨습니다.(비교. 막 2:17)[57] 이 말씀은 예수님이 이 세상에 죄인을 부르러 오셨지만, 그렇다고 해서 '죄인이 회개하지 않아도' 자동적으로 예수님께 부름을 받으면 구원을 받을 수 있다는 뜻은 아닙니다. 그래서 누가복음은 보다 구체적으로 "내가 의인을 부르러 온 것이 아니요, 죄인을 불러 회개시키러 왔노라"(눅 5:32)고 증언하고 있습니다. 즉 선택되어 부름 받은 자라도 회개하지 않으면 구원에 이르지 못한다는 뜻입니다. 더

---

57) 막 2:17 : "예수께서…… 그들에게 이르시되 건강한 자에게는 의사가 쓸 데 없고 병든 자에게라야 쓸 데 있느니라 나는 의인을 부르러 온 것이 아니요 죄인을 부르러 왔노라 하시니라."

자세히 말하면, 예수님께서 니고데모에게 말씀하신 것처럼, '물과 성령으로' 거듭나지 않으면 어느 누구도 하나님의 나라에 들어갈 수 없습니다.(참조. 요 3:4) 그래서 사도 베드로도 자신의 설교를 듣고 마음에 찔림을 받아 "우리가 어찌 할꼬"하는 자들에게 "너희가 회개하여 각각 예수 그리스도의 이름으로 세례를 받고 죄 사함을 받으라. 그리하면 성령을 선물로 받으리니 이 약속은 너희와 너희 자녀와 모든 먼 데 사람, 곧 주 우리 하나님이 얼마든지 부르시는 자들에게 하신 것이라"(행 2:38-39)고 증언하고 있습니다. 이 말씀은 단지 부름을 받아 그리스도 앞에 나왔다고 해서 '교회 공동체'의 구성원이 될 수 있는 것이 아니라는 것입니다. 참된 교회 공동체의 구성원이 되려면 자신의 죄를 고백하고 회개하는 '세례'가 있어야 한다는 것입니다.58)

그러나 참된 교회 공동체의 구성원이 되는 것은 '회개'로 충분한 것이 아니라, '성령을 받아 새로운 피조물'이 되어야 한다는 것을 의미합니다. 왜냐하면 성령이 충만한 자가 되어야 '성결한 자' 혹은 '정결한 자'가 되기 때문입니다. 그래서 예수님도 니고데모에게 "사람이 물과 성령으로 나지 아니하면 하나님의 나라에 들어갈 수 없느니라"(요 3:5)고 말씀하셨던 것입니다.

이상의 증언들을 고려해 볼 때, 교회 공동체가 '성도들의 모임'이라고 규정되는 것은, 교회 공동체는 성령에 의해서 몸과 마음이 '성결해진 자', 혹은 '정결해진 자'들의 모임이기 때문입니다.59) 이러한 해석의 전거典據

---

58) 유대교 종말단체인 쿰란 공동체에도 세례와 유사한 침수 예식이 있었다. 그래서 어떤 사람은 쿰란 공동체의 이 예식을 교회 공동체가 행하는 세례의 기원(세례 요한의 세례와 비교하여)으로 보는 사람도 있다. 그러나 쿰란 공동체의 침수예식은 식사 전에 온몸을 씻는 정결 예식일 뿐이다. 이에 대한 자세한 연구는: 김판임, "쿰란 공동체와 초기 그리스도교 공동체 비교연구. 입회과정과 자격조건을 중심으로", 「신약논단」 제11권 4호(2004), 837-870 특히 841.

를 우리는 예수님의 '하나님의 나라'에 대한 비유 말씀에서도 발견할 수 있습니다. 예수님은 다음과 같이 천국을 비유로 선포하셨습니다.

"천국은 마치 자기 아들을 위하여 혼인 잔치를 베푼 어떤 임금과 같으니…… 이에 종들에게 이르되 혼인 잔치는 준비되었으나 청한 사람들은 합당하지 아니하니, 네거리 길에 가서 사람을 만나는 대로 혼인 잔치에 청하여 오라 한 대, 종들이 길에 나가 악한 자나 선한 자나 만나는 대로 모두 데려오니 혼인 잔치에 손님들이 가득한지라. 임금이 손님들을 보러 들어올새 거기서 예복을 입지 않은 한 사람을 보고 이르되 친구여 어찌하여 예복을 입지 않고 여기 들어왔느냐 하니 그가 아무 말도 못하거늘, 임금이 사환들에게 말하되 그 손발을 묶어 바깥 어두운 데에 내던지라 거기서 슬피 울며 이를 갈게 되리라 하니라 청함을 받은 자는 많되 택함을 입은 자는 적으니라."(마 22:2, 8-14)

이 비유의 말씀에서 우리는 '예복을 입지 않았다'는 것이 무엇을 의미하는지 주목해야 합니다. 우선 구약전승에 의하면, '예복'은 특별히 구별된 자만이 입었습니다. 예컨대 제사를 할 때, 구별된 자는 제사장이고(레 21:10), 혼인 잔치에서 구별된 사람은 신랑과 신부였습니다. 그래서 그들은 다른 사람들과 구별됨을 나타내려고 '예복'을 입었습니다.(렘 2:32) 그리고 성전에서 예배를 위해 특별히 구별된 성가대가 '예복'을 입었습니다.(대하 20:21; 5:1)[60] 그래서 '예복'은 때론 '하나님을 섬기고자 특별히 구별된 자'

---

59) 그래서 마틴 루터는 교회 공동체를 예수님의 부름에 근거해 볼 때는 *communio peccatorum* 죄인들의 공동체'이지만, 그들에게 임하신 성령을 고려할 때는 *communio sanctorum* 성도들의 공동체'라고 규정하고 있다.

60) 레 21:10 : "자기의 형제 중 관유로 부음을 받고 위임되어 그 예복을 입은 대제사장은 그의 머리를 풀지 말며 그의 옷을 찢지 말며……"; 대하 20:21 : "백성과 더불어 의논하고 노래하

를 뜻하기도 하였습니다. 즉 '예복을 입는 자'란 '성결한 자' 혹은 '거룩한 자'를 의미하기도 했습니다.(출 28:2, 4; 35:19, 21; 39:1, 41; 40:13; 레 16:4, 32; 시 29:2; 110:3)[61]

이상 살펴본 바와 같이 '예복을 입는다'는 것은 자신을 성결 혹은 정결하게 한다는 것을 뜻합니다. 자신을 '정결'하게 한다는 것은, 곧 자신의 죄를 씻는 것, 다시 말하면 '회개'한다는 것입니다. 바로 이런 의미에서 "삭개오가 서서 주께 여짜오되, 주여 보시옵소서 내 소유의 절반을 가난한 자들에게 주겠사오며 만일 누구의 것을 빼앗은 일이 있으면 네 갑절이나 갚겠나이다"(눅 19:8)라고 말하였을 때, "예수께서 이르시되, 오늘 구원이 이 집에 이르렀으니 이 사람도 아브라함의 자손임이로다. 인자가 온 것은 잃어버린 자를 찾아 구원하려 함이니라"(눅 19:9-10)고 예수님은 말씀하셨던 것입니다. 왜냐하면 '만일 누구의 것을 빼앗은 일이 있으면, 네 갑절이나 갚겠습니다'라고 말한 것은 회개하겠다는 뜻이기 때문입니다. 그러므로 구약에서는 '회개한다'는 것을 '옷을 빤다는 것'으로 은유적으로 표현하고 있습니다. 즉 '옷을 빤다는 것'은 자신을 정결하게 한다는 것을 뜻합니다: "여호와

는 자들을 택하여 거룩한 예복을 입히고 군대 앞에서 행진하며 여호와를 찬송하여 이르기를 여호와께 감사하세 그의 인자하심이 영원하도다 하게 하였더니"; 렘 2:32 : "처녀가 어찌 그의 패물을 잊겠느냐 신부가 어찌 그의 예복을 잊겠느냐 오직 내 백성은 나를 잊었나니 그 날 수는 셀 수 없거늘……."

61) 출 28:2 : "네 형 아론을 위하여 거룩한 옷을 지어 영화롭고 아름답게 할지니……."; 출 28:4 : "그들이 지을 옷은 이러하니…… 네 형 아론과 그 아들들을 위하여 거룩한 옷을 지어 아론이 내게 제사장 직분을 행하게 하라."; 출 35:19 : "성소에서 섬기기 위하여 정교하게 만든 옷 곧 제사 직분을 행할 때에 입는 제사장 아론의 거룩한 옷과 그의 아들들의 옷이니라."; 출 35:21 : "마음이 감동된 모든 자와 자원하여 모든 자가 와서 성막을 짓기 위하여 그 속에서 쓸 모든 것을 위하여, 거룩한 옷을 위하여 예물을 가져다가 여호와께 드렸으니……."; 레 16:32 : "기름 부음을 받고 위임되어 자기의 아버지를 대신하여 제사장의 직분을 행하는 제사장은 속죄하되 세마포 옷 곧 거룩한 옷을 입고……."; 시 29:2 : "여호와께 그의 이름에 합당한 영광을 돌리며 거룩한 옷을 입고 여호와께 예배할지어다."

께서 모세에게 이르시되 너는 백성에게로 가서 오늘과 내일 그들을 성결하게 하며 그들에게 옷을 빨게 하고"(출 19:10. 이 밖에 출 19:14: 창 35:2: 레 14:8)62)

그러므로 교회 공동체의 '성도'는 그 '입술이 깨끗해야' 하고(시 24:3-5), '참 마음과 온전한 믿음'을 품은 자들이라야 합니다.(히 10:22) 그래서 '성도'들의 마음과 삶 속에서는 "사랑과 희락과 화평과 오래 참음과 자비와 양선과 충성과 온유와 절제"(갈 5:22-23)와 같은 성령의 열매가 주렁주렁 열리는 것입니다. 따라서 '성령 충만한 성도들이 모인 교회 공동체' 안에서는 사랑과 기쁨 넘쳐나며, 하나님을 향한 찬양이 끊이지 않는 것입니다. 왜냐하면 성령 하나님의 성품은 '선하시고'(느 9:20: 시 143:10), '거룩하시고'(사 6:3), '진실하시고'(행 18:25), '사랑'(롬 15:30)이시기 때문입니다.

이제 결론적으로 말해서 '하나님의 영靈', 곧 성령이 '임재'하는 곳이 '거룩한 곳'이요, 성령이 임한 자가 '거룩한 자'라면, 성령은 교우들 가운데 '임재'하셔서 그들을 '성령으로 충만'하게 하시고, 그들을 통하여 하나님의 교회 공동체를 확장시켜 가신다고 이해할 수 있습니다. 따라서 참된 교회 공동체는 '성령이 충만한 사람들의 공동체'입니다. 그뿐만 아니라 성령은 교우들을 거룩하게 하시려고 예수 그리스도의 말씀으로——다시 말해서 성경의 말씀으로——우리를 매일 매일의 세속적 삶에서 구별된 삶을 살도록 친히 인도해 주십니다. 이것이 바로 성령 하나님의 인도하심입니다. 그래서 에베소서는 "오직 너희의 심령이 새롭게 되어, 하나님을 따라 의와 진리의 거룩함으로 지으심을 받은 새 사람을 입으라"(엡 4:23-24)고 권면하고 있는 것입니다.

---

62) 출 19:14 : "모세가 산에서 내려와 백성에게 이르러 백성을 성결하게 하니 그들이 자기 옷을 빨더라."; 창 35:2 : "야곱이 이에 자기 집과 사람과 자기와 함께 한 모든 자에게 이르되 너희 중에 있는 이방 신상들을 버리고 자신을 정결하게 하고 너희들의 의복을 바꾸어 입으라."; 레 14:8 : "정결함을 받는 자는 그의 옷을 빨고 모든 털을 밀고 물로 몸을 씻을 것이라 그리하면 정하리니 그 후에 진영에 들어올 것이나 자기 성막 밖에 이레를 머물 것이요."

5

교회 공동체 가운데
거하는 성령

신 4:7_ "우리 하나님 여호와께서 우리가 그에게 기도할 때마다 우리에게 가까이 하심과 같이 그 신이 가까이 함을 얻은 큰 나라가 어디 있느냐. What other nation is so great as to have their gods near them the way the Lord our God is near us whenever we pray to him?"

고후 6:16_ "하나님의 성전과 우상이 어찌 일치가 되리요 우리는 살아 계신 하나님의 성전이라 이와 같이 하나님께서 이르시되 내가 그들 가운데 거하며 두루 행하여 나는 그들의 하나님이 되고 그들은 나의 백성이 되리라 하셨느니라. What agreement is there between the temple of God and idols? For we are the temple of the living God. As God has said: 'I will live with them and walk among them, and I will be their God, and they will be my people.'"

1) 성도의 희망으로서의 교회 공동체

북이스라엘이 BC 722년 앗시리아에 의해서 멸망하고, 남 유다는 BC 587년 바벨론에 멸망하였습니다. 특히 남 유다의 왕과 많은 귀족은 바벨론에 포로로 붙잡혀 갔습니다. 야곱의 열두 아들에 의해서 건립된 북이스라엘과 남유다가 모두 망하였을 때, 여러 민족 가운데서 하나님의 백성으로 선택받았다는 이스라엘 백성의 '선택의식' 혹은 '자의식'은 모두 사라져 버리고 말았습니다. 왜냐하면 유대의 정치적 제도, 곧 하나님의 택하신 '다윗 왕조'와 신앙의 마지막 보루이자 희망이라고 생각하였던 '예루살렘 성전'이 모두 파괴되고, 민족은 사방으로 산산이 흩어져 다시 유리방황하는 백성이 되었기 때문입니다. 그뿐만 아니라 예루살렘에는 서민들만 남았고, 가나안 땅은 전쟁으로 인하여 황폐할 대로 황폐해졌기 때문입니다. 이러한 정치적, 신앙적, 경제적 상황 속에서 이스라엘 사람들은 스스로 회생할 희망을 자신들에게서는 결코 찾을 수가 없었습니다. 그래서 그들은 이스라엘의 회복 가능성을 처음부터 그들을 선택하여 부르신 여호와 하나님의 '임재', 곧 '임마누엘 신앙'에서 찾았습니다. 더 자세히 말하면 '나는 너의 하나님이 되고, 너희는 나의 백성이 되리라'는 여호와 하나님이 이스라엘 백성과 맺은 계약에서 찾았습니다. 뿐만 아니라, 이스라엘 백성은, 비록 그들이 여호와 하나님께 범죄 하여 바벨론에 포로로 잡혀와 살고 있지만, 여호와 하나님은 자신들 가운데 함께 동거하고 계시다는 '하나님 거처 Gottes Wohnung' 사상에서 찾았습니다.[63] 그래서 이스라엘 백성은 다음과

---

63) 이 점에 관하여: M. Buber, *Der Heilige Weg. Ein Wort an die Juden und an die Völker*, Frankfurt a. M. 1920, 51, 52 비교. Sh. Talmon, "Exil" und "Rückkehr" in der Ideenwelt des Alten Testaments, in: R. Mosis(Hg.), *Exil - Diaspora - Rückkehr. Zum theologischen Gespräch zwischen Juden und Christen*, Düsseldorf, 1978, 30-54, 특히 32.(Bernd Janowski, *Gottes Gegenwart in Israel*, Neukirchen-Vluyn, 1993, 119쪽 각주 1에서 재인용).

같이 기도하고 있습니다.

> "하나님이여 주께서 어찌하여 우리를 영원히 버리시나이까 어찌하
> 여 주께서 기르시는 양을 향하여 진노의 연기를 뿜으시나이까 옛적
> 부터 얻으시고 속량하사 주의 기업의 지파로 삼으신 주의 회중을 기
> 억하시며 주께서 계시던 시온 산도 생각하소서."(시 74:1-2)

이러한 시편 기자의 탄식의 고백 속에서 우리는 바벨론에 포로로 잡혀
간 유다 백성이 어디에서 그들의 희망을 발견하고자 했는지를 쉽게 알 수
있습니다. 동시에 이 시편에서 우리는 바벨론에 포로로 잡혀가 있던 이스
라엘 백성이 '예루살렘 성전' 혹은 '자기 자신들'을 어떻게 이해하고 있었는
지도 파악할 수 있습니다. 우선 이러한 탄식의 기도에 의하면, 여호와 하나
님은 '이스라엘백성들의 목자'이십니다: "어찌하여 주께서 기르시는 양을
향하여 진노의 연기를 뿜으시나이까."(시 74:1b) 그래서 시편 기자는 이스
라엘을 '주께서 기르시는 양'으로 표현하고 있습니다. 즉 여호와 하나님과
이스라엘 백성의 관계는 '목자'와 '그의 기르는 양'의 관계라는 것입니다.
그뿐만 아니라 주님의 양들이 모여 있는 것을 시편 기자는 '주의 회중',
곧 '교회 공동체' 혹은 '주의 백성'으로 바꾸어 쓰고 있습니다: "옛적부터
얻으시고 속량하사 주의 기업의 지파로 삼으신 주의 회중을 기억하시
며……."(시 74:2bα)[64]

---

64) 시편 74:2을 야노브스키B. Janowski는 다음과 같이 번역하였다: "Gedanke deiner
Gemeinde, die du einst erworben, [die du zum Stamm deines Eigentums dir
erlöst], des Berges Zion, auf dem du **Wohnung genommen** hast." 반면에
Lutherbibel erklärt mit Erläuterungen für die bibellesende Gemeinde는 "Gedenke
an **deine Gemeinde**, die du vorzeiten erworben und dir zum Erbteil erlöst hast,
and en Berg Zion, auf dem du wohnest." 일반적으로 교회를 독일어 'Gemeinde'로

한 걸음 더 나아가 시편 기자는 '주의 회중'이 거畐하는 곳, 즉 '주의 회중'이 모여 사는 곳을 '주께서 계시는 시온 산'이라고 바꾸어 쓰고 있습니다: "주께서 계시던 시온 산도 생각하소서."(시 74:2b)[65]

이상에서 살펴본 바와 같이, 바벨론에 포로로 잡혀가 사는 유다 백성들은 자신들이 포로생활에서 해방될 희망을 자기 자신들의 능력에서 찾지 않고, '하나님의 거처', 곧 그 옛날부터 자신들과 함께 하시면서, 자신들과 동고동락同苦同樂하였던 '하나님의 함께 하심, 곧 임마누엘'에서 찾았습니다. 그래서 같은 시편 74편 7절에서도 '성소'를 '주의 이름이 계시던 곳'으로 바꾸어 쓰고 있습니다. 바꾸어 말하면 시편 기자는 유다 백성의 부패와 멸망 원인을 '항상 살아 계시는 하나님', '스스로 계신 하나님'(출 3:14)께서 계시던 곳이 더럽혀졌음으로 묘사합니다: "주의 성소를 불사르며, 주의 이름이 계신 곳을 더럽혀 땅에 덮었나이다."(시 74:7) 왜냐하면 '주의 성소', 곧 시온 산에 있던 예루살렘 '성전'은 '스스로 계신 하나님'이 거하는 곳이며, 그 '성소'는 다름 아닌 '주의 회중', 곧 '주의 양떼'들이 모여 있는 곳이기 때문입니다.[66]

다시 말하면 바벨론에 포로로 잡혀가서 아무런 희망도 없이 살아가던 유다 백성들은 포로생활로부터의 해방을 '하나님께서 우리 가운데 함께 거하심', 즉 하나님께서 당신의 거처를 우리 곧 '주의 회중', '교회 공동체'에 두시는 것에서 찾았던 것입니다. 이러한 의미에서 '교회 공동체'는 성도의 희망입니다. 다시 말하면 고난과 역경 속으로 내동댕이쳐져 있는 나그네

표현하고 있으며, 'Wohnung'이란 사람들이 기거하는 처소를 의미한다.

65) 이 점에 관하여: M. Metzger, "Himmlische und irdische Wohnstatt Jahwes", *UF* 2 (1970), 139-159.

66) 참고. H. Weippert, "Der Ort, den Jahwe erwählen wird, um dort seinen Namen wohnen zu lassen." Die Geschichte einer alttestamentlichen Formel, *BZ* 24(1980), 76-94, 특히 78쪽의 각주 6(B. Janowski, 같은 책, 120 각주 5에서 재인용).

요, 죄의 포로요, 버림받은 자 같은 사람들의 희망은 '주님의 회중', 곧 주님의 양떼들이 모여 있는 '교회 공동체'에 있었다는 것입니다.67) 왜냐하면 하나님은 '주님의 회중' 가운데 당신의 거처를 삼으시기 때문입니다. 그래서 예수님도 "두세 사람이 내 이름으로 모인 곳에는 나도 그들 중에 있느니라"(마 18:20)고 말씀하셨던 것입니다.68) 이러한 근거에서 '교회 공동체'는 '하나님께서 영으로 거하는 집'(시 23:6; 27:4; 84:10; 122:1; 사 6:1)으로서 모든 믿는 자들의 희망이라고 할 수 있습니다: "여호와의 처소, 곧 야곱의 전능자의 성막을 발견하기까지 하리라."(시 132:5) 그러나 하나님의 '처소'는 이스라엘 백성에 의해서 더럽혀졌습니다.

2) 더럽혀진 하나님의 '처소(거처)와 이름'

솔로몬은 예루살렘 성전을 건축하여 여호와 하나님을 '성전'에 모시고자 하였습니다: "그때에 솔로몬이 이르되, 여호와께서 캄캄한데 계시겠다 말씀하셨사오나, 내가 참으로 주를 위하여 계실 성전을 건축하였사오니 주께서 영원히 계실 처소로소이다."(왕상 8:12-13) 이러한 솔로몬의 약속대로 예루살렘 성전이 건축 되었고, 이스라엘 백성이 성전에서 여호와 하나님을 온 마음과 뜻을 다하여 섬길 때까지만 해도, 예루살렘 성전은 여호와 하나님의 영원한 처소였습니다. 왜냐하면 여호와 하나님이 솔로몬의 마음을 보시고 '성전'에 영원히 거하실 것을 약속해 주셨기 때문입니다.

---

67) '교회 공동체'를 '주의 백성들이 모인 총회'로 보는 관점에 관하여: 이종윤 외 2인, 『敎會成長論』(도서출판 엠마오, 1983).

68) 여기서 예수 그리스도의 본래 이름이 "임마누엘Immanuel: 하나님이 우리와 함께 계시다"라는 뜻이라면, 두세 사람이 "하나님이 우리와 함께 계시다"는 예수의 이름으로 모이는 곳에는 당연히 예수님도 함께 계신다는 뜻이다.

"여호와의 말씀이 솔로몬에게 임하여 이르시되, 네가 지금 이 성전을 건축하니, 네가 만일 내 법도를 따르며 내 율례를 행하며 내 모든 계명을 지켜 그대로 행하면, 내가 네 아버지 다윗에게 한 말을 네게 확실히 이룰 것이요 내가 또한 이스라엘 자손 가운데 거하며 내 백성 이스라엘을 버리지 아니하리라 하셨더라."(왕상 6:11-13)

이와 상응한 여호와 하나님의 약속을 선지자 이사야도 이스라엘 백성에게 선포하였습니다: "우리의 절기의 시온성을 보라, 네 눈이 안정된 처소인 예루살렘을 보리니, 그것은 옮겨지지 아니할 장막이라. 그 말뚝이 영원히 뽑히지 아니할 것이요, 그 줄이 하나도 끊어지지 아니할 것이(다)."(사 33:20)

그러나 이스라엘 백성이 우상숭배와 위선적인 제사행위로 '하나님의 성전'을 더럽혔을 때, 여호와 하나님의 성령이 예루살렘 성전을 떠나시겠다고 말씀하십니다: "너희는 어찌하여 내가 내 처소에서 명령한 내 제물과 예물을 밟으며, 네 아들들을 나보다 더 중히 여겨 내 백성 이스라엘이 드리는 가장 좋은 것으로 너희들을 살지게 하느냐."(삼상 2:29) 그럼에도 이스라엘 사람들은 '하나님의 성전'에 '아세라'를 세웠고 성전 매음행위를 하는 남창들을 성전에 두었습니다.(왕하 23:7)[69] 그 결과 솔로몬이 건축한 예루살렘 성전은 BC 587년 바벨론 군대에 의해서 파괴되고, 시온산 곧 예루살렘은 초토焦土와 같이 됩니다. 그래서 이사야 선지자는 이제 더는 성전에서 하나님의 사랑과 긍휼을 경험할 수 없게 되었다고 탄식합니다: "주여, 하늘에서 굽어 살피시며 주의 거룩하시고 영화로운 처소에서 보옵소서. 주의

---

69) 참고. 왕하 23:7 : "여호와의 성전 가운데 남창의 집을 헐었으니, 그 곳은 여인이 아세라를 위하여 휘장을 짜는 처소였더라."

열성과 주의 능하신 행동이 이제 어디 있나이까, 주께서 베푸시던 간곡한 자비와 사랑이 내게 그쳤나이다."(사 63:15)

예루살렘 성전의 부패상은 예수님의 성전 정화 기사를 통해서도 명백히 알 수 있습니다.

> "예수께서 성전에 들어가사 성전 안에서 매매하는 모든 사람들을 내쫓으시며 돈 바꾸는 사람들의 상과 비둘기 파는 사람들의 의자를 둘러 엎으시고 그들에게 이르시되 기록된바 내 집은 기도하는 집이라 일컬음을 받으리라 하였거늘 너희는 강도의 소굴을 만드는도다 하시니라."(마 21:12-13; 병행 막 11:15-19; 눅 19:45-48; 요 2:13-22)

이렇듯 구약뿐만 아니라, 신약에서도 '하나님의 영', 곧 성령의 처소인 '성전聖殿'을 사람들이 더럽히게 되면, 하나님이 그곳에 '거주'하지 않으신다는 것을 알 수 있습니다. 이와 같이 '하나님의 영', 곧 성령이 거하실 우리의 속사람이 부패하면, 우리들에게 귀신이 임하게 됩니다.(참조. 딤전 6:5; 딤후 3:8)[70] 왜냐하면 사탄 마귀는 더러운 곳을 좋아하기 때문입니다. 그래서 쫓겨난 귀신들은 '돼지'에게 들어가기를 원하였던 것입니다.(마 8:30-32, 병행 막 5:1-20; 눅 8:26-39)[71]

그럼에도 불구하고 여호와 하나님은, 이스라엘 백성이 바벨론에 포로

---

70) 딤전 6:5 : "마음이 부패하여지고 진리를 잃어 버려 경건을 이익의 방도로 생각하는 자들의 다툼이 일어나느니라."; 딤후 3:8 : "얀네와 얌브레가 모세를 대적한 것 같이 그들도 진리를 대적하니 이 사람들은 그 마음이 부패한 자요 믿음에 관하여는 버림받은 자들이라."

71) 마 8:30-32 : "마침 멀리서 많은 돼지 떼가 먹고 있는지라. 귀신들이 예수께 간구하여 이르되 만일 우리를 쫓아내시려면 돼지 떼에 들어보내소서 하니, 그들에게 가라 하시니 귀신들이 나와서 돼지에게로 들어가는지라 온 떼가 비탈로 내리달아 바다에 들어가서 물에서 몰사하거늘……."

로 잡혀가 '성전'없이 회당에 모여 하나님을 경외하고 있었을 때, 선지자 '에스겔'을 통하여 '새 예루살렘 성전'에 대한 비전을 보여주십니다.

"그가 내게 이르시되 인자야 이(예루살렘 성전에 대한 비전)는 내 보좌의 처소, 내 발을 두는 처소, 내가 이스라엘 족속 가운데에 영원히 있을 곳이라. 이스라엘 족속 곧 그들과 그들의 왕들이 음행하며 그 죽은 왕들의 시체로 다시는 내 거룩한 이름을 더럽히지 아니하리라. 그들이 그 문지방을 내 문지방 곁에 두며, 그 문설주를 내 문설주 곁에 두어서. 그들과 나 사이에 겨우 한 담이 막히게 하였고, 또 그 행하는 가증한 일로 내 거룩한 이름을 더럽혔으므로 내가 노하여 멸망시켰거니와, 이제는 그들이 그 음란과 그 왕들의 시체를 내게서 멀리 제거하여 버려야 할 것이라. 그리하면 내가 그들 가운데에 영원히 살리라."(겔 43:7-9)

그러나 이러한 '새 성전' 혹은 여호와 하나님의 '새로운 처소', 바꾸어 말하면 '고국 예루살렘으로 돌아갈 소망'은——이스라엘 백성이 여호와 하나님께 돌아오는 회개를 하였기 때문이 아니라——오로지 더럽혀진 '여호와 하나님의 이름' 때문이라고 하나님은 선언하십니다.[72)]

---

72) 에스겔서에 의하면, 이스라엘 회복에 대한 비전은 예루살렘 '새 성전'으로 바꾸어 표현된다. 왜냐하면 이스라엘 백성과 함께 하셨던 하나님은 새 성전에 임재 하시는 것으로 표상되고 있기 때문이다. 그래서 36장에서 이스라엘이 앞으로 받을 복과 하나님께서 이스라엘 백성을 정결하게 하실 것에 대하여 예언하고, 37장에서는 마른 뼈가 다시 살아나는 '비전'을 통하여 '이스라엘의 회복'을 상징적으로 묘사하고, 37:15-25에서는 유다와 이스라엘이 하나님의 종 다윗의 왕조 아래 새로운 통일국가가 건설될 것을 소망한다. 그다음 하나님의 영원한 '처소' 성전과 이스라엘 백성의 회복을 겔 37:26-28에서 기술하고 있다. 그리고 이어서 열국의 멸망과 이스라엘의 회복에 관하여 예언(겔 38-39)한 다음 40-44장까지 새 성전에 대한 비전을 기술하고 있다. 이 점에 관하여: J. D. Levenson, *Theology of the*

"그러나 이스라엘 족속이 들어간 그 여러 나라에서 더럽힌 내 거룩한
이름을 내가 아꼈노라. 그러므로 너는 이스라엘 족속에게 이르기를
주 여호와께서 이같이 말씀하시기를 이스라엘 족속아 내가 이렇게
행함은 너희를 위함이 아니요 너희가 들어간 그 여러 나라에서 더럽
힌 나의 거룩한 이름을 위함이라. 여러 나라 가운데에서 더럽혀진
이름 곧 너희가 그들 가운데에서 더럽힌 나의 큰 이름을 내가 거룩하
게 할지라. 내가 그들의 눈앞에서 너희로 말미암아 나의 거룩함을
나타내리니 내가 여호와인 줄을 여러 나라 사람이 알리라 주 여호와
의 말씀이니라."(겔 36:21-23)

그리고 이어서 선지자, 에스겔은 하나님의 종, '다윗'을 이스라엘의 목
자로 삼고, 야곱의 아들들이 잃어버렸던 '거처'를 회복하고, 여호와 하나님
도 그들과 영원히 함께 계실 것을 다음과 같이 예언합니다.

"내가 그들과 화평의 언약을 세워서 영원한 언약이 되게 하고 또 그들
을 견고하고 번영하게 하며 내 성소를 그 가운데에 세워서 영원히
이르게 하리니, 내 처소가 그들 가운데에 있을 것이며, 나는 그들의
하나님이 되고 그들은 내 백성이 되리라. 내 성소가 영원토록 그들
가운데에 있으리니, 내가 이스라엘을 거룩하게 하는 여호와인 줄을
열국이 알리라 하셨다 하라."(겔 37:26-28)

이상에서 살펴본 바와 같이, 처음 솔로몬이 '성전'을 건축한 이후로——

Program of Restoration of Ezekiel 40-48 (Harvard Semitic Museum 10), Missoula: Scholars
Press, 1976, 5ff.

아니 더 소급하면 광야에서 설치한 '성막' 혹은 '성막' 이래로(참고. 출 29:43-46)[73]─── '성막'과 '성전'은 여호와 하나님이 이스라엘 백성 중에 거하시기 위한 구체적인 지상에서 거주居住할 '처소'였습니다. 그러나 이스라엘 백성이 '하나님의 처소'를 더럽힘으로 말미암아, '하나님의 영', 곧 성령은 성전에서 떠나셨고, 예루살렘 성전은 이방인에 의해서 파괴되었습니다. 그러나 한편에는 예루살렘 성전을 봉헌할 때, 솔로몬 왕이 올린 '기도' (왕상 8:46-51)로 인하여, 다른 한편에는 여호와 하나님의 이름의 명예를 위해서, 여호와 하나님은 에스겔 선지자를 통하여 '새 성전'에 대한 비전을 주십니다.[74] 그러나 '새 성전'이 이전의 '성막' 혹은 '성전 비전'과 다른 것이 있다면, 이제는 하나님의 영이 단지 '성전 건축물'에만 거주하시는 것이 아니라, 이스라엘 각 사람의 마음에도 거하시어, 그들로 하여금 하나님의 율법을 잘 준수하게 하시겠다는 것입니다.(겔 36:26-28) 그러므로 하나님의 거처는 이제 단지 성전 건축물이 아니라, '주의 회중' 곧 하나님의 백성들로

---

73) 출 29:43-46 : "내가 거기서(성막) 이스라엘 자손을 만나리니 내 영광으로 말미암아 성막이 거룩하게 될지라. 내가 그 성막과 제단을 거룩하게 하며 아론과 그의 아들들도 거룩하게 하여 내게 제사장 직분을 행하게 하며, 내가 이스라엘 자손 중에 거하여 그들의 하나님이 되리니, 그들은 내가 그들의 하나님 여호와로서 그들 중에 거하려고 그들을 애굽 땅에서 인도하여 낸 줄을 알리라 나는 그들의 하나님 여호와니라."

74) 왕상 8:46-51 : "[46] 범죄치 아니하는 사람이 없사오니 그들이 주께 범죄함으로 주께서 그들에게 진노하사 그들을 적국에게 넘기시매 적국이 그들을 사로잡아 원근을 막론하고 적국의 땅으로 끌어간 후에 [47] 그들이 사로잡혀 간 땅에서 스스로 깨닫고 그 사로잡은 자의 땅에서 돌이켜 주께 간구하기를 우리가 범죄하여 반역을 행하며 악을 지었나이다 하며 [48] 자기를 사로잡아 간 적국의 땅에서 온 마음과 온 뜻으로 주께 돌아와서 주께서 그들의 조상들에게 주신 땅 곧 주께서 택하신 성읍과 내가 주의 이름을 위하여 건축한 성전 있는 쪽을 향하여 주께 기도하거든 [49] 주는 계신 곳 하늘에서 그들의 기도와 간구를 들으시고 그들의 일을 돌아보시오며 [50] 주께 범죄한 백성을 용서하시며 주께 범한 그 모든 허물을 사하시고 그들을 사로잡아 간 자 앞에서 그들로 불쌍히 여김을 얻게 하사 그 사람들로 그들을 불쌍히 여기게 하옵소서 [51] 그들은 주께서 철 풀무 같은 애굽에서 인도하여 내신 주의 백성, 주의 소유가 됨이니이다."

변하게 되었습니다.

3) 하나님 영의 '처소'인 '부름 받은 자들의 공동체'

에스겔 선지자는 이제 여호와 '하나님의 영', 곧 성령의 '처소'가 단지 '성전 건축물'이 아니라, 오히려 '이스라엘 족속'이 될 것이라는 것을 다음과 같이 예언하고 있습니다.

> "새 영을 너희 속에 두고 새 마음을 너희에게 주되 너희 육신에서 굳은 마음을 제거하고 부드러운 마음을 줄 것이며, 또 내 신(영)을 너희 속에 두어 너희로 내 율례를 행하게 하리니 너희가 내 규례를 지켜 행할지라. 내가 너희 조상들에게 준 땅에서 너희가 거주하면서 내 백성이 되고 나는 너희 하나님이 되리라."(겔 36:26-28)

그런데 이 예언의 말씀이 가지는 의미를 에스겔 선지자는 다음과 같이 바꾸어 씁니다.

> "내가 그들과 화평의 언약을 세워서 영원한 언약이 되게 하고 또 그들을 견고하고 번영하게 하며 내 성소를 그 가운데에 세워서 영원히 이르게 하리니, 내 처소가 그들 가운데에 있을 것이며 나는 그들의 하나님이 되고 그들은 내 백성이 되리라. 내 성소가 영원토록 그들 가운데에 있으리니 내가 이스라엘을 거룩하게 하는 여호와인 줄을 열국이 알리라 하셨다 하라."(겔 37:26-28)

그리고 이상의 말씀들이 가지는 의미를 한마디로 요약하여 에스겔 선지자는 말하기를 "내(여호와 하나님)가 다시는 내 얼굴을 그들에게 가리지 아니하리니 이는 내가 내 영을 이스라엘 족속에게 쏟았음이라. 주 여호와의 말씀이니라"(겔 39:29)고 예언합니다.

이상 에스겔 선지자가 전한 예언의 말씀에서 우리는 다음의 사실을 알 수 있습니다. 첫째, 이스라엘 백성이 여호와 하나님의 '처소'인 '성전'을 더럽혔던 것은, 그들 속에 '하나님의 영'이 없었기 때문에 우상을 숭배하게 되었고, 그로 말미암아 그들은 하나님과 맺은 계약을 파기하고, 율법을 어김으로써 '성전파괴'와 재앙을 받아 멸망하게 되었다는 것입니다. 왜냐하면 신명기 기자는 이스라엘이 멸망한 것은──여호와 하나님께서 그들과 함께하지 않았기 때문에──바꾸어 말하면 여호와의 얼굴을 이스라엘 백성에게 숨기셨기 때문이라고 증언하고 있기 때문입니다.

> "내(여호와 하나님)가 그들(이스라엘 백성)에게 진노하여 그들을 버리며, 내 얼굴을 숨겨 그들에게 보이지 않게 할 것인즉, 그들이 삼킴을 당하여 허다한 재앙과 환난이 그들에게 임할 그때에, 그들이 말하기를 이 재앙이 우리에게 내림은 우리 하나님이 우리 가운데에 계시지 않은 까닭이 아니냐 할 것이라. 또 그들이 돌이켜 다른 신들을 따르는 모든 악행으로 말미암아 내가 그 때에 반드시 내 얼굴을 숨기리라."
>
> (신 31:17-18)

둘째, 따라서 앞으로는 '하나님의 영', 곧 성령을 각 사람에게 부어 주어, 그들의 마음을 '하나님의 영원한 처소'로 삼겠다는 것입니다. 결국 '하나님의 성전'이 이제는 '건축물'이 아니라, '하나님의 백성이 모인 회중'이 되고, '인간의 마음'으로 변하게 될 것이라는 것입니다.

이러한 에스겔의 예언에 따라서 창조의 영이신 하나님은 구체적으로 한 인간 '나사렛 예수'를 당신의 '처소'로 삼으십니다. 이것이 바로 '말씀의 화육 사건'입니다: "말씀이 육신이 되어 우리 가운데 거하시매, 우리가 그의 영광을 보니 아버지의 독생자의 영광이요 은혜와 진리가 충만하더라."(요 1:14) 그래서 예수님은 하나님의 영원한 처소인 '하나님의 나라'가 그를 믿는 자들 가운데 있다고 증언하셨던 것입니다.

> "바리새인들이 하나님의 나라가 어느 때에 임하나이까 묻거늘, 예수께서 대답하여 이르시되 하나님의 나라는 볼 수 있게 임하는 것이 아니요, 또 여기 있다 저기 있다고도 못하리니 하나님의 나라는 너희 안에 있느니라."(눅 17:20-21)

이렇게 한 인간의 육체를 '하나님의 처소'로 삼으신 하나님은 예수님의 예언에 따라(행 1:8)[75] 오순절 날 여러 지방에서 온 사람들이 함께 모여 있을 때, 그들에게 '하나님의 영', 곧 성령이 강림하십니다: "오순절 날이 이미 이르매 그들이 다같이 한 곳에 모였더니 홀연히 하늘로부터 급하고 강한 바람 같은 소리가 있어 그들이 앉은 온 집에 가득하며, 마치 불의 혀처럼 갈라지는 것들이 그들에게 보여 각 사람 위에 하나씩 임하여 있더니……."(행 2:1-3)

그래서 사도 바울도 하나님의 자녀가 되기로 서약한 우리 그리스도인의 몸을 하나님의 영이 거하시는 '하나님의 성전'이라고 증언하고 있습니다: "하나님의 성전과 우상이 어찌 일치가 되리요, 우리는 살아 계신 하나님의

---

75) 행 1:8 : "오직 성령이 너희에게 임하시면 너희가 권능을 받고 예루살렘과 온 유대와 사마리아와 땅 끝까지 이르러 내 증인이 되리라."

성전이라 이와 같이 하나님께서 이르시되, 내가 그들 가운데 거하며 두루 행하여 나는 그들의 하나님이 되고 그들은 나의 백성이 되리라 하셨느니라."(고후 6:16) 이러한 증언을 사도 바울은 성부, 성자, 성령의 삼위일체론적으로 바꾸어서 "믿음으로 말미암아 그리스도께서 너희 마음에 계시게 하시옵고"(엡 3:17a)라고 쓰고 있습니다. 그래서 최종적으로 요한계시록은 구약시대 하나님이 거하셨던 건축물인 '하나님의 장막'과 성령의 새로운 거처인 '인간의 육체'를 결합하여 다음과 같이 증언하고 있습니다.

> "내가 들으니 보좌에서 큰 음성이 나서 이르되 보라 하나님의 장막이 사람들과 함께 있으매 하나님이 그들과 함께 계시리니 그들은 하나님의 백성이 되고 하나님은 친히 그들과 함께 계셔서⋯⋯."(계 21:3)

그러므로 사도 바울은 에스겔서의 아골 골짜기에 대한 비전에 상응하게, "만일 너희 속에 하나님의 영이 거하시면 너희가 육신에 있지 아니하고 영에 있나니 누구든지 그리스도의 영이 없으면 그리스도의 사람이 아니라. 또 그리스도께서 너희 안에 계시면 몸은 죄로 말미암아 죽은 것이나 영은 의로 말미암아 살아 있는 것이니라. 예수를 죽은 자 가운데서 살리신 이의 영이 너희 안에 거하시면 그리스도 예수를 죽은 자 가운데서 살리신 이가 너희 안에 거하시는 그의 영으로 말미암아 너희 죽을 몸도 살리시리라"(롬 8:9-11)고 선언하는 것입니다. 또한 사도 베드로도 에스겔 선지자의 여호와 이름의 영광에 상응하게, "너희가 그리스도의 이름으로 치욕을 당하면 복 있는 자로다 영광의 영 곧 하나님의 영이 너희 위에 계심이라"(벧전 4:14)고 증언하고 있습니다. 이러한 의미에서 '교회 공동체', 더 자세히 말해서 '성도들의 공동체Sanctorum Communio'는 '하나님의 영', 곧 성령이 거주하시는 가장 구체적인 이 지상적 하나님의 '처소'입니다.

6

질의
응답

질문 1. 이 세상에 있는 기독교의 모든 교파 혹은 교회가 각기 주장하기를 자신들의 교회는 성령에 의해서 설립되어 인도되고 있다고 주장한다면, 참된 '교회의 표지*nota ecclesia*'는 무엇입니까?

답변 = 어떠한 교회가 참된 교회인가? 라는 질문에 대하여 킨더Kinder는 교회의 '유일성', '거룩성', '보편성', '사도성'에서 찾아야 한다고 주장하였습니다.[76] 그러나 이것은 교회를 순전히 구조적으로 보는 견해입니다. 그러나 전통적으로 루터교회는 "말씀과 성례전 안에 기초됨이 절대적으로 필수적인 교회의 영적 질서이다. 이러한 교회의 기초야말로 엄밀한 의미에서 하나님의 법이다. 이외에 교회 안에 다른 모든 질서는 인간의 법"이라고 하였습니다.[77] 즉 교회는 "말씀과 성례전을 통해서 구성된다"고 주장

---

76) E. Kinder, *Der evangelische Glaube und die Kirche*, 1960, 103ff.
77) W. Elert, *Die christliche Glaube*, 3.Aufl., 1956, 416.

하였습니다.78) 그러나 그는 한 걸음 더 나아가, "성령의 활동이 개개인에게 일어나는 장소"라고 하였습니다.79)

그러나 이러한 답변들은 '참된 교회 공동체'가 어떠한 것인지에 대한 명백한 답변이 되지 못합니다. 그래서 재세례파는 "교우들의 인격적 자질"로 참된 교회 공동체인지 아닌지가 판별된다고 주장하였습니다. 그러나 이러한 주장은 교회 공동체를 단지 국제적십자 모임이마 국제사면운동위원회, 혹은 구제위원회로 착각하게 만듭니다. 따라서 '재세례파' 사람들의 주장 또한 명백한 답변이 되지 못합니다.

그러므로 성령의 참된 역사가 일어나고 있는 교회 공동체는 성령의 열매가 맺어지는 성도들의 공동체라고 할 수 있을 것입니다. 즉 성령의 열매인 "사랑과 희락과 화평과 오래 참음과 자비와 양선과 충선과 온유와 절제"(갈 5:22-23)가 일어나는 곳입니다. 왜냐하면 사도 바울은 "우리가 성령으로 살면, 또한 성령으로 행할지니"(갈 5:25)라고 증언하고 있기 때문입니다. 참된 성령의 역사가 일어나는 곳이 교회 공동체라면, 그 곳에서는 성령의 인도하심에 따라서 행동하게 됩니다. 따라서 참된 교회공동체, 성령의 인도함을 받는 교회 공동체 안에서는 성령의 열매를 서로 주고받는 것입니다. 그런데 이러한 성령의 열매는, 혹은 성령의 역사는 말씀을 통하여 일어나기 때문에 성령의 인도함을 받는 교회 공동체는 말씀과 성례전 위에 서게 됩니다. 왜냐하면 성령의 도움이 없이는 하나님의 말씀, 복음이 제대로 선포될 수 없기 때문입니다. 성경의 참된 해석자는 성령 자신이기 때문입니다. 그리고 성만찬도, 개혁교회 전통에 의하면, 성령의 임재가 없이는 단지 떡과 포도주에 불과하기 때문입니다. 성령을 따라 행하면, 자연히

---

78) *Ibid.*, 407ff.
79) *Ibid.*, 398.

육체의 소욕을 버리게 되기 때문입니다.(참조. 갈 5:16)

그러므로 교회의 표지로 해석된 '유일성', '거룩성', '보편성', '사도성'은 모두 한 분 성령의 역사 속에 그 근거를 두고 있다고 볼 수 있습니다. '유일성'과 '거룩성'이란, 한 분 주님 예수 그리스도의 각 지체로서 교회는 '하나의 거룩한 공동체una sancta ecclesia'이고, 그 공동체는 한 분 성령의 역사 아래 있는 것이기에, 교회는 이 세상 도처에 그리고 어제와 오늘 그리고 내일도 존재할 '보편성catholica'을 가지고 있는 것이며, 끝으로 그 곳에서 예수 그리스도의 구속의 사건이 사도들에 의해서 증언됨으로써 유지되기 때문에 '사도성apostolica'을 가지고 있다고 할 수 있습니다. 그래서 전통적으로 교회를 라틴어로 "하나의 거룩한 사도들의 보편적 예수 그리스도의 교회una sancta catholica ecclesia apostolica jesu christi"로 고백되어졌습니다.

질문 2. 보이는 교회와 보이지 않는 교회란 무엇입니까?

답변 = 아우구스티누스는 플라톤적으로 '보이는 교회'와 '보이지 않는 교회'로 나누었습니다. 그래서 종교개혁 당시 멜랑히톤은 '교회가 플라톤적'이라고 비난하였습니다. 왜냐하면 교회는 플라톤적으로 '이데아의 교회'가 아니라, 파악이 가능한 현실적인 그리스도의 몸으로서의 교회입니다. 교회를 '보이는 교회'와 '보이지 않는 교회'로 구분한 것은 가시적인 것은 대상적이고, 지상적이고, 인간적이며, 물질적인 것이고, '보이지 않는 교회'는 영적이고, 천상적이고, 비대상적이라는 가현주의적 사고가 뒷면에 깔려 있기 때문입니다. 그러나 교회는 보이는 교회이건, 보이지 않는 교회이건 성령에 의해서 예수 그리스도를 구세주로 믿는 부름 받은 사람들의 모임인 '신앙 공동체'입니다. 따라서 가시적 교회와 불가시적 교회가 따로 있는 것이 아니라, 지상에 현존하는 그리스도의 몸으로서의 하나의 교회입니다. 따라서 가시적 교회와 불가시적 교회를 나누는 것은 단지 인식론적으로 나누는 것이지 영적으로는 결코 분리될 수 없는 것입니다.

그러나 참된 교회는 이성에 의해서 객관적으로 판단될 수 있는 것이 아니라, 오직 성령에 의해서 신앙하는 자들만이 인지할 수 있습니다. 이러한 의미에서 킨더Kinder는 "교회의 특성은 그 외형적 형태와 나란히 있거나 그 배후에 있는 것이 아니라, 그 안에 있다"고 말하였습니다.[80] 그래서 칼 바르트도 보이는 교회와 보이지 않는 교회의 단일성을 다음과 같이 강조하였습니다.

> "보이는 교회와 보이지 않는 교회는 지상적, 역사적 공동체와 이것의 넘어 그 배후에 있는 초자연적 영적 공동체로 나누어지는 두 개의 교회가 아니다. 본래 교회는 보이지 않는 동일한 하나의 교회이고, 보이는 않는 교회는 보이는 교회 안에 숨어있고, 그 속에서 자신을 드러내고 있기 때문에 보이지 않는 교회는 보이는 교회에서 찾아야 한다. 이것이 동일한 한 교회의 비밀이다. 보이는 교회는 온전히 보이지 않는 교회에 존속하며, 보이지 않는 교회는 오직 보이는 교회 안에서 자신을 설명할 수 있고, 찾을 수 있으며, 양자는…… 살아 있는 한분의 주님인 예수 그리스도의 지상적 역사적 실존형태이다."[81]

가시적인 교회의 중요성을 특별히 강조한 신학자는 디트리히 본회퍼D. Bonhoeffer입니다. 그는 보이지 않는 교회 공동체이기를 바라는 예수 공동체는 예수의 뒤를 더 이상 따르기를 원치 않는 교회 공동체라고 비판합니

---

80) 참조. E. Kinder, *op. cit.*, 93.
81) K. Barth, *KD* IV/1, 747.

다. 왜냐하면 예수를 뒤따른다는 것은 어둠 속에서 숨어서 익명적으로 신
앙생활을 하기를 바라기 때문이라고 말합니다. 그러나 그리스도의 참 제
자들은 산위에 있는 동네가 스스로 숨지 못하도록 세상에 빛을 비추는 교
회 공동체가 되어야 한다고, 그는 강조합니다.(참조. 마 5:14) 본회퍼는 계속
해서 말하기를, "예수 그리스도의 몸인 교회는 볼 수 있는 것이며, 그렇지
않다면 그것은 몸이 아니다"라고 말합니다. 그리고 계속해서 "단지 하나의
진리, 하나의 교리, 하나의 종교는(이념적이고 추상적이기 때문에—필자 주) 아무
런 독자적 공간을 필요로 하지 않는다. 그것들은 들려지고, 가르쳐지며
이해될 뿐이다. 그리고 그것으로 끝이다. 그러나 인간이 된 하나님의 아들
은 단지 귀나 마음만을 필요로 하는 것이 아니라…… 자신을 뒤따르는 살
아 있는 인간들을 필요로 한다"[82]고 말합니다. 따라서 참 교회는 보이는
교회가 되어야 한다고 본회퍼는 말합니다. 그래서 로흐만J. M. Lochmann도
보이는 교회와 보이지 않는 교회의 구별을 거부하면서, 만일 '보이지 않는
교회'을 강조할 경우, 교회의 본래적인 고향인 천상적인 것만을 생각하고
교회의 지상적 과제에 대하여는 등한시 하게 될 것이라고 말한다. 그러나
로흐만은 아주 분명하게, "교회는 인간들의 모임이다. 그래서——아돌프
슐라터A. Schlatter가 말하였듯이——그 모임인 교회는 보이는 교회이다"라
고 말합니다.[83]

　　결론적으로 '보이는 교회'와 '보이지 않는 교회'로 나누든지, 나누지 않
든지, 교회는 처음부터 하나의 지상의 교회로 출발하였으며, 이 지상의
교회 속에서 성령은 역사하기 시작하였습니다. 이런 점에서 지상의 교회
는 다름 아닌 "성령의 능력 안에 있는 교회"입니다.[84] 바꾸어 말하면, 현존

---

82) D. Bonhoeffer, *Nachfolge*, 1937, 66.

83) J. M. Lochmann, *Theologische Zeitschrift* 28, Hefte 1(1972), 57f.

84) J. Moltmann, *Kirche in der Kraft des Geistes*, München: Chr. Kaiser Verlag, 1975(박봉랑

하는 무리들 가운데서 역사하는 성령 하나님에 의해서 통치되고 있는 영적 공동체입니다.

외 4인, 『聖靈의 能力 안에 있는 敎會』, 서울: 한국신학연구소, 1980).

제5부

성령과
인간

* * *

성경의 창세기는 인간 창조를 다음과 같이 기술하고 있습니다: "여호와 하나님이 땅의 흙으로 사람을 지으시고 생기를 그 코에 불어넣으시니 사람이 생령이 되니라."(창 2:7) 그리고 창세기의 다른 곳에서는 "하나님이 이르시되 우리의 형상을 따라 우리의 모양대로 우리가 사람을 만들고 그들로 바다의 물고기와 하늘의 새와 가축과 온 땅과 땅에 기는 모든 것을 다스리게 하자 하시고, 하나님이 자기 형상 곧 하나님의 형상대로 사람을 창조하시되 남자와 여자를 창조하시고"(창 1:26-27)라고 기술합니다. 여기서 곧바로 다음과 같은 질문이 제기됩니다. 하나님이 불어넣어 주신 '생기'와 인간은 어떠한 관계가 있는가? 그리고 '생기', 곧 '하나님의 영'과 '하나님의 형상'은 어떠한 관계가 있는가? 왜냐하면 이와 유사하게 예수님이 요한복음에서 유대인 관원 니고데모에게 "진실로 진실로 네게 이르노니 사람이 물과 성령으로 나지 아니하면 하나님의 나라에 들어갈 수 없느니라"(요 3:5)고 말씀하셨기 때문입니다.

본 장에서는 1. '하나님의 영'과 '하나님의 형상'의 관계에 대하여, 2. 성령과 최초 인간이 창조되었을 때의 모습인 '생령'에 관하여, 3. 성령과 인간의 '마음과 몸' 그리고 한 걸음 더 나아가 예수 그리스도가 부활한 모습, 곧 '영의 몸'으로서의 '부활체'에 대하여 알아보고자 합니다. 그리고 4. 인간이 무엇을 생각하고, 판단하고, 객관적 사실을 이해할 수 있는 '이성과 지혜'와의 관계에 대하여 살펴보고자 합니다.

1

성령과
하나님 형상

창 2:7_ "여호와 하나님이 땅의 흙으로 사람을 지으시고 생기를 그 코에 불어넣으시니 사람이 생령이 되니라. the LORD God formed the man from the dust of the ground and breathed into his nostrils the breath of life, and the man became a living being."

골 1:15_ "그는 보이지 아니하는 하나님의 형상이시오 모든 피조물 보다 먼저 나신 이시니. He is the image of the invisible God, the firstborn over all creation."

1) 인간이 가진 하나님의 형상이 무엇인가?

성경은 인간 창조에 관하여 다음과 같이 증언하고 있습니다.

"하나님이 이르시되 우리의 형상을 따라 우리의 모양대로 우리가 사람을 만들고 그들로 바다의 물고기와 하늘의 새와 가축과 온 땅과 땅에 기는 모든 것을 다스리게 하자 하시고, 하나님이 자기 형상 곧 하나님의 형상대로 사람을 창조하시되 남자와 여자를 창조하시고……."(창 1:26-27)

이 말씀에 따르면, 인간은 '하나님의 형상'에 따라 '하나님의 모양'대로 창조된 것이 명백하고, 따라서 인간은 '하나님의 형상과 모양'을 가지고 있다는 것을 부인할 수 없습니다. 그렇다면 인간에게 있는 것 중에 어떠한 것을 가리켜 '하나님의 형상'과 '하나님의 모양'이라고 합니까?

이러한 질문에 대하여 지금까지의 대부분 학자의 견해는 크게 세 가지로 구분됩니다. 혹자는 '하나님의 형상'을 인간의 '영적 본질'로, 혹은 인간의 '성품'으로 또는 다른 피조물에 대한 '통치권'으로 이해하였습니다.[1] 예컨대 '영지주의gnosticism'와 희랍사상은 '하나님의 형상'에서 육체성을 완전히 배제하고, '하나님의 형상'을 '신적인 어떤 것', 곧 '신과 같은 형태, 신과 교통할 수 있는 어떤 것'이라고 생각하였습니다.[2] 그리고 스토아Stoa 철학자들은 인간의 영혼 속에 들어 있는 '신적 실체'를 인간의 '이성적 요소'로 보고, 이를 '하나님의 형상'이라고 생각하였습니다. 이러한 그리스-헬라 철학의 영향을 받아서 초대 라틴 교부敎父인 이레네우스Irenäus와 터툴리안Tertullian은 하나님의 '형상 Imago'과 '모양 Similitudo'을 구분하여, 전자를 '신체적 특성'으로, 후자를 '영적 혹은 성품의 특성', 곧 '영혼 psyche' 혹은 '이

1) 하나님의 형상에 대한 최근 필자의 연구: 김재진, "'함께(עם) 있음(삶)으로서의 하나님의 형상(Imago dei)", 「神學論壇」制三十一輯 (2003), 연세대학교 신과대학 및 연합신학대학원, 73-97.

2) W. Weischedel, *Gott der Philosophie* I, Grundlegung einer Philosophischen Theologie im Zeitalter des Nihilismus, 1971, 54.

성nous으로 보았습니다.3) 이들은 하나님 '형상(εἰκών 에이콘)'과 '모양(ὁμοίωσ ις 호모이오시스)'을 구별하여, '형상'은 인간의 '이성과 정신적 자유'로, '모양'은 "하나님의 은총의 도움을 받아 완전해지고자 하는 인간의 노력 혹은 의지"로 이해하였습니다.4)

그러나 어거스틴Augustin은 최초로 하나님의 형상을 윤리적 혹은 사회적 차원에서 타인과의 '관계 속에 있는 의義'인데, 이것은 인간의 '본래적 의justitia originalis'로 규정하였습니다. 이러한 어거스틴의 '형상' 개념에 의존하여 중세는 '형상'과 '모양'을 구분하여, '모양' 곧 '본래적 의義'는 타락으로 완전히 없어졌고, '형상' 곧 인간의 '이성', '의지의 자유' 그리고 동물에 대한 '통치권'은 아직도 남아 있다고 보았습니다. 또한 펠라기우스Pelagius도 '하나님의 형상'을 '신 인식능력', '자유의지', '피조물에 대한 통치권'으로 해석하였습니다.5)

종교개혁자 마르틴 루터는 '형상'과 '모양'을 구분하지 않고, 인간의 타락과 함께 인간의 '본래적인 의'가 상실되었다고 말함으로써 어거스틴의 '형상 이해'를 그대로 수용합니다. 특히 그는 인간의 죄악성을 강조하여, "인류는 온통 죄 덩어리massa perditionis"일 뿐이라고 말함으로써 '하나님 형상의 전적 타락'을 주장합니다.6) 그러나 칼뱅J. Calvin은 인간에게 아직 '하나

---

3) Louis Berkhof, *Introduction to Systematic Theology*, Grand Rapids, MI: Baker, 1988 Edinburgh, The Banner of Truth Trust, 1974(권수경, 이상원 공역, 『벌코프 조직신학』 상, 크리스챤다이제스트, 1991, 412).

4) Franz Dander, "Gottes Bild und Gleichnis in der Schöpfung nach der Lehre des Hl. Thomas von Aquin", in: Leo Scheffczyk, Hg., *Der Mensch als Bild Gottes*, Darmstadt, Wissenschaftliche Buchgesellschaft, 1969, 206f., 223(G. Phölmann, 이신건 역, 『교의학』, 한국신학연구소, 1995, 201에서 재인용).

5) '지배권' 혹은 '통치권'을 '하나님의 형상'으로 보는 구약학자: 박준서, 『구약세계의 이해』(한들출판사, 2001), 13-37: "하나님의 형상(Imago Dei)에 관한 성서적 이해".

6) 李鍾聲, 『神學的 人間學』(대한기독교서회), 57.

님의 형상'이 남아 있지만, "그것은 너무나 부패하였기 때문에 남아 있는 것은 소름이 끼칠 정도의 기형물奇形物밖에는 없다"[7]고 강조하였습니다. 이러한 종교개혁 전통을 이어받아서 바르트K. Barth는 그의 초기에 하나님과 인간 사이에는 "건너갈 수 없는 죽음의 분계선이 그어져 있다"[8]고 강조함으로써, 인간에게 있었던 하나님 형상은 전적으로 파괴되었다고 주장하였습니다.[9] 특히 그는 예수 그리스도만이 유일한 '하나님의 형상'이라고 주장하면서, "인간은 오직 예수 그리스도를 통해서만, 그리고 그 안에서만 '하나님의 형상'이 회복될 수 있다"고 강조하였습니다.[10]

그런데 종교개혁자들의 하나님 형상 이해는 타락 이전과 타락 이후의 인간의 연속성 문제와 다른 피조물에 대한 책임성의 문제로 말미암아 수정되기 시작하였습니다. 슐라이에르마허Fr. Schleiermacher는 '하나님의 형상'을 "신적인 것을 수납하는 모종의 능력"이라고 보았고, 틸리히P. Tillich는, 인간이 '언어'를 가지고 있다는 점에서 '하나님의 형상'을 가지고 있다고 보았습니다. 즉 그는 '하나님의 형상'을 '로고스', 곧 '언어 구사력'으로 보았습니다. "왜냐하면 인간의 로고스는 하나님의 로고스와 유사하므로, 인간의 '인간 됨'이 파괴되지 않고서도, 하나님의 로고스가 인간으로 나타날 수 있기 때문이다"[11]라고 그는 말하고 있습니다. 브룬너E. Brunner는 '하나님의 형상'을 '형식적' 의미와 '실질적' 의미로 구분하고, '형식적 의미'는 "인간이 죄인이든 아니든 인간이 다른 모든 피조물과 구별되는 것" 곧 "피

---

7) J. Calvin, *Institutio Christianae Religionis*, I, 15, 4.

8) K. Barth, *Die Römerbrief*, 2. Aufl., 86, 341.

9) 후기에 이르러서도 그는 인간에게 '하나님의 형상'이 아직은 남아 있다고 양보하기는 했어도, 그것은 창조와 더불어 "자연적으로 주어진 것datum"이 아니라, 그때그때 마다 은총에 의해서 "주어지고 있는 것dandum"이라고 하였다.

10) K. Barth, *KD* III/1, 230.

11) P. Tillich, *Systematische Theologie*, I, 298f.

조물 가운데서…… 인간이 가지는 책임성과 우월성"이라고 보았습니다. 반면에 "형상의 '실질적' 의미는 '인간의 언어능력' 곧 '책임성'"으로 보았습니다.12) 로마 가톨릭 신학자 쉐프치크L. Scheffczyk도 자연적 인간의 형식적 형상을 "언어의 소통을 통해서 하나님과 관계를 맺는 것"13)으로 보았습니다.

그러나 네덜란드 개혁교회 신학 전통에 서 있는 벌코프L. Berkhof는 지금까지의 하나님 형상 개념을 모두 종합하여, "하나님의 형상은 자연적인 재능과, '본래적 의(原義)'라고 불리는 영적 자질들, 곧 참된 지식, 의, 거룩 등도 포함한다."14)고 강조하였습니다. 동시에 그는 "죄 때문에 하나님의 형상 전체가 손상을 입었다. 그러나 완전히 소실된 것은 영적 자질뿐이다"15)고 덧붙이고 있습니다. 그는 '하나님의 형상'을 보다 자세히 세분하여 첫째, '참된 지식과 의와 거룩'으로, 둘째, 인간의 '지적능력, 자연적 감정, 도덕적 자유'로, 셋째, '영성'으로, 넷째, '불멸성不滅性'으로, 다섯째, 부분적으로 '하등동물에 대한 지배권'으로 종합하고 있습니다.16)

이상 앞에서 고대교회로부터 시작하여 현대 신학자들에 이르는 하나님 형상 개념을 개괄해 본 결과 다음과 같은 문제점이 드러납니다.

첫째, 많은 신학자들은 인간은 '영靈과 육肉'으로 통합된 하나의 '형상'이라는 개념에서 인간의 '육체성肉體性' 혹은 '인격성人格性'을 삭제하였습니다. 둘째, '형상'과 '모양'을 동의어로 간주하고, 하나님의 '형상'을 다른 동

---

12) E. Brunner, *Natur und Gnade*, 1935, 10f. 브룬너의 하나님 형상론에 관하여: Kim, Jae Jin, "E. Brunner: Sein Denkweg und die Dialektik der autonomen Vernunft", in: *Korea Journal of SYSTEMATIC THEOLOGY*, Vol. I, 1997, 149-166.

13) L. Scheffczyk, in: *Der Mensch als Bild Gottes*, 1969, XL, XLVIII(G. Pöhlmann, 이신건, 위의 책, 219에서 재인용).

14) L. Berkhof, 권수경, 이상원 공역, 위의 책, 413.

15) 같은 곳.

16) L. Berkhof, 권수경, 이상원 공역, 같은 책, 413-415.

284 성경의 보혜사 성령론

물과 구별되는 인간의 고유한 본질로만 생각하여 '이성*nous*'이나 '정신' 또는 '윤리적 의'로만 이해함으로써, '형상'이란 단어의 구체적이고 본래적 의미를 추상화하였습니다. 셋째, 인간의 '하나님의 형상'을 하나님께서 인간에게 부여한 임무와 결합하여 다른 피조물에 대한 '통치권 내지 지배권'으로 이해하였습니다.

그러나 하나님 형상에 대한 이러한 해석들은, 한편으로는 인간을 단지 다른 동물과 비교하여 인간의 본질을 규정하려는 것이고, 다른 한편으로는 하나님과 인간의 성품性品 혹은 속성屬性의 '존재론적 유비*analogia entsis*'를 전제한 것입니다. 그러나 '하나님의 형상'을 인간적 '성품'이나 '속성'으로 보는 해석들은 인간의 극악무도한 죄성罪性을 간과한 것입니다.(참고. 롬 3:10-18) '하나님의 형상'을 인간의 속성과 이성적 능력 혹은 통치권으로만 해석한다면, 마귀도 지적인 능력을 갖추고 있으며,17) 원숭이나 개와 같은 동물들도 어느 정도 지적 능력, 혹은 자기 주인에게 충실하게 순종하는 속성이 있기 때문입니다. 그뿐만 아니라, 이러한 해석은 '형상'과 '모양'이라는 단어를 중복해서 사용하는 성경 기자의 본래 의도를 간과한 것이라고 볼 수 있습니다. 왜냐하면 창세기 5장 3절, 9장 6절은 '형상' 혹은 '모양'이라는 단어를 반복해서 사용하고 있으면서도, 다른 피조물에 대한 '지배'나 '통치'를 의미하는 그 어떤 표현도 첨부하지 않기 때문입니다. 한 걸음 더 나아가 '하나님의 형상'을 타 생물체에 대한 '지배권'으로 이해한다면, '형상 회복'이라는 것이 단지 '다른 동물에 대한 지배권'을 되찾는다는 의미 이외에 달리 해석할 수 없습니다. 그리고 사실상 '하나님의 형상'을 언급하는 신약성경의 어느 성구 하나도 '하나님의 형상'을 다른 피조물에 대한

---

17) 이 점에 관하여: G. Ebeling, *Dogmatik des christlichen Glaubens* I, 409(金均鎭, 『基督教組織神學』 II, 연세대학교 출판부, 1991, 63에서 재인용).

'통치권'으로 증언하고 있지 않기 때문입니다. 그렇다면 '하나님의 형상'은 무엇입니까?

2) '영靈'과 '형型'이 결합된 인격적 존재구조로서의 '형상'

우선 하나님 '형상形象, εἰκών, imago' 개념은 구약성서 신학자들 사이에도 아직 통일되어 있지 않습니다. 쾰러L. Köhler는 '하나님의 형상'을 창세기 2장 7절을 근거로 '영성靈性'이라고 이해하였습니다.[18] 그러나 폰 라드G. v. Rad는 '하나님의 형상'을 단지 인간의 '정신적 혹은 영적 본질'뿐만 아니라, 인간의 신체적 속성을 포함하는 포괄적인 의미로 이해하였습니다.[19] 이러한 폰 라드의 해석은, '하나님의 형상'을 '정신적인 것'과 혹은 '영적인 것'과 '육체적인 것'으로 종합해서 해석해야 한다는 것을 암시해 주고 있습니다. 이와 유사하게 알트하우스P. Althaus, 브룬너P. Brunner와 킨더E. Kinder 도 자연 상태의 인간에게 상실될 수 없는 '인격적 구조'를 인간의 형식적인 '하나님 형상'으로 보았습니다.[20] 우선 이러한 입장은 인간의 창조기사를 분석해 봄으로써 그 의미를 더욱 명확히 알 수 있습니다.

우선 창세기 2장 7절은 다음과 같이 인간 창조를 묘사하고 있습니다: "여호와 하나님이 땅의 흙으로 사람을 지으시고, 생기를 그 코에 불어넣으시니, 사람이 생령生靈이 되니라." 이 말씀에 의하면, 인간은 '영'이신 하나

---

18) L. Köhler, *Theologie des Alten Testaments*, 2. Aufl., 122-124, 129.
19) G. von Rad, *Das I. Buch Mose*, ATD 2, 3. Aufl., 1953, 44f.
20) P. Althaus, *Die christliche Wahrheit*, 7. Aufl., 1966, 337; P. Brunner, *Pro ecclesia* I, 1962, 91; E. Kinder, *Die Erbsünde*, 1959, 59; H. G. Pöhlmann, *Analogia entis oder Analogia fidei*, 1965, 126ff.

님(창 1:2: 요 4:24)이 '흙'에 '생기'를 불어넣으심으로써 비로소 살아 있는 존재 곧 '생령', 더 자세히 말하면, '살아 있는 영적 존재'가 되었습니다. 그러므로 역逆으로 사람에게서 '생기', 곧 '살게 하는 영'이 떠나면, 사람은 다시 '흙'이 됩니다.(왕상 17:17, 22)[21] 이러한 의미에서 '생기'는 다름 아닌 '하나님의 영', 곧 '성령'을 의미하는 것이고, '흙'은 생명을 담고 있는 고기로 된 '그릇', 곧 '육체'이고, '생령'은 '하나님의 영에 의해서 살아가는 영적 존재'라고 이해할 수 있습니다. 이러한 인간 창조의 과정은 제2아담인 예수 그리스도의 탄생에서도 동일하게 이루어지고 있습니다.

이제 이상 앞에서 살펴본 야훼 문서(J)의 창조기사를 근거로 "그(예수 그리스도)는 보이지 아니하는 하나님의 형상이시오, 모든 피조물보다 먼저 나신 이"(골 1:15)라는 증언을 분석해 보면, 창세기 1장 26-27절이 증언하는 '하나님의 형상'이 어떠한 것인지 분명히 드러납니다. 왜냐하면 "아담은 오실 자의 표상(모형)이라"(롬 5:14)고 증언하고 있기 때문이다. 따라서 최초 아담의 창조와 '하나님의 형상'이라고 증언하는 예수의 탄생을 비교해 봄으로써 하나님 형상의 의미를 더욱 깊이 이해할 수 있을 것입니다.

창세기 2장 7절의 인간 창조과정에 상응하게 예수 그리스도도 '성령' 곧 '하나님의 영'으로 잉태되어 육신을 입고 이 땅에 태어나셨습니다: "주의 사자가 현몽하여 이르되, 다윗의 자손 요셉아 네 아내 마리아 데려오기를 무서워하지 말라. 그(녀)에게 잉태된 자(예수)는 성령으로 된 것이라."(마 1:20) 다시 말하면. 하나님의 '영'이 '마리아'라는 여자, 곧 '육신'에 들어가서 태어난 아기가 곧, '하나님이 영으로 그와 함께 하시는' '임마누엘'이신 예수 그리스도 이십니다.[22] 예수 그리스도가 단지 태어날 때만 성령으로

---

21) 왕상 17:17 : "이 일 후에 그 집주인 되는 여자의 아들이 병들어 증세가 심히 위중하다가 숨이 끊어지니라.": 왕상 17:22 : "여호와께서 엘리야의 소리를 들으시고, 그 아이의 혼이 몸으로 돌아오고, 살아난지라."

잉태된 것이 아니라, 그가 세례를 받을 때 성령이 그에게 임하기 시작하여, 그의 공생애 기간에 항상 '하나님의 영'이 함께 계셨다는 증거를 우리는 예수님의 세례기사와 예수님 자신의 증언에서 발견할 수 있습니다. 첫째로 성경은 예수님이 세례받으실 때, 그에게 임한 성령을 다음과 같이 묘사하고 있습니다: "예수께서 세례를 받으시고 곧 물에서 올라오실새 하늘이 열리고 하나님의 성령이 비둘기 같이 내려 자기 위에 임하심을 보시더니……."(마 3:16. 병행. 막 1:10; 눅 3:22)

그뿐만 아니라 예수님은 공생애 기간에도 "내(예수 그리스도)가 행하거든, 나를 믿지 아니할지라도 그 일은 믿으라. 그러면 너희가 아버지께서 내 안에 계시고 내가 아버지 안에 있음을 깨달아 알리라"(요 10:38. 이 밖에 요 14:10, 11, 20; 17:21, 23)[23]고 말씀하셨습니다. 여기서 질문이 제기됩니다: 어떻게 '하나님 아버지'가 인간 예수 그리스도 안에 계시는가?

하나님이 예수 그리스도 안에 계시는 것은 첫째, 예수 그리스도가 '하나님의 영'으로 잉태되어 태어났기 때문이고, 둘째, 그가 세례를 받을 때, 그에게 성령이 임하였기 때문입니다. 이러한 성경적 증언 이외에 다른 곳

---

22) 겔 37:1-14의 마른 뼈들이 살아나는 기사에서, 하나님은 당신의 영(루하 רוח)을 뼈들에 불어 넣어 주심으로써 마른 뼈들이 살아나게 한다. 그리고 예수는 유대인 관원 니고데모에게 너희가 물과·성령(πνεύματος)으로 거듭나지 않으면 결코 하나님의 나라에 들어갈 수 없다고 말씀하신다.(요 3:5)

23) 요 14:10 : "나는 아버지 안에 거하고 아버지는 내 안에 계신 것을 네가 믿지 아니하느냐 내가 너희에게 이르는 말은 스스로 하는 것이 아니라 아버지께서 내 안에 계셔서 그의 일을 하시는 것이라.": 요 14:11 : "내가 아버지 안에 거하고 아버지께서 내 안에 계심을 믿으라. 그렇지 못하겠거든 행하는 그 일로 말미암아 나를 믿으라.": 요 14:20 : "그날에는 내가 아버지 안에, 너희가 내 안에, 내가 너희 안에 있는 것을 너희가 알리라.": 요 17:21 : "아버지여, 아버지께서 내 안에, 내가 아버지 안에 있는 것 같이 그들도 다 하나가 되어 우리 안에 있게 하사 세상으로 아버지께서 나를 보내신 것을 믿게 하옵소서.": 요 17:23 : "내가 그들 안에 있고 아버지께서 내 안에 계시어 그들로 온전함을 이루어 하나가 되게 하려 함은 아버지께서 나를 보내신 것과 또 나를 사랑하심 같이 그들도 사랑하신 것을 세상으로 알게 하려 함이로소이다."

에서 예수님과 하나님 아버지가 '함께 계시다'는 증거를 찾을 수 없습니다. 다시 말해서 첫 번째 아담이 '하나님의 영', 곧 '하나님의 생기'에 의해서 창조되었듯이, 예수 그리스도도 '하나님의 영'에 의해서 잉태되어 태어나서, 세례 받으셨기 때문에 하나님 아버지께서 성령으로 그와 함께 계신 것입니다. 그러므로 첫 번째 아담이 '하나님의 형상'을 가지고 있듯이, 예수 그리스도도 '하나님의 형상'을 가지고 계십니다. 그래서 예수님은 빌립에게 "내가 이렇게 오래 너희와 함께 있으되 네가 나를 알지 못하느냐 나를 본 자는 아버지를 보았거늘 어찌하여 아버지를 보이라 하느냐"(요 14:9)고 반문하셨던 것입니다. 그리고 사도 바울은, "그(예수 그리스도)는 '성령으로 잉태된' 보이지 아니하는 '하나님의 형상'이시오, 모든 피조물보다 먼저 나신 이"(골 1:15, 이 밖에 약 3:8)라고 증언하는 것입니다.

그렇다면 여기서 더 말할 필요 없이 여기서 '하나님의 형상' 개념이 분명해집니다. 최초 인간 '아담'과 두 번째 '아담'인 '예수 그리스도'가 모두 '하나님의 형상'을 가지고 있다면, 그 형상은 '생기를 불어넣어서' 혹은 '성령으로 잉태되는' 과정을 거쳐서 형성된 것이 분명합니다. 그렇다면 '하나님의 형상'이란, '하나님의 영'을 담지하는 '인간의 존재구조' 이외에 다른 것을 의미하지 않습니다. 다시 말하면 '하나님의 영'과 '육肉, 그릇'으로 살아가는 인격적 존재구조 이외에 다른 것이 아닙니다. 바꾸어 말해서 '하나님의 형상'이란, '하나님의 영적 아들 됨'이라고 볼 수 있습니다. 왜냐하면 '보이지 아니하는 하나님의 형상'인 예수 그리스도는 바로 영靈이신 '참 하나님 vere deus'이며, 동시에 '참 인간 vere homo'이기 때문입니다. 그래서 사도 바울은 "너희(그리스도인)는 다시 무서워하는 종의 영을 받지 아니하고 양자의 영을 받았으므로 우리가 아빠 아버지라고 부르짖느니라. 성령이 친히 우리의 영과 더불어 우리가 하나님의 자녀인 것을 증언하(신다)"(롬 8:15-16)고 증언하는 것입니다. 이와 상응하게 "누구든지 그리스도의 영이 없으면, 그리스도의 사람이 (아닌 것)"(롬 8:9)입니다. 바꾸어 말해서, 예수 그리스도는 '하나님의 영'으로 잉태되었을 뿐만 아니라, 세례 받을 때 그에게 성령이 임하였기 때문에, '하나님 아버지와 내가 하나이다'라고 말씀하셨던 것처럼 우리도 예수 그리스도처럼 '하나님의 영'을 받으면, '하나님을 아빠 아버지'라고 부르게 되고, 예수 그리스도의 영을 받았기 때문에, 예수 그리스도를 '주님'으로 부르는 것입니다. 그렇다면 '하나님 형상 파괴'는 무엇을 의미합니까?

3) 성령이 떠난, 파괴된 '하나님의 형상'

최초 인간 '아담'이 사탄의 말을 듣고 하나님의 말씀을 거역함으로써, 하나님께 징벌을 받아 '아담'과 사탄(뱀)은 평생 원수가 되어 서로 싸우게 됩니다: "내가 너(뱀)로 여자와 원수가 되게 하고 네 후손도 여자의 후손과 원수가 되게 하리니 여자의 후손은 네 머리를 상하게 할 것이요 너는 그의 발꿈치를 상하게 할 것이니라."(창 3:15) 그뿐만 아니라 하나님은 아담과 그의 아내를 에덴동산에서 쫓아내시고, "에덴동산 동쪽에 그룹들과 두루 도는 불칼을 두어 생명나무의 길을 지키게"(창 3:24) 하십니다. 이 말씀은 에덴동산에서 쫓겨난 인간은 '영원한 생명', 바꾸어 말해서 '생명의 영'을 상실하게 되었다는 뜻입니다. 왜냐하면 '하나님의 아들들', 곧 '신들의 아들들'이——더 자세히 말하면 여호와 '하나님의 영'이 아닌, 다른 '잡신들의 영', 혹은 '사탄의 영'이——'사람의 딸들'에게 들어갔기yabōau(창 6:4) 때문입니다.[24] 바로 이런 이유로 말미암아 여호와 하나님은 "나의 영이 영원히

---

24) '루터주의 창시자Genesiolutheraner'인 플랑키우스(Matthias Flacius, 1520-1575)에 의하

사람과 함께 하지 아니 하리(라)"(창 6:4)고 말씀하십니다. 다시 말하면, 하나님의 영이 인간에게서 떠나셨다는 것입니다. 그 결과 이제 '하나님의 영'을 담지한 '인간의 육체'도 120년 이상을 살 수 없게 되었습니다. 즉 '하나님의 영'을 담지하고 있는 '육체'를 포함한 '인간의 존재구조', 곧 '하나님의 형상'이 파괴된 것입니다.[25]

그러므로 역으로 '하나님 형상의 회복'은 단지 육체가 '성령을 다시 받는 것뿐만 아니라' '육체도 새로운 모습으로 변화하는 것'입니다. 죄로 인하여 '하나님 형상'이 파괴됨으로써, 인간의 육체가 120년 이상 살 수 없게 된 것과 반대로, '하나님의 형상이 회복'되면, 육체도 불멸한다는 것입니다. 즉 죄 된 인간의 썩어질 육체가 썩지 않을 것을 덧입는 것입니다. 그래서 사도 바울은 고린도전서에서 부활한 인간의 육체를 다음과 같이 묘사하고 있습니다: "죽은 자의 부활도 그와 같으니 썩을 것으로 심고 썩지 아니할 것으로 다시 살아나며, 욕된 것으로 심고 영광스러운 것으로 다시 살아나며 약한 것으로 심고 강한 것으로 다시 살아나며, 육의 몸으로 심고 신령한 몸으로 다시 살아나나니 육의 몸이 있은즉 또 영의 몸도 있느니라."(고전 15:42-44) 그렇다면 죽은 자를 다시 살리시는 분은 누구입니까? 그분은 두 말할 것도 없이 '하나님의 영', 곧 '성령님'입니다. 그래서 사도 바울은 예수 그리스도의 부활을 다음과 같이 증언합니다: "그(하나님)의 아들에 관하여

면, 바이마르Weimar에서 스트리겔Strigel과 있었던 논쟁에서 원죄에 대한 교리를, 곧 "죄인은 사탄의 형상을 덧입었다(*ad imaginem Satanae transformatus*)"라고 하는 '실체 형이상학적 substanzmetaphysischen' 교리로 고양시켰다. 이 점에 관하여: *Disputatio de originali peccato et libero arbitrio inter Matth. Flacium et Viet. Strigelium* (1560), 1563, 특히 26f.와 51(D. Bonhoeffer, *Akt und Sein*, Hrsg. von Hans-Richard Reuter, München, 1988, 117, 편집자 각주 51에서 재인용).

25) 지금까지 많은 신학자는 '하나님 형상의 파괴'를 단지 '인간의 영적 타락' 혹은 '신 인식능력의 파괴' 혹은 '자유의지의 상실' 등으로 해석함으로써, '하나님의 영'의 담지자인 '인간 육체'의 타락과 파괴에 대하여 전혀 언급하지 않았다.

말하면 육신으로는 다윗의 혈통에서 나셨고, 성결의 영으로는 죽은 자들 가운데서 부활하사 능력으로 하나님의 아들로 선포되셨으니 곧 우리 주 예수 그리스도시니라."(롬 1:3-4)

한 걸음 더 나아가 그는 "예수를 죽은 자 가운데서 살리신 이의 영(성령)이 너희 안에 거하시면, 그리스도 예수를 죽은 자 가운데서 살리신 이가 너희 안에 거하시는 그의 영으로 말미암아 너희 죽을 몸도 살리시리라"(롬 8:11)고 합니다. 그래서 사도 바울은 "만일 땅에 있는 우리의 장막 집이 무너지면 하나님께서 지으신 집 곧 손으로 지은 것이 아니요 하늘에 있는 영원한 집이 우리에게 있는 줄 아느니라"(고후 5:1)고 선포하고 있는 것입니다.26) 다시 말해서 "이 썩을 것(육신)이 반드시 썩지 아니할 것을 입겠고, 이 죽을 것이 죽지 아니함을 입(는 것)"(고전 15:53)처럼, 우리의 '처소(육신)'를 덧입는 것입니다: "우리가 여기 있어 탄식하며 하늘로부터 오는 우리 처소(육신—필자 주)로 덧입기를 간절히 사모하노라. 이렇게 입음은 우리가 벗은 자들로 발견되지 않으려 함이라."(고후 5:2-3) 그러므로 누구든지 예수 안에 있으면, 바꾸어 말해서 '성령을 받으면' 새로운 피조물이 되는 것입니다.(고후 5:17) 따라서 '하나님의 영'이 죽을 육체를 다시 소생시키는 사건이 12년 동안 혈루증으로 고생하던 여인에게서 예증적으로 일어난 것입니다.

"열두 해를 혈루증으로 앓는 중에 아무에게도 고침을 받지 못하던 여자가 예수의 뒤로 와서 그 옷 가에 손을 대니 혈루증이 즉시 그쳤더 라. 예수께서 이르시되 내게 손을 댄 자가 누구냐 하시니 다 아니라

---

26) 여기서 말하는 '장막(σκῆνος 스케노스)'은 구약 전통에 의하면, '하나님의 영'이 거하는 장막을 의미하면서, 동시에 '영을 담지한 우리의 육체'를 의미한다. 왜냐하면 사도 바울은 고린도후서에서 우리의 육신을 하나님의 영이 거하는 '성전', 곧 '장막'으로 표현하고 있기 때문이다: "너희는 너희가 하나님의 성전인 것과 하나님의 성령이 너희 안에 계시는 것을 알지 못하느냐."(고전 3:16)

할 때에, 베드로가 이르되 주여 무리가 밀려들어 미나이다. 예수께서 이르시되 내게 손을 댄 자가 있도다. 이는 내게서 능력이 나간 줄 앎이로다."(눅 8:43-46)

이처럼 '그리스도 영', 곧 '성령'은 죽을 육체를 다시 새롭게 할 수 있습니다.

2

성령과
인간의 생령

시 103:1_ "내 영혼아 여호와를 송축하라 내 속에 있는 것들아 다 그의 거룩한 이름을 송축하라. Praise the LORD, O my soul: all my inmost being, praise his holy name."

롬 11:3_ "주여 그들이 주의 선지자들을 죽였으며 주의 제단들을 헐어버렸고 나만 남았는데 내 목숨도 찾나이다. Lord, they have killed your prophets and torn down your altars; I am the only one left, and they are trying to kill me."

1) 생령으로서의 인간

우선 구약성경은 인간을 '육신'으로 번역하는 '바사르basar'와 '생령' 혹은 '혼'으로 번역하는 '네페쉬Nephesh'와 '영'으로 번역하는 '루하ruah'로 되어 있다고 봅니다. 그런데 하나님께서 인간을 창조하시는 구체적인 행위를 창세기 2장 7절은 다음과 같이 기술하고 있습니다: "여호와 하나님이 땅의 흙으로 사람을 지으시고 생기를 그 코에 불어넣으시니 사람이 생령이 되니라."(창 2:7) 이러한 하나님의 인간 창조 행위를 다른 곳에서는 하나님께서 '당신의 형상'으로 인간을 창조하신 것으로 증언하고 있습니다: "하나님이 이르시되 우리의 형상을 따라 우리의 모양대로 우리가 사람을 만들고…… 하나님이 자기 형상 곧 하나님의 형상대로 사람을 창조하시되 남자와 여자를 창조하시고……."(창 1:26-27)

그래서 우리는 앞 절에서 '인간의 형상'을 '영'과 '육'으로 된 인간 생명체의 '존재적 구조'로 이해하였습니다. 그런데 구체적으로 '생령nephesh'이 무엇인지에 대하여 자세히 언급하지 않았습니다. 따라서 아래에서는 '생령(네페쉬)'이 구체적으로 무엇이며, '하나님의 영(루하)'과 어떠한 관계가 있는지를 자세히 살펴보고자 합니다.

우선 먼저 '생령' 혹은 '혼'과 '영'의 관계는 다음과 같은 하나님의 구체적인 인간 창조 행위에 관한 증언을 통하여 알 수 있습니다: "여호와 하나님이 땅의 흙으로 사람을 지으시고 생기(루하)를 그 코에 불어넣으시니 사람이 생령(네페쉬)이 되니라."(창 2:7) 이러한 증언에 의하면 '하나님의 영'과 인간의 '생령' 곧 '혼'은 절대 무관하지 않음을 알 수 있습니다.27) 왜냐하면 일차적으로 히브리어로 '네페쉬'는 인간의 '호흡기관'인 '목구멍', '목', 한 걸음 더 나아가 '혼'과 '생명체'를 가리키기 때문입니다.28) 왜냐하면 '목구멍'에

---

27) 구약성경에서 '네페쉬'는 755회 나오는데, 그중에 600번을 '프시케'로 옮겼다. 이 점에 관하여: L. Köhler und W. Baumgartner, *Lexicon in Veteris Testamenti Libros*, 1935, 3. Aufl., 1967, 626. 개역 성경에서 '네페쉬'를 '생령'으로 번역한 것은 '하나님의 영'과 '인간의 생명'을 결합하여 '생령'으로 번역한 것이다. 그러나 독일어로는 '영혼Seele'으로, 프랑스어로는 '아므ame', 곧 '혼, 넋'으로, 영어로는 'soul'로 번역하였고, 헬라어로는 '프시케psyche', 곧 '마음'으로 번역하였고, 라틴어로는 '아니마anima', 곧 '숨, 생명의 숨, 영혼'으로 번역하였다.

들어갈 것(먹을 것)이 없거나 '목구멍'이 막히면, 곧 '호흡기관이 막히면' 생명을 잃어버리기 때문입니다.

본래 고대의 해부학에서 '목구멍'이라는 단어는 '식도食道'와 동시에 '호흡기관'을 뜻했고, 개념적으로 이 둘을 구별하지 않았습니다. 예컨대 "그러나 악한 자들은 눈이 어두워서 도망할 곳을 찾지 못하리니, 그들의 희망은 숨(네페쉬)을 거두는 것이니라."(욥 11:20) 여기서 '숨을 거두다'란 표현은 '목구멍이 막히는 것'을 의미합니다. 그래서 욥기는 '네페쉬'를 인간의 신체기관을 지칭하면서도, 동시에 '숨', '호흡', '입김'으로 바꾸어 씀으로써 '네페쉬'를 하나의 개별적 생명체로 이해하였습니다: "그것의 콧구멍에서는 연기가 나오니 마치 갈대를 태울 때에 솥이 끓는 것과 같구나. 그의 입김(숨결)은 숯불을 지피며 그의 입은 불길을 뿜는구나. 그것의 힘은 그의 목덜미(목)에 있으니 그 앞에서는 절망만 감돌 뿐이구나."(욥 41:20-22)[29]

이렇듯 구약성경에서 '네페쉬'의 어근은 니프알(단순 재귀동사) 형으로 3번 사용되고 있는데, 이 경우 '네페쉬'는 '호흡기관'으로 이해해야 문맥을 정확히 이해할 수 있습니다. 예컨대 "왕(다윗)과 그와 함께 있는 백성들이 다 피곤하여 한 곳에 이르러 거기서 쉬니라"(삼하 16:14)에서 '쉬니라'로 번역된 '네페쉬'는 사실 '숨을 길게 쉬었다' 혹은 '공기를 길게 들이마시다'로 번역되어야 합니다. 이 밖에 "너는 엿새 동안에 네 일을 하고 일곱째 날에는 쉬라 네 소와 나귀가 쉴 것이며 네 여종의 자식과 나그네가 숨을 돌리리라"(출 23:12; 출 31:17)에서도 '네페쉬'는 '쉬었다' 혹은 '숨을 길게 내쉬다'로 번역

---

28) 히브리어 단어는 단지 고정된 하나의 단어로 번역될 수 없고, 그와 상관된 다른 단어로도 충분히 번역될 수 있다. 예컨대 '하야(חיה)라는 단어가 '있다', '이다' 혹은 '창조하다'로 번역될 수 있는 것과 같다. 이 점에 관하여: Thorleif Boman, *Das hebräische Denken im Vergleich mit dem griechischen*, 5. neubearbeitete Aufl. 허혁 역,『히브리적 思惟와 그리스적 思惟의 比較』(분도출판사, 1975), 45ff.

29) 괄호는 표준새번역 단어임.

되기도 합니다.[30]

그러므로 '생령生靈'으로 번역된 히브리어 '네페쉬'는 히브리어 및 아카드어 어원을 고려해 볼 때, '목구멍', '구강', '입'과 같은 신체의 기관을 의미하면서 동시에 그 기관이 하는 의태어적 의미, 곧 '숨을 길게 내쉬다' 혹은 '휴식하다'로, 그리고 생물학적 의미로는 '생명의 원료', 혹은 살아 있는 '생명체'를 의미하고, 신체기관의 활동을 고려할 때는, '식욕', 형이상학적 의미로는 '정서', '생각', '인격' 등의 다양한 의미로 활용되었습니다.[31] 어쨌든 분명한 것은 '네페쉬'는 일반적으로 신체의 '호흡기관', 곧 '하나님의 영', 곧 '바람'이 통과하는 신체의 기관으로 묘사되고 있습니다. 그러나 동시에 '호흡기관'으로 하나님의 영(바람)이 통과하고 있기 때문에, 때로는 '네페쉬(생령)'와 '루하(영)'가 동일한 의미로 표현되기도 하였습니다: "모든 생물의 생명(네페쉬)과 모든 사람의 육신의 목숨(루하)이 다 그의 손에 있느니라."(욥 12:10)

그러므로 구약성경에서 '생령'으로 번역된 '네페쉬'는 인간의 생명 원리에서 확대되어 인간의 정서적 느낌, 열정, 의지, 심지어는 인간의 심성까지 포함하는 광범위한 의미를 지닙니다. 그리고 무엇보다도 한 인간의 자아를 가리키기도 합니다.(창 12:5; 46:27) 이러한 점에서 '생령nephesh'을 형체

---

30) '네페쉬'의 어근 nps가 본래 ps 두 문자로서, '쉬쉬' 소리가 날 정도로 급하게 호흡하는 모습을 묘사한 것이다. 그런데 후기에 와서 '재귀동사의 특징'인 n이 앞에 첨가되어 'nps', 곧 '깊이 호흡하다, 불어내다, 호호 불다'라는 의미를 갖게 된 것이다. 이 점에 관하여: Wolfram v. Soden, *Grundriss der akkadischen Grammatik*, Analecta Orientalia 33, Roma: Pontificium Institutum Biblicum, 1952, § 73,b와 W. Schmidt, "Anthropologische Begriffe in Alten Testament", *EvTh* 24 (1964), 374-388, 특히 378(Hans Walter Wolff, *Anthropologie des Alten Testaments*, 문희석 역,『舊約聖書의 人間學』(분도출판사, 1976), 34 각주 9에서 재인용).

31) A. R. Johnson, *The Vitality of the Individual in the Thought of Ancient Israel*, 1949, 2. Aufl., 1964, 7, 13.

없는 불멸하는 '영혼'으로 해석하면 결코 안 됩니다. 왜냐하면 육신이 죽은 것처럼 '생령'도 죽기 때문입니다: "야곱의 티끌을 누가 능히 세며 이스라엘 사분의 일을 누가 능히 셀꼬. 나(나의 네페쉬nephesh)는 의인의 죽음을 죽기 원하며 나의 종말이 그와 같기를 바라노라."(민 23:10)[32] 이러한 점에서 '인간', 곧 '생령'은 스스로 독립적인 존재가 아니라, '하나님의 영', 곧 '성령'에 의해서 창조되고, 유지되고, 새롭게 됨을 알 수 있습니다.[33]

2) 하나님의 영을 갈망하는 생령

'네페쉬', 곧 '생령'이 인간의 신체의 일부인 '목구멍', '목'을 표현하기에 '목구멍' 혹은 '목'의 동작도 은유적으로 표현하였습니다. 예컨대 무엇을 '갈망하다', '욕망하다', '추구하다', '탐욕하다' 등의 의미를 '목을 쳐든다', '목말라 하다', '목을 곤두세우다', '기갈하다' 등으로 표현하였습니다. 이는 식욕에 사로잡혀 자기 목을 쭉 앞으로 내 뽑는 것을 은유적으로 표현한 것입니다. 예컨대 "그들이 내 백성의 속죄제물을 먹고 그 마음을 그들의 죄악에 두는도다"(호 4:8)에서 '그 마음을 그들의 죄악에 두는도다'라로 번역된 것은, 사실은 직역하면 '그의 입으로 그들의 죄악으로 음미하다'입니다. 그래서 '가고 싶어 하는 땅'(렘 22:27), '허황한 것'(시 24:4), 자녀들(겔 24:25)을 간절히 기대하는 경우에 대체로 '목을 빼든다'고 표현하며 '욕망을 일으킨다, 갈망한다'는 것을 은유적으로 표현하였습니다. 그래서 "인자야 내가 그 힘과 그 즐거워하는 영광과 그 눈이 기뻐하는 것과 그 마음이 간절

---

32) 이런 점에서 구약성경의 '생령'은 플라톤의 '영혼불멸설'과 일치하지 않는다.
33) 신약성경에서는 '네페쉬'를 '생명'으로 번역한다. 문맥상 '프시케' 곧 '영혼'으로 번역한 곳은 아주 몇 곳에만 나타난다. 이 점에 관하여: Hans Walter Wolff, 문희석 역, 위의 책, 28.

하게 생각하는 자녀를 데려가는 날"(겔 24:25)에서 '그 마음이 간절하게 생각하는' 구절은 직역하면 '그 목을 들어 올리는masha nephesh'입니다.

따라서 '네페쉬', 곧 '생령'이 인간의 생명보존과 생명구원과 관련해서는, 생명을 간구하는 곤고한 인간의 모습을 묘사할 때 사용되기도 합니다. 그래서 '네페쉬'라는 단어에는 생명을 '갈망하다', '욕망하다', '추구하다', '사모하다' 등의 의미도 들어 있습니다. 그래서 예컨대 시편 35편 25절에서는 '네페쉬'가 '소망'을 뜻합니다: "그들이 마음속으로 이르기를 아하 소원 (네페쉬)을 성취하였다 하지 못하게 하시며 우리가 그를 삼켰다 말하지 못하게 하소서."(시 35:25)

이처럼 '네페쉬', 곧 인간의 '목'인 생명(령)은 '바람', 곧 '하나님의 영'을 사모하는 것으로 이해할 수 있습니다. 왜냐하면 '바람'이 불지 않으면, 즉 '생명의 호흡'이 주어지지 않으면, '목', '목구멍'은 아무런 의미가 없기 때문입니다. 이러한 점에서 '네페쉬'는 '하나님의 영'에 종속된 것입니다. 바꾸어 말하면 '인간의 생령'은 '하나님의 영'에 종속된 것입니다. 그래서 시편 기자는 이 점을 아주 간단히 설명하고 있습니다: "주께서 낯을 숨기신즉 그들이 떨고 주께서 그들의 호흡(영)을 거두신즉, 그들은 죽어 먼지(흙)로 돌아가나이다."(시 104:29)

이제 여기서 우리는 다음과 같이 정리할 수 있습니다. 인간의 '생령', 곧 '목구멍의 호흡'은 '바람' 즉 '하나님의 영'이 주어지지 않는 한, 어느 순간에라도 죽어 흙으로 돌아가 버리는 존재라는 것입니다. 그래서 예수님이 미련한 부자에게 "이르시되 어리석은 자여 오늘 밤에 네 영혼(푸쉬케)을 도로 찾으리니 그러면 네 준비한 것이 누구의 것이 되겠느냐"(눅 12:20)[34] 라고 반문하셨던 것입니다. 그래서 이사야 선지자는 인간의 '생령', 곧 '호

---

34) 헬라어 '푸쉬케'는 히브리어 '네페쉬'를 번역한 것임.

흡'과 '하나님의 영'의 관계를 다음과 같이 증언하고 있습니다: "하늘을 창
조하여 펴시고 땅과 그 소산을 내시며 땅 위의 백성에게 호흡을 주시며
땅에 행하는 자에게 영을 주시는 하나님 여호와께서 이같이 말씀하시
되……."(사 42:5)

한마디로 말해서 인간의 '생령'은 '하나님의 영'이 없으면 살 수 없습니
다. '목구멍'에 '바람', 곧 '호흡'이 없으면, '목구멍'이 막혀 곧바로 죽는 것과
같습니다. 따라서 인간의 개별적인 '생령nephesh'과 '하나님의 영ruha'이 다
른 점은, '생령'이 일상생활을 하는 사람으로서 다른 사람들과 관계를 맺는
개별적 인간을 지칭하는 반면에, '하나님의 영'은 '생령'에게 호흡을 주는
'영원한 생명의 수여자'를 가리킵니다.[35] 그런데 여기서 질문이 제기됩니
다. 창조 당시 인간의 '생령'과 타락 이후의 '생령' 사이에는 어떠한 차이가
있습니까?

3) 생물학적 생명체로 제한된 생령

우선 사도 바울의 증언에 의하면, '네페쉬'의 번역인 '프쉬케'는 '네페쉬'
와 마찬가지로 사람과 분리된 실체가 아닙니다. 그래서 '프쉬케'는 사람이
죽은 후에 살아남을 수 있는 것도 아닙니다. 즉 플라톤의 '영혼불멸' 사상처

---

35) 중간기 시대에는 '하나님의 영'과 '인간의 생령'은 서로 분리되어 존재하는 실체로 생각하였
다. 에녹 1서는 '죽은 자들의 혼'(에녹 9:3, 10)과 그들의 영(13:6; 20:3)에 대하여 언급한
다. 또한 에녹서는 '지옥'을 묘사하면서, '죽은 자들의 혼과 영'(22:30을 언급하면서 후에는
그들의 영에 대해서도 언급하고 있다.(32:5, 7, 9, 11, 13) 솔로몬의 지혜서에서는 '혼'과
'영'을 서로 교환하면서 사용하고 있다.(솔로몬의 지혜 1:4-5; 15:11; 16:14) 특히 솔로몬
의 지혜서는 '혼의 선재'(8:19)와 '그의 사후 존재'(16:14)를 언급하고 있다. 더욱이 '몸'은
'혼의 집'이라고 생각하였다. 그런데 이러한 '혼'과 '영'과 '몸'의 관계에 대한 이해는 다분히
플라톤의 '영혼불멸 사상'에 근거한 이해라고 볼 수 있다.

럼 몸은 죽고 '혼' 곧 '생령nephesh'은 영원히 죽지 않는 것이 아닙니다. '프쉬케'는 히브리적 배경에서 이해된 바와 같이 개별적인 한 인간의 '생명'을 의미합니다.(참고. 롬 2:9; 11:3; 빌 2:30)[36] 이러한 점에서 '생령'과 '하나님의 영'은 절대로 서로 같은 의미가 아닙니다. 따라서 바울은 '혼'의 구원을 말하지 않으며, '혼'의 선재에 대하여도 언급하지 않습니다. 그는 '혼'과 '몸'을 구분하는 헬라적 이원론에 머물지 않습니다. 그러므로 인간의 타락은 '혼'과 '육신'의 타락으로 이해해야 할 것입니다. 즉 '육신'이 죽어 흙으로 돌아가는 것처럼 '생령', 곧 '혼'도 죽는다는 것입니다. 더 자세히 말하면 인간이 타락한 후 '육신basar'이 흙에서 취함을 얻었기에 흙으로 돌아가야 하는 것처럼(참고. 창 3:19) 인간의 '생령'도 120년까지밖에 살지 못한다는 것입니다. 왜냐하면 하나님의 영이 사람과 함께 하지 않기 때문입니다.

> "여호와께서 이르시되 나의 영이 영원히 사람과 함께 하지 아니하리니 이는 그들이 육신이 됨이라 그러나 그들의 날은 백이십 년이 되리라 하시니라."(창 6:3)

이러한 점에서 타락한 인간의 '생령'은 단지 제한적으로 '살아 있는 생명체'라고 볼 수 있습니다. 즉 성령으로 거듭나지 않는 한, 인간에게는 '영원한 생명'이 없습니다. 바꾸어 말하면 인간의 '생령'은 언제든지 사멸될 수 있는 한시적인 생명입니다. '영생의 차원'에서 보면 '하나님의 영'이 이미 떠났기 때문에 죽은 자나 다름없는 것입니다. 그래서 예수님은 단지 '생령'만 가진 인간을 가리켜 '죽은 자'라고 말씀하셨던 것입니다: "이르시되 죽은 자들로 자기의 죽은 자들을 장사하게 하고 너는 가서 하나님의 나라를

---

36) R. Bultmann, *Theology of NT* I, 1951, 207.

전파하라."(눅 9:60, 병행. 마 8:22) 그뿐만 아니라 "진실로 진실로 너희에게 이르노니 죽은 자들이 하나님의 아들의 음성을 들을 때가 오나니 곧 이때라 듣는 자는 살아나리라"(요 5:25)고 선포하셨던 것입니다.

이상의 근거에서 사도 바울은 우선 예수 그리스도가 '하나님의 영'으로 죽은 자 가운데서 다시 살아나셨다고 선포합니다: "성결의 영으로는 죽은 자들 가운데서 부활하사 능력으로 하나님의 아들로 선포되셨으니 곧 우리 주 예수 그리스도시니라."(롬 1:4)

그리고 사도 바울은 계속해서 "우리가 그의 죽으심과 합하여 세례를 받음으로 그와 함께 장사되었나니 이는 아버지의 영광으로 말미암아 그리스도를 죽은 자 가운데서 살리심과 같이 우리로 또한 생명 가운데서 행하게 하려 함이라"(롬 6:4)고 선언하면서, "예수를 죽은 자 가운데서 살리신 이의 영이 너희 안에 거하시면 그리스도 예수를 죽은 자 가운데서 살리신 이가 너희 안에 거하시는 그의 영으로 말미암아 너희 죽을 몸도 살리시리라"(롬 8:11)고 선포하고 있습니다. 왜냐하면 그는 "우주와 그 가운데 있는 만물을 지으신 하나님께서는…… 만민에게 생명과 호흡과 만물을 친히 주시는 이심"(행 17:24-25)을 굳게 믿고 있었기 때문입니다.

이상 살펴본 바와 같이 '네페쉬', 곧 '인간의 생령'은 제한된 삶을 살고 있기 때문에, 구약성경에서 '네페쉬'는 수난당하고 있는 영혼, 고통당하고 있는 정서, 그래서 그것 자체가 탄식할 수밖에 없는 존재로 묘사되고 있는 것입니다. 즉 '네페쉬', 곧 '타락한 인간의 생령'은 '놀라고'(시 6:3), '절망하고'(시 42:6 이하, 12), '불안을 느끼고'(시 43:5), 자신의 '허약함을 느끼고, 무력해 지고'(욘 2:8), '피곤하고, 자신의 무능력을 의식하고'(렘 4:31) '학대를 받으면서 수난을 맛보고'(시 31:8; 창 42:21), '피곤하고 삶을 괴로워하는'(사 53:11) 것의 주체입니다. 바꾸어 말해서 자식이 없어서 '생령이 썩고'(삼하 1:10), 병 때문에 '생령이 고통을 당하고'(왕하 4:27), '자신의 병으로 생령이 격분하고'(사 18:25; 삼하 17:8), 또 '이유 없이 생령이 괴로움을 당하는'(잠 31:6) 쓰디쓴 인생의 삶을 모두 '네페쉬', 곧 '생령'이 겪는 것입니다. 바로 이러한 점에서 '네페쉬'는 '하나님의 영'을 갈망하고, '하나님의 영'이 없이는 살 수 없는 허약한 존재입니다.

그러나 '하나님의 영'이 임하면 '네페쉬' 곧 인간은 생명을 얻게 됨을 잠언은 다음과 같이 노래하고 증언하고 있습니다: "대저 나를 얻는 자는 생명을 얻고 여호와께 은총을 얻을 것임이니라. 그러나 나를 잃는 자는 자기의 영혼을 해하는 자라 나를 미워하는 자는 사망을 사랑하느니라."(잠 8:35-36) 그래서 요한 기자는 "사랑하는 자여 네 영혼이 잘됨같이 네가 범사에 잘되고 강건하기를 내가 간구하노라"(요삼 1:2)고 축복하는 것입니다. 그렇습니다. 인생, 곧 '네페쉬'는 '목구멍'처럼 항상 무엇인가로 채워져야 하는 존재입니다. '하나님의 영'으로 충만하지 않는 한, 인간의 '영적, 정신적, 육체적, 물질적 갈증'은 영원히 해소되지 않을 것입니다. '하나님의 영'으로 충만하지 않은 '목구멍'은 이 세상적인 것으로 목말라 하다가, 목이 타서 죽어갈 것입니다. 그래서 이사야 선지자는 '인생'을 다음과 같이 탄식합니다.

> "말하는 자의 소리여 이르되 외치라 대답하되 내가 무엇이라 외치리이까 하니 이르되 모든 육체는 풀이요 그의 모든 아름다움은 들의 꽃과 같으니, 풀은 마르고 꽃이 시듦은 여호와의 기운이 그 위에 붊이라 이 백성은 실로 풀이로다."(사 40:6-7)

반면에 예수님은 사마리아 여인에게 "내가 주는 물(성령)을 마시는 자는 영원히 목마르지 아니하리니 내가 주는 물(영)은 그 속에서 영생하도록 솟아나는 샘물이 되리라"(요 4:14)고 말씀하셨던 것입니다.

3

성령과
인간의 마음과 몸

창 6:5_ "여호와께서 사람의 죄악이 세상에 가득함과 그의 마음으로
생각하는 모든 계획이 항상 악할 뿐임을 아시고. The LORD saw
how great man's wickedness on the earth had become, and
that every inclination of the thoughts of his heart was only
evil all the time."

마 5:8_ "마음이 청결한 자는 복이 있나니 그들이 하나님을 볼 것임이
요. Blessed are the pure in heart, for they will see God."

1) 만물보다 부패한 인간의 마음

선지자 예레미야는 "만물보다 거짓되고 심히 부패한 것은 마음이라"(렘
17:9)고 단호히 선언하고 있습니다. 예레미야 선지자의 이러한 선언은 이

미 인간의 마음을 감찰하신 여호와 하나님의 선언과 일치합니다. 왜냐하면 창세기는 "여호와께서 사람의 죄악이 세상에 가득함과 그의 마음으로 생각하는 모든 계획이 항상 악할 뿐임을 아(신다)"(창 6:5)고 증언하고 있기 때문입니다. 그러므로 신약성경은 인간의 모든 악한 것이 인간의 마음에서 나옴을 증언하고 있습니다. 우선 예수님은 인간이 마음에 '음욕'을 품고 있는 것 자체가 곧 간음이라고 선언하고 계십니다.(마 5:28) 예수님은 '악한 생각'(마 9:4), '악한 말'(마 12:34), '하나님의 말씀을 듣지 않고 불순종하려는 것'(마 13:15; 15:18) 등을 비롯하여, "마음에서 나오는 것은 악한 생각과 살인과 간음과 음란과 도둑질과 거짓 증언과 비방"(마 15:19, 병행. 막 7:21)이라고 선포하셨습니다. 이렇듯 예수님은 인간의 마음이 '완악하다'고 규정하십니다.(마 19:8; 막 3:5; 10:5)

그러므로 '선善과 악惡은 모두 인간의 마음에 있다'고 예수님은 선언하십니다: "선한 사람은 마음의 쌓은 선에서 선을 내고, 악한 자는 그 쌓은 악에서 악을 내나니 이는 마음에 가득한 것을 입으로 말함이니라."(눅 6:45) 이렇게 인간의 마음이 완악해진 것은 그 마음이 둔하여졌기 때문입니다: "이는 그들이 그 떡 떼시던 일을 깨닫지 못하고 도리어 그 마음이 둔하여졌음이러라."(막 6:52, 이 밖에 막 8:17)

이렇게 마음이 둔하여지면 복음의 소식을 듣고도 믿지 않게 됩니다. 그 증거가 바로 예수님께서 부활하셨다는 소식을 들은 제자들의 모습입니다: "그 후에 열한 제자가 음식 먹을 때에 예수께서 그들에게 나타나사 그들의 믿음 없는 것과 마음이 완악한 것을 꾸짖으시니 이는 자기가 살아난 것을 본 자들의 말을 믿지 아니함일러라."(막 16:14)

이렇게 인간의 마음이 둔해진 이유는 첫째로 사탄이 인간의 마음에서 하나님의 말씀을 빼앗아 가기 때문입니다: "길가에 있다는 것은 말씀을 들은 자니 이에 마귀가 가서 그들이 믿어 구원을 얻지 못하게 하려고 말씀

을 그 마음에서 빼앗는 것이요……."(눅 8:12, 비교. 요 12:40)[37] 인간의 마음
이 둔하게 되는 두 번째 이유는 이 세상의 삶으로 염려하여 술 취하고 방탕
하면, 마음이 둔하여집니다: "너희는 스스로 조심하라 그렇지 않으면 방탕
함과 술 취함과 생활의 염려로 마음이 둔하여지고 뜻밖에 그날이 덫과 같
이 너희에게 임하리라."(눅 21:34) 그래서 예수님은 모든 염려를 내게 맡기
라고 말씀하십니다: "너희는 마음에 근심하지 말라 하나님을 믿으니 또
나를 믿으라."(요 14:1, 이 밖에 요 14:27)[38]

그러므로 인간의 이런 마음을 그대로 내버려두면 인간의 마음은 불순종
하는 마음으로 아주 굳어져버려, 하나님의 말씀을 들을 때, 순종하기보다
는 오히려 더욱 완악하여져 복음을 거절합니다: "어떤 사람들은 마음이
굳어 순종하지 않고 무리 앞에서 이 도를 비방하거늘……."(행 19:9a) 그뿐
만 아니라 마음이 굳어진 사람에게는 하나님의 말씀이 도리어 근심과 걱정
이 되며, 심지어는 마음에 분노까지 생깁니다: "도리어 내가 이 말을 하므
로 너희 마음에 근심이 가득하였도다."(요 16:6); "그들이 이 말을 듣고 마음
에 찔려 베드로와 다른 사도들에게 물어 이르되 형제들아 우리가 어찌 할
꼬 하거늘……."(행 2:37); "그들이 이 말을 듣고 마음에 찔려 그를 향하여
이를 갈거늘……."(행 7:54) 이렇게 마음이 완전히 굳어져 있는 상태는 이미
그 마음이 사탄에 사로잡혀 있는 것입니다: "베드로가 이르되 아나니아야
어찌하여 사탄이 네 마음에 가득하여 네가 성령을 속이고 땅값 얼마를 감

---

37) 참고. 요 12:40 : "그들의 눈을 멀게 하시고 그들의 마음을 완고하게 하셨으니 이는 그들로
하여금 눈으로 보고 마음으로 깨닫고 돌이켜 내게 고침을 받지 못하게 하려 함이라." 그뿐만
아니라 마음이 분주해도 하나님의 말씀을 순종하거나 경청하지 않는다.(참고. 눅 10:40
: "마르다는 준비하는 일이 많아 마음이 분주한지라 예수께 나아가 이르되 주여 내 동생이
나 혼자 일하게 두는 것을 생각하지 아니하시나이까 그를 명하사 나를 도와주라 하소서.")
38) 요 14:27 : "평안을 너희에게 끼치노니 곧 나의 평안을 너희에게 주노라 내가 너희에게
주는 것은 세상이 주는 것 같지 아니하니라 너희는 마음에 근심하지도 말고 두려워하지도
말라."

추었느냐?"(행 5:3, 이 밖에 행 7:51)[39]

이러한 사람은 모든 것을 의심하고 마음에 믿지 못합니다. 그래서 예수
님은 자신이 부활하였다는 소식을 믿지 못하는 제자들에게 나타나서,
"이르시되 어찌하여 두려워하며 어찌하여 마음에 의심이 일어나느냐?"(눅
24:38)고 반문하였던 것입니다.[40]

이렇듯 인간이 성령을 받지 않으면, 다시 말해서 하나님이 인간의 마음
에 성령을 부어 부드러운 마음 곧 선한 마음을 주시지 않으면, 인간의 마음
은 사탄의 지배에서 벗어나지 못합니다. 사도 바울은 "그러므로 하나님께
서 그들을 마음의 정욕대로 더러움에 내버려 두사 그들의 몸을 서로 욕되
게 하셨(다)"(롬 1:24)고 증언하면서, 그 이유는 "그들이 마음에 하나님 두기
를 싫어하매, 하나님께서 그들을 그 상실한 마음대로 내버려 두사 합당하
지 못한 일을 하게 하셨(다)"(롬 1:28)고 증언하는 것입니다. 그렇다면 우리
는 어떻게 부패한 마음에서 벗어날 수 있을까요?

2) 성령을 받아야 완악한 마음이 부드러운 마음으로 변한다

일찍이 선지자 에스겔은 성령이 인간의 마음에 임하여 마음을 변화시켜
주실 것을 다음과 같이 예언하였습니다.

"새 영을 너희 속에 두고, 새 마음을 너희에게 주되 너희 육신에서
굳은 마음을 제거하고 부드러운 마음을 줄 것이며, 또 내 신을 너희

---

39) 행 7:51 : "목이 곧고 마음과 귀에 할례를 받지 못한 사람들아 너희도 너희 조상과 같이
항상 성령을 거스르는도다."
40) 이때는 아직 제자들에게 성령이 임하지 않은 상태이다.

속에 두어 너희로 내 율례를 행하게 하리니 너희가 내 규례를 지켜
행할지라."(겔 36:26-27)

이 예언의 말씀에 의하면 우선 성령이 우리에게 임하면 우리의 마음이
부드러워지고, 둘째는 하나님의 말씀을 깨닫게 된다는 것입니다. 그런데
이와 상응하게 사도 바울은 성령으로 인해 하나님의 사랑을 우리에게 부어
주시게 되었다고 증언합니다: "소망이 우리를 부끄럽게 하지 아니함은 우
리에게 주신 성령으로 말미암아 하나님의 사랑이 우리 마음에 부은 바 됨
이니⋯⋯."(롬 5:5) 그래서 성령으로 잉태되고, 성령이 충만하신 예수님은
"나는 마음이 온유하고 겸손하니 나의 멍에를 메고 내게 배우라 그리하면
너희 마음이 쉼을 얻으리(라)"(마 11:29)고 선포하셨던 것입니다.

이렇게 우리들의 마음이 성령에 의해서 완악한 마음이 부드럽게 되면,
그 사람은 하나님의 말씀을 깨닫고, 순종하게 됩니다: "좋은 땅에 있다는
것은 착하고 좋은 마음으로 말씀을 듣고 지키어 인내로 결실하는 자니라."
(눅 8:15) 그래서 성령에 의해서 선하고 부드러운 마음을 가진 사람은 하나
님의 말씀을 들을 때, 그 말씀을 자기 마음에 새기고 간직합니다: "마리아
는 이 모든 말을 마음에 새기어 생각하니라."(눅 2:19)

이 밖에(눅 1:66; 행 16:14).[41] 왜냐하면 성령은 우리의 마음을 열어 하나
님의 말씀을 깨닫게 해 주기 때문입니다: "그들의 마음을 열어 성경을 깨닫
게 하시고⋯⋯."(눅 24:45) 그뿐만 아니라 성령에 의해서 말씀을 깨닫게 되
면, 마음에 환희가 넘쳐 납니다: "그들이 서로 말하되 길에서 우리에게 말

---

41) 눅 1:66 : "듣는 사람이 다 이 말을 마음에 두며 이르되 이 아이가 장차 어찌 될까 하니
이는 주의 손이 그와 함께 하심이러라."; 행 16:14 : "두아디라 시에 있는 자색 옷감 장사로서
하나님을 섬기는 루디아라 하는 한 여자가 말을 듣고 있을 때 주께서 그 마음을 열어 바울의
말을 따르게 하신지라."

씀하시고 우리에게 성경을 풀어 주실 때에 우리 속에서 마음이 뜨겁지 아니하더냐."(눅 24:32)[42]

이렇게 성령에 의해서 마음이 부드럽고, 선하게 되면, 말씀을 깨닫고 순종하게 되는 과정을 통하여 예수 그리스도에 대한 믿음이 생기고, 그 믿음으로 구원을 얻는 것입니다. 그래서 사도 바울은 "네가 만일 네 입으로 예수를 주로 시인하며 또 하나님께서 그를 죽은 자 가운데서 살리신 것을 네 마음에 믿으면 구원을 받으리라. 사람이 마음으로 믿어 의에 이르고 입으로 시인하여 구원에 이르느니라"(롬 10:9-10)고 선포하는 것입니다. 성령의 인도하심으로 성도가 되면, 성령이 그 사람을 위해서 하나님께 중보 기도를 올려 주십니다: "마음을 살피시는 이가 성령의 생각을 아시나니, 이는 성령이 하나님의 뜻대로 성도를 위하여 간구하심이라."(롬 8:27)

그래서 요한 기자는 "사랑하는 자들아, 만일 우리 마음이 우리를 책망할 것이 없으면 하나님 앞에서 담대함을 얻고, 무엇이든지 구하는 바를 그에게서 받나니 이는 우리가 그의 계명을 지키고 그 앞에서 기뻐하시는 것을 행함이라. 그의 계명은 이것이니 곧 그 아들 예수 그리스도의 이름을 믿고 그가 우리에게 주신 계명대로 서로 사랑할 것이라. 그의 계명을 지키는 자는 주 안에 거하고 주는 그의 안에 거하시나니 우리에게 주신 성령으로 말미암아 그가 우리 안에 거하시는 줄을 우리가 아느니라"(요일 3:21-24)고 하면서 성령에 의한 부드러운 마음, 곧 선한 마음과 말씀의 깨달음과 순종에 따른 구원을 결합하고 있습니다.

이상 살펴본 바와 같이 우리 인간의 마음이 변하여 새 사람이 되는 것은, 결국 성령에 의해서만 가능합니다. 따라서 신앙이라는 것도 결국 하나님

---

42) 고후 3:14-15 : "그들의 마음이 완고하여 오늘까지도 구약을 읽을 때에 그 수건이 벗겨지지 아니하고 있으니 그 수건은 그리스도 안에서 없어질 것이라. 오늘까지 모세의 글을 읽을 때에 수건이 그 마음을 덮었도다."

의 말씀을 들을 때, 진심으로 순종하는 것 이외에 다른 것이 아닙니다. 그래서 "예수께서 이르시되 네 마음을 다하고 목숨을 다하고 뜻을 다하여 주 너의 하나님을 사랑하라 하셨으니, 이것이 크고 첫째 되는 계명이요, 둘째도 그와 같으니 네 이웃을 네 자신 같이 사랑하라 하셨으니, 이 두 계명이 온 율법과 선지자의 강령이니라"(마 22:37-40)고 선포하셨던 것입니다. 따라서 인간의 교만이란 여호와 하나님의 말씀을 마음으로 불순종하는 것 이외에 다른 것이 아닙니다. 왜냐하면 히브리서는 "오늘 너희가 그의 음성을 듣거든 격노하시게 하던 것 같이 너희 마음을 완고하게 하지 말라"(히 3:15)고 권고하고 있기 때문입니다. 그러므로 참된 그리스도인은 누구든지 "그리스도 예수의 마음"(빌 2:5)을 갖는 것입니다. 왜냐하면 "그는 근본 하나님의 본체시나 하나님과 동등됨을 취할 것으로 여기지 아니하시고, 오히려 자기를 비워 종의 형체를 가지사 사람들과 같이 되셨고, 사람의 모양으로 나타나사 자기를 낮추시고 죽기까지 복종하셨(기)"(빌 2:6-8) 때문입니다.

3) 마음이 상하면 몸이 상한다

마음에 악한 것이 들어 있는 사람, 곧 귀신들린 사람은 자기의 몸을 상하게 합니다. 이를 우리는 거라사 지방에 살던 귀신들린 자에게 발견할 수 있습니다. 마가복음에 의하면 더러운 귀신들린 사람은 "밤낮 무덤 사이에서나 산에서나 늘 소리 지르며 돌로 자기의 몸을 해치고 있었더라"(막 5:5)라고 합니다. 그러나 예수님이 그에게서 귀신을 쫓아내신 후, 사람들은 "그 귀신 들렸던 자, 곧 군대 귀신 지폈던 자가 옷을 입고 정신이 온전하여 앉은 것"(막 5:15)을 보았습니다. 심지어 귀신들렸던 자는 귀신에게서 벗어난 이후, "예수께서 배에 오르실 때에라…… 함께 있기를 간구"(막 5:18)합니다.

이러한 기사를 통하여 우리가 알 수 있는 것은, 인간들의 마음이 악한 영에 사로잡히면, 그들의 몸도 상하게 되는 것을 알 수 있습니다. 예컨대 마음이 음란한 생각과 음욕에 사로잡히면, 몸이 쇠할 뿐만 아니라, 악한 병이 드는 것처럼, 우리들의 마음이 악한 것에 사로잡히면, 몸도 함께 상하게 되는 것입니다.43) 그래서 예수님께서는 병자들을 고쳐주실 때, '네 병이 나았다'라고 말씀하시지 않고, '네 죄 사함을 받았느니라'로 말씀하셨던 것입니다: "침상에 누운 중풍병자를 사람들이 데리고 오거늘, 예수께서 그들의 믿음을 보시고 중풍병자에게 이르시되 작은 자야 안심하라 네 죄 사함을 받았느니라."(마 9:2, 이 밖에 마 9:22; 막 2:5; 눅 5:20)

반면에 그 마음에 예수 그리스도에 대한 믿음을 가지면, 병든 몸도 나음을 얻는 사건을 우리는 혈루증 걸린 여인이 나음을 얻는 사건에서 읽어낼 수 있습니다. 마가복음은 이것을 다음과 같이 기술합니다. 어느 날 열두 해를 혈루증으로 앓아 온 한 여자가 있었습니다. 그녀는 많은 의사에게 많은 괴로움을 받았고 가진 것도 다 허비하였으되 아무 효험이 없고 도리어 더 중하여졌습니다. 그러던 중 예수의 소문을 듣습니다. 그리고 무리 가운데 끼어 뒤로 가서 예수님의 옷에 손이라도 대면 낫지 않을까 생각합니다.(막 5:26-27) 그래서 그녀는 마음에 "내가 그의 옷에만 손을 대어도 구원을 받으리라"(막 5:28)고 결심합니다. 그리고는 많은 군중들 틈에 계신 예수님의 뒤로 다가가서 예수님의 겉옷을 만집니다.(마 9:20) 그러자 "예수

---

43) 고전 6:18 : "음행을 피하라 사람이 범하는 죄마다 몸 밖에 있거니와 음행하는 자는 자기 몸에 죄를 범하느니라."; 롬 1:24 : "하나님께서 그들을 마음의 정욕대로 더러움에 내버려 두사, 그들의 몸을 서로 욕되게 하셨으니……"; 계 17:17 : "하나님이 자기 뜻대로 할 마음을 그들에게 주사 한 뜻을 이루게 하시고 그들의 나라를 그 짐승에게 주게 하시되 하나님의 말씀이 응하기까지 하심이라."

께서 그 능력이 자기에게서 나간 줄을 곧 스스로 아시고 무리 가운데서 돌이켜 말씀하시되 누가 내 옷에 손을 대었느냐"(막 5:30)고 물으십니다. 그 후 혈루병 걸린 여인이 자기의 겉옷에 손을 댄 것을 아시고, 예수님은 "딸아 네 믿음이 너를 구원하였으니 평안히 가라 네 병에서 놓여 건강할지어다"(막 5:34)라고 말씀하십니다.

이상 앞의 두 기사에서 알 수 있듯이 사람의 마음이 무엇에 의해서 사로잡혀 있느냐, 혹은 그 마음에 어떠한 생각을 품고 있느냐에 따라서 우리의 몸에도 그에 상응하는 효과가 나타나고 있음을 알 수 있습니다. 예컨대 복음서의 많은 치유기사를 통하여 알 수 있는 것은 예수님은 많은 병자를 그들의 마음, 더 자세히 말하면 '믿음'을 보시고, 그들의 죄를 사하여 주심으로 그들의 병을 고쳐주셨다는 것입니다. 예컨대 어느 날 "예수께서 한 동네에 계실 때에 온몸에 나병 들린 사람이 있어 예수를 보고 엎드려 구하여 이르되 '주여 원하시면 나를 깨끗하게 하실 수 있나이다'"(눅 5:12) 하고 그 마음이 온전히 예수 그리스도를 주님으로 믿었을 때, "예수께서 손을 내밀어 그에게 대시며 이르시되 내가 원하노니 깨끗함을 받으라 하신대 나병이 곧 떠나니라"(눅 5:13)고 누가복음은 보고하고 있는 것입니다.

그러나 사도 바울은 우리들의 몸 안에 선한 것이 거하지 않음을 의식합니다: "내 속 곧 내 육신에 선한 것이 거하지 아니하는 줄을 아노니 원함은 내게 있으나 선을 행하는 것은 없노라."(롬 7:18) 그러므로 그는 우리 몸 안에 '악이 함께 있음'(롬 7:21)을 고백합니다. 그래서 사도 바울은 "오호라 나는 곤고한 사람이로다. 이 사망의 몸에서 누가 나를 건져내랴"(롬 7:24)고 탄식 합니다.

그러나 사도 바울은 "그리스도 예수 안에 있는 생명의 성령의 법이 죄와 사망의 법에서 너를 해방하였음이라"(롬 8:2)고 선언합니다. 왜냐하면 우리는 우리의 마음이 부패하여 하나님의 율법을 지키지 못하기 때문에, 하나님이 자기 아들을 육신으로 보내셔서, 인간의 부패한 마음을 따르지 않고, 성령의 도움으로 율법의 요구를 이루셨기 때문이라는 것입니다.(참고. 롬 8:3-4) 그래서 인간들이 그 마음에 육신의 일을 생각하면 육신의 일을 행하고, 성령의 일을 생각하면 성령의 일을 행하게 된다는 것입니다.(롬 8:5) 그래서 "육신의 생각은 사망이요 영의 생각은 생명과 평안"(롬 8:6)이라고 증언합니다.

그러므로 "만일 너희(혹은 우리—필자 주) 속에 하나님의 영이 거하시면, 너희(우리)가 육신에 있지 아니하고 영에 있나니(있지만), 누구든지 그리스도의 영이 없으면 그리스도의 사람이 아니라"(롬 8:9)는 것입니다. 그러므로 누구든지 그리스도를 영접하여 우리 마음 가운데 모시면, "몸은 죄로 말미암아 죽은 것이나 영은 의로 말미암아 살아 있는 것"(롬 8:10)이라고 바울은 증언하고 있습니다. 한마디로 말해서 "예수를 죽은 자 가운데서 살리신 이의 영이 너희 안에 거하시면 그리스도 예수를 죽은 자 가운데서 살리신 이가 너희 안에 거하시는 그의 영으로 말미암아 너희 죽을 몸도 살리시리라"(롬 8:11)는 것입니다. 그런 후 사도 바울은 단호히 경고하기를, "너희가 육신대로 살면 반드시 죽을 것이로되 영으로써 몸의 행실을 죽이면 살리라"(롬 8:13)고 증언합니다.

이상 살펴본 바와 같이 우리들의 '몸(육신)'은 우리들의 '마음'과 아주 밀접히 관계되어 있습니다. 그래서 잠언은 "평온한 마음은 육신의 생명이나 시기는 뼈를 썩게 하느니라"(잠 14:30)고 말합니다. 즉 우리 몸의 '병'은 인간의 마음속에 있는 생각에 따라서 생기는 것입니다. 어떠한 마음을 먹느냐에 따라서, 몸에 병이 생기기도 하고, 생겼던 병이 낫기도 하는 것입니다. 그래서 흔히 말하기를 '마음의 병'이라는 것입니다. 우리들의 굳은 마음이 성령에 의하여 선하고 착한 마음 곧 부드러운 마음이 되면, 하나님의 말씀도 깨닫고 순종하게 되고, 우리의 마음이 완악하여지면 하나님의 말씀을 깨닫지도 못할 뿐만 아니라, 그 말씀에 불순종하여 죄의 구렁텅이에 빠지게 됩니다. 그래서 시편은 악인들의 삶은 "바람에 나는 겨와 같도다"(시 1:4)라고 증언합니다. 그래서 야고보서는 "모든 더러운 것과 넘치는 악을 내버리고, 너희 영혼을 능히 구원할 바 마음에 심어진 말씀을 온유함으로 받으라"(약 1:21)고 권면하고 있는 것입니다.

4

성령과
인간의 이성 및 정신

사 6:10_ "이 백성의 마음을 둔하게 하며 그들의 귀가 막히고 그들의 눈이 감기게 하라 염려하건대 그들이 눈으로 보고 귀로 듣고 마음으로 깨닫고 다시 돌아와 고침을 받을까 하노라. Make the heart of this people calloused; make their ears dull and close their eyes. Otherwise they might see with their eyes, hear with their ears, understand with their hearts, and turn and be healed."

고전 1:21_ "하나님의 지혜에 있어서는 이 세상이 자기 지혜로 하나님을 알지 못하므로 하나님께서 전도의 미련한 것으로 믿는 자들을 구원하시기를 기뻐하셨도다. For since in the wisdom of God, the world through its wisdom did not know him, God was pleased through the foolishness of what was preached to save those who believe."

1) 하나님의 말씀을 들어도 깨닫지 못하는 인간

사도 바울은 고린도 교회 교우들에게 다음과 같이 선언합니다.[44]

"십자가의 도가 멸망하는 자들에게는 미련한 것이요 구원을 받는 우리에게는 하나님의 능력이라. 기록된 바 내가 지혜 있는 자들의 지혜를 멸하고 총명한 자들의 총명을 폐하리라 하였으니, 지혜 있는 자가 어디 있느냐 선비가 어디 있느냐 이 세대에 변론가가 어디 있느냐 하나님께서 이 세상의 지혜를 미련하게 하신 것이 아니냐, 하나님의 지혜에 있어서는 이 세상이 자기 지혜로 하나님을 알지 못하므로 하나님께서 전도의 미련한 것으로 믿는 자들을 구원하시기를 기뻐하셨도다. 유대인은 표적을 구하고 헬라인은 지혜를 찾으나 우리는 십자가에 못 박힌 그리스도를 전하니 유대인에게는 거리끼는 것이요 이

---

44) 펠로폰네소스와 아티카 사이에 10km도 안 되는 지협地峽에 위치하고 있는 고린도는 바울 서신들이 기록될 당시 가장 번창한 희랍의 거대한 상업도시였다. 고린도는 자연히 동서 문화의 교류지이며 상품의 집산지가 되었고, 따라서 부유한 도시의 삶을 누리게 되었다. 따라서 인종, 종교, 학문, 사상 등, 심지어는 사치와 부패의 중심지이기도 하였다. 고린도 교회의 성도들은 주로 일반 시민들이었고, '에라스투스'(롬 16:23)와 같은 부자와 명사名士도 있었던 것 같다. 그러나 성도들의 대부분은 헬라계 이방인으로서 기독교에 입교한 사람들이었고(고전 12:2), 몇몇 유대계 그리스도인들도 있었다.(행 18:8) 특히 고린도 교회는 사도 바울의 뒤를 이어 알렉산드리아Alexandria에서 교육을 받고, 그 후 기독교에 입교한 유대인 학자(행 18:24-28) 아폴로Apollos가 목회를 하였다. 본래 알렉산드리아는 중간기 시대에 헬라 문화Hellenismus의 중심 도시였고, 동시에 중간시대 유대교의 본거지이기도 하였다. 알렉산드리아에서 신약 시대의 유명한 유대인 철학자 필로Philo가 활동하였고, 그의 저서들은 희랍계 유대교 역사를 연구하는 데 아주 중요한 자료들이다. 아폴로는 에베소의 유대교 회당에서 '예수를 구세주'로 설교한 적이 있지만(행 18:24), 예수님의 부활과 성령강림은 체험하지 못하였다. 아폴로는 유대계 그리스도인 '아굴라'와 '브리스길라' 부부에 의해서 에베소 회당에서 예수 그리스도의 복음을 전해 듣고 세례를 받아 그리스도인이 되었다. 그 다음에 고린도에 와서 바울의 뒤를 이어 고린도 교회에서 활약하였다.(행 18:25-28; 고전 1:12)

방인에게는 미련한 것이로되, 오직 부르심을 받은 자들에게는 유대인이나 헬라인이나 그리스도는 하나님의 능력이요 하나님의 지혜니라. 하나님의 어리석음이 사람보다 지혜롭고 하나님의 약하심이 사람보다 강하니라."(고전 1:18-25)

이러한 사도 바울의 선포를 한마디로 요약하면, 인간의 지혜(이성理性혹은 정신精神)로는 예수 그리스도의 십자가에 숨겨져 있는 하나님의 지혜를 깨달을 수 없다는 것입니다. 왜냐하면 유대인들은 '표적' 혹은 '이적'을 통하여 말씀의 옳고 그름을 판단하고, 헬라인들은 '경험'과 '논리적 사고'를 통하여 사태의 옳고 그름을 판단하기 때문이라고 말합니다. 그렇다면 여기서 즉각 질문이 제기됩니다. 왜 인간의 지혜(이성과 정신)는 하나님의 지혜를 깨닫지 못할까요? 그 이유는 일차적으로 인간이 사고하고 생각하는 몸의 기관, 곧 '심장'의 상함에서 찾을 수 있습니다. 다시 말하면 인간 지혜의 한계점에서 찾을 수 있습니다.

일반적으로 히브리 사람들은 인간의 '생각'하는 신체의 부위는 '머리'가 아니라 '심장'이라고 생각하였습니다.[45] 다시 말해서 '심장'은 단지 인간의 피를 순환시키는 생물학적 기능만 하는 것이 아니라, 생각하는 지성적이고 이성적인 기능도 한다고 히브리인들은 생각하였습니다. 엄밀히 말하면 두뇌에 대해서 해야 할 말을 '심장lebab'으로 표현하였습니다. 그래서 예컨대 "아침에 나발이 포도주에서 깬 후에 그의 아내가 그에게 이 일을 말하매, 그가 낙담하여(심장이 죽어; his heart failed) 몸이 돌과 같이 되었더니"(삼상 25:37)라는 말씀에서 '그가 낙담하여 몸이 돌과 같이 되었다'는 것은 실제로

---

45) 구약성경에서는 'leb/ab'으로 인간의 '마음', '감정', '소원', '이성', '결의' 그리고 '하나님의 마음'을 표현하였다. 즉 인간의 생각과 가슴에 품은 느낌이나 감정, 소원을 '심장'이 가지고 있다고 생각하였다. 이 점에 관하여: Hans Walter Wolff, 문희석 역, 위의 책, 82ff.

심장이 떨어져 나가 돌이 되었다는 뜻이 아니라, '그가 아무런 생각을 할 수 없었다'는 뜻입니다.46) 이러한 사실은 '레바브(심장)'가 '마음', 혹은 '감정'의 발생지일 뿐만 아니라, '정신' 곧 '사고'의 기관이라는 것을 의미합니다. 그래서 볼프에 의하면 '레바브(심장)'라는 용어는 특히 지혜문학 분야에서 가장 많이 나온다고 합니다.47)

인간의 '심장'이 이성적으로 사고하는 곳이라는 것은 신명기 8장 5절의 증언을 통하여 명백히 드러납니다:"너는 사람이 그 아들을 징계함 같이 네 하나님 여호와께서 너를 징계하시는 줄 마음(심장lebab)에 생각하고……."(신 8:5) 여기서 '심장'은 인간이 이성적으로 사고하는 곳이 분명합니다. 이렇듯 '심장'은 '이해'하고 '생각'하는 곳이고, '눈'의 사명은 보는 데 봉사하고, '귀'의 사명은 듣는 데 봉사하는 것입니다. 이 점이 신명기 29장 3절의 증언을 통하여 명백히 드러납니다. "그 큰 시험과 이적과 큰 기사를 네 눈으로 보았느니라."(신 29:3) 그래서 이사야 선지자도 "이 백성의 마음을 둔하게 하며 그들의 귀가 막히고, 그들의 눈이 감기게 하라. 염려하건대 그들이 눈으로 보고 귀로 듣고 마음으로 깨닫고 다시 돌아와 고침을 받을까 하노라"(사 6:10)고 증언합니다.

그러나 인간의 '심장'이 굳어지면 통찰력을 잃어버리고, 얕은 생각만 하게 되고, 하나님의 말씀을 들어도 깨닫지를 못합니다. 더 자세히 말하면 인간의 '심장'이 부패하면, 인간은 들어도 깨닫지 못하고, 보아도 알지 못합

---

46) 이러한 본문이 구약에 약 400여 개나 나타난다. 그래서 볼프는 '심장'이란 '네페쉬'가 있는 곳이지, '루하'가 있는 곳이 아니라고 해석한다. 그래서 '루하'보다는 '레바브'가 훨씬 더 '정신', '영혼Geist'에 가까운 의미라고 한다. 특히 '레바브'는 '마음'보다는 '정신(이성)'으로 더 많이 사용되고 있다고 지적한다. 이 점에 관하여: Hans W. Wolff, 문희석 역, 같은 책, 94.

47) 볼프에 의하면 '레바브'는 잠언서에 99회, 전도서에 42회, 신명기에 51가 나온다. Hans W. Wolff, 문희석 역, 같은 책, 95.

니다. 그래서 여호와 하나님은 마음이 부패한 이스라엘 백성에게 말씀하시기를, "가서 이 백성에게 이르기를 너희가 듣기는 들어도 깨닫지 못할 것이요 보기는 보아도 알지 못하리라"(사 6:9)고 하십니다. 이렇게 구약 성경은 인간의 '심장'에서 '인생의 목표'(시 90:12)도, '깨달음'(잠 8:5; 18:15)도, '슬기'(욥 8:10)도, '통찰력'(사 42:25)도 생긴다고 생각하였습니다. 다시 말해서, '심장'에서는 감정의 흥분이 일어나는 곳이 아니라, 오히려 '인식'하고, '깨닫고', '생각하는' 일이 일어난다고 생각하였습니다.[48]

한 걸음 더 나아가 '깨닫는' 기능을 이야기할 때, 구약성경은 '심장'과 '귀'를 평행구로 사용하고 있습니다. 왜냐하면 '깨달음'은 '들음'에서 오기 때문입니다. "명철한 자의 마음lebab은 지식을 얻고, 지혜로운 자의 귀는 지식을 구하느니라"(잠 18:15)[49]고 선포하고 있습니다. 즉 풍부한 지식을 깨닫게 하는 '심장'은 들음에서 이루어진다는 것입니다. 그래서 솔로몬은 "들을 줄 아는 심장"(왕상 3:9-12)을 하나님께 구하였던 것입니다.[50] 그래서 예컨대 "여호와께서 맹렬한 진노와 전쟁의 위력을 이스라엘에게 쏟아 부으시매, 그 사방에서 불타오르나 깨닫지 못하며 몸이 타나 마음에 두지 아니하는도다"(사 42:25)에서 '마음에 두지 아니하는도다'라는 말은 '알지 듣지 못 한다' 혹은 '깨닫지 못 한다'는 뜻입니다. 이 밖에 '심장을 도둑질했

---

48) 이와 상응하게 사도 바울도 에베소 교회 교우들에게 "그들의 총명이 어두워지고 그들 가운데 있는 무지함과 그들의 마음이 굳어짐으로 말미암아 하나님의 생명에서 떠나 있도다. 그들이 감각 없는 자가 되어 자신을 방탕에 방임하여 모든 더러운 것을 욕심으로 행하되"(엡 4:18-19)라고 증언하고 있다.

49) 이 밖에 잠 16:23 : "지혜로운 자의 마음은 그의 입을 슬기롭게 하고 또 그의 입술에 지식을 더하느니라."; 잠 8:5 : "어리석은 자들아 너희는 명철할지니라 미련한 자들아 너희는 마음이 밝을지니라 너희는 들을지어다."

50) 이 밖에 '귀'와 '심장'이 서로 나란히 사용되는 곳은 구약에 여러 곳에 있다: 신 29:3; 사 6:10; 32:3 이하; 렘 11:8; 겔 3:10; 40:4; 44:5; 잠언 2:2; 22:17; 23:12(Hans W. Wolff, 문희석 역, 같은 책 97에서 재인용).

다'(창 31:20)는 말은 '전혀 모르게 하다'라는 뜻이고, '심장이 부족하다'는 말은 '사고가 부족하다, 생각이 없다'는 뜻이고, 때론 통찰력이 없다는 뜻이기도 합니다. 그리고 '말씀을 심장 위에 놓아두라'는 말은 '그 말씀을 깊이 깨달으라', 혹은 '그 말씀을 명심하라'는 뜻으로 이해할 수 있습니다. 그래서 사도 바울도 고린도 교회에 보낸 편지에서 "너희는 우리의 편지라 우리 마음에 썼고 뭇 사람이 알고 읽는 바라. 너희는 우리로 말미암아 나타난 그리스도의 편지니 이는 먹으로 쓴 것이 아니요 오직 살아 계신 하나님의 영으로 쓴 것이며 또 돌 판에 쓴 것이 아니요 오직 육의 마음 판에 쓴 것이라"(고후 3:2-3)고 표현하고 있는 것입니다.

그러므로 구약성경에서 인간의 신체 부위를 가리키는 '심장'은 인간의 '사고' 혹은 '생각'이 일어나는 곳이라는 것이 명백합니다. 따라서 인간의 지혜가 하나님의 말씀을 들어도 깨닫지 못하는 것은, 앞 절에서도 언급하였듯이 인간의 '심장lebab', 곧 '마음'이 부패하였기 때문입니다: "만물보다 거짓되고, 심히 부패한 것은 (그) 마음(심장)이라."(렘 17:9) 바로 이러한 이유로 사도 바울은 "하나님의 지혜에 있어서는 이 세상이 자기 지혜로 하나님을 알지 못하므로 하나님께서 전도의 미련한 것으로 믿는 자들을 구원하시기를 기뻐하셨도다"(고전 1:21)라고 선포하는 것입니다. 그리고 계속해서 사도 바울은 "누가 주의 마음을 알아서 주를 가르치겠느냐"(고전 2:16)라고 반문하고 있는 것입니다. 그렇다면 우리는 어떻게 하나님의 말씀을 듣고 깨달을 수 있습니까?

2) 성령은 하나님의 깊은 것까지도 통달하신다

사도 바울은 "하나님의 지혜에 있어서는 이 세상이 자기 지혜로 하나님을 알지 못하므로 하나님께서 전도의 미련한 것으로 믿는 자들을 구원하시기를 기뻐하셨도다"(고전 1:21)고 선언하면서도, "오직 하나님이 성령으로 이것(하나님의 지혜)을 우리에게 보이셨으니 성령은 모든 것 곧 하나님의 깊은 것까지도 통달하시느니라"(고전 2:10)고 선포합니다. 즉 성령께서 '은밀한 가운데 숨어 있는 하나님의 지혜', 곧 '만세 전에 하나님의 영광을 위하여 미리 정하신'(고전 2:7) 하나님의 지혜를 우리에게 가르쳐 주신다고 증언하고 있습니다. 그러면서 이 점을 다음과 같이 더 자세히 설명합니다.

> "오직 하나님이 성령으로 이것(하나님의 지혜)을 우리에게 보이셨으니, 성령은 모든 것 곧 하나님의 깊은 것까지도 통달하시느니라. 사람의 일을 사람의 속에 있는 영 외에 누가 알리요 이와 같이 하나님의 일도 하나님의 영 외에는 아무도 알지 못하느니라. 우리가 세상의 영을 받지 아니하고 오직 하나님으로부터 온 영을 받았으니 이는 우리로 하여금 하나님께서 우리에게 은혜로 주신 것들을 알게 하려 하심이라."(고전 2:10-12)

그러므로 "육에 속한 사람", 곧 성령을 받지 않은 사람은 하나님의 성령의 일들을 이해하지 못하는데, 그것은 '육에 속한 사람'들에게는 '성령의 일들'이 어리석게 보이기 때문이라는 것입니다. 따라서 '육에 속한 사람'들은 '성령의 일'도 알지 못한다고 역설합니다.(고전 2:14) 그러나 사도 바울은 "신령한 자(곧 성령을 받은 자)는 모든 것을 판단하나 자기는 아무에게도 판단을 받지 아니하느니라"(고전 2:15)고 선포합니다. 이처럼 사도 바울은 "영적인 일은 영적인 것으로 분별하느니라"(고전 2:13b)고 선언합니다. 즉 '신령한 일'은 '성령에 의해서만' 이해되는 것이지, 인간의 이성으로 이해될 수 있는 것이 아니라고 사도 바울은 역설합니다. 바로 이러한 이유 때문에 성경의 증언을 아무리 쉽게 풀어서 설명하여도 이해하지 못하는 것은 그가 아직 성령을 받지 않았기 때문입니다. 이러한 사람은 성경이 증언하는 바와 같이 눈이 있으나 보지 못하고, 귀가 있으나 듣지 못하는 사람들입니다. 왜냐하면 하나님의 말씀을 이해하는 곳은——구약성경의 증언에 의하면——'귀'나 '머리'가 아니라, '심장'이기 때문입니다. 즉 그 '심장'이 부패하였기 때문에 신령한 하나님의 말씀을 들어도 깨닫지 못하고, 보아도 알지 못하는 것입니다. 그래서 사도 바울은 에베소 교회 교우들에게 "우리 주 예수 그리스도의 하나님, 영광의 아버지께서 지혜와 계시의 영을 너희에게 주사 하나님을 알게 하시고, 너희 마음의 눈을 밝히사 그의 부르심의 소망이 무엇이며 성도 안에서 그 기업의 영광의 풍성함이 무엇이며, 그의 힘의 위력으로 역사하심을 따라 믿는 우리에게 베푸신 능력의 지극히 크심이 어떠한 것을 너희로 알게 하시기를 구하노라"(엡 1:17-19)고 기도하고 있는 것입니다.[51]

그래서 제자들이 성령을 받기 이전, 예수님께서 제자들에게 말씀하신 바를 들어도, 그들은 깨닫지 못하였던 것입니다. 예컨대 마태복음 16장 5-12절에 이르는 말씀에 의하면, 어느 날 제자들이 건너편으로 갈 때, 떡 가져가기를 잊었습니다. 그때 예수께서 이르시되 "삼가 바리새인과 사두개인들의 누룩을 주의하라"고 말씀하셨습니다. 그러나 제자들은 자신들이 떡을 가져오지 않은 것만 생각하였습니다. 그러자 제자들이 서로 의논하는 것을 들으시고, 예수님께서 이르시되, "믿음이 작은 자들아 어찌 떡이 없음으로 서로 의논하느냐, 너희가 아직도 깨닫지 못하느냐 떡 다섯 개로 오천 명을 먹이고 주운 것이 몇 바구니며, 떡 일곱 개로 사천 명을

---

51) 당대의 '에베소'는 헬라 문화의 중심지로서 희랍 철학적 사고에 젖어 있는 사람들이 많이 있었다.

먹이고 주운 것이 몇 광주리이던 것을 기억하지 못하느냐"(마 6:8-10)고 반문하십니다. 그리고는 다시 '삼가 바리새인과 사두개인들의 누룩을 주의하라'는 말씀을 풀어 주십니다: "어찌 내 말한 것이 떡에 관함이 아닌 줄을 깨닫지 못하느냐?": "그제서야 제자들이 떡의 누룩이 아니요 바리새인과 사두개인들의 교훈을 삼가라고 말씀하신 줄을 깨달으니라"(마 16:5-12)고 마태복음은 증언하고 있습니다. 이렇듯 예수님은 '신령한 일'을 '은유적'으로 표현할 수밖에 없었고, 성령을 받지 못한 제자들은 그 '은유'를 이해할 수 없어서 예수님께서 말씀하신 바의 본의를 깊이 깨닫지 못하였던 것입니다.

그러나 제자들이 예수님의 말씀을 깨닫지 못한 것은, 그 표현이 '은유적 표현'인 때문만은 아닙니다. 왜냐하면 그들은 부활절 아침 여인들이 '예수님이 부활하셨다'고 전해 주는 말을 듣고도 믿지 않았기 때문입니다. 제자들이 여인들이 전해 준 부활의 소식을 듣고도 믿지 못한 것은 그들의 '마음(심장lebab)'이 완악하였기 때문입니다. 그래서 부활하신 예수님께서 제자들에게 나타나셔서 "그들(제자들)이 믿음 없는 것과 마음이 완악한 것을 꾸짖으시니, 이는 자기가 살아난 것을 본 자들의 말을 믿지 아니함이러라"(막 16:14)고 마가복음은 증언하고 있습니다. 그러나 성령으로 말미암아 우리들의 '마음', 곧 '심장'이 부드러워지면, 하나님의 말씀을 듣고 깨달을 수 있습니다.(참고. 겔 11:19-20: 36:26)[52] 그렇다면 왜 인간의 마음이 완악할까요?

그것은 인간이 하나님의 말씀보다는 자기 생각과 자기의 이성적 판단을 앞세우기 때문입니다. 즉 하나님의 말씀을 들을 때, 그 말씀을 듣고 이해해

---

52) 겔 11:19-20 : "내가 그들에게 한마음을 주고 그 속에 새 영을 주며 그 몸에서 돌 같은 마음을 제거하고 살처럼 부드러운 마음을 주어 내 율례를 따르며 내 규례를 지켜 행하게 하리니 그들은 내 백성이 되고 나는 그들의 하나님이 되리라."

보려고 노력도 하지도 않고, 무조건 자기 생각을 앞세우기 때문입니다. 한마디로 말해서 인간의 무지한 고집 때문에, 하나님의 말씀을 들어도 깨달으려고 하기보다는 오히려 처음부터 거부하려는 의도 때문에 하나님의 말씀을 이해하지 못하는 것입니다. 이것이 바로 말씀을 '불순종하는 죄'입니다. 처음부터 거부하고자 하는 의도를 가지고 하나님의 말씀을 듣는 사람에게 어떻게 그 말씀의 의미를 이해시키겠습니까? 그래서 디도서는 '앞뒤가 맞지 않는 말'로 변명하면서 할례를 주장하는 유대인들에 대하여 "불순종하고 헛된 말을 하며 속이는 자가 많은 중 할례파"(딛 1:10)라고 선언하고 있습니다. 그렇습니다. 진리가 아닌 것은 변명하기 위하여 말이 많은 것입니다. 그렇다면 여기서 질문이 생깁니다. 인간의 '이성', 곧 '정신'은 하나님의 지혜를 이해하고 깨닫는 데 아무런 역할도 하지 못합니까?

3) 피조된 것만을 이해하고 깨달을 수 있는 인간 이성

희랍의 철학자 플라톤은 "어떻게 해서든지 될 수 있는 대로 신을 닮는 것, 즉 인식과 지혜를 바탕으로 해서 거룩해지고 의로워지는 것"이 인간의 최고의 목표라고 역설하였습니다.[53] 그런데 이러한 인간의 영혼이 추구하는 모든 일을 '이성'이 지배하고 있다고 생각하였습니다. 즉 "영혼의 수레에는 항상 이성만이 탈 수 있다. 이성만이 고삐를 이끌어야 한다. 이성은 모든 것들을, 즉 명예심, 쾌락 및 향락 같은 것을 지배해야 한다"고 주장합니다.[54] 아리스토텔레스는, 인간은 육체와 영혼으로 구성되어 있는데, 영

---

53) Platon, 『테아스토스』, 176b(Johannes Hirschberger, 강성위 옮김, 앞의 책, 173에서 재인용).
54) Johannes Hirschberger, 강성위 옮김, 위의 책, 174.

혼은 전체로서 육체 전체 안에 있다고 주장합니다. 그리고 인간의 영혼은 '식물적인 영혼', '감각적인 영혼' 그리고 '정신적인 영혼'이 있는데, 이 '정신적인 영혼'이 바로 '인간'이며, 이것이 바로 인간을 '생각하는' '이성적인 동물'로 만들어 준다고 말합니다.

특히 아리스토텔레스는, 인간, 곧 '정신적인 영혼'은 '감각적인 인식'을 가지고 있는데, 감각적 인식은 시각, 청각, 후각, 미각, 촉각 등 다섯 가지 능력potentiae animae(δυνάμεις) 즉 오관五官으로 나뉘는데, 이 오관의 공통감각 sensus communis은 '심장' 안에 자리 잡게 된다고 말합니다. 오늘날 우리가 '의식'이라고 하는 것은 이 '공통감각' 이외에 다른 것이 아닙니다. 그런데 이 '공통감각'의 '의식내용'은 감각으로 멈추면 사라지는 것이 아니라, 오랫동안 지속하여 '생각' 혹은 '표상Phantasma'이 생긴다는 것입니다. 이것이 '현실적 지각으로 남아 있는 것'이고, 이것이 한꺼번에 많이 남아 있는 것이 바로 '기억memoria'이라고 합니다. 비록 동물도 이러한 감각적인, 지각 혹은 공통감각이 있지만, 그것은 아주 낮은 수준의 미약한 것이고, 인간에게는 '공통의 감각'을 언어로 표현하여 영원히 기억할 수 있는 능력이 있는데, 그것이 바로 '정신Logos'라는 것입니다. 그런데 이 '정신'이 추론적인 판단을 할 때는 '오성悟性, Verstand, Dianoia'이고, 개념과 근본명제를 직관할 때는 '이성理性, Vernunft, Nous'이라고 합니다.55) 이러한 점에서 '이성'은 결코 '영원한 것도 아니고, 신적인 것도 아니고, 죽지 않는 것도 아니고, 단지 해를 입지 않은 순수한 에네르기(에너지)'라고 히스쉬베르거는 해석합니다.56) 반면에 '정신'는 저절로 표상(생각)들을 손질하고, 이때에 창조적인 활동을 전개하기도 합니다. 이러한 '정신'의 창조적인 활동에 비하면, 이간의 '이성'은 단지

---

55) *Ibid.*, 266.

56) *Ibid.*

소재에 불과한 것이지, 본래적인 능동원인이 아닙니다. 한마디로 말해서 이간의 '이성'은 이 피조의 세계에서 일어나는 것만을 이해하고 파악할 수 있는 능력 이외에 다른 것이 아닙니다. 그래서 '이성'은 이 피조된 세계의 원리인 '자연의 법칙'에 따라서 모든 것을 이해하고 파악하려고 합니다.

제6부

화해의 영인
성령

* * *

    왜 창조주 하나님은 나사렛 예수 안으로 인간이 되어 이 세상에 오셨는가? 이러한 질문은 기독교 신앙에서 가장 중요한 질문 가운데 하나입니다. 이러한 질문에 대하여 많은 그리스도인은 '예수님이 인간을 구원하시기 위해 이 땅에 오셨다'라고 답변합니다. 그렇습니다. 그런데 이러한 대답에는 인간과 하나님 사이에 그 어떤 문제가 생겨서, 인간이 하나님으로 떨어져 나왔다는 것을 전제합니다. 이는 '이 땅에 구원하러 오셨다'라는 표현에서 그 근거를 찾을 수 있습니다. 왜냐하면 '구원'이란 그 어떤 위기 상황으로부터의 '구출' 혹은 '해방'을 전제하기 때문입니다. 바꾸어 말하면 어떤 이유 때문에 서로 갈등, 분리 그리고 억압과 피-지배 상태가 된 것을 '화해시키다' 혹은 '평등하게 하다'는 것을 말하기 때문입니다. 이렇듯 성경은 인간과 하나님의 '분리', '지배자와 피지배자', '억압하는 자와 억압받는 자'를 전제하기 때문에 '구원'이라는 말을 사용하는 것입니다.

    그런데 인간은 죄로 말미암아 하나님하고만 '분리'된 것이 아니라, 다른 인간과도 '분리'되었습니다. 그뿐만 아니라, 인간은 '자연의 피조물'과도 '분리'되었고, 심지어는 자기 자신과도 분리되어 혼자서 고독하게 살아가는 존재입니다. 이렇게 홀로 이 세상을 살아가는 고독한 인간이기에 하나님은 인간과 화해하시기 위하여 나사렛 예수의 몸을 입고 이 땅에 오셨습니다. 왜냐하면 기독교의 '하나님은 인간과 함께 있기Immanuel'를 원하고 계시기 때문입니다. 그래서 하나님과 인간 사이에 놓인 '분리의 장벽'을 자신의 몸으로 하나가 되게 하는 '화해의 사역'을 이루셨습니다. 이것이 바로 예수 그리스도의 십자가의 죽음과 부활입니다.

그런데 이러한 '화해의 사역'을 가능하게 한 능력이 바로 '성령'입니다. 즉 성령으로 하나님과 인간, 인간과 인간, 그리고 인간과 자연 사이에 있는 '분리의 담'을 허시고, 둘을 하나되게 하셨습니다. 그뿐만 아니라 성령님은 인간을 자기 자신과도 화해케 하심으로써 '인간의 자기 정체성'을 회복시켜 주셨습니다. 이렇게 이 세상에 있는 모든 피조물의 갈등을 극복하고 성령 안에서 하나되게 하는 '화해의 영'이 바로 성령입니다. 그래서 고대 교회는 "성령의 교통하심이 너희 무리와 함께 있을지어다"(고후 13:13)라고 축복하였습니다.[1] 즉 '은혜'는 예수 그리스도에게, '사랑'은 성부 하나님께 귀속시키는 반면에, 하나님과 인간 그리고 인간과 인간의 '사귐'은 성령 하나님께 귀속시키고 있습니다.[2]

따라서 6-1에서는 하나님과 인간을 화해시키신 성령의 역사에 관하여, 6-2에서는 인간들 사이의 갈등을 극복시켜 주신 '화해의 영'에 대하여, 6-3에서는 죄 때문에 상실된 자연의 통치권을 되찾게 해주신 '통치의 영'에 관하여, 6-4에서는 인간의 내적 분열을 극복시키는 '사랑의 영'에 관하여, 그리고 마지막으로 6-5에서는 하나님, 인간, 자연 등 만유를 하나되게 하시는 '사귐의 영'에 대하여 성경이 어떻게 증언하고 있는지를 살펴보려고 합니다.

---

1) 오늘날도 한국 교회에는 이 '축복양식'을 따라서 "주 예수 그리스도의 은혜와 하나님의 사랑과 성령의 교통하심이 너희 무리와 함께 있을지어다"(고후 13:13)라고 축복하고 있다.
2) 몰트만은 '사귐'을 다음과 같이 정의한다: "'사귐Gemeischaft'이란 무리하게 요구하지 않으며, 소유하지 않고, 오히려 자유하게 하며, 다른 사람들을 자신과의 관계 속으로 받아들이는 것이다. '사귐'은 서로 자기를 열게 하며, 서로 자기의 몫을 주며, 서로 존경하는 것이다. 사귐은 서로 간의 참여 속에서, 서로 간의 인정Anerkennung으로 산다."(J. Moltmann, *Der Geist des Lebens. Eine ganzheitliche Pneumatologie*, München, 1991, 김균진 역, 『생명의 영』, 대한기독교서회, 1992, 291.)

1

하나님과 인간을 화해시키는
칭의稱義의 영

사 60:21_ "네 백성이 다 의롭게 되어 영원히 땅을 차지하리니 그들
은 내가 심은 가지요 내가 손으로 만든 것으로서 나의 영광을 나타낼
것인즉 Then will all your people be righteous and they will
posses the land forever. They are the shoot I have planted,
the work of my hands."

엡 2:14-15_ "그는 우리의 화평이신지라 둘로 하나를 만드사, 원수
된 것 곧 중간에 막힌 담을 자기 육체로 허시고, 법조문으로 된 계명의
율법을 폐하셨으니 이는 이 둘로 자기 안에서 한 새 사람을 지어 화평
하게 하시고 For he himself is our peace, who has made the
two one and has destroyed the barrier, the dividing wall of
hostility, by abolishing in his flesh the law with its command-
ments and regulations. His purpose was to create in himself
one new man out of the two, thus making peace."

1) 예수 그리스도 안에서 성령으로 화해된 하나님과 인간

성령의 낮아지심, 곧 '성령의 강림'이란 성령이 자신의 신적 본질에서 스스로 낮아져 구체적인 한 인간의 육체 안으로 '내재되어 들어오는 것'을 의미합니다. 이러한 의미에서 최초의 '성령강림'은 성부 하나님이 태초에 인간을 창조하실 때에, 하나님의 영(성령)이 흙 속에 들어가는 것을 '성령강림'이라고 해도 과언이 아닙니다. 왜냐하면 창세기의 인간 창조 기사에 의하면 "여호와 하나님이 땅의 흙으로 사람을 지으시고, 생기(하나님의 영)를 그 코에 불어 넣으시니, 사람이 '생령'이 되니라"(창 2:7)고 증언하고 있기 때문입니다. 이와 상응하게 사도 바울은 예수 그리스도의 '화육Inkarnation', 혹은 육신을 입고 나타나심을 '하나님 자신의 낮아지심(κενοσις 케노시스)'을 다음과 같이 설명하고 있습니다: "그는 근본 하나님의 본체이시나, 하나님과 동등 됨을 취할 것으로 여기지 아니하시고, 오히려 자기를 비워 종의 형체를 가지사 사람들과 같이 되셨고, 사람의 모양으로 나타나사 자기를 낮추시고, 죽기까지 복종하셨으니 곧 십자가의 죽으심이라."(빌 2:6-8) 또한 요한복음도 "본래 하나님을 본 사람이 없으되, 아버지 품속에 있는 독생하신 하나님이 나타내셨느니라"(요 1:18)고 증언하고 있기 때문입니다.

여기서 '사람의 모양으로 나타나사 자기를 낮추시고'라는 말은 보이지 않는 신적 본질이 보이는 인간의 '육체를 입고 나타나셨다는 뜻 *hypostasis* 히포스타시스'입니다. 다시 말해서 '비웠다(ἐκένωεν)'는 말과 '낮아졌다(ἐταπείνωσεν)'라는 말은 실제로 사람의 모습으로 '나타나셨다'는 뜻입니다.[3] 바꾸어

---

3) 'ἐκένωεν'은 'κενόω'의 aor.(단순과거)로서 '비우다'라는 말에서 파생된 것이고, 'ἐταπείνωσεν'은 'ταπεινόω'의 aor.로서 '낮아지다'에서 파생된 것으로서 의미적으로는 스스로 자신의 신분은 낮추어 천한 신분이 되는 것을 뜻한다.(Walther Bauer, *Wörterbuch zum Neuen Testamant*, 6. völlig neu bearbeitete Aufl. Berlin, New York, 1988. Sp. 871, 1603.)

말하면 '보이지 않는 하나님이 인간이 되셨다'는 뜻입니다. 그래서 요한은 다른 곳에서 "또한 우리가 참된 자 곧 그의 아들 예수 그리스도 안에 있는 것이니, 그는 참 하나님이시오 영생이시라"(요일 5:20b)고 증언하는 것입니다. 이것은 보이지 아니하는 '영'이신 '하나님'이 보이는 인간 속으로 들어오신 것이나 다름없습니다. 왜냐하면 인간으로 '스스로 자신을 비우고 낮아지신' 분은 하나님이고, 겉모양은 '인간의 육신肉身'이기 때문입니다. 이러한 점에서 하나님의 화육은 보이지 않는 '영'이신 하나님, 곧 '성령의 낮아지심Kenosis des Geistes'이라고 볼 수 있습니다.4)

그러므로 천사는 예수님의 탄신을 다음과 같이 증언하는 것입니다: "다윗의 자손 요셉아 네 아내 마리아 데려오기를 무서워하지 말라. 그에게 잉태된 자는 성령으로 된 것이라."(마 1:20) 그리고 마태복음은 예수님을 이사야 선지자의 예언을 근거로 "임마누엘 곧 하나님께서 우리와 함께 계시다"(마 1: 23), 곧 '예수님 안에 성령이 내주하고 계신 분'이라고 증언합니다. 이와 상응하게 예수님도 친히 스스로 자신을 가리켜, "나와 아버지(하나님)는 하나이니라"(요 10:30), 혹은 "내가 아버지 안에 거하고 아버지는 내 안에 계신 것을 네가 믿지 아니하느냐, 내가 너희에게 이르는 말은 스스로 하는 것이 아니라 아버지께서 내 안에 계셔서 그의 일을 하시는 것이라"(요 14:10)고 증언합니다.

이제 여기서 분명해지는 것은 '성령'으로 예수 그리스도 안에 있는 인간 더 자세히 말하면 '나사렛 예수'라는 인간과 '신적 인격'이 성령에 의해서 '하나' 곧 '화해'가 되었다는 것입니다. 왜냐하면 하나님의 '영'은 아담 이후 인간이 계속해서 타락함으로 말미암아 더 이상 인간과 함께 있기를 거부하

---

4) 이 점에 관하여: D. Lyle Dabney, *Kenosis des Geistes Gottes. Kontinuität zwischen Schöpfung und Erlösung im Werk des Heiligen Geistes*, Neukirche-Vluyn, Diss. Tübingen, 1997.

고, 인간을 떠나셨기 때문입니다: "여호와께서 이르시되, 나의 영이 영원히 사람과 함께 하지 아니하리니……."(창 6:3a)

따라서 하나님의 영이 나사렛 예수 그리스도 안에서 인간과 함께 하셨다는 것은 예수 그리스도를 통하여 하나님과 인간이 '성령으로 말미암아' 화해되었다는 것을 의미합니다. 즉 '아담'의 타락과 그 후 '노아'에 이르는 인간의 죄악으로 말미암아 분리된 '하나님과 인간' 관계가 성령으로 다시 '하나'가 되는 가능성이 열렸다는 것입니다. 그러므로 성령을 받지 않은 인간은 '하나님의 영'이 없어서, 성령이 떠나셨기 때문에, 여전히 하나님과 분리된 인간입니다. 그러나 성령을 받은 자는 예수 그리스도처럼 하나님과 '하나'된 곧 '화해'된 인간입니다.5)

2) 죄인을 의롭다 하는 성령

마르틴 루터의 종교개혁의 가장 중심적인 교리인 '칭의론'은 바울의 칭의론에 근거해 있습니다.6): "모든 사람이 죄를 범하였으매, 하나님의 영광에 이르지 못하더니, 그리스도 예수 안에 있는 속량으로 말미암아 하나님의 은혜로 값없이 의롭다 하심을 얻은 자 되었느니라."(롬 3:23-24 참고. 사 60:21)7) 사도 바울은 이 점을 다음과 같이 자세히 설명합니다: "한 사람의

---

5) 이 점에 관하여: Martin Hengel, 'Erwägungen zum Spachgebrauch von Χριστος bei Paulus und in der vorpaulinischen Überlieferung', *Paul and Paulinism: Essay in honor of C. K. Barret* ed. by M. D. Hooker and S. G. Wilson (London: SPCK, 1982), 135-159.

6) H. J. Iwand, *Glaubensgerechtigkeit und Luthers Lehre*, ThEx 75, München, 1941; E. Wolf, Die Rechtfertigungslehre als Mitte und Grenze reformatorischer Thelogie, in: Peregrinatio II, München 1965, 11ff.; E. Käsemann, Gottesgerechtigkeit bei Paulus, in: *Exegetische Versuche und Besinnungen* II, Göttingen, 1964, 181ff.

7) 사 60:21 : "네 백성이 다 의롭게 되어 영원히 땅을 차지하리니 그들은 내가 심은 가지요

범죄로 말미암아 사망이 그 한 사람을 통하여 왕 노릇 하였은즉, 더욱 은혜와 의의 선물을 넘치게 받는 자들은 한 분 예수 그리스도를 통하여 생명 안에서 왕 노릇 하리로다. 그런즉 한 범죄로 많은 사람이 정죄에 이른 것 같이 한 의로운 행위로 말미암아 많은 사람이 의롭다 하심을 받아 생명에 이르렀느니라."(롬 5:17-18)

그런데 인간이 믿음으로 '의롭다 인정을 받는 것'은 사실 '성령의 도움'에 의해서 가능한 것입니다. 왜냐하면 우선 인간의 믿음은 인간의 자기결단이 아니기 때문입니다. 즉 하나님에 대한 '믿음'은 '하나님의 말씀을 들음'에서 나며(롬 10:17)[8], 그 말씀을 깨닫고 이해하도록 도와주시는 분은 바로 성령님이시기 때문입니다: "보혜사 곧 아버지께서 내 이름으로 보내실 성령 그가 너희에게 모든 것을 가르치고 내가 너희에게 말한 모든 것을 생각나게 하리라."(요 14:26) 이처럼 '믿음으로 의롭게 되는 것'은 예수님의 말씀을 해석해 주는 성령의 사역과 절대 무관하지 않습니다. 이러한 점에서 사도 바울에게 있어서 '믿음의 의(義)'는 하나님의 말씀을 듣고 믿는 것을 의미합니다. 그래서 사도 바울은 '믿음의 의'를 설명할 때, 이스라엘 조상 아브라함이 비록 인간 이성적으로는 결코 납득이 가지 않지만, 그럼에도 불구하고 여호와 하나님의 말씀을 믿은 것을 '의'로 인정받은 것으로 설명하고 있습니다: "아브라함이 하나님을 믿으매, 그것이 그에게 의로 여겨진 바 되었느니라."(롬 4:3. 참고. 창 15:1-16)[9]

내가 손으로 만든 것으로서 나의 영광을 나타낼 것인 즉", 이 말씀에서 '하나님의 영광'이란, 본래 "인간이 하나님의 형상과 결합되어 있었던 하나님의 doxa를 말한다."(J. Moltmann, *Der Geist des Lebens*, Eine ganzheitliche Pneumatologie, München, 1991. 김균진 역,『생명의 영』, 대한기독교서회, 1992. 171.)

8) 롬 10:17 : "믿음은 들음에서 나며 들음은 그리스도의 말씀으로 말미암았느니라."
9) '하나님의 의'를 '힘', '은사와 봉사' 그리고 '자유와 복종'으로 이해함으로써, '믿음의 의'를 단지 심리적 의존의 감정이 아니라, 삶 속에서 전적으로 '하나님의 말씀을 신뢰'하는 것으로 발전시키고 있는 학자: A. Schlatter, *Luthers Deutung des Römerbriefen*, Gütersloh, 1917.

그런데 '하나님 말씀에 대한 철저한 순종'은 예수 그리스도 안에서 완성됩니다. 왜냐하면 이스라엘 조상 아브라함은 처음에는 '네 자손을 하늘의 별과 같이 주시겠다'(창 15:4-5)는 여호와 하나님의 말씀을 믿었지만, 끝내 그 말씀을 믿지 못하고 자기 부인 '사라'의 말을 듣고 '사라의 몸 종' '하갈'에게서 '이스마엘'을 낳았기 때문입니다.(창 16:1-15)[10] 그러므로 이스라엘 조상 아브라함이 온전히 하나님의 말씀을 순종하였다고는 볼 수 없습니다.[11]

그러나 예수님은 '자신이 죄 없이 십자가에 못 박혀 죽는다는 것'이 자신으로는 도저히 이해가 가지 않음에도 하나님의 말씀을 철저히 순종하십니다. 이 점을 우리는 예수님이 겟세마네 동산에서 마지막으로 기도한 것에서 발견할 수 있습니다: "다시 두 번째 나아가 기도하여 이르시되 내 아버지여 만일 내가 마시지 않고는 이 잔이 내게서 지나갈 수 없거든 아버지의 원대로 되기를 원하나이다."(마 26:42, 참고. 26:39) 이렇게 철저히 하나님의 뜻(의지), 바꾸어 말하면 '말씀'에 순종하셨기 때문에 예수님 자신이 곧 '하나님의 의', 곧 '믿음의 의'인 것입니다. 그래서 예수님은 '의義'를 자기 자신의 십자가에 죽기까지 순종하는 것으로 바꾸어 표현하고 계십니다: "의義에 대하여라 함은 내가 아버지께로 가니, 너희가 다시 나를 보지 못함이요."(요 16:10)

53ff: E. Käsemann, *Gottesgerechtlichkeit*, 181ff.(J. Moltmann, 김균진 역, *op. cit.*, 171, 각주 3에서 재인용.)

10) 창 16:15 : "하갈이 아브람의 아들을 낳으매 아브람이 하갈이 낳은 그 아들을 이름하여 이스마엘이라 하였더라."

11) 아브라함이 하나님의 약속을 처음에는 믿었다가, 끝까지 그 믿음을 견지하지 못하고, 아내, 사라의 말을 듣고 '하갈'에게서 '이스마엘'을 낳았을 때, 여호와 하나님께서 다시 자손에 대한 약속을 해주신다.(창 18:14) 그 후 하나님의 약속대로 '이삭'이 태어난다. 이렇듯 하나님은 한 번 약속하신 것을 끝까지 지키지만, 인간은 하나님과의 언약을 끝까지 믿지 못한다. · 따라서 예수님 이외에 그 어떠한 인간도 인간의 삶의 '모범Vorbild'이 될 수 없다.

여기서 '내가 아버지께로 감'이란 한편으로는 예수 그리스도의 십자가의 죽음을 의미하며, 다른 한편으로는 예수 그리스도처럼 죽기까지 순종함으로 인하여, 구원받아 하나님의 나라에 갈 수 있다는 것을 의미합니다. 즉 하나님의 말씀에 철저히 순종함으로써 '의롭다고 인정받아' 하나님의 나라에 갈 수 있다는 것입니다.

이러한 의미에서 예수 그리스도는 하나님과 인간의 분리를 극복하는 '화해자Versöhner'이십니다.[12] 그래서 에베소서는 예수님의 '하나님과 인간의' 불화와 분열을 극복하는 화해자의 사역을 다음과 같이 증언하고 있습니다.

> "그는 우리의 화평이신지라 둘로 하나를 만드사, 원수 된 것 곧 중간에 막힌 담을 자기 육체로 허시고, 법조문으로 된 계명의 율법을 폐하셨으니 이는 이 둘로 자기 안에서 한 새 사람을 지어 화평하게 하시고, 또 십자가로 이 둘을 한 몸으로 하나님과 화목하게 하려 하심이라 원수 된 것을 십자가로 소멸하시고, 또 오셔서 먼 데 있는 너희에게 평안을 전하시고 가까운 데 있는 자들에게 평안을 전하셨으니, 이는 그로 말미암아 우리 둘이 한 성령 안에서 아버지께 나아감을 얻게 하려 하심이라."(엡 2:14-18)

이러한 에베소서의 증언에 의하면 '화해자'는 예수 그리스도이시지만, 이를 각 사람에게 실현시키시는 분은 '성령님'이십니다. 왜냐하면 "우리 둘이 한 성령 안에서 아버지께 나아감을 얻게"(엡 2:18) 하시기 때문입니

---

12) 예수님의 십자가의 죽음과 부활이 가진 화해의 의미에 관하여: Jae Jin. Kim, *Die Universalität der Versöhnung im Gottesbund*, Lit Verlag: Hamburg, Münster, 1984.

다.13)

그런데 이러한 '의義'를 예수님은 보혜사 성령이 우리에게 가르쳐 줄 것이라고 말씀하십니다: "내(예수 그리스도)가 너희에게 실상을 말하노니, 내가 떠나가는 것이 너희에게 유익이라. 내가 떠나가지 아니하면 보혜사가 너희에게로 오시지 아니할 것이요, 가면 내가 그를 너희에게로 보내리니. 그가 와서 죄에 대하여, 의에 대하여, 심판에 대하여 세상을 책망하시리라."(요 16:7-8)

왜냐하면 성령은 우리가 하나님의 말씀을 들을 때, 그 의미를 깨달아 '예수 그리스도를 하나님의 아들로 고백하고'(참고. 마 16:16-17: 막 8:29: 요 11:27)14) 그를 믿어 '의롭다 인정받도록' 도와주기 때문입니다.

그러므로 이제 여기서 명백해 집니다. 예수 그리스도는 하나님의 말씀(뜻)에 순종하기 위하여 십자가에 죽고 부활하심으로써, 하나님과 인간 사이에 놓인 담을 헐고 둘을 하나가 되게 하신 '화해의 사역'을 마음으로 '믿음으로써 의롭다 함을 받게 하는 것'은 성령이 예수 그리스도의 말씀을 깨닫게 해 줌으로써 가능한 것입니다. 이러한 점에서 '성령은 칭의稱義의 영'이며, '하나님과 인간을 하나되게 하는 화해의 영'입니다. 왜냐하면 성령의 도움 없이는 '하나님 말씀에 대한 이해와 깨달음'도 없고, 성령의 도움 없이는 예수님조차도 죽은 자들 가운데서 부활하시어 하나님에게로 나아갈 수 없기 때문입니다.(롬 1:3-4)15)

---

13) 이 점에 관하여: R. Schnackenburg, 'Die Kirche als Bau: Epheser 2, 19-22 unter ökumenischem Aspekt', *Paul and Paulinism: Essay in honor of C. K. Barret* ed. by M. D. Hooker and S. G. Wilson, London: SPCK, 1982, 258-272.

14) 마 16:16-17 : "시몬 베드로가 대답하여 이르되 주는 그리스도시요 살아 계신 하나님의 아들이시니이다. 예수께서 대답하여 이르시되 바요나 시몬아 네가 복이 있도다. 이를 네게 알게 한 이는 혈육이 아니요 하늘에 계신 내 아버지시니라."

15) 롬 1:3-4 : "그의 아들에 관하여 말하면 육신으로는 다윗의 혈통에서 나셨고 성결의 영으로는 죽은 자들 가운데서 부활하사 능력으로 하나님의 아들로 선포되셨으니 곧 우리 주 예수

3) 죄의 몸과 영을 화해시키는 성령

예수 그리스도를 믿어 '의롭다 인정을 받은 성도'들은 성령으로 말미암
아 '하나님의 자녀'로 인정함을 받은 자들이다. 그래서 사도 바울은 "성령이
친히 우리의 영과 더불어 우리가 하나님의 자녀인 것을 증언하시나니"(롬
8:16)라고 증언합니다. 이 말은 비록 우리가 '하나님의 자녀'가 된 것은 인간
의 노력과 의로운 행위로 된 것이 아니라, '성령'이 우리를 '하나님의 자녀'
가 되게 하였다는 것입니다. 왜냐하면 "그리스도 안에 있는 생명의 성령의
법이 죄와 사망의 법에서 너(그리스도인)를 해방하였(기)"(롬 8:2) 때문입니
다. 더 자세히 설명하면 "율법이 육신으로 말미암아 연약하여 할 수 없는
그것을, 하나님은 하시나니 곧 죄로 말미암아 자기 아들을 죄 있는 육신의
모양으로 보내어 육신에 죄를 정하사 육신을 따르지 않고 그 영을 따라
행하는 우리에게 율법의 요구가 이루어지게 하려 하(시기 때문)"(롬 8:3-4)
입니다.

그러므로 하나님의 영이 우리 안에 거하면 우리가 자의로 행하는 것이
아니라, 성령의 인도하심에 따라서 행동하게 되기 때문에, 그러한 사람은
참으로 그리스도의 영이 있는 사람이기에 '그리스도의 사람'이라고 칭함을
받게 됩니다.(참고. 롬 8:9) 그래서 사도 바울은 "그리스도께서 너희 안에 계
시면, 몸은 죄로 말미암아 죽은 것이나, 영은 의로 말미암아 살아 있는
것이니라"(롬 8:10)고 분명히 선포하고 있습니다. 이렇듯 썩어 없어질 육신
을 입고 있는 인간이라 할지라도, 성령이 우리 안에 임재하게 되면, '몸은
죄로 말미암아 이미 죽었지만(죽을 것이지만)' '영은 의'로 말미암아 영원히
살 것입니다. 왜냐하면 '영의 의'로 번역된 헬라어 'πνευμα ξωη διὰ δικαιοσ

그리스도시니라."

ύνη(프뉴마 조에 디아 이카이오수네)'(롬 8:10)란 말을 더 자세히 풀어 번역하면, '의롭다 인정함을 받는 것을 통하여 영적 생명을 얻는다'라고 할 수 있기 때문입니다.16)

이처럼 그리스도인 곧 '성도'는 성령에 의해서 죽을 몸과 살아 있는 생명이 화해를 이룬 상태로 살아가는 것입니다. 만약 '몸'과 '영'이 화해되지 않았다면, 육신은 죽고 영만 사는 영혼불멸설에 이르게 됩니다. 그러나 기독교에서 말하는 '부활'은 영원히 '죽지 않은 영'이 다시 사는 것이 아니라, 성령에 의해서 '몸'도 함께 다시 사는 것입니다. 즉 '몸'과 '영'이 함께 다시 부활하는 것입니다. 그러므로 예수님은 부활하시어 제자들에게 나타나시어, "내 손과 발을 보고 나인 줄 알라, 또 나를 만져 보라 영은 살과 뼈가 없으되, 너희 보는 바와 같이 나는 있느니라"(눅 24:39)고 말씀하셨던 것입니다. 즉 성도의 몸은 성령에 의해서 하나님의 영과 화해되었기 때문에, 예수 그리스도께서 부활하신 것처럼 '몸'으로 부활하는 것입니다. 그래서 사도 바울은 '부활의 몸'을 '영의 몸'이라고 표현하는 것입니다: "육의 몸으로 심고, 신령한 몸으로 다시 살아나나니, 육의 몸이 있은 즉 또 영의 몸도 있느니라."(고전 15:44)

---

16) NIV 성경은 "But if Christ is in you, your body is dead because of sin, yet your spirit is alive because of righteousness"로 번역하였고, 한국 가톨릭 선교『200주년 기념 신약성서 주해』에서는 "그러나 그리스도께서 여러분 안에 (계시면), 비록 몸은 죄 때문에 죽어 있지만, 영은 의로움 때문에 생명을 가집니다"로 번역하고 있다. 그리고 해제와 역주를 붙인 박영식 신부는 '영'에 대하여 "'육'과 '영'이 10절에서 대조된 것은 영이 사람의 영적 기능을 뜻한다고 여길 수 있게 한다. 사람의 영은 죄 때문에 시체와 같이 된 몸과는 달리 그리스도의 영의 힘으로 생명을 가진다"고 해제를 붙이고 있다.

2

인간들의 갈등을 극복케 하는
화해의 영

미 7:5-6_ "너희는 이웃을 믿지 말며 친구를 의지하지 말며 네 품에 누운 여인에게라도 네 입의 문을 지킬지어다. 아들이 아버지를 멸시하며 딸이 어머니를 대적하며 며느리가 시어머니를 대적하리니 사람의 원수가 곧 자기의 집안 사람이리로다. Do not trust a neighbor, put no confidence in a friend. Even with her who lies in your embrace be careful of your words. For a son dishonors his father a daughter rises up against her mother. a daughter-in-law against her mother-in-law a man's enemies are the members of his own household."

엡 3:6_ "이는 이방인들이 복음으로 말미암아 그리스도 예수 안에서 함께 상속자가 되고 함께 지체가 되고 함께 약속에 참여하는 자가 됨이라. This is mystery is that through the gospel the Gentiles are heirs together with Israel, members together of one body, and sharers together in the promise in Christ Jesus."

1) 성령 안에서 하나된 이스라엘 민족과 이방인

자연 상태에 있는 인간들의 관계는 모두가 서로 적대관계입니다. 그것은 최초 인간 아담의 타락 이후에 죄로 말미암아 비롯된 결과입니다. 태초에 여호와 하나님께서 아담에게서 갈빗대 하나를 취하여 그 갈빗대로 여자를 만드시고 그를 아담에게 이끌어 오셨을 때(창 2:22), "아담이 이르되 이는 내 뼈 중의 뼈요 살 중의 살이라"(창 2:23a)고 환호합니다. 그러나 아담이 하나님의 말씀에 불순종하여 '선악을 알게 하는 나무의 실과'를 따 먹고 난 후, 하나님의 책망을 들었을 때는, "하나님이 주셔서 나와 함께 있게 하신 여자('뼈 중에 뼈요, 살 중에 살'), 그가 그 나무 열매를 내게 주므로 내가 먹었나이다"(창 3:12)라고 변명합니다. 그 이후 아담과 그의 아내가 낳은 아들 '가인'과 '아벨'은 서로 적대관계를 형성하고, 끝내 형 '가인'은 동생 '아벨'을 돌로 쳐 죽입니다.

이후 모든 인간의 관계를 선지자 미가는 다음과 같이 규정하고 있습니다: "너희는 이웃을 믿지 말며 친구를 의지하지 말며 네 품에 누운 여인에게라도 네 입의 문을 지킬지어다. 아들이 아버지를 멸시하며 딸이 어머니를 대적하며 며느리가 시어머니를 대적하리니 사람의 원수가 곧 자기의 집안 사람이리로다."(미 7:5-6) 이와 상응하게 예수님도 어느 날 제자들에게 이 땅에 오신 목적을 다음과 같이 증언하십니다: "내가 세상에 화평을 주려 온 줄로 생각하지 말라. 화평이 아니요 검劍을 주러 왔노라. 내가 온 것은 사람이 그 아버지와, 딸이 어머니와, 며느리가 시어머니와 불화하게 하려 함이니, 사람의 원수가 자기 집안 식구리라."(마 10:35-36, 병행. 눅 12:51-53; 막 14:26-27)

그뿐만 아니라 예수님은 "장차 형제가 형제를, 아버지가 자식을 죽는 데에 내 주며, 자식들이 부모를 대적하여 죽게 하리라"(마 10:21)고 말씀하십니다. 한마디로 말해서 예수님은 "아버지가 아들과, 아들이 아버지와, 어머니가 딸과, 딸이 어머니와, 시어머니가 며느리와, 며느리가 시어머니와 분쟁하리라"(눅 12:53)고 말씀하십니다.[17] 그렇다면 여기서 질문이 생깁니다. 이러한 인간들의 근본적인 갈등 관계가 어떻게 '화해'되고, 서로 사랑하면서 살아갈 수 있을까요?

우선 예수님은 참 형제, 자매, 아버지, 어머니는 '하나님의 뜻대로 행하는 자'로 규정합니다: "누구든지 하늘에 계신 내 아버지의 뜻대로 하는 자가 내 형제요 자매요 어머니이니라."(마 12:50. 병행. 막 3:35) 그리고 사도 바울은 "무릇 하나님의 영으로 인도함을 받는 사람은 곧 하나님의 아들이라. 너희는 다시 무서워하는 종의 영을 받지 아니하고 양자의 영을 받았으므로 우리가 아빠 아버지라고 부르짖느니라"(롬 8:14-15)고 증언합니다. 그리고 사도 바울은 에베소서에서 "그 안에서 너희도 진리의 말씀 곧 너희의 구원의 복음을 듣고 그 안에서 또한 믿어 약속의 성령으로 인치심을 받았으니"(엡 1:13)라고 합니다. 이 세 가지 말씀을 종합하면 '하나님의 뜻대로 행하는 자'는 '복음' 곧 '하나님의 말씀'을 듣고 순종하는 자입니다. 그런데 '하나님의 말씀' 곧 '예수님의 말씀'을 듣고 깨닫게 해 주는 분은 곧 성령입니다.(참고. 요 14:26) 이렇게 '성령으로 인도함을 받은 자'는 하나님을 '아빠 아버지'라고 부르짖는 '하나님의 자녀'가 됩니다.

따라서 기독교에서 말하는 형제, 자매, 아버지, 어머니의 관계는 육신의 관계가 아니라, '성령으로 인(印) 치심을 받은 사람들 사이 관계'입니다. 그래서 예수님은 자신의 육신의 어머니에게는 '여자여'라고 부르시고, 사랑하는 제자에게는 '너희 어머니'라고 말씀하셨던 것입니다: "예수께서 자기의

---

17) 인간의 존재론적 단절에 대한 영적 성찰에 관하여: 김재진, '존재론적 관계의 단절(斷絶)을 의식하는 영성', 「설교뱅크」(교회성장연구소, 『교회성장』 부록 2006. 3), 12-16.

어머니와 사랑하시는 제자가 곁에 서 있는 것을 보시고 자기 어머니께 말씀하시되 여자여 보소서 아들이니이다 하시고, 또 그 제자에게 이르시되 보라 네 어머니라 하신대 그때부터 그 제자가 자기 집에 모시니라."(요 19:26-27)

이상 살펴본 바와 같이 성경의 증언에 의하면 인간의 존재론적 혈연관계는 서로 '적대관계'에 있지만, '성령에 의해서 인치심을 받은 사람들의 관계'는 참으로 '형제'와 '자매'의 관계요, '어머니'와 '아버지'의 관계임을 증언하고 있습니다. 이러한 점에서 성령은 최초의 인간 아담의 죄로 말미암아 붕괴 된 인간관계를 새로운 차원에서 형성시켜 주시는 분입니다. 즉 성령은 단절과 갈등으로 형성되어 있는 자연상태의 인간관계의 갈등을 극복하고, 성령 안에서 둘을 하나가 되게 해 주시는 '화해和解의 영'입니다. 바꾸어 말하면 성령을 받으면, 인간관계의 갈등이 화해됩니다. 역으로 말하면 인간관계의 갈등이 '화해'되지 않으면, 하나님과 인간과의 관계도 화해되지 않는다는 것입니다. 이 점을 우리는 예수님의 다음과 같은 말씀에서 읽어낼 수 있습니다.

> "나(예수님)는 너희에게 이르노니 형제에게 노하는 자마다 심판을 받게 되고 형제를 대하여 라가라 하는 자는 공회에 잡혀가게 되고 미련한 놈이라 하는 자는 지옥 불에 들어가게 되리라. 그러므로 예물을 제단에 드리려다가 거기서 네 형제에게 원망들을 만한 일이 있는 것이 생각나거든 예물을 제단 앞에 두고 먼저 가서 형제와 화목하고 그 후에 와서 예물을 드리라."(마 5:22-24)[18]

---

18) 히브리 사람들에게 있어서뿐만 아니라, 예수님에게도 '형제'와 '자매'는 혈육의 관계보다는, 신앙 안에서의 형제와 자매를 의미한다. 참고. 마 12:50, 병행. 막 3:15; 요 19:26-27.

이제 성령은 단지 붕괴 된 존재론적 혈연의 관계를 회복시켜 주는 것만 아니라, 한 걸음 더 나아가 민족과 민족, 곧 '하나님의 자녀'와 '이방인'들의 관계도 회복시켜줍니다. 이 사실을 우리는 우선 오순절 사건에서 경험할 수 있습니다. 왜냐하면 오순절에 성령은 단지 이스라엘 사람들에게만 강림한 것이 아니라, 이방에서 온 사람들에게도 똑같이 강림하였기 때문입니다. 성령의 충만함을 받은 이방지에서 온 사람들은 스스로 다음과 같이 증언합니다.

> "우리가 우리 각 사람이 난 곳 방언으로 듣게 되는 것이 어찌 됨이냐,
> 우리는 바대인과 메대인과 엘람인과 또 메소보다미아, 유대와 갑바
> 도기아, 본도와 아시아 브루기아와 밤빌리아, 애굽과 및 구레네에
> 가까운 리비야 여러 지방에 사는 사람들과 로마로부터 온 나그네 곧
> 유대인과 유대교에 들어온 사람들과 그레데인과 아라비아인들이라
> 우리가 다 우리의 각 언어로 하나님의 큰 일을 말함을 듣는도다 하고
> 다 놀라며 당황하여 서로 이르되 이 어찌 된 일이냐."(행 2:8-12)

이러한 증언에 의하면 예수의 제자들이나 이방인들이나 한 성령 안에서 하나가 되는 '화해' 경험하게 됩니다. 즉 성령에 의하여 각 나라의 언어적 갈등이 극복되어 서로 교통하는 것뿐만 아니라, 민족 사이 혹은 종족 간의 신앙적 갈등도 극복되어, 모두 한 성령으로 인침을 받은 '형제'와 '자매'가 된 것입니다. 이러한 현상은 예수님의 제자들이 하나님의 말씀을 전하였을 때, 성령이 임한 '성령세례'의 사건에서도 동일하게 나타납니다. 사도 바울이 헬라 문화의 본거지인 에베소에서 복음을 전도할 때, 에베소 사람들이 복음을 듣고 세례를 받고 "바울이 그들에게 안수하매 성령이 그들에게 임하시므로 방언도 하고 예언도 하니 모두 열두 사람쯤"(행 19:6-7)[19]

되었습니다. 이로 말미암아 그들도 예루살렘의 그리스도인들과 한 형제요, 자매가 되었습니다.

이와 상응하게 베드로도 성령의 인도하심으로 이방인 이달리야의 백부장 '고넬료'의 집으로 가서 복음을 전한 이후, 그들에게 성령이 임한 것(참고. 행 10:44-48)을 보고하기를, "내가 말을 시작할 때에 성령이 그들에게 임하시기를 처음 우리에게 하신 것과 같이 하는지라. 내가 주의 말씀에 요한은 물로 세례를 베풀었으나 너희는 성령으로 세례를 받으리라 하신 것이 생각났노라"(행 11:15-16)고 말하였던 것입니다. 이처럼 성령은 붕괴 된 자연 상태의 관계를 극복하고, 오히려 한 성령 안에서 온 민족을 한 형제와 자매로 새롭게 결속시켜 주시는 '화해의 영'이십니다. 그래서 사도 바울은 "평안의 매는 줄로 성령이 하나 되게 하신 것을 힘써 지키라. 몸이 하나요 성령도 한 분이시니 이와 같이 너희가 한 소망 안에서 부르심을 받았느니라. 주도 한 분이시요 믿음도 하나이요 세례도 하나이요, 하나님도 한 분이시니 곧 만유의 아버지시라 만유 위에 계시고 만유를 통일하시고 만유 가운데 계시도다"(엡 4:3-6)라고 찬양하는 것입니다. 그렇습니다. 한 분 성령 안에 있는 사람들은 모두 한 분 하나님의 형제, 자매입니다.

2) 성령 안에서 하나된 부자와 가난한 자

자연 상태의 존재론적, 혈연관계의 갈등이 성령으로 말미암아 극복되고 '화해되는 것'처럼 사람들 간의 사회적 혹은 경제적, 정치적 관계도 성령

---

19) 성령세례의 목적: 예수 그리스도의 죽음과 함께 장사됨, 부활하심과 연합됨(롬 6:3-5; 골 2:12), 그리스도의 몸(교회)와 하나됨(고전 12:13), 구원의 인치심(롬 4:11; 엡 1:13; 4:30).

에 의해서 극복됩니다. 이 점을 우리는 우선 원시 기독교 공동체의 다음과 같은 교우들의 삶의 모습에서 발견할 수 있습니다.

"그들(성령을 받은 자들)이 사도의 가르침을 받아 서로 교제하고 떡을 떼며 오로지 기도하기를 힘쓰니라…… 믿는 사람이 다 함께 있어 모든 물건을 서로 통용하고, 또 재산과 소유를 팔아 각 사람의 필요를 따라 나눠 주며, 날마다 마음을 같이하여 성전에 모이기를 힘쓰고 집에서 떡을 떼며 기쁨과 순전한 마음으로 음식을 먹고, 하나님을 찬미하며 또 온 백성에게 칭송을 받으니 주께서 구원받는 사람을 날 마다 더하게 하시니라."(행 2:42, 44-47)[20]

여기서 우리가 알 수 있는 것은 성령의 인도함을 받지 않고는 어느 누구도 자신의 물건을 다른 사람들이 통용하도록 허락하지 않는다는 것입니다. 물질에 노예가 되어 있는 인간이 아무 이유 없이 다른 사람들과 자기의 물건을 통용할 수 없을 뿐만 아니라, 재산을 팔아서 각 사람에게 나누어 주기는 더욱 어렵습니다. 따라서 물건을 통용하고 재산을 팔아 각 사람에게 나누어준 사람이 성령으로 충만하였다는 증거는 그들이 '날마다 마음을

---

20) 그러나 공산주의자들은, "믿는 사람이 다 함께 있어 모든 물건을 서로 통용하고, 또 재산과 소유를 팔아 각 사람의 필요를 따라 나눠 주며"라는 말씀을 재산을 공유하고 균등하게 분배한 것으로 잘못 해석하였다. 그러나 이것은 성령 안에서 하나가 된 성도들이 사랑 안에서 남에게 선을 베푸는 일을 거절하지 않았다. 즉 자기 물건을 다른 사람들과 함께 사용하였다는 뜻이다. 이 점에 관하여: J. Behm, Kommunismus und Urchristentum, *Neue Kirchliche Zeitschrift* 31 (1920), 275-297; L. Cerfaux, La première communauté chrétiemme à Jérusalem (Act 2,41-5,42), *EThL* 16 (1939), 5-13; H. -J. Klauck, Gütergemein-schaft in der klassischen Antike, in Qumran und im Neuen Testament, *RQ* XI, 41 (1982), 47-79(R. Pesch, *Die Apostelgeschichte(Apg. 1-12)*, Benzinger/Neukirchener, [EKK V/1], 1986, 128-9에서 재인용).

같이하여 성전에 모이기를 힘쓰고, 기쁨과 순전한 마음으로 하나님을 찬미하였다'는 증언에서 충분히 알 수 있습니다.

성령이 충만한 사람들이 사람들 사이에 골 깊이 파인 사회적, 경제적 갈등을 극복하고 '화해'를 이루게 되는 것을 우리는 예루살렘 모 교회를 위하여 기꺼이 헌금을 한 이방 교회 공동체 교우들의 삶의 모습에서도 발견할 수 있습니다. 사도 바울은 "마게도냐와 아가야 사람들이 예루살렘 성도 중 가난한 자들을 위하여 기쁘게 얼마를 연보 하였음이라"(롬 15:26)고 보고하고 있으며, 이 밖에 '갈라디아 교회' 교우들이 '매주 첫날에 각 사람이 수입에 따라'(고전 16:1-2) 헌금하여 '극심한 가난'으로 고난받는 교우들을 도왔으며, 또한 그 헌금으로 말미암아 '하나님께 영광을 돌렸습니다.'(고후 9:13)

그런데 우리가 여기서 기억해야 하는 것은, 가난한 사람들에 대한 단순한 동정과 사랑에서 우러나온 '구제'와 한 성령 안에서 한 형제 자매 된 사람들 사이의 '사귐'이 다르다는 것입니다. '구제'를 헬라어로 'διακονία (디아코니아)'라고 하고, 성도들 사이의 '사귐'을 'κοινωνία(코이노니아)'라고 말합니다. '디아코니아'의 의미는 "그때에 제자가 더 많아졌는데 헬라파 유대인들이 자기의 과부들이 매일의 구제에 빠지므로 히브리파 사람을 원망하니"(행 6:1, 이 밖에 행 11:29; 12:25; 고후 9:1; 9:12-13; 롬 15:31)에서 찾을 수 있고, '코이노니아'의 의미는 "은혜와 성도 섬기는 일에 참여함에 대하여 우리에게 간절히 구하니"(고후 8:4, 이 밖에 고후 9:1)에서 찾을 수 있습니다.[21] 이렇듯 '코이노니아'는 분명히 '성령'에 의한 '사귐'과 '교통'을 의미합니다: "주 예수 그리스도의 은혜와 하나님의 사랑과 성령의 교통하심이(ἡ κοινωνί

---

21) 이 점에 관하여: Walther Bauer, *Wörterbuch zum Neuen Testmant*, 6. völlig neu bearbeitete Aufl., Berlin; New York, 1988, Sp.369, 892f.

α τοῦ ἁγίου πνεύματος) 너희 무리와 함께 있을지어다."(고후 13:13)

어쨌든 분명한 것은 '코이노니아'는 성령에 의한 '성도들 간의 사귐' 혹은 '성도와 하나님과의 사귐'을 의미합니다. 결론적으로 말해서 성령은 인간의 사회적, 정치적, 경제적 신분의 차이나 빈부 격차의 갈등을 극복하고 한 성령 안에서 '동일한 하나님의 자녀'로 하나가 되게 하는 사역을 감당합니다.(참고. 고전 1:9; 10:16)[22]

3) 성령 안에서 하나된 남녀노소

이제 성령은 인간의 '성性'과 '연령'의 갈등을 극복하고 한 성령 안에서 하나가 되게 하는 역할을 합니다. 이 점을 우리는 '요엘' 선지자의 예언에서 읽을 수 있습니다. 왜냐하면 사도 베드로는 오순절 성령강림의 사건(행 2:1-13)을 요엘 선지자의 다음과 같은 예언의 성취로 설교하고 있기 때문입니다: "그 후에 내가 내 영을 만민에게 부어 주리니 너희 자녀들이 장래 일을 말할 것이며 너희 늙은이는 꿈을 꾸며 너희 젊은이는 이상을 볼 것이며 그때에 내가 또 내 영을 남종과 여종에게 부어 줄 것이며……."(욜 2:28-29) 이렇듯 성령은 인간들의 '신분'과 '성'과 '연령'의 갈등을 극복하고, 한 성령 안에서 한 형제, 자매가 되게 하십니다.

그러므로 하나님께서 축복으로 주신 '안식일'에는 남-여, 주인과 종, 노인과 젊은이의 구분 없이 다 같이 하나님의 안식에 참여하도록 하나님은 명령하고 계십니다: "일곱째 날은 네 하나님 여호와의 안식일인즉 너나

---

22) 고전 1:9 : "너희를 불러 그의 아들 예수 그리스도 우리 주와 더불어 교제하게 하시는 하나님은 미쁘시도다."; 고전 10:16 : "우리가 축복하는바 축복의 잔은 그리스도의 피에 참여함이 아니며 우리가 떼는 떡은 그리스도의 몸에 참여함이 아니냐."

네 아들이나 네 딸이나 네 남종이나 네 여종이나 네 가축이나 네 문안에 머무는 객이라도 아무 일도 하지 말라."(출 20:10, 병행. 신 5:14)[23] 이 말씀은 성령 안에서 모든 피조물이 다 '하나님의 자녀'가 되었기 때문에, 하나님께서 모든 피조물에게 허락하신 '안식일'에는 이 세상의 '신분'과 '성'과 '연령'에 상관없이 모두 한 분 하나님이 주신 축복을 누릴 수 있다는 것입니다. 그래서 '이사야' 선지자는 '여호와의 영, 곧 지혜와 총명의 영'이 강림하면 (사 11:2), "젖 먹는 아기가 독사의 구멍에서 장난하며 젖 뗀 어린 아기가 독사의 굴에 손을 넣을 것이라. 내 거룩한 산 모든 곳에서 해 됨도 없고 상함도 없을 것이니 이는 물이 바다를 덮음같이 여호와를 아는 지식이 세상에 충만할 것임이니라"(사 11:8-9)고 예언하고 있는 것입니다.

4) 성령 안에서 하나된 하나님의 나라 백성

이제 결론적으로 성령은 우선 하나님과 인간의 갈등을 극복하고, 하나님과 인간을 화해시키실 뿐만 아니라, 이스라엘과 이방인, 다시 말하면 성도와 이방인을 화해시켜 양자를 동일한 한 분 '하나님의 백성'으로 만들어 주십니다. 그뿐만 아니라 인간과 인간의 갈등, 더 자세히 말하면 부모와 자식, 시어머니와 며느리, 아버지와 아들의 갈등을 극복하고 참 부모와 형제자매가 되게 해 주십니다. 그리고 경제적, 사회적, 정치적 갈등으로 말미암아 균열된 사람과 사람과의 관계를 화해시켜 주십니다. 이렇듯 성령은 최초 인간 아담의 범죄로 말미암아 균열 된 모든 인간 간의 관계를

---

23) 신 5:14 : "일곱째 날은 네 하나님 여호와 안식일인즉 너나 네 아들이나 네 딸이나 네 남종이나 네 여종이나 네 소나 네 나귀나 네 모든 가축이나 네 문 안에 유하는 객이라도 아무 일도 하지 못하게 하고 네 남종이나 네 여종에게 너 같이 안식하게 할지니라."

다시 회복시켜 주심으로써 태초부터 하나님께서 의도하신 '하나님 나라의 백성'이 되게 하십니다.

이렇게 모든 인간관계의 갈등이 극복되고 '화해'된 상태를 이사야 선지자가 잘 묘사해 주고 있습니다.

> "그때에 이리가 어린 양과 함께 살며 표범이 어린 염소와 함께 누우며 송아지와 어린 사자와 살진 짐승이 함께 있어 어린 아기에게 끌리며, 암소와 곰이 함께 먹으며 그것들의 새끼가 함께 엎드리며 사자가 소처럼 풀을 먹을 것이며, 젖 먹는 아기가 독사의 구멍에서 장난하며 젖 뗀 어린 아기가 독사의 굴에 손을 넣을 것이라. 내 거룩한 산 모든 곳에서 해 됨도 없고 상함도 없을 것이니……."(사 11:5-9)

그리고 이러한 '하나님의 나라'는 성령 받은 메시아에 의해서 성취될 것입니다: "내가 붙드는 나의 종, 내 마음에 기뻐하는 자 곧 내가 택한 사람을 보라 내가 나의 영을 그에게 주었은즉 그가 이방에 정의를 베풀리라."(사 42:1)

3

다른 피조물과의 갈등을
극복케 하는 친화의 영

창 3:17-18_: "아담에게 이르시되 네가 네 아내의 말을 듣고 내가 네게 먹지 말라한 나무의 열매를 먹었은즉 땅은 너로 말미암아 저주를 받고 너는 네 평생에 수고하여야 그 소산을 먹으리라. 땅이 네게 가시덤불과 엉겅퀴를 낼 것이라 네가 먹을 것은 밭의 채소인즉. To Adam he said, Because you listened to your wife and ate from the tree about which I commanded you, 'You must not eat of it,' Cursed is the ground because of you; through painful toil you will eat of it all the days of your life. It will produce thorns and thistles for you, and you will eat the plants of the field."

롬 8:21_: "그 바라는 것은 피조물도 썩어짐의 종노릇 한 데서 해방되어 하나님의 자녀들의 영광의 자유에 이르는 것이라. That the creation itself will be liberated from its bondage to decry and brought into the glorious freedom of the children of God."

1) 서로 생존의 관계가 단절된 인간과 피조물

하나님께서 천지와 인간을 창조하신 후 인간들에게 일용할 양식을 주시면서 다음과 같이 축복하였습니다.

> "하나님이 이르시되 내가 온 지면의 씨 맺는 모든 채소와 씨가진 열매 맺는 모든 나무를 너희에게 주노니 너희의 먹을거리가 되리라 또 땅의 모든 짐승과 하늘의 모든 새와 생명이 있어 땅에 기는 모든 것에게는 내가 모든 푸른 풀을 먹을거리로 주노라 하시니 그대로 되니라."
> (창 1:29-30)

이 말씀에 의하면 인간에게는 '씨 맺는 모든 채소와 씨 가진 열매 맺는 모든 나무'가 양식으로 주어졌고, 땅의 모든 짐승과 하늘의 모든 새들에게는 '푸른 풀'이 양식으로 주어졌습니다. 그런데 인간이 하나님의 말씀에 불순종하여 이러한 생존의 관계, 곧 '양식'의 축복이 사라집니다.

> "아담에게 이르시되 네가 네 아내의 말을 듣고 내가 네게 먹지 말라 한 나무의 열매를 먹었은즉 땅은 너로 말미암아 저주를 받고 너는 네 평생에 수고하여야 그 소산을 먹으리라. 땅이 네게 가시덤불과 엉겅퀴를 낼 것이라 네가 먹을 것은 밭의 채소인즉……."(창 3:17-18)

그런데 이 말씀에서 주목해야 할 것은, '땅은 너로 말미암아 저주를 받고 너는 네 평생에 수고하여야 그 소산을 먹으리라. 땅이 네게 가시덤불과 엉겅퀴를 낼 것이라'는 말씀입니다. 이때부터 인간과 다른 피조물, 특히 자연과 갈등이 생겨서 인간은 자연을 착취하게 되고, 자연은 인간에게 수 많은 자연재해를 가져오게 되었습니다. 다시 말씀드리면 최초 인간 아담의 죄악은 단지 하나님과 인간의 관계, 인간과 인간의 관계만 단절시킨 것이 아니라, 인간과 다른 피조물과의 관계마저 단절시킨 것입니다.

그러므로 타락한 인간은 자연, 다른 피조물과 끊임없는 갈등 속에서 서로 착취하고 착취당하는 삶을 살아가는 것입니다. 이것이 자연 상태에서 살아가는 인간의 실존적 삶입니다. 즉 인간은 자기의 생태환경을 파괴하고, 파괴된 생태환경은 인간에게 다시 폭염, 태풍과 홍수, 가뭄 등의 자연재해를 통해서 인간을 괴롭히고 있습니다. 그뿐만 아니라 자연을 파괴하여 땅의 짐승들이 먹어야 하는 풀이 자라나지 못하게 함으로써, 가축들은 인간이 만든 사료를 먹어야 하고, 그 사료를 먹은 가축들은 '광우병' 앓는 고기를 인간에게 공급함으로써 인간과 다른 피조물의 '착취와 고난'의 악순환을 계속하고 있습니다. 예컨대 브라질의 원시림을 토벌하여 헐값에 나무를 팔아서 순간의 만족을 구하고는 다음 해에 홍수로 말미암아 죽어 가는 것과 같습니다. 이것이 바로 인간과 다른 피조물들과의 생존의 관계가 단절된 갈등구조입니다.

그런데 인간과 다른 피조물과의 생존구조의 단절은 인간들의 지속적인 '자연환경의 파괴'를 통하여 더욱 극대화되었습니다. 인간은 끊임없이 '보다 잘 먹고' '편안하게 살아보고자' 하는 욕구를 충족시키기 위하여 '돈', 곧 '재화財貨'가 될 수 있는 것이라면, 주저하지 않고 생명 여건이 되는 자연을 파괴하고 있습니다. 이렇듯 '자연환경' 파괴의 주범은 다름 아닌 '물신物神', 곧 '돈'입니다.[24] 그래서 요한계시록은 '돈의 권세'를 우상화하고, 그것의 노예가 되어 자유를 빼앗긴 인간을 다음과 같이 묘사하고 있습니다:

---

24) 이 점에 관하여: Franz J. Hinkelammert, *Las Armas Ideológicas de la Muerte*, 김항섭 역,『物神』(다산글방, 1999), 특히 31이하: "죽이는 물신: 경제관계의 물신화"

"그들이 한 뜻을 가지고 자기의 능력과 권세를 짐승(돈의 권세를 상징—필자 주)에게 주더라."(계 17:13); "그가 모든 자 곧 작은 자나 큰 자나 부자나 가난한 자나 자유인이나 종들에게 그 오른 손에나 이마에 표를 받게 하고, 누구든지 이 표를 가진 자 외에는 매매를 못하게 하니, 이 표는 곧 짐승의 이름이나 그 이름의 숫자라."(계 13:16-17)[25]

이러한 점에서 하나님 말씀에 대한 인간의 불순종과 죄악으로 말미암아 '자연환경', 곧 '생태환경의 변화'가 일어났기 때문에, '자연환경을 개선하고 회복해야 할 책임성'은 바로 인간 자신에게 있는 것입니다.[26] 예컨대 인구의 불균형한 증가로 말미암아 생기는 '기아飢餓 문제'나 '낙태' 그리고 '인권문제'와 같은 생명의 '사회-생태학적 문제'는 '남-여 평등 제도'나, '인권보호제도' 등으로 얼마든지 개선할 수 있을 것입니다. 그리고 '핵확산'으로 인한 인류파멸의 위기는 '핵확산 금지제도'라는 국제제도를 통하여 자연환경을 보전해 갈 수 있을 것입니다. 그리고 야생동물에 대한 학대 등은 시민운동에 의한 생태-사회적 제도 마련으로 해결될 수도 있을 것입니다.

---

25) 그러나 '돈'은 어디까지나 '수단'일 뿐 목적이 되어서는 안 되는 것입니다. 그래서 예수님은 분명하게 "한 사람이 두 주인을 섬기지 못할 것이니, 혹 이를 미워하고 저를 사랑하거나 혹 이를 중히 여기고 저를 경히 여김이라 너희가 하나님과 재물을 겸하여 섬기지 못하느니라"(마 6:24)고 말씀하신 것입니다.

26) 인간의 '생태환경'에 대한 연구는 비교적 최근에 와서 비로소 발전되었다. 1970년에는 단지 영국 정부만이 국무장관 담당으로 '환경청'이라는 것을 두었다. 그러나 그 임무는 처음에는 주로 '주택', '운송', '지방관리'에 집중되었다. 그 후 핵무기와 같은 대량살상무기와 자원의 무분별한 개발로 말미암아 인간의 생명이 위협을 받게 되자, '생태학', 철새 및 야생동물의 '서식지', 산업발달로 인한 '공해'에 대한 문제도 온 인류가 함께 풀어야 할 인간학적 논제가 되었다. 그중에서도 '인구증가'로 인한 기아문제와, 무분별한 자연개발로 인한 '자원의 고갈' 문제, 그리고 자연을 파괴하면서까지 산업을 발달시킨 결과로 생긴 '자연환경' 문제는 온 인류가 함께 책임져야 할 과제로 남게 되었다. '인구문제', '자원고갈과 투자' 그리고 '공해 문제'와 관련하여 매사추세츠 기술연구소는 두 권의 책을 출간하였는데, 하나는 Jay W. Forrester, *World Dynamics*, 1971이고, 다른 하나는 로마 클럽의 지원을 받은 Dennis Meadows, *The Limits to Growth*, 1972이다.

어쨌든 자연환경 파괴의 장본인이 바로 인간인 만큼, 인간 자신의 노력으로 자연환경은 얼마든지 보호 보전될 수 있는 것입니다.

그러나 인간의 그 어떤 노력보다도 근본적인 문제해결은, 인간 자신이 자기의 죄악성을 벗어버릴 때만이 근본적으로 성취될 수 있는 것입니다. 다시 말해서 인간 실존에 대한 근본적인 이해와 인식이 선행될 때만이, 생태환경의 경제적, 사회적 변화의 노력도 성취될 수 있을 것입니다. 왜냐하면 인간성의 근본적인 변화 없이는 사회적 구조와 제도만으로는 '자연환경의 회복'은 불가능하기 때문입니다. 바꾸어 말하면 인간이 성령으로 거듭나기 전 인간의 죄악성은 그 어떠한 구조와 제도도 쉽게 벗어나서 새로운 죄악을 범하게 될 것이기 때문입니다. 이런 점에서 우리는 인간과 다른 피조물의 관계회복 역시 '성령의 능력' 안에 있음을 의심할 수 없습니다.

2) 다른 피조물도 하나님의 구원을 고대한다

우선 사도 바울은 로마서에서 다음과 같이 피조물도 구원을 고대하고 있음을 증언하고 있습니다.

> "피조물이 고대하는 바는 하나님의 아들들이 나타나는 것이니 피조물이 허무한 데 굴복하는 것은 자기 뜻이 아니요 오직 굴복하게 하시는 이로 말미암음이라. 그 바라는 것은 피조물도 썩어짐의 종노릇한 데서 해방되어 하나님의 자녀들의 영광의 자유에 이르는 것이라 피조물이 다 이제까지 함께 탄식하며 함께 고통을 겪고 있는 것을 우리가 아느니라. 그뿐 아니라 또한 우리 곧 성령의 처음 익은 열매를 받은 우리까지도 속으로 탄식하여 양자 될 것 곧 우리 몸의 속량을

기다리느니라. 우리가 소망으로 구원을 얻었으매 보이는 소망이, 소망이 아니니 보는 것을 누가 바라리요. 만일 우리가 보지 못하는 것을 바라면 참음으로 기다릴지니라."(롬 8:19-25)

우선 이 말씀에서 우리가 주목해야 할 말씀은, '피조물이 고대하는 바는 하나님의 아들들이 나타나는 것'(19절)이라는 말씀입니다. 그런데 여기서 말하는 '하나님의 아들들'이란 다름 아닌 '성령의 인도함을 받은 사람'들을 뜻합니다. 왜냐하면 사도 바울은 바로 앞에서 "무릇 하나님의 영으로 인도함을 받는 사람은 곧 하나님의 아들이라"(롬 8:14)고 증언하고 있으며, 또한 "성령이 친히 우리의 영과 더불어 우리가 하나님의 자녀인 것을 증언하시나니"(롬 8:16)라고 증언하고 있기 때문입니다.[27] 바꾸어 말하면, '피조물이 고대하는 바는 그리스도인'들입니다. 왜냐하면 고린도후서에 의하면 "누구든지 그리스도 안에 있으면 새로운 피조물이라. 이전 것은 지나갔으니 보라 새것이 되었도다"(고후 5:17)고 증언하고 있기 때문입니다.

그렇다면 여기서 질문이 제기됩니다. 왜 피조물들이 '하나님의 아들들', 곧 '성령으로 부름 받고 거듭난 사람들'이 나타나기를 고대할까요? 이에 대한 답변은 아주 간단합니다. 그것은 이미 앞에서 언급한 것처럼 최초 인간 아담의 죄악으로 피조물도 함께 저주를 받아 고난당하고 있기 때문입니다: "땅은 너로 말미암아 저주를 받고"(창 3:17bα) 다시 말하면 최초 인간 아담의 불순종 말미암아 '피조물'도 함께 저주를 받았기 때문에(롬 8:20), "피조물이 다 이제까지 함께 탄식하며, (인간과) 함께 고통을 겪고 있는 것"

---

27) 그러나 창 6:4의 "하나님의 아들들이 사람의 딸들에게 들어와 자식을 낳았으니"의 말씀에서 '하나님의 아들들'은 보이지 않는 세계에 존재하는 '영적 존재', 예컨대 '천사들'을 의미하지만, 여기서는 사도 바울의 개념을 따라서 해석해야 할 것이다. 이 점에 관하여: Ulrich Wilckens, *Der Brief an die Römer(Röm. 6-11)*, Benzinger/Neukirchener Verlag [EKK VI/2], 152..

(롬 8:22)입니다. 그러므로 피조물로서는, 인간이 성령으로 거듭나서 새롭게 되면, "피조물도 썩어짐의 종노릇 한 데서 해방되어 하나님의 자녀들의 영광의 자유에 이르는 것"(롬 8:21)이기에 '하나님의 아들들', 곧 '성령으로 거듭난 사람들', 바꾸어 말하면 '그리스도인'들이 나타나기를 고대하고 있는 것입니다.

그러나 사람이 '성령으로 거듭나는 것'은 인간의 노력에 의하거나, 스스로 원한다고 해서 되는 것이 아니므로, 비록 "성령의 처음 익은 열매를 받은 우리(그리스도인)까지도 속으로 탄식하여 양자 될 것 곧 우리 몸의 속량을 기다리느니라"(롬 8:23)고 사도 바울은 증언하고 있습니다. 즉 인간들이 영혼만 죄의 속성에서 벗어나기를 바라는 것이 아니라, '몸' 곧 '육신'까지도 구속받기를 기다린다는 뜻입니다.[28] 그런데, '육신'이 구원을 받는다는 것은 '육신'을 입고 있는 다른 피조물도 함께 구원을 받기를 고대한다는 것입니다. 그러나 이러한 종말론적 화해, 혹은 인간과 다른 피조물과의 '친화'는 인간뿐만 아니라, 그 어느 피조물에 의해서 가능해지는 것이 아니라, 오직 '하나님의 영' 곧 '성령'에 의해서만 가능하기 때문에(롬 8:39),[29] 고난 받은 인간과 피조물은 믿음을 갖고 '성령의 구원'을 소망하고 기다린다는 것입니다. 그래서 사도 바울은 인간과 피조물이 고대하는 구원을 다음과 같이 믿음으로 스스로 다짐하며 고백합니다: "우리가 소망으로 구원을 얻었으매 보이는 소망이 소망이 아니니 보는 것을 누가 바라리요, 만일 우리가 보지 못하는 것을 바라면 참음으로 기다릴지니라."(롬 8:24-25)

이상 앞에서 분석한 내용과 상응하게 인간과 모든 다른 피조물이 함께

---

28) 참고. Ulrich Wilckens, 위의 책, 157f.
29) 롬 8:39 : "높음이나 깊음이나 다른 어떤 피조물이라도 우리를 우리 주 그리스도 예수 안에 있는 하나님의 사랑에서 끊을 수 없으리라." 여기서 말하는 '피조물'은 인간과 더불어 탄식하면서 구원을 기다리는 자연의 다른 피조물을 뜻하는 것이 아니라, 보이지 않는 영적 피조물 곧 '천사'나 '사탄 마귀'를 뜻한다.

구원을 받아 서로의 '친화'가 종말론적으로 이루어지는 것을 이사야 선지자는 이미 다음과 같이 묘사하였습니다.

> "그때에 이리가 어린 양과 함께 살며 표범이 어린 염소와 함께 누우며 송아지와 어린 사자와 살진 짐승이 함께 있어 어린 아기에게 끌리며, 암소와 곰이 함께 먹으며 그것들의 새끼가 함께 엎드리며 사자가 소처럼 풀을 먹을 것이며, 젖 먹는 아기가 독사의 구멍에서 장난하며 젖 뗀 어린 아기가 독사의 굴에 손을 넣을 것이라. 내 거룩한 산 모든 곳에서 해 됨도 없고 상함도 없을 것이니 이는 물이 바다를 덮음같이 여호와를 아는 지식이 세상에 충만할 것임이니라."(사 11:6-9).

그런데 이러한 기술에서 주목해야 할 것은, '그때 그리고 내(하나님) 거룩한 산 모든 곳에서 해 됨도 없고 상함도 없을 것이니 이는 물이 바다를 덮음같이 여호와를 아는 지식이 세상에 충만할 것임이니라'는 말씀입니다. 즉 마지막 때에 인간과 자연의 다른 모든 피조물이 '친화'를 이루어 '하나님의 나라'에 함께 살게 될 때는 '여호와를 아는 지식이 세상에 충만할 것'이라는 증언입니다. 여기서 '여호와를 아는 지식'이란 다름 아닌, 바로 '지혜의 영', 곧 '성령'을 의미합니다. 즉 인간이 다른 피조물과 함께 '거하게 될 때'는 하나님의 거룩한 산, 곧 '하나님의 나라'에 사는 모든 '인간'들에게 '성령이 충만할 것'이라는 예언입니다.

이상 분석해 본 바에 따라 결론적으로 말하면, 최초 인간 아담이 하나님의 말씀에 불순종하는 죄를 범함으로써 '땅도 저주를 받아 엉겅퀴'를 내게 저주를 받았으므로, 인간이 성령으로 거듭나서 그리스도 안에서 새로운 피조물이 되면, 다른 피조물뿐만 아니라, 자연도 함께 태초의 창조상태로 회복되어 모든 만물이 '친화를 이루어' 함께 공존하게 된다는 것입니다.

따라서 이렇게 다른 피조물과 자연과의 친화를 이루는 데, 결정적인 역할을 하는 것은 다름 아닌 '하나님의 영', 곧 '성령'이라는 것입니다.

그렇다면 여기서 질문이 생깁니다. 왜 인간의 타락 때문에 다른 피조물까지도 저주를 받아야 합니까? 다른 피조물이 무슨 범죄를 했기에 인간들 때문에 함께 고난을 받아야 합니까? 이러한 질문에 대한 답변은 인간과 다른 피조물 그리고 심지어는 자연의 관계를 이해하면 자연히 주어집니다.

3) 인간의 생태 환경으로서의 자연과 다른 피조물

구약성경의 창조 기사에 의하면 인간의 '생태환경'은 실존적 혹은 존재론적 '생명의 연계성Lebensnexus'을 계시해 줍니다. 즉 창세기 1-2장에 나타난 창조 기사에 의하면, 세 가지 '생태환경'의 창조과정이 있습니다. 첫째는 생명체가 자기의 생명을 유지시켜 갈 '생명 여건', 곧 '삶의 공간' 내지는 '생명 공간의 창조'이고, 둘째는 '생명체의 창조'이고, 셋째는 창조된 생명체에게 번성과 유지를 위한 '양식 수여'입니다. 그리고 인간을 비롯한 모든 생명체가 생육하고 번성할 수 있도록 '생산 파트너(남자와 여자, 수컷과 암컷)' 내지 '삶의 동반자'를 창조해 주신 것입니다. 따라서 창조 역사의 목적은 '생명 창조와 창조질서 유지'에 있음을 발견할 수 있습니다. 즉 창조의 두 기사가 증언하는 근본 의도는 하나님께서 단지 자연 곧 물질을 창조하셨다는 것을 증언하려고 한 것이기보다는, 오히려 생명 창조와 생명체의 생태학적 연관성을 증언하려는데 그 의도가 있다고 볼 수 있습니다.30) 따라서

---

30) 이 점에 관하여: C. F. Whitley, *The Genus of Israel*, 안성림 역, 『고대 이스라엘 종교의 독창성』(분도출판사, 1981). 화이틀리에 의하면 구약성경의 창조기사는 우주의 생성에 대하여 이야기하려는 것보다는, 자연의 지배자이시며 생명의 주가 되시는 하나님의 창조 사역을

구약성경의 창조 기사는 '생태학적 생명 창조역사'라고 할 수도 있습니다. 이러한 사실은 창조의 역사를 다음과 같이 도식화한 것에서 더욱 명백하게 드러납니다.

첫째 날(1): 빛(어두움); 낮과 밤을 나누시고
넷째 날(4): 낮과 밤(빛과 어두움)을 주관하는 두 광명체를 내시고
둘째 날(2): 물(水, 궁창 위의 물과 궁창 아래의 물); 하늘과 땅Earth을 나누
시고
다섯째 날(5): 궁창 위에 사는 새와 궁창 아래에 사는 각종 바닷물고
기를 내시고
셋째 날(3): 땅Land과 바다Sea를 나누시고, 육지의 각종 식물을 내시고
여섯째 날(6): 동물과 가축과 사람을 창조
일곱째 날(7): 모든 피조물이 하나님의 안식에 참여함.[31]

이러한 창조과정에 의하면, 하나님은 우선 생명체의 생존을 위한 '생명 여건'을 조성하시고, 곧 '빛(해와 달)', '물(위의 궁창과 아래의 궁창)', '땅'을 만드시고, 그다음 생명체를 창조하시고, 그다음 생명체의 생존을 위한 양식(먹거리)을 주셨습니다. 그래서 생명체의 '생명 여건'으로서의 '빛', '물', '땅'에 대한 창조는 그 다음 '생명 창조'로 이어집니다.(창 1:21)[32] 끝으로 하나님은 이 모든 생명체를 다스리고 보호할 '인간'을 만드십니다.(창 1:26)[33]

증언하기 위한 것으로 해석한다(같은 책, 65).
31) 이 점에 관하여: 김재진, '생명의 생태학적 환경과 생명 창조사', 「한국기독교신학논총」 제30집 (2003), 291-311; 김균진, 『생태학의 위기와 신학』(대한기독교서회, 1991).
32) 창 1:21: "하나님이 큰 바다 짐승들과 물에서 번성하여 움직이는 모든 생물을 그 종류대로, 날개 있는 모든 새를 그 종류대로 창조하시니 하나님이 보시기에 좋았더라."
33) 창 1:26 : "우리의 형상을 따라 우리의 모양대로 우리가 사람을 만들고 그들로 바다의 물고

그런데 하나님께서 모든 생명체의 '생태 여건'을 먼저 만들어 놓으신 것은 인간은 '생명 여건', 곧 '생태 여건' 없이는 살아갈 수 없는 존재라는 것을 암시해 줍니다. 즉 인간뿐만 아니라 모든 생명체는 '생명 여건', 곧 '생태환경'에 서로 종속되어 있다는 것입니다. '땅', '물' 그리고 '공기'가 없으면, 인간뿐만 아니라 모든 생명체가 생존할 수 없습니다. 따라서 인간은 '땅과 땅에 거하는 모든 생명체'뿐만 아니라, '생명 여건'도 잘 보존해야 할 청지기 책임이 있는 것입니다. 왜냐하면 모든 생명체는 '생명 여건'과 생태학적 상호종속관계에 있기 때문입니다. 즉 인간은 자연환경을 잘 보존해야 하고, 자연은 인간에게 상당한 열매를 양식으로 제공하는 '생존의 상호관계'가 있다는 것입니다. 다시 말해서 인간은 "바다의 물고기와 하늘의 새와 땅에 움직이는 모든 생물을 다스리"(창 1:28, 또한 1:26)는 책임이 있고, "온 지면의 씨 맺는 모든 채소와 씨 가진 열매 맺는 모든 나무"(창 1:29)는 인간에게 양식을 주어야 합니다.

그런데 생명의 상호종속관계가 유지되려면 먼저 '광명체光明體'가 필요합니다. 창조주 하나님은 제일 먼저 두 광명체를 하늘 궁창에 두시어 낮과 밤을 주관하고, 땅을 비추게 하셨습니다.(창 1:14-15) 그리고 '물'들은 생명을 번성하게 하고, 땅위 하늘 궁창은 새들을 날게 하였던 것입니다. 그리고 하나님은 "그들에게 복을 주시며 이르시되, 생육하고 번성하여 여러 바닷물에 충만하라. 새들도 땅에 번성하라"(창 1:22)고 축복하셨던 것입니다.

물을 떠나서 물고기가 살 수 없는 것처럼 인간은 창조 당시부터 '생태환경'을 벗어나서 살 수 없는 존재입니다. 따라서 '생태환경'의 파괴는 곧 인간 생명의 종식을 가져올 수도 있습니다. 그러나 또한 모든 생태환경은 인간을 위해서 창조되었습니다. 다시 말하면 인간이 맨 나중에 창조되었다는

기와 하늘의 새와 가축과 온 땅과 땅에 기는 모든 것을 다스리게 하자 하시고."

것은 인간을 이 세상에 살게 하려고 자연을 창조하신 것이지, 자연을 위해서 인간이 있는 것은 아닙니다. 이 점은 인간에게 만물을 다스릴 권한이 주셨다는 데서 알 수 있습니다.(창 1:27-28)[34] 그러므로 자연과 다른 피조물들은 인간에게 종속되어 있는 것입니다. 다시 말하면 인간이 자연에 종속되어 있는 것이 아니라, 자연과 다른 피조물이 인간에게 종속되어 있습니다.[35] 그러므로 인간의 타락과 징벌은 곧 곧바로 자연의 혼돈과 파괴로 이어지는 것입니다. 역으로 말하면 자연과 인간의 이러한 종속관계 때문에 하나님과 인간과의 관계가 성령에 의해서 바로 정립되어 인간이 복을 받으면, 자연도 인간에게 많은 열매를 맺어 풍족한 음식을 제공하게 되는 것입니다.

바로 이러한 인간에게 종속된 자연의 관계 때문에 예수님은 산상수훈 결론에서 "너희 하늘 아버지께서 이 모든 것이 너희에게 있어야 할 줄을 아시느니라. 그런즉 너희는 먼저 그의 나라와 그의 의를 구하라 그리하면

---

34) 창 1:27-28 : "하나님이 자기 형상 곧 하나님의 형상대로 사람을 창조하시되 남자와 여자를 창조하시고, 하나님이 그들에게 복을 주시며 하나님이 그들에게 이르시되 생육하고 번성하여 땅에 충만하라. 땅을 정복하라, 바다의 물고기와 하늘의 새와 땅에 움직이는 모든 생물을 다스리라 하시니라."

35) 비-기독교인들은, 인간의 생애는 생명을 주신 하나님과 삶의 주체인 인간 자신에 의해서 주관되는 것이 아니라, 자신이 태어난 시대, 시간대와 심지어는 '시각'에까지 영향을 받는다고 생각하였다. 그래서 '역학자易學者'들은 인간의 다양한 생태학적 환경의 영향을 아예 하나의 '역사의 원리'로 통일하여 체계적으로 변이變異시켰다. 그것이 바로 모든 인간은 자신이 태어난 '생년월일시生年月日時'에 따라서 삶이 전개된다고 주장하는 '사주팔자四柱八字' 이론이다. 그런데 순수 우리말에 의하면, '운'이란 '어떤 일을 여럿이 어울려 하는 바람'을 뜻한다. "잘 만났네, 내 사주 하나 보아주게"하고 말하니, 장관서도 운에 딸려서 "이왕이니 내 사주도 보아주소" 하고 말하였다(홍명희-임꺽정)"(『토박이 말 쓰임사전』하권, 이근술, 최기술 엮음, 동광출판사, 2001, 1604). 이 밖에 서구의 '운명' 사상의 기원은 인간의 불가항력적 사건들에 대한 근원이 어디에 있느냐는 통찰에서 비롯되었다는 것이다. 그것은 그 원인을 크게 두 가지로 보는데, 하나는 신에 의한 것이고, 다른 하나는 일반적인 삶의 환경으로 보는 견해가 있다. 이 점에 관하여: Gregor Ahn, Schicksal I, *TRE* 30, 102-107.

이 모든 것(의식주에 필요한 모든 것)을 너희에게 더하시리라"(마 6:32b-33)고 선언하셨던 것입니다. 이런 점에서 인간은 생태환경을 개선하려고 노력하기 전에 먼저 창조주 하나님과의 관계를 성령의 도움으로 회복해야 합니다.

성령의 도움으로 인간이 거듭나지 않은 한, 다른 피조물과 자연과의 '친화'는 절대로 일어나지 않습니다. 즉 하나님과의 영적 관계가 바로 서지 않으면, '의식주'의 축복도 있을 수 없습니다. 악인이 세상에서 번성하는 것은 사탄 마귀가 주는 것으로서 이 세상에서 뿐이요, 결코 영원한 것이 아니라 잠시뿐입니다. 그래서 시편 기자는 "잠시 후에는 악인이 없어지리니 네가 그곳을 자세히 살필지라도 없으리로다"(시 37:10), "악인들은 풀같이 자라고 악을 행하는 자들은 다 흥왕할지라도 영원히 멸망하리이다"(시 92:7)라고 노래하고 있는 것입니다. 그러나 우리의 영혼이 하나님과 '화해'를 이루면, 무엇이든지 하나님으로부터 선물을 받을 수 있는 것입니다. 그래서 예수님은 "너희가 내 안에 거하고 내 말이 너희 안에 거하면 무엇이든지 원하는 대로 구하라 그리하면 이루리라"(요 15:7)고 선포하셨던 것입니다.

4
인간 자신의
내적 평안의 영

사 48:22_ "여호와께서 말씀하시되 악인에게는 평강이 없다 하셨느
니라. 'There is no peace', says the LORD, 'for the wicked.'"

롬 8:5-6_ "육신을 따르는 자는 육신의 일을, 영을 따르는 자는 영의
일을 생각하나니, 육신의 생각은 사망이요 영의 생각은 생명과 평안
이니라. Those who live according to the sinful nature have
their minds set on what that nature desires; but those who
live in accordance with the Spirit have their minds set on
what the Spirit desires. The minds of the sinful man is death,
but the mind controlled by the Spirit is life and peace."

1) 분열된 자아의 내적 세계

사도 바울은 자기 자아自我의 내적 분열 상태를 다음과 같이 토로하고 있습니다.

> "내가 행하는 것을 내가 알지 못하노니 곧 내가 원하는 것은 행하지 아니하고 도리어 미워하는 것을 행함이라."; "내 속 곧 내 육신에 선한 것이 거하지 아니하는 줄을 아노니, 원함은 내게 있으나 선을 행하는 것은 없노라. 내가 원하는 바 선은 행하지 아니하고 도리어 원하지 아니하는 바 악을 행하는도다. 만일 내가 원하지 아니하는 그것을 하면 이를 행하는 자는 내가 아니요 내 속에 거하는 죄니라. 그러므로 내가 한 법을 깨달았노니 곧 선을 행하기 원하는 나에게 악이 함께 있는 것이로다. 내 속사람으로는 하나님의 법을 즐거워하되, 내 지체 속에서 한 다른 법이 내 마음의 법과 싸워 내 지체 속에 있는 죄의 법으로 나를 사로잡는 것을 보는도다."(롬 7:15, 18-23)

이 본문에 의하면 우선 인간의 내면의 세계에는 두 가지 힘에 의해 지배 당하고 있음을 알 수 있습니다. 하나는 율법 곧 하나님 말씀을 순종하고자 하는 마음이고, 다른 하나는 율법에 불순종하게 하는 죄의 힘입니다. 본문의 표현을 빌리면 전자는 '내가 원하는 것을 행하고자 하는 마음'(롬 7:15a) 이고, 후자는 '도리어 미워하는 것을 행하는 것'(롬 7:15b) 입니다. 그래서 사도 바울은 "내 속 곧 내 육신에 선한 것이 거하지 아니하는 줄을 아노니, 원함은 내게 있으나 선을 행하는 것은 없노라. 내가 원하는 바 선은 행하지 아니하고 도리어 원하지 아니하는 바 악을 행하는도다"(롬 7:18-19)라고 탄식합니다. 그런데 여기서 사도 바울은 인간이 '마음으로는 원하지만, 원하는 바를 행하지 못하게 하는 것', 그것이 '죄'라고 말합니다: "그것을 행하는 자가 내가 아니요, 내 속에 거하는 죄니라."(롬 7:17) 바꾸어 말하면, '죄, 곧 악령'이 인간의 선한 마음이 원하는 바를 행하지 못하게 하고 있습니다. 그래서 사도 바울이 이러한 인간의 영적 상태를 "내 자신이 마음으로는 하나님의 법을, 육신으로는 죄의 법을 섬기노라"(롬 7:25)고 고백하고 있습니다.36)

이상 앞에서 사도 바울이 고백하고 있듯이 모든 인간은 이렇게 두 가지 힘, 곧 '하나님의 율법(말씀)'을 순종하고자 하는 선한 마음'과 그를 행하지 못하게 하는 '죄, 곧 악령'에 의해서 지배당하고 있기 때문에, 내적으로 스스로 갈등을 느끼면서 살아갈 수밖에 없습니다. 이것이 모든 인간이 가지고 있는 '신앙적 갈등' 혹은 인간의 '정신적 내적 분열상태'입니다. 이렇게 모든 인간은 '신앙적 갈등' 혹은 '자아의 내적 분열'로 고통당하면서 살아가고 있기에, 사도 바울은 아예 "나는 곤고한 사람이로다. 이 사망의 몸에서 누가 나를 건져 내랴"(롬 7:24)라고 탄식하고 있습니다. 그러나 이어서 사도 바울은 "그리스도 예수 안에 있는 생명의 성령의 법이 죄와 사망의 법에서 너를 해방하였음이라"(롬 8:2)고 선포합니다. 그러므로 "우리가 육신에 있을 때에는 율법으로 말미암는 죄의 정욕이 우리 지체 중에 역사하여 우리로 사망을 위하여 열매를 맺게 하였더니 이제는 우리가 얽매였던 것에 대하여 죽었으므로 율법에서 벗어났으니, 이러므로 우리가 영의 새로운 것으로 섬길 것이요"(롬 7:5-6)라고 권면하고 있습니다. 다시 말해서 "(우리가) 육신대로 살면, 반드시 죽을 것이로되, 영으로써 몸의 행실을 죽이면 살(수 있다)"(롬 8:13)는 것입니다. 이렇게 모든 인간이 '성령의 인도함을

---

36) 고전 3:1, 3에 의하면, '육신(肉身)(σάρκινος)'은 '육체(肉體)(σαρκικός)'와 동의어로 사용되고 있으며, 이에 대한 반대개념은 '영(靈)(πνευματικός)'이다.

받으면' '생명과 마음의 평안'을 얻는다고 사도 바울은 역설합니다. 왜냐하면 "육신을 따르는 자는 육신의 일을, 영을 따르는 자는 영의 일을 생각"(롬 8:5)하기 때문입니다. 그러나 "육신의 생각은 사망이요 영의 생각은 생명과 평안"(롬 8:6)이라고 사도 바울은 선포합니다.

이제 결론적으로 말해서 내적으로 분열된 인간의 정신 혹은 마음이 성령의 인도함을 받으면 '마음의 원하는 바를 행하게 되므로 신앙적 혹은 정신적 갈등'이 극복되는 것입니다. 성령의 인도함으로 '마음이 원하는 선을 행하면', 인간의 신앙적 갈등, 정신적 갈등이 해소되고 마음이 평안해집니다. 그래서 사도 바울은 "너희가 만일 성령의 인도하시는 바가 되면 율법 아래에 있지 아니하리라"(갈 5:18)고 말하고 나서, "오직 성령의 열매는 사랑과 희락과 화평과 오래 참음과 자비와 양선과 충성과 온유와 절제니 이같은 것을 금지할 법이 없느니라"(갈 5:22-23)고 증언하고 있는 것입니다. 반면에 악령 곧 사탄 마귀의 부추김을 당하여 악을 행하는 사람에게는 평안이 없습니다. 그래서 선지자 이사야는 "여호와께서 말씀하시되 악인에게는 평강이 없다"(사 48:22, 병행. 사 57:21)고 증언하였던 것입니다.

이제 우리는 악령에 사로잡혀 마음의 평안이 없었던 한 인물을 구약에서 찾아볼 수 있습니다. 그 예가 바로 '사울' 왕의 예입니다.

2) 악령에 사로잡혀 평안이 없었던 정신분열자 사울 왕

이스라엘의 역대 왕들 가운데 악령에 사로잡혀서 정신분열적인 삶을 산 사람은 '사울' 왕입니다. 그는 이스라엘의 역대 왕 중에서 비극적으로 인생을 마친 사람 가운데 하나입니다.[37] 그는 한 농부의 아들로 태어났습니다. 사울이 왕이 될 당시 이스라엘은 아직 정치적 통일을 이루지 못한 상태로 각 지파는 자치적自治的으로 유지되었습니다. 단지 공통의 사안이 있으면, '실로' 산당을 중심으로 각 지파의 장로들의 모여 공동의 사안을 처리하였습니다.(삼상 1-3) 그러던 중 암몬 사람들이 길르앗 야베스를 쳐들어 왔습니다. 연약한 야베스 사람들은 암몬 사람들과 화친조약을 맺고 그들을 섬기고자 합니다.(삼상 11:1) 그러나 암몬 사람 나하스는 "내가 너희 오른 눈을 다 빼야, 너희와 언약하리라. 내가 온 이스라엘을 이같이 모욕하리라"(삼상 11:2)고 위협합니다.

마침 밭에서 소를 몰고 오던 사울이 이러한 소식을 들었을 때, 사울이 하나님의 영에 의해서 크게 감동되어, 한 겨리의 소를 잡아 각을 뜨고 전령들의 손으로 그것을 이스라엘 모든 지역에 두루 보내어 이르되, '누구든지 나와서 사울과 사무엘을 따르지 아니하면 그의 소들도 이와 같이 하리라'고 선언합니다. 그러자 여호와의 두려움이 백성에게 임하매 그들이 한 사람 같이 나아와서 사울이 이들을 데리고 전쟁에 나아가 크게 승리합니다. (삼상 11:5-11) 이 일로 인하여 모든 백성이 '길갈'로 가서 여호와 앞에 화목제를 드리고, '사울과 이스라엘 모든 사람이 거기서 크게 기뻐하였습니다'(삼상 11:15b). 이렇게 사울과 같이 '성령의 인도함'을 받으면 누구든지 '평화를 만들어 내는 자peace maker'가 됩니다.

그러나 '악령에 사로잡히면', 사람과 사람 사이의 불화뿐만 아니라, 자기 자신과도 분열을 일으킵니다. 그 실례를 역시 '사울' 왕에게서 발견할 수 있습니다. 야베스를 구원한 사건이 계기가 되어, '사울'은 이스라엘 지파의 장로들에 의해서 이스라엘의 왕으로 추대 받습니다. 백성들은 "사무엘에게 이르되 사울이 어찌 우리를 다스리겠느냐 한 자가 누구니이까 그들을

---

37) 사울은 이스라엘의 초대 왕으로서 그의 통치 연한은 대략 B.C. 11세기 중반부터 후반까지 이른다. 그러나 삼상 13:1에 그의 통치 연한이 생략되어 있어서 그의 정확한 통치 연한을 결정할 수 없다. 단지 행 13:21을 근거로 대략 40년 정도 통치한 것으로 추정한다.

끌어내소서 우리가 죽이겠나이다"(삼상 11:12)[38]라고 말합니다. 그 후 사울은 이스라엘의 초대 왕이 됩니다.(삼상 12:12-13)[39] 역사적으로 혹은 신학적으로 어떠한 경로를 거쳐서, 그리고 어떠한 상황에서 사울이 이스라엘의 왕이 되었는지는 정확하지 않으나, 분명한 것은 그가 농부의 아들인 비천한 존재로서 성령에 의해서 감동되는 체험을 통하여 하나님의 은혜로 이스라엘의 초대 왕이 된 것만은 확실합니다.

그러나 '다윗'이 블레셋의 장군 '골리앗'을 쳐 죽이고 돌아올 때, 여인들이 "사울이 죽인 자는 천천千千이요, 다윗은 만만萬萬이로다"(삼상 18:7)라는 소리를 듣고 이때부터 '악령'에 사로잡혀 틈만 있으면, 온갖 방법을 다하여 다윗을 죽이려 합니다. 이러한 사울의 정신적 분열 상태를 다음과 같이 묘사하고 있습니다.

> "사울이 그 말에 불쾌하여 심히 노하여 이르되 다윗에게는 만만을 돌리고 내게는 천천만 돌리니 그가 더 얻을 것이 나라 말고 무엇이냐 하고 그 날 후로 사울이 다윗을 주목하였더라 그 이튿날 하나님께서 부리시는 악령이 사울에게 힘있게 내리매 그가 집안에서 정신없이 떠들어대므로 다윗이 평일과 같이 손으로 수금을 타는데 그때에 사울의 손에 창이 있는지라 그가 스스로 이르기를 내가 다윗을 벽에 박으리라 하고 사울이 그 창을 던졌으나 다윗이 그의 앞에서 두 번

---

38) 이전에는 외부의 침입이 있을 때에만 한 사람의 지도자를 중심으로 지파들이 서로 연합하던 것을 후대로 내려올수록 이스라엘은 정치적, 군사적 필요성에 의해서 왕을 세우기를 원한다. 참고. 삿 5:16-17; 삼상 3:12-14.
39) '사울'이 왕이 이스라엘의 왕이 된 사유를 같은 사무엘상 내부에서도 다르게 기술하고 있다. 예컨대 삼상 10장 1절에서는, 사울이 사무엘에 의해서 사적으로 기름부음을 받은 것으로 보고하고 있으며, 삼상 10장 17-24절에서는 사울이 이스라엘 장로들 가운데서 제비뽑기에 의해서 선발된 것으로 보고하고 있다. 그러나 분명한 것은, 그 당시 팔레스틴의 정치적 상황이 '사울'을 이스라엘 왕으로 세우게 된 이유 가운데 하나이었던 것만큼 분명하다.

피하였더라."(삼상 18:8-11)[40]

여기서 우리는 '악령에 사로잡혀 정신분열 된 자'의 행동이 어떻게 나타나는지 알 수 있습니다. '악령에 사로잡힌 자'는 '포악'해지고, '말이 많아지고', 자신을 스스로 통제하지 못합니다. 그뿐만 아니라 '악령에 사로잡혀 있는 자'는 분노와 시기로 가득 차서 제대로 사리事理 판단을 하지 못합니다. 그래서 심지어는 자기 자식까지 죽이려 합니다. 그래서 사울도 자기 아들 '요나단'을 저주하고 죽이려 하였던 것입니다: "사울이 요나단에게 화를 내며 그에게 이르되 패역무도한 계집의 소생아 네가 이새의 아들을 택한 것이 네 수치와 네 어미의 벌거벗은 수치 됨을 내가 어찌 알지 못하랴."(삼상 20:30); "사울이 요나단에게 단창을 던져 죽이려 한지라."(삼상 20:33a) 심지어 '악령에 사로잡힌 자'는 악령의 지시에 따라 '거짓 예언'(참고. 대하 18:19-22, 병행. 왕상 22:20-23)[41])도 합니다.

> "사울이 라마 나욧으로 가니라. 하나님의 영이 그에게도 임하시니
> 그가 라마 나욧에 이르기까지 걸어가며 예언을 하였으며 그가 또 그
> 의 옷을 벗고 사무엘 앞에서 예언을 하며 하루 밤낮을 벗은 몸으로

---

40) 이후 사울은 계속해서 다윗을 죽이려고 한다. 참고. 삼상 18:25; 19:10 이 밖에 여러 곳. 사울의 마음이 강퍅해 진 것과 애굽 왕, 바로의 마음이 강퍅해 진 것에 대한 비교에 대하여: Horst Dietrich Preuß, *Theologie des Alten Testaments*, Bd.2, Israel Weg mit JHWH (Stuttgart/Berlin/Köln: W. Kohlhammer Verlag, 1992), 21ff.

41) 대하 18:19-22 : "여호와께서 말씀하시기를 누가 이스라엘 왕 아합을 꾀어 그에게 길르앗 라못에 올라가서 죽게 할까 하시니 하나는 이렇게 하겠다 하고 하나는 저렇게 하겠다 하였는데 한 영이 나와서 여호와 앞에 서서 말하되 내가 그를 꾀겠나이다 하니 여호와께서 그에게 이르시되 어떻게 하겠느냐 하시니 그가 이르되 내가 나가서 거짓말하는 영이 되어 그의 모든 선지자들의 입에 있겠나이다 하니 여호와께서 이르시되 너는 꾀겠고 또 이루리라 나가서 그리하라 하셨은즉 이제 보소서 여호와께서 거짓말하는 영을 왕의 이 모든 선지자들의 입에 넣으셨고 또 여호와께서 왕에게 대하여 재앙을 말씀하셨나이다."

누웠더라. 그러므로 속담에 이르기를 사울도 선지자 중에 있느냐 하니라."(삼상 19:23-24)[42]

그뿐만 아니라 '악령'에 사로잡혀 있는 사람'은 '성령 충만한 자'를 두려워합니다: "여호와께서 사울을 떠나 다윗과 함께 계시므로 사울이 그를 두려워한지라."(삼상 18:12, 이 밖에 18:15) 그리고 끝내 '악령'은 사람을 죽입니다.

"그(사울)가 무기를 든 자에게 이르되, 네 칼을 빼어 그것으로 나를 찌르라 할례받지 않은 자들이 와서 나를 찌르고 모욕할까 두려워하노라. 하나 무기를 든 자가 심히 두려워하여 감히 행하지 아니하는지라 이에 사울이 자기의 칼을 뽑아서 그 위에 엎드러지매"(삼상 31:4)

이상에서 악령 들린 '사울' 왕의 행동들을 숙고해 볼 때, 다윗이 한 말 곧 "옛 속담에 말하기를 **악은 악인에게서 난다**"(삼상 24:13)는 말씀이 사실임을 확인할 수 있습니다.

이제 결론적으로 우리는 한 가지 분명한 사실을 알 수 있습니다. 누구든지 '성령'의 인도함을 받으면 화평과 기쁨의 삶을 살아가고, '성령'의 인도함을 받았다가도 마음에 '시기'와 '질투'와 같은 '육신의 소욕'을 따르면, 당장 '악령'에 인도함을 받아 마음의 평안이 없이 불안, 폭력, 시기, 질투, 음란 등 육신의 열매를 맺어(갈 5:19-21a) 결국 죽고 만다는 것입니다. 그래서 사도 바울은 사탄 마귀를 대적하기 위해서, "평안의 복음이 준비한 것으로 신을 신고 모든 것 위에 믿음의 방패를 가지고 이로써 능히 악한 자의

---

42) 이 말씀 가운데 '하나님의 영이 그에게도 임하시니'라는 말씀은 '하나님께서 부리시는 악령'(삼상 18:10)으로 읽어야 할 것이다. 왜냐하면 그 당시 사울은 사무엘이 살고 있는 라마 나욧으로 다윗을 죽이러 가고 있었기 때문이다.

모든 불화살을 소멸하고 구원의 투구와 성령의 검 곧 하나님의 말씀을 가지라"(엡 6:15-17)고 권하고 있는 것입니다.

3) 성령이 주는 참된 평안

앞에서 살펴본 바와 같이 "악인에게는 평강이 없습니다"(사 57:21). 바꾸어 말하면 '악한 영에 사로잡혀 있는 사람들'은 마음의 평안과 기쁨이 없습니다. 마음의 기쁨과 평강은 이 세상의 물질과 명예와 권세를 통하여 얻어질 수 있는 것이 아닙니다. 그리고 이러한 기쁨과 평안은 인간의 노력에 의해서 성취될 수 있는 것도 아닙니다. 인간의 참된 평안은 성령님께서 주시는 것입니다. 즉 우리가 성령으로 충만할 때, 참된 평안이 오는 것입니다. 왜냐하면 성령은 '평화의 매는 띠'이기 때문입니다.

그런데 성령은 곧 '예수 그리스도의 영'이기 때문에 예수 그리스도가 이루어 놓은 평화를 주시는 것입니다. 그래서 예수님도 "평안을 너희에게 끼치노니 곧 나의 평안을 너희에게 주노라. 내가 너희에게 주는 것은 세상이 주는 것 같지 아니하니라. 너희는 마음에 근심하지도 말고 두려워하지도 말라"(요 14:27)고 하십니다. 왜냐하면 예수님은 평강의 왕이시기 때문입니다. 이를 이사야 선지자는 다음과 같이 예언하였습니다: "한 아기가 우리에게 났고 한 아들을 우리에게 주신 바 되었는데 그의 어깨에는 정사를 메었고 그의 이름은 기묘자라, 모사라, 전능하신 하나님이라, 영존하시는 아버지라, 평강의 왕이라 할 것임이라."(사 9:6) 왜냐하면 평강은 창조주 하나님의 뜻이기 때문입니다: "여호와께서 이와 같이 말씀하시되, 보라 내가 그에게 평강을 강같이, 그에게 뭇 나라의 영광을 넘치는 시내같이 주리니, 너희가 그 성읍의 젖을 빨 것이며 너희가 옆에 안기며 그 무릎에서

놀 것이라."(사 66:12) 그래서 사도 바울도 이 평강을 그리스도의 자녀에게 나누어 주고 있습니다.

> "평강의 주께서 친히 때마다 일마다 너희에게 평강을 주시고 주께서
> 너희 모든 사람과 함께 하시기를 원하노라."(살후 3:16)

그런데 우리가 참 평강을 누리려면, 우리가 성령의 인도함으로 그리스도 안에 있어야 합니다. 그래서 빌립보서는 "주 안에서 항상 기뻐하라 내가 다시 말하노니 기뻐하라 너희 관용을 모든 사람에게 알게 하라 주께서 가까우시니라. 아무것도 염려하지 말고 다만 모든 일에 기도와 간구로, 너희 구할 것을 감사함으로 하나님께 아뢰라 그리하면 모든 지각에 뛰어난 하나님의 평강이 그리스도 예수 안에서 너희 마음과 생각을 지키시리라"(빌 4:4-7)고 합니다. 즉 성령 충만함 속에서 기뻐하며 모든 염려를 주께 맡기고 기도하면, 우리 주님께서 우리에게 평강을 주십니다. 한마디로 말하면 '범사에 감사하고, 쉬지 말고 기도하면, 성령께서 우리의 마음을 평안하게 해 주셔서 항상 기쁜 일이 생기게 됩니다.

5
모든 실존 관계를
회복케 하시는 섬김의 영

시 5:7_ "오직 나는 주의 풍성한 사랑을 힘입어 주의 집에 들어가 주를 경외함으로 성전을 향하여 예배하리이다. But, I by your great mercy, will come into your house, in reverence will I bow down toward your holy temple."

롬 12:1_ "그러므로 형제들아 내가 하나님의 모든 자비하심으로 너희를 권하노니 너희 몸을 하나님이 기뻐하시는 거룩한 산 제물로 드리라 이는 너희가 드릴 영적 예배니라. There, I urge you, brother, in view of God's mercy, to offer your bodies as living sacrifices, holy and pleasing to God — this is your spiritual act of worship."

1) 아내(남편)를 사랑하는 섬김의 영

인간의 모든 불화와 죄악의 원천은 자기 자신 속에 있습니다. 왜냐하면 앞 절에서 언급한 바와 같이(롬 7:15, 18-23),[43] 모든 인간의 마음속 깊은 곳에는 최초 인간 아담의 범죄로 말미암아 생긴 '죄'가 있기 때문입니다. 따라서 인간은 자기가 원하는 바를 행하지 못하였을 때, 혹은 자기가 원하는 바를 이루지 못하였을 때, 자기 자신을 사랑하기보다는 오히려 학대합니다.[44] 인간의 자기학대는 원하는 '나(자아)'와 행하지 못한 '나(자아)'사이에 내적 '화해'가 이루어지지 않았기 때문입니다. 그래서 자기 자신에 대하여 불만족은 항상 '도대체 나는 왜?'라는 불만족스러운 질문으로 표출됩니다. 예컨대 테니스 선수가 자기가 보내고자 하는 곳으로 공이 가지 않을 때, 즉 게임이 자기 마음대로 잘되지 않을 때, 자기 머리를 라켓으로 때리는 것과 같습니다.

이렇게 자기 자신의 삶에 대하여 불만족스러운 사람은 제일 먼저 자기 아내나 남편에게 불만을 토로합니다. 왜냐하면 '남편'이나, '아내'는 자기 자신의 객관화된 보이는 형체이기 때문입니다. 즉 '여자'와 '남자'가 처음부터 한 몸이기 때문입니다.(창 2:22-24)[45] 그래서 인간은 누구를 막론하고

---

43) 롬 7: 15 : "내가 행하는 것을 내가 알지 못하노니 곧 내가 원하는 것은 행하지 아니하고 도리어 미워하는 것을 행함이라."; 7:18 : "내 속 곧 내 육신에 선한 것이 거하지 아니하는 줄을 아노니, 원함은 내게 있으나 선을 행하는 것은 없노라."

44) 인간의 '이기주의Egoism'와 '자기학대Sadism'는 다른 것이다. '이기주의'는 자신의 생각과 사고에 갇혀 있어서, 자기의 유익만을 위하여 타인을 고려하지 않는 것이다. 예컨대 "사람들이 자기를 사랑하며 돈을 사랑하며 자랑하며 교만하며 비방하며 부모를 거역하며 감사하지 아니하며 거룩하지 아니하며"(딤후 3:2)와 같은 것이다. 그러나 종교적 '자기학대'는 고행을 함으로써 윤리적 선에 이르고자 하는 일종의 종교적 고행이라고 할 수 있다.

45) 창 2:22-24 : "여호와 하나님이 아담에게서 취하신 그 갈빗대로 여자를 만드시고 그를 아담에게로 이끌어 오시니, 아담이 이르되 이는 내 뼈 중의 뼈요 살 중의 살이라 이것을 남자에게서 취하였은즉 여자라 부르리라 하니라. 이러므로 남자가 부모를 떠나 그의 아내

삶의 문제가 생기면, 제일 먼저 자기 '아내'나 자기 '남편'에게 불만을 느끼고, 모든 책임을 상대방에게 전가 시킵니다. 그러나 이러한 책임추궁은 결국 자기 자신에 대한 불만을 '객관화된 자기 자신', 곧 '아내'나 '남편'에게 토로하는 것입니다. 이것이 바로 죄로 인한 인간의 **'자기 학대'**입니다. 이러한 '자기 학대'로부터 벗어나는 길은 오직 한 가지입니다. 그것은 자기의 아내나 남편을 '몸과 마음과 뜻과 정성을 다하여 사랑하는 것입니다.

그러나 문제는 누구든지 자기 아내나 남편을 사랑하고 싶지만, 사랑하지 못하게 하는 '죄악'이 자기 마음 깊은 곳에 우리 자신을 억압하고 있다는 것입니다. '사탄'은 우리에게 이렇게 속삭일 것입니다: "네가 양보한다고 해서 남편의 버릇이 고쳐지겠냐?", "네가 아내를 섬기면, 아내가 버릇이 없어져서, 나중에는 네 머리 위에서 너를 다스릴 것이야." "비록 남자가 잘 못했다 하더라도, 남자가 자존심이 있지, 어떻게 아내에게 용서해달라고 비냐?" 이렇게 온갖 불합리한 방법으로 사탄은 우리들의 '화해', 곧 '아내사랑'이나 '남편사랑'을 방해하고 있습니다.

그러나 성경은 다음과 같이 말하고 있습니다: "남편들도 자기 아내 사랑하기를 자기 자신과 같이 할지니 자기 아내를 사랑하는 자는 자기를 사랑하는 것이라."(엡 5:28) 이러한 증언을 바꾸어 말하면 '아내들도 자기 남편 사랑하기를 자기 자신과 같이 할지니, 자기 남편을 사랑하는 자는 자기를 사랑하는 것'이 될 것입니다. 그러나 이러한 말씀은 '당위론적 혹은 율법적 증언'입니다. 즉 이러한 말씀은 당연한 진리이지만, 그래서 누구든지 그렇게 살아야 하지만, 실제로는 행하기 어려운 율법이라는 것입니다. 그래서 이러한 율법을 실행하도록 우리를 인도해 주시는 분이 계십니다. 그분이 바로 '성령'입니다. 이 점을 사도 바울은 다음과 같이 증언하고 있습니다.

와 합하여 둘이 한 몸을 이룰지로다."

"율법이 육신으로 말미암아 연약하여 할 수 없는 그것을 하나님은 하시나니 곧 죄로 말미암아 자기 아들을 죄 있는 육신의 모양으로 보내어 육신에 죄를 정하사 육신을 따르지 않고 그 영을 따라 행하는 우리에게 율법의 요구가 이루어지게 하려 하심이니라. 육신을 따르는 자는 육신의 일을, 영을 따르는 자는 영의 일을 생각하나니, 육신의 생각은 사망이요 영의 생각은 생명과 평안이니라."(롬 8:3-6)

그리고 사도 바울은 계속해서 "너희가 육신대로 살면 반드시 죽을 것이로되, 영으로써 몸의 행실을 죽이면 살리(라)"(롬 8:13)고 명령합니다. 왜냐하면 성령 하나님은 '소멸하는 불'이기 때문입니다: "모든 것 위에 믿음의 방패를 가지고 이로써 능히 악한 자의 모든 불화살을 소멸하고, 구원의 투구와 성령의 검 곧 하나님의 말씀을 가지라"(엡 6:16-17). 이렇듯 성령의 도움으로 악한 자의 유혹하는 모든 불화살을 소멸시키면, 우리들의 마음에 평안이 오고, 그렇게 되면 "자기 아내를 사랑하는 자는 자기를 사랑하는 것이라"(엡 5:28b)는 말씀이 생각나서, 그 말씀에 순종하여 '자기 아내나 남편'을 사랑하게 되고, 그렇게 되면 가정이 화목하게 되어, 마음속 깊은 곳으로부터 내적 평안과 기쁨이 생기는 것입니다. 왜냐하면 '아내', '갈빗대'는 가슴 깊은 곳에 숨어 있는 것이기 때문입니다. 바꾸어 말하면 '내 갈빗대'를 사랑함으로써 자기를 사랑하고, 자기를 사랑함으로써 내적 기쁨이 생기는 것입니다. 이것이 바로 '자기 자신을 섬기고 사랑하게 하는 보혜사 성령'의 역사입니다.

2) 구제 속에 있는 섬김의 영

최초 인간 아담이 하나님의 말씀에 불순종하여 범죄 한 이후, 인간은 먹고 살기 위하여 땀을 흘리지만, 땅은 인간에게 고작해서 엉겅퀴만 맺어줍니다. 이것은 인간의 '의식주衣食住'에 대한 실존적 삶에 대한 묘사입니다. 그래서 현실적으로 인간의 모든 불화와 투쟁 그리고 전쟁은 직-간접적으로 모두 '의식주' 문제와 연관되어 있습니다. 형제간의 불화도, 부모-자식 사이 불화도, 남편과 아내와의 불화도, 국가와 국가 사이의 전쟁도, 정치적 투쟁도, 모두 '물질(돈)' 문제와 직-간접적으로 연관되어 있습니다. 이 세상에 모든 인간의 갈등이 거의 모두 '물질', 곧 '돈'과 연관되어 있습니다. 따라서 거의 모든 인간은 '돈', 곧 '물질'의 노예가 되어 있습니다. 인간은 '물질', '돈' 때문에 '양심'도 버리고, '의리'도, 심지어는 '생명'까지 버립니다. 그러므로 '물질', 곧 '돈'의 노예가 되어 있는 사람은 '물질'로 마음을 '매수買收'하면 아무 주저 없이 쉽게 자기의 마음을 '돈' 받고 팔아 버립니다.

그러나 인간이 '의식주'로 인한 실존적 삶의 위기에서 벗어나는 길은, 오히려 역설적으로 '물질'로 '돈'으로 남을 섬기는 것입니다. 왜냐하면 물질에 노예가 되어 있는 사람을 제외하고, '의식주' 문제로 고난당하는 사람들의 물질문제는 곧 생명의 문제이기 때문입니다. 따라서 '물질'로 '가난한 사람'을 구제하는 것은, 단지 '구제'의 차원을 넘어서 '생명구원'입니다. 왜냐하면 '배고픔'은 모든 생물의 가장 기본적인 고통이며, 생명의 위기이기 때문입니다. 따라서 가난한 사람을 구제하는 것은, 생명의 뿌리인 하나님을 섬기는 것이나 다름없는 것입니다. 왜냐하면 예수님은 천국 비유 말씀을 통하여 "임금(심판 주 예수 그리스도—필자 주)이 대답하여 이르시되, 내가 진실로 너희에게 이르노니 너희가 여기 내 형제 중에 지극히 작은 자 하나에게 한 것이 곧 내게 한 것이니라"(마 25:40)고 말씀하셨기 때문입니다.[46]

그런데 여기서 "내 형제 중에 지극히 작은 자 하나에게 한 것"이란 구체적으로 물질로 구제한 것을 의미합니다.

> "내가 주릴 때에 너희가 먹을 것을 주었고 목마를 때에 마시게 하였고
> 나그네 되었을 때에 영접하였고, 헐벗었을 때에 옷을 입혔고 병들었
> 을 때에 돌보았고 옥에 갇혔을 때에 와서 보았느니라."(마 25:35-36)

여기서 우리는 우리 주 예수 그리스도의 '신앙 법칙' 혹은 '그리스도인의 삶의 법칙', 곧 '먼저 베풀어 줌으로써 받는 원리'를 발견하게 됩니다. 더 자세히 말하면 '용서함으로써 용서를 받고'(참고. 눅 6:37),[47] '사랑으로써 사랑을 받고'(마 7:12),[48] '다른 사람을 축복함으로써 축복을 받는'(눅 10:5-6)[49] 원리를 발견하게 됩니다. 이 원리에 따라서 지극히 작은 자, 곧 '가난하고 힘없는 자'를 '물질'로 섬김으로써 우리는 '생명의 근원' 되시는 하나님을 섬기고, 그렇게 함으로써 창조주 하나님으로부터 물질이 풍성해지는 축복을 받는 것입니다. 이러한 점에서 사도 바울이 이야기하였듯이 '주는 것이 받는 것보다 복된 것'(행 20:35)입니다.

그런데 진정한 '구제Diakonia', 곧 '오른손이 하는 것을 왼손이 모르게 하는 구제'[50]는 불쌍한 사람들에 대한 '동정심'에서 나오는 것이 아니라, '성

---

46) 마 25:45 : "임금이 대답하여 이르시되 내가 진실로 너희에게 이르노니 이 지극히 작은 자 하나에게 하지 아니한 것이 곧 내게 하지 아니한 것이니라."
47) 눅 6:37 : "비판치 말라 그리하면 너희가 비판을 받지 않을 것이요 정죄하지 말라 그리하면 너희가 정죄를 받지 않을 것이요 용서하라 그리하면 너희가 용서를 받을 것이요."
48) 마 7:12 : "그러므로 무엇이든지 남에게 대접을 받고자 하는 대로 너희도 남을 대접하라."
49) 눅 10:5-6 : "어느 집에 들어가든지 먼저 말하되 이 집이 평안할지어다 하라. 만일 평안을 받을 사람이 거기 있으면 너희의 평안이 그에게 머물 것이요 그렇지 않으면 너희에게로 돌아오리라."
50) 마 6:2-4 : "그러므로 구제할 때에 외식하는 자가 사람에게서 영광을 받으려고 회당과

령의 인도하심'입니다. 왜냐하면 성령의 열매는 "자비와 양선"(갈 5:22)이기 때문입니다. 그래서 초대 교회 교우들은 성령 충만한 사람들을 뽑아 집사로 세우고, 이들로 하여금 '구제'를 전담하게 하였던 것입니다: "형제들아 너희 가운데서 성령과 지혜가 충만하여 칭찬받는 사람 일곱을 택하라 우리가 이 일(구제하는 일)을 그들에게 맡기고……."(행 6:3) 그뿐만 아니라 사도 바울도 예루살렘 교회의 '가난한 사람들'을 위하여 '구제의 헌금'을 모아서 보냈습니다.

3) 이웃이 되어 주는 봉사와 섬김의 영

우리는 선한 사마리아 사람에 대한 예수님의 비유 말씀에서 이웃에 대한 섬김이 어떠한 것인지를 명백히 알 수 있습니다. 예수님은 이웃에 대한 비유를 다음과 같이 말씀하십니다.

> "예수께서 대답하여 이르시되 어떤 사람이 예루살렘에서 여리고로
> 내려가다가 강도를 만나매 강도들이 그 옷을 벗기고 때려 거의 죽은
> 것을 버리고 갔더라…… 어떤 사마리아 사람은 여행하는 중 거기
> 이르러 그를 보고 불쌍히 여겨 가까이 가서 기름과 포도주를 그 상처
> 에 붓고 싸매고 자기 짐승에 태워 주막으로 데리고 가서 돌보아 주니
> 라 그 이튿날 그가 주막 주인에게 데나리온 둘을 내어 주며 이르되
> 이 사람을 돌보아 주라 비용이 더 들면 내가 돌아올 때에 갚으리라

거리에서 하는 것 같이 너희 앞에 나팔을 불지 말라 진실로 너희에게 이르노니 그들은 자기 상을 이미 받았느니라. 너는 구제할 때에 오른손이 하는 것을 왼손이 모르게 하여, 네 구제함을 은밀하게 하라 은밀한 중에 보시는 너의 아버지께서 갚으시리라."

하였으니 네 생각에는 이 세 사람 중에 누가 강도 만난 자의 이웃이 되겠느냐 이르되 자비를 베푼 자니이다 예수께서 이르시되 가서 너도 이와같이 하라 하시니라."(눅 10:30, 33-37)

이 비유 말씀 속에서 우리가 분명히 알아야 할 것은, '이웃'은 강도 만난 사람을 도와준 '사마리아 사람'이라는 것입니다. 그러므로 "네 이웃을 네 자신과 같이 사랑하라"(눅 10:27b)는 예수님의 말씀은 다름 아닌 우리들의 '이웃이 되어 주신 분', 곧 '우리를 도와주신 분'을 사랑하라는 말씀입니다. 바꾸어 말하면, 우리도 선한 사마리아 사람처럼 '고난받는 사람의 이웃이 되어 주라'는 말씀입니다. 그러면 우리 주님께서 그리스도인의 삶의 원리에 따라서 우리들의 이웃이 되어 주신다는 것입니다.

그런데 예수님은 "사마리아 사람은 여행하는 중 거기 이르러 그를 보고 불쌍히 여겨 가까이 가서 기름과 포도주를 그 상처에 붓고 싸매고 자기 짐승에 태워 주막으로 데리고 가서 돌보아 주니라"(눅 10:33-34)고 말씀하고 계십니다. 그런데 강도 만난 사람을 '불쌍히 여기고', '돌보아 줄 마음'이 생기는 것은 단지 어려운 사람들에 대한 '측은지심惻隱之心'이 아닙니다. 그것은 '성령 충만함에서 우러나온 자비' 이외에 다른 것이 아닙니다. 왜냐하면 자연 상태의 인간에 대하여 "선을 행하는 자는 없다"(롬 3:12b)고 성경은 증언하고 있기 때문입니다. 자연 상태의 인간은 '물질'에 노예가 되어 있기 때문에——부자 청년처럼 아무리 '물질'이 많아도 단지 몇 푼 쓰다 남은 것을 내던져 주기도 쉽지 않은데(참고. 마 19:21-22)——선한 사마리아 사람처럼 고난받는 사람을 자기 돈을 들여가면서 구제하기란 참으로 어려운 것입니다. 이러한 점에서 선한 사마리아 사람처럼 이웃을 섬길 수 있는 것은 '성령의 도움' 외에 다른 방법에 의한 것이 결코 아닙니다. 그래서 히브리서는 "오직 선을 행함과 서로 나누어 주기를 잊지 말라 하나님은 이 같은 제사를 기뻐하시느니라"(히 13:16)고 선포하고 있습니다. 그리고 사도 바울도 디모데에게 교우들로 하여금 "선을 행하고 선한 사업을 많이 하고 나누어 주기를 좋아하며 너그러운 자가 되게 하라"(딤전 6:18)고 권면 하고 있습니다.

4) 찬양과 경배의 삶 속에 있는 예배의 영

이상 앞에서 언급한 남편이나 아내를 사랑하는 '화해와 사랑의 영' 그리고 고난 받는 사람들의 이웃이 되어 주는 '섬김과 봉사의 영', 물질로 가난한 사람을 돕는 '구제의 영'이 모두 동일한 한 성령이었던 것처럼 성령은 모든 피조물로 하여금 살아 계신 하나님을 찬양하고 예배하도록 합니다. 따라서 성령이 충만한 사람들은 하나님께 기쁨으로 찬양하고 하나님만을 예배합니다. 그래서 성령 충만해진 초대 교회 교우들은 "날마다 마음을 같이하여 성전에 모이기를 힘쓰고, 집에서 떡을 떼며 기쁨과 순전한 마음으로 음식을 먹고, 하나님을 찬미"(행 2:46-47a)하였던 것입니다.

그래서 나면서부터 못 걷던 사람이 요한과 베드로의 말씀, 곧 "은과 금은 내게 없거니와 내게 있는 이것을 네게 주노니, 나사렛 예수 그리스도의 이름으로 일어나 걸으라 하고, 오른손을 잡아 일으(켰을 때)"(행 3:6), 그가 "뛰어 서서 걸으며 그들과 함께 성전으로 들어가면서 걷기도 하며 뛰기도 하며 하나님을 찬송"(행 3:8)하였던 것입니다. 이렇듯 은혜 받은 사람들은 구원의 기쁨에서 하나님을 찬양하고 경배하는 예배를 드리는 것입니다. 그러한 찬양은 노래하고 싶어서 부르는 가수들의 '찬양'이 아니라, '감사함에서 우러나온 영혼의 노래'입니다. 시편에서 이야기하고 있듯이 '영혼의 깊은 곳에서 울려 나오는 영적 찬양'입니다. 예배는 이러한 영적 찬양으로 드리는 것입니다. 그래서 시편 기자는 "할렐루야 내 영혼아 여호와를 찬양하라"(시 146:1)고 외치고 있는 것입니다.

그러므로 성령 충만한 사람들은 단지 '예배' 때만 하나님께 경배드리는 것이 아니라, 온 삶과 온 생명을 다하여 하나님께 예배드리는 것입니다. 그래서 시편 기자는 "오직 나는 주의 풍성한 사랑을 힘입어 주의 집에 들어가 주를 경외함으로 성전을 향하여 예배하리이다"(시 5:7)라고 고백합니다. 그리고 사도 바울도 "그러므로 형제들아 내가 하나님의 모든 자비하심으로 너희를 권하노니 너희 몸을 하나님이 기뻐하시는 거룩한 산 제물로 드리라 이는 너희가 드릴 영적 예배니라"(롬 12:1)고 선언한 것입니다. 이러한 점에서 하나님께 구속의 은혜를 받은 사람들은 구세주 우리 주 예수 그리스도를 삶으로 찬양과 경배를 드립니다.

5) 새 예루살렘(하나님 나라)에서의 영적 예배

성부, 성자, 성령 하나님으로부터 받는 은총에 감사하는 마음에서 산 제물로 드리는 삶의 제사는 이제 마지막 종말에 있을 '하늘의 예배'(계 4-5)에서 완성됩니다. 우선 이 '하늘 예배'에 참석할 수 있는 자는 '성령에 감동된 사람(피조물)'입니다: "내가 곧 성령에 감동되었더니, 보라 하늘에 보좌를 베풀었고 그 보좌 위에 앉으신 이가 있는데……"(계 4:2); "하늘 위에와 땅 위에와 땅 아래와 바다 위에와 또 그 가운데 모든 피조물이 이르되 '보좌에 앉으신 이와 어린 양에게 찬송과 존귀와 영광과 권능을 세세토록 돌릴지어다.'"(계 5:13)

그리고 예배를 받으실 분은 우리 주 예수 그리스도이십니다: "그들이 밤낮 쉬지 않고 이르기를 거룩하다, 거룩하다, 거룩하다, 주 하나님 곧 전능하신 이여 전에도 계셨고 이제도 계시고 장차 오실 이시라."(계 4:8b) 그런데 이분은 곧 세세 무궁토록 영광 받으실 하나님입니다: "보좌에 앉으신 이 앞에 엎드려 세세토록 살아 계시는 이에게 경배하고, 자기의 관을 보좌 앞에 드리며 이르되, '우리 주 하나님이여 영광과 존귀와 권능을 받으시는 것이 합당하오니 주께서 만물을 지으신지라 만물이 주의 뜻대로 있었고 또 지으심을 받았나이다."(계 4:10-11)

그러므로 '새 예루살렘'으로 상징된 '하늘의 예배'에는 오직 "생명책에 기록된 자들만이 들어(갑니다)."(계 21:27b) 그러므로 '새 예루살렘'에는 모든 피조물이 '값없이 생명수'를 마음껏 마실 것입니다. 곧 모든 피조물은 '성령'으로 충만해 질 것입니다. 왜냐하면 부활의 몸은 모두 '성령의 몸', 즉 '신령한 사람'들이기 때문입니다: "육의 몸으로 심고 신령한 몸으로 다시 살아나나니 육의 몸이 있은 즉 또 영의 몸도 있느니라."(고전 15:44)

제7부

종말과
성령

* * *

'종말'로 번역된 헬라어, "Εσχατος(에스카토스)'[1]은 공간적으로 그리고 시간적
으로 '마지막', '끝'을 의미합니다. 뿐만 아니라 '에스카토스'란, 사건의 '마침' 혹은
'끝' 혹은 '맨 나중'을 의미하기도 합니다. 그래서 성경에서 '에스카토스(종말)'이란
말을 사용할 때는, '마지막', 혹은 '끝'에 일어날 사건에 대한 증언을 의미합니다.
다시 말해서 이스라엘뿐만 아니라, 이 세상 역사의 마지막에 일어난 사건, 혹은
한 개인의 삶의 마지막에 일어날 사건에 대한 진술을 '종말론'이라고 말합니다.

성경이 증언하는 바에 의하면, 일반적으로 이 세상의 마지막에 일어난 사건을
사람들은 대략 몇 가지로 특징지어 말하고 있습니다. 우선 마지막 때에는, 첫째로
죽은 자나 살아 있는 자에 대한 '심판'이 이루어지고, 둘째, 죽은 자가 다시 살아나
며, 셋째, 이 세상의 악한 권세, 곧 사탄의 세력이 징벌을 받으며, 우주적 파국이
함께 온다는 것입니다. 그리고 넷째로, 하나님의 택하신 백성들에게 '새로운 영'이
부어지며, 마지막으로 이 모든 일을 행할 '심판자', 바꾸어 말하면, '구세주'가 이
세상에 오신다는 것입니다. 아니 역逆으로 이 세상에 '심판자'가 오시면, 앞에서
언급한 일들이 일어나는 것으로 믿고 있습니다. 그런데 특별히 이 마지막 날의
사건들은, 모두 '성령의 사역'과 연관되어 있습니다. 예컨대 마지막 날에 임할 '구세
주', 혹은 '심판자'는 하나님의 성령이 그에게 임하는 자라는 구약의 전승이 있습니

---

1) 이에 관하여: Walther Bauer, *Wörterbuch zum Neuen Testmant*, 6.völlig neu bearbeitete
Aufl. Berlin. New York, 1988, Sp. 635f.

다. 그래서 예언한 이사야 선지자는, 도래한 메시아(구세주)에게 임할 성령을 다음과 같이 증언하고 있습니다: "주 여호와의 영이 내게 내리셨으니 이는 여호와께서 내게 기름을 부으사 가난한 자에게 아름다운 소식을 전하게 하려 하심이라 나를 보내사 마음이 상한 자를 고치며 포로된 자에게 자유를, 갇힌 자에게 놓임을 선포하며……"(사 61:1) 따라서 예수님은 자신이 이 세상의 '메시아', 곧 '그리스도' 되심을 증언하기 위하여 위해서 인용한 이사야 선지자의 말씀을 인용하여, 자신의 이 땅에 오신 목적을 증언하셨던 것입니다.(눅 4:16-19)[2]

그러므로 이번 제7부에서는 성령의 종말론적 사역에 대하여 알아보고자 합니다. 우선 성령과 종말과의 관계에 대하여, 즉 성령이 어느 때에 임하는가, 성령이 임하였다는 것은 어떠한 의미를 가지는가에 대하여 제1장에서 알아보고자 합니다. 그리고 제2장에서는 누가 마지막에 죽은 자를 살리는가 하는 점과 관련하여 도래할 죽은 자를 살리시는 '하나님의 영'에 대하여 알아보고자 합니다. 제3장에서는 이 세상의 종말, 곧 마지막에 심판 주로 임할 인자, 바꾸어 말하면 이 세상에 대한 심판과 죽은 자의 부활에 대하여 알아보고자 합니다. 그리고 제4장에서는 심판자가 임하여 어떠한 일을 하는가, 곧 이 세상을 지배하고 있던 사탄 마귀 권세가 어떻게 되는지에 대하여 알아보고, 제5장에서는 그리스도인들의 최후, 곧 세상의 파국과 '하나님 나라의 도래'를 성령의 사역과 연관하여 종말의 때는 어떻게 되는지에 대하여 다시 살펴보기로 하겠습니다.

---

2) 눅 4:16-19 : "[16] 예수께서 그 자라나신 곳 나사렛에 이르사 안식일에 늘 하시던대로 회당에 들어가사 성경을 읽으려고 서시매 [17] 선지자 이사야의 글을 드리거늘 책을 펴서 이렇게 기록된 데를 찾으시니 곧 [18] 주의 성령이 내게 임하셨으니 이는 가난한 자에게 복음을 전하게 하시려고 내게 기름을 부으시고 나를 보내사 포로된 자에게 자유를, 눈먼 자에게 다시 보게 함을 전파하며 눌린 자를 자유롭게 하고 [19] 주의 은혜의 해를 전파하게 하려 하심이라 하였더라."

1

마지막 때에 임할
'구원의 영'

겔 39:29_ "내가 다시는 내 얼굴을 그들에게 가리지 아니하리니 이는 내가 내 영을 이스라엘 족속에게 쏟았음이라 주 여호와의 말씀이니라. I will no longer hide my face from them, for I will pour out my Spirit on the house of Israel, declares the Sovereign Lord."

행 2:17_: "하나님이 말씀하시기를 말세에 내가 내 영을 모든 육체에 부어 주리니 너희의 자녀들은 예언할 것이요 너희의 젊은이들은 환상을 보고 너희의 늙은이들은 꿈을 꾸리라. In the last days, god says, I will pour out my Spirit on all people. Your sons and daughters will prophesy, your young men will see visions, your old men will dream dreams."(욜 2:28 이하 인용)

1) '종말의 현상'으로서의 '성령강림'

오순절 날 예루살렘 근처 각 지방에서 온 사람들이 다 같이 한 곳에 모여 있을 때, 갑자기 하늘로부터 급하고 강한 바람 같은 소리가 온 집안에 가득 하더니, 마치 불의 혀처럼 갈라지면서 각 사람들에 임한 성령의 강림 사건을 사도, 베드로는 "이는 곧 선지자, 요엘을 통하여 말씀하신 것"(행 2:16), 곧 '예언의 말씀'이 성취된 것으로 증언하고 있습니다. 그런데 요엘 선지자의 예언은 다름 아니라, "그 후에 내(여호와 하나님)가 내 영을 만민에 게 부어 주리니 너희 자녀들이 장래 일을 말할 것이며 너희 늙은이는 꿈을 꾸며 너희 젊은이는 이상을 볼 것이며, 그 때에 내가 또 내 영을 남종과 여종에게 부어 줄 것이며"(욜 2:28-30)로 되어 있습니다. 즉 '그 후', 혹은 '그 때'에는 하나님께서 당신의 영, 곧 '성령'을 '만민에게', 곧 '남종과 여종' 에게 부어 주시겠다는 것입니다. 이 예언의 말씀에 의하면, '그 후, 혹은 그 때'와 '성령을 부어주시겠다'는 것은 서로 연관성이 있습니다. 즉 세상의 '때가 차면', 곧 '마지막 때'가 이르면, 하나님께서 만민에게 성령을 부어주 시겠다'는 것입니다. 그래서 이사야 선지자도, "이제부터 내가 새 일 곧 네가 알지 못하던 은비한 일을 네게 듣게 하노니"(사 48:6)라고 말하면서,[3] "너희는 내게 가까이 나아와 이것을 들으라. 내가 처음부터 비밀히 말하지 아니하였나니…… 이제는 주 여호와께서 나와 그의 영을 보내셨느니라" (사 48:16)고 덧붙이고 있습니다. 그래서 이와 상응하게 사도행전은 요엘 선지자의 예언, 곧 '그 후에(rj'a' 아하르)'를 '말세(마지막 날, ἐν ταῖς ἐσχάταις ἡμέρ αις)'(행 2:17)로 바꾸어 쓰고 있습니다.[4]

---

3) 비교. 사 42:9 : "보라 전에 예언한 일이 이미 이루어졌느니라 이제 내가 새 일을 알리노라 그 일이 시작되기 전에라도 너희에게 이르노라."

4) '그 후' 혹은 '그 때'는 요엘 3:1-5; 사 2:2, 33; 10:45; 삿 5:5 등을 고려해 볼 때, '말세',

'마지막 때에 하나님의 영이 임할 것'이라는 예언은 선지자, 요엘뿐만 아니라, 선지자, 에스겔도 다음과 같이 선포합니다: "내가 그들에게 한 마음을 주고 그 속에 새 영을 주며 그 몸에서 돌 같은 마음을 제거하고 살처럼 부드러운 마음을 주어"(겔 11:19)[5] 특히 에스겔 선지자는 '죽은 자의 부활'에 대한 비전Vision에서 '성령으로 죽은 자가 다시 살아나는 종말론적 사건'을 증언하고 있습니다. "내게 이르시되, 인자야 너는 생기를 향하여 대언하라 생기에게 대언하여 이르기를 주 여호와께서 이같이 말씀하시기를 생기야 사방에서부터 와서 이 죽음을 당한 자에게 불어서 살아나게 하라 하셨다 하라."(겔 37:9) 그뿐만 아니라 선지자, 예레미야도 다음과 같이 예언하였습니다:

"31 여호와의 말씀이니라 보라 날이 이르리니 내가 이스라엘 집과 유다 집에 새 언약을 맺으리라. 32 이 언약은 내가 그들의 조상들의 손을 잡고 애굽 땅에서 인도하여 내던 날에 맺은 것과 같지 아니할 것은 내가 그들의 남편이 되었어도 그들이 내 언약을 깨뜨렸음이라 여호와의 말씀이니라. 33 그러나 그 날 후에 내가 이스라엘 집과 맺을 언약은 이러하니 곧 내가 나의 법을 그들의 속에 두며 그들의 마음에 기록하여 나는 그들의 하나님이 되고 그들은 내 백성이 될 것이라 여호와의 말씀이니라. 34 그들이 다시는 각기 이웃과 형제를 가리켜 이르기를 너는 여호와를 알라 하지 아니하리니 이는 작은 자로부터 큰 자까지 다 나를 알기 때문이라 내가 그들의 악행을 사하고 다시는

곧 '마지막 때', 혹은 '종말'을 의미한다. 이 점에 관하여: Hans Walter Wolf, *Dokekapropheten 2. Joel und Amos*, Neukirchen Verlag, 1975 2.durchgeschene Aufl. [BK XIV/2], 78f.
5) 이 말씀을 '말세', 곧 '종말론적 예언'이냐, 아니면 단지 '이스라엘의 회복'에 대한 예언이냐는 것에 대한 신학적 해석은, 겔 11장에 종말에 도래할 구세주 '인자'(11:2, 13)라는 말이 언급되고 있는 것으로 보아, 종말론적 예언이라고 해석할 수 있을 것이다.

그 죄를 기억하지 아니하리라 여호와의 말씀이니라."(렘 31:31-34)

여기서, '보라 날이 이르리니', 그리고 '그러나 그 날 후에' 라는 '때'에 대한 언급은 단지 '잠시 후'라는 '시간상의 나중Nachzeitlichkeit'을 의미하는 것이 아니라, '종말의 때'를 의미합니다. 왜냐하면 우선 예수님께서 잡히시는 날 저녁 '새 언약'을 제자들과 체결하셨기 때문입니다.(마 26:26-28)[6]

이상 살펴본 바와 같이, '성령강림'은 종말론적 현상 가운데 하나임이 분명합니다. 즉 '성령이 임하였다'는 것은, 인간의 힘으로는 어떠한 방법으로도 자신의 어렵고 힘든 상황에서 스스로 해방될 수 없기 때문에, 성령이 친히 인간을 어려운 상황에서 구원해 주신다는 것입니다. 왜냐하면 '성령'은 생명의 영이자, 구원의 영이기 때문입니다. 따라서 '성령이 임하였다'는 것은, 그 나라, 그 사람, 혹은 이 세상이 더 이상은 스스로의 힘에 의해서 위기 상황을 극복할 수 없는 '마지막 상태'에 이르렀다는 것을 뜻합니다. 그러나 성령이 임함으로써, 지금까지의 어렵고 힘든 삶이 끝나고, 새로운 날이 시작되는 것입니다. 따라서 성경은 '성령강림'을 '새일', 곧 '새로운 전환점'으로 증언하고 있는 것입니다. 마치 예수 그리스도의 오심이 옛 시대와 새로운 시대의 전환점이 되는 것과 같습니다: "이 모든 날 마지막에는 아들(예수 그리스도)을 통하여 우리에게 말씀하셨으니, 이 아들을 만유의 상속자로 세우시고 또 그로 말미암아 모든 세계를 지으셨느니라."(히 1:2)

그렇다면 여기서 '종말'의 의미에 대한 질문이 생깁니다. 즉 '종말'은 어느 때를 가리키는가?

---

6) 마 26:26-28 : "[26] 그들이 먹을 때에 예수께서 떡을 가지사 축복하시고 떼어 제자들에게 주시며 이르시되 받아서 먹으라 이것은 내 몸이니라 하시고 [27] 또 잔을 가지사 감사 기도하시고 그들에게 주시며 이르시되 너희가 다 이것을 마시라 [28] 이것은 죄 사함을 얻게 하려고 많은 사람을 위하여 흘리는 바 나의 피 곧 언약의 피니라"

2) 현 시대적 상태의 마지막이며, 새로운 시대적 상태의 시작으로서의 '종말'

구약이나 신약에서 말하는 '종말'이라는 말은 단순히 '시간의 끝', 그래서 더 이상 아무 것도 없는 '무의 상태'가 되는 것을 '종말'로 이야기하고 있지 않습니다. 그래서 신-구약 성경의 증언에 의하면, '종말이란 시간의 단순한 끝'이라는 의미를 거부합니다.[7] 오히려 '종말'이란, 지금의 상태가 끝나고, 새로운 상태가 도래하는 것을 의미합니다. 그래서 현대 신학자 틸리히P. Tillich는 종말이란, "공간과 시간 속에 무한히 먼 혹은 가까운 재앙에 대한 환상의 대상이 아니라," 오히려 "무리가 매 순간마다 영원 앞에 서 있다는 사실에 대한 표현"이며, "시간적인 것이 영원한 것으로 이행하는 것"이라고 정의합니다.[8] 이러한 '종말'에 대한 정의에 의하면, '종말'은 오히려 '희망적'인 것입니다. 왜냐하면 지금의 고통과 고난의 '마지막', 곧 '끝'에 대한 이야기이기 때문입니다. 에컨대 예수님께서 최초로 선포하신 말씀 "때가 찼고, 하나님의 나라가 가까이 왔으니, 회개하고 복음을 믿으라" (막 1:15)는 말씀은 이 세상이 완전히 파괴된다는 뜻이 아니라, 이 세상은 이제 끝이 날 것이고, 새로운 하나님의 나라가 도래할 것이라는 의미입니다. 따라서 '때가 찼고'라는 말씀은 이 세상의 기간이 마지막에 이르렀다는 뜻이고, 그러므로 이제는 새로운 하나님의 나라의 시대가 시작되었다는 뜻입니다. 그러므로 '종말'은 단순히 이 세상이 완전히 없어져서 더 이상 이 세상도 없고, 모든 것이 파멸된다는 것을 의미하는 것이 아닙니다. 그러므로 구약의 예언자들의 '종말'에 대한 '예언'은 우주적 역사적 '파국'을 이

---

7) 이 점에 관하여: K. Barth, *Die Auferstehung des Totes*, 1926.
8) P. Tillich, *Sys. Theologie III*, 1966, S. 447.

야기하는 것이 아니라, 오히려 새로운 시대의 시작, 곧 구원의 시작을 이야기하고 있는 것입니다.

우선 선지자 아모스는 이스라엘의 멸망에 대한 징조를 선언합니다.(암 8-9:10) 더 자세히 말하면, 아모스 선지자는 이스라엘의 패망을 다음과 같이 예언합니다.

> "보라 주 여호와의 눈이 범죄한 나라를 주목하노니 내가 그것을 지면에서 멸하리라. 그러나 야곱의 집은 온전히 멸하지는 아니하리라. 여호와의 말씀이니라. 9 보라 내가 명령하여 이스라엘 족속을 만국 중에서 체질하기를 체로 체질함 같이 하려니와 그 한 알갱이도 땅에 떨어지지 아니하리라. 10 내 백성 중에서 말하기를 화가 우리에게 미치지 아니하며 이르지 아니하리라 하는 모든 죄인은 칼에 죽으리라."(암 9:8-10)

그러나 곧 이어서 아모스 9장 11절 이하에서는 이스라엘의 구원에 대하여 예언합니다:

> "11 그 날에 내가 다윗의 무너진 장막을 일으키고 그것들의 틈을 막으며 그 허물어진 것을 일으켜서 옛적과 같이 세우고 12 그들이 에돔의 남은 자와 내 이름으로 일컫는 만국을 기업으로 얻게 하리라. 이 일을 행하시는 여호와의 말씀이니라. 13 여호와의 말씀이니라 보라 날이 이를지라 그 때에 파종하는 자가 곡식 추수하는 자의 뒤를 이으며 포도를 밟는 자가 씨 뿌리는 자의 뒤를 이으며 산들은 단 포도주를 흘리며 작은 산들은 녹으리라."(암 9:11-13)

여기서 '그 날에' 혹은 '보라 날이 이를지라'는 것은 '종말'에 대한 전형적인 표현입니다. 따라서 앞에서는(암 9:8-10)에서는 이스라엘의 패망과 멸망을 선언하면서도, 곧 이어서 11-13절에서는 그러나 '그 날에' 혹은 '날이 이르면' 이스라엘에 임한 구원에 대하여 예언하고 있습니다. 이렇듯 구약의 많은 종말론적 예언들은 단순히 역사적, 우주적 파국을 예언하는 것이 아니라, 오히려 이 어려운 시대, 죄악의 시대, 악한 통치자에 의한 통치가 끝나고, 새로운 시대가 도래 할 것을 이야기하는 것이 선지자들의 '종말에 대한 예언'입니다.

이와 상응하게 선지자, 호세아도 호 8장에서 이스라엘 백성의 우상숭배를 책망하고, 9장에서는 이스라엘에게 임할 '형벌의 날, 보응의 날'(호 9:7)[9])에 대하여 선언하면서, 특히 9장 10-17절에서는 이스라엘의 죄와 하나님의 심판에 대하여 선포합니다. 그리고는 이어서 호 10장에서는 끝내 이스라엘에게 하나님의 심판과 징계를 선언합니다. 그렇지만 제11장에서는 그럼에도 불구하고 여호와 하나님께서 이스라엘 백성을 결코 버리지 않으실 것을 예언합니다. 그리고 제12장에서는 역으로 이스라엘 백성들에게 여호와 하나님에게로 다시 돌아올 것을 호소합니다. 그리고는 마지막 14장 4절 이하에서는 오히려 이스라엘 백성에게 임할 축복을 선언합니다.

> "4 내가 그들의 반역을 고치고 기쁘게 그들을 사랑하리니 나의 진노
> 가 그에게서 떠났음이니라. 5 내가 이스라엘에게 이슬과 같으리니
> 그가 백합화 같이 피겠고 레바논 백향목 같이 뿌리가 박힐 것이라.
> 6 그의 가지는 퍼지며 그의 아름다움은 감람나무와 같고 그의 향기는
> 레바논 백향목 같으리니 7 그 그늘 아래에 거주하는 자가 돌아올지

---

9) 호 9:7 : "형벌의 날이 이르렀고 보응의 날이 온 것을 이스라엘이 알지라. 선지자가 어리석었고 신에 감동하는 자가 미쳤나니 이는 네 죄악이 많고 네 원한이 큼이니라."

라. 그들은 곡식 같이 풍성할 것이며 포도나무 같이 꽃이 필 것이며

그 향기는 레바논의 포도주 같이 되리라."(호 14:4-7)

이상에서 살펴본 바와 같이 지금의 시대는 이미 묵은 시대로서, 하나님의 심판을 좌초하고 있지만, 앞으로 도래 할 시대는 하나님의 의로운 통치가 시작되는 것에 대한 예언, 이것이 바로 종말에 대한 예언입니다. 그래서 구약에서는 이 세대와 올 세대로 구분됩니다. 이 세대는 멸망을 받을 수밖에 없는 시대, 그래서 언젠가는 '종말', 곧 '끝날' 시대이고, 새로운 시대가 전개될 것입니다. 따라서 '종말'에 대한 예언은 이 죄악 된 시대의 마지막, 곧 파국에 대한 예언입니다. 그러나 그 예언은 동시에 새로운 시대의 시작을 의미하기도 합니다. 왜냐하면 이 세대가 끝나고 새로운 세대가 시작될 것이기 때문입니다.10)

그런데 새로운 시대는 언제든지 새로운 '영'에 의해서 지배를 받게 됩니다. 왜냐하면 인간들의 마음이 모두 부패하였기 때문입니다. 그래서 에스겔 선지자는 인간들의 마음을 성령으로 부드럽게 하여, 하나님의 말씀에 순종하게 할 것을 다음과 같이 예언하고 있는 것입니다: "내가 다시는 내 얼굴을 그들에게 가리지 아니하리니 이는 내가 내 영을 이스라엘 족속에게 쏟았음이라 주 여호와의 말씀이니라."(겔 39:29)

이 말씀은 여호와 하나님께서 나사렛 예수 그리스도의 모습으로 이 땅에 나타나셨고(요 14:9),11) 성령의 부어주심으로(행 2:1-22) 성취되었습니다. 그래서 예수님은 이를 한 마디로 요약하여 비유로, "새 포도주를 낡은

---

10) 역사와 종말에 관하여: R. Bultmann, *Geschichte und Eschatologie*, 서남동 역, 『역사와 종마론』 (대한기독교서회, 1979).

11) 요 14:9 : "예수께서 이르시되 빌립아 내가 이렇게 오래 너희와 함께 있으되 네가 나를 알지 못하느냐 나를 본 자는 아버지를 보았거늘 어찌하여 아버지를 보이라 하느냐."

가죽 부대에 넣지 아니하나니 그렇게 하면 부대가 터져 포도주도 쏟아지고 부대도 버리게 됨이라 새 포도주는 새 부대에 넣어야 둘이 다 보전되느니라"(마 9:17, 병행 막 2:22: 눅 5:38)고 말씀하셨습니다. 바로 이러한 근거에서 '성령의 강림'은 종말론적 현상임이 분명합니다. 그래서 예수님도 "오직 성령이 너희에게 임하시면 너희가 권능을 받고 예루살렘과 온 유대와 사마리아와 땅 끝까지 이르러(ἕως ἐσχάτου τῆς γῆς) 내 증인이 되리라 하시니라"(행 1:8)고 말씀하셨던 것입니다. 이러한 점에서 '성령강림'은 모든 인류에게 구원에 대한 희망의 소식이며 동시에 새로운 시대의 시작을 뜻하는 것입니다.

2

죽은 자를
살리는 영

창 3:19_ "너는 흙이니 흙으로 돌아갈 것이니라. For dust you are and to dust you will return."

창 6:3_ "여호와께서 이르시되, 나의 영이 영원히 사람과 함께 하지 아니하리니, 이는 그들이 육신이 됨이라. 그러나 그들의 날은 백이십 년이 되리라. Then the Lord said, 'My Spirit will not contend with man forever, for he is mortal his days will be a hundred and twenty years'."

롬 8:2_ "그리스도 예수 안에 있는 생명의 성령의 법이 죄와 사망의 법에서 너를 해방하였음이라. because through Christ Jesus the law of the Spirit of life set me free from the law of sin and death."

1) 종말이 확정된 인간

최초의 인간 아담Adam이 "선악을 알게 하는 나무의 열매는 먹지 말라 네가 먹는 날에는 반드시 죽으리라"(창 2:17)[12]는 하나님의 말씀을 불순종하고 '선악을 알게 하는 나무의 열매'를 따 먹음으로써, 인간은 하나님으로 징벌을 받습니다. 그 징벌은 인간의 생生의 종말을 고告하는 징벌이었습니다. 즉 '인간은 흙으로 만들어 졌기 때문에, 다시 흙으로 돌아가야 한다'(창 3:19)는 것입니다. 그리고 인간이 태어나서 다시 흙으로 돌아갈 때까지의 시간은 많아야 120년입니다.(참고. 창 6:3) 이러한 성경의 증언에 의하면, 인간의 생명의 길이는 이미 한정되어 있습니다. 즉 인간에게 '종말', 곧 '끝'이 확정되어 있습니다. 여기서 어느 인간도 제외될 수 없습니다. 그래서 히브리서는 "한번 죽는 것은 사람에게 정해진 것이요, 그 후에는 심판이 있으리니"(히 9:27)라고 증언하고 있습니다. 그러므로 사도 바울은 인간은 아담의 죄로 인하여 이미 '죽은 자'가 되었다고 증언하고 있습니다: "아담 으로부터 모세까지 아담의 범죄와 같은 죄를 짓지 아니한 자들까지도 사망이 왕 노릇 하였나니……."(롬 5:14bα)[13]

모든 인간에게 죽음이 확정되었다는 것은 모든 인간의 삶은 '종말'을 맞게 된다는 것입니다. 아무리 자기가 이 세상에 오래 살고 싶어도, 120년 동안 자신의 죄가 목구멍까지 차면, 그 어느 날 이 세상을 떠날 수밖에 없습니다. 왜냐하면 야고보서는, 인간이 "욕심이 잉태한 즉, 죄를 낳고 죄가 장성한 즉, 사망을 낳느니라"(약 1:15)고 선언하고 있기 때문입니다. 그

---

12) 참고. 창 3:3에 의하면, 최초의 여자 '이브'는 '선악을 알게 하는 나무의 열매'를 먹으면, 죽을 것이라는 것을 이미 알고 있었다. 따라서 '이브'가 하나님의 말씀을 불순종한 것은 모르고 지은 죄가 아니라, 의지적으로 불순종이라고 이해할 수 있다. 그러므로 우리는 '이브가 몰라서 죄를 지었다'고 핑계할 수 없듯이, 대부분의 '불순종'은 의지적인 것이다.
13) 참고. 고전 15:22 : "아담 안에서 모든 사람이 죽은 것 같이"

래서 시편 기자는 "우리의 연수가 칠십이요, 강건하면 팔십이라도, 그 연수의 자랑은 수고와 슬픔뿐이요, 신속이 가니, 우리가 날아가나이다"(시 90:10)라고 탄식하면서, 그러기에 "우리에게 우리 날 계수함을 가르치사 지혜로운 마음을 얻게하소서"(시 90:12)라고 기도드립니다. 이 말씀은, '우리가 지금까지 살아온 날 수를 강건하여 살 수 있는 연수 80에서 제하고, 남은 인생이 얼마인지 계산하여 앞으로 어떻게 살아야할지, 앞으로 자신의 종말을 어떻게 맞이할 지 그 지혜를 주소서'라고 기도하는 것입니다. 이 시편 기자의 말씀처럼 우리도 자신의 남은 날 수를 계수하고, 남은 인생을 죄짓지 않고, 하나님의 나라에 가기 위하여 어떻게 살아야 할지, 그 지혜를 주소서라고 기도해야 할 것입니다.[14]

그러므로 지혜로운 자는 자기의 삶에 '끝', 곧 '종말'이 있다는 것을 아는 사람이고, 무지한 자는 자기 삶의 '마지막', 곧 '끝'이 있다는 것을 모르는 사람입니다. 그래서 예수님은 '자기의 종말'을 알지 못하는 어느 부자의 소리를 들으시고, 그를 미련한 자, 곧 '어리석은 자'로 평하셨습니다. 이를 우리는 다음과 같은 한 부자에 대한 비유 말씀에서 발견할 수 있습니다: "한 부자가 그 밭에 소출이 풍성하매, 심중에 생각하여 이르되, 내가 곡식 쌓아 둘 곳이 없으니, 어찌할까 하고, 또 이르되, 내가 이렇게 하리라. 내 곳간을 헐고, 더 크게 짓고 내 모든 곡식과 물건을 거기 쌓아 두리라. 또 내가 내 영혼에 이르되, 영혼아 여러 해 쓸 물건을 많이 쌓아 두었으니, 평안히 쉬고 먹고 마시고, 즐거워하지 하리라 하되, 하나님은 이르시되,

---

14) 비기독교인이라 할지라도 여기서 블래스 파스칼B. Pascal의 도박을 기억해야 할 것이다. 블래스 파스칼에 의하면, 하나님이 살아 계실 확률이 50%이고, 없을 확률도 50%이다. 그런데 우리가 하나님을 믿지 않을 경우, 하나님이 살아 계시지 않으면, 50%의 이익을 얻는 것이지만, 만일 하나님이 살아 계시다면, 100% 손해를 보는 것이라고 한다. 그러나 만일 내가 하나님을 믿을 경우, 하나님이 살아 계시다면, 100%의 이익을 얻는 것이지만, 하나님이 살아 계시지 않으면, 손해 볼 것이 없다는 것이다.

어리석은 자 여 오늘 밤에 네 영혼을 도로 찾으리니, 그러면 네 준비한 것이 누구의 것이 되겠느냐……."(눅 12:16b-20)

그리고 예수님은 "사람의 생명이 그 소유의 넉넉한 데 있지 아니하니라"(눅 12:15)고 말씀하십니다. 왜냐하면 하나님의 성령으로 거듭난 자가 아니면, 아무리 이 세상에서 부귀영화를 누리면서 살아간다고 해도, 연수가 차면, '죽기로 작정된 자', 곧 '120년 안에 죽기로 확정된 자'이기 때문입니다. 우리는 암으로 사형언도를 받은 것을 두려워하면서도, 서서히 죽어 가는 것, 아니 이미 죽기로 확정되었지만, 아직 그 죽음을 의식하지 못하는 것은 두려워하지 않고 있습니다. 그러나 분명한 것은, 어느 누구도 인간은 120년 이상을 살 수 없으며, 시간이 차면 죽게 되어 있습니다. 단지 각 사람은 자기 생명의 시간時間, 곧 태어난 때와 죽는 때까지의 간격이 얼마나 길고 짧으냐의 차이에 따라 서로 다를 뿐입니다.

이렇게 최초 인간 아담Adam의 범죄로 모든 인간이 죽게 되어 있기 때문에, 예수님은 성령의 거듭나지 않은 사람들에 대하여, '죽은 자'라고 칭하고 계신 것입니다: "예수께서 이르시되, 죽은 자들이 그들의 죽은 자들을 장사하게 하고 너는 나를 따르라."(마 8:22, 병행 눅 9:60, 비교 계 3:1b)[15] 이와 상응하게 요한복음서도 예수님은 "진실로, 진실로 너희에게 이르노니, 죽은 자들이 하나님의 아들의 음성을 들을 때가 오나니, 곧 이때라 듣는 자는 살아나리라."(요 5:25) 이러한 예수님의 말씀에 의하면, 영적으로 죽건, 육신이 죽건 인간은 누구를 막론하고, 성령으로 거듭나서 부활하지 않은 한, '모두 죽어 가는 존재'라는 것입니다. 단지 지금 한 순간 생명이 있어서 살아 있는 것처럼 보일 뿐이라는 것입니다. 그래서 사도 바울은 자신을 가리켜 '사망의 몸'이라고 칭하였습니다. 그러고는 "오호라 나는 곤고한 사람이로다.

---

15) 계 3:1b: "내가 네 행위를 아노니, 네가 살았다 하는 이름은 가졌으나, 죽은 자로다."

이 사망의 몸에서 누가 나를 건져내랴"(롬 7:24)라고 탄식하고 있습니다.

그러나 사도 바울의 이러한 죽음의 탄식은 곧바로 신앙의 확신으로 바뀝니다. "내가 확신하노니, 사망이나 생명이나 천사들이나 권세자들이나 현재 일이나 장래 일이나 능력이나 높음이 깊음이나 다른 어떤 피조물이라도 우리를 우리 주 그리스도 예수 안에 있는 하나님의 사랑에서 끊을 수 없으리라"(롬 8:38-39) 그러나 여기서 다시 질문이 제기됩니다. '하나님의 사랑'이 무엇이며, 누가 '죽은 자'같은 우리를 다시 살리는가?

2) 죽은 자들을 다시 살리는 성령

우선 하나님의 사랑은, '죽은 자를 다시 살려 영생을 주시는 것'입니다. 그래서 우리가 잘 알고 있는 요한복음 3장 16-17절은 "하나님이 세상을 이처럼 사랑하사 독생자를 주셨으니, 이는 그를 믿는 자마다 멸망하지 않고 영생을 얻게 하려 하심이라. 하나님이 그 아들을 세상에 보내신 것은 세상을 심판하려 하심이 아니요, 그로 말미암아 세상이 구원을 받게 하려 하심이라"(요 3:16-17)고 증언하고 있습니다. 그러면 어떻게 예수님은 '죽은 자'들에게 영생을 주시는가? 바꾸어 말하면 인간은 어떻게 '영생'을 얻을 수 있는가? 그것은 간단합니다. 그것은, "그(예수 그리스도)를 믿는 자마다 영생"을 얻습니다.(참고. 요 3:15)[16] 왜 예수 그리스도를 믿으면, 영생을 얻는가? 그것은 "그리스도 안에 있는 생명의 성령의 법이 죄와 사망의 법에서 너(혹은 우리)를 해방하였(기)"(롬 8:2) 때문입니다. 더 자세히 말하면, "예수

---

16) 요 3:15 : "이는 그(예수 그리스도, 더 자세히 말하면, 우리를 대신한 예수 그리스도의 십자가의 죽음과 부활)를 믿는 자마다 영생을 얻게 하려 하심이니라."

를 죽은 자 가운데서 살리신이의 영이 너희(혹은 우리) 안에 거하시면, 그리
스도 예수를 죽은 자 가운데서 살리신 이가 너희(혹은 우리) 안에 거하시는
그의 영으로 말미암아 너희(혹은 우리) 죽을 몸을 살리시(기)"(롬 8:11) 때문
입니다. 왜냐하면 "육신의 생각은 사망이(고), 영의 생각은 생명과 평안"
(롬 8:6)인데, 하나님께서 그리스도 예수를 '육신의 모양으로 보내시어, 육
신을 따르지 않고, 그 영을 따라 행하게 하심으로써'(참고. 롬 8:3-4) 온전히
하나님의 말씀을 순종하게 하심으로써, 예수 그리스도를 죽은 자 가운데
서 살리셨기 때문입니다.(참고. 롬 1:3-4)[17] 그러므로 우리도 성령을 받으면
예수 그리스도처럼, '하나님의 자녀'가 될 수 있는 것입니다: "무릇 하나님
의 영으로 인도함을 받는 사람은 곧 하나님의 아들이라."(롬 8:14)

  그렇다면 왜 우리는 성령으로 거듭나야 하는가? 사실 육신을 입고 살아
가고 있는 모든 인간은 이미 그에게서 '하나님의 영'이 떠난 존재입니다.
왜냐하면 최초 인간 아담Adam의 범죄이후 계속적인 아담의 후손들의 타락
으로 인하여 '하나님의 영'이 인간을 떠났기 때문입니다: "여호와께서 이르
시되, 나의 영이 영원히 사람과 함께 하지 아니하리니, 이는 그들(하나님의
아들들)이 육신이 됨이라."(창 6:3) 여기서 '육신이 됨이라'는 말은, '영적인
존재' 오히려 '육적인 존재'가 되었다는 뜻으로서, 천상의 존재뿐만 아니라,
이 지상의 존재들의 타락을 의미합니다. 따라서 예수 그리스도께서 니고
데모가 밤에 찾아와서, "우리가 당신은 하나님께로부터 오신 선생인 줄
아나이다. 하나님이 함께 하시지 아니하시면 당신이 행하시는 이 표적을
아무도 할 수 없음이다"(요 3:2)라고 말하였을 때, 갑자기 "진실로, 진실로
네게 이르노니, 사람이 거듭나지 아니하면 하나님의 나라를 볼 수 없느

---

17) 롬 1:3-4 : "그의 아들에 관하여 말하면, 육신으로는 다윗의 혈통에서 나셨고, 성결의 영으
    로는 죽은 자들 가운데서 부활하사 능력으로 하나님의 아들로 선포되셨으니, 곧 우리 주
    예수 그리스도시니라."

라"(요 3:3)고 답변하신 것입니다. 즉 니고데모는 '예수님은 육신에 따라 사는 분이 아니라, 하나님, 곧 성령의 인도하심에 따라 살아가는 분'이라고 생각하였습니다. 그래서 예수님은 "사람이 거듭나지 아니하면 하나님의 나라를 볼 수 없느니라"(요 3:4)고 말씀하신 다음, "육으로 난 것은 육이요, 영으로 난 것은 영이니"(요 3:6)라고 말씀하셨던 것입니다.

그러므로 사도 바울은 로마서에서 "만일 너희 속에 하나님의 영이 거하시면, 너희가 육신에 있지 아니하고, 영에 있나니 누구든지 그리스도의 영이 없으면 그리스도의 사람이 아니라"(롬 8:9)고 말씀하였던 것입니다. 이와 정 반대되는 말이, "여호와께서 이르시되, 나의 영이 영원히 사람과 함께 하지 아니하리니, 이는 그들(하나님의 아들들)이 육신이 됨이라"(창 6:3)는 말씀입니다. 전자는 아무리 우리가 육신 안에 있어도, 우리 속에 '하나님의 영'이 거하시면 우리가 '육신 안에 있는 것이 아니라', '영에 있는 것처럼', 아무리 '영적 존재, 곧 하나님의 아들들'이라도, '영의 인도함을 받지 않고 육신 안에 거하면', '영에 있는 것이 아니라', '육신'에 있는 것입니다. 그러므로 우리에게 성령이 임하면, 비록 우리가 육신적으로는 언젠가는 죽을 존재이지만, 영으로는 영원히 사는 것입니다. 그래서 육신 안에 있으나, 성령으로 거듭난 사람들은, "죽은 자 같으나 보라 우리가 살아 있고, 징계를 받는 자 같으나, 죽임을 당하지 아니하고, 근심하는 자 같으나, 항상 기뻐하고, 가난한 자 같으나, 많은 사람을 부요하게 하고, 아무 것도 없는 자 같으나 모든 것을 가진 자"(고후 6:9-10)입니다. 반면에 육신으로는 살아 있으나, 성령이 충만하지 않은 사람들은 살아 있는 자 같으나 사실은 '죽은 자'입니다.(참고 딤전 5:6)[18] 그러므로 이 세상에는 육신으로는 살아 있으나, '죽은 자'가 있고, 육신으로는 이미 이 세상을 떠났지만, 지금 하나님의

---

18) 딤전 5:6 : "향락을 좋아하는 자는 살았으나 죽었느니라."

나라에 살아 있는 자가 있는 것입니다.(참고 롬 8:10)[19] 그래서 예수님께서는, "나는 부활이요, 생명이니, 나를 믿는 자는 죽어도 살겠고, 무릇 살아서 나를 믿는 자는 영원히 죽지 아니하리(라)"(요 11:25-26)고 말씀하셨던 것입니다. 이러한 점에서 우리가 믿는 하나님은 '죽은 자'를 당신의 영, 곧 성령으로 살리시는 분이십니다. 즉 "범죄와 육체의 무할례로 죽었던 너희(혹은 우리)를 하나님이 그(예수 그리스도)와 함께 살리시고, 우리의 모든 죄를 사하시(는)"(골 2:13) 분이 바로 우리 주 하나님이십니다. 이러한 '영적' 혹은 '형이상학적'인 증언은 어느 정도 이해할 있지만, 과연 실제로 인간이 죽었다가 성령으로 다시 살아날 수 있는가? 그렇다 이 점을 우리는 '죽은 자'들을 다시 살리신 예수 그리스도의 사역에서 발견할 수 있습니다.

3) '죽은 자의 부활', 곧 '예수의 부활'을 못 믿으면, 모든 것이 믿어지지 않는다

'죽은 자'들이 성령으로 다시 살아나는 사건은 신약성경의 증언에 의하면, 여러 번 일어났다.(눅 7:11-15; 마 9:18-19, 병행 막 5:22-43; 눅 8:41-56; 요 11:17-44)[20] 그중 가장 명백한 사건은 죽은 '나사로'의 다시 살아남입니다. 특히 나사로의 다시 살아남이 명백한 역사적 사실이라는 것은, 그가 이미 죽어 냄새가 났다는 증언에서 밝히 드러납니다. 우선 죽은 나사로의 누이, 마르다가 이르되, "주여 죽은 지가 나흘이 되었으매 벌써 냄새가 나나이

---

19) 롬 8:10 : "또 그리스도께서 너희 안에 계시면 몸은 죄로 말미암아 죽은 것이나 영은 의로 말미암아 살아 있는 것이니라."

20) 나인 성 과부의 아들을 다시 살리심(눅 7:11-15); 야이로의 딸을 살리심(마 9:18-19, 병행 막 5:22-43; 눅 8:41-56); 죽은 나사로를 다시 살리심(요 11:17-44).

다"(요 11:39)라고 말한 것으로 미루어 보아, 나사로가 육신적으로 정말 죽어 이미 무덤에 묻혔다는 것을 알 수 있습니다. 뿐만 아니라, 예수님이 죽은 나사로를 살리셨을 때에, "죽은 자가 수족을 베로 동인 채로 나오는데, 그 얼굴은 수건에 싸였더라"(요 11:44)라는 보고를 통해서도 나사로가 육신적으로 분명히 죽어 장사되었다는 것을 알 수 있습니다.

그런데 이렇게 이미 육신으로 죽은 나사로를 예수님은, 하늘을 우러러 기도를 올리신 다음 큰 소리로 "나사로야 나오라"고 말씀하심으로 그를 다시 살리십니다. 여기서 '나사로야 나오라'는 '예수님의 말씀'은 다름 아닌, 사망을 이기는 '성령의 검'입니다.(참고 엡 6:17; 계1:16; 2:12; 19:15, 21)[21] 그리고 나인 성 과부의 아들도 이미 죽어서 '관' 속에 들어간 상태였습니다. 그러나 예수님은 "청년아 내가 네게 말하노니, 일어나라"(눅 7:15)는 말씀 하나로 과부의 아들을 다시 살리십니다. 특히 아이로의 딸을 살리실 때는, "아이의 손을 잡고, 불러 이르시되, '아이야 일어나라' 하시니 그의 영이 돌아와 아이가 곧 일어(났습니다)"(눅 8:54-55) 이렇게 예수님은 '성령의 검', 곧 '말씀'으로 죽은 자들을 다시 살리십니다. 그래서 이미 앞에서도 인용하였듯이, 예수님께서는 "죽은 자들이 하나님의 아들의 음성을 들을 때가 오나니, 곧 이때라 듣는 자는 살아나리라"(요 5:25)고 말씀하셨을 뿐만 아니라, "무덤 속에 있는 자가 다 그의 음성을 들을 때가 오나니"(요 5:28)라고 죽은 자를 살리실 것을 미리 말씀하셨던 것입니다.

그런데 죽은 나사로의 누이 마르다는, "예수께서······ 네 오라비가 다시

---

21) 엡 6:17 : "성령의 검, 곧 하나님의 말씀을 가지라."; 계 1:16 : "그(인자, 예수 그리스도)의 오른손에 일곱 별이 있고, 그의 입에서 좌우에 날선 검이 나오고, 그의 얼굴은 해가 힘 있게 비치는 것 같더라."; 계 19:15 : "그의 입에서 예리한 검이 나오니, 그것으로 만국을 치겠고, 친히 그들을 철장으로 다스리며, 또 친히 하나님 곧 전능하신 이의 맹렬한 진노의 포도주 틀을 밟겠고······."; 계 19:21 : "그 나머지는 말 탄 자의 입으로부터 나오는 검에 죽으매······."

살아나리라"(요 11:23) 말씀하셨을 때, "마지막(종말) 날 부활할 때에는 다시 살아날 줄을 내가 아나이다"(요 11:24)라고 답변합니다. 이 말은 '종말', 곧 이 세상의 '마지막 날'에는 '죽은 자가 다시 살아난다'는 것은 유대교 전통 속에서도 아주 명백한 진리로 인정되고 있었다는 것을 암시해 줍니다. 따라서 죽은 나사로, 야이로의 딸, 나인성 과부의 아들을 예수님께 다시 살아나게 하셨다는 것은, 종말론적인 차원에서 보면 이미 종말이 왔다는 것을 의미합니다. 단지 아직 우주론적인 종말, 곧 처음 창조하신 우주의 연한이 다 차고, 새 하늘과 새 땅이 시작되는 처음 창조된 우주의 종말이 아직 도래하지 않았을 뿐이지, 온 인류의 종말은 이미 시작되었고, 개인적으로 그 차이가 있을 뿐이라고 이해할 수 있습니다. 왜냐하면 이미 성령이 오순절에 임하였다는 것은, 요엘 선지자가 예언한 '마지막 날'에 남종과 여종에게 부어주시겠다는 예언이 성취된 것이기 때문입니다.(욜 2:28하, 인용 행 2:17 이하)

뿐만 아니라 이미 에스겔 선지자는 이미 죽어서 마른 뼈가 되어 버린 인간의 육신이 다시 성령으로 살아나는 비전Vision을 증언하고 있습니다. 이것은 인간의 부활, 다시 살아남이 '성령강림'으로 이루어지는 것임을 예시해 준 것입니다. 그래서 사도 바울도, "그런 즉 누구든지 그리스도 안에 있으면, 새로운 피조물이라 이전 것은 지나갔으니, 보라 새것이 되었도다"(고후 5:17)라고 증언하고 있는 것입니다. '죽은 자' 가운데서 다시 살아난 자는 '새로운 피조물'입니다. 그런데 '죽은 자' 가운데서 다시 살아나는 것은 성령의 사역입니다. 그래서 우리는 사도 신경을 통해서, '성령을 믿으며…… 몸이 다시 사는 것과 영원히 사는 것을 믿습니다'(사도신경 제3항)라고 고백하고 있는 것입니다. 그럼에도 불구하고 성령으로 거듭난 사람들이 이 세상에서 아직도 고난을 받는 것은, 사도 바울의 증언대로, "우리 살아 있는 자가 항상 예수를 위하여 죽음에 넘겨짐은, 예수의 생명이 또한 우리 죽을 육체에 나타나게 하려 함"(고후 4:11)인 것입니다. 그래서 사도 바울은 아주 장엄하게, 성부, 성자, 성령의 이름으로 세례 받은 자들을 향하여, "너희도 너희 자신을 죄에 대하여는 죽은 자요, 그리스도 예수 안에서 하나님께 대하여는 살아 있는 자로 여길지어다"(롬 6:11)라고 선언합니다. 그렇습니다. "죄의 삯은 사망이요, 하나님의 은사(선물)는 그리스도 예수 우리 주 안에 있는 영생"(롬 6:23)입니다. 여기서 '하나님의 은사', 곧 '선물'은 다름 아닌 '성령'이라는 점을 고려한다면(행 2:38),22) 성령은 '그리스도 예수 우리 주 안에 있는 영생'을 주시는 분이라고 할 수 있습니다.

이상에서 살펴본 바와 같이, '종말'에 이루어질 '죽은 자'의 부활이 성령의 사역을 통하여 이미 시작되었고, '성령'은 곧 '말씀의 영'이고, 역으로 '말씀은', 곧 '성령의 검'이라는 점을 고려해 본다면, '말씀을 들음'으로써 '성령이 임하고', 성령이 임함으로써 하나님의 말씀을 더욱 깊이 이해할 수 있는 것입니다. 왜냐하면 성령은 말씀을 가르쳐 주고, 생각나게 하시는 분이시기 때문입니다. 그러므로 주님의 말씀은 곧 '영생의 말씀'입니다.(요 5:39; 6:68) 영생의 말씀을 들을 때, 성령은 그 말씀으로 우리를 죽은 자들 가운데서 다시 살리십니다.

---

22) 행 2:38 : "베드로가 이르되, 너희가 회개하고 각각 예수 그리스도의 이름으로 세례를 받고 죄 사함을 받으라. 그리하면 성령의 선물을 받으리라."

3
마지막 날에 임할
'인자'의 영

단 7:13-14_ "내가 또 밤 환상 중에 보니 인자 같은 이가 하늘 구름을 타고 와서 옛적부터 항상 계신 이에게 나아가 그 앞으로 인도되매 그에게 권세와 영광과 나라를 주고 모든 백성과 나라들과 다른 언어를 말하는 모든 자들이 그를 섬기게 하였으니 그의 권세는 소멸되지 아니하는 영원한 권세요 그의 나라는 멸망하지 아니할 것이니라. In my vision at night I looked, and there before me was one like a son of man, coming with the clouds of heaven. He approached the Ancient of Days and was led into his presence. He was given authority, glory and sovereign power; all peoples, nations and men of every language worshiped him. His dominion is an everlasting dominion that will not pass away, and his kingdom is on that will never be destroyed."

막 14:61-62_ "(예수께서) 침묵하고 아무 대답도 아니하시거늘 대제

사장이 다시 물어 이르되 네가 찬송 받을 이의 아들 그리스도냐 예수
께서 이르시되 내가 그니라 인자가 권능자의 우편에 앉은 것과 하늘
구름을 타고 오는 것을 너희가 보리라 하시니 But Jesus remained
silent and gave no answer. Again the high priest asked him,
'Are you the Christ the Son of the Blesses One?' 'I am,' said
Jesus. 'And you will see the Son of Man siting at the right hand
of the Mighty One and coming on the clouds of heaven.'"

1) 종말에 임한(할) 심판의 주主 '인자'

히브리서가 "한 번 죽는 것은 사람에게 정해진 것이요 그 후에는 심판이
있으리니"(히 9:27)라고 증언하고 있는 것처럼, 이 세상의 만사萬事는 그 종
말(끝, 마지막)에 가서는 그 동안 있었던 일에 대한 평가, 곧 옳고 그름에
대한 '심판'이 있게 마련입니다. 이러한 심판에서 이 세상 어느 누구도 제외
되지 않습니다. 그래서 히브리서는 예수 그리스도께서 이 세상을 심판하
고, 자신을 믿고 살아가는 성도들의 구원을 위하여, 다시 나타나실 것이라
고 증언하고 있습니다: "이와 같이(인간의 죽음 다음에 심판이 있는 것같이, 히 9:27)
그리스도도 많은 사람의 죄를 담당하시려고 단번에 드리신 바 되셨고 구원
에 이르게 하기 위하여 죄와 상관없이 자기를 바라는 자들에게 두 번째
나타나시리라."(히 9:28, 비교 빌 3:20)[23] 다시 말해서 종말에는 모든 사람들

---

23) 이를 이해하기 쉽게 다시 번역하면, "그리스도는 많은 사람의 죄를 담당하시려고 단번에
    드리신 바 되셨고, 자기를 바라는 자들을 구원에 이르게 하기 위하여, 죄와 상관없이······
    두 번째 나타나시리라"(히 9:28)고 번역할 수 있을 것이다. 비교 빌 3:2 : "그러나 우리의
    시민권은 하늘에 있는지라 거기로부터 구원하는 자 곧 주 예수 그리스도를 기다리노니
    ······."

을 구원하시기 위하여 예수 그리스도께서 재림하시는 것이 아니라, 오직 그를 믿고 그의 재림을 기다리는 자들을 위하여 재림하신다는 것입니다.[24] 그런데 '심판', 곧 '평가'를 하는 것은 내가 아니라, 타자他者, 곧 하나님이십니다.[25] 그래서 다니엘서는 하나님께서 이 세상에 대한 '심판'이 베풀 것임을 예언하고 있습니다.

> "내가 보니 왕좌가 놓이고 옛적부터 항상 계신 이가 좌정하셨는데
> 그의 옷은 희기가 눈 같고 그의 머리털은 깨끗한 양의 털 같고 그의
> 보좌는 불꽃이요 그의 바퀴는 타오르는 불이며 불이 강처럼 흘러 그
> 의 앞에서 나오며 그를 섬기는 자는 천천千千이요 그 앞에서 모여
> 선 자는 만만이며 심판을 베푸는데 책들이 펴 놓였더라."(단 7:9-10)

곧 이어서 다니엘서는 이 세상을 심판하실 분을 '인자人子, 사람의 아들'로 칭하고 있습니다.

> "내가 또 밤 환상 중에 보니 인자 같은 이가 하늘 구름을 타고 와서
> 옛적부터 항상 계신 이에게 나아가 그 앞으로 인도되매 그에게 권세
> 와 영광과 나라를 주고 모든 백성과 나라들과 다른 언어를 말하는
> 모든 자들이 그를 섬기게 하였으니 그의 권세는 소멸되지 아니하는

---

24) 이러한 점에서 예수 그리스도의 대속의 죽음이 주는 은총은 지나간 과거만이 아니라, 현재 그리고 우리의 미래에까지 영향을 주는 영원한 구원의 은총이라고 루터는 말한다. 이 점에 관하여: Lutherbeibel erklärt mit Erläuterungen für die bibellesende Gemeinde. Hebr. 9:28.
25) 이러한 맥락에서 예수님은 산상수훈에서 다른 사람을 비판하지 말라고 말씀하셨습니다. (마 7:1-5) 왜냐하면 우리들의 삶의 유일한 심판 주는 오직 여호와 하나님이시기 때문입니다.

영원한 권세요 그의 나라는 멸망하지 아니할 것이니라."(단 7:13-14)

이와 상응하게 선지자, 에스겔도 종말에 임할 '심판 주'를 '인자'로 지칭하고 있습니다.

> "인자야 네가 그들을 심판하려느냐 네가 그들을 심판하려느냐 너는 그들에게 그들의 조상들의 가증한 일을 알게 하여 이르라 주 여호와께서 이같이 말씀하셨느니라 옛날에 내가 이스라엘을 택하고 야곱 집의 후예를 향하여 내 손을 들어 맹세하고 애굽 땅에서 그들에게 나타나 맹세하여 이르기를 나는 여호와 너희 하나님이라 하였노라."
> (겔 20:4-5)[26]

이러한 증언들에 의하면, '인자'는 하나님께서 행하실 심판을 대신 행하는 '심판의 대행자'를 의미한다.

이와 상응하게 예수님께서도 우선 먼저 "그 때에(종말에─필자 주) 인자의 징조가 하늘에서 보이겠고, 그 때에 땅의 모든 족속들이 통곡하며 그들이 인자가 구름을 타고 능력과 큰 영광으로 오는 것을 보리라"(마 24:30, 비교

---

26) 에스겔서에는 천상의 소리를 듣는 수신자로서 '인자'라는 표현이 무려 90회 이상 나타난다. 구약에서의 '인자'란 칭호에 관하여: H. Lietzmann, *Der Menschensohn, Ein Beitrag zur neutestamentlichen Theologie*, 1896. Lietzmann에 의하면 구약에서 '인자'는 단지 여인에게서 난 한 사람을 의미할 뿐, 결코 '메시아'를 의미하지 않는다고 주장한다. 그러나 W. Wardensperger는 자신의, *Die Messianisch-apokalyptischen Hoffnung des Judentums*, 3.Aufl., 1903, S. 91ff에서는 '사람의 아들'은 단순한 단어지만, 유대교에서는 '종말'에 출현할 중보자의 칭호라고 주장하게 되었다. 이 밖에 W. Bousset, *Die Religion des Judentums im neutestamentlichen Zeitalter*, 3.Aufl., 1926; H. Gressmann, *Der Messias*, 1929, 343ff.; E. Sjoberg, *Der menschen Sohn im athiopischen Henochbuch*, 1946, esp. 41ff.(O. Cullmann, *The Christology of the New Testament*, 김근수 역, 『신약의 기독론』, 도서출판 나단, 1991, 221, 각주 5에서 재인용.)

마 26:64)[27]고 증언하십니다. 뿐만 아니라, 예수님은 "세상이 새롭게 되어 인자가 자기 영광의 보좌에 앉을 때에 나를 따르는 너희도 열두 보좌에 앉아 이스라엘 열두 지파를 심판하리라"(마 19:28b)고 말씀하십니다. 이러한 예수님 자신의 말씀에 의하면, 예수님은 이 세상을 심판할 권한을 가지고 계십니다. 그래서 예수님은 "인자가 세상에서 죄를 사하는 권능이 있는 줄을 너희로 알게 하려 하노라 하시고 중풍병자에게 말씀하시되 일어나 네 침상을 가지고 집으로 가라"(마 9:6, 병행 막 2:10)[28] 말씀하셨던 것입니다. 다시 말해서 '죄를 사할 권한이 있다'는 것은 곧 '이 세상과 사람을 심판할 권한이 있다'는 것과 일맥상통하는 이야기입니다. 그래서 예수님은 "내가 진실로 진실로 너희에게 이르노니 내 말을 듣고 또 나 보내신 이를 믿는 자는 영생을 얻었고 심판에 이르지 아니하나니 사망에서 생명으로 옮겼느니라"(요 5:24) 선포할 수 있으셨던 것입니다. 즉 마지막 심판 때에 "선한 일을 행한 자는 생명의 부활로, 악한 일을 행한 자는 심판의 부활로 나오리라"(요 5:29)는 것입니다. 그런데 여기서 질문이 제기됩니다. '사람의 아들', 곧 '인자'는 구체적으로 누구를 지칭하는 것인가?

2) 재림할 예수 그리스도로서의 '인자'

'인자人子가 누구인가?'라는 질문에 대한 답변은, 지금까지의 학계의 연구에 의하면, 일반적으로 세 가지로 답변될 수 있습니다. 그 첫째는 두말할

---

27) 마 26:64 : "예수께서 이르시되 네가 말하였느니라 그러나 내가 너희에게 이르노니 이후에 인자가 권능의 우편에 앉아 있는 것과 하늘 구름을 타고 오는 것을 너희가 보리라."
28) 막 2:10 : "인자가 땅에서 죄를 사하는 권세가 있는 줄을 너희로 알게 하려 하노라 하시고 중풍병자에게 말씀하시되……."

것도 없이, 예수 그리스도 자신이라는 것이고, 다른 하나는 일반적인 보통 '사람'을 의미한다고 해석하는 것이고, 그리고 셋째는 '종말에 임할 심판 주'를 '인자'로 칭하고 있다는 해석입니다. 그러나 결과적으로 첫째와 셋째는 예수 그리스도가 재림할 것을 약속하셨다는 점을 고려해 볼 때, '종말 때 임한 심판 주 인자는 곧 예수 그리스도'라는 결론이 나옵니다. 왜냐하면 마태, 마가, 누가 그리고 요한 복음서에서는 '예수님'을 아주 다양한 이름으로, 예컨대, '주', '메시아', '그리스도', '하나님의 아들', '왕,' '다윗의 자손', '선지자 가운데 한 사람' 등으로 칭稱하고 있지만, 그러나 정작 예수님은 자신을 가리켜 '인자'라고 지칭하고 계시기 때문입니다: "예수께서 빌립보 가이사랴 지방에 이르러 제자들에게 물어 이르시되 사람들이 인자를 누구라 하느냐?"(마 16:13)[29]

그러나 성경에는 아주 극소수이지만, '인자'가 일반 보통 사람을 가리키는 문구도 몇 개 있습니다. 예컨대 '인자'가 보통 일반 사람들 가운데 '한 사람'임을 의미하는 것은 복음서 밖의 문헌에서 자주 나타납니다.[30] 예컨대 히브리서 2장 6절의 "그러나 누구인가가 어디서 증언하여 이르되 사람이 무엇이기에 주께서 그를 생각하시며 인자가 무엇이기에 주께서 그를 돌보시나이까?"라는 진술에 의하면, '사람이 무엇이기에'와 '인자가 무엇이기에'라는 말이 병행될 수 있음, 여기서 '인자'는 단지 한 '사람'을 의미합니다. 그리고 에스겔서에 나오는 천상의 소리를 청취하는 '인자'도 단지

---

29) 마 16:13-16 : "예수께서 빌립보 가이사랴 지방에 이르러 제자들에게 물어 이르시되 사람들이 인자를 누구라 하느냐. 이르되 더러는 세례 요한, 더러는 엘리야, 어떤 이는 예레미야나 선지자 중의 하나라 하나이다. 이르시되 너희는 나를 누구라 하느냐? 시몬 베드로가 대답하여 이르되 주는 그리스도시요 살아 계신 하나님의 아들이시니이다."(병행 막 8:29; 눅 9:20)

30) 이러한 견해를 주장하는 사람들은 예컨대 B. Lindars, *Jesus Son of Man*, Grand Rapids: Eerdmans, 1983, 25-29

청취자를 의미하는 일반적인 한 '사람'이라고 해석하는 사람도 있습니다.[31] 이에 덧붙여 싸이츠O. J. F. Seitz는 다니엘서에 나오는 '인자'까지도 단지 천상의 소리를 듣는 일반 '사람'이라고 해석하고 있습니다.[32] 그리고 혹자는 "안식일이 사람을 위하여 있는 것이요, 사람이 안식일을 위하여 있는 것이 아니니, 이러므로 인자는 안식일에도 주인이니라"(막 2:27-28)는 말씀에서 '사람'과 '인자'가 모두 아람어 '바르나샤barnasha'로 표기되었다고 해서, '인자'를 '보통 한 사람'으로 해석하기도 합니다.[33]

그러나 '인자'라는 칭호는 예수님 자신에 의해서 복음서 안에서만 무려 80회 정도 사용되고 있는 점으로 미루어보아, 예수 그리스도가 자신을 지칭하는 '자기칭호'임이 분명합니다. 우선 예수 그리스도는 무엇보다도 자신을 '인자'라는 칭호로 대칭합니다: "예수께서 이르시되 여우도 굴이 있고 공중의 새도 거처가 있으되 인자는 머리 둘 곳이 없다 하시더라."(마 8:20); "누구든지 이 음란하고 죄 많은 세대에서 나와 내 말을 부끄러워하면 인자도 아버지의 영광으로 거룩한 천사들과 함께 올 때에 그 사람을 부끄러워하리라."(막 8:38; 병행 눅 9:26)

특히 유대인의 "무리가 대답하되, 우리는 율법에서 그리스도가 영원히 계신다 함을 들었거늘 너(예수 그리스도)는 어찌하여 인자가 들려야 하리라 하느냐? 이 인자는 누구냐"(요 12:34)고 물었을 때, "예수께서 이르시되 아직 잠시 동안 빛이 너희 중에 있으니 빛이 있을 동안에 다녀 어둠에 붙잡히

---

31) 구약에서 '인자'는 에스라 4서라든지, 에녹서 그리고 후기 묵시문학에선 '한 개인'을 지칭하는 것으로 자주 나타난다.

32) O. J. F. Seitz, 'The Future Coming of the Son of Man', *Studia Evangelica VI* (Text und Untersuchung 112; Berlin: Akademie, 1973, 478-94).

33) 이 점에 관하여: H. Lietzmann, *Der Menschensohn, Ein Beitrag zur neutestamentlichen Theologie*, 1896; T. W. Manson, 'Mark 2:27ff', *Coniectanea Noetestamentica 11*, 1947 (in Honorem A. Fridrichsen), 138ff.

지 않게 하라. 어둠에 다니는 자는 그 가는 곳을 알지 못하느니라. 너희에게 아직 빛이 있을 동안에 빛을 믿으라. 그리하면 빛의 아들이 되리라"(요 12:35-36a)고 답변하십니다. 그런데 요한복음 의하면, 예수님은 "참 빛, 곧 세상에 와서 각 사람에게 비추는 빛"(요 1:9)으로 지칭되어 있는 점을 고려한다면, '인자人子'는 곧 '참 빛', 곧 예수 그리스도이외에 다른 분이 아님을 명백히 알 수 있습니다. 그러므로 '인자'라는 칭호는 예수 그리스도의 종말론적 사역과 관련된 '자기칭호'라고 이해할 수 있습니다. 이 점을 우리는 예수 그리스도께서 '종말론적 사역', 더 자세히 말하면, 예수의 십자가의 죽음과 부활 승천 그리고 심판을 위한 재림에 관하여 언급하실 때, '인자'의 칭호를 많이 사용하고 계시는 점에서 더욱 분명히 인식할 수 있습니다.

우선 예수님은 자신의 십자가의 죽음과 부활 그리고 승천을 예고할 때, '인자'라는 칭호를 사용하십니다: "인자가 많은 고난을 받고 장로들과 대제사장들과 서기관들에게 버린 바 되어 죽임을 당하고 사흘 만에 살아나야 할 것을 비로소 그들에게 가르치시되"(막 8:31, 이 밖에 마 26:2)[34]; "누구든지 이 음란하고 죄 많은 세대에서 나와 내 말을 부끄러워하면, 인자도 아버지의 영광으로 거룩한 천사들과 함께 올 때에 그 사람을 부끄러워하리라."(막 8:38, 병행 눅 9:26) 특히 "요나가 밤낮 사흘 동안 큰 물고기 뱃속에 있었던 것 같이 인자도 밤낮 사흘 동안 땅 속에 있으리라"(마 12:40)는 말씀은, '인자'가 바로 십자가에 못 박혀 죽이시고, 사흘 만에 다시 부활하신 예수 그리스도라는 것을 단적으로 표현해 주고 있습니다.

그러므로 순교자 집사 스데반이, 예수 그리스도가 평소에 자신을 가리켜 '인자'라고 칭한 사실을 모르고 있었다 하더라도, "말하되 보라 하늘이

---

34) 마 26:2 : "너희가 아는 바와 같이 이틀이 지나면 유월절이라 인자가 십자가에 못 박히기 위하여 팔리리라."

열리고 인자가 하나님 우편에 서신 것을 보노라"(행 7:56)고 한 증언에서 '인자'는 분명 '예수 그리스도'이심이 분명합니다. 왜냐하면 예수님은 부활하시어 하나님의 우편으로 승천하셨기 때문이다.(행 1:9-10) 그리고 예수님 자신도 "인자가 권능자의 우편에 앉은 것과 하늘 구름을 타고 오는 것을 너희가 보리라"(막 14:62)고 말씀하셨기 때문입니다. 따라서 요한 계시록이 증언하고 있는 심판 주, '인자 같은 이'도 승천하신 예수 그리스도이외에 다른 분이 아닙니다. 왜냐하면 요한 계시록은 '인자'를 "촛대 사이에 인자 같은 이가 발에 끌리는 옷을 입고 가슴에 금띠를 띠고"(계 1:13), "또 내가 보니 흰 구름이 있고 구름 위에 인자와 같은 이가 앉으셨는데 그 머리에는 금 면류관이 있고 그 손에는 예리한 낫을 가졌더라"(계 14:14)고 묘사하고 있기 때문입니다. 왜냐하면 보통 일반 사람은 '흰 구름 위에서 발이 끌리는 옷을 입고, 머리에는 면류관을 쓰고, 예리한 낫'을 들고 있는 모습으로 묘사될 수 없기 때문입니다. 그렇다면 '인자'는 어떻게, 무엇으로 이 세상을 심판하시는가?

3) 구원 주이시며, 심판 주이신 '인자'

마가복음에 의하면, "인자(예수 그리스도)가 온 것은 섬김을 받으려 함이 아니라 도리어 섬기려 하고 자기 목숨을 많은 사람의 대속물로 주려 함이니라"(막 10:45)고 예수님은 자신의 초림의 의미를 설명하고 있습니다. 이러한 초림의 의미에 상응하게, 예수님의 재림 역시 자신을 믿는 자들을 '생명의 부활'로, 곧 하나님의 자녀가 되게 하기 위함입니다. 그래서 요한복음은 예수의 십자가의 죽음을, 한편으로는 이 세상에 대한 심판이요, 다른 한편으로는 그를 믿는 자들에 대한 구원의 사건으로 증언하고 있습니다.

"38 내가 하늘에서 내려온 것은 내 뜻을 행하려 함이 아니요 39 나를 보내신 이의 뜻을 행하려 함이니라. 나를 보내신 이의 뜻은 내게 주신 자 중에 내가 하나도 잃어 버리지 아니하고 마지막 날에 다시 살리는 이것이니라. 40 내 아버지의 뜻은 아들을 보고 믿는 자마다 영생을 얻는 이것이니 마지막 날에 내가 이를 다시 살리리라 하시니라."(요 6:38-40)

이 말씀에 분명히 드러난 것은, 처음부터 예수님이 육신을 입고 이 땅에 오신 것은, 심판이 아니라, 오히려 죽을 수밖에 없는 자를 마지막 날에 다시 살리는 것임을 알 수 있습니다. 그러나 아무나 살리는 것이 아니라, '아들을 보고 믿는 자'에게만 영생을 주는 것입니다. 따라서 그를 믿고 영접하지 않는 자는 이미 심판을 받은 것이나 다름없는 것입니다. 그래서 예수님은 "내가 진실로, 진실로 너희에게 이르노니 내 말을 듣고 또 나 보내신 이를 믿는 자는 영생을 얻었고 심판에 이르지 아니하나니 사망에서 생명으로 옮겼느니라"(요 5:24)고 선포하셨던 것입니다. 그래서 예수님은 "이제 이 세상에 대한 심판이 이르렀으니 이 세상의 임금이 쫓겨나리라"(요 12:31)고 선언하셨습니다.

그런데 여기서 알 수 있는 것은, 심판의 기준, 곧 '심판의 잣대'는 바로 '예수 그리스도의 말씀을 듣고 그를 믿는 것'입니다. 예수님의 말씀을 직접 인용하면, "나를 저버리고 내 말을 받지 아니하는 자를 심판할 이가 있으니, 곧 내가 한 그 말이 마지막 날에 그를 심판하리라. 내가 내 자의로 말한 것이 아니요 나를 보내신 아버지께서 내가 말할 것과 이를 것을 친히 명령하여 주셨으니 나는 그의 명령이 영생인 줄 아노라. 그러므로 내가 이르는 것은 내 아버지께서 내게 말씀하신 그대로니라 하시니라."(요 12:48-50) 그러나 동시에 바로 이 말씀 앞에서 예수님은 "사람이 내 말을 듣고 지키지 아니할지라도 내가 그를 심판하지 아니하노라 내가 온 것은 세상을 심판하려 함이 아니요 세상을 구원하려 함이로라"(요 12:47)라고 말씀하고 계십니다. 그렇다면 예수님께서 한 자리에서 모순적인 이야기를 하신 것이냐? 결코 그렇지 않습니다. 예수님께서 초림初臨하셨을 때는, 이 세상을 구원하려고 오셨지만, 재림再臨하실 때에는 예수 그리스도의 십자가와 죽음을 통하여 죽은 자의 부활과 하나님 말씀의 진실성을 이미 사람들이 보고 들었기 때문에, 핑계하지 못하고 그 말씀에 따라서 심판을 받게 되는 것입니다. 즉 "선한 일을 행한 자는 생명의 부활로, 악한 일을 행한 자는 심판의 부활"(요5:29)로 나아오게 되는 것입니다.

그러므로 예수님의 말씀은 항상 양면성을 가지고 있는 것입니다. 즉 예수님의 말씀을 믿고 받아드리는 사람에게는 생명과 구원의 말씀이지만, 그의 말씀을 믿지 않고 예수 그리스도를 거부하는 사람에게는 심판의 말씀이 되는 것입니다. 그래서 한편으로는, "예수께서 이르시되 내가 심판하려 이 세상에 왔으니 보지 못하는 자들은 보게 하고 보는 자들은 맹인 되게 하려 함이라"(요 9:39)라고 말씀하시면서, 또 다른 한편으로는 "사람이 내 말을 듣고 지키지 아니할지라도 내가 그를 심판하지 아니하노라 내가 온 것은 세상을 심판하려 함이 아니요 세상을 구원하려 함이로라"(요 12:47)라고 말씀하셨던 것입니다. 그렇다면 이제 끝으로 한 가지 질문이 제기됩니다. '인자人子'와 성령은 어떠한 관계가 있는가?

4) 생명말씀의 영을 주시는 '인자'

예수님은 "누구든지 말로 인자를 거역하면 사하심을 받으려니와 성령을 모독하는 자는 사하심을 받지 못하리라"(눅 12:10, 병행 마 12:32)고 말씀하셨습니다. 왜냐하면 보혜사 성령은 예수 그리스도의 죽음과 부활 승천 이후, 세상 사람들에게, 예수 그리스도의 죽음과 부활 그리고 승천을 의미를 증언하고 가르쳐 주고 계시기 때문입니다. 따라서 성령을 기억한다는 것은 예수 그리스도에 관한 복음을 기억한다는 뜻입니다. 왜냐하면 요한복음은 보혜사 성령의 역할을 다음과 같이 증언하고 있기 때문입니다.

> "7 그러나 내가 너희에게 실상을 말하노니, 내가 떠나가는 것이 너희에게 유익이라 내가 떠나가지 아니하면 보혜사가 너희에게로 오시지 아니할 것이요 가면 내가 그를 너희에게로 보내리니 8 그가 와서 죄에 대하여, 의에 대하여, 심판에 대하여 세상을 책망하시리라. 9 죄에 대하여라 함은 그들이 나를 믿지 아니함이요 10 의에 대하여라 함은 내가 아버지께로 가니 너희가 다시 나를 보지 못함이요 11 심판에 대하여라 함은 이 세상 임금이 심판을 받았음이라. 12 내가 아직도 너희에게 이를 것이 많으나 지금은 너희가 감당하지 못하리라. 13 그러나 진리의 성령이 오시면 그가 너희를 모든 진리 가운데로 인도하시리니 그가 스스로 말하지 않고 오직 들은 것을 말하며 장래 일을 너희에게 알리시리라."(요 16:7-13)

그러므로 성령이 임한 이후 어느 누구도 '예수님의 말씀을 못 들었다. 그의 십자가의 죽음과 부활과 승천이 무슨 의미를 갖는지 나는 모른다'고 변명할 수 없습니다. 이러한 점에서 성령을 모독하고 거부하는 것은, 영원히 구원을 받을 수 없습니다. 왜냐하면 요한 계시록에 의하면, "볼지어다 내가 문 밖에 서서 두드리노니 누구든지 내 음성(말—필자 주)을 듣고 문을 열면(믿으면—필자 주) 내가(나의 영이—필자 주) 그에게로 들어가 그와 더불어 먹고 그는 나와 더불어 먹으리라"(계 3:20)고 분명히 증언하고 있기 때문입니다. 바로 이러한 이유에서 예수님께서도 부활하여 제자들에게 나타나서 "말씀을 하시고, 그들을 향하사 숨을 내쉬며 이르시되, 성령을 받으라"(요 20:22)고 하셨고, 그 후 오순절 날, 예수님의 약속대로, 각 지방에서 온 이스라엘 백성들에게 성령이 임하셨던 것입니다. 그리고 성령으로 충만해 진 사람들은 자기 나라 언어로 예수 그리스도에 관한 복음을 베드로의 설교를 통하여 듣습니다.(참고. 행 2:1-36)

그때 베드로의 설교를 들은 사람들은 마음에 찔림을 받아 "형제들아 우리가 어찌할꼬"(행·2:37)라고 제자들에게 물었을 때, "베드로가 너희가 회개하고 각각 예수 그리스도의 이름으로 세례를 받고 죄 사함을 받으라. 그리하면 성령을 선물로 받으리(라)"(행 2:38)고 답변하였습니다. 그 후 그들은 세례를 받고, 교회 공동체의 일원, 곧 그리스도인들이 됩니다.(참고. 행 2:41-42) 그리고 그들은 자기의 고향으로 돌아가 예수 그리스도의 죽음과 부활의 증인이 됩니다. 이들이 바로 원시 그리스도교 공동체의 성도들입니다. 이러한 사건은 예수님께서 승천하시면서 하신 말씀, 곧 "오직 성령이 임하시면, 너희가 권능을 받고 예루살렘과 온 유대와 사마리아와 땅 끝까지 이르러 내 증인이 되리라"(행 1:8)는 말씀이 성취되어가는 것에 대한 증언입니다.

그래서 바로 이러한 사건에 대한 환상을 다니엘 선지자는 "내가 또 밤 환상 중에 보니 인자 같은 이가 하늘 구름을 타고 와서 옛적부터 항상 계신 이에게 나아가 그 앞으로 인도되매 그에게 권세와 영광과 나라를 주고 모든 백성과 나라들과 다른 언어를 말하는 모든 자들이 그를 섬기게 하였으니 그의 권세는 소멸되지 아니하는 영원한 권세요 그의 나라는 멸망하지 아니할 것이니라"(단 7:13-14)고 증언하고 있는 것입니다. 이와 상응하게 요한 계시록은 종말에 심판 주로 임할 예수 그리스도께서 '성령의 검', 곧 '말씀'으로 이 세상을 심판할 것에 대하여 다음과 같이 환상적으로 보고하고 있습니다.

> "16 그의 오른손에 일곱 별이 있고 그의 입에서 좌우에 날선 검이
> 나오고 그 얼굴은 해가 힘있게 비치는 것 같더라. 17 내가 볼 때에
> 그의 발 앞에 엎드러져 죽은 자 같이 되매 그가 오른손을 내게 얹고
> 이르시되 두려워하지 말라. 나는 처음이요 마지막이니 18 곧 살아
> 있는 자라 내가 전에 죽었었노라 볼지어다 이제 세세토록 살아 있어
> 사망과 음부의 열쇠를 가졌노니."(계 1:16-18)

그리고 계속해서 계시록은 "예수의 증언은 예언의 영이라"(계 19:10bβ)
고 증언하면서, '어린 양의 혼인 잔치'에 대한 환상에서, "그가 피 뿌린 옷을
입었는데, 그 이름은 하나님의 말씀이라"(계 19:13) 칭하더라고 말씀합니
다. 그리고는 곧 이어서 "하늘에 있는 군대들(천사들이─필자 주)이 희고 깨끗
한 세마포 옷을 입고 백마를 타고 그를 따르더라. 그(어린 양─필자 주)의 입에
서 예리한 검이 나오니 그것으로 만국을 치겠고 친히 그들을 철장으로 다
스리며 또 친히 하나님 곧 전능하신 이의 맹렬한 진노의 포도주 틀을 밟겠
고, 그 옷과 그 다리에 이름을 쓴 것이 있으니 만왕의 왕이요 만주의 주라"
(계 19:14-16)고 증언하고 있습니다.

그러므로 '예언의 영'인 '예수 그리스도의 말씀'을 듣지 못한 사람들은
지금이나, 마지막 종말이나 지금이나 최초 인간 아담의 죄로 인하여 이미
'죽은 자'인 것입니다. 그래서 예수님은 '하나님의 나라에 대한 복음'을 선
포하시면서, "죽은 자들이 하나님의 아들의 음성을 들을 때가 오나니, 곧
이때라 듣는 자는 살아나리라"(요 5:25)고 선포하셨던 것입니다. 성령은 지
금도 하나님의 말씀을 통하여, 죽을 자를 다시 살리시고 계십니다. 그러나
이 생명의 말씀, 곧 '예언의 영'을 영접하지 않는 사람은 살아 있는 자 같으

나 실상은 이미 죽은 자입니다. 누가 죽은 자이고, 누가 살아 있어 영생의 생명이 있는지는 마지막 '인자', '예수 그리스도'의 재림 때 명백히 드러날 것입니다.

그런데 바로 바로 이 '예언의 영'이, 곧 '예수 그리스도의 말씀'이기 때문에, 예수님의 역사적 혹은 가시적 재림 시기는 온 세상에 하나님의 말씀이 전파될 때까지 지연되는 것처럼 보이는 것뿐입니다: "또 복음이 먼저 만국에 전파되어야 할 것이니라."(막 13:10) 그러나 실상은 예수님의 "이 동네에서 너희를 박해하거든 저 동네로 피하라 내가 진실로 너희에게 이르노니 이스라엘의 모든 동네를 다 다니지 못하여서 인자(예수 그리스도)가 오리라"(마 10:23)는 약속의 말씀대로, 약속된 '인자'는 오순절에 이미 '성령'으로 재림하셨습니다. 왜냐하면 '성령'은 바로 '예수 그리스도의 영'이기 때문입니다.35)

---

35) 성령에 교회의 전통적인 가르침은 'Filioque', 곧 아버지 하나님과 아들 그리스도의 영이다. 이 점에 대하여는 삼위로 계신 한 분 하나님에 대한 '삼위일체론'에서 보다 자세히 설명될 것이다.

4
사탄 마귀를 진멸하는
권능의 '성령'

왕상 22:22_ "여호와께서 그(악령)에게 이르시되 어떻게 하겠느냐 이르되 내가 나가서 거짓말하는 영이 되어 그의 모든 선지자들의 입에 있겠나이다. By what means? the Lord asked. 'I will go out and he a lying spirit in the mouths of all his prophets.'"

고전 15:24-26_ "그 후에는 마지막이니 그가 모든 통치와 모든 권세와 능력을 멸하시고 나라를 아버지 하나님께 바칠 때라. 그가 모든 원수를 그 발 아래에 둘 때까지 반드시 왕 노릇 하시리니, 맨 나중에 멸망 받을 원수는 사망이니라. Then the end will come, when he hands over the kingdom to God the Father after he has destroyed all dominion, authority and power. For he must reign until he has put all his enemies under his feet."

1) 하나님의 말씀을 왜곡하고, 거짓말하는 영으로서의 '사탄'

창세기는 하나님의 창조 사역에 대하여 증언하고 난 다음 곧 바로, 사탄이 인간을 타락하도록 유혹하는 일을 기술하고 있습니다. 이때 사탄이 최초 인간, 아담Adam의 아내를 유혹하는 방식은 아주 간단합니다. 그것은 하나님의 말씀을 왜곡하여, 인간의 욕심을 자극하는 거짓말을 하는 것입니다. 다시 말해서 사탄은 인간으로 하여금 죄를 범하게 하기 위하여, 거대한 힘으로 억압하거나, 무서운 것으로 위협하지도 않습니다. 그렇다고 사탄이 인간을 타락시키기 위하여 값 비싼 것으로 뇌물 공세를 취하지도 않습니다. 사탄은 하나님께서 하신 말씀을 단지 왜곡하고 거짓말로 인간의 욕심을 자극합니다. 이를 하나님의 말씀과 사탄의 말씀 왜곡을 서로 대조해 보면 분명히 알 수 있습니다.

> **하나님 말씀** : "16 여호와 하나님이 그 사람에게 명하여 이르시되 동산 각종 나무의 열매는 네가 임의로 먹되 17 선악을 알게 하는 나무의 열매는 먹지 말라 네가 먹는 날에는 반드시 죽으리라 하시니라."(창 2:16-17)

> **사탄의 말** : "하나님이 참으로 너희에게 동산 모든 나무의 열매를 먹지 말라 하시더냐?"(창 3:1b) "4 뱀이 여자에게 이르되 너희가 결코 죽지 아니하리라 5 너희가 그것을 먹는 날에는 너희 눈이 밝아져 하나님과 같이 되어 선악을 알 줄 하나님이 아심이니라."(창 3:4-5)

> **사탄의 거짓말과 왜곡** : "동산 각종 나무의 열매는 네가 임의로 먹되"(창 2:16b)의 말씀을 → "동산 모든 나무의 열매를 먹지 말라 하시더냐?"

로 왜곡하여 여자에게 묻습니다. 그리고 "네가 먹는 날에는 반드시 죽으리라"를 → "너희가 결코 죽지 아니하리라"로 거짓말하고, "너희가 그것을 먹는 날에는 너희 눈이 밝아져 하나님과 같이 되어 선악을 알 줄 하나님이 아심이니라."고 "선악을 알게 하는 나무의 열매를 먹지 말라"고 말씀하신 하나님의 의도를 왜곡하고 여자에게 거짓된 약속을 합니다.

이러한 사탄의 하나님 말씀에 대한 왜곡과 거짓말로 명백히 드러난 것은, 사탄은 다름 아닌 '거짓말 하는 영'이라는 것입니다. 사탄이 '거짓말하는 영'이라는 것은 이스라엘 왕, 아합을 유혹하는 거짓 선지자들의 말에서도 발견할 수 있습니다.

아람과 이스라엘은 전쟁 없이 지내다가, 어느 날 유다의 여호사밧 왕이 이스라엘 왕에게 내려가매, 이스라엘 왕 아합이, 유다 왕 여호사밧에게, 본래 길르앗 라못이 우리 땅이니, 함께 길르앗 라못을 빼앗으러가지 않겠느냐고 묻습니다. 그러나 유다 왕, 여호사밧은 먼저 여호와 하나님의 말씀이 어떠한지 물어보도록 권합니다.(참고 왕상 22:1-5) 이때에 선지자 미가야는 자신이 본 천상회의의 비전을 다음과 같이 증언합니다.

"21 한 영이 나아와 여호와 앞에 서서 말하되 내가 그를 꾀겠나이다. 22 여호와께서 그에게 이르시되 어떻게 하겠느냐 이르되 내가 나가서 거짓말하는 영이 되어 그의 모든 선지자들의 입에 있겠나이다. 여호와께서 이르시되 너는 꾀겠고 또 이루리라 나가서 그리하라 하셨은즉 23 이제 여호와께서 거짓말하는 영을 왕의 이 모든 선지자의 입에 넣으셨고 또 여호와께서 왕에 대하여 화를 말씀하셨나이다."(왕상 22:21-23)

이와 같은 선지자, '미가야'의 예언대로, 이스라엘 왕, '아합'은 거짓 선지자들의 말을 듣고 '길르앗 라못'을 빼앗으려고 전쟁에 나갔다가 죽습니다. 이러한 거짓 예언자들에 대한 기사를 통하여 알 수 있는 것은, 사탄, 마귀는 '거짓말 하는 영'이라는 것입니다. 거짓말하는 영인 사탄은 예수님을 유혹할 때는 보다 고도의 수법을 사용합니다. 그것은 하나님의 말씀을 왜곡하여 거짓되게 적용하는 수법입니다.

예수님께서 성령에 이끌리어 마귀에게 시험을 받으러 광야로 나아가셨습니다.(마 4:1) 이때 사탄 마귀가 예수님께 "이르되 네가 만일 하나님의 아들이어든 뛰어내리라 기록하였으되 그가 너를 위하여 그의 사자들을 명하시리니 그들이 손으로 너를 받들어 발이 돌에 부딪치지 않게 하리로다 하였느니라."(마 4:6) 그런데 사실 이 말씀은 시편 91편 11, 12절의 말씀을 요약한 것입니다. 왜냐하면 시 91편 11, 12절에 의하면, "그가 너를 위하여 그의 천사들을 명령하사 네 모든 길에서 너를 지키게 하심이라. 그들이 그들의 손으로 너를 붙들어 발이 돌에 부딪히지 아니하게 하리로다"라고 되어 있기 때문입니다. 그러나 시편 91편 11, 12절의 말씀은 인간을 시험하기 위한 말씀이 아니라, '하나님을 경외하고, 그를 온전히 의지하는 자'(시 91:2)를 지켜주시는 여호와 하나님의 구원의 말씀입니다.36) 그런데 사은 하나님의 은총의 말씀을 다른 사람을 시험하기 위한 말로 악용惡用하고 있는 것입니다.37) 이러한 죄악을 특히 하나님의 말씀을 전하는 목회자들

---

36) 시 91:2 : "나는 여호와를 향하여 말하기를 그는 나의 피난처요 나의 요새요 내가 의뢰하는 하나님이라 하리니……."

37) 만일 누구든지 '하나님 말씀'을 인용하여 다른 사람을 유혹하거나, 협박하거나, 자기 이익을 구하기 위하여 사용한다면, 그것은 사탄의 영에 사로잡혀 있는 자이다. 예컨대 목회자가 성령의 인도함을 받지 않았음에도 불구하고, 자기의 권위를 세우기 위하여, 자기 말을 하나님의 말씀과 동일시한다면, 그것은 곧 사탄의 노예가 되어 있는 자이다. 이러한 점에서 설교자뿐만 아니라, 기독교인들은 어떠한 경우에도 자기의 말을 정당화하거나, 다른 사람을 유혹하기 위하여 하나님의 말씀을 악용해서는 안 된다.

이 범하기 쉬운 죄악입니다.

그러므로 '거짓말 하는 영'인 사탄은 역으로 자신을 '빛의 천사'로 가장합니다. 그래서 사도 바울은 거짓 복음을 쉽게 받아들인 고린도 교회 교우들을, "만일 누가 가서 우리가 전파하지 아니한 다른 예수를 전파하거나 혹은 너희가 받지 아니한 다른 영을 받게 하거나 혹은 너희가 받지 아니한 다른 복음을 받게 할 때에는 너희가 잘 용납하는구나"(고후 11:4)라고 책망합니다. 그리고 계속해서 "그런 사람들은 거짓 사도요 속이는 일꾼이니 자기를 그리스도의 사도로 가장하는 자들이니라. 이것은 이상한 일이 아니니라. 사탄도 자기를 광명의 천사로 가장하나니. 그러므로 사탄의 일꾼들도 자기를 의의 일꾼으로 가장하는 것이 또한 대단한 일이 아니니라. 그들의 마지막은 그 행위대로 되리라"(고후 11:13-15)고 증언합니다.

뿐만 아니라, 거짓말 하는 영, 곧 사탄 마귀는 때로는 기적을 일으켜, 하나님의 말씀을 왜곡하고 거짓말한 것을 위장합니다. 곧 악한 자들은 "사탄의 활동을 따라 모든 능력과 표적과 거짓 기적과 불의의 모든 속임으로"(살후 2:9-10a) 사람들을 멸망에 이르게 합니다. 그러나 사도 바울은 이렇게 "하나님이 미혹의 역사를 그들(불법을 행하는 자)에게 보내사 거짓 것을 믿게 하심은, 진리를 믿지 않고 불의를 좋아하는 모든 자들로 하여금 심판을 받게 하려 하심이라"(살후 2:11-12)고 증언합니다. 이러한 점에서 사도 바울은 '사탄'을 사람을 '미혹케 하는 영'으로 규정하고 있습니다: "그러나 성령이 밝히 말씀하시기를, 후일에 어떤 사람들이 믿음에서 떠나 미혹하는 영과 귀신의 가르침을 따르리라 하셨으니, 자기 양심이 화인을 맞아서 외식함으로 거짓말하는 자들이라."(딤전 4:1-2. 참고 고후 11:3)[38]

---

38) 고후 11:3 : "뱀이 그 간계로 하와를 미혹한 것 같이 너희 마음이 그리스도를 향하는 진실함과 깨끗함에서 떠나 부패할까 두려워하노라."

이상에서 살펴본 바와 같이, 최초 인간 아담의 아내처럼 '하나님과 같이 되고자 하는 욕심'에 사로잡혀 있거나, 혹은 '진리를 믿지 않고 불의를 좋아하는 자'들이나, 아니면 예수님처럼 '하나님의 말씀대로 살려고 하는 사람'들을 유혹하고 시험하기 위하여, 사탄 마귀는 가장 간단한 방법, 곧 하나님의 말씀을 왜곡하거나, 말씀을 바꾸어 거짓말을 하거나, 하나님의 말씀을 오용 혹은 악용합니다. 바로 이러한 이유 때문에 성령은 사탄 마귀를 축출할 수 있는 '검', 곧 '하나님의 말씀'을 사용합니다.(엡 6:17)[39] 즉 하나님의 말씀, 곧 예수님의 말씀을 가르쳐 주시고, 생각나게 해주십니다: "보혜사 곧 아버지께서 내 이름으로 보내실 성령 그가 너희에게 모든 것을 가르치고 내가 너희에게 말한 모든 것을 생각나게 하리라."(요 14:26)

바로 이러한 연고로 사탄은 하나님의 말씀이 전하여질 때, 조금이라도 하나님의 말씀에 의심을 하는 '길 가'와 같이 돌 같은 마음을 가진 사람들에서 '하나님의 말씀'을 빼앗아 갑니다. 이 점을 우리는 예수님의 씨 뿌리는 비유에서 알 수 있습니다: "아무나 천국 말씀을 듣고 깨닫지 못할 때는 악한 자가 와서 그 마음에 뿌려진 것을 빼앗나니 이는 곧 길 가에 뿌려진 자요"(마 13:19)[40] 그래서 요한 계시록에서는 "귀 있는 자는 성령이 교회들에게 하시는 말씀을 들을지어다"(계 2:7. 이 밖에 여러 곳)라고 반복하고 있는 것입니다. 이러한 점에서 하나님의 말씀에서 떠난 자는 곧 '하나님을 떠난 자'(참고. 요 13:2), '사탄 마귀의 노예가 되어 있는 자'라고 할 수 있습니다.(참

---

39) 엡 6:17 : "구원의 투구와 성령의 검, 곧 하나님의 말씀을 가지라."

40) 마 13:18-23 : "[18] 그런즉 씨 뿌리는 비유를 들으라 [19] 아무나 천국 말씀을 듣고 깨닫지 못할 때는 악한 자가 와서 그 마음에 뿌려진 것을 빼앗나니 이는 곧 길 가에 뿌려진 자요 [20] 돌밭에 뿌려졌다는 것은 말씀을 듣고 즉시 기쁨으로 받되 [21] 그 속에 뿌리가 없어 잠시 견디다가 말씀으로 말미암아 환난이나 박해가 일어날 때에는 곧 넘어지는 자요 [22] 가시 떨기에 뿌려졌다는 것은 말씀을 들으나 세상의 염려와 재물의 유혹에 말씀이 막혀 결실하지 못하는 자요 [23] 좋은 땅에 뿌려졌다는 것은 말씀을 듣고 깨닫는 자니 결실하여 어떤 것은 백 배, 어떤 것은 육십 배, 어떤 것은 삼십 배가 되느니라 하시더라."

고. 삼상 16:14; 왕상 22:17-23)

2) 어두운 세상 권세로 사람을 죽이는 '사탄의 권세'

예수님께서 성령에 이끌리어 마귀에게 시험을 받으러 광야로 나아가셨습니다.(마 4:1) 이때 "마귀가 또 그(예수 그리스도)를 데리고 지극히 높은 산으로 가서 천하만국과 그 영광을 보여 이르되 만일 내게 엎드려 경배하면 이 모든 것을 네게 주리라"(마 4:8-9)고 유혹합니다. 이러한 마귀의 증언에 의하면, 이 세상의 권세를 마귀가 가지고 있습니다. 그런데 사실은 '하늘과 땅'의 모든 권세는 본래 하나님께서 아들에게 주신 권세입니다.(마 28:18)[41] 그런데 사탄 마귀가 불법적으로 '땅의 권세'를 자기의 권세인양 위장하고 있습니다. 그래서 사탄 마귀는 예수님께서 이 땅에 오셨을 때, "나사렛 예수여 우리가 당신과 무슨 상관이 있나이까? 우리(귀신들)를 멸하러 왔나이까? 나는 당신이 누구인줄 아노니 하나님의 거룩한 자니이다"(막 1:24)라고 두려움에 떨며 외쳤던 것입니다.

그래서 예수님은 자신을 영접하지 않는 유대인들을 가리켜, '마귀의 자식'이라고 칭합니다: "너희는 너희 아비 마귀에게서 났으니 너희 아비의 욕심대로 너희도 행하고자 하느니라. 그는 처음부터 살인한 자요 진리가 그 속에 없으므로 진리에 서지 못하고 거짓을 말할 때마다 제 것으로 말하나니 이는 그가 거짓말쟁이요 거짓의 아비가 되었음이라."(요 8:44)

이러한 예수님의 증언에서 알 수 있듯이, 하나님 없는, 곧 하나님의 말씀

---

41) 마 28:18 : "예수께서 나아와 말씀하여 이르시되 하늘과 땅의 모든 권세를 내게 주셨으니……."

을 믿고 받아들이지 않는 이 세상 사람들은 사탄 마귀의 자녀임을 명백히 알 수 있습니다.(참고 행 5:3)[42] 왜냐하면 "이 세상의 신이 믿지 아니하는 자들의 마음을 혼미하게 하여 그리스도의 영광의 복음의 광채가 비치지 못하게"(고후 4:4)하고 있기 때문입니다. 그러므로 성령으로 거듭나지 않아, '거짓말 하는 영'에 사로잡혀 있는 사람들은 그의 입에서 나오는 것이 모두 악합니다. 즉 "그들(유대인이나 헬라인이나 모든 인간—필자 주)의 목구멍은 열린 무덤이요 그 혀로는 속임을 일삼으며 그 입술에는 독사의 독이 있고, 그 입에는 저주와 악독이 가득"(롬 3:13-14)합니다. 이러한 점에서 성령으로 거듭나지 않은 이 세상 사람들은 모두 사탄 마귀의 자녀라고 말할 수 있습니다. 그래서 사도 바울도 에베소서에서, 성령으로 하나님의 자녀가 되기 이전의 사람들을 가리켜, "그 때(성령의 인도함을 받기 전)에 너희는 그 가운데서 행하여 이 세상 풍조를 따르고 공중의 권세 잡은 자를 따랐으니 곧 지금 불순종의 아들들 가운데서 역사하는 영이라"(엡 2:2)고 칭하고 있습니다. 이와 상응하게 사도 바울도 또한 성령으로 인도함을 받아 하나님의 자녀가 되지 못한 사람들을 영적으로 '죽은 자'라고 칭하고 있습니다: "그는 허물과 죄로 죽었던 너희를 살리셨도다."(엡 2:1, 이 밖에 2:4)

이상에서 살펴본 바와 같이, 이 세상은 사탄 마귀의 권세 아래 있습니다. 그래서 예수님께서도 "이제 이 세상에 대한 심판이 이르렀으니, 이 세상의 임금이 쫓겨나리라"(요 12:31)고 말씀하셨던 것입니다. 그리고 종말의 때에 사탄 마귀가 더욱 기승을 부릴 것을 예수님은 아래와 같이 예언하셨습니다: "이제 일이 일어나기 전에 너희에게 말한 것은, 일이 일어날 때에 너희로 믿게 하려 함이라. 이 후에는 내가 너희와 말을 많이 하지 아니하리니

---

42) 행 5:3 : "베드로가 이르되 아나니아야 어찌하여 사탄이 네 마음에 가득하여 네가 성령을 속이고 땅 값 얼마를 감추었느냐."

이 세상의 임금이 오겠음이라."(요 14:29-30) 이러한 말씀과 상응하게 요한 계시록은 마지막 때에 진멸될 사탄 마귀를 '이 세상의 왕'으로 묘사하고 있습니다: "그들(죽은 자들, 역자 주)에게 왕이 있으니 무저갱의 사자라 히브리어로는 그 이름이 아바돈이요 헬라어로는 그 이름이 아볼루온이더라."(계 9:11)43)

그러므로 사탄 마귀는 이 세상에서 사람을 미혹하여 하나님의 말씀을 거역하게 하는 '유혹자' 역할을 하고, 일단 인간이 죄를 범하면, 그 죄를 족쇄로 삼아 인간을 지배하는 세상의 악한 권세입니다. 그래서 이 사탄 마귀는 '세상의 왕'으로 칭함을 받았습니다.

반면에 유대인들이나 세상의 임금들이 '왕'이라는 칭호를 사용하지만, 예수 그리스도가 통치하는 나라는 이 세상이 아니라, '하나님의 나라'임을 예수님 자신이 명백히 밝혀 주셨습니다: "예수께서 총독 앞에 섰으매 총독이 물어 이르되 네가 유대인의 왕이냐 예수께서 대답하시되 네 말이 옳도다 하시고"(마 27:11, 병행 막 15:2; 눅 23:3; 요 18:33)44); "예수께서 대답하시되 내 나라는 이 세상에 속한 것이 아니니라. 만일 내 나라가 이 세상에 속한 것이었더라면 내 종들이 싸워 나로 유대인들에게 넘겨지지 않게 하였으리라 이제 내 나라는 여기에 속한 것이 아니니라."(요 18:36)

이와 같이 예수 그리스도가 다스리는 나라는 이 세상을 초월하는 나라입니다. 따라서 예수님에게 붙여진 '왕'의 칭호도 다른 의미를 가지고 있습

---

43) Ἀπολλύων: Apollyon(아볼루온)은 '파멸'이라는 뜻으로, '멸망'을 뜻하는 히브리어 '아바돈'(욥 28:22)의 말을 번역한 것이다.(계 9:11) 이 말은 '무저갱의 천사'라고 불리는 황충들의 임금을 뜻한다. 고대 헬라에서 '아볼루온'이란 이름은 '아폴로 신이나 황제'들을 비꼬는 데 사용되었다고 한다.(이 점에 관하여: R. H. Mounce, 『요한계시록』, NICNT, 1977.) 그런데 이 천사는 '이마에 하나님의 인을 맞지 아니한 자들'(계 9:4)에게 하나님의 진노를 내리는 직무를 맡았던 것 같다.(아가페 성경사전, 아가페출판사, 1991, 1032.)

44) 예수 그리스도의 죄패에 "INRI"라고 썼다. 이 말은 '나사렛 예수 유대인의 왕'이라는 뜻이다.(요 19:19)

니다. 예수님이 사랑한 왕의 직분은 당신이 창조한 이 세상의 인간을 사랑하고 돌보고 보존하는 것입니다.

3) 어두움과 세상 권세를 진멸하는 '빛의 영'

앞에서 이미 인용한 것처럼, 귀신들은 예수님께서 이 땅에 오셨을 때, "나사렛 예수여 우리가 당신과 무슨 상관이 있나이까? 우리(귀신들)를 멸하러 왔나이까? 나는 당신이 누구인줄 아노니 하나님의 거룩한 자니이다"(막 1:24)라고 두려움에 떨려 외쳤습니다. 그래서 야고보서는 "네가 하나님은 한 분이신 줄을 믿느냐 잘하는도다. 귀신들도 믿고 떠느니라"(약 2:19)고 증언하고 있습니다. 왜 귀신이 하나님과 우리 주 예수 그리스도 앞에서 두려워 떨면서, '우리는 멸하여 왔나이까?'라고 반문하겠습니다. 그것은 우리 주 예수 그리스도께서 마지막 날에 이 세상의 모든 임금들, 곧 사탄 마귀를 쫓아내실 것이기 때문입니다. 그래서 요한 계시록은 종말에 멸망받을 사탄 마귀에 대하여 다음과 같이 예언하고 있습니다: "용을 잡으니 곧 옛 뱀이요 마귀요 사탄이라 잡아서 천 년 동안 결박하여"(계 20:2); "천년이 차매 사탄이 그 옥에서 놓여"(계 20:2. 7); "그들을 미혹하는 마귀가 불과 유황 못에 던져지니 거기는 그 짐승과 거짓 선지자도 있어 세세토록 밤낮 괴로움을 받으리라."(계 20:10) 그래서 예수님은 이 지상에 계실 때부터 이미 '귀신을 쫓아내시는 일'을 행하셨던 것입니다: "저물매 사람들이 귀신 들린 자를 많이 데리고 예수께 오거늘 예수께서 말씀으로 귀신들을 쫓아내시고 병든 자들을 다 고치시니."(마 8:16. 참고 마 8:16; 막 3:22; 눅 4:41)

그뿐만 아니라, 예수님께서 제자들에게도 '귀신 내어 쫓는 권세를 주셨습니다: "예수께서 그의 열두 제자를 부르사 더러운 귀신을 쫓아내며 모든 병과 모든 약한 것을 고치는 권능을 주시니라."(마 10:1, 이 밖에 막 6:7; 16:17) 그리고 실제로 제자들도 더러운 귀신을 내어 쫓은 적도 있습니다: "칠십 인이 기뻐 돌아와 이르되 주여 주의 이름이면 귀신들도 우리에게 항복하더 이다."(눅 10:17) 이러한 보고를 받으시고, "예수님께서 이르시되, 사탄이 하늘로부터 번개 같이 떨어지는 것을 내가 보았노라"(눅 10:18)고 말씀하셨 습니다.45)

그러므로 히브리서는 예수님께서 이 땅에 오신 목적을 사탄을 진멸하기 위한 것으로 증언하고 있습니다.

> "자녀들(은) 혈과 육에 속하였으매, 그(예수 그리스도―필자 주)도 또한 같은 모양으로 혈과 육을 함께 지니심은, (자기의―필자 주) 죽음을 통 하여 죽음의 세력을 잡은 자 곧 마귀를 멸하시며, 또 죽기를 무서워하므 로 한평생 매여 종노릇 하는 모든 자들을 놓아 주려 하심이니…… 이 는…… 오직 아브라함의 자손을 붙들어 주려 하심이라."(히 2:14-16)

그런데 예수님께서 귀신을 쫓아내신 것은 오로지 성령의 능력을 힘입은 것입니다. 그래서 예수님은 바리새인들이 예수님께서 '바알세불'에 힘입 어 귀신을 쫓아낸다고 말하였을 때,46) "내가 바알세불을 힘입어 귀신을 쫓아내면, 너희의 아들들은 누구를 힘입어 쫓아내느냐. 그러므로 그들이 너희의 재판관이 되리라. 그러나 내가 하나님의 성령을 힘입어 귀신을 쫓 아내는 것이면 하나님의 나라가 이미 너희에게 임하였느니라"(마 12:27-28)

---

45) 제자들이 귀신을 쫓아낸 실례: 막 9:38; 눅 10:17; 베드로 행 5:16; 바울 행 16:16-18; 19:12; 빌립 행 8:7 그러나 제자들이 때론 귀신을 못 쫓아낸 이유는, 기도가 없어서: 막 9:18,28,29; 불신자가 예수님의 이름을 빙자 하였을 때: 행 19:13-16; 그리고 제자들이 믿음이 없어서: 마 17:14-20입니다.
46) 예수님이 귀신 들렸다고 비난한 곳: 막 3:22-30; 요 7:20; 8:48; 10:20.

고 말씀하셨습니다. 그리고 곧 이어서 "누구든지 말로 인자를 거역하면 사하심을 얻되 누구든지 말로 성령을 거역하면 이 세상과 오는 세상에서도 사하심을 얻지 못하리라"(마 12:32)고 단호하게 말씀하십니다.

이상의 예수님의 말씀을 통하여 명백히 드러난 것은, 이 세상의 주관자요, 공중 권세 잡은 자인 사탄 마귀는 예수 그리스도가 이 땅에 오심으로써 이미 진멸되기 시작하였으며, 예수님도 사탄 마귀를 '성령을 힘입어' 진멸하셨음을 알 수 있습니다. 그래서 누가는 "하나님이 나사렛 예수에게 성령과 능력을 기름 붓듯 하셨으매 그가 두루 다니시며 선한 일을 행하시고 마귀에 눌린 모든 사람을 고치셨으니 이는 하나님이 함께 하셨음이라"(행 10:38)고 증언하고 있습니다. 그래서 이와 상응하게 욥은 "하나님의 영이 나를 지으셨고 전능자의 기운이 나를 살리시느니라"(욥 33:4)고 고백하고 있습니다. 뿐만 아니라, 사도 바울도 "죽은 자의 부활도 그와 같으니 썩을 것으로 심고 썩지 아니할 것으로 다시 살아나며", "육의 몸으로 심고 신령한 몸으로 다시 살아나나니 육의 몸이 있은 즉 또 영의 몸도 있느니라"(고전 15:42, 44)고 증언하고 있는 것입니다. 이러한 점에서, 사도 바울의 증언처럼, "맨 나중에 멸망 받을 원수는 사망"(고전 15:26)입니다.

반면에 그리스도의 자녀들에 대하여 사도 바울은, "보라 내가 너희에게 비밀을 말하노니 우리가 다 잠 잘 것이 아니요 마지막 나팔에 순식간에 홀연히 다 변화되리니, 나팔 소리가 나매 죽은 자들이 썩지 아니할 것으로 다시 살아나고 우리도 변화되리라. 이 썩을 것이 반드시 썩지 아니할 것을 입겠고 이 죽을 것이 죽지 아니함을 입으리로다. 이 썩을 것이 썩지 아니함을 입고 이 죽을 것이 죽지 아니함을 입을 때에는 사망을 삼키고 이기리라고 기록된 말씀이 이루어지리라. 사망아 너의 승리가 어디 있느냐 사망아 네가 쏘는 것이 어디 있느냐. 사망이 쏘는 것은 죄요 죄의 권능은 율법이라"(고전 15:51-56)고 증언하고 있습니다.

5

하나님 나라로 인도하는 성령

신 26:8-9_ "여호와께서 강한 손과 편 팔과 큰 위엄과 이적과 기사로 우리를 애굽에서 인도하여 내시고, 이곳으로 인도하사 이 땅 곧 젖과 꿀이 흐르는 땅을 주셨나이다. So the Lord brought us out of Egypt with a mighty hand and an outstretched arm, with great terror and with miraculous signs and wonders. He brought us to this place and gave us this land flowing with milk and honey."

요 3:5_ "예수께서 대답하시되 진실로, 진실로 네게 이르노니 사람이 물과 성령으로 나지 아니하면 하나님의 나라에 들어갈 수 없느니라. Jesus answered, 'I tell you the truth, no one can enter the kingdom of God unless he is born of water and the Spirit.'"

1) 이스라엘 백성을 '가나안 땅'으로 인도하신 하나님

1) 이스라엘 족장을 인도하신 하나님

이스라엘 민족의 지도자 모세는, 이스라엘 백성들에게 여호와 하나님께서 주시기로 약속하신 땅, 가나안 땅에 이르거든 '그 토지의 모든 소산의 맏물을 거둔 후에 그것을 가져다가 광주리에 담고 네 하나님 여호와께서 그의 이름을 두시려고 택하시니 곳으로 그것을 가지고 가서 여호와의 제단 앞에 놓고'(참고 신 26:1-4), "너는 또 네 하나님 여호와 앞에 아뢰기를"(신 26:5a), "내 조상은 방랑하는 아람 사람으로서 애굽에 내려가 거기에서 소수로 거류하였더니 거기에서 크고 강하고 번성한 민족이 되었는데, 애굽 사람이 우리를 학대하며 우리를 괴롭히며 우리에게 중노동을 시키므로, 우리가 우리 조상의 하나님 여호와께 부르짖었더니 여호와께서 우리 음성을 들으시고 우리의 고통과 신고와 압제를 보시고, 여호와께서 강한 손과 편 팔과 큰 위엄과 이적과 기사로 우리를 애굽에서 인도하여 내시고, 이곳으로 인도하사 이 땅 곧 젖과 꿀이 흐르는 땅을 주셨나이다."(신 26:5b-9)라고 고백告白하라고 명령합니다. 이러한 이스라엘 백성들의 '최초의 신앙고백'에 의하면, '아브라함'때부터 그의 아들 이삭, 그리고 야곱에 이르는 이스라엘 백성들의 조상들을 부르시고, 동행하시고, 인도해 주신 분은 다름 아닌 여호와 하나님이셨습니다.[47] 그뿐만 아니라, 이스라엘 자손들의 애굽 땅에서의 종살이, 그리고 애굽에서의 해방과 광야생활 그리고 가나안 정복에 이르는 모든 역사과정을 여호와 하나님께서 친히 인도하셨다는 것을

---

47) 이스라엘의 신앙고백과 아브라함에 주어진 '가나안' 땅에 대한 약속과 정복까지의 역사에 관하여: G. von Rad, "Das formgeschichtliche Problem des Hexateuch", *Gesammelte Studien zum Alten Testament*, Theologische Bücherei 8, München, 1958, 김정준 역, 『폰 라드 論文集』(대한기독교서회 1990), 15 이하.

알 수 있습니다. 이러한 신앙고백의 역사적 현실성을 우리는 우선 이스라엘의 조상 아브라함이 여호와 하나님에 의해서 부름을 받고 인도함을 받은 사건에서 발견할 수 있습니다.

아브람이 갈대아 우르에 있을 때에 "여호와께서 아브람에게 이르시되, 너는 너의 고향과 친척과 아버지의 집을 떠나 내가 네게 보여 줄 땅으로 가라. 내가 너로 큰 민족을 이루고 네게 복을 주어 네 이름을 창대하게 하리니 너는 복이 될지라"(창 12:1-2)고 약속해 주십니다. "이에 아브람이 여호와의 말씀을 따라갔고 롯도 그와 함께 갔으며, 아브람이 하란을 떠날 때에 칠십 오세"(창 12:4)였습니다. 그 후 아브람은 그의 아내 사래와 조카 롯과 하란에서 모은 모든 소유와 얻은 사람들을 이끌고 가나안 땅으로 가려고 떠나서 마침내 가나안 땅에 들어갔습니다.(창 12:5) 그 때에 또 다시 "여호와께서 아브람에게 나타나 이르시되, 내가 이 땅을 네 자손에게 주리라"(창 12:7a) 약속해 주십니다. 그러자 아브람은 그곳, 곧 벧엘과 아이 사이에 제단을 쌓고 여호와 하나님의 이름을 부릅니다.(창 12:8b; 13:4) 그후 아브람은 장막을 이동하여 새로운 정착지에 이를 때마다 새롭게 제단을 쌓고 여호와 하나님의 이름을 부릅니다.(창 13:18) 이렇게 아브람이 장막을 옮길 때마다 제단을 쌓고 여호와 하나님의 이름을 불렀다는 것은, 바꾸어 말하면, 여호와 하나님께서 항상 아브람과 동행하시고, 그를 인도해 주셨다는 것으로 이해할 수 있습니다.48)

아브람의 아들, 이삭도 그의 아버지가 섬기던 여호와 하나님의 인도하심을 받습니다. 그 한 가지 예로 아브라함 때에 흉년이 들어 이삭이 애굽으로 내려가려고 하였을 때, "여호와께서 이삭에게 나타나 이르시되 애굽으

---

48) 고대 근동에서는 각 가정마다 자신들의 가족家族 신神을 모시고 살았다. 예컨대 야곱의 삼촌 라반은 '드라빔'을 가정에 모시고 있었다.(참고 31:19, 32)

로 내려가지 말고 내가 네게 지시하는 땅에 거주하라. 이 땅에 거류하면 내가 너와 함께 있어 네게 복을 주고 내가 이 모든 땅을 너와 네 자손에게 주리라 내가 네 아버지 아브라함에게 맹세한 것을 이루어, 네 자손을 하늘의 별과 같이 번성하게 하며 이 모든 땅을 네 자손에게 주리니 네 자손으로 말미암아 천하 만민이 복을 받으리라"(창 26:2-4)고 약속해 주십니다. 그 후 "이삭이 그 땅에서 농사하여 그 해에 백배나 얻었고 여호와께서 복을 주시므로 그 사람이 창대하고 왕성하여 마침내 거부가 되(었습니다.)"(창 26:12-13) 그 후 다시 "이삭이 거기(그랄)서부터 브엘세바에 올라갔(을 때)"(창 26:23), "그 밤에 여호와께서 그(이삭)에게 나타나 이르시되, 나는 네 아버지 아브라함의 하나님이니 두려워하지 말라 내 종 아브라함을 위하여 내가 너와 함께 있어 네게 복을 주어 네 자손이 번성하게 하리라"(창 26:24) 축복해 주십니다. 그러자 "이삭이 그곳에 제단을 쌓고, 여호와의 이름을 부르며 거기 장막을 쳤(고) 이삭의 종들이 거기서도 우물을 팠(습니다.)"(창 26:25) 이렇듯 아브람을 부르시고, 언약으로 축복하시고, 인도하신 여호와 하나님은 그의 아들, 이삭과도 언약을 맺으시고, 축복의 언약을 맺으시고, 그를 인도해 주십니다.

특히 이삭의 아들, 야곱에게는, 그가 벧엘에서 잠을 잘 때에, 꿈 중에 여호와 하나님께서 그에게 다음과 같이 약속해 주십니다: "내(여호와 하나님)가 너와 함께 있어 네가 어디로 가든지 너를 지키며 너를 이끌어 이 땅으로 돌아오게 할지라 내가 네게 허락한 것을 다 이루기까지 너를 떠나지 아니하리라 하신지라."(창 28:15) 이러한 여호와 하나님의 '동행 혹은 인도에 대한 약속'은 이스라엘 전 역사를 통하여 하나님께서 선택하여 부르신 자들에게 반복해서, 지속적으로 주어집니다. 예컨대 야곱이 애굽으로 내려갈 때에도, "내(여호와 하나님)가 너와 함께 애굽으로 내려가겠고 반드시 너를 인도하여 다시 올라올 것이며 요셉이 그의 손으로 네 눈을 감기리라"(창

46:4)고 약속해 주십니다. 뿐만 아니라 모세를 애굽으로 보내실 때에도, "이제 내(여호와 하나님)가 너를 바로에게 보내어 너에게 내 백성 이스라엘 자손을 애굽에서 인도하여 내게 하리라"(출 3:10), "하나님이 이르시되 내가 반드시 너와 함께 있으리라 네가 그 백성을 애굽에서 인도하여 낸 후에 너희가 이 산에서 하나님을 섬기리니 이것이 내가 너를 보낸 증거니라"(출 3:12)고 하십니다.

이상 살펴본 바와 같이 여호와 하나님께서는 이스라엘의 족장들을 먼저 부르시고, 그에게 '함께 동행 하실 것'을 약속해 주시고, 그리고 실제로 어려운 삶 속에서도 성실히 그들을 약속한 곳으로 '인도'해 주셨습니다. 이러한 점에서 여호와 하나님은 역사 속에서 우리의 삶을 '인도해 주시는 하나님'이라고 특징지어 말할 수 있을 것입니다. 그런데 여호와 하나님은 한 개인뿐만 아니라, 한 민족도 부르시고, 동행하시고, 약속한 곳으로 인도해 주십니다. 그 실례를 이스라엘 백성으로 애굽 종살이에서 해방시키시고, 그들을 인도하여 약속의 땅, 가나안으로 인도해 주시는 긴 역사 속에서 발견할 수 있습니다.

2) 이스라엘 백성을 인도하신 성령 하나님

이스라엘 백성을 애굽에서 인도하시기 위하여 먼저 하나님께서 애굽으로 가십니다: "밤중에 내가 애굽 가운데로 들어가리니……."(출 11:4) 그 후 "밤중에 여호와께서 애굽 땅에서 모든 처음 난 것 곧 왕위에 앉은 바로의 장자로부터 옥에 갇힌 사람의 장자까지와 가축의 처음 난 것을 다 치(셨습니다.)"(출 12:29) 그리고 "바로 그 날에 여호와께서 이스라엘 자손을 그 무리대로 애굽 땅에서 인도하여 내셨(습니다.)"(출 12:51) 뿐만 아니라, "여호와께서 그들(이스라엘 백성) 앞에서 가시며 낮에는 구름 기둥으로 그들의 길을 인도하시고 밤에는 불기둥을 그들에게 비추사 낮이나 밤이나 진행하게 하시니, 낮에는 구름 기둥, 밤에는 불기둥이 백성 앞에서 떠나지 아니하니라"(출 13:21-22)고 출애굽기는 보고하고 있습니다. 그래서 출애굽기는 여호와 하나님께서 이스라엘 백성을 인도하시는 모습을 다음과 같이 묘사하고 있습니다: "이스라엘 진 앞에 가던 하나님의 사자가 그들의 뒤로 옮겨 가매 구름 기둥도 앞에서 그 뒤로 옮겨, 애굽 진과 이스라엘 진 사이에 이르러 서니 저쪽에는 구름과 흑암이 있고 이쪽에는 밤이 밝으므로 밤새도록 저쪽이 이쪽에 가까이 못하였더라."(출 14:19-20)

이렇게 출애굽 한 이스라엘 백성들을 인도하시던 하나님은 이스라엘 백성들은 '금송아지'를 만들어 출애굽의 공로를 '금송아지'에게 돌렸을 때(출 32:4),[49] 이스라엘 백성을 인도하시는 일을 포기하고, 오히려 그들을 진멸하시고자 합니다.(참고 출 32:9-12) 그러나 모세가 자신의 생명을 걸고 이스라엘 백성을 위하여 죄 용서의 기도를 여호와 하나님께 다음과 같이 올립니다: "모세가 여호와께로 다시 나아가 여짜오되 슬프도소이다. 이 백성이 자기들을 위하여 금 신을 만들었사오니 큰 죄를 범하였나이다. 그러나 이제 그들의 죄를 사하시옵소서. 그렇지 아니하시오면 원하건대 주께서 기록하신 책에서 내 이름을 지워 버려 주옵소서."(출 32:31-32)

이러한 기도를 들으신 여호와 하나님께서 모세에게 "이제 가서 내가 네게 말한 곳으로 백성을 인도하라 내 사자가 네 앞서 가리라 그러나 내가 보응할 날에는 그들의 죄를 보응하리라"(출 32:34)고 하시고, 그 후 여호와 하나님께서 이스라엘 백성들을 광야에서 구름 기둥과 불기둥으로 성실히 인도해 주십니다.(신 29:5)[50] 그러므로 모세는 이스라엘 백성에 대한 지휘

---

49) 출 32:4 : "아론이 그들의 손에서 금 고리를 받아 부어서 조각칼로 새겨 송아지 형상을 만드니 그들이 말하되 이스라엘아 이는 너희를 애굽 땅에서 인도하여 낸 너희의 신이로다 하는지라."

50) 신 29:5 : "주께서 사십 년 동안 너희를 광야에서 인도하게 하셨거니와 너희 몸의 옷이 낡아지지 아니 하였고 너희 발의 신이 해어지지 아니하였으며……."

권을 여호수아에게 넘겨주면서 백성 앞에서 다음과 같이 명령합니다: "여호와께서 이미 말씀하신 것과 같이 네 하나님 여호와께서 너보다 먼저 건너가사 이 민족들을 네 앞에서 멸하시고 네가 그 땅을 차지하게 할 것이며 여호수아는 네 앞에서 건너갈지라."(신 31:3) 그리고는 계속해서 여호수아에게도 "여호와 그가 네 앞에서 가시며 너와 함께 하사 너를 떠나지 아니하시며 버리지 아니하시리니 너는 두려워하지 말라 놀라지 말라"(신 31:8)고 명합니다. 이러한 모세의 명령에 상응하게, 이스라엘이 행군 중 "여호와께서 구름 기둥 가운데에서 장막에 나타나시고 구름 기둥은 장막 문 위에 머물러 있(었습니다.)"(신 31:15)

이상 살펴본 바와 같이 여호와 하나님께서 이스라엘 조상 아브람 때부터 그의 후손들에게 이르기까지, 그리고 그의 후손, 곧 이스라엘 백성들을 모세를 통하여 애굽에서 해방시켜 그의 조상 아브라함에게 약속하신 땅, 가나안에 이르기까지 성실히 인도해 주셨기 때문에 이스라엘 백성은 가나안 땅에 들어가 첫 해의 소출을 얻었을 때, 그 만물을 여호와 하나님께 가져와 예물로 바치면서, "내 조상은 방랑하는 아람 사람으로서 애굽에 내려가 거기에서…… 우리가 우리 조상의 하나님 여호와께 부르짖었더니 여호와께서 우리 음성을 들으시고 우리의 고통과 신고와 압제를 보시고, 여호와께서 강한 손과 편 팔과 큰 위엄과 이적과 기사로 우리를 애굽에서 인도하여 내시고, 이곳으로 인도하사 이 땅 곧 젖과 꿀이 흐르는 땅을 주셨나이다"(신 26:5b-9)라고 고백하라고 모세는 명하고 있는 것입니다. 이러한 점에서 이스라엘 족장 아브라함을 부르시고, 그와 동행하시고, 그의 후손을 약속의 땅, 가나안으로 인도해 주신 여호와 하나님은 우리를 선택하여 부르시고, 약속의 땅으로 인도해 주시는 '보혜사 성령 하나님'이심을 알 수 있습니다. 왜냐하면 구약의 '인도하시는 하나님'의 역할을 행하시는 분이 바로 성령 하나님이시기 때문입니다. 이 점을 우리는 성도를 견인(堅引)하시는 성령 하나님의 사역에서 발견할 수 있습니다.

2) 성도聖徒를 '하나님 나라'로 인도하시는 성령 하나님

구약의 여호와 하나님께서 한 인간을 선택하여 부르시고, 그의 생명을 보전해 주시고, 그를 약속하신 '가나안' 땅으로 '동행해 가신 것concursus'처럼 신약에서도 여전히 성령 하나님께서는 한 인간을 부르시고, 그의 생명을 보전해 주시고, 그를 약속의 나라, 곧 '하나님의 나라'로 인도해 주십니다. 왜냐하면 우선 하나님께서 그 누구와 함께 동행(인도) 하시겠다는 '확언 Zusage'은 그에게 '성령을 부어주시겠다'는 약속이나 다름없기 때문입니다. 이러한 사실을 우리는 '사울Saul'의 경우를 통하여 알 수 있습니다.

> "네게는 여호와의 영靈이 크게 임하리니, 너도 그들과 함께 예언을 하고 변하여 새 사람이 되리라. 이 징조가 네게 임하거든, 너는 기회를 따라 행하라. 하나님이 너와 함께 하시느니라."(삼상 10:6-7)

이와 같이 사무엘상은, '성령이 임한다'는 말을 '하나님이 너와 함께 하신다'는 말로 바꾸어 쓰고 있기 때문입니다. 이와 상응하게 예수님께서도, 성령이 한 개인에게 임任하면, 그 성령이 그와 항상 동행하며, 그를 도와주며, 그를 붙들어 주실 것이라는 것을, 이미 확언해 주셨습니다: "내가 아버지께 구하겠으니, 그가 또 다른 보혜사를 너희에게 주사 영원토록 너희와 함께 있게 하리라."(요 14:14); "그(성령)는 너희와 함께 거하심이요, 또 너희 속에 계시겠음이니라."(요 14:17b)

이러한 의미에서 누군가에게 성령이 임하였다는 것은, 성령이 그와 동행하고, 그를 인도해 주신다는 뜻으로 이해할 수 있습니다. 그래서 예수님 도 "나를 보내신 이가 나와 함께 하시도다. 나는 항상 그가 기뻐하시는 일을 행하므로, 나(예수 그리스도)를 혼자 두지 아니하셨도다"(요 8:29)라고 고백하고 있는 것입니다.

이상 성도聖徒에 대한 성령의 사역을 분석해 보면, 여호와 하나님이 아브람을 갈대아 우르에서 불러내셨듯이, 성령 하나님은 각 개인을 하나님의 자녀로 부르십니다. 그래서 예수님은 "나를 보내신 아버지께서 이끌지 아니하시면 아무도 내게 올 수 없으니 오는 그를 내가 마지막 날에 다시 살리리라"(요 6:44)고 말씀하셨던 것입니다. 그리고 사도 바울도 "하나님의 영으로 인도함을 받는 사람은 곧 하나님의 아들이라. 너희는 다시 무서워하는 종의 영을 받지 아니하고 양자의 영을 받았으므로 우리가 아빠 아버지라고 부르짖느니라"(롬 8:14-15)고 증언하고 있습니다. 이렇게 성령은 한 개인을 불러 하나님의 자녀로 삼으실 뿐만 아니라, 그와 항상 '동행', 곧 '함께' 하십니다. 그래서 예수님은 제자들에게 "내가 너희에게 분부한 모든 것을 가르쳐 지키게 하라 볼지어다. 내가 세상 끝 날까지 너희와 항상 함께 있으리라"(마 28:20) 약속해 주셨습니다.

뿐만 아니라 성령님은 그리스도의 자녀들을 '하나님의 나라'에까지 인도해 주십니다. 그래서 예수님은 유대인의 관원, 니고데모에게 "진실로, 진실로 네게 이르노니 사람이 물과 성령으로 나지 아니하면 하나님의 나라에 들어갈 수 없느니라"(요 3:5)고 말씀하셨던 것입니다. 즉 여호와 하나님께서 이스라엘 백성을 구름 기둥과 불기둥으로 인도하시지 않았다면, 그들이 가나안 땅에 홀로 들어갈 수 없었던 것처럼, 성령님께서 우리를 부르시고, 거듭나게 하시지 않으시면 우리는 하나님의 나라에 들어갈 수 없습니다. 왜냐하면 '육으로 난 것은 아무리 노력을 하고 수양을 쌓아도 여전히 육이요, 영으로 난 것은 영'이기 때문입니다.(참고. 요 3:6) 그러므로 사도 바울은 육신의 열매를 맺는 자들, 곧 "불의한 자가 하나님의 나라를 유업으로 받지 못할 줄을 알지 못하느냐 미혹을 받지 말라 음행하는 자나 우상 숭배하는 자나 간음하는 자나 탐색하는 자나 남색하는 자나, 도적이나 탐욕을 부리는 자나 술 취하는 자나 모욕하는 자나 속여 빼앗는 자들은 하나님의 나라를 유업으로 받지 못하리라"(고전 6:9-10, 이 밖에 갈 5:21) 확고하게 증언하고 있습니다. 한 마디로 "혈과 육은 하나님 나라를 이어받을 수 없고 또한 썩는 것은 썩지 아니하는 것을 유업으로 받지 못(합니다.)"(고전 15:50)

성령님이 한 개인을 부르시고, 그와 동행하시면서 하나님의 나라에까지 인도하신다는 것은 '하나님의 나라'에 대한 예수님의 비유말씀, 곧 '자라나는 씨에 대한 비유'에서 유비적으로 읽어낼 수도 있습니다. 왜냐하면 예수님은 '자라나는 씨에 대한 비유'를 다음과 같이 말씀하고 계시기 때문입니다.

> "26 또 이르시되 하나님의 나라는 사람이 씨를 땅에 뿌림과 같으니
> 27 그가 밤낮 자고 깨고 하는 중에 씨가 나서 자라되 어떻게 그리
> 되는지를 알지 못하느니라. 28 땅이 스스로 열매를 맺되 처음에는
> 싹이요 다음에는 이삭이요 그 다음에는 이삭에 충실한 곡식이라.
> 29 열매가 익으면 곧 낫을 대나니 이는 추수 때가 이르렀음이니라."
> (막 4:26-29, 병행 마 13:31-32; 눅 13:18-19)[51]

이 비유의 말씀에서 우리는 먼저 '밤낮 자고 깨고 하는 중에 씨가 나서 자라되'라는 말에 집중해 보면, 씨를 자라게 하는 것은 의심할 여지없이, '창조주 하나님', 바꾸어 말하면, 씨에 '생기'를 불어넣어 주는 성령, 곧 '생

---

51) 누가복음은 이 씨를 '겨자씨'로 표현하고 있다.(눅 13:19)

명력'을 주시는 '성령'이십니다.(비교 창 2:7; 겔 37:5-6)[52] 더 자세히 말하면, 싹이 돋게 하고, 이삭이 생기게 하고, 충실한 열매를 맺도록 성장을 인도하는 것은 다름 아닌 '생명력', 곧 '태양의 빛'과 '물'로 상징되는 '성령'입니다.[53] 뿐만 아니라 씨가 어떻게 성장하는지 아무도 모릅니다. 이것은 성령으로 거듭나는 것이 어떻게 되는지 아무도 모르는 것과 같습니다.(요 3:5-8) 그리고 추수 때는 바로 종말론적 심판을 의미합니다. 즉 성령의 인도함을 받은 사람은 마지막 추수 때에 농부, 곧 말씀의 씨를 뿌리고, 심판 주로 오실 예수 그리스도에 의해서 곡간으로 거두어들임, 곧 하나님의 나라에 들어가게 된다는 뜻입니다.

이제 결론적으로 말해서 성령님은 우리를 먼저 선택하시고, 부르시어 (요 15:16),[54] 예수 그리스도에 대한 말씀을 듣고 기억나고, 깨닫게 하시어 (요 14:26),[55] 믿어 하나님의 자녀가 되게 하시고(롬 8:14-15), 성령으로 거듭나게 하시고(요 3:5), 또한 그 믿는 자들을 '성령의 검'(엡 6:17), 곧 '말씀'으로 악으로부터 지키시고 보호하시어 마지막 '하나님의 나라'에까지 인도해

---

52) 이 비유의 말씀을 '기다리는 농부'로 이해한 J. Jeremias는 씨앗의 성장과정을 간과하고 있으며, "그(농부)가 밤낮 자고 깨고 하는 중에 씨가 나서 자라되 어떻게 그리 되는지를 알지 못하느니라"라는 말씀이 예수님께서 니고데모에게 "내가 네게 거듭나야 하겠다 하는 말을 놀랍게 여기지 말라. 바람이 임의로 불매 네가 그 소리는 들어도 어디서 와서 어디로 가는지 알지 못하나니 성령으로 난 사람도 다 그러하니라"(요 3:7-8)는 말씀과 일치한다는 것을 간과하고 있다. 이 점에 관하여: "J. Jeremias, *Die Gleichnisse Jesu*, 허혁 역,『예수의 比喩』(분도출판사, 1994 7쇄), 146 이하.

53) 몰트만은 성령을 '삶 혹은 생명의 생동력Vitalität'으로 이해한다. 이 점에 관하여: J. Moltmann, *Der Geist des Lebens, Eine ganzheitliche Pneumatologie*, 김균진 역,『생명의 영』(대한기독교서회, 1992), 117 이하.

54) 요 15:16 : "너희가 나를 택한 것이 아니요 내가 너희를 택하여 세웠나니 이는 너희로 가서 열매를 맺게 하고 또 너희 열매가 항상 있게 하여 내 이름으로 아버지께 무엇을 구하든지 다 받게 하려 함이라."

55) 요 14:26 : "보혜사 곧 아버지께서 내 이름으로 보내실 성령 그가 너희에게 모든 것을 가르치고 내가 너희에게 말한 모든 것을 생각나게 하리라."

주십니다. 즉 성령님께서는 세상 끝날까지 우리와 함께 하시고, 우리를 하나님의 나라로 인도하실 것이 분명합니다. 왜냐하면 예수님께서 "가서 너희를 위하여 거처를 예비하면, 내가 다시 와서 너희를 내게로 영접하여, 나 있는 곳에 너희도 있게 하리라"(요 14:3)고 말씀하셨을 뿐만 아니라, 이미 회개한 강도에게 "내가 진실로 네게 이르노니 오늘 네가 나와 함께 낙원에 있으리라"(눅 23:43) 약속하셨기 때문입니다. 이러한 점에서 부활한 자들이 들어가는 '하나님의 나라'는 썩어질 '육신의 몸'이 아니라, '영의 몸'으로 살아가는 것입니다: "죽은 자의 부활도 그와 같으니, 썩을 것으로 심고 썩지 아니할 것으로 다시 살아나며, 욕된 것으로 심고 영광스러운 것으로 다시 살아나며 약한 것으로 심고 강한 것으로 다시 살아나며, 육의 몸으로 심고 신령한 몸으로 다시 살아나나니 육의 몸이 있은 즉 또 영의 몸도 있느니라."(고전 15:42-44)

그러므로 마르틴 루터는 우리가 고백하는 사도신경의 제3항, 곧 "나는 성령을 믿으며, 거룩한 공교회와 성도의 교제와 죄를 용서받는 것과 몸의 부활과 영생을 믿습니다"의 의미를 다음과 같이 해설하고 있습니다.

> "나는 나 자신의 이성과 힘으로는 예수 그리스도를, 나의 주로 믿을
> 수 없고, 그에게 나아 갈 수도 없음을 믿습니다. 그러나 성령께서는
> 복음을 통하여 나를 부르셨고, 그의 은총으로 깨닫게 하셨으며, 거룩
> 하게 하여 참 신앙 중에 나를 지키심을 믿습니다. …… 하나님께서는
> 교회에 있어서 매일 매일 나와 그리스도를 믿는 모든 자의 죄를 완전
> 히 사하여 주시며, 마지막 날에 다른 신자들과 같이 나를 죽은 자
> 가운데서 다시 살리사, 영원한 생명으로 인도하실 것을 믿습니다.
> 이것은 진실로 진리입니다."[56]

6
질의
응답

질문 1. 성령의 부어 주심이 이미 구약시대부터 — 특히 사사시대 — 있었다면,
'성령과 종말의 관계', 더 자세히 말하면, 오순절 사건을 요엘 선지자의 예
언의 — 곧 "그 후에 내가 내 영을 만민에게 부어 주리니 너희 자녀들이 장
래 일을 말할 것이며 너희 늙은이는 꿈을 꾸며 너희 젊은이는 이상을 볼
것이며 그 때에 내가 또 내 영을 남종과 여종에게 부어 줄 것"(욜 2:28-29)
이라는 말씀의 — 성취로 해석한 사도 베드로의 증언은 어떻게 이해해야
합니까?

답변 = 일반적으로 '성령강림'을 사도행전의 기록 "말세에the last day
(NIV)"(행 2:17)에 근거하여 '종말론적 사건'으로 이해하고 있습니다. 그러나
요엘서에는 "rj'a(아하르)"라는 단어로 표현되었는데, 이 단어는 시·공간적
으로 '뒤에', '후에', '다음에'라는 전치사 및 부사입니다. 따라서 꼭 '말세'라

---

56) M. Luther, *Der kleine Katechismus*, Luther-Verlag Bielefeld, 1987, 14.

고 번역하지 않아도 됩니다. 따라서 '아하르'라는 단어를 '말세'로 번역한 것은 '누가'의 신학적 해석이라고 볼 수 있습니다. 그럼에도 불구하고 7-1의 "마지막 때에 임할 '구원의 영'"에서 이미 언급한 것처럼, '성령강림'은 종말론적 사건의 하나임이 분명합니다. 왜냐하면 '종말'이라는 개념이 단지 '시간적' 의미만 있는 것이 아니라, 또한 '공간적' 의미도 가지고 있기 때문입니다. '공간적인 의미'로서의 '끝' 혹은 '마지막'이란 뜻은, "주께서 이같이 우리에게 명하시되 내가 너를 이방의 빛으로 삼아 너로 땅끝까지 구원하게 하리라 하셨느니라"(행 13:47)는 표현 속에도 나타납니다. 따라서 예수님께서 승천하시면서 제자들에게 분부하신 말씀, 곧 "오직 성령이 너희에게 임하시면 너희가 권능을 받고 예루살렘과 온 유대와 사마리아와 땅 끝까지 이르러 내 증인이 되리라"(행 1:8)는 것은 '성령과 종말'을 공간적 차원에서 결합하고 있는 말씀입니다. 그러나 "첫 사람 아담은 생령이 되었다 함과 같이 마지막 아담은 살려 주는 영이 되었나니"(고전 15:45)라는 사도 바울의 말씀은 종말을 '시간적 의미'에서 성령과 결합하고 있는 것입니다. 뿐만 아니라, 예수님께서 유대인의 관원 '니고데모'에게 "진실로, 진실로 네게 이르노니 사람이 물과 성령으로 나지 아니하면 하나님의 나라에 들어갈 수 없느니라"(요 3:5)고 말씀하신 것과, "나를 보내신 이의 뜻은 내게 주신 자 중에 내가 하나도 잃어버리지 아니하고 마지막 날에 다시 살리는 이것이니라"(요 6:39) 하신 것을 종합하면, '성령으로 옛 모습이 끝나고 새로 태어남', 바꿔 말해, '성령과 새 생명 혹은 부활'은 영적 종말론적 연관성을 갖고 있습니다. 그래서 사도 바울은 예수님을 "살려 주는 영"(고전 15:45bβ)으로 증언하고 있는 것입니다. 결국 '성령의 강림'은 상황적 혹은 공간적 혹은 개인적인 차원에서 보면 분명 '종말론적'입니다. 그러나 성부, 성자, 성령 삼위일체 하나님의 사역에서 보면, 어제도 있었고, 오늘도 있고, 앞으로도 있을 영원한 사건입니다. 따라서 우리는 성경본문이 어떠한 정황 속에서 '성령강림'을 이야기하고 있는지를 먼저 분석해야 할 것입니다. 그리고 그러한 분석에 따라서 성경과 증언을 종말론적으로 아니면 성령 하나님의 사역으로 이해할지를 결정해야 할 것입니다.

질문 2. 그렇다면, 사사시대에 임한 성령도 종말론적 사건으로 이해해도 됩니까?

답변 = 그렇습니다. 수평적 차원에서가 아니라, 개인적 우주론적 차원에서는 종말론적 사건으로 이해할 수도 있습니다. 왜냐하면 만일 사사들에게 '성령'이 임하지 않았다면, 그 당시 이스라엘의 부족 공동체는 이방 족속의 침략으로 '멸망'할 수밖에 없었기 때문입니다. 예컨대 사사 기드온이 활동하기 전의 상황을 다음과 같이 기술하고 있기 때문입니다: "진을 치고 가사에 이르도록 토지소산을 멸하여 이스라엘 가운데에 먹을 것을 남겨 두지 아니하며 양이나 소나 나귀도 남기지 아니하니…… 그들이 그 땅에 들어와 멸하려 하니……."(삿 6:4-5) 이러한 상황 속에서 '성령이' 기드온에게 임하지 않았다면, 이스라엘 족속은 멸절되었을지도 모릅니다. 따라서 '종말'이란, 우주적 파국만을 의미하는 것이 아니라, 한 인간의 삶의 '끝'을 의미하기도 합니다. 이러한 점에서 '성령'은 개인적이든, 우주적이든 현재이든 미래이든 개인과 집단의 마지막 때에 임하시는 '구원자'라고 할 수 있습니다.

제8부

성령과
영성

사도 바울은 갈라디아 교회 교우들에게, "육체의 일은 분명하니 곧 음행과 더러운 것과 호색과 우상 숭배와 주술과 원수 맺는 것과 분쟁과 시기와 분 냄과 당 짓는 것과 분열함과 이단과 투기와 술 취함과 방탕함과 또 그와 같은 것들이라……이런 일을 하는 자들은 하나님의 나라를 유업으로 받지 못할 것이요"(갈 5:19-21)라고 증언합니다. 그러나 반면에 "성령의 열매는 사랑과 희락과 화평과 오래 참음과 자비와 양선과 충성과 온유와 절제니 이 같은 것을 금지할 법이 없느니라"(갈 5:22-23)고 증언합니다. 이 말씀은 모든 인간은 누구든지, 곧 육체 혹은 성령의 인도함을 받느냐에 따라서 그 사람의 성품 내지 삶의 모양이 다르게 나타난다는 뜻입니다. 다시 말해서 모든 사람은 성령의 인도함을 받든지, 아니면, 육체, 곧 악령에 의해서 인도함을 받는다는 것입니다. 이렇게 한 인간이 하나님의 '거룩한 성령聖靈'이나 육체 혹은 '악령惡靈' 혹은 인간의 '이성理性' 중 그 어느 것 하나에 혹은 둘 이상에 사로 잡혀 있게 되는 데, 이러한 상태가 바로 그 사람의 '영성靈性 Spiritualität'입니다.

그러므로 본 제8부에서는 우선 먼저 거룩한 영에 의해서 인도함을 받게 되는 '성령 충만' 혹은 '성령세례'에 대하여 알아보고자 합니다. 왜냐하면 첫째는, 예수님께서 유대인의 관원 '니고데모'에게 "진실로, 진실로 네게 이르노니 사람이 물과 성령으로 나지 아니하면 하나님의 나라에 들어갈 수 없느니라"(요 3:5)고 말씀하셨기 때문이고, 둘째는 사도 바울이, '육체의 일은 하나님의 나라를 유업으로 받을 수 없다'고 증언하고 있기 때문입니다. 따라서 제1장에서는 '물세례'와 '성령세례' 혹은 '성령 충만'의 관계에 대하여 알아보고자 합니다. 그리고 제2장에서는 사람들의 꿈과 역사 속에 자주 등장하는 '하나님의 사자', 곧 '천사'와 성령의 사역과의 관계에 대하여 알아보고자 합니다. 왜냐하면 '하나님의 사자 혹은 천사'도 성령처럼 '돕는 보혜사역'을 행하고 있기 때문입니다. 그리고 제3장에서는 성령과 사탄마귀, 곧 악령과의 차이점에 대하여 알아보고자 합니다. 왜냐하면 때론 사탄도 양의 탈을 쓰고 성령의 사역을 훼방하기 때문입니다. 그리고 제4장에서는 성령과 '자연에 내재되어 있는 힘', 곧 '생명력' 혹은 '에너지' 혹은 '기氣'와 다른 점에 대하여 알아보고자 합니다. 왜냐하면 자연 철학자 혹은 신비주의자들 혹은 비교종교학자들은 성령을 마치 자연 속에 내재하고 있는 '에너지'와 같이 생각하여 성령의 인격성을 소멸시키고 있기 때문입니다. 제5장에서는 '성령의 인격성'에 관하여 알아보고자 합니다. 즉 성령이 과연 성부 하나님과 성자 하나님처럼 한 인격성을 가지고 있는가에 대하여 자세히 알아보고자 합니다. 그리고 마지막으로 제6장에서는 늘 논란이 되고 있는 방언기도와 연관해서 기도와 성령에 대하여 살펴보고자 합니다. 이상의 연구를 통하여 우리는 서방교회와 동방교회가 갈라지는 계기가 된 성령의 출원의 문제를 극복할 수 있을 것입니다. 왜냐하면 서방 교회 전통은, 성령이 아버지뿐만 아니라 아들로부터도 또한 보내심을 받았다는 '*Filioque*' 사상을 주장하고, 동방 교회 전통, 아버지께서 아들을 통하여 성령을 이 세상에 보내셨다고 주장하기 때문입니다.

1

물세례와 성령세례
혹은 성령 충만

고전 10:1-2_ "형제들아 나는 너희가 알지 못하기를 원하지 아니하
노니 우리 조상들이 다 구름 아래에 있고 바다 가운데로 지나며 모세
에게 속하여 다 구름과 바다에서 세례를 받고 For I do not want
you to be ignorant of the fact, brothers, that our forefathers
were all under the cloud and that they all passed through
the sea. They were all baptized into Moses in the cloud and
in the sea."

행 1:5_ "요한은 물로 세례를 베풀었으나 너희는 몇 날이 못되어 성령
으로 세례를 받으리라 하셨느니라. For John baptized with water,
but in a few days you will be baptized with the Holy Spirit."

행 1:8_ "오직 성령이 너희에게 임하시면 너희가 권능을 받고 예루살
렘과 온 유대와 사마리아와 땅 끝까지 이르러 내 증인이 되리라 하시

니라. But you will receive power when the Holy Spirit comes on you; and you will be my witness in Jerusalem, and in all Judea and Samaria, and to the ends of the earth."

1) 입교入教 예식으로서의 '물세례'

세례의 의미뿐만 아니라, 세례의 기원 및 집행양식에 대하여는 개신교 내에서 뿐만 아니라, 심지어 가톨릭 신학계 내에서도 아직 통일된 해석이 없습니다. 예컨대 '세례 요한의 세례와 성부, 성자, 성령으로 집행되는 예수님의 세례의 차이가 무엇인가?', '물세례의 기원이 유대교 종말단체의 입교식인가, 아니면 초대교회의 유아와 여자들을 위한 입교식인가' 하는 세례의 기원에 관한 문제, 그리고 '물세례가 성례전적 의미를 가지고 있는가?' 심지어는 '세례를 집행할 때, 물에 깊이 잠기어야 하는가, 아니면 물을 머리에만 뿌려도 되는가?' 하는 여러 가지 문제가 아직도 학계 내에서조차 해결되지 않은 신학적 문제입니다. 따라서 '세례'는 끊임없이 논구해야 하는 것이 신학적 과제로 남아 있습니다. 그러므로 필자는 아래에서 단지 성경의 증언을 근거로 하여 성령론적 전망에서 '세례'에 관하여 단지 조직신학적으로 논구하고자 합니다.

우선 '물세례'는 신앙 공동체에 입교하는 예식의 하나였습니다. 바꾸어 말하면, '세례'의 구약 성경적 연관성에 의하면, 세례는 교회가 제정한 것이 아닙니다. 왜냐하면 사도 바울은 출애굽 사건을 이스라엘 백성들이 물로 '세례'를 받은 것으로 우의적寓意的 allegorisch으로 표현하고 있기 때문입니다: "우리 조상들이 다 구름 아래 있고, 바다 가운데로 지나며, 모세에 속하여 다 구름과 바다에서 세례를 받고……."(고전 10:1b-2) 그런데 홍해 바다를 건너기 전 이스라엘 백성들은 애굽 왕(바알Baal)의 통치 아래서 고통을 당하고 있었습니다. 그러나 이스라엘 백성은 홍해를 건넌 후 여호와 하나님의 보호와 인도함을 받는 '하나님의 백성'이 되었습니다.(출 13:21-22: 14:19, 24; 40:38; 민 10:34; 14:14; 신 1:33, 그 밖의 여러 곳)[1] 즉 이스라엘 사람이 홍해를 건넘으로써 하나님의 백성이 된 것처럼, 사람들은 성부와 성자와 성령의 세례를 받음으로써, 지난날 죄의 노예가 되어 살던 삶을 청산하고, 다시 말하면 지난날의 죄를 씻고, 그리스도의 자녀가 되는 것입니다. 이러한 의미에서 '물세례'는 예수님을 나의 주님으로 섬기기로 약속하고, '하나님의 백성', 곧 '그리스도의 자녀'가 되는 예식의 의미를 가지고 있습니다. 한 마디로 말해서 우리는 예수 그리스도의 이름으로 세례를 받음으로써 그리스도 교회공동체의 구성원이 되는 것입니다. 이러한 이유로 세례는 오직 예수를 주님으로 고백하는 자에게만 베풀어졌습니다.(롬 10:9)[2] 다시 말해서 원시 기독교 공동체의 모든 그리스도인들은 예수를 주님으로 고백하고 세례를 받은 사람들이었습니다.(롬 6:3; 고전 12:13) 이와 같이 '물세례'는 무엇보다도 그리스도의 몸인, 보이는 교회 공동체의 한 지체가 되는 입회의식입니다.

이상 살펴본 바와 같이, '세례'는 예수 그리스도께서 친히 제정하신 예전

---

1) 출 13:21-22 : "여호와께서 그들 앞에서 가시며, 낮에는 구름 기둥으로, 그들의 길을 인도하시고, 밤에는 불기둥을 그들에게 비추사 낮이나 밤이나 진행하게 하시니, 낮에는 구름 기둥, 밤에는 불기둥이 백성 앞에서 떠나지 아니하니라."

2) 롬 10:9 : "네가 만일 네 입으로 예수를 주로 시인하며, 또 하나님께서 그를 죽은 자 가운데서 살리신 것을 네 마음에 믿으면, 구원을 받으리라." 그리고 로제Eduard Lohse에 의하면 후대 육필Handschriften에는 사도행전 8장 36절("그 내시가 말하되, 보라 물이 있으니, 내가 세례를 받음에 무슨 거리낌이 있느냐")에 다음과 같은 세례고백Taufbekenntnis: "πιστεύω τὸν υἱὸν τοῦ θεοῦ εἶναι τὸν Ἰησοῦν Χριστόν"이 첨가되었다고 한다(Eduard Lohse, *Grundriß der neutestamentlichen Theologie*, Dritte Auflag, Stuttgart u.a. 1974, 67). 이 점에서 세례 받지 않은 자에게 성찬을 분배하는 것은, 공식적으로 예수를 주로 시인하고 고백하지 않은 사람에게 성찬을 분배하는 것과 같다.

으로서, 그리스도의 몸인 보이는 교회 공동체의 한 일원一員이 되는 엄숙한 입교入敎 예식입니다. 따라서 수세자는 '성부와 성자와 성령의 이름으로' 베풀어지는 '세례'를 통하여 은혜의 새 계약 공동체인 교회——바꾸어 말하면 하나님의 나라——에 들어갈 수 있는 인印침을 받는 것입니다. 반면에 수세자의 편에서 보면, '세례'는 예수 그리스도를 통하여 얻은 새 생명의 인도함에 따라서 '주님만을 섬기며 살겠다'고, 자신을 하나님께 봉헌하는 표와 인印침의 예식입니다.3) 그러나 '세례를 안 받았다고 해서, 그 사람이 중생할 수 없다든가, 구원을 받을 수 없는 것이 아닙니다.(롬 4:11; 행 10:2, 4, 22, 31, 45, 47) 혹은 세례를 받은 사람은 모두 무조건 중생했다고 할 만큼 (행 8:13, 23) 세례와 은혜와 구원이 완전히 부착되어 있는 것만도 결코 아닙니다.'4) 왜냐하면 성령의 부르심과 인도하심에 의한 예수 그리스도를 자신의 주님으로 고백하는 믿음이 없는 '물세례'는 아무런 효과를 가지지 않기 때문입니다. 왜냐하면 사도 바울은, "너희가 다 믿음으로 말미암아 그리스도 예수 안에서 하나님의 아들이 되었으니, 누구든지 그리스도와 합하기 위하여 세례를 받은 자는 그리스도로 옷 입었느니라"(갈 3:25-26)고 증언하고 있기 때문입니다. 이러한 점에서 일차적으로 '물세례'는, 이스라엘 백성이 '하나님의 백성'이 되기 위하여 애굽에서의 불순종의 죄를 씻고, 즉 '홍해를 통과하여' '하나님의 백성'이 된 것처럼, 지난날의 죄를 물로 씻고 그리스도의 공동체의 새 계약의 백성이 되는 것과 같습니다.

그러므로 사도 바울인 홍해의 사건을 '세례'의 구약 성경적 예표로 생각한 것처럼(고전 10:1b-2), 구약의 계약사契約史적 유형과 '세례' 받은 자가 성만찬을 통하여 새 계약을 맺는 유형은 다음과 같이 서로 일치합니다. 왜냐

---

3) Westminster Confession 28,1.

4) Westminster Confession 28,5.

하면 애굽에서 탈출하여 홍해를 건넌 이스라엘 백성들은 호렙산에 이르러서 모세의 중재로 피로써 여호와 하나님과 계약을 체결하였기 때문입니다.(출 24:8) 이와 상응하게 '물세례'를 받은 사람들만이 '성만찬', 곧 예수 그리스도를 통한 '새 계약'에 참여할 수 있기 때문입니다.(마 26:26-28) 이를 도표로 작성하면 다음과 같습니다.

	세례 이전	세례 의식	계약 체결
구약	애굽에서의 불순종의 삶	홍해를 건넘 (죄 씻음과 입교)	시내 산 계약체결 (여호와의 백성)
신약	이 세상에서의 불순종의 삶	세례를 받음 (죄 씻음과 입교)	새 계약체결(성만찬) (그리스도의 자녀)

그러므로 '물세례'는 그리스도의 몸인 교회 공동체의 구성원이 되는 입교 예식, 곧 새 언약의 백성이 되는 예식이외에 다른 것이 아닙니다. 이러한 '물세례'의 계약 신학적 혹은 교회론적 맥락에서 원시 기독교 종파들은 '씻음의 예식'을, 옛 생활을 벗어 버리고 새로운 신앙 공동체의 일원이 되는 예식으로 사용하였던 것입니다.5) 바로우M. Burrows에 의하면, "할례가 폐기되기 이전에 이미 세례가 통용되고 있었기는 했지만, 거룩한 집단에 입회하고 그 일원이 되는 의식인 할례의 자리에 세례가 대치되었다"고 주장합니다.6)

그렇다면 여기서 질문이 제기됩니다. 그렇다면 죄가 없으신 예수님께서 왜 요한의 죄 씻음의 '물세례'를 받으셨는가? 왜냐하면 요한은 '회개의

---

5) 예레미아스J. Jeremias는 유대교로 개종하는 이방인들이 그들의 부정을 정결케 하려고 받는 유대교 개종자 세례로부터 설명하려고 하였다. 이 점에 관하여: J. Jeremias, *Die Kindertaufe in den ersten vier christlichen Jahrhunderten*, 1958.

6) Millar Burrows, *An Outline of Biblical Theology*, 유동식 역, 『聖書神學總論』(대한기독교서회, 1967), 380.

세례(βάπτισμα μετανοίας)`(막 1:4 병행)를 집행하였기 때문입니다. 그러나 이에 대한 답변은 간단합니다.

예수 그리스도께서는 죄는 없으시지만, 당신이 스스로 교회 공동체, 더 정확히 말하면 세례 요한의 공동체와 예수 그리스도의 공동체로 이어지는 기독교 공동체의 일원이 되기 위하여 세례 요한의 '물세례'를 받으신 것입니다. 바꾸어 말하면 회개하고 세례를 죄 씻음을 받은 사람들과, 자신의 이름으로 세례를 받고 죄 용서를 받을 자를 연결하기 위하여, 스스로 세례를 자신의 구속사건과 연결시키시기 위하여 세례를 받은 것입니다. 왜냐하면 세례 요한이 자신에게 세례를 받으려는 예수님께 대하여 "말려 이르되 내가 당신에게서 세례를 받아야 할 터인데 당신이 내게로 오시나이까?"(마 3:14)라고 말하였을 때, 예수께서 "이제 허락하라 우리가 이와 같이 하여 모든 의義를 이루는 것이 합당하니라"(마 3:15)고 말씀하셨던 것입니다. 다시 말해서 예수 그리스도께서 세례 요한에게 '물세례'를 받으심으로 말미암아, 예수 그리스도의 길을 평탄케 하는 역할을 하는 세례 요한,(참고 요 1:20-23)[7] 바꾸어 말하면 구약에서 오리라 약속한 '엘리야'와 예수 그리스도 자신의 구원사역이 구원 역사적 연속성 내지 연관성을 갖게 된 것입니다.(참고. 마 11:12-14)[8] 그래서 세례 요한은 자신의 세례에 대하여 스스로, "나는 너희로 회개하게 하기 위하여 물로 세례를 베풀거니와 내 뒤에 오시는 이는 나보다 능력이 많으시니 나는 그의 신을 들기도 감당하지 못

---

7) 요 1:20-23 : "요한이 드러내어 말하고 숨기지 아니하니 드러내어 하는 말이 나는 그리스도 가 아니라 한대 또 묻되 그러면 누구냐 네가 엘리야냐 이르되 나는 아니라 또 묻되 네가 그 선지자냐 대답하되 아니라. 또 말하되 누구냐 우리를 보낸 이들에게 대답하게 하라 너는 네게 대하여 무엇이라 하느냐. 이르되 나는 선지자 이사야의 말과 같이 주의 길을 곧게 하라 고 광야에서 외치는 자의 소리로라 하니라."

8) 참고. 마 11:12-14 : "세례 요한의 때부터 지금까지 천국은 침노를 당하나니 침노하는 자는 빼앗느니라. 모든 선지자와 율법이 예언한 것은 요한까지니 만일 너희가 즐겨 받을진대 오리라 한 엘리야가 곧 이 사람이니라."

하겠노라 그는 성령과 불로 너희에게 세례를 베푸실 것이요"(마 3:11)라고 증언하였던 것입니다. 그리고 예수님도 이와 상응하게 니고데모에게 "진실로, 진실로 네게 이르노니 사람이 물과 성령으로 나지 아니하면 하나님의 나라에 들어갈 수 없느니라"(요 3:5)고 말씀하셨던 것입니다. 그렇다면 여기서 질문이 제기됩니다. 신앙고백을 하지 못하는 '유아'들의 세례, 곧 '유아세례'는 어떠한 의미가 있는가?

2) 옛 언약의 징표, 곧 '할례'의 의미를 가진 '유아세례'

'유아세례'는, 유대인의 어린아이들이 부모님의 신앙에 의해서 그 자녀들에게 아브람 계약의 징표인 할례를 받음으로써 여호와 하나님의 '계약의 백성(이스라엘)'이 된 것처럼, 그와 같이 그리스도인들도 자신의 신앙으로 '유아'들을 성부와 성자와 성령의 이름으로 세례 받게 함으로써, 보이는 가시적인 '새 언약 공동체'인 '교회 공동체'의 구성원이 되게 하는 것입니다. 왜냐하면 여호와 하나님과 아브람이 맺은 계약의 징표로 이스라엘의 모든 남자들은 할례를 받았기 때문입니다: "너희 중 남자는 다 할례를 받으라. 이것이 나와 너희와 너희 후손 사이에 지킬 내 언약言約이니라."(창 17:10) 이때에 유대인의 유아幼兒들은, 그 부모가 여호와 하나님과 맺은 계약에 의해서 '할례'를 받은 것입니다. 왜냐하면 하나님과 아브람 사이에 맺은 계약은 그 당대에서 끝나는 것이 아니라, 그의 후손 대대로 이어지는 영원한 계약이었기 때문입니다: "내가 내 언약을 나와 너 및 네 대대 후손 사이에 세워서 영원한 언약을 삼고, 너와 네 후손의 하나님이 되리라. 내가 너와 네 후손에게 네가 거류하는 이 땅 곧 가나안 온 땅을 주어 영원한 기업이 되게 하고, 나는 그들의 하나님이 되리라."(창 17:7-8)[9]

그래서 하지A. A. Hodge는, 신약에서는 교회 공동체에 입문시키하는 예식으로서 '세례'가 '할례'를 대신했으며, 둘 다 영적 중생을 의미한다고 해석하고 있습니다.(신 10:16: 30:6) 즉 '할례는 유대인의 세례'이고, '세례는 기독교인의 할례'(갈 3:27: 골 2:10-12)라고 주장합니다.10) 그러므로 웨스트민스터 신앙고백은, "그리스도에 대하여 실지로 믿음과 복종을 고백한 사람뿐만 아니라, 부모가 다 믿거나 한편만 믿는 집 아이도 세례를 받을 수 있다"(창 17:7, 9: 갈 3:9, 14: 골 2:11-12: 행 2:38-39: 롬 4:11-12: 고전 7:14: 마 28:19: 막 10:13-16: 눅 18:15, 미국판에는 행 16:14-15, 33이 첨가됨)11)고 규정하고 있습니다. 이 점을 도표로 표시하면 아주 간단합니다.

	자격(조건)	할례 혹은 수세자	효과
유아할례	부모의 믿음	어린아이	여호와의 계약 백성이 됨
유아세례	부모의 믿음	어린아이	그리스도 공동체의 구성원이 됨

비록 '세례'를 베풀 때, 계약에 대한 제정의 말씀은 언급되지 않았다 하더라도, '세례'를 '할례'에 상응하는 '계약의 징표'로 볼 수 있는 또 다른 근거는, 성인 세례가 '죄 사함을 위한 세례'라면, 유아세례는 '할례'처럼 본인의

---

9) 이러한 아브라함의 계약에 따라서 예수님도 유대인으로써 '할례'를 받았을 것이다. 왜냐하면 알트Alt에 의하면, 예수는 분명히 유대인으로 태어났으며, 예수의 고향인 나사렛이 위치한 갈릴리 산악지대에서는 수백 년 동안 순수한 유대인들이 살아왔다. 예수는 유대인으로서 유대인 마을에서 살았으며, 성서를 읽고 회당에도 가셨다. 그는 공생애 기간에도 팔레스틴의 유대인 거주 지역을 거의 떠나지 않았기 때문이다. 이 점에 관하여: A. Alt, Galiläische Problem PJB (1937-40), in: Kleine Schriften zur Geschichte des Volkes Israel II, 1953, 363-435.

10) A. A. Hodge, The Confession of Faith. A Handbook of Christian Doctrine Expounding The Westminster Confession, 김종흡 역, 『웨스트민스터 신앙고백 해설』(크리스챤다이제스트, 1996), 438.

11) Westminster Confession 28,4.

고백과 회개 없이, 단지 부모의 신앙에 의해서 주어지는 은총의 성례이기 때문입니다. 물론 '유아 세례를 베풀라'는 예수 그리스도의 직접적인 명령은 성경의 증언에 없습니다. 그러나 예수님은 "한 어린 아이를 불러 그들 가운데 세우시고, 이르시되 진실로 너희에게 이르노니 너희가 돌이켜 어린 아이들과 같이 되지 아니하면 결단코 천국에 들어가지 못하리라. 그러므로 누구든지 이 어린 아이와 같이 자기를 낮추는 사람이 천국에서 큰 자니라. 또 누구든지 내 이름으로 이런 어린 아이 하나를 영접하면 곧 나를 영접함이니"(마 18:2-5, 병행)라고 말씀하심으로써, 어린 아이가 어른보다는 조금 더 겸손함을 암시하고 계십니다. 따라서 어린 아이들이 받은 세례는 성인들이 받은 요한의 '죄 사함을 위한 세례'의 의미보다는 구약의 언약의 표징인 '할례'와 같이, '교회 공동체에 입교하는' 의미를 더 많이 가지고 있음을 알 수 있습니다.

그러므로 '할례'가 옛 계약, 더 자세히 말하면 아브라함 계약의 징표인 것처럼, 세례는 새 계약의 징표라고 볼 수 있다. 왜냐하면 '할례'가 부모의 신앙으로 그 자손에게 계약의 계승을 의미하기 위하여 베풀어졌던 것처럼, '세례'도 그리스도에 대한 부모의 신앙을 계승하는 것을 의미하기 때문이다.[12] 즉 '할례'가 이성적인 판단이 없는 어린 아이가 부모님의 신앙으로 하나님의 백성이 되는, 조건 없이 주어지는 하나님의 성례였던 것처럼, '세례'도 이성적인 자기 판단 없이 단지 부모님의 신앙으로 그리스도의 공동체의 구성원이 되는, 조건 없이 주어지는 은총의 성례인 것입니다. 바로 이러한 이유 때문에 루터는 "세례를 베푸는 데 어떠한 구별을 합니까?"라

---

12) 반면에 성만찬은 새 언약을 체결의 의미를 가지고 있기도 하지만, 다른 한편으로는 구원을 기념하기 위한 유월절 식사의 의미에 상응할 수도 있다. 왜냐하면 유월절을 '기념하라'는 명령의 말씀은(출 13:10) 성만찬(눅 22:19)에서도 동일하게 주어지기 때문이다. 뿐만 아니라, '할례' 받지 못한 사람은 '유월절 음식'을 먹지 못한 것처럼, 세례 받지 않은 사람이 '성만찬'을 먹을 수 없는 것도 유사성을 갖는다.

고 물었을 때, "어린 아이들에게는 저들을 보호하는 부모와 친척이나 기타, 다른 이들이 세례를 받게 하기 위하여 함께 올 때에 세례를 베풀 것입니다"라고 답변하고 있습니다.[13]

3) '물세례'와 '성령세례'

유대인의 관원 니고데모가 "밤에 예수께 와서 이르되 랍비여 우리가 당신은 하나님께로부터 오신 선생인 줄 아나이다. 하나님이 함께 하시지 아니하시면 당신이 행하시는 이 표적을 아무도 할 수 없음이니이다"(요 3:2)라고 말하였을 때, "예수께서 대답하여 이르시되 진실로, 진실로 네게 이르노니 사람이 거듭나지 아니하면 하나님의 나라를 볼 수 없느니라"(요 3:3) 말씀하시고, 곧 이어서, "진실로, 진실로 네게 이르노니 사람이 물과 성령으로 나지 아니하면 하나님의 나라에 들어갈 수 없느니라"(요 3:5)고 말씀하십니다. 여기서 우리는 인간이 하나님의 나라 들어가려면, '물과 성령'으로 거듭나야, 더 자세히 말하면 '물세례'를 받고, '성령세례', 혹은 '성령 충만함'을 받아야 하나님의 나라에 들어갈 수 있음을 알 수 있습니다. 그렇다면 여기서 즉각 질문이 제기됩니다. 즉 기독교의 세례는 '물세례'와 '성령세례' 둘인가, 아니면, '물세례'를 받으면, 자연히 성령이 충만해지는 것이 아닌가, 그리고 '성령세례'와 '성령 충만'은 또한 서로 어떠한 관계를 가지고 있는가?

우선 '물세례'와 '성령세례'의 관계는 예수님께서 요단강에서 세례 요한에게 받으신 '물세례'와 '성령강림' 사건에서 그 연관성을 발견할 수 있습니

---

13) 말틴 루터, 지원용 역, 『소교리 문답 해설』(컨콜디아사, 1981), 163.

다. 세례 요한은 요단강에서 '물세례'를 베풀면서, "나는 너희에게 물로 세례를 베풀었거니와 그(예수 그리스도)는 너희에게 성령으로 세례를 베푸시리라"(막 1:8, 병행 요 1:33)고 증언하고 있습니다.14) 이러한 세례 요한의 증언을 고려해 볼 때, 우리는 '물세례'와 '성령세례'가 일단은 서로 구별됨을 알 수 있습니다. 왜냐하면 예수님 자신도 친히 제자들에게 요한의 '물세례'와 당신이 베풀 '성령세례'를 구별하여 "요한은 물로 세례를 베풀었으나, 너희는 몇 날이 못 되어 성령으로 세례를 받으리라"(행 1:5)고 말씀하셨다고 누가가 증언하고 있기 때문입니다.(눅 3:16, 병행 마 3:11)15) 뿐만 아니라 주님의 제자들이 설교를 할 때, 성령이 회중들에게 실제로 임하였기 때문입니다: "내가 주의 말씀에 요한은 물로 세례를 베풀었으나, 너희는 성령으로 세례를 받으리라 하신 것이 생각났노라."(행 11:16)

그리고 복음서의 증언에 의하면, 예수님께서 실제로 세례요한으로부터 '물세례'를 받으실 때에도 요한의 '물세례'와 하늘로부터 내리는 '성령의 강림'이 내용적으로는 각각 다르게 일어났기 때문입니다.16) 즉 예수께서 세례를 받으시고 곧 물에서 올라오실 새"(마 3:16a) 그 순간 "하늘이 열리고 하나님의 성령이 비둘기 같이 내려 자기 위에 임하심을 보시더니, 하늘로부터 소리가 있어 말씀하시되 이는 내 사랑하는 아들이요 내 기뻐하는 자라"(마 3:16b-17)는 소리가 들려 왔습니다. 이러한 증언들에 의하면, '물세

---

14) 요 1:33 : "나도 그를 알지 못하였으나 나를 보내어 물로 세례를 베풀라 하신 그이가 나에게 말씀하시되 성령이 내려서 누구 위에든지 머무는 것을 보거든 그가 곧 성령으로 세례를 베푸는 이인 줄 알라 하셨기에……."

15) 눅 3:16 : "요한이 모든 사람에게 대답하여 이르되 나는 물로 너희에게 세례를 베풀거니와 나보다 능력이 많으신 이가 오시나니 나는 그의 신발 끈을 풀기도 감당하지 못하겠노라 그는 성령과 불로 너희에게 세례를 베푸실 것이요……."

16) 이한수는 예수님께서 세례 받으신 후 그에게 임한 성령을 '메시아적 사역의 위임'으로 해석하고 있다: "예수 위에 임한 성령은 메시아적인 좋은 소식을 선포하는 능력으로서 해석하는 것이 가능해진다."(이한수, 『신약은 성령을 어떻게 말하는가』, 도서출판 이레, 2002, 219.)

례'는 죄 씻음을 위한 것이요, '성령세례'는 '하나님의 자녀'가 되기 위한 것임을 알 수 있습니다. 왜냐하면 사도 바울은 "무릇 하나님의 영으로 인도함을 받는 사람은 곧 하나님의 아들이라. 너희는 무서워하는 종의 영을 받지 아니하고, 양자의 영을 받았으므로, 우리가 아빠 아버지라고 부르짖느니라"(롬 8:14-15)고 증언하고 있기 때문입니다. 그래서 사도 베드로도 "너희가 회개하여 각각 예수 그리스도의 이름으로 세례를 받고 죄 사함을 받으라. 그리하면 성령의 선물을 받으리니"(행 2:38)라고 증언하고 있는 것입니다. 이러한 베드로의 증언에 의하면, '물세례'는 '성령세례'를 위한 전제조건 같은 인상을 받습니다. 심지어는 예수의 이름으로 받은 '물세례'도 '성령세례'와 구별됨을 사도행전은 다음과 같이 증언하고 있습니다: "이는 아직 한 사람에게도 성령 내리신 일이 없고 오직 주 예수의 이름으로 세례만 받을 뿐이더라."(행 8:16) 이 말씀은 '물세례'를 받는다고 해서 자동적으로 성령이 임하는 것이 아님을 알 수 있습니다. 따라서 성령세례 혹은 '성령강림'을 선물로 받으려면, 사도 베드로의 증언대로, 자기의 죄를 고백하고 회개한 후 '물세례'를 받아야 합니다.

그렇다면 여기서 질문이 생깁니다. 성령세례와 요한의 '물세례', 심지어는 예수 그리스도의 이름으로 받는 '물세례' 사이에 구체적으로 어떠한 차이가 있는가? 이러한 물음에 답변하기 위하여 우리는 우선 먼저 서로 각기 다른 이름으로 베풀어진 '물세례'에 대하여 살펴보고자 합니다.

우리는 이미 앞에서 '물세례'는 일차적으로 지난 날 자신의 죄를 회개하고 씻는, '신앙 공동체' 안에 입교하는 예식의 의미를 가지고 있음을 살펴보았습니다. 이와 상응하게 '물세례'를 누구의 이름으로 받느냐에 따라서, 그가 입교하는 '공동체'가 결정된다고 할 수 있습니다. 예컨대 '요한'에게 혹은 '요한의 이름'으로 '물세례'를 받으면, '요한 공동체'에 입교하는 것을 의미하고, '예수'에게 혹은 '예수의 이름'으로 '물세례'를 받으면, '예수 그리스도의 공동체'에 입교하는 것을 의미하는 것입니다.17) 왜냐하면 세례 요한과 예수님은 서로 각각 '물세례'를 베풀었기 때문입니다: "그 후에 예수께서 제자들과 유대 땅으로 가서 거기 함께 유하시며 세례를 베푸시더라. 요한도 살렘 가까운 애논에서 세례를 베푸니 거기 물이 많음이라. 그러므로 사람들이 와서 세례를 받더라."(요 3:22-23)18)

뿐만 아니라, 세례 요한의 제자들도 자기 스승인 '세례 요한의 이름'으로 세례를 베푼 것이 명백합니다: "바울이 이르되 그러면 너희가 무슨 세례를 받았느냐 대답하되 요한의 세례니라."(행 19:3) 그리고 예수님의 제자들도 '예수의 이름으로' 세례를 베푼 것도 자명합니다. "명하여 예수 그리스도의 이름으로 세례를 베풀라 하니라 그들이 베드로에게 며칠 더 머물기를 청하니라."(행 10:48, 이 밖에 행 19:5)19) 그러나 예수님의 공생애 동안 많은 사람들은 '예수의 이름으로' 세례를 받았습니다. "빌립이 하나님 나라와 및 예수 그리스도의 이름에 관하여 전도함을 그들이 믿고 남녀가 다 세례를 받(았습니다.)"(행 8:12) 뿐만 아니라, 빌립은 성령의 인도함을 받아 에티오피아의 내시에게도 세례를 베풀었습니다.(행 8:35-36, 38)20)

그러므로 우리는 다음과 같이 잠정적으로 결론을 내릴 수 있습니다. '물세례'를 '누가' 베풀었느냐에 따라서, 혹은 '누구의 이름'으로 '물세례'를

---

17) 참고 요 4:1 : "예수께서 제자를 삼고 세례를 베푸시는 것이 요한보다 많다 하는 말을 바리새인들이 들은 줄을 주께서 아신지라."

18) 요한복음은, 예수가 제자를 삼고 세례를 베푸는 것이 요한보다 많다는 요한의 제자들의 증언을 하면서도(요 3:26; 4:1) '세례요한'과 '예수 그리스도' 사이의 갈등을 해소하기 위하여, "예수께서 친히 세례를 베푸신 것이 아니요 제자들이 베푼 것이라"(요 4:2)고 덧붙이고 있다.

19) 행 19:5 : "그들이 듣고 주 예수의 이름으로 세례를 받으니……."

20) 행 8:35-36, 38 : "빌립이 입을 열어 이 글에서 시작하여 예수를 가르쳐 복음을 전하니, 길 가다가 물 있는 곳에 이르러 그 내시가 말하되 보라 물이 있으니 내가 세례를 받음에 무슨 거리낌이 있느냐…… 이에 명하여 수레를 멈추고 빌립과 내시가 둘 다 물에 내려가 빌립이 세례를 베풀고……."

받았느냐에 따라서, '물세례' 받은 자들은 서로 다른 신앙공동체의 구성원이 될 뿐 아니라, 세례를 베푼 자와 긴밀한 관계 속에 들어가는 것임을 알 수 있습니다.(참고 롬 6:3)[21] 따라서 앞에서 살펴본 바와 같이, '물세례'는 지난 날 자신의 죄를 회개하고 씻은 후 새로운 신앙공동체에 입교하는 단지 '입교예식'의 하나라고 이해할 수 있을 것입니다. 그렇다면 이제 여기서 한 걸음 더 나아가 다시 질문이 제기됩니다. "요한의 '물세례'와 예수 그리스도의 '물세례'가 동일한 내용의 세례인가?"

　　세례 요한과 예수님 그리고 또한 그의 제자들도 각각 자기 스승의 이름으로 '물세례'를 베풀었지만, 세례 요한의 '물세례'와 예수의 '물세례'는 각각 그 의미가 서로 다릅니다. 우선 먼저 요한의 '물세례'는 '죄 씻음'이란 단 한 가지 의미를 가지고 있는 반면에, '예수의 이름'으로 받는 '물세례'는 '성령세례', 곧 '성령 충만'을 위한 '전단계Vorstufe'와 같은 의미를 가지고 있습니다. 다시 말하면, "베드로가 이르되 너희가 회개하여 각각 예수 그리스도의 이름으로 세례를 받고 죄 사함을 받으라, 그리하면 성령의 선물을 받으리니"(행 2:38)라고 명백히 증언하고 있는 것처럼, 예수의 이름으로 받는 '물세례'는 '성령세례' 혹은 '성령'을 선물로 받기 위한 '선행단계das Vorlaufende'와 같은 의미를 갖습니다.[22] 이 점을 우리는 사도 바울의 증언에 명백히 알 수 있습니다.

---

21) 롬 6:3 : "무릇 그리스도 예수와 합하여 세례를 받은 우리는 그의 죽으심과 합하여 세례를 받은 줄을 알지 못하느냐?"
22) 앞에서 이미 언급한 바와 같이, 세례를 이스라엘 백성들의 출애굽 사건과 비교하여 유비적으로 설명하면, 홍해를 건너면서 세례를 받은 이스라엘 백성들이 광야를 지나는 동안 성령을 상징하는 '불'과 '구름기둥'이 이스라엘 백성을 인도한 것과 같다. 왜냐하면 사도 바울은 홍해사건을 이스라엘 백성이 '홍해'를 통과함으로써, '세례'를 받은 것으로 해석하고 있기 때문이다.(고전 10:1bß-4) 뿐만 아니라, 이 말씀은 '세례'와 '성만찬'의 관계를 설명할 수 있는 귀한 본문이기도 하다.

"1 아볼로가 고린도에 있을 때에 바울이 윗지방으로 다녀 에베소에 와서 어떤 제자들을 만나 2 이르되 너희가 믿을 때에 성령을 받았느냐 이르되 아니라 우리는 성령이 계심도 듣지 못하였노라. 3 바울이 이르되 그러면 너희가 무슨 세례를 받았느냐. 대답하되 요한의 세례니라. 4 바울이 이르되 요한이 회개의 세례를 베풀며 백성에게 말하되 내 뒤에 오시는 이를 믿으라 하였으니 이는 곧 예수라 하거늘 5 그들이 듣고 주 예수의 이름으로 세례를 받으니 6 바울이 그들에게 안수하매 성령이 그들에게 임하시므로 방언도 하고 예언도 하니 7 모두 열두 사람쯤 되니라."(행 19:1-7)

이러한 사도 바울의 증언에 의하면, 요한의 '물세례'는 분명히 단지 '회개의 세례' 혹은 '죄 사함의 세례'임을 알 수 있습니다. 그리고 실제로 복음서들도 '요한'의 '물세례'를 '죄 용서를 위한 세례'로 증언하고 있습니다: "세례 요한이 광야에 이르러 죄 사함을 받게 하는 회개의 세례를 전파하니……."(막 1:4, 이 밖에 마 3:6; 눅 3:3)[23] 이렇게 세례 요한의 '물세례'가 단지 '죄 사함을 받는 회개의 세례'이기 때문에, 스스로 의롭다고 생각하는 완악하고 교만한 바리새인들과 율법 교사들은 세례 요한의 세례를 받지 않았습니다: "바리새인과 율법 교사들은 그(세례 요한)의 세례를 받지 아니하므로 그들 자신을 위한 하나님의 뜻을 저버리니라."(눅 7:30, 참고 마 3:7)[24]

'죄용서'를 위한 요한의 '물세례'에 비하여, 예수의 '물세례'는 '성령세례'를 받기 위한 '전단계Vorstufe'의 의미를 가지고 있습니다. 뿐만 아니라, 예

---

23) 마 3:6 : "자기들의 죄를 자복하고 요단강에서 그에게 세례를 받더니……."; 눅 3:3 : "요한이 요단강 부근 각처에 와서 죄 사함을 받게 하는 회개의 세례를 전파하니……."
24) 마 3:7 : "요한이 많은 바리새인들과 사두개인들이 세례 베푸는 데로 오는 것을 보고 이르되 독사의 자식들아 누가 너희를 가르쳐 임박한 진노를 피하라 하더냐."

수 그리스도의 이름으로 받는 '물세례'는 요한의 '물세례'가 가지고 있는 의미를 포괄합니다: "왜 주저하느냐 일어나 주의 이름을 불러 세례를 받고 너의 죄를 씻으라 하더라."(행 22:16)

결론적으로 말해서, 예수님의 '성령세례'는 예수 그리스도의 '물세례'뿐만 아니라, 요한의 '죄용서의 세례'를 포괄합니다. 왜냐하면 예수님께서 니고데모에게, "진실로, 진실로 네게 이르노니 사람이 물과 성령으로 나지 아니하면 하나님의 나라에 들어갈 수 없느니라"(요 3:5)고 말씀하신 것으로 미루어 보아, 예수 그리스도의 이름으로 받은 '물세례'와 '성령세례'는 서로 구별되지만, 결코 분리되지는 않기 때문입니다. 이러한 점에서 예수 그리스도의 이름으로 베풀어지는 '물세례'는 '성령세례' 혹은 '성령강림'을 위한 '선행단계'라고 할 수 있습니다. 그래서 히브리서는 "우리가 마음에 뿌림을 받아 악한 양심으로부터 벗어나고 몸은 맑은 물로 씻음을 받았으니 참 마음과 온전한 믿음으로 하나님께 나아가자"(히 10:22)라고 말합니다.

그러므로 단지 '죄 사함을 받는 회개의 세례'인 요한의 '물세례'와 예수의 '성령세례'는 명백히 구분됩니다. 반면에 예수 그리스도의 이름으로 받는 '물세례'는 성령세례의 '전단계' 혹은 '선행단계'라고 볼 수 있습니다. 따라서 예수 그리스도에 관한 복음을 듣고 '성령세례'를 받은 사람들은 당연히 예수 그리스도의 이름으로 '물세례'를 받을 수 있습니다. 왜냐하면 예수 그리스도께서 베풀어 주시는 '성령세례'는 예수의 '물세례'를 포괄하기 때문입니다. 그래서 '성령세례'를 이미 받은 사람에게는 아무런 조건 없이 자연스럽게 '물세례'가 베풀어졌습니다: "이에 베드로가 이르되 이 사람들이 우리와 같이 성령을 받았으니 누가 능히 물로 세례 베풂을 금하리요 하고, 명하여 예수 그리스도의 이름으로 세례를 베풀라 하니라."(행 10:48f)

이와 같이 '물세례'와 '성령세례'의 관계는, 예수 그리스도의 이름으로 '물세례'를 받고 죄 사함을 받으면, '성령을 선물'로 받을 수도 있고(행 2:38),

아니면 예수 그리스도에 관한 복음을 듣고 믿어서 '성령세례'를 받은 후 '물세례'를 받을 수도 있습니다. 예컨대 사도 바울도 다메섹으로 가는 도상에서 부활하신 주님을 만나, '성령강림'의 체험을 하고 난 다음 예수 그리스도의 이름으로 '물세례'를 받았습니다: "즉시 사울의 눈에서 비늘 같은 것이 벗어져 다시 보게 된지라 일어나 세례를 받고 음식을 먹으매 강건하여지니라."(행 9:18-19) 그렇다면 여기서 구체적인 질문이 생깁니다. "'성령세례'란 구체적으로 어떠한 것인가?"

4) '성령강림과 충만'으로서의 '성령세례'[25]

예수님께서 '물세례'를 받으신 다음 '물에서 올라오실 새' '성령이 비둘기처럼 그 위에 강림하셨습니다.' 이러한 현상은 예수님께서 세례 요한의 '물세례'를 받으신 것뿐만 아니라, 하나님으로부터 직접 '성령세례'도 받은 것으로 이해할 수 있습니다. 왜냐하면 누가의 증언에 의하면, 우선 사도 베드로가 '성령강림'을 '성령세례'로 해석하고 있기 때문입니다. 즉 베드로가 가이샤라 고넬료의 집에서 복음을 전파할 때, 말씀을 듣고 있는 사람들에게 성령이 임한 것을 '성령세례'로 해석하고 있기 때문입니다: "내(베드로)가 말을 시작할 때에 성령이 그들에게 임하시기를 처음 우리에게 하신 것과 같이 하는지라. 내가 주의 말씀에 요한은 물로 세례를 베풀었으나 너희는 성령으로 세례를 받으리라 하신 것이 생각났노라."(행 11:15-16) 이러한 점에서 '성령세례'란 곧 '성령강림'(눅 3:21; 막 1:10-11; 마 3:16-17)을 의미한다

---

25) 이 점에 관하여: '성령 충만과 성령세례'에 관하여: 김희성, 『부활신앙으로 본 '신약의 성령론』(대한기독교서회, 2001), 특히 326 이하: "제13장 성령 충만과 성령세례"; 김재진, 『칼바르트 신학해부』(도서출판 한들, 1998) 181이하: "7. '성령세례'와 '물세례'".

고 할 수 있습니다.

이렇듯 성령세례는 우선 부활하신 예수 그리스도에 관한 복음을 믿고 받아들이는 사람들에게 성령이 먼저 일방적으로 임하는 것을 뜻합니다. 왜냐하면 성령이 '죄 사함을 위한 물세례'를 받기 이전에 예수 그리스도의 부활 소식을 듣고 믿어, 예수를 주님으로 영접한 사람들에게 먼저 임(함께, עם)할 수도 있기 때문입니다: "베드로가 이 말을 할 때에 성령이 이 말씀을 듣는 모든 사람에게 내려오시니, 베드로와 함께 온 할례 받은 신자들이 이방인들에게도 성령 부어 주심으로 말미암아 놀라니, …… 이에 베드로가 이르되, 이 사람들이 우리와 같이 성령을 받았으니 누가 능히 물로 세례 베풂을 금하리요 하고, 명하여 예수 그리스도의 이름으로 세례를 베풀라 하니라."(행 10:44-48a)

이와 같이 사도들이 예수 그리스도에 관한 복음을 전할 때, 성령이 말씀을 듣는 사람들에게 임하는 것을 베드로는 "성령세례"로 이해하였습니다. 이 경우는 '성령세례'가 '물세례'보다 먼저 일어난 경우입니다. 그래서 사도 바울은 '물세례'와 '성령세례'를 종합하여, "주 예수 그리스도의 이름과 우리 하나님의 성령 안에서 씻음과 거룩함과 의롭다 하심을 받았느니라"(고전 6:11)고 선포하고 있습니다. 왜냐하면 '씻음'는 '물세례'를 의미하고, '거룩하게 함'은 성령세례를 의미하고, '의롭다함을 받는 것'은 구속을 의미하기 때문입니다. 이러한 의미에서 "물은 예수 그리스도께서 부활하심으로 말미암아 이제 (우리)를 구원하는 표標"(벧전 3:21a)가 되는 것입니다. 다시 말하면, 예수 그리스도에 대한 복음을 듣고, 그 말씀을 믿고 세례를 받는 자만이 구원을 얻을 수 있습니다: "또 이르시되, 너희는 온 천하에 다니며 만민에게 복음을 전파하라. 믿고 세례를 받는 사람은 구원을 얻을 것이요, 믿지 않는 사람은 정죄를 받으리라."(막 16:15-16) 바꾸어 말하면 예수를 주主와 그리스도로 믿지 않는 자는 구원을 얻지 못하기 때문입니다.

이렇듯 구원은, '세례', 곧 '물' 그 자체가 효력을 일으키는 '마술적인 것 *opus operatum*'에 의해서가 아니라, 예수 그리스도가 우리의 죄를 용서하기 위하여 십자가에 죽고, 삼일 만에 부활하셨다는 복음福音을 믿고 세례를 받는 자에게 주어지는 것입니다.(행 2:41)26) 그런데 믿음은 복음, 곧 예수 그리스도에 관한 말씀을 들을 때, 성령의 사역으로 주어지는 것입니다: "믿음은 들음에서 나며 들음은 그리스도의 말씀으로 말미암았느니라."(롬 10:17) 더 자세히 말하면, 복음을 들을 때, 성령이 듣는 자에게 믿음을 잉태시키시고, 그 믿음으로 예수 그리스도의 이름으로 세례를 받으면 구원을 얻는 것입니다. 이 사실은 바울이 간수의 집에서 복음 전파한 사건에 대한 기술에 잘 나타나 있습니다: "이르되 주 예수를 믿으라. 그리하면 너와 네 집이 구원을 받으리라. 주의 말씀을 그 사람과 그 집에 있는 모든 사람에게 전하더라. 그 밤 그 시각에 간수가 그들을 데려다가 그 맞은 자리를 씻어 주고, 자기와 그 온 가족이 다 세례를 받은 후……."(행 16:31-33)

그러므로 '성령세례' 없이 죄용서의 물세례만으로는 구원에 이를 수 없습니다. 그래서 사도 바울도 고린도 교회 교우들에게, "우리가 유대인이나 헬라인이나 종이나 자유자나 다 한 성령으로 세례를 받아 한 몸이 되었고 또 다 한 성령을 마시게 하셨느니라"(고전 12:13)고 증언하고 있습니다. 반면에 예수 그리스도에 관한 복음을 듣고, 믿어 '성령세례'를 받은 사람들은 '성령 충만'한 삶을 살아갑니다. '성령이 충만한' 삶을 살아가는 것이 바로 그리스도인들의 '영성靈性'입니다. 바꾸어 말하면 성령이 충만한 사람들은 성령의 열매인 "사랑과 희락과 화평과 오래 참음과 자비와 양선과 충성과 온유와 절제"(갈 5:22-23aα)의 삶을 살아갑니다. 성령 충만한 사람들에게서

---

26) 행 2:41 : "그 말(예수 그리스도의 이름으로 세례를 받고 죄 사함을 받으라. 그리하면 성령을 선물로 받으리니)을 받은 사람들은 세례를 받으매, 이 날에 신도가 삼천이나 더하더라."

는 구원의 기쁨이 넘쳐 납니다. 그들은 '항상 기뻐하고', '범사에 감사하고', '모든 염려를 하나님께 맡기고', '항상 기도하고', '마음에 평강이 있고', '관용을 베풀고', '모든 사람들과 더불어 화해'하는 삶을 살아갑니다.(참고 빌 4:4-7) 이렇게 성령의 인도함에 따라 살아가는 삶은 그 어느 것으로도 제어할 수 없습니다. '성령이 충만한 사람들'은 모든 일에 자족할 줄 알고, 오히려 다른 사람들의 고난을 함께 짊어지고자 합니다. 성령이 충만한 사람들에게서는 사랑이 넘쳐납니다. 그래서 그들은 "오래 참고 사랑은 온유하며 시기하지 아니하며…… 자랑하지 아니하며 교만하지 아니하며 무례히 행하지 아니하며 자기의 유익을 구하지 아니하며 성내지 아니하며 악한 것을 생각하지 아니하며 불의를 기뻐하지 아니하며 진리와 함께 기뻐하고 모든 것을 참으며 모든 것을 믿으며 모든 것을 바라며 모든 것을 견디(면서)"(고전 13:4-7) 살아갑니다.

5) '세례'의 구속적 의미

세례는, "너희는 가서 모든 민족을 제자로 삼아 아버지와 아들과 성령의 이름으로 세례를 베풀(라)"(마 28:19; 막16:15f)고, 예수 그리스도께서 직접 명령하신 것입니다. 이렇게 예수님의 명령은 단지 '그리스도 공동체'의 구성원을 확장하라는 의미만은 아닙니다. 예수님께서 제자들에게 '세례'를 명하신 것은 세례에 담겨져 있는 구속적 의미 때문입니다. 따라서 예수님이 세례 베풀 것을 명령하신다는 사실은, '세례'를 단순히 인간의 종교적 행위로 이해할 것이 아니라, 하나님의 구원 역사Heilsgeschichte의 맥락에서 이해해야 할 것을 암시해 줍니다. 바꾸어 말하면, '예수의 이름으로' 세례를 받음으로써, 예수 그리스도가 주시는 구원의 은혜를 받을 수 있는 담보

Security가 수세水洗자에게 주어지는 것입니다.27) 그래서 사도 바울은 세례의 의미를 다음과 같이 설명하고 있습니다.

"무릇 그리스도 예수와 합하여 세례를 받은 우리는 그의 죽으심과 합하여 세례를 받은 줄을 알지 못하느냐. 그러므로 우리가 그의 죽으심과 합하여 세례를 받음으로 그와 함께 장사 되었나니, 이는 아버지의 영광으로 말미암아 그리스도를 죽은 자 가운데서 살리심과 같이 우리로 또한 새 생명 가운데서 행하게 하려 함이라."(롬 6:3-4)28)

이와 같이 예수 그리스도의 이름으로 세례를 받으면, 예수 그리스도에 의한 구원 사건이 세례 받은 자에게 전이轉移되는 것입니다. 다시 말하면 세례 받은 자가 자신을 주님께 맡기는 것이 아니라, 예수의 구원사건이 세례를 통하여 세례 받은 이에게 실현되는 것입니다. 왜냐하면 세례를 받음으로써, 세례 받은 자는 그 순간부터 그리스도에 속한 자가 되기 때문입니다. 이 점을 바울은 다음과 같이 설명합니다: "너희가 다 믿음으로 말미암아 그리스도 예수 안에서 하나님의 아들이 되었으니, 누구든지 그리스도와 합하기 위하여 세례를 받은 자는 그리스도로 옷 입었느니라. 너희는 유대인이나 헬라인이나 종이나 자유인이나 남자나 여자나 다 그리스도 예수 안에서 하나이니라."(갈 3:26-28)

---

27) 콘첼만Conzelmann은 세례는 주의 '이름 안에서' 또는 '그 이름으로' 행해질 때 효력이 있다고 해석한다. 그래서 세례 의식문에서 사용되는 전치사는: a) εἰς(고전 1:13,15), b) ἐν(행 10:48), c) 여격을 동반한 ἐπί(행 2:38)(H. Conzelmann, *op. cit.*, 64).

28) "세례로 말미암아 그리스도와 함께 장사되었다고 하는 것은, 성령세례로 말미암아 영혼 안에서 죄가 장사되었다는 것을 의미한다.(Thomas Vincent, *The Shorter Catechism. Explained from Scripture*, 홍명창 옮김, 『성경 소요리 문답 해설』, 여수룬, 1999, 423.)

이와 상응하게 디도서도 "우리를 구원하시되, 우리가 행한 바 의로운 행위로 말미암지 아니하고, 오직 그의 긍휼하심을 따라 중생의 씻음과 성령의 새롭게 하심으로 하셨(다)"(딛 3:5)고 증언합니다. 바꾸어 말해서 '세례'를 통하여 예수 그리스도와 결합하여 하나님의 자녀가 되었기 때문에, 예수 그리스도가 이루어 놓으신 구원을 은혜로 받을 수 있는 담보가 주어지는 것입니다.(골 2:12-13)[29]

따라서 세례가 이스라엘 백성을 애굽에서 해방시키고, 십계명을 주신 성부 하나님(출 20:2)[30]과 하나님과 인간의 화해자이신 성자 예수 그리스도와(행 4:12)[31] 그리고 세상의 구원자이신 보혜사 성령(요 16:8)[32]의 이름으로 단 한번만 베풀어졌다는 것은, 세례 받은 자가 삼위일체 되시는 여호와 하나님의 구원사역의 대상이 되었다는 것입니다. 즉 '물' 그 자체가 무슨 신령한 능력이 있어서 우리를 죄에서 씻어 깨끗하게 하고, 우리를 구원하였다는 것이 아니라, 성부, 성자, 성령 삼위일체 하나님의 구원역사의 반열에 이제 우리가 들어갔다는 것을 의미합니다. 이러한 점에서 '세례'는 거룩한 성례전에 속하는 것입니다. 즉 물로 "마음에 뿌림을 받아 악한 양심으로부터 벗어나고, 몸은 맑은 물로 씻음을 받(아) 참 마음과 온전한 믿음으로 하나님께 나아가(게)"(히 10:22)되었다는 것입니다. 따라서 세례는 장로교 전통의 개혁교회가 규정하는 세 가지 은혜의 방편, 곧 말씀(선포)과 성례(세

---

29) 골 2:12-13 : "너희가 세례로 그리스도와 함께 장사되고, 또 죽은 자들 가운데서 그를 일으키신 하나님의 역사를 믿음으로 말미암아 그 안에서 함께 일으키심을 받았느니라. 또 범죄와 육체의 무-할례로 죽었던 너희를 하나님이 그와 함께 살리시고, 우리의 모든 죄를 사하시고……."
30) 출 20:2 : "나는 너(이스라엘 백성)를 애굽 땅, 종 되었던 집에서 인도하여 낸 네 하나님 여호와니라."
31) 행 4:10, 12 : "나사렛 예수 그리스도(의 이름)" 이외의 "다른 이로써는 구원을 받을 수 없나니, 천하 사람 중에 구원을 받을 만한 다른 이름을 우리에게 주신 일이 없음이라."
32) 요 16:8 : "그가 와서 죄에 대하여, 의에 대하여, 심판에 대하여 세상을 책망하시리라."

례와 성찬) 그리고 기도 가운데 하나입니다. 이러한 의미에서 사도 바울은, "주 예수 그리스도의 이름과 우리 하나님의 성령 안에서 씻음과 거룩함과 의롭다 하심을 받았느니라"(고전 6:11)고 선언하고 있는 것입니다.

2

영적 세계의 실재와
영적 존재

왕하 6:17_ "기도하여 이르되 여호와여 원하건대 그의 눈을 열어서 보게 하옵소서 하니 여호와께서 그 청년의 눈을 여시매 그가 보니 불말과 불병거가 산에 가득하여 엘리사를 둘렀더라. And Elisha prayed, 'O Lord, open his ezes so he may see.' Then the Lord opened the servant's eyes, and he looked and saw the hills full of horses and chariots of fire all around Elisha."

마 1:20_ "이 일을 생각할 때에 주의 사자가 현몽하여 이르되 다윗의 자손 요셉아 네 아내 마리아 데려오기를 무서워하지 말라 그에게 잉태된 자는 성령으로 된 것이라. But after he had considered this, an angel of the Lord appeared to him in a dream and said, 'Joseph son of David, do not be afraid to take Mary home as your wife, because what is conceived in her is from the Holy Spirit.'"

1) 하나님의 대리자로서의 천사

이스라엘 민족이 천사가 존재한다는 사실을 인정하게 된 것은 페르시아에서 풀려난 이후 비로소 시작된 것은 아닙니다. 구약 성경의 증언에 의하면, 오히려 이스라엘 사람들은 아주 오래 전부터 천사의 존재를 인정해 왔음을 발견할 수 있습니다. 그리고 구약성경 중 비교적 늦게 저술된 책들에서는 천사에 대한 언급이 보다 분명하게 나타나고 있습니다. 특히 신약에서는 예수 그리스도의 탄생고지에서 그의 부활증언, 곧 예수 그리스도의 생애의 처음과 나중을 모두 천사가 증언하고 있습니다: "이 일을 생각할 때에 주의 사자가 현몽하여 이르되 다윗의 자손 요셉아 네 아내 마리아 데려오기를 무서워하지 말라 그에게 잉태된 자는 성령으로 된 것이라."(마 1:20)

뿐만 아니라 안식일 후 첫날 여인들이 예수님을 매장한 무덤을 찾아 갔을 때에도, "주의 천사가 하늘로부터 내려와 돌을 굴려 내고 그 위에 앉았는데, 그 형상이 번개 같고 그 옷은 눈같이 (흰)"(마 28:2-3) 형상으로 여인들에게 나타났습니다. 그리고 "천사가 여자들에게 말하여 이르되, 너희는 무서워하지 말라 십자가에 못 박히신 예수를 너희가 찾는 줄을 내가 아노라. 그가 여기 계시지 않고 그가 말씀하시던 대로 살아나셨느니라 와서 그가 누우셨던 곳을 보라"(마 28:5-6)고 예수의 부활을 증언합니다. 이러한 증언들은 천사가 실제로 존재하고 있음을 확언하고 있습니다.[33]

본래 '천사Angel'라는 말은 그리스어의 '앙겔로스(ἀγγελος)*ángelos*'와 라틴어 '안젤루스*angelus*'에서 유래한 것으로서, 본래 '사자使者'를 의미합니다.

---

33) 교회사에 의하면, 천사의 존재에 대하여는 제4차 라테란 공의회, 제1차 바티칸 공의회, 제2차 바티칸 공의회에서 선언한 교리이다.

이것은 우가릿트, 아랍어, 이디오피아어에서도 증명된 어근 'mal'āk'이 들어간 히브리어 '말락크'(מלאך)와 일치합니다.[34] 히브리 구약 성경에서는 '말락'이 213번이나 나오며, 히브리어 성경을 헬라어로 번역한 '70인역'에서는 구약성경의 '말락'을 대부분 '천사'로 번역하였으며, 그 뜻은 '하나님 말씀의 전달자', '인간을 보호하는 자', '하나님의 보좌를 지키는 군대' 등 그 역할에 따라서 여러 가지 의미가 있습니다.

특히 구약에서 '천사'의 개념이 하나님의 명칭, '여호와' 혹은 '엘로힘'과 결합될 때는 특별한 의미를 갖습니다. 즉 인간 세상에서 여호와 하나님의 명령을 수행하는 하나님의 대리자 역할을 합니다. 바로 이러한 역할로 인하여 구약성경에서는 '여호와 하나님 자신'과 '여호와의 사자', 곧 '천사'와의 구별이 그렇게 쉽지가 않습니다. 예컨대 출애굽기는 가시덤불 속에서 모세에게 나타난 "여호와의 使者"(하나님의 사자)를 아래와 같이 아무런 설명과 전제 없이 "여호와" 하나님 자신으로 바꾸어 쓰고 있다.

> "여호와의 사자가 떨기나무 가운데로부터 나오는 불꽃 안에서 그에
> 게 나타나시니라. 그가 보니 떨기나무에 불이 붙었으나 사라지지 아
> 니하는지라."(출 3:2)
> "여호와께서 그가 보려고 돌이켜 오는 것을 보신지라 하나님이 떨기
> 나무 가운데서 그를 불러 이르시되……."(출 3:4)[35]

---

34) 천사의 역할에 관하여: 김재진, "역사 속에 있는 하나님의 대리자로서의 천사", 「組織神學論叢」 제2집 (1996), 33-55: 페르디난트 홀벅, 이숙희 옮김, 『천사론』(성요셉 출판사, 1996).
35) 이 두 개의 증언을 인용하여 행 7:5는 다음과 같이 하나로 묶고 있다: "저희 말이 누가 너를 관원과 재판장으로 세웠느냐 하며 거절하던 그 모세를 하나님은 가시나무 떨기 가운데서 보이던 천사의 손을 의탁하여 관원과 속량하는 자로 보내셨으니", 여기서 천사는 "동반자Begleiter" 곧 성령의 사역을 감당하고 있는 것으로 보고하고 있다.

이 두 증언을 결합하면, '떨기나무 불꽃 안에서' 나타나신 '하나님의 사자'는 '떨기나무 가운데서' 모세에게 말씀하시는 '여호와' 하나님 그 자신입니다. 이 구절을 종합하면 여호와 하나님이 '여호와의 사자'로 나타났다고 이해할 수 있습니다. 다시 말해서 '떨기나무 가운데 나타나신 분'은 '떨기나무 가운데서 말씀하시는 분'이십니다. 여기서 '나타나신 분'과 '말씀하신 분'은 동일한 한 분 하나님 '여호와'이십니다.

이렇게 '하나님의 사자'를 '여호와' 하나님으로 주어를 바꾸어 쓰는 것은 아브라함의 하녀 하갈에게 나타난 '여호와의 사자' 이야기에서도 동일한 방식으로 나타납니다. 하갈이 자기의 여주인 사래에게 쫓기어 광야로 도망합니다. 그녀가 술길 샘물 곁에서 '여호와의 사자'를 만납니다.(창 16:7-9) 하갈은 자신에게 나타난 '여호와의 사자'를 직접적으로 '하나님'이라고 부릅니다: "하갈이 자기에게 이르신 여호와의 이름을 '나를 살피시는 하나님'이라 하였으니 이는 내가 어떻게 여기서 나를 감찰하시는 하나님을 뵈었는고 함이라."(창 16:13) 이 진술에 의하면 하갈의 대화자는 분명 '여호와의 사자'입니다. 그런데 하갈은 자신의 대화 상대자를 여호와 하나님으로 고백하고 있습니다.[36] 이와 같이 '천사' 혹은 '하나님의 사자'는 역사 속에서 하나님의 뜻에 따라 '하나님의 일'을 대행하는 '대리자', 혹은 하나님의 말씀을 대신 전하는 '메신저'의 역할을 하고 있음을 알 수 있습니다. 그렇다면 '천사' 혹은 '하나님의 사자'가 우리들이 살고 있는 이 시時·공간空間 속에 있다는 말인가? 그렇지 않습니다. '천사'들이 비록 역사 속에서 인간들과 만나지만, 그들의 활동영역은 여전히 '초월적 영적 세계'입니다. 이 점을

---

36) Freedmann-Willoughby 는 하갈이 '하나님을 보았다'고 하는 것은 하나님 자신을 보았다는 얘기가 아니라, "천상의 존재ein göttliches Wesen"을 본 것을 의미한다고 해석한다. 그러나 이러한 해석은 본문 그대로의 진술을 신성모독이라는 종교적 사유 속에서 성서의 증언을 교리적으로 해석하려는 시도에 불과하다. 참고. Freedmann-Willoughby, "מלאך", in: ThWAT Bd. IV. 899.

아래에서 보다 자세히 살펴보고자 합니다.

2) 천사들이 활동하는 영적 세계의 실재

비록 '꿈' 혹은 '환상' 속에서 천사들이 구체적인 인간들과 만나지만, '천사'나 '하나님의 사자'들이 활동하는 영역은 단지 이 세상이 아니라, 이 세상을 포괄하는 '실재하는 초월적 영적 세계'입니다.

우선 '초월적 영적 세계'가 실재한다는 것을 우리는 구약성경의 여러 곳에서 발견할 수 있습니다. 가장 명백한 증언은 엘리사가 그의 사환에게 보여준 세계입니다. 어느 날 아람 왕이 말과 병거와 많은 군사를 보내매, 그들이 밤에 가서 그(엘리사가 거주하는) 성읍을 에워쌌습니다.(왕하 6:14) "하나님의 사람(엘리사)의 사환이 일찍이 일어나서 나가보니 군사와 말과 병거가 성읍을 에워쌌는지라 그의 사환이 엘리사에게 말하되 아아, 내 주여 우리가 어찌하리이까 하니, 대답하되 두려워하지 말라 우리와 함께 한 자가 그들과 함께 한 자보다 많으니라 하니, 기도하여 이르되 여호와여 원하건대 그의 눈을 열어서 보게 하옵소서 하니 여호와께서 그 청년의 눈을 여시매 그가 보니 불말과 불병거가 산에 가득하여 엘리사를 둘렀더라"(왕하 6:15-17)고 증언하고 있습니다. 이런 증언에 의하면, 분명 우리들의 시·공간을 초월하면서, 이 시·공간과 함께 공존하는 '초월적 영적 세계'가 있음을 분명히 알 수 있습니다.

영적인 초월적 세계가 실존한다는 것은 '발람'의 기사를 통해서도 알 수 있습니다. 어느 날 모압의 왕 십볼의 아들 '발락'은 이스라엘을 저주하고자 사신을 보내어 브올의 아들 '발람'을 초대합니다.(민 22:6) 복채에 눈이 어두워진 '발람'은 하나님께서 '발람'에게 '그들에게 가지도 말고, 이스라엘 백성을 저주하지도 말'고 명하셨지만, 많은 복채로 눈이 어두워진 '발람'은 모압 왕 '발락'의 청을 수락하고, 자기 '나귀'를 타고 두 종과 함께 모압 땅으로 향합니다. 그러나 그가 가는 도중에 다음과 같은 사건이 발생합니다.

"나귀가 여호와의 사자가 칼을 빼어 손에 들고 길에 선 것을 보고 길에서 벗어나 밭으로 들어간지라 발람이 나귀를 길로 돌이키려고 채찍질하니, 나귀가 여호와의 사자를 보고 몸을 담에 대고 발람의 발을 그 담에 짓누르매 발람이 다시 채찍질하니, 나귀가 여호와의 사자를 보고 발람 밑에 엎드리니 발람이 노하여 자기 지팡이로 나귀를 때리는지라. 여호와께서 나귀 입을 여시니 발람에게 이르되 내가 당신에게 무엇을 하였기에 나를 이같이 세 번을 때리느냐. 발람이 나귀에게 말하되 네가 나를 거역하기 때문이니 내 손에 칼이 있었다면 곧 너를 죽였으리라. 나귀가 발람에게 이르되 나는 당신이 오늘까지 당신의 일생 동안 탄 나귀가 아니냐? 내가 언제 당신에게 이같이 하는 버릇이 있었더냐? 그가 말하되 없었느니라. 그 때에 여호와께서 발람의 눈을 밝히시매 여호와의 사자가 손에 칼을 빼들고 길에 선 것을 그가 보고 머리를 숙이고 엎드리니, 발람이 여호와의 사자에게 말하되 내가 범죄 하였나이다. 당신이 나를 막으려고 길에 서신 줄을 내가 알지 못하였나이다. 당신이 이를 기뻐하지 아니하시면 나는 돌아가겠나이다. 여호와의 사자가 발람에게 이르되 그 사람들과 함께 가라 내가 네게 이르는 말만 말할지니라. 발람이 발락의 고관들과 함께 가니라."(민 22:23-35)

앞에서 언급한 사건들과 유사한 사건이 사도 베드로에게도 일어났습니다.

> "홀연히 주의 사자가 나타나매 옥중에 광채가 빛나며 또 베드로의
> 옆구리를 쳐 깨워 이르되 급히 일어나라 하니 쇠사슬이 그 손에서
> 벗어지더라. 천사가 이르되 띠를 띠고 신을 신으라 하거늘 베드로가
> 그대로 하니 천사가 또 이르되 겉옷을 입고 따라오라 한대, 베드로가
> 나와서 따라갈새, 천사가 하는 것이 생시인 줄 알지 못하고 환상을
> 보는가 하니라. 이에 첫째와 둘째 파수를 지나 시내로 통한 쇠문에
> 이르니 문이 저절로 열리는지라 나와서 한 거리를 지나매 천사가 곧
> 떠나더라."(행 12:7-10)

이 사건은 역사적 시·공간 속에서 일어난 초월적 영적 세계의 사건입니
다. 왜냐하면 베드로가 실제로 쇠문이 열리고 옥에서 풀려났기 때문입니
다. 이러한 사건을 고려해 볼 때, 우리는 아브라함에게 나타난 세 분의
천사에 대한 기사도 역사적 사실로 이해할 수 있습니다.(창 18:2-5) 왜냐하
면 아브라함에게 나타난 세 명의 천사도, 베드로에게 나타나서 행한 천사
의 사건과 유사하게 소돔과 고모라에서 행하였기 때문입니다.(창 19:10-11;
15-17) 이렇듯 '주의 천사'들은 때론 역사의 시·공간에 실제로 현현하여
'하나님으로부터 위임받은 일'을 실현할 때도 있습니다.

이상의 기사들에서 우선 명백히 드러난 사실은, 우리들이 오감五感으로
인식할 수 없는 보이지 않는 영적 세계가 초월적으로 우리와 함께 더불어
실존한다는 것입니다. 그리고 그 초월적 영적 세계에서 '하나님의 사자',
곧 '천사'들이 활동하고 있습니다. 이러한 초월적 영적 세계에서 여호와
하나님은 '천사' 혹은 '사자'들을 통하여 우리들과 만나시고, 대화를 하시
고, 하나님의 뜻을 전달해 주십니다. 이 초월적 영적 세계가 바로 호렙산에

여호와 하나님이 가시떨기 나무속에서 나타난 세계이고, 이 초월적 영적 세계에 나타난 '하나님의 사자'가 곧 모세에게 나타나신 여호와, 곧 '하나님의 사자'(출 3:2-4)입니다. 이러한 방식으로 여호와 하나님은, '야곱'이 브엘세바를 떠나 하란으로 향하던 중 꿈 중에 '하나님의 사자'(창 28:10-17)로 나타나셨고, '야곱'이 얍복나루를 건널 때에도, 야곱과 만나 씨름하던 "어떤 사람", 곧 '하나님의 천사'로 나타나셨습니다. 이렇게 여호와 하나님이 '하나님의 사자', 혹은 '천사'의 모습으로 나타난 그 영적 공간이 바로 초월적 영적 세계입니다. 이 세계가 바로 초월적 영적 세계이기 때문에, 그 세계를 우리들은 간혹 우리의 시·공간을 초월하는 '꿈' 속에서도 경험하게 되는 것입니다.

3) 천사의 보혜사적 사역

구약에서 최초로 '여호와 하나님의 사자'가 등장하는 것은 창세기 16장 10-11절입니다.[37] 그리고 '여호와의 사자'가 구원사역을 행하는 사건에 대한 기사는 창세기 21장 8절 이하에서 증언되고 있습니다. 이 증언에 의하면, '하갈'은 그녀의 여주인 '사래'의 학대를 받아 자기 아들 '이스마엘'을 데리고 광야로 내어 쫓김을 당합니다.(창 16:14) 하갈이 브엘세바 광야에서 방황하다가, 가죽부대의 물이 떨어져 그녀의 아들 '이스마엘'이 죽을 지경에 이르자 소리 내어 크게 울었습니다. 그러자 "하나님이 그 어린 아이의 소리를 들으셨으므로 하나님의 사자가 하늘에서부터 하갈을 불러 이르

---

37) 창세기 3장 34절에 나타난 그룹은 궁정천사에 속한다. 궁정천사는 하나님의 나라와 지성소를 지키는 천사들이다. 궁정천사에는 세라빔과 게루빔이 이에 속한다.

시되 하갈아 무슨 일이냐 두려워하지 말라 하나님이 저기 있는 아이의 소리를 들으셨나니, 일어나 아이를 일으켜 네 손으로 붙들라…… 하나님이 하갈의 눈을 밝히셨으므로 샘물을 보고 가서 가죽부대에 물을 채워다가 그 아이에게 마시게 하였더라"(창 21:17-19)고 보고하고 있습니다.

그런데 사실상 하갈이 자기의 여주인 '사래'를 피하여 광야로 첫 번째 도망하게 된 이유와 두 번째 광야로 내어 쫓김을 당한 이유는 다음과 같습니다. 하갈의 여주인 '사래'는 아이를 낳지 못하자, 자기 몸종, '하갈'에게 자식을 낳고자 합니다. 그러자 하갈은 자기의 여 주인(사래)의 분부대로 여주인의 남편과 잠자리를 같이하여 아이를 임신합니다. 그러자 하갈은 자기가 임신한 줄 알고 여주인 '사래'를 멸시합니다. 그러자 사래는 자기의 몸종 '하갈'을 학대합니다. 하갈은 여 주인 '사래'의 학대를 견디지 못하여 일차로 광야로 도망을 합니다. 하갈이 광야의 샘물 곁, 곧 '술 길 샘' 곁에 이르렀을 때에, '여호와의 사자'가 그녀에게 나타납니다. 그리고 '여호와의 사자'는 하갈을 위로하고, 그녀의 자손이 번성할 것을 약속해 줍니다: "내가 네 씨를 크게 번성하여, 그 수가 많아 셀 수 없게 하리라. …… 여호와의 사자가 또 그에게 이르되 네가 임신하였은즉 아들을 낳으리니 그 이름을 이스마엘이라 하라. 이는 여호와께서 네 고통을 들으셨음이니라."(창 16:10-11)

이와 같이 '여호와의 사자'는 고통 속에서 부르짖는 하갈의 소리를 들으시는 분, 곧 인간을 고통으로부터 구원해 주시는 분으로 증언되고 있습니다.38) 그래서 하갈은 '여호와의 사자'를 '나를 살피시는 하나님'으로 부릅니다. 바꾸어 말해서 '여호와의 사자'는 고난 받는 '하갈'을 생명의 위기로

---

38) 그래서 여기서도 '여호와의 사자', 곧 천사는 '여호와'로 바꾸어 쓰이고 있다.(창 16:7 과 11, 12절 비교)

부터 구원해 주는 '보혜사적 사역', 곧 '메시아적' 역할을 합니다.

그 후 '하갈'은 '이스마엘'을 낳고, 그녀의 여주인 '사래'도 '여호와 하나님의 사자'의 약속에 따라서 잉태하여 '이삭'을 낳습니다. 실상 아이를 갖고 보니 여주인 사래가 시샘해 자기를 학대한다고 남편에게 고告하게 되었습다.──물론 아이를 잉태하고 보니 교만해 졌을 것입니다.──그러자 그녀의 남편과 여 주인 사래를 두려워하여 하갈은 광야로 도망하여 유리하는 사람이 된 것입니다. 그런데 하갈이 여주인 사래를 피하여 도망하여 광야에서 죽게 되었을 때, '여호와의 사자', 곧 '천사'가 '하갈'에게 나타난 것입니다.

그런데 그 당시 광야에 쫓겨남을 당한다는 것은 죽음으로 내몰리는 것이나 다름없습니다. 사경을 헤매는 '하갈'과 그 아들 '이스마엘'의 절박한 상태를 창세기는 다음과 같이 진술하고 있습니다.

> "아브라함이 아침에 일찍이 일어나 떡과 물 한 가죽부대를 가져다가 하갈의 어깨에 메워 주고 그 아이를 데리고 가게 하니 하갈이 나가서 브엘세바 광야에서 방황하더니 가죽부대의 물이 떨어진지라. 그 자식을 관목덤불 아래에 두고 이르되 아이가 죽는 것을 차마 보지 못하겠다 하고 화살 한 바탕 거리 떨어져 마주 앉아 바라보며 소리 내어 우니 하나님이 그 어린 아이의 소리를 들으셨으므로 하나님의 사자가 하늘에서부터 하갈을 불러 이르시되 하갈아 무슨 일이냐 두려워하지 말라 하나님이 저기 있는 아이의 소리를 들으셨나니 일어나 아이를 일으켜 네 손으로 붙들라 그가 큰 민족을 이루게 하리라 하시니라. 하나님이 하갈의 눈을 밝히셨으므로 샘물을 보고 가서 가죽부대에 물을 채워다가 그 아이에게 마시게 하였더라."(창 21:14-19)

이상의 '하갈'의 이야기 속에서 '하나님의 사자', 곧 '천사'는 주인으로 인하여 억울하게 고난 받는 여종, '하갈'과 그녀의 아들 '이스마엘', 곧 약한 자와 힘없는 자를 보호하며 죽음의 상황에서 건져 주시는 구원자(메시아) 역할을 합니다.

뿐만 아니라, '보혜사 하나님'은 '하나님의 사자'를 통하여 '아기 못 낳는 여자의 설움'까지도 위로해 주십니다. '하나님의 사자'는 '아기 잉태'의 기쁜 소식을 전하여 주시는 '복음의 사자Botschafter' 역할을 하십니다. 이 이야기는 창세기 18장에 나옵니다. 아브람의 아내 '사라'는 그 나이 100세가 다되도록 아이를 낳지 못하였습니다. '애 못 낳는 여자', 이러한 여자는 우리나라에서도 칠거지악七去之惡 가운데 하나라고 하였습니다. 그래서 사래는, 앞에서 언급한 것처럼, 궁리 끝에 자기의 몸종인 하갈을 자기 남편의 첩으로 들여보냈습니다. 이것은 여인에게 있어서는 더 없는 고통이었습니다. 자기의 여종을 남편에게 들여보낸다는 것은 정부인定夫人으로서 자기 권한을 포기하는 것이나 다름없는 것입니다. 이러한 포기를 하였음에도 불구하고 사래는 자기 몸종 하갈로부터 멸시를 당합니다. '애 못 낳는 여자', 그것만으로도 서러운데, 자기의 남편을 자기의 몸종에게 빼앗기고, 그 몸종은 아이를 '잉태'하였다고 자기를 멸시합니다. 어쨌든 사라는 여인이 당하는 최고의 고통을 당하게 되었습니다.

이러한 상황에 어느 날 천사가 나타난다. 어느 날 마므레 상수리 수풀 근처에서 '세 천사39)'가 아브람에게 나타난다.(창 18:1-5) 아브람의 대접을 받은 '하나님의 세 천사'는, "네 아내 사라가 어디 있느냐…… 내년 이맘때

---

39) 창세기 18장에는 여호와 하나님으로 되어 있으나, 19장과의 연관성을 고려해 볼 때에 구약 성서 내에서는 "여호와 하나님"과 "여호와의 사자" 곧 "천사"와는 정확히 구별되지 않는다. 이 점에 관하여: Walter Baumgartner, "Zum Problem des 'Jahwe‐Engels'", in: *SThU* 14 (1944), S.97‐102; H. Gese, *Über die Engel*, unöffneter Vortrag in Tübingen, 1986.

에 내가 반드시 네게로 돌아오리니 네 아내 사라에게 아들이 있으리라"(창 18:9-10)고 약속해 줍니다.[40] 사무엘상에 의하면, '한나'도 '아기 못 낳는 고통'으로 인하여 심히 애통하여 하나님께 기도하였을 때, 그의 기도를 하나님께서 들어주십니다: "한나가 임신하고 때가 이르매 아들을 낳아 사무엘이라 이름하였으니, 이는 내가 여호와께 그를 구하였다 함이더라."(삼상 1:20)

그렇습니다. 구약에서 '하나님의 천사'는 고통당하는 사람들에게 구원의 메시지를 전해 줄 뿐만 아니라, 그들을 어려운 상황에서 구원해 주시는 '보혜사의 사역'을 감당하고 있습니다. 이러한 사실들을 우리는 구약의 여러 곳에서 발견할 수 있습니다. 우선 '사라'에게 수태를 고지한 세 천사들은 부패한 도시 '소돔'과 '고모라'를 멸하고 롯의 식구들의 생명을 구출해 주십니다.(창 19:15-17) 그리고 여호수아 5장 13절 이하에서는 여호수아가 하늘의 군대장관 즉 '천사장'을 만난 장면을 보고하고 있습니다. 그 당시 이스라엘 백성들은 여리고 성城의 견고함으로 인하여 가나안 정복의 희망을 포기할 정도로 무기력해져 있을 때였습니다. 눈앞에 여리고 성을 두고 무기력해져 있는 이스라엘 사람들을 돕기 위하여, 전쟁의 용사로서 하늘 군대의 천사장이 나타난 것입니다.[41]

---

40) '하나님의 사자', 곧 '천사'들에 의한 수태고지는 세례 요한의 탄생에 대한 기사 속에서도 나타난다: "주의 사자가 그에게 나타나 향단 우편에 섰는지라. 사가랴가 보고 놀라며 무서워하니, 천사가 그에게 이르되 사가랴여 무서워하지 말라 너의 간구함이 들린지라 네 아내 엘리사벳이 네게 아들을 낳아 주리니 그 이름을 요한이라 하라."(눅 1:11-13) 그리고 누가복음은 아이 예수 잉태에 대한 수태고지도 역시 '주의 사자'가 전하여 준 것으로 증언하고 있다: "천사가 이르되 마리아여 무서워하지 말라 네가 하나님께 은혜를 입었느니라. 보라 네가 잉태하여 아들을 낳으리니 그 이름을 예수라 하라."(눅 1:30-31)

41) 여기서 천사는 단순히 위기에 직면한 사람을 돕기 위해서가 아니라, 하나님의 言約(참. 창 17:7ff.)을 충실히 수행하기 위해서 하나님의 대리자로 나타난 것이라고 해석할 수도 있습니다. 즉 '천사'는 무조건 어려운 일에 직면한 사람을 돕는 것이 아니라, 하나님의 뜻에 따라서 '어려운 위기에 처한 사람들'을 돕는 하나님의 사자이다.

좌절과 억압 속에 있는 연약한 하나님의 백성들을 돕는 '천사'의 사역은 신약 성서의 증언에서도 발견됩니다. 앞에서도 언급하였듯이, 천사는 옥에 갇힌 베드로를 구출해 줍니다.(행 12:1-15) 옥에서 구출된 베드로는 자신을 구출한 분은 '주님'이라고 증언합니다: "주께서 자기를 이끌어 옥에서 나오게 하던 일을 말하고……."(행 12:17; 비교 5:19) 이러한 베드로의 증언은, 주님이 당신의 천사를 통하여 자기를 옥에서 해방시키신 것으로 이해하였던 것으로 해석할 수 있습니다. 여기서 천사의 사역은 그를 보내신 구세주 예수 그리스도의 사역에 상응한 사역을 행하였던 것입니다.(비교 눅 4:18 : "나를 보내사 포로된 자에게 자유를……." 인용 사 61:1-2)

이상 앞에서 언급한 천사의 사역을 한마디로 요약하면——바르트K. Barth가 이미 제시한 바와 같이——신적神的인 능력을 갖고 이 피조된 세계 안에서 구원의 중재자적 사역을 행하는 천상의 존재가 천사입니다.[42] 그래서 바울은 천사의 사역을 아무런 조건 없이 성령의 사역으로 기술하고 있다.(고전 12:4-6; 고후 13:13, 비교 엡 4:4-6) 이에 상응하게 히브리서도 '천사'를 '섬기는 영'이며, 구원받은 사람들을 섬기라고 보내심을 받은 하나님의 일꾼으로 보고하고 있습니다.(히 1:14) 더 나아가 신약성서의 몇 개의 구절은 천사를 삼위일체 하나님의 성령聖靈과 동등한 것으로 기술하고 있습니다.(딤전 5:21; 계 14:10; 비교 막 8:38, 병행 계 1:4f.)[43] 그래서 클라우스 베스터만 Claus Westermann은 하나님께서 천사로 나타나시는 것을 '하나님의 가능성'[44]으로 이해하고자 합니다. 그는 계속해서 말하기를, "……하나님의

---

42) 천사는 하나님의 구원사역에 관여하고 있음을 암시하는 구절들: 눅 12:8; 15:10; 고전 4:9; 딤전 3:16; 5:21; 벧전 1:12.

43) 그러나 신약에서 '주의 사자'는 하나님 자신이라기보다는 주로 하나님의 메시지를 전하는 천사들을 뜻한다.(마 1:20, 24; 눅 1:11; 2:9; 행 5:19; 10:3; 12:17, 23)

44) 참고. C. Westermann, *Gottes Engel*, S.10: "Die Engel sind Gottes Möglichkeit oder verkörpern Gott in seinen Möglichkeiten für uns."

천사 안에서 하나님의 말씀과 하나님의 행위들이 이 세상에 접촉된다"[45)] 고 주장합니다. 결과적으로 '하나님의 천사'는 '성령의 보혜사적 사역', 즉 고난 받는 자를 옆에서 위로하고, 돕고, 구원해 주시는 사역을 담당하는 분입니다. 그래서 성경은 "손님 대접하기를 잊지 말라 이로써 부지중에 천사들을 대접한 이들이 있었느니라"(히 13:2)고 증언하고 있는 것입니다. 우리들의 살고 있는 이 세상과 더불어 초월적 영적 세계가 있고, 그 세계 속에서 주의 천사는 우리를 돕기도 하고, 또한 우리가 잘못된 곁길로 가려 고 할 때 막기도 하는 '성령의 보혜사적 사역'을 항상 행하고 있다는 것을 아는 것, 이것이 바로 기독교의 영성입니다.

---

45) 같은 책, S. 51.

3

성령과
악령(귀신)

삼상 16:23_ "하나님께서 부리시는 악령이 사울에게 이를 때에 다윗이 수금을 들고 와서 손으로 탄즉 사울이 상쾌하여 낫고 악령이 그에게서 떠나더라. Whenever the spirit form God came upon Saul, David would take his harp and play. Then relief would come to Saul; he would feel better, and the evil spirit would leave him."

눅 8:1-2_ "그 후에, 예수께서 각 성과 마을에 두루 다니시며 하나님의 나라를 선포하시며 그 복음을 전하실 새, 열두 제자가 함께 하였고, 또한 악귀를 쫓아내심과 병 고침을 받은 어떤 여자들 곧 일곱 귀신이 나간 자 막달라인이라 하는 마리아와. After this, Jesus traveled about from one town and village to another, proclaiming the good news of the kingdom of God. The Twelve were with him and also some women who had been cured of evil spirits and diseases: Mary (called magdalene) from whom seven demons had come out."

1) '뜯어 먹는(הזו) 영(רוח)'로서의 '귀신'

이스라엘의 초대 왕인 사울에게 '하나님의 영', 곧 '성령'이 임하였을 때는(삼상 11:6-7), 사울이 큰 힘을 얻어 이스라엘을 이방의 침입으로부터 구원합니다. 그러나 그가 하나님의 선지자 사무엘의 제사장 직분을 대행한 이후, 여호와 영, 곧 성령이 떠나고 그에게 '악령'이 들어갑니다. 그러자 그가 '수금 타는 자', 곧 '다윗'을 불러 수금을 타게 하자, 사울에게서 '악령'이 떠납니다. 이 기사가 사무엘상 16장 14-23절에 다음과 같이 기록되어 있습니다.

> "14 여호와의 영이 사울에게서 떠나고 여호와께서 부리시는 악령이 그를 번뇌하게 한지라 15 사울의 신하들이 그에게 이르되 보소서 하나님께서 부리시는 악령이 왕을 번뇌하게 하온즉 16 원하건대 우리 주께서는 당신 앞에서 모시는 신하들에게 명령하여 수금을 잘 타는 사람을 구하게 하소서 하나님께서 부리시는 악령이 왕에게 이를 때에 그가 손으로 타면 왕이 나으시리이다 하는지라 17 사울이 신하에게 이르되 나를 위하여 잘 타는 사람을 구하여 내게로 데려오라 하니 18 소년 중 한 사람이 대답하여 이르되 내가 베들레헴 사람 이새의 아들을 본즉 수금을 탈 줄 알고 용기와 무용과 구변이 있는 준수한 자라 여호와께서 그와 함께 계시더이다 하더라 19 사울이 이에 전령들을 이새에게 보내어 이르되 양치는 네 아들 다윗을 내게로 보내라

하매 20 이새가 떡과 한 가죽부대의 포도주와 염소 새끼를 나귀에
실리고 그의 아들 다윗을 시켜 사울에게 보내니 21 다윗이 사울에게
이르러 그 앞에 모셔 서매 사울이 그를 크게 사랑하여 자기의 무기를
드는 자로 삼고 22 또 사울이 이새에게 사람을 보내어 이르되 원하건
대 다윗을 내 앞에 모셔 서게 하라 그가 내게 은총을 얻었느니라 하니
라 23 하나님께서 부리시는 악령이 사울에게 이를 때에 다윗이 수금
을 들고 와서 손으로 탄즉 사울이 상쾌하여 낫고 악령이 그에게서
떠나더라."(삼상 16:14-23)

그런데 여기서 우리 말, '악령'이란 말로 번역된 히브리어는 '루하 라아'
(רוח רעה)로 되어 있습니다. 그런데 '라아'라는 말은 가축이 '풀을 뜯어 먹는
다'는 자동사에서 유래한 것입니다: "그 때에는 어린 양들이 자기 초장에
있는 것 같이 풀을 먹을 것이요 유리하는 자들이 부자의 버려진 밭에서
먹으리라."(사 5:17; 11:7; 14:30; 27:10; 30:23; 65:25; 욘 3:7; 습 2:7; 3:13; 욥 1:14)[46]
따라서 이 말이 '은유적'으로 사람이나 동물에 사용될 때는, 평화로운 영역
에 살고 있는 '유혹받지 않는 생명, 혹은 위협받지 않는 생명das un-
angefochtene Leben'을 의미합니다: "보니 아름답고 살진 일곱 암소가 강 가
에서 올라와 갈밭에서 뜯어먹고……"; "보니 살지고 아름다운 일곱 암소가
나일 강 가에 올라와 갈밭에서 뜯어먹고……."(창 41:2, 18, 이 밖에 미 7:14;
시 80:14)[47]

---

46) 이 점에 관하여: G. Wallis, 'רעה', ThWAT Bd.VII, Verlag W. Kohlhammer: Stuttgart,
   Berlin, Köln, Sp. 566-576.
47) 미 7:14 : "원하건대 주는 주의 지팡이로 주의 백성 곧 갈멜 속 삼림에 홀로 거주하는 주의
   기업의 양 떼를 먹이시되 그들을 옛날 같이 바산과 길르앗에서 먹이시옵소서."; 시 80:14
   : "만군의 하나님이여 구하옵나니 돌아오소서 하늘에서 굽어보시고 이 포도나무를 돌보소
   서."

그러나 이 '라아'(רעה)가 주체인 '루하(영)'(רוח)과 결합되면, '뜯어 먹는 영'이 됩니다. 그래서 삼상 16장 14-23절에서는 '악령'을 '루하 라아'로 표기하고 있는 것입니다. 바꾸어 말해서, 인간의 몸에 들어와 인간을 괴롭히는 영이 바로 '악령'입니다. 이렇게 '악령'이, 문자 그대로 '인간을 뜯어 먹는 존재'라는 것은 이미 창세기에 있는 인간의 타락기사에서 이미 은유적으로 제시되었습니다.[48] 왜냐하면 최초 인간 아담Adam이 여호와 하나님의 말씀에 불순종하였을 때, 하나님은 최초 인간 아담을 타락하도록 유혹한 '뱀' 혹은 '사탄'에게 징벌을 내리셨기 때문입니다. 그런데 그 징벌의 내용은, '뱀'은, "모든 가축들과 들의 모든 짐승보다 더욱 저주를 받아 배로 다니고, 살아 있는 동안 흙을 먹(어야)"(창 3:14) 하는 것입니다.[49]

그런데 여기서 말하는 '흙'(עפר)은, 은유적으로 이해하면, 바로 '인간'을 뜻합니다. 왜냐하면 '인간'이 바로 '흙'으로 지음을 받았기 때문입니다: "וייצר יהוה אלהים את־האדם עפר מן־האדמה(여호와 하나님이 땅의 흙으로 사람을 지으시고)" (창 2:7a)[50]

---

48) 이 점에 관하여: 김재진, 『성경의 인간학』(예영커뮤니케이션, 2007), 특히 '사탄의 밥'.
49) 사 65:25 : "이리와 어린 양이 함께 먹을 것이며 사자가 소처럼 짚을 먹을 것이며 뱀은 흙을 양식으로 삼을 것이니 나의 성산에서는 해함도 없겠고 상함도 없으리라 여호와께서 말씀하시니라."; 미 7:17 : "그들이 뱀처럼 티끌을 핥으며 땅에 기는 벌레처럼 떨며 그 좁은 구멍에서 나와서 두려워하며 우리 하나님 여호와께로 돌아와서 주로 말미암아 두려워하리이다." 전자는 쿠취Kutsch에 의하면, 겸양양식(Selbsterniedrigungsformel)에 속한다. 따라서 모든 적대관계가 해소되는 종말의 세상에는 모든 피조물 사이 화해Versöhnung가 이루어져 뱀이 스스로 자신의 본연의 양식인 '흙', 곧 '티끌'을 먹게 될 것이라고 해석할 수 있다. 그리고 미가 7:17의 말씀은 나라의 멸망을 은유적으로 표현하고 있는 것이다. 이러한 점에 관하여: S. Abir, Das "Erdreich als Schöpfungselement in den Mythen der Urgeschichte", *Jud* 35, 1979, 23-27; 125-130 - E. Kutsch, "Trauerbäuche" und "Selbstminderungsriten" im AT, *ThSt* 78(1965) - A. F. Rainey, "Dust and Ashes", Tel Aviv I, 1974, 77-83 - N. H. Ridderbos, עפר als Staub der Totenortes', *OTS* 5 (1948), 174-178.
50) 인간이 땅의 흙으로 지음을 받았다는 것은, "네가 흙으로 돌아갈 때까지 얼굴에 땀을 흘려야

이렇듯 타락한 인간은 '뱀'으로 상징된 '사탄 마귀'의 '밥'이 되어 있는 존재입니다. 바꾸어 말하면 "내가 너(뱀)로 여자와 원수가 되게 하고, 네 후손도 여자의 후손과 원수가 되게 하리니, 여자의 후손은 네 머리를 상하게 할 것이요, 너는 그의 발꿈치를 상하게"(창 3:15) 되었습니다. 바로 이러한 이유로 '사탄'과 '인간'은 적대적 상극관계가 되었습니다. 그래서 사탄은 인간을 지배하기 위하여——직설적으로 표현하면 '뜯어먹기 위하여'(רעה)——인간을 유혹하고 시험하고 있는 것입니다. 따라서 사탄 마귀는 두 번째 인간Adam, 곧 '참 인간vere homo'이신 예수 그리스도마저도 자기의 권세아래 두기 위하여 시험 하였습니다: "마귀가 또 그를 데리고 지극히 높은 산으로 가서 천하만국과 그 영광을 보여 이르되 만일 내게 엎드려 경배하면 이 모든 것을 네게 주리라."(마 4:8-9)

뿐만 아니라, 사탄 마귀는 틈만 있으면 그리스도인들을 유혹하고 시험하여 뜯어 먹으려고 합니다. 그래서 사도 베드로는 성도들에게 "근신하라, 깨어라, 너희 대적 마귀가 우는 사자 같이 두루 다니며 삼킬 자를 찾(는다)"(벧전 5:8)고 경고하고 있습니다. 이러한 점에서 '귀신 들린 자', 혹은 '악령에 사로잡혀 있는 자'는 이미 사탄 마귀에게 '뜯어 먹힘을 당하고 있는 것'이라고 이해할 수 있습니다.

2) '악령'은 사람을 괴롭히고 끝내는 죽인다

'악령'에 사로잡힌 사람은 정서가 불안해질 뿐 아니라, 스스로 자기 자신을 주관하지 못하기 때문에, '자아自我'를 상실하고, '악령의 노예'가 되어

먹을 것을 먹으리니, 네가 그것에서 취함을 입었음이라. 너는 흙이니, 흙으로 돌아갈 것이니라"(창 3:19)는 말씀을 통해서도 분명히 알 수 있다.

악령이 시키는 대로 행동하게 됩니다. 이 점을 우리는 '악령'에 사로잡힌 '사울' 왕에게서 발견할 수 있습니다. "그 이튿날 하나님께서 부리시는 악령이 사울에게 힘 있게 내리매 그가 집안에서 정신없이 떠들어대므로, 다윗이 평일과 같이 손으로 수금을 타는데 그 때에 사울의 손에 창이 있는지라. 그가 스스로 이르기를 내가 다윗을 벽에 박으리라 하고 사울이 그 창을 던졌으나 다윗이 그의 앞에서 두 번 피하였더라."(삼상 18:10-11 비교 삼상 19:9-10)[51] 뿐만 아니라, '악령'에 사로잡힌 사람은 '악령'에 의해서 끝내는 스스로 죽습니다. 이것이 역시 '사울' 왕에게서 발견할 수 있습니다. "이에 사울이 자기의 칼을 뽑아서 그 위에 엎드러지매, 무기를 든 자가 사울이 죽음을 보고……"(삼상 31:4bβ) 이렇듯 '악령'에 사로잡히면, 이성理性을 상실하고, 분노하며, 살인의 욕慾으로 가득차고, 스스로 자신을 주체하지 못하여 결국에는 스스로 사망의 구렁텅이에 빠져 들어가게 됩니다. 이러한 현상들을 우리는 신약의 증언에서 많이 발견할 수 있습니다.

우선 신약에서는 구약의 '악령에 사로잡혀 있는 자'를 '귀신 들린 자'로 바꾸어 기술하고 있습니다.[52]

> "28 또 예수께서 건너편 가다라 지방에 가시매 귀신 들린 자 둘이
> 무덤 사이에서 나와 예수를 만나니 그들은 몹시 사나워 아무도 그
> 길로 지나갈 수 없을 지경이더라. 29 이에 그들이 소리 질러 이르되

---

51) 삼상 19:9-10 : "사울이 손에 단창을 가지고 그의 집에 앉았을 때에 여호와께서 부리시는 악령이 사울에게 접하였으므로 다윗이 손으로 수금을 탈 때에, 사울이 단창으로 다윗을 벽에 박으려 하였으나 그는 사울의 앞을 피하고 사울의 창은 벽에 박힌지라 다윗이 그 밤에 도피하매"

52) '귀신(Dämonen)'은 일반적으로 여러 가지 원인에 의해서 생긴 신들과 인간 사이에 존재하는 보이지 않는 영적존재Geistwesen를 의미합니다.(Wolfgang G. Roehl, 'Dämonen', *EKL* Bd.1, Verlag Vandenhoeck & Ruprecht, Göttingen sp. 781-784.

하나님의 아들이여 우리가 당신과 무슨 상관이 있나이까 때가 이르기 전에 우리를 괴롭게 하려고 여기 오셨나이까 하더니 30 마침 멀리서 많은 돼지 떼가 먹고 있는지라. 31 귀신들이 예수께 간구하여 이르되 만일 우리를 쫓아 내시려면 돼지 떼에 들여 보내소서 하니 32 그들에게 가라 하시니 귀신들이 나와서 돼지에게로 들어가는지라 온 떼가 비탈로 내리달아 바다에 들어가서 물에서 몰사하거늘……."(마 8:28-32)

이러한 증언에 의하면, 우선 '귀신 들린 자'는 '성품이 몹시 사납고'(28), '큰 소리를 지르고'(29), '주님뿐만 아니라, 성도들을 대적하고'(29), '더럽고'(31), '결국에는 스스로 죽음을 택합니다.'(32) 뿐만 아니라, 귀신이 들리면, '눈멀고 말이 어눌해 지거나, 못하는 경우'(마 12:22)도 있습니다. 그리고 '귀신 들린 사람'은 아무도 제어할 수 없을 정도로, '수효가 많아'(막 5:9) '힘이 몹시 세고'(막 5:4) '스스로 자신을 괴롭히고'(막 5:5) 다른 사람을 해하려고까지 합니다.(막 5:2-9)[53] '귀신에 사로잡히면' 때론 '간질'병 증세를 나타내기도 합니다: "주여 내 아들을 불쌍히 여기소서! 그가 간질로 심히 고생하여 자주 불에도 넘어지며 물에도 넘어지는지라."(마 17:15); "이에 예수께서 꾸짖으시니 귀신이 나가고 아이가 그 때부터 나으니라."(마 17:18)

그러므로 '악령', 곧 '귀신'은 '사람을 죽이는 더러운 영霊'입니다. 이러한 점에서 '악령', 곧 '귀신에 사로 잡혀 있는 자'는 '영적으로 죽은 자'입니다. 왜냐하면 '악령', 곧 '귀신'은 '죽은 자의 영'이며, 동시에 '죽이는 영'이기 때문입니다. 이 점 또한 사울의 이야기 속에서 발견할 수 있습니다. 사울

---

53) 막 5:4-5 : "이는 여러 번 고랑과 쇠사슬에 매였어도 쇠사슬을 끊고 고랑을 깨뜨렸음이러라. 그리하여 아무도 그를 제어할 힘이 없는지라. 밤낮 무덤 사이에서나 산에서나 늘 소리 지르며 돌로 자기의 몸을 해치고 있었더라."

왕은 어느 날 '신접한 여인'을 찾아 갑니다. 그는 '신접한 여인'에게 이미 '사무엘'을 '불러 올려 달라'고 부탁합니다.(삼상 28:11) 그 때에 '신접한 여인'이 "내가 영이 땅에서 올라오는 것을 보았나이다"(삼상 28:13b)라고 보고합니다. 그 때에 사울이 그 신접한 여인에게 '그의 모양이 어떠하냐 물으니', "그(녀)가 이르되, 한 노인이 올라오는데, 그가 겉옷을 입었나이다"(삼상 28:14a)라고 대답합니다. 그러자 사울이 "그(한 노인)가 사무엘인 줄 알고, 그의 얼굴을 땅에 대고 절"(삼상 28:14b)합니다. 그러자 그 노인은 결국 '사울'에게 죽음을 예고합니다: "여호와께서 이스라엘을 너와 함께 블레셋 사람들의 손에 넘기시리니 내일 너와 네 아들들이 나와 함께 있으리라. 여호와께서 또 이스라엘 군대를 블레셋 사람들의 손에 넘기시리라."(삼상 28:19)

따라서 '악령', 곧 '귀신'은 '죽은 자의 영'으로서 '사람을 죽이는 사탄의 졸개'입니다. 이 점을 우리는 예수님의 제자 파송기사에서 확인 할 수 있습니다. 어느 날 예수님께서 12제자에게 '귀신을 내어 쫓는 능력'을 주어 각 고을로 나아가 '하나님의 나라'를 전파하게 하십니다.(눅 9:1-2) 그 후 다시 예수님은 70인에게 '귀신 내어 쫓는 능력'과 '병 고치는 능력'을 주시고, 각 동네와 각 지역으로 보내시면서 '하나님의 나라'를 전파하게 하십니다. (눅 10:1, 9) 그 후 파송된 70인이 돌아와 "주여 주의 이름으로 귀신들도 우리에게 항복하더이다"(눅 10:17)라고 보고하니, "예수께서 이르시되, 사탄이 하늘로부터 번개 같이 떨어지는 것을 내가 보았노라"고 말씀하십니다. 이러한 예수님의 증언에 의하면, '귀신'은 곧 '사탄 마귀의 졸개' 이외에 다른 것이 아닙니다.

3) 성령은 '귀신' 혹은 '악령'을 쫓아낸다.

성령이 충만하신 예수님은 말씀 한마디로 귀신들을 '귀신들린 사람에게서' 쫓아 내십니다. "예수께서 대답하여 이르시되 …… 네 아들을 이리로 데리고 오라 하시니, 올 때에 귀신이 거꾸러뜨리고 심한 경련을 일으키게 하는지라 예수께서 더러운 귀신을 꾸짖으시고 아이를 낫게 하사 그 아버지에게 도로 주시니"(눅 9:41-42. 이 밖에 눅 8:2)[54] 뿐만 아니라, 예수님은 스스로 "내가 하나님의 성령을 힘입어 귀신을 쫓아내는 것이면 하나님의 나라가 이미 너희에게 임하였느니라"(마 12:28)고 선포하셨습니다. 뿐만 아니라, 예수님은 제자들에게도 병 고치는 은사와 귀신 내어 쫓는 은사를 주시어 '하나님 나라'를 전파하라고 파송하십니다.: "예수께서 열두 제자를 불러 모으사, 모든 귀신을 제어하며 병을 고치는 능력과 권위를 주시고 하나님의 나라를 전파하며 앓는 자를 고치게 하려고 내보내시며"(눅 9:1-2) 그래서 예수님께서 승천하신 이후에도, 성령의 충만함을 받은 사도 바울도 귀신을 쫓아냅니다.

> "16 우리가 기도하는 곳에 가다가 점치는 귀신 들린 여종 하나를 만나니 점으로 그 주인들에게 큰 이익을 주는 자라. 17 그가 바울과 우리를 따라와 소리 질러 이르되 이 사람들은 지극히 높은 하나님의 종으로서 구원의 길을 너희에게 전하는 자라 하며 18 이같이 여러 날을 하는지라 바울이 심히 괴로워하여 돌이켜 그 귀신에게 이르되 예수 그리스도의 이름으로 내가 네게 명하노니 그에게서 나오라 하니 귀신이 즉시 나오니라."(행 16:16-18)

---

54) 눅 8:2 : "또한 악귀를 쫓아내심과 병 고침을 받은 어떤 여자들 곧 일곱 귀신이 나간 자 막달라인이라 하는 마리아와……."

이와 같이 성령은 귀신 들린 사람에게서 '귀신을 내어 쫓는 영'입니다. 그러므로 그리스도인의 삶은 악한 귀신과 싸우는 영적 싸움이기도 합니다. 그래서 사도 바울은 에베소 교회 교우들에게 "우리의 씨름은 혈과 육을 상대하는 것이 아니요 통치자들과 권세들과 이 어둠의 세상 주관자들과 하늘에 있는 악의 영들을 상대함"(엡 6:12)이라고 증언하고 있는 것입니다.

'악한 영'이 성령에 의해서 내어 쫓김으로써, 죽을 몸도 성령으로 다시 살아나게 됩니다. 이것이 바로 성령으로 다시 거듭남입니다. 왜냐하면 성령으로 거듭나지 않는 사람은 영적으로 이미 '죽은 자'이기 때문입니다.(참조. 엡 2:1-5)[55] 그래서 사도 바울은 로마 교회 교우들에게, "예수를 죽은 자 가운데서 살리신 이의 영이 너희 안에 거하시면, 그리스도 예수를 죽은 자 가운데서 살리신 이가 너희 안에 거하시는 그의 영으로 말미암아 너희 죽을 몸도 살리시리라"(롬 8:11)고 선포하고 있는 것입니다. 따라서 성령의 능력으로 죽은 자 가운데서 다시 부활하신 예수님은 이제 '살리는 영 그 자체'가 되신 것입니다: "첫 사람 아담은 생령이 되었다 함과 같이 마지막 아담(= 예수 그리스도)은 살려 주는 영이 되었나니……."(고전 15:45)

그러므로 성령이 충만한 사람은 그 속에서 생명수 강물이 흘러나오듯이, 생명력이 넘쳐나는 것입니다.[56] 왜냐하면 구약성경에서는 하나님께서 자기 자신을 '살아 있는 샘'(렘 2:13; 17:13), 혹은 '생명의 샘'(시 36:10)으로 은유적으로 표현하였기 때문입니다. 이와 상응하게 예수님께서도 사마리아 여인에게 "내가 주는 물을 마시는 자는 영원히 목마르지 아니하리니, 내가 주는 물은 그 속에서 영생하도록 솟아나는 샘물이 되리라."(요 4:14)[57]

---

55) 엡 2:1 "그(= 그리스도)는 허물과 죄로 죽었던 너희를 살리셨도다."; 엡 2:5 "허물로 죽은 우리를 그리스도와 함께 살리셨고 (너희는 은혜로 구원을 받은 것이라.)"

56) 성령은 때론 은유적으로 '물'로 상징되었다. 이 점에 관하여: J. Moltmann, *Der Geist des Lebens - Einge ganzheitliche Pneumatologie*, 김균진 역, 『생명의 영』(대한기독교서회, 1992). 369ff.

고 말씀하셨습니다. 여기서 우리는 결과적으로 예수 그리스도는 성부 하나님과 동일한 성령을 가지신 분임을 인식할 수 있습니다. 그래서 서방교회는 '필리오크베filioque: 성자로부터도 성령이 보내심을 받았다'고 고백하였던 것입니다.[58]

이상의 근거에서 예수님은 니고데모에게 '물과 성령으로 거듭나야 함'을 강조하셨던 것입니다. 즉 '성령이 충만한 사람'은, 신성한 샘물이 깊은 곳에서 뿜어 나오듯이, 마음 깊은 곳으로부터 '참 기쁨'이 넘쳐 나옵니다. 왜냐하면 그는 성령의 도움으로 죽음을 극복하였기 때문입니다. 이것이 그리스도인의 '성령 충만한 영적 삶'입니다. 그래서 사도 바울은 빌립보 교우들에게, "주 안에서 항상 기뻐하라! 내가 다시 말하노니 기뻐하라! 너희 관용을 모든 사람에게 알게 하라! 주께서 가까우시니라. 아무 것도 염려하지 말고 오직 모든 일에 기도와 간구로, 너희 구할 것을 감사함으로 하나님께 아뢰라! 그리하면 모든 지각에 뛰어난 하나님의 평강이 그리스도 예수 안에서 너희 마음과 생각을 지키시리라"(빌 4:4-7)고 권면하고 있는 것입니다. 이러한 삶은 바로 성령 충만한 그리스도인들의 영성에서 비롯된 삶입니다.

---

57) 이점에 관하여: Elisabeth Moltmann-Wendel, *Johannes 4:5-14*, Evangelischer Kirche im Rheinland, Landessynode 1991, Düsseldorf, 1991, 35ß41.

58) 니케아콘스탄치노플(Nicaeno-Constantinopolitanum) 신경에 서방 교회가 첨부한 것으로서, '성령이 성부 아버지와 아들 성자로부터도 나온다'는 뜻이다. 그러나 8-9세기 경 이래로 그리스 정교회에 의해서 논쟁의 쟁점이 되었다. 그래서 결국 1054년에 동방교회는 '성령은 성부 아버지로부터 아들을 통하여 나온다'고 주장함으로써 서방 교회와 동방교회가 분리되게 되었다. 개신교는 서방교회의 전통을 따르고 있다.

4

성령 사역의 은유적 표현으로서의
자연의 힘

왕상 19:11b_ "여호와 앞에 크고 강한 바람이 산을 가르고 바위를 부수나 바람 가운데에 여호와께서 계시지 아니하며 바람 후에 지진이 있으나 지진 가운데에도 여호와께서 계시지 아니하며 Then a great and powerful wind tore the mountains apart and shattered the rocks before the Lord, but the Lord was not in the wind. After the wind there was an earthquake, but the Lord was not in the earthquake."

행 2:2-3_ "홀연히 하늘로부터 급하고 강한 바람 같은 소리가 있어 그들이 앉은 온 집에 가득하며, 마치 불의 혀처럼 갈라지는 것들이 그들에게 보여 각 사람 위에 하나씩 임하여 있더니 Suddenly a sound like the blowing of a violent wind came from heaven and filled the whole house where they were sitting. They saw what seemed to be tongues of fire that separated and came to rest on each of them."

1) 성령 사역에 대한 은유적 표현들

우리가 너무나 잘 알고 있는 오순절 성령의 강림을 누가는 다음과 같이 기술하고 있습니다.

> "오순절 날이 이미 이르매 그들이 다 같이 한 곳에 모였더니, 홀연히 하늘로부터 급하고 강한 바람 같은 소리가 있어 그들이 앉은 온 집에 가득하며, 마치 불의 혀처럼 갈라지는 것들이 그들에게 보여 각 사람 위에 하나씩 임하여 있더니, 그들이 다 성령의 충만함을 받고 성령이 말하게 하심을 따라 다른 언어들로 말하기를 시작하니라."(행 2:1-4)

이러한 기술에서 우리가 분명히 구별해야 하는 것은, '강한 바람', '소리', '불의 혀'는 성령이 아니라는 것입니다. 왜냐하면 '급하고 강한 바람 같은 (ὡσεὶ)', 그리고 '불의 혀처럼(καθὼς)'이라고는 비교의 부사가 있기 때문입니다.[59] 즉 문자 그대로 성령이 '급하고 강한 바람같이' 그리고 '불의 혀처럼' 강림하였다는 뜻이지, '강한 바람' 그리고 '불의 혀' 그 자체가 성령이라는 뜻은 아닙니다. 만일 '강한 바람', 그리고 '불의 혀' 그 자체가 성령이라면, 자연의 힘이 신이 되는 '자연신' 사상이 생깁니다. 이러한 오해를 막기 위하여 이미 구약성경에는 '자연의 힘', 곧 '자연의 현상' 속에는 하나님이 계시지 않음을 명백히 증언하고 있습니다.

북이스라엘 '아합' 왕의 아내 '이세벨'이 하나님의 선지자 '엘리야'와 바

---

59) 'ὡσεὶ(호세이)'는 호머Homer 이후에 '비교'를 위한 분사로서 독일어로는 'als wie(~와 같은)'이란 의미를 가지고, 'καθὼς(카토스)' 역시 '비교'를 위한 분사로서 독일어로는 'ebenso wie, geradeso wie(바로 그와 같이, 바로 그처럼)'으로 번역될 수 있다. 이 점에 관하여: Walther Bauer, *Wörterbuch zum Neuen Testmant*, 6.völlig neu bearbeitete Aufl. Berlin. New York. 1988, Sp. 794, 1793.

알 선지자들 간의 소위 '가르멜' 산에서의 대결 이후 엘리야가 바알 선지자들을 모두 죽였다는 소식을 듣고, '엘리야'를 죽이고자 합니다.(왕상 19:1-2) 그러자 '엘리야'는 하나님의 산, '호렙'으로 피신을 합니다. 그가 '호렙'산에 이르러 어느 날 굴속에 숨어있을 때에, "여호와께서 이르시되 너는 나가서 여호와 앞에서 산에 서라 하시더니, 여호와께서 지나가시는데 여호와 앞에 크고 강한 바람이 산을 가르고 바위를 부수나 바람 가운데에 여호와께서 계시지 아니하며, 바람 후에 지진이 있으나 지진 가운데에도 여호와께서 계시지 아니하며, 또 지진 후에 불이 있으나 불 가운데에도 여호와께서 계시지 아니하더니"(왕상 19:11-12)라고 열왕기상은 기술하고 있습니다. 그런데 여기서 주목해야 하는 것은 '크고 강한 바람이 산을 가르고 바위를 부수나 바람 가운데에 여호와께서 계시지 아니하며, 바람 후에 지진이 있으나 지진 가운데에도 여호와께서 계시지 아니하며' 라는 말씀입니다. 다시 말하면, '강한 바람', '지진', 그리고 '불' 속에 여호와 하나님이 계시지 않다는 것입니다.

이와 같이 성령의 사역에 대한 신-구약 성경의 기술들을 고려해 볼 때, '강한 바람', '지진', '불', '급하고 강한 바람' 그리고 '불의 혀'는 단지 성령의 사역을 '자연의 힘'으로 은유적으로 기술하는 표현방식에 불과하다는 것입니다. 더 자세히 말하면, '강한 바람', '지진', '불', '급하고 강한 바람', '같이 (ὡσεί)', 혹은 '처럼(καθὼς)' 임하시는 '성령의 역사'를 기술하기 위한 '은유적 표현 양식'이라는 것입니다. 왜냐하면 오순절 성령강림 사건이나, 호렙산에서 엘리야에게 임하신 여호와 하나님의 현현사건은 그 뒤에 이어지는 '말씀의 사건'에서 인격적으로 각 사람들에게 현실화되기 때문입니다. 왜냐하면 오순절 성령강림의 사건에서 "홀연히 하늘로부터 급하고 강한 바람 같은 소리가 있어 그들이 앉은 온 집에 가득하며, 마치 불의 혀처럼 갈라지는 것들이 그들에게 보여 각 사람 위에 하나씩 임하여"(행 2:2-3) "그들이 다 성령의 충만함을 받고 성령이 말하게 하심을 따라 다른 언어들로 말하기를 시작하(였기)"(행 2:4) 때문입니다. 즉 '말씀으로 각 사람에게 임한 것', 이것이 성령의 강림이며, 성령의 사역이라는 것입니다. 이와 유사하게 엘리야가 '호렙' 산에서 '여호와 하나님과의 만남 사건'에서도 '강한 바람', '지진', 그리고 '불' 속에는 여호와 하나님이 계시지 않았고, 오직 "불 후에 세미한 소리가 있는지라. 엘리야가 듣고 겉옷으로 얼굴을 가리고 나가 굴 어귀에 서매 소리가 그에게 임하여 이르시되 엘리야야 네가 어찌하여 여기 있느냐"(왕상 19:12bβ-13) 라는 여호와 '하나님의 말씀'이 있었기 때문입니다.

이렇듯 '하나님의 말씀 사건', 이것이 진정 '성령의 사역'이고, '강한 바람', '지진', '불', '불의 혀'와 같은 '자연의 힘'에 대한 묘사는 단지 '성령 사역'의 은유적 표현이라는 것을 우리는, 에스겔 선지자가 마른 뼈를 다시 살리는 사건에 대한 기술에서 더욱 명확히 인식할 수 있습니다.

"1 여호와께서 권능으로 내게 임재하시고 그의 영으로 나를 데리고 가서 골짜기 가운데 두셨는데 거기 뼈가 가득 하더라. 2 나를 그 뼈 사방으로 지나가게 하시기로 본즉 그 골짜기 지면에 뼈가 심히 많고 아주 말랐더라. 3 그가 내게 이르시되 인자야 이 뼈들이 능히 살 수 있겠느냐 하시기로 내가 대답하되 주 여호와여 주께서 아시나이다. 4 또 내게 이르시되 너는 이 모든 뼈에게 대언하여 이르기를 너희 마른 뼈들아 여호와의 말씀을 들을지어다. 5 주 여호와께서 이 뼈들에게 이같이 말씀하시기를 내가 생기를 너희에게 들어가게 하리니 너희가 살아나리라. 6 너희 위에 힘줄을 두고 살을 입히고 가죽으로 덮고 너희 속에 생기를 넣으리니 너희가 살아나리라 또 내가 여호와 인 줄 너희가 알리라 하셨다 하라. 7 이에 내가 명령을 따라 대언하니 대언할 때에 소리가 나고 움직이며 이 뼈, 저 뼈가 들어 맞아 뼈들이 서로 연결되더라. 8 내가 또 보니 그 뼈에 힘줄이 생기고 살이 오르며 그 위에 가죽이 덮이나 그 속에 생기는 없더라. 9 또 내게 이르시되 인자야 너는 생기를 향하여 대언하라 생기에게 대언하여 이르기를 주 여호와께서 이같이 말씀하시기를 생기야 사방에서부터 와서 이 죽음을 당한 자에게 불어서 살아나게 하라 하셨다 하라. 10 이에 내가 그 명령대로 대언하였더니 생기가 그들에게 들어가매 그들이 곧 살아나서 일어나 서는데 극히 큰 군대더라."(겔 37:1-10)

이 기술에서 우리는 우선 '인자'가 하나님의 말씀을 '대언代言'하기 전에는 아무런 일이 일어나지 않았다는 것입니다. 그러나 '인자'가 하나님의 말씀을 "대언할 때에 소리가 나고 움직이며 이 뼈, 저 뼈가 들어맞아 뼈들이 서로 연결되더라"(겔 37:7)는 것입니다. 그리고 이와 같이 또한 "내(인자)가 그(여호와 하나님의) 명령대로 대언代言하였더니 생기生氣(성령)가 그들에게 들어가매, 그들이 곧 살아나서 일어나 서는데 극히 큰 군대더라"(겔 37:10)는 것입니다. 이처럼 성령의 역사, 곧 '생기에 들어가는 역사'는 하나님의 말씀이 있을 때, 일어난다는 것입니다. 다시 말하면, '하나님의 말씀이 실현되는 사건'이 곧 '성령의 역사'라는 것입니다.

따라서 신·구약 성경에 나오는 '강한 바람', '지진', '불', '급하고 강한 바람', 그리고 '불의 혀' 같은 '자연의 힘'에 대한 묘사는, '강한 바람', '지진', '불', '급하고 강한 바람' 같이(ὡσεὶ), 혹은 '처럼(καθὼς)' 임하시는 '성령의 사역'에 대한 '은유적 표현 양식'에 불과하다는 것입니다. 바꾸어 말하면 하나님은 결코 '강한 바람', '지진', '불', '급하고 강한 바람', 그리고 '불의 혀' 같은 '자연의 힘'에 결코 '내재immanent'해 있지 않다는 것입니다. 만일 '여호와 하나님의 자연의 내재'를 인정할 경우, 살아 계신 인격적인 하나님

이 아니라, 기독교의 하나님이 '자연신自然神', 곧 '속지신屬地神'에 불과해 버리고 맙니다.[60]

그러므로 크리스토프 쉬츠Chr. Schütz는 성령의 사역을 여러 가지 은유적 표현으로 분류하였습니다.[61] 그래서 몰트만도 성경에 나타나는 성령의 활동에 대한 여러 가지 은유적 표현을 '인격적 은유들', '조형적 은유들', '활동의 은유들', '신비적 은유들'로 분류하였습니다. 그리고 그는 이 은유들 가운데 있는 내적 관계, 곧 주체와 힘의 관계, 원천과 에너지 장의 관계, 힘과 공간의 관계, 현존과 대칭의 관계로 분석기술하고 있습니다.[62] 어쨌든 분명한 것은 성령의 사역은 성경에서, 이미 앞에서 분석하였고 몰트만과 쉬츠가 지적하였듯이, '불', '강한 바람'과 같은 '자연의 힘'으로 은유적으로 표현되어 있는 것이 사실입니다. 그러나 '자연의 힘' 그 자체 속에 혹은 '자연의 힘' 그 자체가 결코 살아 계신 삼위일체 하나님의 성령 하나님은 아니라는 점도 동시에 명백한 사실입니다.

2) 성령을 은유적으로 묘사한 '바람'과 '불'

우리가 이미 앞에서 살펴본 바와 같이, 오순절 성령강림 사건은 '성령의

---

60) 헬라의 자연철학의 '속지 신' 개념에 관하여 본 책 1장 4절을 참조.

61) 성령 사역의 놀라운 은유들에 관하여: Chr. Schütz, *Hüter der Hoffnung*. vom Wirken des Geistes, Düsseldorf, 1987.

62) J. Moltmann, *Der Geist des Lebens*. Eine ganzheitliche Pneumatologie, 김균진 역, 『생명의 영』(대한기독교서회, 1992), 358. 몰트만은 1. 인격적 은유들: 주님으로서, 어머니로서, 심판자로서 성령이 표현되고 있는 것이고, 2. 조형적 은유들(formaive): 에너지, 공간, 형태로 성령이 표현되고 있는 것이고, 3. 활동의 은유들: 폭풍, 불, 사랑으로 성령이 표현되고 있는 것이고, 4. 신비적 은유들: 빛의 원천, 물, 풍요성으로서 성령이 표현되고 있는 점을 지적하고 있다.

사역'을 '세찬 바람'과 '소리' 그리고 '불의 혀'같이 임하는 것으로 묘사되고 있습니다. 뿐만 아니라 '호렙'산에 임하신 하나님의 현현도 '강한 바람', '지진' 그리고 '불'로 묘사되고 있습니다. 이러한 묘사는, 성령이 '강한 바람', '지진', 그리고 '불'로 묘사된 그러한 '능력과 성질'을 가지고 있다는 것을 의미합니다. 즉 성령은 사람들에게 '생기', '숨'을 바람같이 불어넣어서 '생명력'을 공급해 준다는 것입니다. 그래서 예수님은 성령으로 거듭나는 사건을 '바람이 불어오는 것'으로 묘사하고 있습니다. "바람이 임의로 불매 네가 그 소리는 들어도 어디서 와서 어디로 가는지 알지 못하나니 성령으로 난 사람도 다 그러하니라."(요 3:8) 구약성경에서도 여호와 하나님의 사역이 자주 '세차고 강한 바람'으로 묘사되고 있습니다: "바람을 자기 사신使臣(천사)으로 삼으시고 불꽃으로 자기 사역자를 삼으시며……."(시 104:4)

그리고 때론 여호와 하나님의 사역이 '세찬 물소리'로 묘사되고 있습니다: "이스라엘 하나님의 영광이 동쪽에서부터 오는데 하나님의 음성이 많은 물소리 같고 땅은 그 영광으로 말미암아 빛나니……."(겔 43:2)

그리고 또한 구약에서 '여호와 하나님의 현현'은 자주 '불'로 묘사되고 있습니다.63) 우선 '호렙'산에서 모세는 떨기나무 불꽃 속에 나타나신 여호와 하나님을 만납니다: "여호와의 사자가 떨기나무 가운데로부터 나오는 불꽃 안에서 그에게 나타나시니라. 그가 보니 떨기나무에 불이 붙었으나 그 떨기나무가 사라지지 아니하는지라. 이에 모세가 이르되 내가 돌이켜 가서 이 큰 광경을 보리라 떨기나무가 어찌하여 타지 아니하는고 하니 그때에 여호와께서 그가 보려고 돌이켜 오는 것을 보신지라. 하나님이 떨기나무 가운데서 그를 불러 이르시되 모세야 모세야 하시매 그가 이르되 내

---

63) 조로아스타교에서는 신의 경험을 '불의 경험'으로 묘사하고 있다. 그래서 '조로아스터교'를 '배화교拜火敎'라고도 칭한다.

가 여기 있나이다."(출 3:2-4)

그래서 출애굽한 이스라엘 민족들이 광야를 지날 때에도 여호와 하나님은 낮에는 '구름 속'에서, 그리고 밤에는 '불기둥' 속에서 이스라엘 민족을 인도하십니다.(민 9:15) 이것이 바로 출애굽과 광야를 지나는 과정에서 일어난 여호와 하나님의 현현입니다.[64] 이와 상응하게 구약에서 여호와 하나님은 심지어 '삼키는 불'로 묘사되어 있습니다: "네 하나님 여호와는 소멸하는 불이시요 질투하시는 하나님이시니라."(신 4:24)

이렇게 여호와 하나님을 '불'로 묘사하고 있는 것은, '하나님은 우선 열정적이고, 인간을 심판하시는 분이시고, 인간에게 빛을 주시는 분'이라는 것을 묘사하는 것입니다. 그래서 시 79편 5절, 89편 47절, 스바냐 1장 18절, 히브리서 12장 29절에서는, 하나님의 노하심을 '불과 같다'라고 표현하고 있으며, 시편 18편 8-9절에서는 하나님이 노하여 강림하심을 "그의 코에서 연기가 오르고 입에서 불이 나와 사름이여 그 불에 숯이 피었도다. 그가 또 하늘을 드리우시고 강림하시니 그의 발아래는 어두컴컴하도다"(시 18:8-9)라고 표현하고 있습니다. 이처럼 '삼키는 불'처럼 심판하시는 분이 바로 여호와 하나님이십니다.

신약에서는 '성령'이 구약의 여호와 하나님처럼 '삼키는 불'로 묘사되고 있습니다. 즉 오순절 사건에 대한 보고에서 사도행전은 성령을 "불의 혀처럼 갈라지는 것들이 그들에게 보여 각 사람 위에 하나씩 임"(행 2:2)한 것으로 묘사하고 있습니다. 이와 상응하게 예수님도 "내(예수님)가 불을 땅에 던지러 왔노니, 이 불이 이미 붙었으면 내가 무엇을 원하리요"(눅 12:49)라고 말씀하셨습니다. 그러나 이것은 이 세상을 심판하시겠다는 뜻이 아니

---

64) '불기둥과 구름기둥'에 관하여: Chr. Hinz, "Feuer und Wolke im Exodus", Kritisch-assistierende Bemerkungen zu J. Moltmans "Theologie der Hoffnung", *EvTh* 27(1967), 76-109.

라, 모든 육체에 성령을 부어주심으로 시작된 하나님 나라의 도래를 의미합니다.[65] 왜냐하면 세례 요한은 "나는 너희로 회개하게 하기 위하여 물로 세례를 베풀거니와 내 뒤에 오시는 이는 나보다 능력이 많으시니 나는 그의 신을 들기도 감당하지 못하겠노라 그는 성령과 불로 너희에게 세례를 베푸실 것이요."(마 3:11, 병행 눅 3:16)라고 증언하였기 때문입니다.

3) 성령 사역을 은유적으로 묘사한 '빛'과 '물'

하나님이 영, 곧 '성령'은 '비치는 불빛', 그리고 '흘러넘치는 물'로 표현되기도 하였습니다. 이러한 표상들은 우선, 몰트만에 의하면, "신적인 영과 인간의 영이, 인간의 영과 신적인 영이 너무도 깊이 결합되어 있음을 나타내므로 양자를 구별하기 어렵기" 때문에, "신비적 은유들"에 속합니다.[66] 그렇다고 해서, 앞에서도 재차 언급하였지만, 하나님이나 그의 영이 '빛' 혹은 '물' 그 자체로 간주되거나, '빛' 혹은 '물' 그 자체가 곧 바로 '하나님과 성령'이라는 뜻, 곧 태양이 신격화되는 것은 결코 아닙니다. 이러한 전제 아래서 성경은 '하나님'을 '빛'으로 묘사하고 있습니다.

> "하나님은 나의 빛이다."(시 27:1; 미 7:8; 요일 1:5)
> "그는 빛의 아버지이다."(약 1:17)
> "주께서 옷을 입음 같이 빛을 입으시며……."(시 104:2)
> "오직 그에게만 …… 가까이 가지 못할 빛에 거하시고……."(딤전 6:16)
> "여호와여 주의 얼굴을 들어 우리에게 비추소서."(시 4:6)

---

65) J. Moltman, *Der Geist des Lebens*, 김균진 역, *op. cit.*, 372.
66) J. Moltman, *op. cit.*, 373.

뿐만 아니라, 이렇게 하나님을 '빛'으로 묘사하는 것은 예수 그리스도에
게도 적용됩니다.

> "어두운 데에 빛이 비치라 말씀하셨던 그 하나님께서, 예수 그리스도
> 의 얼굴에 있는 하나님의 영광을 아는 빛을 우리 마음에 비추셨느니
> 라."(고후 4:6)
> "참 빛 곧 세상에 와서 각 사람에게 비추는 빛이 있었나니……."(요
> 1:9)
> "예수께서 또 말씀하여 이르시되 나는 세상의 빛이니 나를 따르는
> 자는 어둠에 다니지 아니하고 생명의 빛을 얻으리라."(요 8:12)

그래서 성경은 예수 그리스도를 이 세상 피조물의 광명체가 없어져도
이 세상을 영원히 비추는 '빛'으로 묘사하고 있습니다: "그 성은 해나 달의
비침이 쓸 데 없으니 이는 하나님의 영광이 비치고 어린 양이 그 등불이
되심이라."(계 21:23, 이 밖에 계 22:5: 사 60:19- 20)[67]

그런데 성경은 '빛'으로 표상된 여호와 하나님과 그의 아들 예수 그리스
도를 사람, 곧 성도들에게 비추어, 그들로 하여금 이 '빛'을 반사하고, 증언
하게 하는 역할을 하는 분을 성령으로 묘사하고 있습니다.

> "너희가 전에는 어둠이더니 이제는 주 안에서 빛이라 빛의 자녀들처
> 럼 행하라."(엡 5:8)

---

67) 계 22:5 : "다시 밤이 없겠고 등불과 햇빛이 쓸 데 없으니 이는 주 하나님이 그들에게 비치심
이라 그들이 세세토록 왕 노릇 하리로다."; 사 60:19-20 : "다시는 낮에 해가 네 빛이 되지
아니하며 달도 네게 빛을 비추지 않을 것이요 오직 여호와가 네게 영원한 빛이 되며 네
하나님이 네 영광이 되리니, 다시는 네 해가 지지 아니하며 네 달이 물러가지 아니할 것은
여호와가 네 영원한 빛이 되고 네 슬픔의 날이 끝날 것임이라."

"그가 빛 가운데 계신 것 같이 우리도 빛 가운데 행하면 우리가 서로 사귐이 있고 그 아들 예수의 피가 우리를 모든 죄에서 깨끗하게 하실 것이요……."(요일 1:7)

"빛 가운데 있다 하면서 그 형제를 미워하는 자는 지금까지 어둠에 있는 자요 그의 형제를 사랑하는 자는 빛 가운데 거하여 자기 속에 거리낌이 없으나……."(요일 2:9-10)

이렇게 성경은 우선 하나님 그리고 예수 그리스도를 '빛'으로 은유적으로 묘사하고, 그 '빛'을 우리 인간들에게 비추어 '근원적 빛'을 이해하고 깨닫게 해 주는 것 역시, 하나님의 영, 곧 성령의 사역으로 묘사하고 있습니다. 구태여 비교하여 말한다면, 하나님은 '끝없는 무한한 빛'이시고, 성령은 이 '빛'을 우리에게 비추고 반사하는 '빛'이라고 볼 수 있습니다.[68] 그래서 몰트만은 "성령의 경험을 표현하는 빛의 은유에 있어 특이한 점은 빛의 원천으로부터 광선Lichtstrahl과 빛Lichtscheinin으로 흐르면서 넘어감Übergang에 있다"고 말하면서, '신 플라톤적', '유출 개념Emanationsbegriff'까지 수용합니다.[69]

이제 성령은 은유적으로 '물' 혹은 '샘'으로 묘사됩니다. 그래서 성령의 사역은 '물'과 '샘'이 주는 생명력으로 표징됩니다. '빛'의 은유가 '위로부터 오는' 성령의 활동을 묘사하는 것이라면, '수원水源의 은유'는 '아래로부터 오는' 성령의 활동을 묘사하고 있습니다. 즉 '빛'과 '물'이 결합되어 피조물이 생명력을 얻게 되는 것과 같습니다. 그래서 구약성경은 '하나님 자신'을 '살아 있는 샘' 혹은 '생명의 샘'으로 부르고 있습니다: "내 백성이 두 가지

---

68) 이 점에 관하여: J. Pieper, *Das unaustrinkbare Licht. Das negative Element in der WEltansicht des Thomas von Aquin*, München, 1953.

69) J. Moltmann, *op. cit.*, 375.

악을 행하였나니 곧 그들이 생수의 근원되는 나를 버린 것과 스스로 웅덩이를 판 것인데 그것은 그 물을 가두지 못할 터진 웅덩이들이니라."(렘 2:13); "진실로 생명의 원천이 주께 있사오니 주의 빛 안에서 우리가 빛을 보리이다."(시 36:9) 이와 상응하게 예수님도 사마리아 여인에게 당신이 부어주실 성령을 가리켜 말하기를, "내가 주는 물을 마시는 자는 영원히 목마르지 아니하리니 내가 주는 물은 그 속에서 영생하도록 솟아나는 샘물이 되리라"(요 4:14)고 말씀하셨습니다.

이상 살펴본 바와 같이, 신·구약 성경은 하나님을 '빛' 혹은 '물'로 묘사하고, 이 '빛'과 '물'이 주는 '생명'을 성령의 사역으로 은유적으로 표현하고 있습니다. 마치 '빛'과 '물'이 없으면 모든 생명체가 스스로 살아갈 수 없는 것처럼, 생명의 근원되시는 하나님께서 주시는 '생명'을 인간들에게 전달해 주시는 일을 '성령의 일'로 묘사하고 있습니다. 이렇듯 피조물인 인간의 생명은 인간 스스로 창조해 낼 수 있는 것이 아니라, 오로지 성령을 통하여 하나님으로부터 주어질 때만 유지될 수 있는 수동적이고, 제한적인 생명이라는 것입니다. 그래서 시편은 "주께서 낯을 숨기신 즉 그들이 떨고 주께서 그들의 호흡을 거두신 즉 그들은 죽어 먼지로 돌아가나이다"(시 104:29)라고 증언하고 있는 것입니다. 그러나 반면에 성령이 우리를 떠나지 않는 한, 우리에게는 영원한 생명이 있는 것입니다. 그래서 예수님은, 유대인의 관원, 니고데모가 "사람이 늙으면 어떻게 날 수 있사옵나이까? 두 번째 모태에 들어갔다가 날 수 있사옵나이까"(요 3:4)라고 물었을 때, 그에게 "사람이 물과 성령으로 나지 아니하면 하나님의 나라에 들어갈 수 없느니라"(요 3:5)고 대답하셨던 것입니다. 이렇게 '자연의 힘'을 빌어서 성령의 사역을 표현하는 것을 분별할 줄 아는 것, 이것이 바로 기독교의 영성입니다. 만일 '자연의 힘' 그 자체를 '신성화'한다면, 그것은 곧바로 '우상숭배'가 되는 것입니다.

5
성령의
인격성

욥 33:4_ "하나님의 영이 나를 지으셨고 전능자의 기운이 나를 살리시느니라. The Spirit of God ha made me; the breath of the Almighty gives me life."

롬 8:26_ "이와 같이 성령도 우리의 연약함을 도우시나니 우리는 마땅히 기도할 바를 알지 못하나 오직 성령이 말할 수 없는 탄식으로 우리를 위하여 친히 간구하시느니라. In the same Way, the Spirit helps us in our weakness. We do not know what we ought to pray for, but the Spirit himself intercedes for us with groans that words cannot express."

1) '인격성Persöhnlichkeit'이란?

성령론에서 가장 어려운 문제는, '성령'이 단지 자연과학적 '에너지 Energy' 혹은 한자 문화권의 언어로 말하면, 만물 안에 깃들어 있는 생명력으로서의 '기氣'가 아니라, '인격체'라는 것을 설명하는 것입니다. 그래서 지금까지 많은 신학자들은, '성령의 인격성'을 여성 신학적으로 어머니의 자궁 속에 있는 '태아'처럼, 성부의 품 안에 있는 영이라고 유비적으로 설명해 왔습니다.70) 그러나 성경의 인격성을 '에너지'나 '기氣'로 이해하는 것은 피조물 속에 있는 '피조물의 운동력'을 성령으로 보는 것이고, 여성 신학적으로 '자궁의 태아'로 이해하는 것은 성령을 '독자적 인격'으로 보는 것이 아니라, '성부에 종속'되어 있는 것으로 이해하는 것입니다. 더 자세히 말하면, 마치 아버지와 어머니 사이에서 태어난 아이처럼, 성부 하나님과 성자 어머니 사이에서 잉태되어 태어난, 아들 성령으로 보는 것과 같습니다. 여기에는 성부와 성자와 같은 성령의 위상의 동등함이 없고, 성령이 성부, 성자에 종속됩니다.71) 왜냐하면 '독자성'이 없는 것은 참된 '인격'이 아니기 때문입니다. 비록 삼위일체론적으로 성부, 성자, 성령이 긴밀히 연관되어 있고, 동시에 '협력mitwirken' 하고 있지만, 성부, 성자, 성령은 존재론적으로 독립되어 있는 독자적 행동의 주체이기 되기 때문입니다. 이러한 점에서 성령의 '인격성'은 '성품의 독특성Charateristikum der Eigenschaften', '삼

---

70) 몰트만J. Moltmann은 켈러Catheine Keller 길리간Carol Gilligan등을 인용하여 '성령의 인격성'을 여성 신학적으로 아기를 잉태한 어머니의 자궁 속에 있는 태아와 같은 것이 성부 하나님 안에 있는 성령의 인격성이라고 설명하고 있다. 이 점에 관하여: J. Moltmann, Der Geist des Lebens, 김균진 역, op. cit., 381. – Catharine Keller, Der Ichwahn, 153ff. – Carol Gilligan, Die andere Stimme, Müchen, 1984. – Anne Wilson Schaef, Weibliche Wirklichkeit, Wildberg, 1985.

71) 몰트만은 성령의 출원을 이야기하는 Filioque: 아들에게서도 또한'을 '부부관계'로 유비적으로 이해함으로써, 성령을 성부와 성자에게 유출된 것으로 이끌어 가고 있는 인상을 준다.

위일체론적 관계성Trinitarische Relativität' 그리고 '행동의 주체성Subjektivität der Handlungen'에 기초한 '신성Gottheit'이 증명되어야 합니다.

우선 '인격' 혹은 '위격'으로 번역된 라틴어, 'Persona'이란 단어는, 그리스어 'πρόσωπον(프로소폰)' 혹은 'ὑπόστασις(휘포스타시스)'를 번역한 것으로써, 문자적 의미로는 '얼굴Das Gesicht, Antlitz', '가면Die Maske'라는 의미를 가지고 있습니다.72) 즉 그 사람이 어떠한 '얼굴'을 가지고 있느냐, 어떠한 '가면' 쓰고 있느냐가, 그 사람의 '인격'이라는 뜻입니다.73) 예컨대 '사자'의 '얼굴'을 가지고 있으면, '사자'같은 인간이고, '여우'같은 '얼굴'을 가지고 있으면, 여우같은 인간이라는 뜻입니다.74) 다시 말하면 마음에 품은 것이 '얼굴'에 드러난다고 하여, 그 사람의 얼굴을 그 사람의 인격, 곧 '사람의 됨됨이'라고 생각하였습니다: "금식할 때에 너희는 외식하는 자들과 같이 슬픈 기색을 보이지 말라 그들은 금식하는 것을 사람에게 보이려고 얼굴을 흉하게 하느니라. 내가 진실로 너희에게 이르노니 그들은 자기 상을 이미 받았느니라."(마 6:16) 이렇듯 '인격'은 첫째로 그 사람의 마음의 '성품'을 의미합니다.

둘째로 '인격Persona, Personalität'은, 고대 교회에서는, '삼위일체三位一體 하나님'의 현실성을 설명하기 위하여 사용하였습니다. 즉 성부 하나님과 성자 예수 그리스도의 관계를 설명하기 위하여 '인격'이라는 단어를 사용하게 되었습니다. 즉 성자 예수 그리스도는, 성부 하나님이 구체적으로 인간의 옷을 입고 오신 분이라는 것을 설명하기 위하여 사용하였습니다. 다시 말해서 '인격'이란, 하나님이 인간의 '얼굴'을 가지고 이 땅에 나타나

---

72) *ThWNT* Bd. VI, Art. 'πρόσωπον', 769-779.

73) '인격'이란 신약성경의 의미는 주로 Lxx(칠십인 역)의 의미를 그대로 수용한 것으로서, 히브리어 פָּנִים(penaim)('얼굴')를 번역한 것이다. 신약성경에 850번 이상 나온다.

74) 잠 27:19 : "물에 비치면 얼굴이 서로 같은 것 같이 사람의 마음도 서로 비치느니라."

신 분, 곧 '하나님의 인간되심Gottes Menschwerdung'을 설명하기 위하여 사용한 개념입니다.75) 이러한 점에서 '인격성'이란, 성부, 성자, 성령의 삼위일체론적 관계성을 가지고 있습니다. 이러한 삼위일체론적 관계성이 전제되지 않을 때, 성령의 '인격성'은, 자연신학적 '에너지Energy' 혹은 범신론적 '기機'의 의미 이상을 갖지 못합니다. 이러한 점에서 '성령의 인격성'을 논할 때는 언제든지 '삼위일체론적 관계성' 속에서 '인격성'이 논의되어야 합니다.

셋째로 '성령'이 '인격체'라면, 성령도 행동의 주체성, 혹은 비록 성부, 성자와 연관성은 가지고 있지만, 성부와 성자와 같이 스스로 독자적인 행동을 하는 주체라는 '행동의 주체성'이 입증되어야 합니다. 왜냐하면 '성령'이 단지 성부나 성자가 활동하시는 도구가 될 때, 그때에 '성령'은 독자적인 인격이 아니라, 단지 성부나 성자의의 한 속성에 불과한 '영적 능력' 혹은 '영적 힘' 이외에 다른 것이 아니기 때문입니다. 그렇게 되면, 진정한 '삼위일체'가 아니라, 성부나 성자의 도구밖에 되지 않는 '이위일체二位一體' 하나님이 되고 맙니다. 따라서 성령의 '사역의 주체성'은 성령이 독립된 '인격체'라는 것을 결정적으로 논증해 주는 것입니다. 이상 3가지 요소를 충족시키지 못할 때, 성령의 '인격성'은 인정될 수 없습니다. 그리고 성령의 인격성이 논증되지 않으면, 엄밀한 의미에서 '삼위일체론'도 성립된 수 없습니다. 따라서 성령의 '인격성'은 단지 '성령'에 대한 이해뿐만 아니라, 삼위일체되신 하나님을 이해하는 데도 필수적으로 전제되어지는 논증입니다. 이러한 점에서 '성령의 인격성'은 신학적 난제 가운데 하나입니다. 다행히도 성경은 성령의 인격성을 '성품의 독특성', '삼위일체론적 관계성' 그리고 '행동의 주체성'을 다양한 표현양식을 빌어 증언하고 있으며, 이를 통하여 성령

---

75) 이 점에 관하여: Kornrad Stock, Art. 'Person II', *TRE* 26, 225-231.

의 '신성'을 증언하고 있습니다.

2) 성령의 인격적 성품으로서의 '사랑, 인내……'

구약의 선지자, 이사야는 성령도 인격적 성품을 가진 존재로서 '근심하는 분'으로 기술하고 있습니다: "그들이 반역하여 주의 성령을 근심하게 하였으므로 그가 돌이켜 그들의 대적이 되사 친히 그들을 치셨더니……." (사 63:10) 이와 상응하게 사도 바울도 '성령'을 '탄식하며 애통하는 분'으로 증언하고 있습니다. "성령도 우리의 연약함을 도우시나니 우리는 마땅히 기도할 바를 알지 못하나 오직 성령이 말할 수 없는 탄식으로 우리를 위하여 친히 간구하시느니라."(롬 8:26b)

이러한 표현들은 성령도 인격체로서 우리 인간들처럼, '근심도 하고', '탄식도 하고', '기뻐도 한다'는 것입니다. 그래서 사도 바울은, 한 걸음 더 나아가, 성령의 열매를 인간의 성품 그대로 표현하고 있습니다: "오직 성령의 열매는 사랑과 희락과 화평과 오래 참음과 자비와 양선과 충성과 온유와 절제니 이 같은 것을 금지할 법이 없느니라."(갈 5:22-23) 왜냐하면 인간, 곧 '육신'의 열매는 "음행과 더러운 것과 호색과 우상 숭배와 주술과 원수 맺는 것과 분쟁과 시기와 분냄과 당 짓는 것과 분열함과 이단과 투기와 술 취함과 방탕함과 또 그와 같은 것들"(갈 5:19-21a)이기 때문입니다. 이렇게 인간, 곧 '육신의 열매'와 '성령의 열매'가 서로 상반되는 것은, 성령도 인간과 같이 성품을 가지고 있지만, 그 속성은 인간의 성품과 전혀 다르다는 것입니다. 이러한 점으로 미루어 보아, 성령이 '인격체'라는 것은, 성령도 자신의 고유한 '성품'을 가지고 있다는 점으로 증명됩니다. 바꾸어 말하면, 성령이 고유한 자기 성품을 가지고 있기 때문에, 성령으로 거듭난 사람,

혹은 성령 받은 자는 성령의 성품을 드러내는 것입니다.

성령도 자신의 고유한 성품을 가지고 있는 '인격체'라는 것은, '귀신들린 자'들이 '사탄의 성품'을 드러내는 것과 유사합니다. 왜냐하면 사탄의 노예가 되어 있는 사람도 '거짓말을 하고', '사납고', '난폭하며', '불순종', '살인욕으로 가득차고' 다른 사람을 유혹하고 시험하기 때문입니다.(참고. 삼상 18:10-11; 19:9-10; 마 8:28-32)[76] 그래서 사도 바울은 "육신을 따르는 자는 육신의 일을, 영을 따르는 자는 영의 일을 생각하나니"(롬 8:5)라고 증언하고 있습니다.[77] 그러므로 성령이 충만하였던 원시 기독교 공동체는 모든 사심私心을 버리고, 모두 형제, 자매가 되어 "모든 물건을 서로 통용하고, 또 재산과 소유를 팔아 각 사람의 필요를 따라 나눠 주며, 날마다 마음을 같이하여 성전에 모이기를 힘쓰고 집에서 떡을 떼며 기쁨과 순전한 마음으로 음식을 먹고, 하나님을 찬미"(행 2:44-47a)하였던 것입니다. 이렇듯 성령의 인격적 성품을 성령 받은 자들을 통하여 겉으로 드러나는 것입니다. 마음속에 품은 생각으로 부지 중 자신의 행동으로 드러나듯이, 성령에 의해서 부드러운 마음으로 변한 성품은 그 행동을 통하여 밖으로 계시되는 것입니다.(참고. 겔 36:26-27)[78]

그러므로 성령이 충만한 사람은 그의 '얼굴(πρόσωπον)persona인격'이 변합니다. 그 실례를 우리는 스데반에게서 발견할 수 있습니다. 집사, 스데반은 성령이 충만하여 구레네인, 알렉산드리아인, 길리기아와 아시아에서

---

76) 참고 8-3 "성령과 악령(귀신)".
77) 이러한 점을 고려해 볼 때, 한 사람의 '인격'은 그가 무엇에 사로잡혀 있느냐에 따라서 결정되는 것이다. 즉 사탄에 사로 잡혀 있으면, 사탄의 성품에 상응하는 인격을 형성하고, 성령에 사로잡혀 있으면 성령의 성품에 상응하는 인격을 형성한다고 볼 수 있다.
78) 겔 36:26-27 : "새 영을 너희 속에 두고 새 마음을 너희에게 주되 너희 육신에서 굳은 마음을 제거하고 부드러운 마음을 줄 것이며, 또 내 신(영)을 너희 속에 두어 너희로 내 율례를 행하게 하리니 너희가 내 규례를 지켜 행할지라."

온 사람들과 회당에서 논쟁할 때, 성령이 충만하여졌습니다. 그래서 스데반이 "지혜와 성령으로 말함을 그들이 능히 당하지 못하(였)습니다."(행 6:10) 그때에 "공중 중에 앉은 사람들이 다 스데반을 주목하여 보니 그 얼굴이 천사의 얼굴과 같더라"(행 6:15)고 누가는 증언하고 있습니다. 이러한 증언은 집사, 스데반의 '인격(얼굴)'이 성령 충만함으로 인하여 그의 인격이 변하였다는 뜻입니다. 이와 같이 성령의 '인격적 성품'은 '성령 받은 자'들의 '얼굴인격'을 통하여 드러납니다. 왜냐하면 성령의 거하는 전은 바로 인간의 마음이기 때문입니다: "너희는 너희가 하나님의 성전인 것과 하나님의 성령이 너희 안에 계시는 것을 알지 못하느냐."(고전 3:16)

3) 성령의 '삼위일체론적 관계' 속에 있는 '인격성'

하나님께서 육신을 입고 이 땅에 오신 것, 곧 '나사렛 예수' 안에서 '하나님의 인간됨Gottes Menschwerdung'처럼, 성령도 인간 속으로 내재해 들어오십니다. 이것이 '성령의 내주하심Immanenz des Geistes' 혹은 '성령의 강림 Ausgießung des Geistes' 혹은 '성령의 낮아지심Kenosis des Geistes'입니다. 다시 말하면, 예수님의 낮아지심처럼, 성령도 인간의 육신을 입는 강림, 곧 낮아지심이 일어난 사건이 바로 오순절 사건이라는 것입니다. 이 점을 우리는 다음과 같은 성경의 증언에서 발견하게 됩니다.

> "너희 안에 이 마음을 품으라 곧 그리스도 예수의 마음이니, 그는 근본 하나님의 본체시나 하나님과 동등됨을 취할 것으로 여기지 아니하시고, 오히려 자기를 비워 종의 형체를 가지사 사람들과 같이 되셨고, 사람의 모양으로 나타나사 자기를 낮추시고 죽기까지 복종

하셨으니 곧 십자가에 죽으심이라."(빌 2:5-8)

"내가 아버지께 구하겠으니 그가 또 다른 보혜사를 너희에게 주사
영원토록 너희와 함께 있게 하리니, 그는 진리의 영이라 세상은 능히
그를 받지 못하나니 이는 그를 보지도 못하고 알지도 못함이라 그러
나 너희는 그를 아나니 그는 너희와 함께 거하심이요 또 너희 속에
계시겠음이라."(요 14:16-17)

이 두 본문에서 명백하게 드러나는 것은, 성자 예수님이 성부 하나님과
동등 됨을 취하지 않고, 자기를 비워 인간의 모습이 되어 인간 가운데 거하
신 것처럼, 보혜사 성령도 하나님의 영으로 머물러 있지 않고, 자기를 낮추
어 인간의 마음에 내재하여 함께 거하게 되었다는 것입니다.[79] 이와 같이
'하나님의 인간되심Inkarnation'이 인격체라면, '성령의 인간되심'도 인격체
라는 것입니다. 따라서 하나님이 인간이 되신 예수 그리스도 안에 '신성
Gottheit'과 '인성Menschheit'이 함께 공존하였듯이, 인간 안에서 '성령의 성
품Eigenschaft des Heilgen Geistes'과 '인간의 성품Eigenschaft des Menschen'이
함께 공존하는 것입니다.(롬 7:21)[80]

이상으로 앞에서 진술한 바와 같이, 인간의 육신을 입고 이 땅에 오신
예수 그리스도처럼, 성령도 구체적인 인간에 강림하여 그의 마음 안에 내
주하는 한 인격체라는 사실은, 예수 그리스도가 성부 하나님 아버지의 말

---

79) 이 점에 관하여: D. Lyle Dabney, *Die Kenosis des Geistes*, Neukirchen, 1989, Diss.
Tübingen.

80) 롬 7:21 : "내가 한 법을 깨달았노니 곧 선을 행하기 원하는 나에게 악이 함께 있는 것이로
다." 그러나 성령이 힘으로 악한 성품이 극복됨을 사도 바울은 다음과 같이 증언한다: "이제
는 우리가 얽매였던 것에 대하여 죽었으므로 율법에서 벗어났으니 이러므로 우리가 영의
새로운 것으로 섬길 것이요 율법 조문의 묵은 것으로 아니할지니라."(롬 7:6)

씀을 증언하듯이, 성령은 예수 그리스도의 말씀을 증언합니다.

> "너희가 듣는 말은 내(예수 그리스도) 말이 아니요 나를 보내신 아버지
> 의 말씀이니라."(요 14:24b)
> "보혜사 곧 아버지께서 내 이름으로 보내실 성령 그가 너희에게 모든
> 것을 가르치고 내가 너희에게 말한 모든 것을 생각나게 하리라."(요
> 14:26)

　여기서 말씀의 삼위일체론적 연관성을 갖습니다. 즉 성부 하나님의 말
씀은 성자 예수 그리스도의 말씀이고, 성자 예수 그리스도의 말씀은 성령
의 말씀입니다. 따라서 성자 예수 그리스도가 인격체라면, 성령도 인격체
이고, 따라서 성부 하나님 역시 인격체입니다.[81]

　그래서 예수님께서 성부 하나님을 증언하기 위하여 오신 것처럼(막
1:38),[82] 성령 하나님도 예수 그리스도를 증언하기 위하여 보냄을 받습니
다: "오직 성령이 너희에게 임하시면 너희가 권능을 받고 예루살렘과 온
유대와 사마리아와 땅 끝까지 이르러 내 증인이 되리라 하시니라."(행 1:8)
이와 상응하게 예수님께서 제자들을 "하나님의 나라를 전파하며 앓는 자
를 고치게 하려고 내보내(신)"(눅 9:2, 비교 마 28:20)[83] 것처럼, 성령도 제자
들에게 임하시어, '그리스도의 복음'을 전파하도록 인도하십니다: "이에
베드로가 성령이 충만하여 이르되 백성의 관리들과 장로들아……."(행

---

81) 말씀의 삼위일체론적 통일성에 관하여: 김재진, '말씀의 삼위일체론적 통일성'.
82) 막 1:38 : "(예수께서) 이르시되 우리가 다른 가까운 마을들로 가자 거기서도 전도하리니
　　내가 이를 위하여 왔노라."
83) 마 28:19-20 : "그러므로 너희는 가서 모든 민족을 제자로 삼아 아버지와 아들과 성령의
　　이름으로 세례를 베풀고, 내가 너희에게 분부한 모든 것을 가르쳐 지키게 하라 볼지어다
　　내가 세상 끝날까지 너희와 항상 함께 있으리라 하시니라."

4:8); "빌기를 다하매 모인 곳이 진동하더니 무리가 다 성령이 충만하여 담대히 하나님의 말씀을 전하니라."(행 4:31, 이 밖에 여러 곳)[84]

이처럼 성령도 성자 예수 그리스도가 하시는 일과 성부 하나님이 하시는 일을 동일하게 행하십니다. 따라서 성부, 성자 하나님이 인격체인 것처럼, 성령도 인격적 하나님이십니다.

4) 성령의 인격적 주체성

성령도 인격체라는 것은 그의 창조적 사역에서 명백히 드러납니다. 즉 성령께서도 성부 하나님의 사역에 상응하는 창조적 사역을 행하신다는 것입니다. 다시 말해서 성령은 단지 성부, 성자 하나님의 '객체Objekt'가 아니라, 성부 하나님이 창조 사역을 하셨듯이, 성령도 창조 사역을 하십니다: "하나님의 영이 나를 지으셨고, 전능자의 기운이 나를 살리시느니라."(욥 33:4, 비교 창 1:2)[85]; "주의 영을 보내어 그들을 창조하사 지면을 새롭게 하시나이다."(시 104:30) 그뿐만 아니라, 성령은 우리를 인격적으로 인도하시어 하나님의 아들이 되게 하십니다: "무릇 하나님의 영으로 인도함을 받는 사람은 곧 하나님의 아들이라."(롬 8:14) 성령이 이처럼 성령 사역의 독자적인 주체라는 것은 '성령세례' '성도들이 받은 여러 은사의 주체', 특히 '메시아적 사역의 주체'라는 것에서 명백히 드러납니다.

어느 날 베드로가 예수 그리스도의 죽음과 부활에 관하여 선포할 때,

---

84) 심지어 성령은 친히 우리의 영에게 증언하고 계십니다: "성령이 친히 우리의 영과 더불어 우리가 하나님의 자녀인 것을 증언하시나니."(롬 8:16)
85) 창 1:2 : "그 땅이 혼돈하고 공허하며 흑암이 깊음 위에 있고 하나님의 영은 수면 위에 운행하시니라."

성령이 말씀을 듣는 자들에게 임합니다: "베드로가 이 말을 할 때에 성령이 말씀 듣는 모든 사람에게 내려오시니, 베드로와 함께 온 할례 받은 신자들이 이방인들에게도 성령 부어 주심으로 말미암아 놀라니, 이는 방언을 말하며 하나님 높임을 들음이러라."(행 10:44-46)

이 사건의 보고에 의하면, 성령은 '주도적initiative'으로 말씀을 듣는 자들에게 임하시고, 듣는 자로 하여금 '방언'을 하게 하십니다. 그래서 베드로는 그들에게 '세례'를 베풉니다. 그리고 이를 베드로가 해석하기를, "내가 말을 시작할 때에 성령이 그들에게 임하시기를 처음 우리에게 하신 것과 같이 하는지라. 내가 주의 말씀에 요한은 물로 세례를 베풀었으나 너희는 성령으로 세례를 받으리라 하신 것이 생각났노라"(행 11:15-16)고 증언합니다. 이렇듯 성령은 직접 우리에게 임하시는 분이십니다. 즉 성령은 우리들을 성령으로 충만하게 하시는 주체라는 것입니다.

성령이 '성령세례' 혹은 '성령충만'의 주체이듯이, 성도들에게 각종 은사를 주시는 주체이시기도 합니다. 그래서 사도 바울은 모든 은사는 한 분 성령님의 선물이라고 증언하고 있습니다: "은사는 여러 가지나 성령은 같고……."(고전 12:4); "이 모든 일을 같은 한 성령이 행하사, 그의 뜻대로 각 사람에게 나누어 주시는 것이니라."(고전 12:11) 즉 "몸은 하나인데 많은 지체가 있고 몸의 지체가 많으나 한 몸임과 같이…… 우리가 유대인이나 헬라인이나 종이나 자유자나 다 한 성령으로 세례를 받아 한 몸이 되었고 또 다 한 성령을 마시게 하셨느니라."(고전 12:12-13)

한걸음 더 나아가, 성령이 메시아적 주체라는 것을 선지자, 이사야가 증언하였고, 이를 예수 그리스도가 확인하셨습니다. 예수님은 어느 날 회당에 들어가시어, 당신이 이 땅에 오신 목적을 이사야 선지자 말을 인용하여 다음과 같이 선포하십니다.

"'주의 성령이 내게 임하셨으니 이는 가난한 자에게 복음을 전하게 하시려고 내게 기름을 부으시고 나를 보내사 포로된 자에게 자유를, 눈먼 자에게 다시 보게 함을 전파하며 눌린 자를 자유롭게 하고, 주의 은혜의 해를 전파하게 하려 하심이라 하였더라.' 책을 덮어 그 맡은 자에게 주시고 앉으시니 회당에 있는 자들이 다 주목하여 보더라. 이에 예수께서 그들에게 말씀하시되 이 글이 오늘 너희 귀에 응하였느니라."(눅 4:18-21. 인용 사 61:1-3)[86]

이러한 예수의 증언에 의하면, 예수 그리스도의 구속사역의 주체는 예수 그리스도 안에 거하시는 성령이심을 알 수 있습니다. 따라서 성령은 인간 구원의 주체이십니다. 다시 말해서 성령은 우리 인간의 '구원자 Erlöser'이시라는 것입니다. 그래서 전통적으로 '성령을 구원자 하나님'으로 고백해 왔습니다. 더 자세히 말하면, '창조주' 하나님, '화해자' 예수 그리스도, '구원자' 성령으로 구분하여 삼위일체 하나님을 고백하여 왔습니다. 이러한 점에서 성령도 '신성'을 가지신 하나님, 곧 삼위일체 되시는 하나님이시라는 것입니다.

---

86) 이러한 증언은 앞 단락에서 기술한 성령의 인격성의 삼위일체론적 관계성에도 연관됨.

6

기도의 영이신
성령

삼상 1:12-13_ "그가 여호와 앞에 오래 기도하는 동안에 엘리가 그의 입을 주목한즉 한나가 속으로 말하매 입술만 움직이고 음성은 들리지 아니 하므로 엘리는 그가 취한 줄로 생각한지라. As she kept on praying to the Lord, Eli observed her mouth. Hannah was praying in her heart, and her lips were moving but her voice was not heard. Eli thought she was drunk."

롬 8:26_ "이와 같이 성령도 우리의 연약함을 도우시나니 우리는 마땅히 기도할 바를 알지 못하나 오직 성령이 말할 수 없는 탄식으로 우리를 위하여 친히 간구하시느니라. In the same way, the Spirit helps us in our weakness. We do not know what we ought to pray for, but the Spirit himself intercedes for us with groans that words cannot express."

1) '환난 날에 주님을 부르라!'

'기도'는 다른 신앙 행위와는 달리, 영적으로 고난을 받든, 육체적으로 고난을 받든, 고난 속에서 해방과 구원을 청원하는 신앙행위입니다. 즉 기도의 "삶의 정황"은 바로 고난입니다. 왜냐하면 일반적으로 고난 받지 않는 사람은 하나님께 구원의 청원을 하지 않기 때문입니다. 그런데 인간의 삶 속에서 '고난'이 그친 적이 없기에 기도는 인류 종교사와 문화사에서 가장 오래된 신앙 행위가 되었습니다. 그래서 성경의 증언에 의하면, 고난당하는 사람들은 항상 주 하나님께 구원을 요청하는 기도를 '말'과 '행동'으로 드렸습니다. 그 대표적인 예가 바로 애굽에서 고난당하고 있던 이스라엘 사람들의 기도입니다. 애굽에서 육체적, 정치적으로 고난을 받고 있었을 때, 히브리 백성은 자신들의 조상 여호와 하나님에게 부르짖었습니다. "이스라엘 자손은 고된 노동으로 말미암아 탄식하며 부르짖으니, 그 고된 노동으로 말미암아 부르짖는 소리가 하나님께 상달된지라. 하나님이 그들의 고통 소리를 들으시고, …… 하나님이 이스라엘 자손을 돌보셨고, 하나님이 그들을 기억하셨더라."(출 2:23-25)[87]

이러한 근거에서 야고보서는 "너희 중에 고난 당하는 자가 있느냐, 그는 기도할 것이요"(약 5:13)라고 선포하고 있습니다. 여호와 하나님도 "환난 날에 나를 부르라 내가 너를 건지리니 네가 나를 영화롭게 하리로다"(시 50:15)라고 선포하셨습니다. 한 걸음 더 나아가, 시편 기자는 "나의 환난

---

87) 그 후 이스라엘 사람들은 고난 속에서 부르짖은 자신들의 기도를 들어주신 것을 다음과 같이 고백한다: "애굽 사람들이 우리를 학대하며, 우리를 괴롭히며, 우리에게 중노동을 시키므로, 우리가 우리 조상의 하나님께 부르짖었더니, 여호와께서 우리의 음성을 들으시고, 우리의 고통과 신고와 압제를 보시고, 여호와께서 강한 손과 편 팔과 큰 위엄과 이적과 기사로 우리를 애굽에서 인도하여 내시고, 이곳으로 인도하사, 이 땅, 곧 젖과 꿀이 흐르는 땅을 주셨나이다."(신 26:6-9)

날에 내가 주께 부르짖으리니, 주께서 내게 응답하시리이다"(시 86:7)라고 자신의 신앙을 고백하고 있습니다. 이처럼 기도는 고난과 역경 속에서 여호와 하나님이 구원해 주실 것을 믿고, 구원을 요청하는 탄원이며 호소입니다. 그래서 예수님도 십자가 위에서 고통이 심해지고 목숨이 끊어질 상황에 이르자, "엘리 엘리 라마 사박다니(나의 하나님, 나의 하나님, 어찌하여 나를 버리셨습니까?)"(막 15:34) 하고 탄식하면서 기도하셨던 것입니다.

그러므로 예수님은 더욱 적극적으로 우리에게 기도할 것을 명령하십니다.

> "구하라, 그리하면 너희에게 주실 것이요 찾으라, 그리하면 찾아낼 것이요 문을 두드리라, 그리하면 너희에게 열릴 것이니……."(마 7:7) "지금까지는 너희가 내 이름(예수 그리스도)으로 아무것도 구하지 아니하였으나, 구하라 그리하면 받으리니 너희 기쁨이 충만하리라."(요 16:24)
> "시험에 들지 않게 깨어 기도하라."(마 26:41a)

이와 상응하게 사도 바울도 "쉬지 말고 기도하라. 범사에 감사하라. 이것이 그리스도 예수 안에서 너희를 향하신 하나님의 뜻이니라"(살전 5:17-18b)고 증언하고 있습니다. 그래서 예수님께서는 '항상 기도하고 낙망하지 말아야 할 것을 불의한 재판장에 대한 비유'(눅 18:1-8)로 말씀해 주셨습니다.

이상 살펴본 바와 같이, '기도'는 피할 수 없는 '곤경' 속에서 자신을 '구원해달라'고 하나님께 부르짖는 '구원의 요청'이기 때문에, 예수님의 명령처럼 '항상 쉬지 말고, 기도'해야 하는 것입니다. 왜냐하면 예수님이 이 땅에 오신 목적도 인간을 고통과 억압으로 구원하시기 위한 것이었기 때문입니

다: "내(예수 그리스도)가 온 것은 세상을 심판하려 함이 아니요 세상을 구원하려 함이로라."(요 12:47)

한 걸음 더 나아가, '항상 쉬지 말고 기도하라'는 기도에 대한 명령은, '응답이 전제된 명령'이라고 볼 수 있습니다. 왜냐하면 예수님은 "무엇이든지 기도하고 구하는 것은 받은 줄로 믿으라. 그리하면 너희에게 그대로 되리라"(막 11:24)고 말씀하셨기 때문입니다. 그런데 기독교의 하나님은 '항상 쉬지 말고 기도하라'고 명령하실 뿐만 아니라, 우리가 기도하도록 도와주십니다. 이분이 바로 성령님이십니다.

2) '마음이 슬퍼' 기도하는 자를 위로하시는 성령님

우선 성경에서 '기도'를 다른 말로 아주 다양하게 표현하고 있습니다. 예컨대, '하나님 앞에 무릎을 꿇다', '여호와의 이름을 부르다', '부르짖다', '어린 양 앞에 엎드리다'(계 5:8), '구하다', '찾다', '문을 두드리다', 그리고 심지어는 '향을 올리다'(계 8:3) 등 여러 가지가 있습니다. 그리고 기도의 목적도, '하나님의 영광을 보기 위한 기도'(출 33:18), '지혜를 얻기 위한 기도'(왕상 3:5-9), '중생의 도를 깨닫기 위한 기도'(행 10:1-6), '성령의 사역을 위한 기도'(행 8:14-15), '하나님의 뜻을 준행하기 위한 기도'(행 9:5,6), '주의 재림을 고대하는 기도'(계 22:20), '고난에서의 해방을 위한 기도'(창 43:14), '아들의 축복을 위한 기도'(창 25:21-23), '위험으로부터의 해방을 위한 기도'(창 32:9-12), '생명의 연장을 위한 기도'(왕하 20:1-3), '병의 치료를 위한 기도' 등 여러 가지가 있습니다.

그러나 이상의 여러 기도 목적이 있지만, 성령께서 기도하는 자를 도와주시는 것은, '위험', '억울함', '억압' 등으로부터의 '해방', 곧 '구원'을 탄원하는 기도입니다. 이러한 실례를 우리는 우선 '한나'의 기도에서 찾아볼 수 있습니다. '에브라임' 산지 '라마다임소빔'에 에브라임 사람 '엘가나'라 하는 사람이 있었습니다. 그에게 두 아내가 있었습니다. 그 중 한 아내의 이름은 '한나'였습니다. '엘가나'의 다른 아내, '브닌나'에게는 자식이 있고, '한나'에게는 자식이 없었습니다. 그러나 남편 '엘가나'는 자식 없는 '한나'를 다른 아내, '브닌나'보다 더 극진히 사랑하였습니다. 그럼에도 불구하고, '한나'는 자식이 없는 연고로 마음이 편치 못하였습니다. 왜냐하면 '엘가나'의 다른 아내 브닌나가 그(한나)를 심히 격분하게 하여 괴롭게 하였기 때문입니다. 매년 한나가 여호와의 집에 올라갈 때마다, 남편이 그같이 하매 브닌나가 그를 격분시키므로 그가 울고 먹지 아니하였습니다.(삼상 1:6-7) 그래서 '한나'는 "마음이 괴로워서 여호와께 기도하고 통곡하며 서원하여 이르되, '만군의 여호와여 만일 주의 여종의 고통을 돌보시고 나를 기억하사 주의 여종을 잊지 아니하시고 주의 여종에게 아들을 주시면 내가 그의 평생에 그를 여호와께 드리고 삭도를 그의 머리에 대지 아니하겠나이다'"(삼상 1:10-11)라고 서원 기도를 하나님께 드립니다.

그런데 이렇게 기도하는 '한나'의 모습을 사무엘상서는 다음과 같이 기술하고 있습니다: "그가 여호와 앞에 오래 기도하는 동안에 엘리가 그의 입을 주목한즉, 한나가 속으로 말하매 입술만 움직이고 음성은 들리지 아니 하므로 엘리는 그가 취한 줄로 생각한지라."(삼상 1:12-13)

이러한 '한나'의 기도하는 모습을 제사장 '엘리'가 보고서, "네가 언제까지 취하여 있겠느냐 포도주를 끊으라"(삼상 1:14)고 책망합니다. 즉 '한나'가 '입술만 움직이면서 속으로 기도하는 모습'을 제사장 '엘리'는 '포도주와 독주에 취한 것'으로 보았습니다. 그러나 이것은 '한나'가 독주나 포도주에 취한 것이 아니라, '성령이 한나를 대신하여 탄식으로 기도하시는 것'이라고 볼 수 있습니다. 왜냐하면 간혹 '성령의 충만함'을 받은 사람들을 '술에 취한 것으로' 잘못 판단하는 예가 성경에 나오기 때문입니다. 예컨대 오순절에 성령이 충만하여, 각 나라에서 온 사람들이 "우리의 각 언어로 하나님의 큰일을 말함을 듣는도다"(행 2:11)라고 말하였을 때, "어떤 이들은 조롱하여 이르되 그들이 새 술에 취하였다"(행 2:13)고 말하였기 때문입니다. 그러나 '한나'는 자신이 술에 취한 것이 아니라, "나는 마음이 슬픈 여자라 포도주나 독주를 마신 것이 아니요 여호와 앞에 내 심정을 통한 것뿐이오니, 당신의 여종을 악한 여자로 여기지 마옵소서 내가 지금까지 말한 것은 나의 원통함과 격분됨이 많기 때문이니이다"(삼상 1:15-16)라고 답변합니다.

이러한 '한나'의 기도에서 우리는 '마음이 슬퍼 통회하는 마음으로 기도하는 사람'들의 모습은 '술 취한 것'이 아니라, '성령의 인도함'을 받아서 기도하는 자라고 볼 수도 있다는 것입니다. 왜냐하면 '한나'는 자신을 가리켜, "마음이 슬픈 여자"(삼상 1:15)라고 고백하였으며, 그의 기도하는 모양은 '입술만 움직이고 음성은 들리지 않았기' 때문입니다. 그리고 무엇보다도, 그렇게 기도하는 '한나'의 모습을 보고서, 제사장 '엘리'가 "평안히 가라 이스라엘의 하나님이 네가 기도하여 구한 것을 허락하시기를 원하노라"(삼상 1:17)고 말하니, '한나'가 "당신의 여종이 당신께 은혜 입기를 원하나이다 하고 가서 먹고 얼굴에 다시는 근심 빛이 없더라"(삼상 1:18)고 보고하고 있기 때문입니다. 즉 성령의 충만함을 받아 자신의 슬픈 마음을 하나님께 기도하고, 제사장의 말을 믿고 '근심이 사라졌다'는 것은, 성령의 위로함을 받은 것입니다. 왜냐하면 성령의 열매는 '사랑과 희락과 화평'이기 때문입니다.(갈 5:22) 이렇듯 성령은 '마음이 슬픈 자들이 하나님께 자신의 모든 고통과 억울함을 토설하도록' 돕는 분이시면서, 동시에 그렇게 기도하는 사람들에게 '화평'을 주시는 분이십니다. 그래서 '한나'는 자신의 기도에 응답으로 '사무엘'을 주신 하나님을 찬양합니다: "용사의 활은 꺾이고 넘어진 자는 힘으로 띠를 띠도다."(삼상 2:4); "가난한 자를 진토에서 일으키시며 빈궁한 자를 거름더미에서 올리사, 귀족들과 함께 앉게 하시며 영광의 자리를 차지하게 하시는도다."(삼상 2:8)

3) '하나님의 뜻'에 따라 기도하도록 돕는 성령님

기도의 '삶의 정황'이 '고난'이라고 해서, 즉 단지 '자기의 억울하고 슬픈 마음을 토설'했다고 해서, 하나님이 모든 기도에 무조건 응답해 주시는 것은 결코 아닙니다. 왜냐하면 기도는, 하나님의 창조능력을 통하여 나의 뜻과 소망을 성취하고 관철시키는 것이 아니라, 하나님의 뜻을 묻는 것이기 때문입니다. 그래서 예수님도 겟세마네 동산에서 하나님 아버지에게 마지막 기도를 드릴 때, 먼저 자신의 '고난의 상황'을 하나님께 기도합니다: "내 마음이 매우 고민하여 죽게 되었으니…… 조금 나아가사 얼굴을 땅에 대시고 엎드려 기도하여 이르시되 내 아버지여 만일 할 만하시거든 이 잔을 내게서 지나가게 하옵소서."(마 26:38-39a)

그러나 곧 이어서, "그러나 나의 원대로 마시옵고 아버지의 원대로 하옵소서!"(마 26:39b) 그리고 난 후 예수님은 "다시 두 번째 나아가 기도하여 이르시되, 내 아버지여 만일 내가 마시지 않고는 이 잔이 내게서 지나갈 수 없거든 아버지의 원대로 되기를 원하나이다"(마 26:42)라고 기도하십니다. 이렇게 예수님도 다른 모든 기도들의 '정황'처럼, 먼저 자신이 직면한 고난을 하나님께 아룁니다. 그러나 그 응답의 여부와 방법과 시한과 모든 것을 하나님의 뜻에 맡깁니다. 그리고 결정적으로 예수님은 '나의 원대로 마시옵고 아버지의 원대로 하옵소서!"(마 26:39b)라고 하나님의 뜻에 순종할 것으로 고백합니다. 이와 상응하게 예수님은 우리에게 가르쳐 주신 기도에서도 "(하나님의) 뜻이 하늘에서 이루어진 것 같이 땅에서도 이루어지이다"(마 6:10)라고 기도하라고 말씀합니다.

이처럼 '기도'는 나의 뜻이 우선 되는 것이 아니라, '하나님의 뜻'이 우선 되어야 합니다. 내가 아무리 원하여도, 하나님의 뜻이 아니면, 그러한 기도는 응답 되지 않습니다. 만일 기도하는 자가 하나님의 뜻에 상관없이 자신이 소망한 것이나 원통한 사정을 하나님의 전능하신 능력으로 관철하려고 한다면, 그것은 오히려 기도를 통하여 죄를 짓는 것입니다. 그러한 기도는 하나님을 만홀히 여기는 것입니다. 왜냐하면 그러한 기도는, 하나님을 '자신의 종'으로 부리는 것이나 다름없기 때문입니다. 따라서 하나님의 뜻에 순종하는 자세가 없는 기도는 단지 '떼씀'에 불과합니다. 왜냐하면 '떼씀'은 하나님의 뜻에 기초한 것이 아니라, 자기의 뜻에 기초한 것이기 때문입니다.

따라서 하나님의 뜻에 순종하려는 신앙 없이, 자신의 욕심을 창조주 하나님의 힘을 빌어서 무조건 관철시킬 목적으로 철야기도를 한다거나 금식기도를 한다면, 그것은 오히려 하나님을 만홀히 여겨 기도하는 죄악일 수도 있습니다. 그러므로 참된 기도의 자제는, 설사 나의 '삶의 고난'이 극에 달하였다 하더라도, '그 고난을 겪는 것이 하나님이 뜻이라면', 고난을 겪겠다는 것이 기도하는 자의 참된 자세입니다. 그래서 예수님도 두 번씩이나 하나님 앞에 나아가 '땀방울이 핏방울'(눅 22:44)이 되도록 "기도하여 이르시되, 내 아버지여 만일 내가 마시지 않고는 이 잔이 내게서 지나갈 수 없거든 아버지의 원대로 되기를 원하나이다"(마 26:42)라고 탄식하며 기도하셨지만, 하나님의 뜻이 아니기에 예수님도 묵묵히 십자가의 고난을 짊어지고자 결단하셨던 것입니다: "너는 내가 내 아버지께 구하여 지금 열두 군단 더 되는 천사를 보내시게 할 수 없는 줄로 아느냐, 내가 만일 그렇게 하면 이런 일이 있으리라 한 성경이 어떻게 이루어지겠느냐 하시더라."(마 26:53-54) 그리고 예수님도 마지막 십자가에 위에까지 "엘리 엘리 라마 사박다니나의 하나님 나의 하나님 어찌하여 나를 버리셨나이까?"(마 27:46)라고 기도하셨지만, 그러나 하나님의 아무런 응답이 없자, "아버지여 내 영혼을 아버지 손에 부탁하나이다"(눅 23:46)라고 기도하신 후 숨을 거두셨던 것입니다.

그러므로 우리가 항상 자신들의 '소원'만 탄원하고, 그것이 하나님의 권능으로 응답되기를 고대하기 때문에, 성령께서 친히 우리를 위하여 '하나님의 뜻에 따라서' 기도해 주십니다. 이것이 바로 기도에 대한 성령의 보혜사적 사역입니다. 이 점을 사도 바울은, "성령도 우리의 연약함을 도우시나니, 우리는 마땅히 기도할 바를 알지 못하나 오직 성령이 말할 수 없는 탄식으로 우리를 위하여 친히 간구하시느니라"(롬 8:26)고 말하고, 이어서 "마음을 살피시는 이가 성령의 생각을 아시나니 이는 성령이 하나님의 뜻대로 성도를 위하여 간구하심이니라"(롬 8:27)고 증언하고 있습니다. 이 말은 '하나님의 뜻'에 합당한 기도만 하나님이 응답해 주신다는 것을 암시해 줍니다. 그러나 우리는 '하나님의 뜻'은 전혀 고려하지 않고, 자신의 사정과 '소망'만 아뢰고, 그 소망이 하나님의 도움으로 이루어지기를 바라는 경우가 많습니다. 그러나 이러한 기도는 다른 종교에서 행하는 기도이지, 기독교의 기도는 아닙니다. 기독교의 기도는 '하나님의 뜻'이 최우선되어야 합니다. 그러므로 성령께서 '연약하여 마땅히 기도할 바를 알지 못하는 성도들'을 대신하여 '말할 수 없는 탄식으로' 친히 간구하는 것입니다. 그렇다면 '하나님의 뜻'이 구체적으로 무엇입니까?

하나님의 뜻은 히브리서에 의하면, 이 세상의 사탄 마귀의 권세로부터 인간을 해방시키시는 것입니다. 따라서 "내가 하나님의 뜻을 행하러 왔나이다"(히 10:9)라는 예수님의 말씀은, 바꾸어 말하면, "내(예수 그리스도)가 온 것은 세상을 심판하려 함이 아니요 세상을 구원하려 함"(요 12:47b)이라는

것입니다. 왜냐하면 여호와 하나님도 이스라엘 백성을 구원하시려고 호렙
산에 현현하셨기 때문입니다.

> "여호와께서 이르시되, 내가 애굽에 있는 내 백성의 고통을 분명히
> 보고 그들이 그들의 감독자로 말미암아 부르짖음을 듣고 그 근심을
> 알고 내가 내려가서 그들을 애굽인의 손에서 건져내고 그들을 그 땅
> 에서 인도하여 아름답고 광대한 땅, 젖과 꿀이 흐르는 땅……에 데려
> 가려 하노라."(출 3:7-8)

이렇듯 '인간을 구원하시는 것'이 하나님의 뜻이기 때문에, 하나님의
'구원 의지'에 상응하는 기도는, 성령님이 '우리 대신 말할 수 없는 탄식'으
로 기도해 주십니다. 이러한 이유 때문에 하나님의 구원사역에 상응하는
기도는, 하나님이 무조건 응답해 주십니다.(참고. 눅 23:41-42)[88] 그러므로
성령께서 "하나님의 뜻대로 성도를 위하여 간구"(롬 8:27)하시는 것입니다.
이상에서 살펴본 바와 같이 하나님은 인간을 구원하시고자 하는 '하나
님의 뜻'과 상관있는 기도를 무조건 응답해 주십니다. 더 자세히 말하면,
'하나님이 우리들의 하나님이 되어 주시고, 우리가 하나님의 백성이 되기'
위한 기도는 무조건 응답해 주신다고 볼 수 있습니다. 그래서 예수님은
자신을 구원자로 믿고 기도하는 많은 병자의 기도를 무조건 들어주셨고,
자신의 죄에서 벗어나고자 '죄 용서를 구하는 자들'의 기도를 응답해 주셨
으며, '하나님의 말씀대로' 살고자 하는 의인들이 고난 가운데 부르짖는

---

88) 눅 23:41-43 : "우리는 우리가 행한 일에 상당한 보응을 받는 것이니 이에 당연하거니와
이 사람이 행한 것은 옳지 않은 것이 없느니라 하고, 이르되, 예수여 당신의 나라에 임하실
때에 나를 기억하소서 하니, 예수께서 이르시되 내가 진실로 네게 이르노니 오늘 네가 나와
함께 낙원에 있으리라 하시니라."

소리를 들어주셨습니다. 그뿐만 아니라 창조 때부터 이미 하나님이 주신 '생육의 축복'을 구하는 기도에 대하여도 응답해 주셨습니다. 그러나 무엇보다도, 하나님을 나의 구세주로 믿고, 그의 뜻에 순종하려고 기도한 것은 하나님이 언제나 응답해 주십니다. 그래서 칼 바르트는 "기도는 은혜이고, 하나님의 선물"이라고 말했습니다.

7

질의
응답

질문. 한 번 성령을 받으면 하나님의 나라에 갈 때까지 '성령의 내주'가 영원히 지속되는 것 아닙니까?

답변 = 결코 그렇지 않습니다. 이에 대한 답변은——우선 간단한 실례로——귀신들이 어린아이에게서 나와 다시 돼지에게 들어가는 사건을 통해서도 간접적으로 주어질 수 있습니다. 뿐만 아니라, 이스라엘의 왕, 사울에게서도 동일한 예를 발견할 수 있습니다. 이와 상응하게 이스라엘의 전쟁사에서 여호와 하나님께서 이스라엘의 정치와 전쟁에 개입하시는 것에서도 발견할 수 있습니다. 왜냐하면 이스라엘이 항상 이방 국가와의 전쟁에 항상 승리하는 것이 아니었기 때문입니다. 즉 여호와 하나님께서 이스라엘의 전쟁에 개입하실 때만 이스라엘 백성이 이방 민족과의 전쟁에서 승리하게 됩니다. 이러한 사실은 여호와 하나님께서 항상 어느 때나 그리고 영원히 이스라엘의 구원자, 후견인이 되시지 않았다는 것을 암시해 줍니다.

따라서 하나님의 영이 권능으로 임하신 것은 우선 하나님의 선물이었습니다. 즉 성령이 임하는 것은 하나님의 일방적이고, 자의적인 결단에 의한 예측할 수 없는 독자적인 행위였습니다. 이와 같이 성령도 은사를 받은 자에게 항구적으로 머물러 있는 것이 아니라, 항상 유동적으로 머물러 계십니다. 왜냐하면 성령이 임하는 목적 그 자체가 은사 받은 사람들에게 항구적으로 머물기 위해서가 아니라, 부름 받은 자들에게 성령이 임하여 (삿 3:10; 6:34; 11:29; 삼상 11:6) 그들을 인도하여 그들을 어려운 고통으로부터 구원하시기 위한 것이기 때문입니다. 그리고 그들이 성령의 인도함에 따라 살아가게 하기 위한 것이기 때문입니다. 예컨대 사사들에게 임한 성령은——이제까지 알려지지 않던 사람에게 임하여——그를 정치적, 혹은 전쟁의 용사를 만들어 그들을 통해서 하나님의 백성이 다른 이방 민족과의 전쟁에서 승리하게 하고는, 다시 그 용무가 끝나면 그를 떠났기 때문입니다. 그러므로 슈미트W. H. Schmidt는 "하나님의 영의 본질적인 성격은 무엇보다도 항구적인 임재가 아니라, 활동하게 하는 것이었다. 성령은 그에게 임한 사람에게 권능을 주기 때문에, '권능'으로 이해되었다. 즉 성령은 그것을 받는 자로 하여금 활동하게 만드는 힘"이라고 말합니다.[89]

그런데 하나님의 영은 이스라엘의 사사들에게만 뿐만 아니라, 초기 예언자들에게도 임하여 그들을 영광과 황홀에 빠지게 하거나(삼상 10:6ff; 19:20ff; 비교 왕상 18:12; 왕하 2:9ff.) 그들로 하여금 하나님의 말씀을 전하게 하였습니다.(후기 예언에는 겔 3:12ff; 8:3; 11:1,24; 욜 2:28-32; 슥 1:3) 이렇듯 성령은 특정한 사람에게 임하여, 그로 하여금 영웅적인 행동을 하게 할뿐만 아니라, 황홀경과 영감도 주었으며, 선과 악을 분별하고 선-악의 행동을

---

89) W. H. Schmit, 151. 그러나 슈미트에 의하면, 어떤 본문에서는 성령이 비-인격적인 어떤 자연의 힘으로 묘사되고 있는 흔적도 발견된다.(152)

행하도록 하였던 것입니다.(삼상 16:13f; 왕상 22:21f.) 한 마디로 말해서, 하나님의 영은 인간을 변화시켜 영웅을 영웅 되게, 예언자를 예언자 되게 만들었습니다. 특히 하나님의 영, 곧 성령은 인간을 "변하여 새 사람이 되게 하였습니다."(삼상 10:6) 이때에 하나님의 영은 하나님과 사람을 존재론적으로ontological 연합시킨 것이 아니라, 오히려 그 사람 위에 임하여 '주도적 능력'으로 그로 하여금 행동하게 준비시키거나, 활동하도록 인도하였습니다. 그것은 예수님께서 세례를 받으실 때, 예수의 위에 성령이 비둘기 같이 임한 것이나, 오순절 성도들의 각 사람 위에 임한 것과 같습니다.(마 3:16; 행 2:2-3)90)

이와 같이 성령은 근본적으로 하나님과 존재론적으로 직접 결합되어 있기 보다는, 오히려 성령 받은 자가 항상 성령의 인도하심에 따라서 움직이게 되는――즉 성령이 항상 행동의 인격적 주체로 역사하는――역동적인 방식으로 세계와 인간의 역사 안에서 활동하고 계십니다. 그래서 사도 바울도――비록 악한 영에 의한 시달림을 호소하고 있지만――"만일 내가 원하지 아니하는 그것을 하면, 이를 행하는 자는 내가 아니요, 내 속에 거하는 죄니라"(롬 7:20)고 고백하고 있는 것입니다. 즉 죄가 사도 바울로 하여금 자신이 원치 않는 행동을 하게 부추긴다는 것입니다.

이상 앞에서 살펴본 바와 같은 '인간에 대한 하나님의 영과 악한 영의 주도권'을 고려해 볼 때, 성령이 한 번 사람에게 임하였다고 해서, 영속적으로 영원히 그와 함께 하는 것은 결코 아닙니다. 마치 바람이 임의로 불듯이, '하나님의 영', 곧 성령은 필요하면 언제든지 사람에게 임하고, 또한 원치

---

90) 마 3:16 : "예수께서 세례를 받으시고 곧 물에서 올라오실 새, 하늘이 열리고 하나님의 성령이 비둘기 같이 내려 자기 위에 임하심을 보시더니……."; 행 2:2-3 : "홀연히 하늘로부터 급하고 강한 바람 같은 소리가 있어 그들이 앉은 온 집에 가득하며, 마치 불의 혀처럼 갈라지는 것들이 그들에게 보여 각 사람 위에 하나씩 임하여 있더니……."

않으면 언제든지 떠날 수 있는 분이십니다. 왜냐하면 성령은 '자유로우신 분이시기 때문입니다.' 그러나 아주 특정한 경우, 즉 "메시아"(사 11)나 "하나님의 종"(사 42)에게 '하나님의 영'은 항구적으로 영원히 머물러 계십니다.(비교. 겔 36:26f: 사 44:3: 욜 2:28-32) 그러나 일반적으로 타락한 인간은 생명의 힘인 성령을 조종하여, 자신에게 어느 때는 임하게 하고, 그리고 어느 때는 내어 보낼 수 있는 존재가 아닙니다. 오히려 성령은 인간으로 하여금 종속적으로 행동하게 합니다. 한 마디로 말하면, 성령이 인간의 주도 아래 있는 것이 아니라, 반대로 인간이 성령의 인도하심 안에 있습니다. 즉 인간이 성령에 종속됩니다. 결론적으로 말해서 '하나님의 영'인 '성령'은 어느 경우에든 자신이 원하는 특정한 사람 위에 임하여, 그로 하여금 '그 어떤 행동을 하도록 인도하는 역동적 능력, 혹은 힘'이 분명합니다.

여기서 또 다시 질문을 제기할 것입니다. 그렇다면 예수님께서 제자들에게 해 주신 약속 "내가 아버지께 구하겠으니 그가 또 다른 보혜사를 너희에게 주사 영원토록 너희와 함께 있게 하리니"(요 14:16)라는 약속은 어떻게 이해할 것인가? 여기서 '영원토록 너희와 함께'라는 말씀은 '존재론적 혹은 신비적 합일'을 의미하지 않습니다. 이 말씀은 구약에서 여호와 하나님께서 당신의 종들에게 약속해 주셨던 것처럼, '임마누엘', 혹은 '동행'을 약속해 주신 것입니다. 왜냐하면 여호와 하나님께서 모세에게 "내가 반드시 너와 함께 있으리라"(출 3:12)고 약속해 주신 것이나, 대언자 예레미야에게 "내거 너와 함께 하여 너를 구원하리라"(렘 1:8)고 약속해 주신 것과 동일한 것입니다. 그렇습니다. 어제 오늘이나 그리고 내일 언제나 동일하신 여호와 하나님은 그 옛날 이스라엘 백성들과 함께 계셨던 것처럼 영원히 우리 그리스도인들과 함께 계십니다.

창조주 성령이여 오시옵소서!
Veni Creator Spiritus!

(Rabanus Maurus의 오순절 찬송)

Veni, Creator Spiritus,　　　　창조주 성령님이여 오시옵소서!

mentes tuorum visita,　　　　당신의 능력으로 우리를 채워주소서

imple superna gratia,　　　　창조주 당신의 말씀이 우리를 창조하셨으니,

quae tu creasti, pectora.　　　이제 우리에게 하나님의 영을 불어 넣으소서!

Qui diceris Paraclitus,　　　　마음을 인도하시는 주시여 오시옵소서

donum Dei altissimi,　　　　아버지가 보내신 보혜사 당신이시어

fons vivus, ignis, caritas　　　당신으로부터 생명과 빛과 정열이 샘솟나이다.

et spiritualis unctio.　　　　당신만이 우리 연약한 자들에게 힘과 용기를

　　　　　　　　　　　　　주시나이다.

Tu septiformis munere,　　　　전능하신 하나님이 당신을 파송합니다.

dextrae Dei tu digitus,　　　　불과 강한 바람의 포효 속에서

tu irte promissum Patris　　　당신은 우리의 침묵하는 입을 여시나이다.

sermone ditans guttura.　　　그리고 세상에서 진리를 가르쳐 주시옵니다.

Accende lumen sensibus,　　　감각과 정서를 태우시고,

infunde amorem cordibus,　　사랑으로 우리의 마음이 불타게 하옵소서

infirma nostri corporis　　　우리의 연약한 살과 피가

virtute firmans perpeti.　　　당신의 능력 안에서 선을 행하게 하시옵소서!

Hostem repellas longius,	악의 세력을 멀리 추방해 주시고,
pacemque dones protinus,	당신의 평화를 언제나 주옵소서!
ductore sic te praevio	바른 길에서 떠나지 않도록 우리를 지키시고,
vitemus omne noxium.	파멸이 우리를 해치지 않도록 하옵소서!
Per te sciamus das Patrem	우리가 신실한 마음으로 아버지를 보게 하시며,
noscamus atque Filium,	그의 형상이신 아들을 깨닫게 하시옵소서!
te turiusque Spiritum	우리를 충만케 하시고, 우리에게 하나님의 생명을
credamus omni tempore	가져오는 성령을 신뢰하게 하소서!
V Emittes Spiritum tuum, V.	당신의 영을 보내주옵소서!
et creabuntur.	그러면 모든 것이 새롭게 창조될 것입니다.
R Et renovabis faciem	그러면 당신은 땅의 표면을 새롭게 하실
R. terrae.	것입니다.

(문헌출처: A. Adam, *Te Deum laudamus. Große Gebete der Kirche*, Lateinischdeutsch, Freiburg 1987, 142-145. 원문을 J. Moltmann/김균진, 『생명의 영』, 412-413에서 재인용하였고, 번역은 필자가 윤문하였음.)

부록

웨스트민스터
신앙고백의
성령론

1. 들어가는 말: 신학적 논쟁의 탈출구로서의 하나님의 절대성

종교개혁 당시의 신학적 단초를 한 마디로 요약하면, 그것은, '인간이 어떻게 하면 구원을 받을 수 있느냐'는, 구원의 방법에 관한 것이었다. 즉 인간이 선善을 행함으로 그 공로에 의해서 죄로부터 구원을 받느냐, 아니면 십자가에서 우리의 죄를 대속해 주신 예수 그리스도의 구속의 은총을 믿음으로 구원을 받느냐 하는 것이었다. 마르틴 루터를 비롯하여 종교개혁자들은 후자의 견해를 주장하였다. 그래서 그는 '오직 성경으로만sola scriptura',1) '오직 그리스도로만solus christus', '오직 믿음으로만sola fide'이라는 요약된 신앙 원리를 주장하게 되었다. 그럼에도 불구하고 여기에 계발적인 질

---

1) 루터는 "성경만이 유일한 여왕이다solam scripturam regnare"라고 주장하면서, "성경은 그 자체 상 탁월한 신빙성을 가지고 있는 명백한 것이기에, 그 자신이 성경의 해석자가 된다per sese certissima, apertissima, sui ipisus interpres"(WA VII, S. 98, 97; 참고. F. Beißer, *Claritas scripturae bei Luther*, 1966)고 말하였다.

문이 제기되었다. 즉 마르틴 루터를 비롯한 종교개혁자들의 주장대로, 아담 이후의 모든 인간이 '전적으로 타락한' 죄인이라면, 과연 누가 성경을 바로 이해할 수 있으며, 누가 과연 예수 그리스도를 진실로 믿을 수 있느냐는 질문이 제기되었다. 다시 말하면 인간의 '전적 타락'으로 인하여 자력自力 구원이 불가능하다면, '인간은 어떻게 구원을 받을 수 있겠느냐' 하는 것이다.

그런데 이러한 질문들이 제기된 이유는, 그 당시 로마 가톨릭 신학은, 인간에게는 '하나님의 형상Imago dei'이 남아 있어서 '하나님의 창조적 혹은 효과적인 은총gratia creata; gratia efficax'에 의해서 인간은 '의義'를 실현할 수 있고, 그로 말미암아 구원을 받을 수 있다고 주장하고 있었기 때문이다. 그래서 당대의 신학적 화두는 한편으로는, 로마 가톨릭 교회의 주장에 답변하면서, 다른 한편으로는 종교개혁의 신학적 원리의 문제점을 보완하기 위하여, 하나님 자신으로, 더 자세히 말하면 창조주 하나님의 '절대성 Absolutheit'에로 돌아가는 수밖에 없었다. 바꾸어 말하면 인간의 구원은 '오직 하나님의 은총soli deo gratia'에 달려 있다는 필연적인 결론에 도달할 수밖에 없었다. 더 자세히 말하면 하나님께서 인간을 비롯하여 모든 만물을 창조하시고, 그것을 통치하고 다스리신다는 하나님의 섭리를 고백할 수밖에 없었다. 즉 인간구원의 가능성에 대한 신학적 물음에 대한 답변을 시도하고자 하였을 때, 필연적으로 도달하게 되는 신학적 주제가 바로 '예정론' 혹은 '하나님의 섭리론'이다. 즉 인간 구원의 근원과 과정과 방법을 오직 창조주 하나님에게 돌린 것이 바로 '하나님의 섭리론'과 '예정론'이었다. 왜냐하면 '하나님의 섭리론'과 '예정론'은 고대 그리스 철학에서부터 서로 다른 용어로 끊임없이 논의되었던 '용어'일 뿐만 아니라, 인간의 종교 심리적 내면에 깊이 뿌리 내리고 있는 '화제話題'였기 때문이다.2) 뿐만 아니라, '오직 하나님의 은총'이라는 하나님 중심의 신앙고백은 그 당시 로마 가톨릭이나 종교개혁자들 모두가 거부할 수 없는 신학적 인식이며 신앙고백이었기 때문이다.

그런데 죄지은 인간을 구원하는 데 있어서 가지는 하나님의 '절대성'을 논증할 때, 필연적으로 주어지는 전제들Voraussetzungen 혹은 논리적 귀결 folgerichtiges Ergebnis로 언급할 수밖에 없는 것이 바로 '성령 하나님의 사역'이었다. 왜냐하면 하나님의 '구원 의지Heilswille' 혹은 '구원 계획Heilsplan' 혹은 '영원한 결의Ewiger Ratschluß'를 역사歷史 속에서 실현시키는 분에 대한 진술이 요청되기 때문이다. 그래서 결과적으로 인간의 구원에서 있어서 가장 근본적인 작인作因 혹은 동인動因으로서의 '오직 하나님의 은총'은 신학적으로 영원한 하나님의 '구원의지'와 '성령 하나님의 역사내적 사역'과 결합되게 되었다. 여기에 하나 덧붙여 종교개혁자들은 신앙과 삶의 규범이 되는 성경에 대한 올바른 해석을 '성령 하나님'과 연결시킴으로써 종교개혁적 신학을 종합하고자 하였다. 왜냐하면 한편으로는, 로마 가톨릭 교회에서는 아직도 교부教父들의 가르침을 신앙의 규범으로 인정하고 있었으며, 다른 한편으로는 당대 종교개혁자들의 성경에 대한 해석이 다르고, 서로 다른 해석의 옳고 그름을 판단할 기준 또한 없었기 때문이다.3)

이러한 신학적 혹은 교리적 '삶의 정황Sitz im Leben' 속에서 종교개혁적 개신교 신학자들은 여러 가지 신학적 논쟁을 피하면서 종교개혁 신앙을

---

2) 심지어는 스토아 철학도 '운명론적 예정론'을 주장한다. "운명은 우주의 법칙인데, 이 법칙에 따라 모든 사건들이 생겼으며, 또 생기고 있으며, 또 앞으로 다가올 모든 것들도 이 법칙에 따라서 다가올 것이다.(아르님 2권, 264) 이 운명은 이겨 낼 수 없고, 제지할 수 없고, 방향을 돌릴 수 없는 원인이며(같은 책, 291), 원인의 연쇄 자체이며(같은 책, 293,22ff.; 305,39) 세계 이성이며, 보편적 로고스이다.(같은 책, 264,18; 42,24)"(Johannes Hirschberger, *Geschichte der Philosophie*, Bd.1, 강성위 역, 『서양철학사』 상권 – 고대와 중세, 대구: 以文出版社, 1996, 328.)

3) 이와 같은 분석에 관하여: Reinhold Seeberg, *Lehrbuch der Dogmengeschichte*, Bd. IV/1-2, Leipzig, 1917, Erlange/Leipzig, 1920 을 참고하라.

종합하기 위해서 칼뱅, 츠빙글리, 마르틴 루터와 같은 종교개혁자들을 비롯하여, 둔스, 어거스틴, 그리고 사도 바울로 소급될 수 있는 신앙전통을 '하나님의 섭리'와 '예정'의 주제 아래 종합하고자 시도하였다. 왜냐하면 비록 각 교부 혹은 신학자마다 서로 강조점은 약간씩 다르지만, 앞에서 언급한 신학자들의 신학 속에는 인간 구원에 있어서는 항상 삼위일체되신 한 분 하나님의 '절대성Absolutheit'이 신학적 공감대를 형성할 수 있는 공통분모로 나타나기 때문이다. 이러한 신학적 기대Anliegen 및 관심을 신앙고백으로 정립해 놓은 것이 바로 '제2 스위스 신앙고백Confessio Helvetica Posterior, 1566'과 같은 맥락에 있는 '웨스트민스터 신앙고백Westminster Confession, 1646/47', '도르트 칙령Decres of Dort, 1618.11.13 - 1619.5.9', 그리고 '스코틀랜드 신앙고백Scotische Konfession'이다.4) 왜냐하면 이들 신앙고백서들은 하나같이 인간 구원에 있어서 삼위일체 되신 하나님의 '절대성'과 '구원의지'의 현실적 실행자로서의 성령 하나님을 고백하기 때문이다.

그러므로 아래 논문의 제II-IV장에서는 우선 웨스트민스터 신앙고백서에 나타난 성령의 역사를 객관적으로 분석하고, 그 다음 제V-VI장에서는 웨스트민스터 신앙고백서가 고백하고 있는 성령에 대한 이해가 가지고 있는 특성을 종합하면서, 그 문제점을 제시하고자 한다. 이를 통하여 우리는 신앙고백서 혹은 신학적 교리라는 것은 어디까지나 시대적 산물로서 성경에 의해서 '규정된 규범Norma Normata'에 불과한 것임을 깨닫고,5) 섣불리 다른 사람의 신앙을 부정적으로 판단하거나 정죄하지 말아야 할 뿐만

---

4) 이 고백서들은 한가지로 '타락전, 혹은 절대 예정론supralapsarimus'을 주장한다. 이 점에 관하여: J. L. Neve, *A History of Christian Thought*, 徐南同 역, 『基督敎敎理史』(대한기독교서회, 1965), 429; Hans Schwarz, 'Glaubensbekenntnis(se) VII', *TRE* 13, 416-429.

5) 종교개혁 정통주의는 성경을 '규범(교리)을 규정하는 규범norma normans'으로, 그리고 '교리'나 '신앙고백서'는 '성경에 의해서 규정된 규범norma normata'으로 고백하였다. 그러나 이 개념이 누구에 의해서 처음 사용되었는지는 아직 불분명하다.

아니라, '성경에 대한 해석'도 가장 실제적이고 역사적인 하나님의 말씀이었던 예수 그리스도의 빛 아래서 끊임없이 연구해야 한다는 가르침을 겸손히 배우게 될 것이다.

2. 성경의 실질적인 집필자와 해석자로서의 성령 하나님

'웨스트민스터 신앙고백Westminster Confession'의 제1장은 성서에 관한 것이다.[6] 제1장 2절에서 "이 모든 책(신-구약 66권)은 하나님의 영감으로 주어진 것으로 믿음과 생활의 기준이 된다"(눅 16:29, 31: 엡 2:20: 계 22:18, 19: 딤후 3:16)[7]고 고백하고 있다. 그리고 곧 이어서 "보통 외경外經이라고 부르는 책은 영감에 의해서 된 것은 아니며, 정경正經의 일부도 아니다"(1.3)라고 고백하고 있다. 이러한 고백에 의하면, 성경의 권위를 일차적으로 '하나님의 영감'에 두고 있다. 즉 성경은 영감 받은 집필자에 의해서 '기록되었다'는 것이다. 그렇다면 '영감Inspiration'이란 무엇인가? 성경이 영감으로 기록되었다는 것은, "성경이 성령의 지시에 따라서 기록되었다는 것이다. 즉 하나님이 성경 저자들의 정신에 가장 완전하고 확실한 사실과 진리를 직접 주입했다"[8]는 것이다. 그래서 WC는 '성경영감'을 의심

---

6) 이하 WC로 약칭함.

7) 이하의 웨스트민스터 신앙고백서의 번역은 李種聲 譯, 『웨스트민스터 信仰告白』(대한기독교서회, 1961, 19판), 1994를 따르는 것을 원칙으로 하되, 이해를 위해서는 다른 번역본도 참고하였다. 다른 번역본: 대한예수교장로회 총회 편, 『대한예수교 장로회 헌법』(한국장로교출판사), 67-144(이하 『헌법』으로 약칭함); A. A. Hodge, *The Confession of Faith. A. Handbook of Christian Doctrine Expounding The Westminster Confession*, 김종흡 옮김, 『웨스트민스터 신앙고백 해설』(크리스찬다이제스트, 1996).

8) Bibel, iii. d. 24, q. un. concl. 7(R. Seeberg, *History of Doctrines*, Vol. 2, 김영배 역, 『기독교교리사』, 도서출판 엠마오, 1991, 267에서 재인용). 즉 하나님은 '주요인主要因causa

없이 '성령의 사역'으로 고백한다. 그래서 WC 제1장 4절에서 "그(성서—필자 주)의 권위는…… 저자著者가 되시는 하나님께 전적으로 매여 있다. 그것은 하나님의 말씀이다"로 고백하고, 한 걸음 더 나아가 '성서가 신적 권위'를 가지는 것은 "우리 마음속에서 말씀을 통해서 증거 하시는 성령의 내적 활동에 의한 것이다(요일 2:20, 27; 요 16:13, 14; 고전 2:10-12; 사 59:21)"(WC 1,5) 라고 한다.

그러나 성경과 성령 사역의 관계에 대한 이러한 WC의 고백은 성령의 사역을 이미 정경화된 성경에 제한시키고 있다. 왜냐하면 WC 1,6에서 "이 성서에 대하여 어느 때를 막론하고 성령의 새로운 계시로써나 인간의 전통으로써도 더 첨가할 수 없다(딤후 3:15-17; 갈 1:8, 9; 살후 2:2)"고 고백하고 있기 때문이다.[9] 이러한 고백에 의하면, 성령의 다른 사역은 불문하고 성경과 관련하여 볼 때, 정경화된 이후 성경에 관한 성령의 사역은 '성경의 해석자'로서의 역할 이외에 다른 사역이 없는 것으로 이해할 수 있다. 따라서 성경에 대한 성령의 역할에 관한 WC의 이러한 고백들을 한 마디로 종합하면, 성령은 성경의 필자이며 해석자라고 이해할 수 있다.[10] 즉 "우리는 또한 하나님의 영의 내적 비춤이 (성경—필자 첨부) 말씀 안에 계시된 그것을 이해하는데 필요하다는 것을 인정한다."(WC 1,6) 그래서 WC는 아

---

principalis'이면서 동시에 '작용인作用因causa efficiens'이고, 집필자는 단지 '도구인道具因 causae instrumentales'로 생각하였다.

9) 이렇게 WC가 정경화된 성경이외의 또 다른 성령의 새로운 계시를 거부하는 것은, 그 당시 성경이나 예수 그리스도 없이 성령을 통하여 직접 하나님의 계시를 받을 수 있다고 주장하는 신령주의자 혹은 열광주의를 거부하기 위한 것으로 해석될 수 있다.

10) 그래서 1903년 미국 북장로회가 WC에 첨가한 제34, 35장 중(미국 남장로회는 이것을 1842년부터 정식으로 받아들여 현재까지 사용 중이다) 제34장 "성령에 관하여"에서는 "그(성령—필자 주)에 의해서 예언자들은 하나님의 말씀을 선포하도록 충동을 받았고, 모든 성경 지자들이 하나님의 마음과 뜻을 무오하게 기록하도록 영감을 받았다"고 첨가하고 있다. 이 점에 관하여: 대한예수교장로회(통합) 편, 『헌법』, 2판 2001, 140.

주 단호하게 성경 해석에 있어서 그 해석의 옳고 그름을 판단할 수 있는 "최고의 심판자는 성서 안에서 말씀하시는 성령 이외에는 아무도 있을 수 없다(마 22:29, 31; 엡 2:20; 행 28:25)"(WC 1,10)고 단언한다.

그러면서도 WC는 곧바로 이어서 "구원을 얻기 위해서 알아야 하고, 믿어야 하고, 지켜야 할 것은 그(성경―필자 주) 안에 분명히 지시되고, 계시되어 있으므로 교육을 받은 사람이나, 받지 않은 사람이라도 적당한 방법만 사용한다면, 그것에 대한 충분한 이해를 가질 수 있을 것이다(시 119:105, 130)"(WC 1,7)라고 고백한다. 그러나 이러한 고백은 성경계시의 '명백성 Klarheit'을 고백하는 것이지, 성령의 내적 조명이 없이 인간 이성만으로 성경해석이 가능하다는 것을 의미하는 것이 결코 아니다. 왜냐하면 "성서 안에 있는 모든 것이 (성령의 내적 조명 없이―필자 주) 그 자체로 자명自明하거나, 모든 사람에게 분명한 것은 아니다(벧후 3:16)"(WC 1,7)라고 부연하고 있기 때문이다.[11]

그러나 이제 여기서 다음과 같은 질문이 제기될 수 있다. 성경의 저자著者가 성부 하나님이신가, 아니면 성령 하나님이신가? 이러한 질문은 WC

---

11) 만일 이렇게 해석하지 않을 경우, WC의 1,7의 고백은 내적 모순을 가지고 있다. 왜냐하면 "성서 안에 있는 모든 것이 그 자체로 자명하거나 모든 사람에게 분명한 것이 아니라"고 말하면서, 구원을 얻기 위한 지식이 "그(성서―필자 주) 안에 분명히 지시되고, 계시되어 있으므로 교육을 받은 사람이나, 받지 않은 사람이라도(즉 누구든지―필자 주) … 충분히 이해를 가질 수 있다"면, 자명하지 못한 성경을 누구든지 어떻게 이해할 수 있는가? 따라서 WC 1,7의 고백은 한편으로는, 성경의 증언은 그 자체로 명백하기 때문에 'Scriptura sacra sui ipsius interpres'을 주장하는 루터의 성서해석론을 거부하면서, 다른 한편으로는 에라스무스Erasmus의 이성에 의한 성경해석을 받아들이고자 하는데서 생긴 모순이라고 볼 수 있다. 왜냐하면 루터는 'De servo arbitrio'에서 에라스무스의 '성서의 불명료성'에 대항하여 '성서의 명료성'을 강조하고, 그러기에 '성경은 성경 그 자체의 증언을 통해서 해석해야 한다'는 것을 강조하였다.(WA 18, 609, 4; 653이하 참조) 루터의 성서 해석에 관하여: 김재진, '마틴 루터와 칼 바르트의 해석학. 율법과 복음의 변증법과 기독론적 '변증법」,「啓明神學」, 第1輯, 1995, 141-180.

제2장(하나님의 성삼위일체에 관하여)에서 명백히 답변되어진다. 왜냐하면 우선 WC 2,1은 다음과 같이 하나님을 성령 하나님으로 고백하고 있기 때문이다. "살아 계시고 참되신 하나님은 한 분뿐이시다.(신 6:4: 고전 8:4, 6) 그의 존재는 무한하시고 완전하시고,(욥 11:7-9: 26:14) 가장 순결하신 영魂이시다(요 4:24)."(WC 2,1) 그리고 곧 이어서 WC는 "하나님의 본체는 하나이시나, 삼위로 계신다. 즉 한 본체와 한 권능과 한 영원성이다. 아버지로서의 하나님, 아들로서의 하나님, 성령으로서의 하나님이시다(요일 5:7: 마 3:16, 17: 28:19: 고후 13:14)"라고 고백하고 있다. 따라서 WC가 성령을 성경의 필자와 해석자로 고백하는 것이나, 성부 하나님을 성경의 저자로 고백하는 것 사이에는 모순이 없다. 결국 하나님께서 성경의 저자이시기에, 그의 영, 곧 성령이 성경의 집필자이며, 동시에 성경의 가장 정확한 해석자가 된다는 것은 수미일관首尾一貫한 논리적 귀결이다.

더 나아가 '성령이 성경의 실질적인 필자이며 해석자'라는 해석의 근거는 WC가 니케아-콘스탄티노폴Nicaeno-Constantinopolitanum 신앙고백인 Filioque, 곧 "성령은 영원토록 성부와 성자에게서 나온다(요 15:26; 갈 4:6)"(WC 2,3)를 수용하는 데서도 그 존재론적 근거가 발견된다. Filioque를 수용함으로써 WC는 성경과 성령의 관계에 대하여 결과적으로 다음과 같은 종합적 해석을 남겨놓았다. 즉 성경은 '하나님의 영'(참고 WC 2,1), 곧 성령에 의해서 영감 받은 사람들에 의해서 기록되었기 때문에, 성경의 실질적인 저자著者는 성령이신 하나님이시다. 그리고 또한 성령은 동시에 성자 하나님의 영이시기 때문에, 태초의 '말씀이 육신이 되신(ὁ λόγος σὰρξ ἐγένετο)'(요 1:14) 예수 그리스도의 말씀을 정확무오하게 해석할 수 있는 분이다. 따라서 성부 하나님과 그와 동일한 본체이신 예수 그리스도(WC 8,2)에게서 나온 성령은 '성경의 저자'이신 아버지 하나님의 뜻에 따라 아들 하나님의 말씀을 기록한 성경을 가장 정확무오하게 해석하실 수 있는 분이다. 이러한 논리적 일관성에 근거해 볼 때, WC에서의 성령 하나님은 성경의 필자이며, 동시에 해석자이외에 다른 분이 아니라는 종합적인 결론에 이르게 된다.[12]

3. '택한 자만'을 부르고, 의롭게 하고, 성화시키고, 구원하시는 성령 하나님

WC는 제3장 "하나님의 영원하신 경륜에 관하여"에서 "택함을 받은 사람은 아담 안에서 타락 했으나, 그리스도 안에서 구속을 받으며(살전 5:9, 10; 딛 2:14), 때를 따라서 역사하시는 성령을 통하여 믿음에 이르도록 실제로 부르심을 받는다. 그들은 또한 의롭게 되고, 하나님의 자녀가 되고, 성화되고(롬 8:30; 엡1:5; 살후 2:13) 믿음을 통해서 구원을(벧전 1:5) 얻을 때까지 그리스도의 힘의 보호를 받는다"(WC 3,6)고 고백하고 있다.[13] 이러한 고백

---

12) 그러나 WC는 성경과 예수 그리스도와의 관계에 대하여 일체의 언급을 회피하고 있다. 단지 '성경에 의한 성경 해석'(WC 1,9)을 주장하기 위하여 요 5:46 ("모세를 믿었더라면 또 나를 믿었으리니 이는 그가 내게 대하여 기록하였음이라")을 증빙 성구로 제시하고 있을 뿐이다. 그러나 성경은 분명 태초에 계시던 말씀이신 하나님이 예수 그리스도로 이 땅에 오심을 증언하고 있다.(참고 요 1:1, 14) 뿐만 아니라 마가복음은 "하나님의 아들 예수 그리스도의 복음의 시작이라"(막 1:1)로 시작하고 있으며, 예수님께서도 직접 "너희가 성경(구약성경)에서 영생을 얻는 줄 생각하고 성경을 연구하거니와 이 성경이 곧 내게 대하여 증언하는 것이니라"(요 5:39)고 증언하심으로써, 구약성경(참고. 요 5:46)까지도 자기 자신에 대한 증언으로 선포하셨다. 이러한 사실을 고려해 볼 때, WC는 성경의 형성과정 혹은 집필 방법에만 관심이 집중되어 있을 뿐, 성경이 어떠한 것인지, 혹은 성경이 무엇을 증언하고 있는지에 대하여는 자세히 언급하고 있지 않다. WC는 성경을 단지 "믿음과 생활의 기준"(딤후 3:16)(WC 1,2)로만 고백하고 있다.

13) WC가 '선택론'을 신학적 논증의 최전면에 내세우는 것은, 어거스틴이 펠라기우스에 반대하기 위하여, 인간 구원의 유일한 근거를 하나님의 의지와 영원한 작정Ratschluß으로 보는 '예정교리'를 강하게 주장하였던 것처럼, WC도 그 당시 로마 가톨릭 교회의 스콜라 신학의

은 '택함 받은 자들만의 구원'(WC 3.6)[14]을 역사 속에서 현실화시키는 일이 성령 하나님의 주된 사역 가운데 하나임을 증언하고 있다.(WC 3.6)[15] 그래서 이와 상응하게 제7장 "사람과 맺은 하나님의 계약에 관하여"에서 WC 는, "그(하나님—필자 주)는 생명을 얻도록 결정된 모든 사람에게 믿을 것을(겔 36:26, 27; 요 6, 44, 45; 미국판 5:37 첨가) 요구하고 또한 믿을 수 있게 하기 위하여 성령을 주시겠다고 약속 하신다"(WC 7.3)고 고백하고 있다.(참고 WC 7.5)[16] 이와 상응하게 제10장 "실제적인 부르심에 관하여", 제11장 "의인義認에 관하여", 제12장 "양자에 관하여", 제13장 "성화聖化에 관하여", 제14장 "구원에 이르게 하는 믿음에 관하여", 제16장 "선행에 관하여", 제17장 "성도들의 궁극적 구원에 관하여" 그리고 제18장 "은혜와 구원의 확실성에 관하여"에서 WC는, 성령의 사역 없이는 '실제적인 부르심', '의인', '양자', '성화' '구원에 이르는 믿음을 얻는 일', '선행', '성도의 궁극적인 구원' 그리고 '구원의 확실성', 이 모든 일들이 성취될 수 없음을 역설하고 있다.[17]

더 자세히 말하면, 제10장 "실제적인 부르심에 관하여"에서 WC는 "생명으로 예정된 모든 사람과 하나님이 기뻐하시는 자들만이 자기가 정하시

'선행론'에 반대하기 위하여 인간 구원의 궁극적인 전제로서 하나님의 절대적 주권에 의한 '선택론'을 강조한 것으로 볼 수 있다. 이 점에 관하여: Bengt Hägglund, *History of Theology*, 박희석 옮김, 『신학사』(성광문화사, 1990), 191f.

14) "택함을 받은 자 외에는(요 17:9; 롬 8:28; 요 6:64, 65; 8:47; 10:26; 요일 2:19) 아무도 구속을 받거나, 실제로 부르심을 받거나, 의롭게 되거나, 하나님의 자녀가 되거나, 성화가 되어서 구원을 받지는 못한다."(WC 3.6)

15) WC 3.6 : "택함을 받은 자 외에는(요 17:9; 롬 8:28; 요 6:64, 65; 8:47; 10:26; 요일 2:19) 아무도 구속을 받거나, 실제로 부르심을 받거나, 의롭게 되거나, 하나님의 자녀가 되거나, 성화가 되어서 구원을 받지는 못한다."

16) WC 7.5 : "그(구약—필자 주) 시대는 성령의 역사를 통하여 택함을 받은 백성이 약속된 메시야(고전 10:1-4; 히 11:13; 요 8:56)에 대한 신앙을 얻고 굳세게 하기 위하여 이것으로도 충분하고도 효과적이었다."

17) 그런데 제15장 "생명에 이르는 회개에 관하여"에서는 성령의 역할에 대한 언급이 없다.

고 적당하다고 인정한 때에 말씀과 성령을 통해서(살후 2:13, 14: 고후 3:3, 6) 죄와 죽음의 상태에서 실제로 불러서(롬 8:30: 11:7: 엡 1:10, 11) 예수 그리스도로(롬 8:2: 엡 2:1-5: 딤후 1:9, 10) 말미암아 은총과 구원의 자리에 들어가게 하신다. 또한 그들의 마음이 하나님의 일을 알 수 있도록 영적으로 또한 구속적으로 계몽하신다(행 26:13: 고전 2:10: 엡 1:17, 18)"(WC 10,1)고 고백하고 있다.18) 제11장 "의인義認에 관하여"에서는, "하나님은 영원 전부터 택함을 받은 모든 사람을(갈 3:8: 벧전 1:2, 19, 20: 롬 8:30) 의롭게 하시려고 작정하셨다. 그리스도는 때가 차매 그들의 죄를 위하여 죽으시고, 그들의 의인을 위하여 (갈 4:4: 딤전 2:6: 롬 4:25) 부활하셨다. 그러나 성령이 인정한 때에 그리스도를 실제로 그들에게(골 1:21, 22: 갈 2:16: 딛 3:4-7) 적용하기 전에는 의롭게 될 수 없다"(WC 11,4)고 고백한다. 제12장 "양자(入養)에 관하여"에서는, "그들(의롭게 된 모든 사람들과 양자된 자들—필자 주)은 또한 하나님의 이름을 그들 자신에게 기록하며(렘 14:9: 고후 6:18: 계 3:12) 양자의 성령을 받고(롬 8:15) 담대하게 은혜의 보좌 앞에 나갈 수 있으며(엡 3:12: 롬 5:2)…… 그들은 결코 버림을 받지 않고(애 3:31) 오히려 구속의 날에 인印 치심을 받았으며 (엡 4:30), 영원한 구원의 계승자로서(벧 1:3, 4: 히 1:14) 약속을 받는다(히 6:12)."(WC 12) 그리고 제13장 "성화聖化에 관하여"에서는, "실제로 부르심을 받고 그들 속에 새 마음과 새 영을 가지므로 중생을 입은 사람들은 그리스도의 죽음과 부활의 공로를 통하여(고전 6:11: 행 20:32: 빌 3:10: 롬 6:5, 6) 그들 안에 있는 그의 말씀과 성령으로 말미암아(요 17:47: 엡 5:26: 살후 2:13) 실제로 또한 주체적으로 성화된다."(WC 13,1) 그리고 계속해서 "그리스도의 성화하는 영에서 계속적으로 힘의 보증을 받으므로 중생을 입은 부분이

---

18) 이러한 고백에서도 드러나는 바와 같이 WC에 의해서 고백된 성령의 활동은 성경과 하나님의 영원한 작정에 철저히 종속되어 있다.

이기게 된다(롬 6:14; 요일 5:4; 엡 4:15, 16)고 고백하고 있다. 제14장 "구원에 이르게 하는 믿음에 관하여"에서도, "믿음의 은사는 그들 마음속에서, 활동하시는 그리스도의 영의 역사이다(고후 4:13; 엡 1:17-19; 2:8)"라고 고백함으로써, 택함 받은 사람이 구원에 이르게 되는 믿음을 가지게 되는 것도 역시 성령의 활동으로 고백하고 있다. 따라서 택함 받고, 실제로 부르심 받고, 의롭다 인정받고, 성화된 자가 선행을 할 수 있는 것도 역시 성령의 역사이다. 왜냐하면 WC는 "그들이 선을 행할 수 있는 힘은 조금도 그들 자신에게서 나온 것이 아니라, 전적으로 그리스도의 영에서 나온 것이다.(요 15:4-6; 겔 36:26, 27)"(WC 16,3) 그리고 곧 "그것이 선한 행동이라면, 그것이 성령에서 나온 것인 까닭이다(갈 5:22, 23)"라고 고백하기 때문이다. 그래서 제17장 "성도들의 궁극적 구원에 관하여"[19]에서는, "하나님께서 자기의 사랑하시는 자 안에서 용납하시고, 실제로 부르시고 또한 성령으로써 거룩하게 하신 자들은 은혜의 자리에서 전적으로 또는 최종적으로 타락할 수는 없다"(WC 17,1)고 고백하고 있으며, 따라서 "성도들의 궁극적인 구원은, 그들 자신의 자유의지에 의한 것이 아니라, 하나님 아버지의 자유롭고 변치 않는 사랑에서 나오는 선택의 불변한 결정에 의한 것이다.(딤후 2:18, 19; 렘 31:3) 또한 예수 그리스도의 공로와 중보의 효력에 있는 것이다.(히 10:10, 14; 13:20, 21; 9:12-15; 롬 8:33-39; 요 17:11, 24; 눅 22:23; 히 7:25) 성령의 내재와 그들과 같이 있는 하나님의 씨로 말미암은 것이요,(요 14:16, 17; 요일 2:27; 3:9) 은혜의 언약의 본질에 의한 것이다(렘 32:40; 미국판 히 8:10-12)"(WC 17,2)라고 확정적으로 고백한다. 그러므로 WC 제18장 "은혜와 구원의 확실성에 관하여"에서는, 성령을 택함 받은 자들의 구원을 담보하는 자, 혹은 증

---

19) A. A. Hodge, 김종흡 역 『웨스트민스터 신앙고백 해설』에서는 제17장을 "성도의 견인堅忍에 관하여"로 번역하고 있다.

언자로 고백하고 있다. "그것(구원의 확실성—필자 주)은 약속된 은혜의 내적 증거요(벧후 1:4, 5, 10, 11; 요일 2:3; 3:14) 우리가 하나님의 자녀라고 우리의 영에게 증거 해 주는 양자養子의 영의 증거이다.(롬 8:15, 16) 이 영은 우리의 기업에 대한 증거이다. 그것으로써 우리는 구속의 날까지 인침을 받았다.(엡 1:13, 14; 4:30; 고후 1:12, 22)"(WC 18,2) 따라서 성령, 곧 그리스도의 영은 "인간의 의지를 억제하고 자유롭고, 기쁜 마음으로 그것(하나님의 율법—필자 주)을 행할 수 있게 해서 율법 안에서 계시된 하나님의 뜻이 이루어지기를 요구하신다(겔 36:27; 히 8:10; 렘 31:33)"(WC 19,7)고 WC는 고백하고 있다.

　이상 살펴본 바와 같이, WC에 나타난 성령 하나님은 성부 하나님에 의해서 '택함 받은 자들만'을 '실제로 부르시고', '의롭게 하시고', '성화시키시고', 그들에게 '구원의 확신을 주시며', '선행하도록 인도하시어' '궁극적으로 구원에 이르게 하시는' 분이시다. 바꾸어 말하면, '택함 받은 자들만을 위한 예수 그리스도의 구속의 은혜'(WC 8,6)[20]을 오직 '택함 받은 자들에게만 역사 속에서 실제로 실현시키는' 분이 바로 성령 하나님이시다. 이러한 의미에서 WC의 삼위일체 되시는 한 분 하나님은, 곧 성부 하나님, 성자 하나님 그리고 성령 하나님은 단지 '택함 받은 사람과 천사들만'의 하나님이시고, 성령 하나님 역시 '택함 받은 사람과 천사들만'의 '구원자 하나님'이시다.

---

20) WC 8,6 : "그리스도께서는 구속 사업을 성육하시기까지는 실지로 성취하시지 않았다 할지라도 구속의 힘과 효력과 덕분은 세상 처음부터 오늘까지 계속적으로 모든 택한 사람들에게 전달되었다."; WC 29,2 : "그리스도께서만이 모든 택함을 받은 사람의 죄를 위하여 드리신 화목 제물……."

4. 성부, 성자 하나님의 내적 교통의 영으로서의 성령 하나님

WC는 창세기 2장 7절, 전도서 12장 7절, 누가복음 23장 43절, 마태복음 10장 28절을 근거로 성부, 성자, 성령 삼위일체 되시는 하나님께서 우선 "사람에게 이성적이고 불멸의 영혼"(WC 4,2)을 주셨다고 증언한다. 그리고 WC는 제20장 "신자의 자유와 양심의 자유에 관하여"에서 성령을 '교통케 하는 영'으로 고백하고 있다. 왜냐하면 신약시대의 성도들은 "율법 아래서 믿던 이들보다(요 7:38, 39; 고후 3:13, 17, 18) 더 큰 담력을 가지고 은혜로우신 하나님에게 접근하여 하나님의 영과 더 충분한 교통을 가지는데 이(해방의—필자 주) 자유가 있다"(WC 20,1)고 믿기 때문이다. 이렇듯 '택함 받은 자들만'이 '성령의 능력'(WC 20,4) 안에서 죄의 지배로부터 해방된 구원의 자유를 마음껏 누리게 된다. '택함 받은 자들'을 성부 하나님과 교통케 하는 성령의 역할은 "예배와 안식일에 관하여"란 제21장에서도 역시 동일하게 고백되고 있다. 왜냐하면 "이(감사—필자 주) 기도는 하나님께 모든 사람들에게 요구하시는 것이다(시 65:2)"(WC 21,3)[21]라고 강조하고, 이 기도가 실제로 용납되려면, "성령의 도움을 얻어 성자의 이름으로 해야 한다(요 14:13, 14; 벧전 2:5)"(WC 21,3)고 강조하기 있기 때문이다.

이제 이러한 '교통과 사귐의 사역'을 성령 하나님은 보이지 않는 우주적 교회 안에서 실행하신다. 왜냐하면 WC는 우선 "보편적catholic이고 우주적 universal인 교회는 불가견적不可見的이다. 이 교회는 과거나 현재나 미래에 있어서 머리 되시는 그리스도를 중심으로 모이는 택함을 받은 모든 사람들

---

21) "이(감사—필자 주) 기도는 하나님께서 모든 사람에게 요구하시는 것"(WC 21,3)이라면, 하나님은 택함 받지 못해서 구원받지 못한 사람에게도 감사의 기도를 요구하시는가 하는 질문이 제기될 수 있다. 따라서 아마도 "모든 사람" 앞에 '택함 받은'이란 수식어가 누락되었을 것이다. 그러므로 "모든 사람" 앞에 '택함 받은'이란 말이 첨부되어야 앞에서 고백한 내용과 일치한다.

그리고 성령을 통하여 이 세상 안으로 들어온다'는 것입니다. 따라서 '성령'
은 '하나님', 그리고 '그리스도'의 신적 주체에 대한 술어라고 말합니다. 즉
아버지의 영은 활동하는 하나님을 가리키며, 아들의 영은 활동하는 그리
스도를 가리킨다는 것입니다.[19] 이렇게 성령을 규정함으로써 그는 결국
'하나님의 세 번째 존재'로서의 '성령'을 포기합니다. 그럼에도 불구하고
베르크홉 역시 '성령'의 주된 사역으로 계약사적 구원사역을 배제하지는
않습니다. 즉 성령의 강림 목적은 '인격적 구원persönliches Heil'에 있음을
강조합니다. 즉 성령을 통하여 우리는 그리스도와 함께 죽고, 함께 부활한
다는 것입니다.[20]

   가톨릭 신학자 뮐렌은 '계약신학적 전망'에서 성령의 인격성, 바꾸어
말하면 '인격주의적 삼위일체론'을 새롭게 부각시켰습니다.[21] 그는 '인
격', '관계', '사귐'을 서로 보완적 개념으로 사용하고 있습니다. 그래서 그는
마르틴 부버의 '너와 나Ich und Du'의 구조를 본받아, 성부는 신적인 '나Ich'
이고, 성자는 신적인 '너Du'이고, 성령은 양자의 사랑과 평화의 끈으로써
신적인 '우리Wir'라고 주장하였습니다. 그러나 뮐렌 역시 '삼위일체 하나님
의 인격적 사귐' 속에서 인간의 구원이 이루어진다고 본 점에서는 여전히
성령의 주된 사역이 '구원', '보혜사적 사역', 혹은 '메시아적 사역'임을 간과
하지는 않았습니다. 성령론을 어떠한 구조로 전개하든지 간에 중요한 것
은 성령의 사역입니다. 이 점에 있어서 '헤드릭 베르코홉'나 '헤리버트 뮐렌'
은 여전히 전통적인 해석에서 이탈하지 않고 있습니다.

---

19) Hendrikus Berkhof, *THE DOCTRINE OF THE HOLY SPIRIT*, tr. by Hans-Ulrich
    Kirchhoff, *Theologie des Heiligen Geistes. Mit einem Nachtrag zur neueren Diskussion von Uwe
    Gerber*, Neukirche-Vluyn: Neukirchen Verlag, 1988, 134.

20) *Ibid.*, 45, 85.

21) Herribert Mühlen, *Der Heilige Geist als Person. In der Trinität bei der Inkarnation und im
    Gnadenbund, Ich-Du-Wir*, Münster, 4.Aufl., 1963.

특히 미하엘 벨커M. Welker가 1992년 *Gottes Geist*란 책을 출판함으로써, 이제 '성령론'은 철저히 성경의 증언에 기초해야 함이 재천명되었습니다.22) 그는 성령의 역사를 다원사회 속에서 분리의 갈등을 극복하는 '화해의 영'으로 특징지어 기술하고 있습니다. 특히 그의 '사사기'에 대한 연구는 성령의 역사를 정치적, 경제적 위기 상황 속에서 고난 받는 백성을 구원하는 '보혜사 사역'으로 새롭게 정립하고 있습니다. 그는 이전의 다른 신학자들과 달리 철저히 성경의 증언에 기초하여 성령의 사역을 모든 사회적, 경제적, 정치적 계층분열을 극복하는 '사귐'이며, 하나되게 하는 화해'로 규정하고 있습니다. 한 마디로 말하면, 그의 성령론은 역사적 현실 속에서 경험될 수 있는 하나님으로서의 '보혜사 영'에 관한 것입니다. 그래서 그는 자신의 성령론을 다음과 같이 특징짓습니다: "성령의 신학은 하나님의 현실성이 여러 종류의, 서로 쉽지 않게 조화를 이루고 있는 삶의 영역의 긴장 넘치는 관계성 안에서 등장한다는 것을 보는 것에 새롭게 집중하도록 안내한다."23) 이러한 점에서 벨커는 성령의 보혜사적 사역을 그 어느 신학자보다도 강조하고 있습니다.

최근 옵스트Gabriele Obst는 자신의 박사학위 논문인「창조주 영이여 오시옵소서!*Veni Creator Spiritus!*」에서, 성경의 증언에 기초하여 기독교 교리를 전개한 바르트의『교회 교의학 *Kirchliche Dogmatik*』에서 '성령론'을 분석하였습니다. 그에 의해서 바르트의 성령론 역시 성경의 증언에 기초한 것임이 다시 입증되었습니다.24) 사실 바르트는 자신의 마지막 강의록인『복음주의 신학입문』에서 성령을 하나님의 구원 역사를 주도권적으로 이끌어 가

---

22) 국내에서는 M. Welker, 신준호 역,『하나님의 영』(서울: 대한기독교서회, 1995)으로 출판되었다.
23) *Ibid.*, 6.
24) Gabriele Obst, *Veni Creator Spiritus. Die Bitte um den Heiligen Geist als Einfühlung in die Theologie Karl Barth.* Gütersloh: Chr. Kaiser/Gütersloh Verlag, 1998.

이상 살펴본 바에 근거에서 이제 우리는 다음과 같이 요약할 수 있을 것이다: WC에 있어서의 성령은 가견적 교회의 여러 가지 성례(세례와 성만찬)와 기도와 예배를 통하여 '택함 받는 자들'을 성부, 성자 하나님과 교통하게 하는 '사귐과 교제의 영Kommunikationsgeist' 이라고 특징지어 말할 수 있을 것이다. 다시 말해서 성령 하나님은 한편으로는 '택함 받은 자들'을 교회의 성례와 예식을 통하지 않고서도 보이지 않는 우주적 보편적 교회 속에서 자신의 독자적인 사역으로 구원하실 수 있지만, 다른 한편 교회의 성례와 예식을 통해서도 '택함 받은 자들'을 성부 하나님과 성자 하나님과 사귐을 갖도록 중재함으로써 '택함 받은 자들'을 구원하시고자 하는 하나님의 영원한 결의를 보이는 교회 안에서도 집행하신다. 이런 점에서 성령 하나님은 '택함 받은 자'를 구원하시고자 작정하신 성부 하나님의 영원한 결의, 곧 '구원계획Heilsplan'을 보이는 교회와 보이지 않는 우주적이고 보편적인 초월적 교회 안에서 실행하는 집행자Vollstrecker이다.

5. 유일하신, 영적 단일 실체이신 하나님의 '활동성Aktivität'으로서 성령

WC는 제2장 "하나님과 성 삼위일체에 관하여"에서 아주 분명하게 '영靈'이신 '한 분 하나님'에 대하여 고백하고 있다. 더 자세히 말하면 WC는 "살아 계신 참되신 하나님은 한 분 뿐이시다.(신 6:4: 고전 8:4, 6)"(WC 2,1) 그리고 곧 이어서 "그(한 분 하나님—필자 주)의 존재는 무한하시고 완전하시고(욥 11:7-9: 26:14) 가장 순결하신 영"(요 4:24)(WC 2,1)이라고 고백하고 있다. 그리고 WC 2,3에서는, "하나님의 본체는 하나이시나, 삼위로 계신다. 즉 한 본체와 한 권능과 한 영원성이다. 아버지로서의 하나님, 아들로서의 하나님, 성령으로서의 하나님이시다(요일 5:7; 마 3:16, 17; 28:19; 고후 13:14)"라고 한 분 하나님의 삼위에 대하여 고백한다. 그리고 WC는 동시에 "성자는 영원토록 성부에게서 탄생하시고(요 1:14, 18) 성령은 영원토록 성부와 성자에게서 나온다(요 15:26; 갈 4:6)"고 고백함으로써 서방교회 전통인 Filioque을 계승한다.

그런데 이러한 삼위일체 하나님에 대한 WC의 고백을 분석하면 우선, 하나님은 하나의 '본질Ousia'을 가진 '순결한 영Geist'이신 '단일실체론적 하나님(μόνος εἷς θεός)'이시다.(참고 WC 2,1; 고전 8:4; 요 10:38; 14:11,20; 7:21) 그러나 하나님의 사역에 있어서는 3개의 '위격Hypostasis' 혹은 '인격πρόσωπον'을 가지신다.[24] 왜냐하면 WC는 성부 하나님에 대하여는 택함 받을 자를 결정하는 '창조와 선택의 사역'을, 성자 하나님에 대하여는 택함 받는 자의 구속을 위한 '화해 사역'을, 그리고 성령 하나님에 대하여는 '실질적인 부르심'과 '의인'과 '성화'하도록 하는 '구원 사역'을 다음과 같이 배정하기 때문이다.

> "성도들의 궁극적인 구원은 그들 자신의 자유의지에 의한 것이 아니라, 하나님 아버지의 자유롭고 변치 않는 사랑에서 나오는 선택의 불변한 결정에 의한 것이다.(딤후 2:18, 19; 렘 31:3) 또한 예수 그리스도의 공로와 중보의 효력에 있는 것이다.(히 10:10, 14; 13:20, 21; 9:12-

---

24) 니케아 교부들은 '본질Ousia'과 '위격hypostasis'의 양 개념을 구별 없이 사용하였으나, 후기 니케아 교부, 즉 카파도키아 교부들은, '본질'은 성부, 성자, 성령 하나님의 공통적인 신성을 말하는데 사용하였고, '위격hypostasis'은 성부, 성자, 성령 하나님의 구체적인 표현이나, 개체적인 존재를 말할 때 사용하는 것으로 구분하였다. 그로부터 '본질Ousia'는 신성 그 자체를 표현하는 기술적인 언어로 사용되었고, '위격hypostasis'은 하나님의 본성을 뜻하지 않고, 하나님의 특수한 개체적 존재를 표현할 때 사용되었다. 이 점에 관하여: Bernhard Lohse, *A Short History of Christian Doctrine*, 차종순 역, 『基督敎 敎理의 歷史』(牧羊社, 1990), 96.

15; 롬 8:33-39; 요 17:11, 24; 눅 22:32; 히 7:25) 성령의 내재와 그들과 같이 있는 하나님의 씨로 말미암은 것이요(요 14:16, 17; 요일 2:27; 3:9) 은혜의 언약의 본질에 의한 것이다(렘 32:40; 미국판 히 8:10-12)"(WC 17.2. 비교 3.6)[25]

이상 앞에서 인용된 고백으로부터 다음과 같은 것들이 주어진다: WC 는 요 4:24을 근거로 구약성경이 증언하는 '유일하신 하나님'(신 6:4)을 '순결한 영'으로 고백함으로써, 성부, 성자, 성령 삼위일체 되시는 하나님은 '영적 본질'을 가진 한 분 하나님이심을 고백하고 있다. 그런데 그 영, 곧 성령은 '성부 하나님의 영'이고, 동시에 '성자 하나님의 영'이기에, 바꾸어 말해서 Filioque이기에, "하나님의 본체는 하나"(WC 2.3)임을 고백한다. 이러한 고백은 칼리스투스Callistus의 '한 영 하나님' 사상에 접근한다. 왜냐 하면 칼리스투스는, "성부와 성자와 성령은 나눌 수 없는 한 영의 여러 가지 명칭이며, 그것은 모두 하나이요, 동일한 것이다. 그리스도의 신성은 성부와 동일하다. 그러나 예수의 몸은 그 속에 하나님의 영이 내주하기 때문에 아들이라고 불리어져야 한다. 그러한 하나님의 영이 인간 예수를 신이 되게 하였다"[26]고 주장하고 있기 때문이다. 이렇게 한 분 영靈으로 계신 하나님이 "한 본체와 한 권능과 한 영원성"(WC 2.3)을 갖는다면, 그러 한 하나님은 결과적으로 '유일하신 하나님εἷς θεός' 이외에 다른 하나님이 아니다. 따라서 결과적으로 WC는 성부, 성자, 성령 삼위일체 하나님의 성령론적, 곧 영적 '동일본질homoousios'을 고백하고 있는 것이다.

---

25) WC 3.6: "택함을 받은 사람은 아담 안에서 타락했으나, 그리스도 안에서 구속을 받으며(살 전 5:9, 10; 딛 2:14), 때를 따라 역사하시는 성령을 통하여 믿음에 이르도록 실제로 부르심 을 받는다."

26) Hippolytus, Refuation, 9.6(J. L. Neve, A History of Christian Thought, 서남동 역, 『基督敎教 理史』(대한기독교서회, 1965), 183에서 재인용).

그런데 이렇게 영적 동일본질을 가진 성부, 성자, 성령 삼위일체 하나님에 대한 WC의 고백은 하나님의 '구원경륜Heilsökonomie'에 있어서는 사벨리우스적 삼위일체론에 접근하고 있다. 왜냐하면 사벨리우스Sabellius의 양태(식)론적 군주론modalistic Manarchianism은 다음과 같이 요약될 수 있기 때문이다. "하나님은 단일 실체(μονάς)이다. 하나님의 존재 안에는 구별이 없으며, 단일체인 하나님은 세 가지의 상이한 양식(ὀνόματα), 혹은 양태(πρόσωπα)로 자기를 나타내신다. 자기를 창조주로 나타내신 것은 아버지요, 구속자로 나타내신 것은 아들이며, 정결케 하는 자로 나타내신 것은 성령이다. 그러나 이것은 세 실체를 의미하는 것이 아니다. 다른 말로 하면, 이들 삼자는 모두가 하나이며, 동일한 인격인 것이다."[27] 이와 같은 영적 본질을 가진 '유일하신 하나님(εἷς θεός)'과 '단일 실체이신 하나님(μόνος θεός)'을, 앞에서 이미 살펴본 바와 같이, WC도 분명히 고백하고 있다.

이제 유일하신 영적 단일 실체이신 하나님은 자신의 '영靈'으로 동정녀 마리아의 몸을 빌어 자신의 독생자를 이 세상에 태어나게 하신다. 뿐만 아니라, 유일하신 영적 단일 실체이신 "하나님은 영원한 구원의 목적을 가지시고, 독생자 주 그리스도를 택하여 하나님과 사람 사이의(사 42:1; 벧전 1:19, 20; 요 3:16; 딤후 2:5) 중보자가 되게 하시고, 동시에 예언자와(행 3:22; 미국판 신 18:15) 제사장과(히 5:5, 6) 왕이(시 2:6; 눅 1:38) 되게 하시는 것을 기뻐하셨다"(WC 8,1) 이와 상응하게 "순결한 영"(WC 2,1)이신 하나님은, 마가의 다락방에서 일어나 사건처럼(행 2:3-4), '택함 받은 모든 각 사람'에게 자기의 영靈을 분여分與, 곧 '나누어줌'으로써 그들을 부르고, 그를 의롭게 하고, 구원하고, 선행하도록 견인하신다.(참고. WC 17,2. 비교 3,6) 그리고 부활하신 예수님도——WC는 성구를 제시하지는 않았지만——성부 하나님처럼 숨

---

27) J. L. Neve, *A History of Christian Thought*, 서남동 역, 같은 책, 182.

올 내어 쉬시며(참고 창 2:7), '숨을 내시며' 자기의 영, 곧 '성령'을 제자들에게
나누어 주신다.(요 20:22) 이러한 점에서 우리는 WC의 성령 하나님은 유일
하신 영적 단일 실체이신 하나님이 '택함 받은 자들'을 구원하시는 '구원경
륜Heilsökonomie' 속에서 사역하는 '영적 본체(질) 혹은 하나님 영의 활동성'
이라고 특징지어 말할 수 있을 것이다.

6. 불가견적 교회의 '익명의 택함 받은 자'들에게까지
   역사하는 성령

WC의 제3장 "하나님의 영원하신 경륜에 관하여"에 의하면, 하나님에
의해서 택함 받은 자들은 단지 인간에 국한하지 않고, 천사도 포함된다:
"하나님의 경륜으로 말미암아 자기의 영광을 나타내기 위하여 인간과 천
사들 중에서(딤전 5:21; 마 25:41) 어떤 이는 영생으로, 어떤 이는 영원한 죽음
에, 미리 경륜되었다(롬 9:22, 23; 엡 1:5, 6; 잠 16:4)."(WC 3,3, 이 밖에 WC 3,4)
이러한 고백에 의하면, 하나님의 선택은 '인간'과 '천사'를 포함하는 범 우
주적 초월적 사건이다. 따라서 성령 하나님의 사역 또한 보이는 교회 공동
체 안에 제한되지 않는다.[28] 왜냐하면 WC는 처음부터 하나님의 교회 공
동체를 '보편적catholic'이고, '우주적universal'이고, '보이는visible' 것이 아
니라, '보이지 않는invisible', 곧 '불가견적'인 것으로 규정하고 있기 때문이
다. 즉 "이 교회는 과거나 현재나 미래에 있어서 머리 되시는 그리스도를

---

28) 칼뱅에게서도 교회는 모든 예정받은 자들의 전체이다. 더 자세히 말하면, "교회는 지상에
   거주하는 성화된 자들뿐만 아니라, 세상의 시작부터 존재해 온 모든 선택된 자들을 포함한
   다."(J. Calvin, *Institutio religionis Christianae*, 1559, IV. 1, 2, 7) 따라서 칼뱅에게 있어서
   교회는 성령에 의해서 그리스도와 교제를 나누게 된 모든 사람들의 전체이기도 하다.(*Ibid.*,
   3 fin., 7)

중심하여 모이는 택함을 받은 모든 사람들로 말미암아 구성"(WC 25,1)되기 때문이다. 그러나 이렇게 교회를 시·공간을 초월하여 '택함 받은 모든 자들의 공동체'로 규정하는 것은, 자연히 성령의 사역 영역을 '보이는' 제도적, 성례전적 교회 공동체 내부뿐만 아니라, 시공간을 초월한 '보편적, 우주적' 영역으로 규정하는 것이다. 바꾸어 말하면, '하나님에 의해서 택함받은 자'는 단지 '보이는 교회 공동체 구성원'뿐만 아니라, 보이는 교회 공동체에 들어오지 않은 자들도 있다는 것이다. 다시 말하면, 보이는 교회 공동체 밖에도 하나님의 의해서 택함 받은 사람들이 있으며, 심지어는 천사들 가운데도 하나님에 의해서 택함 받은 자들이 있다는 것이다. 결과적으로 WC는 성령의 사역을 보이는 교회 공동체에 국한시켜 제한하지 않고, 보이는 교회 공동체의 신자들 이외에 보이는 교회 공동체 밖에 있는 '택함 받은 모든 인간'과 보이지 않는 '택함 받은 천사'에까지 확장하고 있다.[29] 이 점을 우리는 WC의 10장 "실제적인 부르심에 관하여"에서 보다 더 분명하게 확인할 수 있다.

제10장 "실제적인 부르심에 관하여"에서 "택함을 받은 영아幼兒는 어려서 죽는다 할지라도 성령을(눅 18:15, 16; 행 2:38, 39; 요 3:3, 5; 요일 5:12; 롬 8:9을 비교할 것) 통해서 그리스도로 말미암아 중생하고 구원을 받는다. 이 성령은 자기가 원하는 대로(요 3:8) 언제든지 어디서든지, 또 어떠한 방법으로든지 역사하신다. 이와 마찬가지로 다른 모든 택함을 받은 사람들도 말씀의 전도(요일 5:12; 행 4:12)를 통해서 외적으로는 부르심을 받지 못했다 할지라도

---

29) 1647년판에는 제25장 2절을 "가견적 교회도 복음 아래 있는 보편적이요, 우주적인 교회이다"라고 시작하고, "이 곳을 떠나서는 구원의 정상적인 가능성은 없다(행 2:47)"로 끝맺고 있으나. 이것은 1647년 판에만 있는 것이므로 대한예수교장로회(통합) 헌법에 수록된 WC에서는 ( )로 묶어 놓고 있고, 이를 "이 교회를 통하여 사람은 보통 구원을 받으며, 그것과 결합은 그들의 최선의 성장과 봉사에 가장 요긴한 것이다"로 바꾸어 쓰고 있다.(이 점에 관하여: 『헌법』, 125.)

중생하고 구원을 받는다"(WC 10,3)[30])고 고백하고 있으며, 곧 이어서 WC
는 역逆으로 "택함을 받지 못한, 가령 그들이 말씀의 전도(마 22:14)를 통해
서 부름을 받고 성령의 일반적인 역사(마 7:22: 13:20, 21: 히 6:4,5)를 소유한다
할지라도, 그들은 그리스도에게(미국판 'to'로 되어 있음) 바로 오지 못한다.
따라서 구원을 얻지 못한다(요 6:64-66: 8:24)(WC 10,4)고 고백한다.

앞에서 인용한 이러한 고백들에 의하면, '택함 받는 자'는, 비록 보이는
교회에 속해 있지 않다 하더라도, 성령을 통해서 구원을 받을 수 있다.
다시 말해서 '택함 받은 자'는 '말씀의 전도를 통해서 부름을 받고 성령의
일반적인 역사를 소유하지 않고' 어려서 죽어도 성령을 통해서 그리스도로
말미암아 중생하고 구원을 받는다. 왜냐하면 '성령은 자기가 원하는 대로
언제든지 어디서든지, 또 어떠한 방법으로든지 역사'하시기 때문이다. 결
과적으로 보이는 교회의 일원이 되지 않은 교회 밖에 있는 사람이라도 하
나님에 의해서 택함을 받은 자라면 누구든지 성령을 통해서 구원을 받을
수 있다. 왜냐하면 WC는 아주 분명히 "세례를 안 받는다고 해서 그 사람이
중생을 할 수 없다든가, 구원을 받을 수 없다든가(롬 4:11: 행 10:2, 4, 22, 31,
45, 47) 또는 세례를 받은 사람은 모두 분명히 중생했다고 할 만큼(행 8:13,
23)이 세례에 은혜와 구원이 부착되어 있는 것은 아니다"(WC 28,5)라고 고
백하기 때문이다. 바꾸어 말해서, WC에서 '세례'는 구원의 방편이 아니
다.[31]) 인간의 구원은 처음부터 끝까지 오로지 하나님에 의해서 택함 받은

---

30) 이 점을 1903년 미국 북 장로회에 의해서 선포된 '선언문'에서 재확인하고 있다: "신앙고백
의 제10장 3절에 관련하여, 유아 시절에 죽은 아이는 구원을 받지 못한다는 것을 가르치는
것으로 이해해서는 안 된다. 유아시절에 죽은 모든 아이는 구원의 선택에 포함되어 있으며,
성령을 통하여 그리스도에 의해서 거듭나고 구원을 받는다고 우리는 믿는다. 성령은 자기
가 언제 어디서 어떻게 일하실 것인지 자신이 원하는 대로 역사하신다"(대한예수교장로회
(통합) 편, 『헌법』, 144)을 1968년 대한 예수교 장로회(통합)는 제52회 총회에서 총회
헌법에 첨가키로 하였다.(대한예수교장로회 편, 『헌법』, 143, 각주 참조.)
31) 그러나 WSC(Westminster Small Cathecism) 문 91, 성례가 어떻게 구원의 효과적인

자 가운데 역사하는 성령의 사역에 달려 있다. 그러나 성령의 사역은 처음부터 끝까지 '택함 받은 자'에게만 역사하신다. 결과적으로 WC에서 '택함 받은 자'는, '세례' 받고 그리스도인이 된 사람들을 의미하는 것이 아니라, 오히려, 보다 더 포괄적으로, '세례' 받고 보이는 교회 공동체의 구성원이 되었건, 안 되었건, 범 우주적으로 '택함 받은 모든 익명의 그리스도인과 천사들'을 의미하고, 그들만이 성령의 도움으로 구원에 이르게 된다.[32]

그렇다면 여기서 즉각적으로 다음과 같은 질문이 제기된다: 예수 그리스도는 온 인류의 구세주인가, 아니면 단지 '택함 받은 자들만'의 구세주인가? 바꾸어 말하면 최초 인간 '아담'은 온 인류를 대표하지만, 예수 그리스도는 '택함 받은 자들만'의 '대표자Repräsentant'란 말인가? 그리고 또한 성령 하나님 역시 '택함 받은 자들만의 보혜사'라면, '택함 받지 않은 사람'과 다른 모든 피조물에게는 전혀 구원의 길이 없는가?

이와 같이 제기되는 문제점들을 보완하기 위하여 1842년 미국 남장로

방편이 되는가?에 대하여 "성례가 구원의 효과적인 방편이 되는 것은, 성례 자체가 가지는 어떤 효능이나 그것들을 집례하는 사람이 가진 어떤 덕에서 오는 것이 아니라, 그리스도의 축복과 또 성례를 믿음으로 받아들이는 사람들 속ㅇ에서 활동하시는 그의 성령의 사역에 의한 것입니다"라고 답변하고 있다. 그러나 이렇게 WC가 '세례' 그 자체를 구원의 방편으로 보지 않는 것은 그 내면에 '재세례파'의 주장을 거부하기 위한 것으로 해석될 수도 있다. 이 점에 관하여: H. Zwingli, *Von der Taufe, von der Wiedertaufe und von der Kindertaufe*, 1525(SW IV), 188-337.

32) Bengt Hägglund, *History of Theology*, 박희석 옮김, 『신학사』, 191f: "따라서 인간의 구원의 결정적인 근거는 인간들의 공로나 자유 의지 가운데 있는 것이 아니라, 다만 하나님의 의지 속에 있는 것이다. 어거스틴은 이 말을 선택 받은 자들이 언젠가는 구원을 받을 것이라는 뜻으로 해석하였다. 한번 믿음을 가지게 된 자들은 필히 떨어져 나갈 수 없다. 이는 은혜가 이들에게 믿음뿐만 아니라, 견인의 은사donum perseverantiae까지도 공급해 주시기 때문이다. 이 같은 경향의 사상은 이른바 '불가항력적 은혜irresistible grace'로 불리는 생각을 불러일으켰다. …… 어거스틴은 심지어 예정자들은 교회 밖에서도 발견될 수 있다고까지 믿었다. 이러한 사람들은 기존의 유효한 방법과는 별도로 작용하는 은혜의 힘에 의해서 구원 받을 것이라고 그는 주장하였다."(필자가 글씨체 바꿈)

회에 의해서, 그리고 1903년에는 미국 북 장로회에 의해서 첨가된 제34장 "성령에 관하여"에서 다음과 같이 WC의 문제점을 보완한다: "하나님은 누구든지 원하는 사람에게 언제든지 성령을 주시기를 원하신다. 이 성령은 구속을 적용하는 데 있어서 단 하나의 효율적인 기관이다."(WC 34.3)[33] 그리고 곧 이어서 앞에서 인용한 제10장 "실제적 부르심에 관하여"부터 제13장 "성화에 관하여"까지 이르는 고백 중 성령과 관계되는 부분을 종합하여 다음과 같이 고백한다:

> "그(성령—필자 주)는 사람을 그의 은혜로 중생케 하고, 그들의 죄를 시인케 하고, 참회토록 마음을 움직이시고, 믿음으로 예수 그리스도를 받아들이도록 설득하고 그렇게 할 수 있도록 한다. 그는 모든 신자들을 그리스도에게 결합시키고 위로자와 성화자로서 그들 안에 남아 있어서 그들에게 입양入養의 영과 기도를 주신다."(WC 34.3)

그런데 이와 같이 새롭게 첨가된 제34장에서도, 성령의 사역은 교회 공동체 안에 제한되지 않는다. 왜냐하면 "하나님은 누구든지 원하는 사람에게 언제든지 성령을 주시기를 원하신다"(WC 34.3)고 고백하고 있기 때문이다. 이를 바꾸어 해석하면, 하나님은 택함 받지 않은 사람이라도 '누구든지 원하기만 하면' 성령을 주시어 그로 하여금 예수 그리스도의 구속에 은총을 받도록 인도하신다는 것이다. 그래서 미국 북 장로회는 1903년 제3장 '하나님의 영원하신 경륜에 관한' '선택교리'와 관련하여 다음과 같은 신학 선언문을 발표하였다.

---

33) 필자가 글자체 바꿈.

"첫째, 신앙고백의 제3장에 관련하여 그리스도 안에서 구원을 받은 사람들에 관하여 하나님의 영원하신 칙령勅令에 관한 교리는 전 인류에 대한 그의 사랑의 교리와 조화되는 것으로 이해하며, 그의 아들의 은사는 전 세계의 죄를 위한 화해로 이해하며, 그의 구원은 은혜를 구하(라)는 사람에게는 누구에게든지 주실 준비가 되어 있다는 것이다. 멸망한 사람들에 관하여 하나님의 영원하신 칙령勅令은, 하나님은 어느 죄인의 죽음을 원하시는 것이 아니라, 그리스도 안에서 모든 사람에게 충분한 구원을 준비하셨고, 모든 사람에게 적용되고, 복음 안에서 모든 사람에게 자유롭게 제공되고 있다는 것이다. 그리고 사람은 하나님의 은혜로우신 제공을 어떻게 취급할 것인가? 그것은 전적으로 사람에게 있다."[34]

이상 앞에서 인용한 성령과 관련된 WC의 추가된 고백들과 1903년 미국 북 장로회에 의해서 작업된 신학 선언문을 분석하면 이제 다음과 같은 결론이 나온다. WC는 하나님에 의해서 '택함 받은 자'를 가시적 교회 공동체에 제한시키지 않음으로써, '보이는 교회 밖에도 구원이 있을 수 있다'라는 해석의 여지를 남겨놓았다. 그 결과 초월적 한 분 하나님에 의해서 '택함 받은 익명의 그리스도인'의 구원이라는 현대-후기의 다원주의적 신학의 단초를 이미 제공하였다고 볼 수 있다. 뿐만 아니라, 선택 교리의 문제점을 보완하기 위하여 "하나님은 누구든지 원하는 사람에게 언제든지 성령을 주시는 분"(WC 34.3)으로 고백함으로써, 성령 하나님의 구원사역에 있어서의 우선권적이고initiative 자율적인 주체성을 희석시켰다. 그 결과 '택함 받은 사람들만'의 구원이 아니라, '타락한 사람들의 구원이 성령의 도움으로

---

34) 『헌법』, 144. (라)는 오자인 것 같으며, 글씨체 변화는 필자에 의한 것임.

예수 그리스도에 대한 복음을 믿음으로 구원받을 수 있도록 예정되었다'는, 아르미니안적 구원론으로 접근하게 되었다.[35]

7. 나오는 말: 현대 후기 신학의 단초가 된 W.C.

1) 아담Adam 이후 타락한 인간이 예수 그리스도의 구속의 은총을 어떻게 받을 수 있는가?에 대한 답변은 우선 일차적으로 인간타락에 대한 다음과 같은 두 개의 커다란 견해로부터 출발한다. 그중 하나는, '인간에게는 하나님의 형상Imago dei이 아직 부분적으로 남아 있어 성령의 계몽과 인도함을 받으면, 선을 행함으로써 구원에 이를 수 있다'는 로마 가톨릭 신학의 이해이고, 다른 하나는 최초 인간 아담의 범죄로 모든 인간은 전적으로 타락했으므로, 인간의 구원은 오로지 하나님의 은총sola dei gratia에 달려 있다는 견해이다. WC는 철저히 종교 개혁적 입장을 따라서 '인간의 전적 타락'과 '하나님의 은총'을 고백하고 있다.

2) 그렇다면 예수 그리스도를 통한 하나님의 구원 은총이 누구에게 어떻게 주어지는가? 이에 대한 답변으로서 WC는 전능하신 하나님의 '예정(선택)'과 '구원을 위한 섭리'를 전면에 내어 놓고, 하나님의 예정하신 구원

---

35) 야콥 아르미니우스Jocob Arminius의 추종자인 오이텐보가에르트James Uytenboaart와 에피스코피우스Simon Episcopius는 아르미니우스의 '선택론'을 수정하여 다음과 같이 주장한다: "하나님은 세상이 창조되기 전 그리스도를 믿어야 하는 타락한 인류 가운데 있는 사람들을 그리스도를 통하여 구원하실 것을 결정하셨다. 인간은 자신의 자유의지의 능력으로 자신을 구원할 신앙을 획득하지 못하지만, 성령을 통하여 그리스도에 의해서 태어나고 그러한 신앙으로 새롭게 된다. …… 따라서 성령과 신앙을 받은 사람은 하나님 은총의 도움으로 모든 유혹에 대항하여 싸울 수 있으며, 승리를 거둘 수 있다."(R. Seeberg, *The History of Doctrines*, tr. by Charles E. Hay, Grand Rapids, Michigan, 1977, 422. 김영배 옮김, 『기독교 교리사』중·근세편, 도서출판 엠마오, 1922, 579).

의지를 역사 속에서 실질적으로 실행하는 일을 성령의 고유한 사역으로 고백한다.

3) 즉 WC의 고백에 의하면, 성령은 성부 하나님에 의해서 '택함 받은 자들만'을 '실제로 부르시고', '의롭게 하시고', '성화시키시고', 그들에게 '구원의 확신을 주시며', '선행하도록 인도하시어' '궁극적으로 구원에 이르게 하시는' 분이다. 그러나 이러한 WC의 고백은 결과적으로 성부, 성자, 성령 삼위일체 되신 하나님을 단지 '택함 받은 자들과 천사들만'의 '창조주 하나님'이며, '화해자'요, '구원자'로 하나님의 개념을 축소시키는 결과를 남겨 놓았다.

4) 이렇듯 WC는 성부 하나님의 영원한 선택과 섭리 그리고 '택함 받은 자들만'을 구원하고자 하는 성령 하나님의 사역을 강조하고자 한 나머지, 인간과 언약을 맺으시고, 그들의 기도에 응답하시는 인격적인 하나님을 무시하고, 구약성경이 증언하는 '유일하신 하나님'(신 6:4)에 기초하여, 성령 하나님을 사변철학적인 '순결한 영적 본체'(요 4:24)로 고백하고 있다. 따라서 성부, 성자, 성령 삼위일체 되시는 하나님은 '영적 본질'을 가진 한 분 하나님이 되었다. 이렇게 "한 본체와 한 권능과 한 영원성"(WC 2.3)을 가진 유일하신 영적 단일 실체이신 하나님은 자신의 '영靈'을 '택함 받은 모든 각 사람'에게 '분여分與', 곧 '나누어줌'으로써 그들을 부르고, 그를 의롭게 하고, 구원하고, 선행하도록 견인하신다.(참고. WC 17.2. 비교 3,6) 이러한 근거에서 우리는 WC의 성령 하나님은 성부, 성자 하나님과 영적 동일 본질이시며, '택함 받은 자들'을 구원하시는 '구원경륜' 속에서 사역하는 '영적 본체(질) 혹은 하나님 영의 활동성'이라고 특징지어 말할 수 있다.

5) 그런데 WC에서 "하나님의 영원하신 경륜"은 우주적 의미를 갖는다. 우선 하나님에 의해서 택함 받은 자에게는 인간뿐만 아니라, 천사도 포함된다.(WC 3.3, 이 밖에 WC 3,4) 이와 상응하게 WC는 '택함 받은 사람들의 교회

공동체'를 '보편적'이고, '우주적'이고, '보이지 않는' 공동체로 규정한다. 따라서 성령의 사역 영역도 자연히 시-공간을 초월하는 '보편적, 우주적' 영역이 된다. 이러한 의미에서 WC이 고백하는 성령 하나님은, 불가견적 교회의 '익명의 택함 받은 자'들에게까지 역사하시는 분이시다. 따라서 보이는 교회의 일원이 되지 않은 교회 밖에 있는 익명의 사람이라도, '택함을 받은 자'라면, 언제든지 성령을 통해서 구원을 받을 수 있다는 결론이 나오게 된다. 그러나 하나님 이외에 누가 '택함 받은 자'를 분별하겠는가? 결과적으로 WC는 '보이는 교회 밖에도 구원이 있을 수 있다'는 현대-후기의 다원주의적 신학의 단초를 이미 제공하였다고 볼 수 있다.

참고문헌

1. 한글 저술과 번역서

1) 한글 저서 및 논문

김균진, 『基督敎組織神學』, 서울: 연세대학교출판부, 1992.

_____, 『생태학의 위기와 신학』, 서울: 대한기독교서회 1991.

김영한, 『現代神學과 改革神學』, 서울: 성광문화사, 1996.

김재진, "'함께(עם) 있음-(삶)'으로서의 하나님 형상(Imago dei)", 「神學論壇」制三十一輯 (2003), 73-97.

_____, "마르틴 루터와 칼 바르트의 해석학. 율법과 복음의 변증법과 기독론적 변증법", 「組織神學論叢」第1輯(1995), 141-180.

_____, "생명의 생태학적 환경과 생명 창조사", 「한국기독교신학논총」 제30집(2003), 291-315.

_____, "역사 속에 있는 하나님의 대리자로서의 천사", 「組織神學論叢」第二輯(1996), 33-55.

_____, "존재론적 관계의 단절(斷絶)을 의식하는 영성", 「설교뱅크」(2006. 3), 교회성장연구소(편), 12-16.

_____, 『기독교란 이런거야』, 서울: 도서출판 황금부엉이, 2004.

_____, 『웨스트민스터 소요리문답 해설』, 서울: 대한기독교서회, 2004.

_____, 『칼 바르트 신학해부』, 서울: 도서출판 한들, 1998.

_____, 『성경의 인간학』, 서울: 예영 커뮤니케이션, 200.7

김판임, "쿰란 공동체와 초기 그리스도교 공동체 비교연구. 입회과정과 자격조건을 중심으로", 「신약논단」 제11권 4호(2004).

김희성, 『부활신앙으로 본 신약의 성령론』, 서울: 대한기독교서회, 2001.

박준서, "하나님의 형상(Imago Dei)에 관한 성서적 이해", 동저자, 『구약세계의 이해』, 서울: 한들출판사, 2001, 13-37.

_____, 『구약세계의 이해』, 서울: 한들출판사, 2001.

아가페 성경사전, 아가페출판사, 1991.

李種聲 譯, 『웨스트민스터 信仰告白』, 서울: 대한기독교서회, 1961.

李鍾聲, 『神學的 人間學』, 서울: 대한기독교서회, 1957.

이종윤 외 2인, 『交會成長論』, 서울: 도서출판 엠마오, 1983.

이한수, 『신약은 성령을 어떻게 말하는가』, 서울: 도서출판 이레, 2002.

2) 번역서

Aulén, Gustaf, The Faith of the Christian Church, 김관석 역, 『조직신학개론』, 서울: 대한기독교서회, 1965, 318.

Barth, K., Einfüfhrung in die evangelische Theologie, 이형기 역, 『복음주의 신학입문』, 서울: 크리스챤다이제스트, 1992.

Boman, Thorleif, *Das hebräische Denken im Vergleich mit dem griechischen*, 5. neubearbeitete Aufl. 허혁 역, 『히브리적 思惟와 그리스적 思惟의 比較』, 서울: 분도출판사, 1975.

_____, *Das hebräische Denken im Vergleich mit dem griechischen*, fünfte neubearbeitete und erweiterte Aufl. 허혁 역, 『히브리적 思惟와 그리스적 思惟의 比較』, 왜관: 분도출판사, 1975.

Bultmann, R., *Das Evangelium des Johannes*, 10. Auflage Göttingen 1968, 허 혁 역, 『요한福音書 研究』, 서울: 성광문화사, 1979.

_____, *Geschichte und Eschatologie*, 서남동 역, 『역사와 종말론』, 서울: 대한 기독교서회, 1979.

Calvin, J., *A Compend of the Institutes of the Christian Religion*, 이종성 역, 『基督敎綱要選』, 서울: 대한기독교서회, 2002.

Conzelmann, Hans., *Grundriß der Theologie des neuen Testaments*, München 1968, 김철손, 박창환, 안병무 공역, 『新約聖書神學』, 서울: 한국신학연구소, 1982.

Cullmann, O., *The Christology of the New Testament*, 김근수 역, 『신약의 기독론』, 서울: 도서출판 나단, 1991.

Franz J. Hinkelammert, *Las Armas Ideológicas de la Muerte*, 김항섭 역, 『物神』, 서울: 다산글방, 1999.

Hägglund, Bengt, *History of Theology*, 박희석 옮김, 『신학사』, 서울: 성광문화사, 1990.

Heick, O. W. / Neve, J. N., *A History of Christian Thought*, Vol. II, 서남동 역, 『基督敎神學

史』, 서울: 대한기독교서회, 1967.

Helmut Merkel, *Bebelkunde des Neuen Testaments*, 박창건 역, 『신약성서연구입문』, 한국신학연구소, 1993(4판).

Henry, Carl F. H., *God, Revelation & Authority*, Vol. IV, God Who Speaks and Shows: Part Three, 이상훈 역, 『신·계시·권위』, 서울: 새생명말씀사, 1986.

Hildebrandt, Wilf, *An Old Testament Thelogy of the Spirit of God*, 김진섭 역, 『구약의 성령 신학 입문』, 서울: 이레서원, 2005.

Hirschberger, J., *Geschichte der Philosophie* I, 강성위 역, 『서양철학사』하권, 대구: 以文出版社, 1996.

_____, *Geschichte der Philosophie*, Bd.1, 강성위 역, 『서양 철학사』, 상권-고대와 중세, 대구: 以文出版社, 1996.

Hodge, A. A., *The Confession of Faith. A Handbook of Christian Doctrine Expounding The Westminster Confession*, 김종흡 역, 『웨스트민스터 신앙고백 해설』, 크리스챤다이제스트, 1996.

Karl Hermann Schekle, *Das Neue Testament. Seine literarische und theologische Geschichte*, 정양모 외 5인 역, 『新約神學入門』, 왜관: 분도출판사, 2000.

Lohse, Bernhard, *A Short History of Christian Doctrine*, 차종순 역, 『基督敎 敎理의 歷史』, 서울: 牧羊社, 1990.

Louis Berkhof, *Introduction to Systematic Theology*, Grand Rapids, MI: Baker, 1988; Edinburgh, The Banner of Truth Trust, 1974, 권수경, 이상원 공역, 『벌코프 조직신학』상, 서울: 크리스챤다이제스트, 1991.

Luther, M., *Kleines Kathecismus*, 지원용 역, 『소교리 문답 해설』, 서울: 컨콜디아사, 1981.

Millar Burrows, *An Outline of Biblical Theology*, 유동식 역, 『聖書神學總論』, 서울: 대한기독교서회, 1967.

Millard, J. Erickson, *Christian Theology*, 신경수 역, 『복음주의 조직신학』상, 서울: 크리스챤다이제스트, 1995.

Moltmann, J., *Der Geist des Lebens - Einge ganzheitliche Pneumatologie*, 김균진 역, 『생명의 영』, 서울: 대한기독교서회, 1992.

_____, *In der Geschichte des dreieinigen Gottes*, 이신건 역, 『삼위일체와 하나님의 역사』, 서울: 대한기독교서회, 1998.

_____, *Kirche in der Kraft des Geistes*, München: Chr. Kaiser Verlag, 1975, 박봉랑 외 4인, 『聖靈의 能力 안에 있는 敎會』, 서울: 한국신학연구소, 1980.

Neve, J. L., *A History of Christian Thought*, 徐南同 역, 『基督敎敎理史』, 서울: 대한기독교서회,

1965.

Paul. Althaus, *Die Theologie Martin Luthers*, 구영철 역,『마르틴 루터의 신학』, 서울: 성광문화
사, 1994.

Pöhlmann, Horst G. Abri β der Dogmatik, 이신건 역,『교의학』, 서울: 한국신학연구소,
1990.

Schelkle, Karl Hrmann, *Das Neue Testament. Seine literaische und theologische Geschichte*, 김영선
외 5인 역,『新約聖書入門』, 왜관: 분도출판사, 2000.

Schep, J. A., *The Nature of the Resurrection Body*, 김중태 역,『죽은 자의 부활』, 서울: 기독교문서
선교회, 1991.

Seeberg, R., *The History of Doctrines*, tr. by Charles E. Hay, Grand Rapids, Michigan
1977, 김영배 옮김,『기독교 교리사』중·근세편, 서울: 도서출판 엠마오, 1922.

Storniolo, Ivo, *Como ler os Atos dos Apóstolos*, 김수복 역,『사도행전 일기』복음이 나아가는 길,
서울: 성바오로출판사, 1993.

Vincent, Thomas, *The Shorter Catechism. Explained from Scripture*, 홍명창 옮김,『성경 소요리
문답 해설』, 서울: 여수룬, 1999.

von Rad, G., "Das formgeschichtliche Problem des Hexateuch", *Gesammelte Studien zum
Alten Testament* [Theologische Bücherei 8, München, 1958], 김정준 역,『폰 라드
論文集』, 서울: 대한기독교서회, 1990.

Welker, M., *Gottes Geistes: Theologie des Heiligen Geistes*, 신준호 역,『하나님의 영』, 서울; 대한기
독교서회, 1995.

Whitley, C. F., *The Genus of Israel*, 안성림 역,『고대 이스라엘 종교의 독창성』, 왜관: 분도출판
사, 1981.

Wilckens, *Ulrich, Das Offenbarungsverständnis in der Geschichte des Urchristentums*, Offenbarung
als Geschichte, hrsg. von Wolfhardt Pannenberg, Kerygma und Dogma,
Sup. 1, 1964, [전경연 편역, 복음주의 신학총서 23], 55-114.

Wolff, Hans W., "Das Kerygma des Jahwisten", *EvTh* XXIV (1964), 73-97 (= 문희석
편,『舊約聖書中心思想』, 서울: 대한기독교출판사, 1977, 69-121).

_____, "Zur Hermeneutik des Alten Testaments", *EvTh* 12(1952), Heft 1/2,
6ff.(= C. Westermann(Hg.), *Essays on Old Testament Hermneutics*, 박문재 역,『구약
해석학』, 서울: 크리스챤다이제스트, 1995, 163-206).

_____, "Zur Thematik der elohistischen Fragmente im Pentateuch", EvTh
16(1959), 59-72, 문희석 편,『舊約聖書中心思想』, 서울: 대한기독교출판사, 1977,
122-148.

_____, *Anthropologie des Alten Testaments*, 文喜錫 역, 『舊約聖書의 人間學』, 서울: 분도출판사, 1976.

Z. Weisman, "Charismatic Leaders in the Era of the Judge," *ZAW* 89 (1977), 400.

페르디난트 홀뵉, 『천사론』, 이숙희 옮김, 서울: 성요셉 출판사, 1996.

2. 외국 논문과 저술

Abir, S., Das "Erdreich als Schöpfungselement in den Mythen der Urgeschichte", *Jud* 35 (1979), 23-27; 125-130.

Alt, A., Galiläische Problem, PJB (1937-40), *Kleine Schriften zur Geschichte des Volkes Israel* II, 1953.

Althaus, P., *Die christliche Wahrheit*, Gütersloh: Gütersloh Verlag Gerd Mohn, 3.Aufl. 1952.

Aristoteles, *Metaphysik* XII (Klostermann Texte: Philosophie, hrsg. H.-G. Gadamer, Klostermann: Frankfurt/M 41984.

Barth, Ch., *Ezechiel* 37 als Einheit, [FS W. Zimmerli], 1977, 39-52.

_____, *Kirchliche Dogmatik* III/2, Zürich: Theologischer Verlag, 4.Aufl., 1979.

_____, Der heilige Geist und das christliche Leben, in: Ders. und H. Barth, *Zur Lehre von heiligen Geist*, München, 1930.

_____, *Die Auferstehung des Totes*, München: Chr. Kaiser Verlag, 4.Aufl., 1953.

_____, *Die Kirchlich Dogmatik*, I/2, Zürich: Theologischer Verlag, 7.Aufl, 1983.

_____, *Die Römerbrief*, 2.Aufl., Zürich: Theologischer Verlag, 1922

Bauer, Walter, *Wörterbuch zum Neuen Testament*, 6. völlig neu bearbeitete Auflage von Kurt und Barbara Aland, Berlin/New York, 1988.

Baumgartner, Walter, "Zum Problem des 'Jahwe - Engels'", SThU 14 (1944), 97-102

Bayer, Oswald., 'Vom Wunderwerk, Gottes Wort recht zu verstehen', *Kerygma und Dogma* 37 (1991).

Behm, J., Kommunismus und Urchristentum, *Neue Kirchliche Zeitschrift* 31 (1920).

Beißer F., *Claritas scripturae bei Luther*, 1966.

Berkhof Hendrikus, THE DOCTRINE OF THE HOLY SPIRIT, tr. by Hans-Ulirch Kirchenfoff, Theologie des Heiligen Geistes. Mit einem Nachtrag zur neueren Diskussion von Uwe Gerber, Neukirchen-Vluyn: Neukirchner

Verlag, 1988.

Bernhardt, Karl-Heinz, 'ברא', *Theological Dictionary of the Old Testament*, ed. G Johannes
    Botterweck and Helmer Ringgren, 4.vols., Grand Rapids: Eerdmanns, 1975,
    246.

Bonhoeffer, D., *Akt und Sein* (Hrsg. von Hans-Richard Reuter), München: Kaiser
    Verlag, 1988.

──────────, *Sanctorum Communio. Eine dogmatische Untersuchung zur Soziologie der Kirche*,
    hrsg. v. Joachim von Soosten, München: Kaiser Verlag, 1986.

──────────, *Nachfolge*, München: Kaiser Verlag, 1937.

Bousset, W., *Die Religion des Judentums im neutestamentlichen Zeitalter*, 1926.

Brunner, E., *Natur und Gnade*, Tübingen: J.C.B. Mohr, 1935

Buber, M., *Der Heilige Weg. Ein Wort an die Juden und an die Völker*, Frankfurt a. M. 1920.

Bultmann, R., *Theology of NT* I, 1951.

Calvin, Jean, *Inistituto Christianae religionis*, 1958, tr. v. Otto Weber, 5.Aful. , Neukirchener
    Verlag. 1988.

Colpe, C., 'I. Religionsgeschichte', *RGG* 3.Aufl, Band II, 1648-1652.

Conblin, *Der Heilige Geist*, Düsseldorf, 1988.

Congar, Yves, Je crois en l'Esprit Saint, tr. by August Berz, *Der Heilige Geist*, Freiburg:
    Herder Verlag, 2.Aufl., 1979.

Cremer, E., *Rechtfertigung und Wiedergeburt*, Gütersloh 1907.

Cullmann Oscar, Art. 'ανωθεν', *ThZ* 4 (1948)

Dabney Lyle, Die Kenosis des Geistes. Kontinuität zwischen Schöpfung und
    Erlösung im Werk des Heiligen Geistes, Neukirchen, 1977.

Dabney, D. Lyle, Die Kenosis des Geistes. Kontinuität zwischen Schöpfung und
    Erlösung im Werk des Heiligen Geistes, Neukirchen-Vluyn: Neukirchen
    Verlag, 1997.

Dander Franz , "Gottes Bild und Gleichnis in der Schöpfung nach der Lehre des Hl.
    Thomas von Aquin", in: Leo Scheffczyk(Hg.), *Der Mensch als Bild Gottes*,
    Darmstadt, Wissenschaftliche Buchgesellschaft, 1969.

Delitzsch Fr., *Commentar über die Genesis*, Leipzig 3. Aufl., 1860.

Dilschneider, O. A., Der Geist führt in die Wahrheit, Ev. Komm. 1973, H. 6, 333f.

Dinkler, E., Philippus und der *ΑΝΗΠΑΙΘΙΟΨ*(Apg 8:26-40), Jesus und Paulus [FS
    W. G. Kümmel], 1975.

Donner H/Hanhart R. /Smend R., *Beiträge zur alttestamentlichen Theologie* (FS W. Zimmerli), Göttingen, 1977.

Dumbrell, W.J., 'Spirit and Kingdom of God in the Old Testament', *RefThR* 33 (1974).

Ebeling G., *Dogmatik des christlichen Glaubens* 1, 409

_____, Hermeneutik zwischen der Macht des Gotteswortes und seiner Entmachtung in dem Moderne, *ZThK* 91, 1994.

Elert, E., *Die christliche Glaube*, 3.Aufl., 1956.

Gilligan, Carol, *Die andere Stimme*, München, 1984.

Gressmann H., *Der Messias*, Göttingen: Vandenhoeck & Ruprecht, 1929

Gunneweg, A. H. J., Vom Verstehen des Alten Testaments. Eine Hermeneutik, ATD zweite, durchgesehene und ergänzte Auflage, Göttingen 1988.

Gutierrez, G., Aus der eigenen Auelle Trinken, *Spiritualität der Befreiung*, Mainz 1986.

Haag, E., Ez 37 und der Glaube an die Auferstehung der Toten, *TThZ* 82 (1973).

Haenchen, E., 'II. Gnosis und NT', *RGG* 3.Aufl, Band II, 1652-1656.

Harnack, A., Dogmengeschichte, 4. neu durchgearbeitete und verm. Aufl., Tübingen, 1909-1990.

Held, P., 'Quäker', *RGG* 3.Aufl., 728-733.

Hengel Martin, 'Erwägungen zum Spachgebrauch von Χριστος bei Paulus und in der vorpaulinischen Überlieferung', *Paul and Paulinism: Essay in honor of C. K. Barret* ed. by M. D. Hooker and S. G. Wilson, London: SPCK, 1982.

Hinz, Chr., "Feuer und Wolke im Exodus", Kritisch-assistierende Bemerkungen zu J. Moltmans "Theologie der Hoffnung", *EvTh* 27 (1967), 76-109.

Hölscher G., *Geschichtsschreibung in Israel*, 1952.

Hübner H., *Biblische Theologie als Hermeneutik*, Göttingen 1995.

Hübner, Hans Der Heilige Geist in der Heiligen Schrift, *Kerygma und Dogma* 36 (1990/3), 184ff.

Hunt, J. *Religious Thought in England* II, London, kessinger publishing house, 1871.

Hutter, *Compendium* I, 1; J. Gerhard, *Loci* I.

Iwand H. J., Glaubensgerechtigkeit und Luthers Lehre, *ThEx* 75, München, 1941;

Jacob, B., *Das erste Buch der Thora Geneis*, Berlin, 1934.

Janowski, Bernd, *Gottes Gegenwart in Israel*, Neukirchen-Vluyn 1993.

Janowski, Bernd, "Ich will in Eurer Mitte wohnen", Struktur und Genese der exilischen Schechina - Theologie,[JBTh 2], Neukirchen-Vluyn 1987.

Janowski, Bernd, Gottes Gegenwart in Israel, Beiträge zur Theologie des Alten Testaments, Neukirchener Verlag, 1993.

Janowski, Bernd, Sühne als Heilsgeschehen. Studien zur Sühnetheologie der Priesterschrift und zur Wurzel KPR im Alten Orient und im Alten Testament. Neukirchener Verlag, 1982.

Jeremias, J., Die Kindertaufe in den ersten vier christlichen Jahrhunderten, 1958.

_____, Neutestamentliche Theologie. Die Verkundigung Jesu, Gütersloh 1971.

Johnson, A. R., *The Vitality of the Individual in the Thought of Ancient Israel*, 1949.

Junker H., Segen im Alten Testament, *ZAW Beiheft* 70 (1941).

Kaise Gerhard, Begegnung zwischen Gott und Mensch, *ZThK* 91 (1994).

Käsemann, E., "Worship and Everyday Life: a note on Romans 12', *New Testament Questions for Today*, Philadelphia: Fortress: 1969, 188-195.

_____, "Ministry and Community in the New Testament", *Essays on New Testament Themes*, Philadelphia: Fortress Press, 1982, 89-94

_____, Begründet der neutest Kanon die Einheit der Kirche? Exeget. Vers. u. B. I, 1960.

_____, Gottesgerechtigkeit bei Paulus, in: Exegetische Versuche und Besinnungen II, Göttingen 1964, 72ff.

_____, Zum Thema der Nichtobjektivierbarkeit, a.a.O.

Kasper, W., Der Geist Jesu Christi, 2.Aufl., 1983, 246ff.

Kim, Jae Jin, "E. Brunner: Sein Denkweg und die Dialektik der autonomen Vernunft", *Korea Journal of SYSTEMATIC THEOLOGY*, Vol. I, 1997.

_____, *Die Universalität der Versöhnung im Gottesbund*, Hamburg/Münster: Lit Verlag: 1992.

Kinder, E., *Die Erbsünde,*. Stuttgart, Schwabenverlag, 1959.

_____, *Der evangelische Glaube und die Kirche*, Berlin: Lutherisches Verlagshaus, 1960.

Koch, K., Wort und Einheit des Schöpfergottes in Memphis und Jerusalem, *ZThK* 62, 1955.

Koesier Helmut, Writings and the Spirit: Authority and Politics in Ancient Christianity, *Harvard Theological Review* 84 (1991/4), 353-372.

Köhler K. und Baumgartner W., *Lexicon in Veteris Testamenti Libros*, 1935.

Köhler, K., *Theologie des Alten Testaments*, 2.

Kornfeld, קדש *ThWAT*, Bd. VI., Sp.

Körtner Ulrich H. J., Der handelnde Gott. Zur Verständnis der absoluten Metapher vom Handeln Gottes, *ZSThRPh* 31 (1989).

Körtner, Ulrich H. J., Schrift und Geist, *ZSThRPh* 36 (1996).

Kraus, H.-J., *Systematische Theologie im Kontext biblischer Geschichte und Eschatologie*, Neukirchener Verlag, 1983.

Kuhn, P., *Gottes Selbsterniedrigung in der Theologie der Rabbinen*, München, 1968.

Kümmel, W. G., *Kirchenbegriff und Geschichtsbewußtsein in der Urgemeinde und bei Jesus*, 1943.

Kutsch Ernst , Eine Fehlübersetzung wird korrigiert, Neukirchen-Vluyn, 1978.

Kutsch, E., "Trauerbäuche" und "Selbstminderungsriten" im AT, *ThSt* 78 (1965)

Levenson, J. D., *Theology of the Program of Restoration of Ezekiel 40-48*(Harvard Semitic Museum 10), Missoula: Scholars Press, 1976.

Lietzmann H., Der Menschensohn. *Ein Beitrag zur neutestamentlichen Theologie*, Tübingen: J.C.B. Mohr (Paul Siebeck), 1896.

Lindars, B., *Jesus Son of Man*, Grand Rapids: Eerdmans, 1983.

Lindblom, J., 'Die Vorstellung vorm Sprechen Jahwes', *ZAW* 75 (1963).

Lochmann, J. M., *Theologische Zeitschrift* 28. Hefte 1 (1972).

Lohse, Eduard, *Grundriss der neu testamentlichen Theologie*, 3. Aufl, W. Kohlhammer: Stuttgart, Belin, 1974.

Luther, M., *Der kleine Katechismus*, Luther-Verlag Bielefeld, 1987.

_____, *WA*, XVIII, 635f.; J. Calvin, *Institutes*, II,4,1.

Lutherbeibel erklärt mit Erläuterungen für die bibellesende Gemeinde.

Malamat, A., "Charismatic Leadership in the Book of Judges", *Magnalia Dei. The Mighty Acts of God: Essays on the Bible and Archaeology in Memory of G. Ernest Wright* (eds. F.M. Cross et al.: Garden City, NY: Doubleday, 1976).

Manson, T. W., 'Mark 2:27ff', *Coniectanea Noetestamentica* 11, 1947.

Metzger, M., Himmlische und irdische Wohnstatt Jahwes, *UF* 2 (1970).

Moltmann, J., Trinität und Reich Gottes. *Zur Gotteslehre*, München: Chr. Kaiser Verlag, 1980.

_____, Der Geist des Lebens. *Eine ganzheitliche Pneumatologie*, München: Chr. kaiser Verlag, 1991.

Moltmann-Wendel, Elisabeth, Johannes 4:5-14, *Evangelischer Kirche im Rheinland*, Landessynode 1991, Düsseldorf 1991, 35ß41.

Mühlen Herribert , Der Heilige Geist als Person. In der Trinität bei der Inkarnation und im Gnadenbund, Ich-Du-Wir, Münster, 4.Aufl., 1963.

Neve, J. L., *A History of Christian Thought*.

Noth Martin, Überlieferungs-geschichtliche Studien I, Die sammelnden und bearbeitenden Geschichtswerken in Alten Testament, Schriften der Königsberger Gelehten Gesellschaft 18/2 1943, 2.Aufl., 1957.

Obst Gabriele, Veni Creator Spiritus. Die Bitte um den Heiligen Geist als Einfühlung in die Theologie Karl Barth. Gütersloh: Chr. Kaiser/Gütersloh Verlag, 1998.

Oepke Noordmans, *Das Evangelium des Geistes*. Mit einer Einführung von K. H. Miskotte. Zürich: EvZ-Verlag, 1960.

Otto Henning Nebe, *Deus Spiritus Sanctus. Untersuchungen zur Lehre vom Heiligen Geist*, Gütersloh, 1939.

Pannenberg, W., *Glaube und Wirklichkeit - Kleine Beträge zum christlichen Denken*, München: Chr. Kaiser Verlag, 1975.

Pieper, J., Das unaustrinkbare Licht. *Das negative Element in der WEltansicht des Thomas von Aquin*, München, 1953.

Pöhlmann H. G., *Analogia entis oder Analogia fidei*, Göttingen: Vandenhoeck & Ruprecht, 1965.

Pokorný, Peter, Jesus als Gleichnis Gottes. Möglichkeiten und Grenzen einer These, *EvTh* 57 (1997).

Preuß Horst Dietrich, Theologie des Alten Testaments, Bd.2. Israel Weg mit *JHWH*, Stuttgart/Berlin/Köln, 1992.

Rainey, A. F., "Dust and Ashes", *Tel Aviv* I, 1974, 77-83.

Ridderbos, N. H., 'עפר als Staub der Totenortes', *OTS* 5 (1948), 174-178.

Roehl, Wolfgang G., 'Dämonen', *EKL* Bd.1, Göttingen, 781-784.

Rosenkranz, G., 'III. Christilicer Gnostizismus, dogmengeschichlich', *RGG* 3.Aufl, Band II, 1648-1662.

Rudooph, Kurt, *Die Gnosis. Wesen und Geschichte einer spätantiken Religion*, (Göttingen: Vandenhoeck & Ruprecht), 3. durchgesehene und ergänzte Aufl., 1990.

Schaef, Anne Wilson, *Weibliche Wirklichkeit*, Wildberg, 1985.

Schäfer, P., *Die Vorstellung vom Heiligen Geist in der rabbinischen Lierratur*, München, 1972.

Schlatter, A., *Luthers Deutung des Römerbriefen*, Gütersloh, 1917, 53ff.

Schmidt, W. H., 'דבר', *ThWAT* II, 89-135.

Schmidt, W., Anthropologische Begriffe in Alten Testament", *EvTh* 24 (1964).

374-388.

Schnackenburg, R., 'Die Kirche als Bau: Epheser 2, 19-22 unter ökumenischem Aspekt', *Paul and Paulinism: Essay in honor of C. K. Barret* ed. by M. D. Hooker and S. G. Wilson, London: SPCK, 1982.

Schnerder-Flume Gunda, *Grundkurs Dogamtik*, Göttingen: Vandenhoeck & Rupurecht, 2004.

Scholem G., *Von der mystischen Gestalt der Gottheit*, Frankfurt, 1973.

Schrage, W., 'Ekklesia und Synagoge. Zum Ursprung des urchristlichen Kirchenbegriffs', *ZThK* 60 (1963).

Schultz, W., *Documents of Gnosticism*, 1910; Neander, *Genetisch Entwickung*, 1818; D. R. S. Meade, *Fragments of Faith Forgotten*, 1906; W. Bousset, *Die Hauptprobleme der Gnosis*, 1907

Schütz, Chr., 'Spiritualität', *Praktisches Lexikon der Spiritualität*, Freiburg, 1988, 1170-1180.

Schütz, Chr., *Hüter der Hoffnung. vom Wirken des Geistes*, Düsseldorf, 1987.

Seeberg, Reinhold, Lehrbuch der Dogmengeschichte Bd. IV/1-2, Leipzig, 1917, Erlange/Leipzig, 1920.

Seitz, O. J. F., 'The Future Coming of the Son of Man', *Studia Evangelica* VI (Text und Untersuchung 112; Berlin: Akademie, 1973.)

Sjoberg, E., *Der menschen Sohn im athiopischen Henochbuch*, Lund [Sweden]: Gleerup, 1946.

Smend, R., *Die Entstehung des Alten Testaments* 2.Aufl., Stuttgart 1981, 127.

Sobrino, J., *Geist, der befreit. Latinamerikanische Spiritualität*, Freiburg, 1989.

Stendahl, K., 'Kirche im Urchristentum', *RGG* 3. Aufl. III, 1297-1304 - E. Schweizer, *Gemeinde und Gemeindeordnung im NT*, 1959.

Stock, K., *Anthropologie der Verheißung. Karl Barths Lehre vom Menschen als dogmatisches Problem*, München, 1980.

Talmon, Sh., "Exil" und "Rückkehr" in der Ideenwelt des Alten Testaments, R. Mosis(Hg.), *Exil - Diaspora - Rückkehr. Zum theologischen Gespräch zwischen Juden und Christen*, Düsseldorf, 1978.

Tillich, P., *Systematische Theologie*, I, II, III, Chicago: the University of Chicago Press, 1951, 1957, 1963.

Vetter, D., *Jahwes Mit-Sein. Ein Ausdruck des Segens*, Stuttgart: Calwer Verlag, 1971.

von Rad G., *Das I. Buch Mose*, [ATD 2, 3].

_____, Offene Fragen im Umkreis einer Theologie des Alten Testament, *TLZ* 88(1963).

Wallis G., 'רעה', *ThWAT* Bd.VII, Stuttgart, Berlin, Köln: W. Kohlhammer Verlag, 566-576.

Wardensperger, W., *Die Messianisch-apokalyptischen Hoffnung des Judentums*, 3, 1903.

Weippert, H., "Der Ort, den Jahwe erwählen wird, um dort seinen Namen wohnen zu lassen." Die Geschichte einer alttestamentlichen Formel, *BZ* 24(1980), 76 -94.

Weischedel, W., *Gott der Philosophie* I, Grundlegung einer Philosophischen Theologie im Zeitalter des Nihilismus, 1971.

Welker, M., *Gottes Geist. Theologie des Heilgien Geistes*, Neukinchen-Vluyn: Neukirchener Verlag), 1992.

Welker, M., *Kirche im Pluralismus*, Gütersloh: Kaiser/Gütersloher Verlaghaus, [KT 136], 1995.

Welker, M., "Security of Expectations. Reformulating the Theology of Law and Gospel", *Journal of Religion* 66 (1986).

Welker, M., "Wort und Geist. Jesus Christus als die Mitte der Schrift", *Studien zur Hermeneutik des Evangeliums*, Hg. von Christof Landmesser, Hans-Joachim Eckstein und Hermann Lichtenberger, Berlin/New York: Walter de Gruyter, 1997, 159-172 .

Westermann, C., "Geist im Alten Testament", *EvTh* 41, 1981, 225ff.

Westermann, C., *Genesis*, Neukinchen-Vluyn: Neukirchener Verlag, 1974.

Wiessel, E., "Der Mitleidene", R. Walter(Hg.), *Die hundert Namen Gottes*, Freiburg 1985.

Wilckens, Ulrich., *Die Missionsreden der Apostelgeschichte*, Benzinger/Neukirchener Verlag, 3. Aufl., 1974.

Wilckens, Ulrich, *Der Brief an die Römer(Röm. 6-11)*, Benzinger /Neukirchener Verlag [EKK VI/2].

Wilkens Ulich, "Der Paraklet und die Kirche", Kirche (FS G. Bornkamm), 1980, 185-203.

Willoughby Freedmann, מלאך, *ThWAT* Bd.IV., 887-904.

Wolf, E., "Die Rechtfertigungslehre als Mitte und Grenze reformatorischer Thelogie", *Praegeneratio* II, München 1965, 11ff.

Wolff, Hans W., Das Kerygma des Deutoronomistischen Geschichtswerks, *TB* 22

(1960), 308-324(= *ZAW* LXXIII, 1961).

_____, Das Geschichtsverständnis der alttestamentlichen Prophetie, *EvTh* 20 (1960), 218-235.

_____, Das Kerygma des Jahwisten, *EvTh* 24 (1964), 73-98.

_____, Dokekapropheten 2. Joel und Amos, *Neukirchen Verlag*, 2. durchgeschene Aufl. [BK XIV/2], 1975.

_____, Zur Hermeneutik des AltenTestaments, *EvTh* XVI (1956), 337ff.

_____, Dodekapropheten 2. Jeol und Amos (*BKAT* XIV/2), Neukirchen-Vluyn: Neukirchenerverlag, ²1975.

Wolfram v. Soden, *Grundriss der akkadischen Grammatik*, Analecta Orientalia 33, Roma: Pontificium Institutum Biblicum, 1952.

Zimmerli, W., Ezechiel [*BKAT* XIII, 2], Neukirchen-Vluyn: Neukirchenerverlag, ²1979.

Zwingli, H., Von der Taufe, von der Wiedertaufe und von der Kindertaufe, 1525.

찾아보기